拒不执行
判决、裁定案件
一本通

王朝勇　孙　铭　陆云英　郑小宁　◎主编
薛舒尹　封昭璞　肖本春　王殿学

·北京·

图书在版编目（CIP）数据

拒不执行判决、裁定案件一本通 / 王朝勇等主编. —北京：中国经济出版社，2024.6
ISBN 978-7-5136-7782-0
Ⅰ.①拒… Ⅱ.①王… Ⅲ.①法律—案例—汇编—中国 Ⅳ.①D920.5
中国国家版本馆 CIP 数据核字（2024）第 106538 号

策划编辑　杨　莹
责任编辑　赵嘉敏
责任印制　马小宾
封面设计　任燕飞

出版发行	中国经济出版社
印 刷 者	北京富泰印刷有限责任公司
经 销 者	各地新华书店
开　　本	787mm×1092mm　1/16
印　　张	33.5
字　　数	656千字
版　　次	2024年6月第1版
印　　次	2024年6月第1次
定　　价	168.00元

广告经营许可证　京西工商广字第8179号

中国经济出版社 网址 www.economyph.com　社址 北京市东城区安定门外大街58号 邮编 100011
本版图书如存在印装质量问题，请与本社销售中心联系调换（联系电话：010-57512564）

版权所有　盗版必究（举报电话：010-57512600）
国家版权局反盗版举报中心（举报电话：12390）　　服务热线：010-57512564

编委会名单

主　编

王朝勇　孙　铭　陆云英　郑小宁
薛舒尹　封昭璞　肖本春　王殿学

执行主编

刘绪光　单子峰　李哲睿　胡裕岭
张建华　陆一凡　高增涛　刘　泳
李胜蓝　李　佳　戴信华　薛爱芬
赵姝赟　张兴武　王新博　郑　新

编　委

顾　乾　刘清清　王朝刚　张　斌　任小利
曹　莹　高　雅　陈奎良　林　敏　武让芳
王彬懿　李航程　王立琼　冯西科　王海龙
吴修合　董玉彦　高　萌　陈美玲　孟志立
陈晓磊　金晓辉　徐　超　陆一行　徐思成
宋　阳　田　超　鲁文杰　潘泓晔　黄　跃
谢腊梅　陶　宽　李保成　李晓娟　白　杨
李　勤　杜　健　寇姗姗　方　媛　郑子杉
朱　政　钱海燕　江志明　赵　璐　童晓洪
孙　玲　吴　科　边社平　陈　月　肖雅丹
齐崇刚　马宏辉　施　歌　徐　猛　刘雪炜

作 者 简 介

王朝勇，律师、仲裁员。北京大学法学院法律硕士研究生兼职导师，清华大学法学院法律硕士专业学位研究生联合导师，中国政法大学法律硕士学院研究生兼职导师，中国政法大学证据科学研究院硕士研究生实务导师，中国人民大学法学院法律硕士专业学位研究生实务导师，中国人民大学虚假诉讼治理研究中心执行主任、高级研究员，中国政法大学企业合规研究中心执行主任、高级研究员。著有《开设赌场罪——类案释解与法律实务》《说赢就赢——虚假诉讼案件一本通》《拒不执行判决、裁定案件一本通》《民间借贷——新型疑难复杂案例精选》《说赢就赢——虚假诉讼案例指导》《扫黑除恶——司法观点与辩护要点》《说成就成——律师点评大要案》《说过就过——司法考试通关大全》《有效辩护之道——我为法律人辩护》《企业行政合规——基础理论与法律实务》《企业合规实战案例解析》《中学生法治教育读本》等著作。

序 言
PREFACE

随着我国经济社会发展日趋活跃，人民群众的法律意识和法治观念不断增强，公民、法人和其他组织之间发生纠纷后，更倾向于选择通过诉讼、仲裁等方式获得有效判决、裁定来维护自己的合法权益。然而近年来，虽然诉讼案件数量大幅增长，一些生效法律文书却得不到执行，"法律白条"逐渐增多，我国"执行难"问题愈加严重。司法是维护社会公平正义的最后一道防线，而执行则是这最后一道防线上的最后一个环节，"执行难"成为实现公平正义的最后一道藩篱。

依据最高人民检察院公布的最新数据，2023年1至6月，全国检察机关共对民事执行活动违法行为提出检察建议3.6万件，法院同期采纳率为88.9%。2023年1至3月，全国检察机关共对民事执行活动违法行为提出检察建议1.4万件，法院同期采纳率为81.1%。根据最高人民法院发布的2022年工作报告，全国人民法院巩固拓展"基本解决执行难"成果，紧紧依靠党委领导，打赢为期三年的"基本解决执行难"攻坚战，2019年向十三届全国人大二次会议报告"基本解决执行难"目标如期实现。持续巩固攻坚成果，保持执行工作高水平运行，努力兑现群众胜诉权益。五年来，受理执行案件4577.3万件，执结4512.1万件，执行到位金额为9.4万亿元，2022年首次突破2万亿元。网络执行查控系统对被执行人全国范围内16类财产一键查询、线上控制，累计查控案件8535万件次，有效解决查人找物难。网络司法拍卖成交额超过2万亿元，为当事人节约佣金621.4亿元，有力破解财产变现难。联合信用惩戒体系让失信被执行人"一处失信、处处受限"，918万人迫于信用惩戒压力主动履行了义务。在加强失信惩戒力度的同时，强化守信激励力度。浙江丽水法院邀请耄耋之年创业还债的守信老人为"诚信履行"代言，带动1260多名被执行人主动履行债务。规范执行标准流程，强化监督管理，健全规范体系。连续多年开展涉民生保障、涉拖欠农民工工资、涉拖欠民营企业账款等专项执行行动，其中执行到位涉民生案款626.8亿元。健全解决执行难长效机制，持续推进执行难综合治理、源头治理。经过不懈努力，中国特色执行制度机制更加健全，执行模式发生根本性变革，有力促进了法治社会和诚信社会建设。同时，2022年1至9月，全国检察机关共受理民事执行监督案件6.2万件，审结率为94.9%，同比增加1.6个百分点，办案效率总体呈上升趋势，其中依职权受理5.3万件，同比上升28.2%，占86.6%，同比增加5个百分点；共对民事执行活动违法行为提出检察建议5万件，法院同期采纳4.4万件，采纳率为89.3%，检察建议采纳率同比增加8.9个百分点。依据最高人民检察院2022年的工作报告，五年来，全国检察机关对民事审判和执行活动中的违法情形提出检察建议38.4万件，比前五年上升88.5%，采纳率为98.7%。2022年，全国检察机关共对民事执行活动违法行为提出检察建议7.1万件，法院同期采纳率为99.9%。

根据最高人民法院发布的2021年工作报告，全国人民法院围绕中央全面依法治国委员会2019年1号文件贯彻落实情况开展督察，深化执行难综合治理、源头治理。坚持高效公正规范文明执行，全国法院受理执行案件949.3万件，执结864.2万件，执行到位金额为1.94万亿元。打通查人找物、财产变现、协同联动、精准惩戒、打击拒执等方面的堵点，使守信者受益、失信者受限。会同自然资源部提升土地查封处置效率。会同民航局治理限高人员通过"黄牛"违规购票规避执行。会同证监会规范上市公司质押股票冻结。网络查控案件1971万件，网络拍卖成交额为4323亿元，同比分别增长34.6%和7.4%。开展执行款物集中清理、高效为民执行、涉民营企业积案攻坚等专项行动。执行到位涉民生、涉小微企业、涉10万元以下小标的案件案款898.4亿元。内蒙古、广西、西藏、青海、宁夏、新疆等地区的法院健全执行联动机制。我国民事执行制度的优越性不断显现，手段更加有力，执行工作机制和模式更加健全。同时，最高人民检察院2021年对民事执行活动提出检察建议5.4万件，同比上升43.6%。如广东省聚焦不当终结本次执行问题，部署开展"终本"案件专项监督活动，纠正滥用"程序结案"、实体久拖不决的民事执行案件，有力助推依法解决执行难。

学术理论界中，关于执行难产生的原因，研究者认为主要有两个方面：其一，目前刑法对拒不执行判决、裁定罪的惩罚力度不够，致使违法成本过低。其二，我国现有财产制度不健全，司法机关取证困难。因此学术理论界多围绕上述两个方面进行探讨并提出相关建议。本书从司法实践角度出发，通过整理最高人民法院、最高人民检察院、各地法院、检察院发布的最新指导性案例、典型案例等，以案说法。指导性案例的发布有利于在审判中统一认定拒不执行判决、裁定罪的司法适用的标准，以实现统一司法认识、类案同判的目标。典型案例的发布有利于法检机关在工作中引领和纠偏拒不执行判决、裁定罪的相关案件的认定与惩戒，并且对民事诉讼主体行使自己的权利以及律师等法律工作人员处理类似案件具有正确的指引作用。例如，在最高人民法院于2021年12月发布的依法惩戒规避和抗拒执行典型案例中，案例三"殷某娟拒不执行判决、裁定罪自诉案"，是通过刑事自诉方式追究被执行人拒执罪的典型案例。

且法院以案说法，通过与媒体深度合作，采取网络直播、全程见证抓捕等新媒体形式，形成强大的舆论威慑氛围，具有极强的教育意义和社会影响，给民事主体合法维护自身权利起到了良好的引导作用。再有，案例四"丁某杨等人虚构债务被判拒执罪案"，体现了拒执行为还有可能涉及虚假诉讼行为。除本次发布的典型案例外，在最高检印发第二批民事检察跟进监督典型案例中亦有所体现，即拒执行为可能涉及虚假诉讼犯罪。最高人民法院2018年发布的10起人民法院依法打击拒不执行判决、裁定罪典型案例，则体现了拒不执行判决、裁定罪很有可能伴随着"非法处置查封、扣押、冻结的财产"行为。通过最高人民法院发布的典型案例，可以看到打击拒不执行判决、裁定行为，离不开公检法的相互配合，离不开公检法的统一司法认知，也离不开现代科技、互联网大数据等技术资源的支持。

除了发布相关案例以案说法、加强司法实践认知外，国家还从政策上给"执行难"问题提供了思想指导，在法律规范上也在不断地完善拒不执行判决、裁定罪的相关规定。早在1979年我国颁布的新中国成立后的第一部刑法中，第一百五十七条规定："以暴力、威胁方法阻碍国家工作人员依法执行职务的，或者拒不执行人民法院已经发生法律效力的判决、裁定的，处三年以下有期徒刑、拘役、罚金或者剥夺政治权利。"此规定未将拒不执行判决、裁定单独列为一个罪名，而是将拒不执行判决、裁定的行为规定在妨害公务罪中。改革开放以来，我国经济快速发展，民事主体之间的不诚信现象频发，与之伴随而生的违约行为与经济纠纷也逐渐增多，甚至出现法院判决得不到有效执行的情况。于是1997年修订刑法时，特将"拒不执行判决、裁定"的行为列为一项单独罪名。后续的刑法修订也将此罪名一直保留。

1988年，最高人民法院工作报告中第一次出现"执行难"。1999年，最高人民法院专门向党中央汇报了"执行难"问题。2000年，最高人民法院研究室对河南省高级人民法院"关于拒不执行人民法院调解书的行为是否构成拒不执行判决、裁定罪"的问题作出否定答复。2002年，全国人民代表大会常务委员会对刑法第三百一十三条规定的"对人民法院的判决、裁定有能力执行而拒不执行，情节严重"的含义以及具体情形作出解释。2007年，最高人民法院、最高人民检察院、公安部联合发布《关于依法严肃查处拒不执行判决、裁定和暴力抗拒法院执行犯罪行为有关问题的通知》，对三部门在司法实践中出现的具体程序问题作出规定。2011年，最高人民法院发布《关于依法制裁规避执行行为的若干意见》，强调充分运用民事和刑事制裁手段，依法加强对规避执行行为的刑事处罚力度，加强与公安、检察机关的沟通协调。

2014年，党的第十八届四中全会提出："切实解决执行难""依法保障胜诉当事人及时实现权益"。2014年，最高人民法院、最高人民检察院、公安部联合发布《关于开展集中打击拒不执行判决、裁定等犯罪行为专项行动有关工作的通知》，提出自即日起至2015年3月，开展集中打击拒不执行法院判决、裁定等犯罪行为的专项行动。2016年3月，最高人民法院在十二届全国人大四次会议上提出："用两到三年时间，基本解决执行难问题。"同年4月，最高人民法院出台《关于落实"用两到三年时间基本解决执行难问题"的工作纲要》。为有效解决当事人规避执行、抗拒执行、转移隐匿财产等问题，促进被执行人主动履行生效法律文书确定的义务，提高司法公信力，推进社会信用体系建设，2016年，中共中央办公厅、国务院办公厅联合印发《关于加快推进失信被执行人信用监督、警示和惩戒机制建设的意见》，这是对失信被执行人进行联合信用惩戒的纲领性文件，也为实行联合惩戒提供了重要的政策依据。

2018年，最高人民法院发布《关于拒不执行判决、裁定罪自诉案件受理工作有关问题的通知》，明确人民法院可以以自诉案件立案审理负有执行义务的人涉嫌拒不执行判决、裁定罪。2019年6月，《人民法院执行工作纲要（2019—2023）》公布，包括10个方面53项主要任务，擘画了2019—2023年人民法院执行工作科学发展蓝图。同年7月，中央全面依法治国委员会印发《关于加强综合治理从源头切实解决执行难问题的意见》的通知。2020年，为了进一步加强惩治拒不执行判决、裁定犯罪，最高人民法院修正2015年颁布的《关于审理拒不执行判决、裁定刑事案件适用法律若干问题的解释》。2021年12月，最高人民法院举行全国法院执行领域突出问题集中整治建章立制成果新闻发布会，并发布《最高人民法院关于进一步完善执行权制约机制 加强执行监督的意见》《最高人民法院关于人民法院强制执行股权若干问题的规定》和一批涉执信访案例。

除最高人民法院、最高人民检察院出台相应司法解释文件，公布指导性案例、典型案例指引司法实践之外，各省高级人民法院、人民检察院，甚至部分省会城市、地级市亦出台了与拒不执行判决、裁定行为相关的指导性文件、典型案例，以规制本地区的"执行难"情况。例如，2021年浙江省全省法院新收拒执刑事案件1077件，同比上升34.5%，审结1042件，同比上升25.1%，共受理拒执自诉案件318件，占全部拒执犯罪案件总数的29.53%，判处拒执罪767件共851人。2022年3月，浙江省高级人民法院发布打击拒执犯罪典型案例，以持续保持依法严惩拒执犯罪的高压态势。早在2018年，浙江省高级人民法院就发布十起依法打击拒不执行判决、裁定犯罪典型案例，并联合浙江省人民检察院、浙江省公安厅印发《关于依法惩处拒执犯罪若干问题的会议纪要》的通知。在浙江省高级人民法院这几年发布的典型案例中，许多案例都体现了打击拒执犯罪，两条腿走路，公诉、自诉双管齐下，公诉优先的原则。同时，为及时打击拒不执行判决、裁定犯罪，浙江省许多地区实现了快审快结，公、检、法三家联动协作。此外，拒执行为还有可能涉及虚假诉讼和非法处置查封、扣押、冻结的财产罪，这在浙江省公布的典型案例中亦有所体现。

PREFACE 序言

2022年10月，习近平总书记在党的二十大报告中强调"坚持全面依法治国，推进法治中国建设"，指出要严格公正司法，加快建设法治社会。编者认为，让生效的法律文书得到有效执行是实现司法公平正义的最后一道程序。最高人民法院于2023年1月6日举行的第二十二次全国法院工作会议提出，深化执行体制机制改革，努力实现到2035年"切实解决执行难"的目标。

综上，本书旨在通过选取最高人民法院、最高人民检察院以及各省高级人民法院、人民检察院，甚至部分省会城市、地级市发布的部分指导性案例、典型案例，并对目前施行的法律、司法解释、指导意见等进行整理，为当事人维权、公检法工作人员及律师办案、高校教学提供参考。希望读者能够通过本书，对拒不执行判决、裁定有更加直观、准确的理解。

中国人民大学虚假诉讼治理研究中心执行主任　王朝勇
2023年11月29日于京师律师大厦
法律咨询电话：13911652166、13720063789
法律咨询邮箱：cnlaw365@163.com

目 录
CONTENTS

上编 拒不执行案件典型案例及相关案例

最高法发布人民法院能动司法（执行）典型案例	002
最高法执行局相关负责人就人民法院能动司法（执行）典型案例答记者问	016
最高人民法院发布第一批涉执信访实质性化解典型案例	021
最高法发布依法惩戒规避和抗拒执行典型案例	030
最高检印发第二批民事检察跟进监督典型案例（节录）	037
最高人民法院发布第二批涉执信访实质性化解典型案例	041
最高人民检察院关于印发最高人民检察院第二十四批指导性案例的通知（节录）	054
民事诉讼和执行活动法律监督典型案例（节录）	058
最高人民法院发布十起人民法院依法打击拒不执行判决、裁定罪典型案例	059
最高人民法院发布第15批指导性案例（节录）	068
最高人民法院发布六起依法审理拒执刑案典型案例	070
最高人民法院公布五起拒不执行生效判决、裁定典型案例	075
最高人民法院公布五起打击拒不执行涉民生案件典型案例	080
浙江法院2021年判处拒执罪767件851人	086
浙江法院打击拒执犯罪典型案例	092
浙江法院十大拒执犯罪典型案例，送给令人"挂念"的被执行人	098
浙江法院依法打击拒不执行判决、裁定犯罪十大典型案例	108
上海法院2021年度执行失信联合惩戒五大典型案例	118
上海高院发布上海法院2021年度破解"执行难"十大典型案例	123
上海法院2020年度执行失信联合惩戒五大典型案例	149
上海法院2020年度破解"执行难"十大典型案例	154
上海法院2020年度"执行不能"五大典型案例	183

吉林法院 2021 年执行工作典型案例（节录）	190
江苏法院打击抗拒执行、规避执行十大典型案例	191
江苏省检察机关服务保障民营经济高质量发展典型案例（节录）	196
江苏法院打击拒执犯罪典型案例	198
湖北法院保护法官合法权益维护司法秩序典型案例（二）（节录）	207
2020 年度重庆法院刑事审判十大典型案例（节录）	209
重庆市高级人民法院发布拒执罪典型案例	211
2021 年度四川省法院执行典型案例：打击拒执罪篇	218
山东高院发布打击拒执罪十大典型案例	225
山东高院召开"决胜基本解决执行难工作"新闻发布会公布八起典型案例	233
广西法检公打击拒执罪典型案例	237
广西壮族自治区高院发布八起拒执犯罪典型案例（节录）	242
天津法院公布六起打击拒执罪典型案例	246
天津市人民法院发布八起拒执罪典型案例	253
巧用拒执罪，八年交通肇事案终执结	261
打击"拒执"、失信惩戒、追回"欠薪"——三起新疆法院攻坚"执行难"的典型案例	264
山西省检察机关"支持和服务企业家创新创业营造良好法治环境"专项工作第二批典型案例（节录）	267
山西高院发布五起"拒不执行判决、裁定罪"典型案例	269
山西高院公布"拒不执行判决、裁定罪"五大典型案例	273
黑龙江高院发布十起拒执犯罪典型案例	279
广东法院发布打击拒不执行判决、裁定犯罪典型案例	288
河南省检察院公布支持和监督法院解决"执行难"工作的十起典型案件	295
安徽省高院发布六起打击拒执罪典型案例	301
安徽省高院发布六起"基本解决执行难"打击拒执罪典型案例	306
徐州法院发布拒不履行判决、裁定罪典型案例	311

下 编　相关法律法规及司法解释摘编

中华人民共和国刑法（节录）	316
中华人民共和国民事诉讼法（节录）	317
最高人民法院关于适用《中华人民共和国民事诉讼法》的解释（节录）	321

最高人民法院关于适用《中华人民共和国民事诉讼法》执行程序若干问题的解释	329
最高人民法院印发指导意见 进一步完善申请执行监督案件办理规范	333
最高人民法院出台涉执行司法赔偿解释（附全文）	337
最高人民法院举行全国法院执行领域突出问题集中整治建章立制成果新闻发布会	342
最高法相关负责人就全国法院执行领域突出问题集中整治建章立制相关情况答记者问	361
最高人民法院关于审理拒不执行判决、裁定刑事案件适用法律若干问题的解释	366
最高人民法院关于人民法院执行工作若干问题的规定（试行）	368
最高人民法院关于人民法院办理执行异议和复议案件若干问题的规定	378
最高人民法院关于民事执行中财产调查若干问题的规定	385
最高人民法院关于人民法院民事执行中拍卖、变卖财产的规定	390
最高人民法院关于人民法院民事执行中查封、扣押、冻结财产的规定	395
最高人民法院关于执行担保若干问题的规定	400
最高人民法院关于人民法院能否对信用证开证保证金采取冻结和扣划措施问题的规定	402
最高人民法院关于对被执行人存在银行的凭证式国库券可否采取执行措施问题的批复	403
最高人民法院 司法部 中华全国律师协会印发《关于深入推进律师参与人民法院执行工作的意见》的通知	404
中央全面依法治国委员会关于印发《关于加强综合治理从源头切实解决执行难问题的意见》的通知	410
最高人民法院关于拒不执行判决、裁定罪自诉案件受理工作有关问题的通知	415
最高人民法院关于公布失信被执行人名单信息的若干规定	417
人民法院办理执行案件规范（节录）	421
最高人民法院 最高人民检察院关于民事执行活动法律监督若干问题的规定	425
最高人民法院印发《关于严格规范终结本次执行程序的规定（试行）》的通知	428
中共中央办公厅、国务院办公厅印发《关于加快推进失信被执行人信用监督、警示和惩戒机制建设的意见》	432
最高人民法院关于刑事裁判涉财产部分执行的若干规定	440
最高人民法院、最高人民检察院、公安部关于开展集中打击拒不执行判决、裁定等犯罪行为专项行动有关工作的通知	444
最高人民法院关于能否要求社保机构协助冻结、扣划被执行人的养老金问题的复函	446
最高人民法院关于网络查询、冻结被执行人存款的规定	447
最高人民法院印发《关于依法制裁规避执行行为的若干意见》的通知	449
最高人民法院关于查封法院全部处分标的物后，轮候查封的效力问题的批复	453
最高人民法院、最高人民检察院、公安部关于依法严肃查处拒不执行判决裁定和暴力抗拒法院执行犯罪行为有关问题的通知	454
全国人民代表大会常务委员会关于《中华人民共和国刑法》第三百一十三条的解释	457
最高人民法院研究室关于拒不执行人民法院调解书的行为是否构成拒不执行判决、裁定罪的答复	458

中共湖南省委全面依法治省委员会关于加强综合治理从源头切实解决执行难问题的实施意见	459
中共浙江省委全面依法治省委员会关于加强综合治理从源头切实解决执行难问题的实施意见	464
浙江省高级人民法院印发《关于进一步强化强制执行措施的若干意见（试行）》的通知	469
浙江省高级人民法院 浙江省人民检察院 浙江省公安厅印发《关于依法惩处拒执犯罪若干问题的会议纪要》的通知	472
江苏省高级人民法院关于加强和规范民事执行检察监督案件办理工作的指导意见	479
江苏省高级人民法院关于办理拒不执行判决、裁定犯罪案件若干问题的通知	486
广东省高级人民法院关于办理执行监督案件的指引	491
广东省高级人民法院 广东省人民检察院 广东省公安厅关于印发《关于办理拒不执行判决、裁定刑事案件的规范指引》的通知	497
河南省人民检察院关于充分发挥检察职能进一步支持和监督人民法院基本解决"执行难"问题的若干意见	504
山东省高级人民法院、山东省人民检察院、山东省公安厅、山东省司法厅关于敦促被执行人切实履行义务及严厉打击拒不执行判决裁定犯罪的通告	507
安徽省高级人民法院、安徽省人民检察院、安徽省公安厅关于办理拒不执行判决、裁定刑事案件若干问题的指导意见	510
北京市高级人民法院关于印发修订后的《北京市法院执行工作规范》的通知（节录）	514
杭州市中级人民法院、杭州市人民检察院、杭州市公安局关于严厉打击拒不执行判决、裁定违法犯罪行为的公告	517
中共苏州市委政法委员会、苏州市中级人民法院、苏州市人民检察院、苏州市公安局、苏州市司法局关于严厉打击拒不执行判决、裁定等违法犯罪行为的通告	519

上 编

拒不执行案件典型案例及相关案例

最高法发布人民法院能动司法（执行）典型案例

2023年5月19日上午，最高人民法院举行人民法院能动司法（执行）典型案例新闻发布会，最高人民法院执行局局长黄文俊、最高人民法院执行局副局长王富博和最高人民法院执行局副局长毛立华出席发布会并回答记者提问，发布会由最高人民法院新闻发言人李广宇主持。

党的十八大以来，在以习近平同志为核心的党中央坚强领导下，人民法院坚持以习近平新时代中国特色社会主义思想为指导，认真贯彻落实党中央决策部署，聚焦人民群众"急难愁盼"问题，坚持"为大局服务，为人民司法"，执行工作取得明显成效。2022年，全国法院执结917.13万件执行案件，执行到位金额首次突破2万亿元，有力保障了经济社会发展和群众合法权益。在具体执行工作中，人民法院以"就是头拱地也要把人民的事办好"的精神，抓实公正与效率，在平等保护各类市场主体的同时，更加注重通过能动执行，将党中央关于依法保护民营企业产权和企业家权益的决策部署落到实处。

本次发布的十大能动司法（执行）典型案例有以下几个特点：

一是加强府院联动，助企纾困解难，想方设法保市场主体。推进解决"执行难"是系统工程，必须坚持综合治理、多方协作、多措并举，实现行政与司法良性互动、优势互补，充分发挥执行联动机制推动社会治理创新、优化法治营商环境和维护社会和谐稳定的作用。案例三中，执行法院依托府院联动构建执行"输氧"机制，能动执行和监督执行并举，为助企纾困、激发市场主体活力提供司法保障。案例五中，执行法院主动作为，利用政府"老企业搬迁计划"配套优惠政策，引入投资人整合债权，促成各方当事人达成协议，妥善解决了2000万元职工债权和75起执行案件，助力老品牌"起死回生"。

二是坚持善意文明执行，尽可能采取"活封活扣"，最大限度降低对被执行人的影响。依法强制执行与善意文明执行同向而行、同频共振，是执行工作高质量发展的重要标志。在具体执行中，要在不影响债权实现、不构成财产价值明显贬损的前提下，对能"活封"的财产，不进行"死封"，使查封财产物尽其用，社会流通不因执行受阻。案例四中，在经济下行压力加大的背景下，执行法院探索对基本账户和企业生产经营关键账户的解冻、置换、归集，为企业资金账户松绑，让企业"喘口气"，平衡了财产保全案件当事人双方的合法权益。案例七中，面对被执行企业资金断流拖欠众多供货商货款的情况，执行法院引入"临时管理人"机制，监管企业的生产经营，促成当事人达成和解，实现了生产不停工、企业不破产、工人不下岗。

三是精准把握"快"与"慢"的辩证关系，做深做实公正与效率。公平正义是司法的灵魂和生命，效率要服务服从于公正，快必须以好为基础，不考虑公正的高效率实际是低效率、负效率。同时，高效司法是人民的期盼，迟到的公正会让公正打上折扣。针对具体个案，找准问题症结，精准把握"快"与"慢"的辩证关系，实现"案结事了人和"，考验着每个执行法官的政治智慧、法治智慧和执行智慧。案例八与案例九，分别通过执行的"快"与"慢"两方面展现了如何在个案执行中实现公正与效率，值得研究借鉴。

四是为大局服务、为人民司法，实现政治效果、社会效果、法律效果的统一。审判执行工作是政治性很强的业务工作，也是业务性很强的政治工作。执行人员要心怀"国之大者"，完整、准确、全面贯彻新发展理念，切实找准落实党中央重大决策部署、服务国家重大战略实施的切入点，以能动履职展现人民法院的担当作为。以生态林地腾退案件为例，如何在实现债权人权益的同时不让环境资源受损是核心。案例六中，执行法院确立了"民生为本""绿色执行"的工作思路，通过与涉案土地所在的镇政府积极协调沟通，成功引入第三方对林木予以整体收购，为涉案土地的可持续发展和村民的长远收益提供了解决方案，是实现政治效果、社会效果、法律效果有机统一的经典案例。

五是坚持"办理典型一案，促进解决一片"，抓前端、治未病，从源头治理"执行难"。司法建议是人民法院参与国家治理、社会治理的重要途径，是为大局服务、为人民司法的重要方式，是能动司法的具体体现。案例十中，执行法院在执行过程中充分认识到国家发展新能源车的重大意义和充电桩对于新能源汽车产业发展的重要性，创新执行工作方式方法，打好"预罚款"和司法建议组合拳，发挥柔性监督优势，延伸司法职能，取得了"办理典型一案，促进解决一片"的良好效果。

案例一　昆山某置业公司执行转破产重整案
——"执破融合"助被执行企业复工保交楼
【执行要旨】

面对被执行企业的主要财产是"烂尾楼"的执行困境，昆山法院引导债权人申请

"执转破",发挥破产程序的债务概括清偿功能,以找到平衡各债权人以及债务人利益的最优解。同时发挥府院联动机制作用,在破产程序中恢复债务人已被吊销的营业执照,最终完成破产重整,使烂尾楼盘复工,维护了购房者的合法权益。

【基本案情】

申请执行人:抵押权人、购房人及众多普通债权人

被执行人:昆山某置业有限公司

执行法院:江苏省昆山市人民法院

昆山某置业有限公司成立于2009年,2014年因未年检被吊销营业执照。该公司涉及商品房销售、在建工程抵押贷款、民间借贷、以房抵债、工程欠款等诸多纠纷,负债金额达7亿余元,主要财产是其建设的商住楼,建筑面积为26133平方米,价值约为2.1亿元,房屋基本销售网签完毕。在相关执行案件中,抵押权人要求整体拍卖烂尾工程,购房人要求续建交房,其他普通债权人要求公平受偿,各方权利产生了严重冲突。昆山法院认为,若直接将被执行人的主要财产"烂尾楼"按在建工程拍卖处置,则施工许可证等证件难以重新办理,也难以续建验收,且无法保障购房人的权利。于是决定依托"执破融合"机制,将案件导入破产程序,充分发挥破产重整挽救功能,以保障各方权利人利益。

昆山法院执行法官会同破产审判法官召集购房人和其他权利人协商处置方案,充分释明了执行程序中无法确保续建完工的情况,并引导债权人申请"执转破"。此后,昆山法院裁定对该公司破产清算,并进一步甄别出应予优先保护的消费性购房人47户,其他网签购房人不享有优先权。同时向市场监管部门送达《协助执行通知书》,恢复了该公司的营业执照。在此基础上,法院裁定将清算程序转为重整程序,引入约2亿元投资用于偿债和续建。该公司在2022年4月重整成功,案涉商住楼上设定的抵押权、建设工程款优先权以及职工债权全额清偿,普通债权受偿率约为10%。案涉商住楼正在续建,预计今年底完成交付。

【典型意义】

该案是江苏省首例在"执转破"程序中恢复企业营业执照并完成破产重整的案件。该案执行过程存在债权人众多、利益诉求冲突的难题,昆山法院为化解执行难题,尽可能保障各方权益,一方面通过"执破融合"机制,以破促执,实现了普通债权公平受偿,化解了债权人之间的利益冲突;另一方面在破产程序中恢复债务人已被吊销的营业执照,引入投资完成烂尾工程续建,保护了购房者的合法权益,实现了政治效果、社会效果、法律效果的有机统一。

案例二　某机械租赁公司与某石材公司买卖合同纠纷执行案
——运用执行联动机制，实现"一案解多纷"

【执行要旨】

执行法院强化善意文明执行理念，发挥在多元化纠纷解决机制中的引领、推动作用，充分运用执行调查权，建立执行联动机制，保证了执行处置工作的顺利推进，实现"一案解多纷"，有效地解决村民修路难、工人要账难、债权实现难等问题，实现了政治效果、社会效果、法律效果的有机统一。

【基本案情】

申请执行人：某机械租赁公司

被执行人：某石材公司

执行法院：重庆市武隆区人民法院

2022年3月8日，武隆法院就某机械租赁公司与某石材公司买卖合同纠纷一案作出民事调解书。因某石材公司未履行该调解书确定的分期支付资产转让款300万元及利息的义务，某机械租赁公司于2022年6月9日申请强制执行。武隆法院在启动资产处置程序后，通过前期调研摸排，发现某石材公司除位于武隆某农业社的采矿设备和厂房外，已无其他财产可供执行。同时发现推进执行工作存在"三大困难"：一是存在某石材公司违法采矿期间拖欠20多人20余万元工资两年未决的"案中案"；二是存在某石材公司违法采矿造成公路受损而无力支付公路修复费用引发的"案后案"，严重影响近2000名村民的正常通行，引发长达两年的群体性信访；三是存在某石材公司采矿设备超期占用土地导致新生租金的"案生案"。

为实质性化解矛盾纠纷，武隆法院强化善意文明执行理念，及时启动由街道办、交通局、应急管理局、公安局、社员代表及双方当事人等多方参与的执行联动机制。历经两个月的不懈磋商，各方最终从法院提供的多个执行方案中确定了一个均可接受、切实可行的财产处置方案：由申请执行人先行垫付资金用于修复受损路段的路面路基，再从后续采矿设备变价款中优先支付；交通局针对违法采矿引发的山体滑坡问题，积极争取上级部门滑坡治理经费支持，因地修建一公里的便民道路；应急管理局负责监督公路质量；公安局负责维护日常交通安全秩序；法院负责及时处置采矿设备和厂房并督促协议全面执行。在法院的耐心解释和督促执行下，财产处置顺利进行并交付完毕，拖欠的民工工资得以优先保障，近2000名村民的通行道路圆满修建完毕并移交使用，设备所占土地的新生租金纠纷得以避免，债权人胜诉权益得到切实保障，最终实现"一案解多纷"。

【典型意义】

在本案执行过程中,人民法院践行司法为民宗旨,坚持善意文明执行和矛盾纠纷实质性化解理念,充分发挥在多元化纠纷解决机制中的引领、推动作用,建立多部门参与的执行联动机制,保证执行处置工作顺利推进。人民法院充分运用执行调查权,有效化解经久未解的村民修路难、工人要账难、债权实现难等三大症结,实质性化解矛盾纠纷近百件,有效地保障了债权人的利益,减少了人民群众的诉累,实现了政治效果、社会效果、法律效果的有机统一,对弘扬司法为民理念、处置类似案件、促进社会治理能力和治理体系的现代化具有典型意义。

案例三 某银行与龚某等资产管理合同纠纷执行案
——府院联动在"玻璃罩"监管下实现执行松绑"输氧"

【执行要旨】

被执行人龚某系属地政府重点培育拟上市企业实际控制人,因所持股权被冻结、信用受损,上市进程受阻。金华中院依托金华市府院协同构建的执行助企纾困"输氧玻璃罩"机制,共同研判公司现状、主体信用、上市进展等,经多次协调推动达成执行和解,并联合监督履行完毕。法院及时解除措施、修复信用,推动企业上市进程,为助企纾困解难、激发市场活力提供了有力的司法保障。

【基本案情】

申请执行人:某银行

被执行人:龚某等

执行法院:浙江省金华市中级人民法院

在申请执行人某银行与被执行人龚某等资产管理合同纠纷一案执行过程中,金华中院查封了龚某名下财产,并拟将其纳入失信被执行人名单。因龚某持股的关联公司系属地政府重点培育的拟上市企业,经营状况良好,正在申报上市流程中,龚某系该公司法定代表人及实际控制人,因所持股权冻结、信用受损,上市进程受阻。

金华中院秉承依法平等保护民营经济、善意文明执行的理念,坚持三步走策略:一是府院协同研判。争取属地党委政府的支持,与相关职能部门召开联席会议,就公司现状、主体信用、上市进展、执行方案等进行充分的梳理研判,为实质性化解纠纷提供有力支撑。二是灵活施策"输氧"。考虑企业的上市需求,在被执行人申报财产、配合执行的情形下,法院给予宽限期,暂缓将其纳入失信被执行人名单、处置财产,保障企业正常经营。府院协同推进,促成双方达成执行和解。三是联合监督履行。在执行法院、属地政府、经信局、金融办等的监督下,龚某诚信履行执行款约1.2亿元,某银行确认龚某履行完毕法律文书确定的义务后,金华中院依申请解除相应执行措施，之后龚某控股的公司披露首次公开发行股票招股说明书（申报稿），冲刺上交所主板IPO上市，预计募资8.621亿元用于扩产项目，企业上市程序顺利推进。龚某送来锦旗和感谢信，感谢金华中院"怀爱民之心，办利企之事"。

【典型意义】

金华中院秉持善意文明、平等保护各类市场主体产权和合法权益的执行理念，助企纾困和监督执行并举，不枉不纵；争取党委政府的支持，灵活运用府院协同构建的执行助企纾困"输氧玻璃罩"机制，府院联审全方位评价企业信用、行业前景、资产负债等；对诚信且有持续增长可能的涉执民营企业，引导达成"一揽子"和解，分类实施松绑"输氧"措施，同时构建多重监管"玻璃罩"，定期审核与履约相关的企业经营状况，确保纾困企业诚信履行，切实保护申请执行人的合法权益，实现企业摆脱债务困境、债权人兑现债权的双赢。

案例四　陈某某与某公司财产保全案
——运用"账户解冻置换+已控资金归集"的方式"生道保全"

【执行要旨】

保全案件应合理平衡财产当事人双方的合法权益，厦门中院坚持能动司法理念，探索采取对被冻结基本账户和影响企业生产经营关键账户的解冻、置换、归集，为企业资金账户松绑，避免企业因财产保全而陷入生产经营困境。

【基本案情】

申请保全人：陈某某

被保全人：某公司

保全法院：福建省厦门市中级人民法院

某公司是一家专门生产母婴产品的港商投资企业，于2018年被福建省政府有关部门认定为高新技术企业。2021年8月，该公司与陈某某发生经济纠纷，陈某某向厦门中院申请诉前财产保全该公司3000万元的财产。保全中，厦门中院依申请冻结了该公司的基本账户等多个普通账户，企业经营陷入了难以为继的困境。该企业随即向厦门中院提出解冻账户的请求。厦门中院财产保全中心收到请求后，认真审查企业被冻结账户的性质、流水情况、交易对象，核实上述账户确为基本账户和发放员工工资、长期合同交易的重要账户，在企业承诺账户后续仅用于生产经营所需的最低限度，同时充分考虑案情并告知申请人后，决定对基本账户解除冻结，同时对重点普通账户解冻后进行置换，即责令该公司在解冻后12小时内将已冻结的款项统一归集到其他被冻结的账户。上述账户的解冻与置换，解除了该公司因财产保全引发的经营危机。在该案原告陈某某的诉讼请求被厦门中院驳回后，该公司送来感谢信，深情表达对执行法院能动司法的感激："贵院秉持人性化司法的理念，帮我司解除了基本账户的查封冻结，置换一般账户，使我司不致因诉讼陷入无法经营的险境。通过这个财产保全案件，我司深切感受到厦门高水平的司法营商环境，将考虑加大在厦投资的力度。"

【典型意义】

在财产保全的实践中，困扰保全法官的普遍性问题就是应否及如何置换保全财产，而一旦涉及银行账户解冻则更加棘手，因为现金是最便于执行的责任财产。本案中保全法院充分考虑该民营企业生存的困境，坚持能动司法理念，主动担当作为，通过基本账户解冻和关键普通账户置换归集的方式，既努力实现保全目的，又维护被保全企业的生存权益，为处理财产保全案件中银行账户解冻置换探索出一条"生道保全"之路，为民营经济的发展营造了优质的法治化营商环境，实现了政治效果、社会效果、法律效果的有机统一。

案例五　青岛某粮库、某置业公司等与青岛某实业公司买卖合同纠纷系列案
——将"老企业搬迁"政策与市场化法治化路径相结合，实现本地老品牌"整体盘活"

【执行要旨】

面对拥有数十年知名老品牌的被执行企业，青岛中院充分运用属地政府"老企业搬迁"配套优惠政策，依托"市场化+法治化"路径，引导实力雄厚的投资人整体整合债权，促成各方当事人达成一致并实现债权清偿，依法解除对涉案财产的查封，一揽子解决了75件执行案件。

【基本案情】

申请执行人：青岛某粮库、某置业公司

被执行人：青岛某实业公司

执行法院：山东省青岛市中级人民法院

青岛中院受理的申请执行人青岛某粮库、某置业公司等与被执行人青岛某实业公司合同纠纷系列案中，执行标的共计1亿余元。此前，青岛辖区某实业公司作为被执行人的执行案件共75件，绝大多数案件未执结。立案执行后，青岛中院全面评估了某实业公司名下可供执行财产，全部资产估价共计约3000万元，唯一有处置价值的是位于青岛市某路45号的房地产。该房地产涉及抵押权等多重权利负担，且已被多地多家法院轮候查封。因该宗土地系工业用地，市场评估价值较低，若贸然以强制拍卖程序推进，则仅抵押权债务能够得到偿付，其他债权人的债权及企业60余名职工的2000万元安置费用将无法清偿。

青岛中院改变传统执行思路，坚持能动司法理念，吃透企业所在地区政府的"老企业搬迁"政策，将执行案件融入企业属地政府"老企业搬迁计划"，组织各方当事人与政府相关职能部门进行了十几轮磋商，促成当事人与投资人在法治框架内达成协议，由投资人出资整合处理"某实业公司作为被执行人"案件的全部债权，同时为某实业公司预留2000万元职工安置费用、1800万元"老厂重建复工"费用。青岛中院遂依法解除了对某实业公司名下商标权、土地及其他财产的查封。某实业公司妥善安置了公司职工，顺利进行搬迁，目前已经进入复工重建阶段。青岛辖区涉某实业公司共75件执行案件全部执行完毕。

【典型意义】

某实业公司系青岛地区著名老品牌，具有优良的品牌价值、广泛的影响力和较高的认可度。该系列案件执行标的大、案件数量多、社会影响广，对涉案财产的处置与地方经济发展、社会安全稳定和营商环境水平密切相关，能否统筹兼顾各方利益、妥善解决实质纠纷，同时保护本地老品牌，考验着法院的担当和智慧。青岛中院坚持以能动司法解难题、破困局，将案件依法执行与"老企业搬迁"政策相结合，依托法院专业优势，促成投资人、政府职能部门与案件当事人找到"最大公约数"，在法治轨道上以市场化路径整体盘活企业资产，一揽子解决了被执行企业历时十余年的75件执行案件，一举促成了清偿企业债务、维护债权人合法权益、助力地方老品牌焕发新活力、保障社会安全稳定的"多赢"局面，实现了政治效果、社会效果、法律效果的有机统一，为优化营商环境注入了司法动能。

案例六　某建设工程公司土地承包纠纷系列案
——以绿色执行理念妥善化解468亩林木腾退

【执行要旨】

在实践中，土地腾退案件一直面临诸多难点。一方面，林苗、花木等地上附着物的评估难度大、流拍率高；另一方面，生物资源的生态价值在强制腾退过程中也可能面临不可逆转的损害。对此，上海崇明法院依托"府院联动"机制，由政府出面对涉案土地进行公开招租，积极引入第三方企业对地上林木予以整体收购，并对涉案土地进行承租，既有效兑现了村民土地权益，也践行了绿色执行理念，实现了生态资源保护和助力乡村振兴的双赢。

【基本案情】

申请执行人：11个村民小组

被执行人：某建设工程公司

执行法院：上海市崇明区人民法院

2014年，某建设工程公司与上海市崇明区某村11个村民小组签订土地承包经营权流转合同，约定承租各村民小组土地共468亩，因经营不善拖欠租金，11个村民小组分别向法院提起诉讼。2021年，法院最终判决解除双方签订的土地承包经营权流转合同，某建设工程公司将承租的468亩土地平复还耕后腾退返还给各村民小组，并支付逾期未付的租金。判决生效后，某建设工程公司未履行义务，11个村民小组分别向崇明法院申请强制执行，要求某建设工程公司腾退土地并支付欠付的租金。

崇明法院于2022年1月9日立案执行。经调查，被执行人除涉案土地上的林木外，无其他可供执行的财产。崇明法院于2022年3月9日依法查封了被执行人在涉案土地上的林木，并张贴腾退公告，限期要求被执行人履行义务。

崇明法院经调查发现，涉案土地上的林木包括樱花树、香樟树、榉树等在内共27种近35万株，品种多样、数量繁多，且部分品种有一定的稀缺性，具有相当的经济价值及生态价值。若强行腾退，不仅工程量巨大，也易造成苗木死亡、土壤破坏，可能引发次级生态灾害，不利于土地的可持续发展。若对地上林木进行评估拍卖，一方面评估费用不菲且面临流拍的风险，另一方面拍卖成交后仍需对林木进行腾退，生态资源仍面临被破坏之虞。

为此，崇明法院多次召集双方就本案租金支付、土地腾退进行协商，并会同镇政府等相关职能部门召开联席会议，就案件化解寻求最优解决方案。经崇明法院积极协调，涉案土地所在镇政府对土地进行公开招租，成功引入第三方公司对林木进行整体收购，并与村民小组就涉案土地签订土地流转合同。至此，被执行人所欠土地租金得以全部支付完毕，本案得到妥善解决。

【典型意义】

本案中，土地腾退与兑现租金债权、保护生态环境之间呈现出一种紧张的对立关系。因被执行人名下除涉案土地上的林木外无其他可供执行的财产，启动林木拍卖是常规的执行路径。但是崇明法院在执行中发现，启动林木拍卖具有以下几个难点：①评估成本高。被执行人名下近35万株林木分布在468亩的土地上，品种也不尽相同，评估所需要耗费的人力、物力以及时间成本都十分高昂。②拍卖难度大。林木由于其地上附着且生长周期长的特性，拍卖难度远超过其他标的物，拍卖成交率畸低。③执结周期长。林木拍卖往往会经过一拍、二拍甚至变卖等数个环节，执行周期远超于一般执行案件。尤其本案中村民被拖欠租金已逾两年，采取林木拍卖并不利于系列案件的迅速化解，同时可能激发群体性的矛盾。④社会效果差。如果林木流拍，申请执行人的债权将无法得到实现。如果林木最终拍卖成交也需面临后续土地的腾退，腾退的工具以及清退林木的存放地点等都需要耗费成本予以确认，同时将不可避免地造成生态受损。

在综合考虑上述因素后，崇明法院确立了"民生为本"的工作思路，在执行工作中体现"绿水青山就是金山银山"的生态保护理念，紧盯村民权益的落实落地和生态环境保护。通过与涉案土地所在的镇政府积极协调沟通，成功引入第三方对林木予以整体收购，并与申请执行人签订土地流转租赁合同，既优先实现了村民的租金债权，同时在保全林木这一生态资源的基础上，为生态环境保护、涉案土地的可持续发展和村民的长远收益提供了解决方案，实现了政治效果、社会效果、法律效果的有机统一。

案例七 某药业公司系列欠款纠纷执行案
——引入"临时管理人"，实现企业盘活与债权人权益保障双兼顾

【执行要旨】

被执行企业因资金断流拖欠众多供货商货款，执行法院引入重整实务中的"临时管理人"机制，以监管企业的生产经营，促成当事人达成和解，实现了企业资金不断流、企业不破产、生产不停止、工人不下岗，被执行企业得以存活、债权人利益稳步实现的目的。

【基本案情】

申请执行人：代某某等

被执行人：某药业公司

执行法院：河北省安国市人民法院

2020年12月底，安国法院在执行某药业公司的案件时发现，该公司作为被告的案件仍有80多件正在审理中。安国法院立即传唤公司负责人，了解到公司因未能按约定给供货商付款，引发了大规模诉讼。安国法院通过查阅账目、现场调查发现，该公司拖欠473名个体工商户的货款达1800余万元，公司应收账款有1700余万元，公司设备、资质等生产条件都具备。如果按照传统执行思路，公司的账户资金只能清偿顺位在先的几名债权人，继续执行只能拍卖公司的机器设备、房产土地等固定资产，一个经济实体也将随之消失，大部分债权人的权益将得不到保障。

安国法院秉承善意文明执行理念，坚持能动司法，果断协调正在审理中的案件，并将尚未起诉的供货商也纳入解决范围，多次组织召开债权人会议集思广益，最终确定了参照破产预重整制度，引入第三方会计公司作为"临时管理人"监管公司生产经营的执行方案：第一，委托会计公司接管公司财务，对公司进行监管，定期公示公司账目。第二，解封公司基本账户，对公司资产进行"活封"。第三，由法院以执行第三人到期债权的形式催收应收公司债权。第四，催收到账的案款交付公司，公司每月对供货商按照各自债权金额百分之五的比例进行偿还。

目前某药业公司已恢复正常生产经营，月营业额近百万元，累计偿还货款500余万元。

【典型意义】

安国法院通过引入"临时管理人"这一措施充分践行了习近平法治思想，贯彻了"法治是最好的营商环境"的理念；该案件用活了破产重整实务中的"临时管理人"制度，扶持企业平稳度过"疗愈期"，为经济实体发展注入了活力，让执行有力度，更有"温度"；最大限度地帮助债权人足额实现债权，提高了执行效率，实现了对涉企案件执行的政治效果、社会效果、法律效果的有机统一。

案例八　某信托公司与某资本公司等信托纠纷执行案

——专业定制执行方案，48个工作日兑现10亿元金融债权

【执行要旨】

证券市场瞬息万变，司法处置上市公司股票要快、准、稳。法院在案件处置中既要妥善维护当事人、上市公司各方的利益，又要尽可能降低对证券市场的影响，防范市场风险，避免引起股票价格大幅波动。武汉中院发挥能动司法作用，执结一起上市公司大额股票的典型案例。从立案到成交，武汉中院推进立案、查控、约谈、评议、挂网、拍卖系列执行流程与各项工作，用时48个工作日（含公告一个月），真金白银兑现申请执行人10亿元债权，有力地维护了金融市场的稳定。

【基本案情】

申请执行人：某信托公司

被执行人：某资本公司、某股权公司

执行法院：湖北省武汉市中级人民法院

原告某信托公司与被告某资本公司签订《信托受益权转让协议》，某股权公司以其持有的某上市公司限售原始股提供质押担保，后因资本公司违约，某信托公司将其诉至法院。武汉中院一审判决被告某资本公司向原告某信托公司支付8.8亿元投资本金及利息、违约金，判令原告就质押的某上市公司4亿股股票优先受偿。

判决生效后，被告未主动履行判决义务，某信托公司于2023年1月向武汉中院申请强制执行。通过重大涉企案件绿色通道，武汉中院证券基金执行团队第一时间对申请执行人进行首次约谈，迅速确定本案债权兑现的关键是4亿股股票的处置。立案时，股票市场价在2.2元/股左右，案涉4亿股股票总价至少八九亿元，处理的好坏不仅关系到申请执行人胜诉权益的兑现，还将影响股价、股民利益及上市公司的发展，牵一发而动全身。执行人员抢在春节休市前前往中国证券登记结算上海分公司办理查控。经查，案涉4亿股股票现已转为无限售流通股，武汉中院系首封法院，具备处置权。合议庭随即反复衡量集中竞价、大宗交易、司法拍卖三种处置方法的利弊，最终选择将案涉4亿股股票拆分为三个资产包，以拍卖日前20日均价八折作为起拍价进行挂网拍卖；

为实现股票价值最大化，选择在目前股市与股价行情较好的"年后小阳春"启动司法拍卖程序。

最终，通过总计148次出价、94次延时，在19万人次拍卖围观下，案涉4亿股股票以单股均价2.5元、总成交价10.03亿元全部成交，溢价率达到24.8%，火爆的拍卖行情带动了二级市场行情。当天，该股票市场收盘价上涨4%。成交后，申请执行人向武汉中院送来"高效执行 助力金融"的锦旗表达谢意。

【典型意义】

本案是武汉中院发挥能动司法作用、执行上市公司大额股票的典型案例。本案的执行突出了兑现胜诉债权的"快"、股票拆分市场化处置的"准"与涉企金融案件执行方案的"稳"。武汉中院通过牢牢把握"公正"这个根本要求，积极回应"效率"这一人民期盼，持续更新执行理念，进行专业化案件类型分流，深化改革创新，推行执行方案专业定制，实现兑现胜诉债权和推动经济发展并重，也为上市公司股票执行类案提供了成功范例。

案例九 刘某某与郭某买卖合同纠纷执行案
——设置履约宽限期，最大限度维护双方当事人权益

【执行要旨】

大庆让胡路法院积极贯彻落实《最高人民法院关于在执行工作中进一步强化善意文明执行理念的意见》，注重在强制执行中把握善意要求，通过找准双方利益平衡点，充分运用"宽限期"推动解决"执行难"、实现共赢，既保障胜诉当事人的合法权益，又最大限度地避免给被执行人带来不利影响，有力实现政治效果、社会效果、法律效果的有机统一。

【基本案情】

申请执行人：刘某某

被执行人：郭某

执行法院：黑龙江省大庆市让胡路区人民法院

2022年5月，大庆让胡路法院对刘某某与郭某买卖合同纠纷一案作出一审判决，判决郭某于2022年5月20日前给付刘某某合同价款40000余元。2022年6月23日，刘某某申请对郭某强制执行，经初步财产查询反馈，未发现被执行人郭某名下有可供执行财产。2022年7月5日，刘某某进一步提供线索，申请法院到郭某当前所居住的肇东市新华村进行现场调查，执行法官当即带队赶赴新华村并顺利找到郭某。经调查，郭某刚刚在村里的宅基地圈养了25头猪崽，于是刘某某主张将猪崽强制执行变现。

经进一步了解，这25头猪崽是郭某在亲属处借款12500元购买的，如现在强制执

行变卖猪崽，根据市场价值仅能执行到位1万余元，一方面刘某某的胜诉权益目前无法全部兑现，另一方面郭某的债务负担将会进一步加重。为更好地保护双方的权益，执行法官经综合考虑提议，由郭某暂时喂养这25头猪崽，待6个月后猪崽全部长成再予以处置。同时，执行法官向郭某言明利害、释法说理，告知其若擅自处置将承担的法律责任，申请执行人亦对此执行方案表示认可，双方达成执行和解。2023年1月10日，被执行人郭某主动联系执行法院，表明猪崽已经养成可以变卖。在执行干警的见证下，25头生猪共计变卖83100元，被执行人郭某现场给付申请执行人刘某某全部欠款40423元，郭某在偿还亲属购买猪崽的12500元借款后剩余款项3万余元。案涉双方均对执行干警表达了谢意。申请执行人表示多亏了法官的执行方案，他的欠款得以一次性全部清偿，案件顺利执结；被执行人则表示感谢法院给予他履行的宽限期，让其不仅清偿了两笔债务，自己还能有剩余款项。

【典型意义】

党的二十大报告指出，要"推进多层次多领域依法治理，提升社会治理法治化水平"。执行工作关乎民生福祉，关乎社会和谐稳定，作为司法机关，人民法院担负着参与社会治理的重任，而执行工作则是人民法院参与社会治理的重要一环。本案是贯彻善意文明执行理念，将"以人民为中心"落到实处的典型执行案例。在这起案件中，人民法院通过设置履约宽限期，兼顾了执行工作的刚性与柔性，平衡了执行力度与执行温度，有力地促进了"两难"变"多赢"，切实维护了社会和谐稳定。

案例十　周某、王某某与南京某物业公司物业服务合同纠纷执行案
——打好预罚款和司法建议"组合拳"，满足新能源车主多样化需求

【执行要旨】

本案是关涉国家新能源汽车发展战略中，基础设施建设落实落地问题的行为类执行案件，具有较高的社会关注度。执行法院秉持善意文明、能动司法的工作理念，通过预罚款方式既警示被执行物业公司履行协助安装汽车充电桩义务，又给予其一定的宽限期，促使其在信用信息不受影响的情况下主动履行。同时，执行法院还充分发挥统筹协调、释法明理工作作用，在充分沟通的基础上，向被执行人发出司法建议，引导其更新管理理念、改进工作方法，从源头预防、化解类似潜在纠纷，起到了较好的示范作用。

【基本案情】

申请执行人：周某、王某某

被执行人：南京某物业公司

执行法院：江苏省南京市栖霞区人民法院

周某、王某某与南京某物业公司物业服务合同纠纷一案判决生效后,南京某物业公司以涉案小区地下车库曾发生电动车充电自燃事故,且其仅为小区管理方而非产权人为由,拒绝履行协助安装新能源汽车充电桩的义务,周某、王某某遂向法院申请强制执行。执行过程中,栖霞法院充分发挥司法能动作用,向怠于履行义务的被执行人南京某物业公司送达《预罚款通知书》,责令其与车位产权方区分责任,15天内提出解决方案,否则将处以10万元罚款。同时,该院还积极组织涉案车位产权方、管理方、业主方三方座谈,就新能源汽车充电桩安装问题进行释法明理,并向被执行人送达《司法建议书》,指明其在车位管理中存在的不当之处,建议重新调整管理理念,对消防设施进行整改,强化安全管理责任,不得禁止业主依法依规安装充电设施。最终,被执行人南京某物业公司与涉案车位产权方均表示接受法院提出的建议,愿意协助业主安装新能源汽车充电桩。该物业公司在对栖霞法院《司法建议书》的回函中表示,充分认可法院的执行行为,今后会主动履行法律义务,并在后续管理中主动协调产权方、社区、消防部门等单位,统筹规划建设新能源汽车充电设施,满足业主的多样性需求。

【典型意义】

从政治效果上看,发展新能源汽车是我国从汽车大国迈向汽车强国的必由之路,是应对气候变化、推动绿色发展的战略举措,而加强新能源汽车基础设施建设,则是该战略的一个重要组成部分。本案的成功执行,为新能源汽车基础设施在基层社区的推广、落地提供了有益的实践范本,为国家战略的贯彻落实提供了有力的司法保障。从社会效果上看,民生权益无小事。新能源汽车充电设备在基层社区的落地,既大大提升了人民群众使用相关车辆出行的便捷程度,又促使物业公司转换管理思路、提升服务品质,从而更好地满足业主的多样化需求,取得了各方当事人的一致认可,起到了良好的示范作用。从法律效果上看,执行法院积极创新工作方式方法,综合运用预罚款措施和司法建议机制,既展示强制力警示被执行人履行义务,又设定宽限期给予其维护信用、"改过自新"的机会,并有力地发挥建议机制的柔性司法监督优势,全方位激励当事人主动履行。该案的执行充分体现了善意文明执行理念和能动司法工作的良好成效。

来源:最高人民法院

最高法执行局相关负责人就人民法院能动司法（执行）典型案例答记者问

2023年5月19日上午，最高人民法院举行人民法院能动司法（执行）典型案例新闻发布会，最高人民法院执行局局长黄文俊、最高人民法院执行局副局长王富博和最高人民法院执行局副局长毛立华出席发布会并回答记者提问，发布会由最高人民法院新闻发言人李广宇主持。

一、黄局长提到，能动司法对法官的智慧、能力要求很高，请问从最高法的角度来讲，如何引领基层执行干警依法、科学能动执行，有效防止乱执行？

做好新时代人民法院执行工作，依法执行是底线，能动执行是更高要求，而高素质执行队伍是保证。所有问题中，人的问题是最根本的问题。简要来讲，我们会通过规范—培训—监督"三位一体"的方式保障能动执行在法治轨道运转。第一，完善执行规范体系。没有规矩，不成方圆。执行程序在《中华人民共和国民事诉讼法》中仅有35个条文，尽管近年来最高法出台了大量的司法解释和规范性文件，但新问题仍层出不穷，填补规则漏洞、统一办案标准有所滞后，致监管失去针对性和准确性。今年我们将推进失信、限消、拒执罪等司法解释的修订，出台进一步规范执行行为的司法政策文件，配合强制执行法立法程序，织密制度铁笼。第二，加强执行队伍培训。结合正在深入开展的学习贯彻习近平新时代中国特色社会主义思想主题教育，以当前人民法院执行工作的重点和难点问题为主要内容，采取多种形式开展线上、线下执行队伍培训。持续引导广大执行干警深入学习、思考、领悟习近平新时代中国特色社会主义思想和习近平法治思想，自觉从党和国家发展大局的高度、从人民群众根本利益的立场出发做好执行工作，同时抓实建强执行队伍的政治素质、业务素质及职业道德素质。第三，主动接受内外监督。执行系统内，我们将坚定不移地落实防止干预司法"三个规定"，建立"零报告负面清单"，对违反规定未报告人员，严肃追查，绝不姑息。同时开展专项督导，着力解决长期存在的队伍建设、消极执行、错误执行等问题。执行系统外，我们将更加主动地接受纪检监察专项督察和人大代表、政协委员及新闻媒体等全社会的监督，主动接受检察机关法律监督，做实做优"全国执行与法律监督工作平台"，打造立体化执行监督体系。

二、有的失信被执行人明明有钱，却通过假离婚、关联交易等方式提前转移财产，导致"无钱"可执行。最高法对打击此类行为有哪些举措？成效如何？

诚信是立足之本，守法是做人底线。履行生效法律文书确定的义务是每个人的法定义务。而失信被执行人以各种方式规避、逃避、抗拒执行，是我们执行工作重点打击的对象。对此，我们采取了以下具体措施：

一是坚定不移地推进执行联动和执行信息化建设，提升执行工作能力。所谓"魔高一尺、道高一丈"，打击规避执行的最有效手段就是执行工作能力的提升。其中，首要的就是提升执行查控能力，进一步拓宽网络查控系统功能和覆盖范围。目前，已经建成了以最高人民法院"总对总"为主、以地方法院"点对点"为辅的网络查控系统。该系统已经与公安部、自然资源部、原中国银保监会等16家单位和3900多家银行业金融机构联网，可以查询存款、车辆、证券、网络资金、理财产品、不动产等16类25项信息，基本实现了对被执行人主要财产形式和相关信息的有效覆盖，极大地提升了执行效率，实现了执行查控方式的根本变革。截至2023年4月底，全国法院通过网络查控系统累计查控案件13628.08万件，累计冻结资金28044.58亿元，查询房屋、土地等不动产信息81963.89万条，车辆19018.00万辆，证券42195.43亿股，渔船和船舶371.79万艘，网络资金1009.75亿元，有力地维护了胜诉当事人的合法权益。今年，我们将进一步升级"总对总"网络查控系统，与人民法院大数据管理和服务平台对接，推动实现对当事人实名注册电话号码、已送达地址和户籍信息的"总对总"查询功能；加强与自然资源部、人民银行、税务总局、国家知识产权局的信息共享，拓宽查控范围或深度；对查控系统进行查询、冻结、扣划一体化改造，缩短执行查询周期，提升执行效率。

二是深入开展联合信用惩戒，助推社会诚信体系建设。营造"守信光荣、失信可耻"的社会氛围，自觉履行义务。自2013年最高人民法院建立失信被执行人名单制度以来，我们与国家发展改革委等60家单位签署文件，推进失信被执行人信用监督、警示和惩戒机制建设，采取11类37大项150项惩戒措施，对失信被执行人担任公职、党代表、人大代表、政协委员以及出行、购房、投资、招投标、乘坐飞机、列车软卧、G字头动车组全部座位、其他动车组列车一等以上座位等行为进行限制，取得了良好的成效，彰显了法律权威和司法公信力，真正实现了让失信被执行人"一处失信、处处受限"的效果,有力助推了社会信用体系建设。截至2023年4月初,有1144万余人次迫于信用惩戒压力主动履行了义务。

三是不断完善打击拒执犯罪工作机制。近年来,按照中央部署和实践要求,人民法院联合公安、检察院等政法机关采取了一系列措施,包括联合开展集中惩治拒执罪专项行动,出台《最高人民法院关于审理拒不执行判决、裁定刑事案件适用法律若干问题的解释》等规定,畅通公诉和自诉渠道,发挥典型案例示范引领作用等,建立常态化打击拒执犯罪工作机制,保持打击拒执罪的高压态势,切实维护当事人的合法权益。

四是探索建立大数据智能分析系统,让逃避执行行为无处遁形。向大数据、人工智能借力,智能分析被执行人行为,分析其履行能力,精准发现逃避执行行为。比如,广州互联网法院开发"E链云镜"智能分析系统,搭建"静态数据+动态行为"分析模型,整合被执行人移动支付、网络购物、大额消费、网络活动轨迹、信用等级评估等动态数据,构建被执行人履行能力5级评价体系,一键生成被执行人履行能力报告,让失信被执行人原形毕露。如在冯某欠付某公司5416元贷款案中,冯某自称失业在家、无力偿还,但经系统分析发现其同期网络消费支出近4万元,其中"直播打赏"超1万元,系统自动评定其完全具备履行能力。在广州某小额贷款公司与余某小额借款合同纠纷案件的执行中,余某以无偿还能力为由拒不履行还款义务,但经系统分析显示,余某近一年内通过互联网金融理财等支出超20万元。该院立即向相应的互联网公司发出协助执行通知,精准切断其移动支付路径,倒逼被执行人履行全部义务。

三、限制失信被执行人乘坐飞机、高铁,确实起到了很好的作用,但也有人利用漏洞,找"黄牛"能买到票,对此,人民法院有什么对策?

被限制消费的被执行人通过"黄牛"购买飞机票、高铁票,属于典型的规避执行行为,人民群众对此反应强烈。逃避执行、规避执行、妨害执行等拒不执行行为,严重侵害了胜诉当事人的合法权益,严重损害了司法公信和社会诚信,是切实解决"执行难"道路上的"拦路虎",必须依法严厉打击。人民法院对此行为一直保持高压态势,2021年第一季度上海法院开展"织网行动"专项执行活动,重拳打击失信被执行人通过"黄牛"规避限制高消费令行为。会同公安部开展专项打击,深挖违法购票线索。上海宝山区公安机关共抓获"黄牛"11人,对规避限高措施的违法行为形成有力的打击和震慑。近期,最高人民法院计划将被执行人违反限制高消费规定乘坐飞机、高铁的名单进行全面调查核实,结合调查结果和案件实际情况,依法依规开展打击行动,包括采取罚款、拘留等措施,直至追究其拒不执行判决、裁定罪刑事责任。同时,对"黄牛"顺藤摸瓜、露头就打,依法依规开展打击。

罚款、拘留、追究刑事责任构成一个层层递进的惩戒体系，对不同情节的拒执行为施以相应的惩戒，体现了强制执行严格、规范、公正、文明的特点。根据法律和司法解释规定，对人民法院的生效判决、裁定，有能力执行而拒不执行，情节严重，依法构成拒不执行判决、裁定罪的，将受到刑事处罚。未构成刑事犯罪的，可以视情节通过罚款、拘留等方式进行教育、惩戒。对拒绝报告或者虚假报告财产、违反限制高消费令等被执行人而言，如果被采取罚款、拘留等强制措施后仍拒不执行，严重妨害司法秩序，损害债权人的合法权益的，司法机关可以依法追究其拒不执行判决、裁定罪刑事责任。这里，特别提醒有钱不还的被执行人，切莫自作聪明、切莫以身试法。

近年来，人民法院不断加大打击拒不执行判决、裁定罪的力度，依法审理了一批拒不执行判决、裁定罪案件，起到了一定的威慑惩戒和教育引导作用。2022年，人民法院以拒不执行判决、裁定罪追究刑事责任3198人。下一步，最高人民法院将做深做实新时代能动司法，适时出台新的拒不执行判决、裁定罪司法解释及规范性意见，发布一批拒不执行判决、裁定罪典型案例，联合公安机关、检察机关开展集中打击拒不执行判决、裁定犯罪专项行动，建立健全公检法机关依法惩治拒不执行判决、裁定犯罪的常态化工作机制，不断凝聚依法打击拒不执行判决、裁定犯罪的强大合力，引导被执行人自觉履行人民法院的判决裁定，努力营造良好的法治环境和诚实守信的社会风尚。

四、2022年，执行工作成效显著。请问为实现切实解决"执行难"这一目标，今年执行工作有什么新的"大动作"？

为推动切实解决"执行难"，以能动司法助力抓实抓好公正与效率，今年我们主要从以下几个方面着手：

（一）推进执源治理，扭转执行案件增长趋势

一是坚持"源头管控""未病预警"。建立诉前、诉中"执行不能"风险告知制度，提升诉前和诉中保全比例，构建判后督促履行制度和执前调解制度，促进形成"在立案阶段考虑执行、审判阶段兼顾执行、执行阶段扫除障碍"的工作模式，通过"诉源治理"推进"执源治理"。二是推进"执破融合"扩面增容。发挥执行程序的强制功能与破产程序的清算、重整功能，更好地挽救市场主体，加大"僵尸企业"的"出清"力度，逐步形成债务集中清理工作大格局。

（二）发挥执行工作助力诚信体系建设作用，打通联动机制堵点痛点，提升综合治理"执行难"效率和效能

一是夯实拓展执行联动机制。推进跨部门执行协作联动工作常态化运行，争取中央全面依法治国委员会办公室等有关中央单位的支持，将解决"执行难"纳入各地依法治省（区、市）和营商环境指标体系。二是主动融入基层社会治理。将协助执行工作纳入基层社会治安综合治理网格化管理体系。三是对尚未落实的联合惩戒项目实行清单式管理，通过发送司法建议书等方式，确保2016年中央办公厅、国务院办公厅《关于加快推进失信被执行人信用监督、警示和惩戒机制建设的意见》和2019年中央全面依法治国委员会《关于加强综合治理从源头切实解决执行难问题的意见》的全面落实。

（三）推进信访实质化解，及时解决群众"急难愁盼"

"有信必复"是我们今年执行信访工作的重中之重。最高法执行局已将办理执行信访、进一步落实"有信必复"作为主题教育专项活动，并开启"五月执行信访攻坚行动"。下一步，我们将在全国法院执行系统部署干警下基层、包信访、真化解专项工作，明确各级法院执行局领导带头包案办理疑难复杂信访案件工作制度，集中出清历史积案，有效减少越级访、重复访，推进信访实质化解，及时解决群众在执行领域的操心事、烦心事、揪心事。

来源：最高人民法院

最高人民法院发布第一批涉执信访实质性化解典型案例

2021年11月18日上午9：30，最高人民法院举行执行领域突出问题集中整治阶段性进展暨全国法院执行案款集中发放日活动新闻发布会，发布第一批涉执信访实质性化解典型案例。

案例一　龚某不服执行和解协议信访案
——双方当事人达成执行和解协议，申请人龚某不服应另行提起民事诉讼。江西法院"院领导接访"制度促化解

【基本案情】

针对龚某与王某某、涂某借款合同纠纷案，2018年4月，江西省南昌市青山湖区人民法院作出民事判决书，判令由王某某偿还83万元及利息，涂某承担连带清偿责任。判决生效后，被执行人王某某、涂某未履行判决义务。2019年7月，龚某申请法院立案执行。执行中，双方当事人协商达成执行和解协议，被执行人按约还款90万元。2021年7月，龚某不服执行和解协议，以该案未执行到位为由信访。江西高院院领导接访，耐心倾听其诉求，详细了解案件情况后发现，根据《最高人民法院关于执行和解若干问题的规定》，龚某不服执行和解协议的诉求应通过另行提起民事诉讼解决。为减少当事人诉累，及时回应人民群众诉求，江西高院立即督促指导下级法院对该案加大调解工作力度。江西省南昌市青山湖区人民法院迅速行动，上门做被执行人的思想工作，动之以情、晓之以理、明之以法。经过不懈努力，再次促成双方当事人达成和解并当场履行完毕。该案成功化解。

【典型意义】

本案是江西法院"院领导接访"制度成功化解涉执信访、减轻群众诉累、落实"我为群众办实事"活动要求的典型案例。"院领导接访"制度，是一项由江西各级法院院领导定期轮流带案"面对面"接待信访群众、畅通诉求渠道、高位推动矛盾化

解、及时解决人民群众"急难愁盼"问题的重要举措。法院通过"院领导接访"制度及时找准龚某的核心诉求，自上而下联动促成案件再次和解，有效地避免了龚某另行提起民事诉讼产生的诉累，提高了群众获得感和满意度。

案例二　侨胞金某某申请强制执行借款信访案
——被执行人涉案10余件欠债上亿元，无能力履行判决义务。江西三级法院联动协调促执行和解

【基本案情】

针对金某某与吴某国、高安市某陶瓷有限公司民间借贷纠纷案，2016年12月，江西省高安市人民法院作出民事判决书，判令由吴某国、高安市某陶瓷有限公司偿还800万元及利息。判决生效后，被执行人吴某国、高安市某陶瓷有限公司未按期履行判决义务。2017年9月，金某某申请法院强制执行。执行中，江西省高安市人民法院调查查明，被执行人在多家法院涉及10件在执案件，其财产被另案首先查封且全部存在抵押贷款情况。该院对被执行人吴某国采取司法拘留措施，因其身体原因无法收拘。根据申请执行人金某某提供的线索，该院深入调查发现被执行人高安市某陶瓷有限公司有租金收入。但该租金被当地镇政府监管，用于偿还其拖欠的工人工资800余万元，以及税款、环保费、电费、物业费等共计1200余万元。因租金不足以支付全部工人工资和各类欠费，且受疫情影响租金下降，致案件难以执行租金受偿，引发金某某信访。江西高院予以执行督办并联合宜春市中级人民法院赴高安实地督导，组织双方当事人协商，促使吴某国承诺每月支付5万元至10万元，并提供一处他人名下的国有出让工业用地进行担保，获得金某某的同意，案件得以顺利化解。2021年9月，该案执行到位280万元，剩余款项正在按约履行中。

【典型意义】

本案是省、市、县三级法院联动化解重大疑难复杂涉执信访的典型案例。在这起案件中，江西省高级人民法院第一时间督办处理，宜春市中级人民法院跟踪问效，高安市人民法院深入调查、多方沟通、积极协调。案件执行面临困局时，省、市两级法院赴实地督导，当场组织双方当事人协商达成分期付款加财产担保的执行和解协议，成功妥善地化解了该起侨胞信访案，体现了人民法院切实解决人民群众诉求的信心和决心，取得了较好的政治效果和法律效果。

案例三　陈某某等 124 名农民工申请强制执行劳动报酬信访案

——被执行人欠下巨额债务，无力支付 203 万元工资，引发农民工集体信访。萍乡两级法院运用"协同执行"机制成功化解信访矛盾

【基本案情】

针对陈某某等124名农民工与萍乡市某烟花爆竹制造有限公司追索劳动报酬纠纷案，2020年10月，江西省芦溪县人民法院作出多份民事判决书，判令由萍乡市某烟花爆竹制造有限公司支付劳动报酬合计203万元。判决生效后，被执行人萍乡市某烟花爆竹制造有限公司未履行判决义务。同年12月，陈某某等124名农民工申请法院强制执行。执行中，江西省芦溪县人民法院调查发现，被执行人萍乡市某烟花爆竹制造有限公司在萍乡市中级人民法院、安源区人民法院、上栗县人民法院均有借款纠纷案件在执，欠款金额高达2000余万元，无财产可供执行，致本案执行不能，暂以终结本次执行程序结案。其间，江西省芦溪县人民法院根据举报线索，查实并冻结了被执行人退出烟花爆竹生产政府奖补金80万元。但该奖补金也被江西省萍乡市中级人民法院等其他3家法院冻结。2021年6月，陈某某等124名农民工得知情况后到市、县集体信访，请求优先受偿。为妥善化解农民工集体信访矛盾，江西省芦溪县人民法院报请萍乡市中级人民法院启动协同执行机制。该院经审查决定协同执行，并同意由江西省芦溪县人民法院扣划、提取奖补金和主持分配。江西省芦溪县人民法院将该笔奖补金扣划到位，并组织召开债权人会议。陈某某等124名农民工以其债权为工资为由要求优先受偿。其他债权人以其案件首先有效冻结为由要求按比例分配。各方未达成一致分配意见。江西省芦溪县人民法院采取见证执行方式，与债权人一同前往相关单位调查，确认该院冻结为首先有效冻结。同时该院采取执行听证方式，释明农民工生活困难情况，消除了其他债权人的猜疑，获得了大多数借款债权人的支持。2021年8月，该院制作并送达财产分配方案，确定由陈某某等124名农民工受偿，各方均未提出异议，现已将80万元发放完毕，矛盾得以顺利化解。

【典型意义】

本案是运用协同执行机制成功化解农民工集体涉执信访的典型案例。协同执行机制是最高人民法院建立的针对重大、疑难、复杂或长期未结等执行案件，上级法院发挥统一协调职能优势，统一调度使用辖区法院执行力量，协同、帮助辖区法院实施强制执行，切实为基层法院减负的一项工作机制。本案中，江西省萍乡市中级人民法院决定启动协同执行机制，并协调辖区其他法院同意统一由江西省芦溪县人民法院提取奖补金。执行中，江西省芦溪县人民法院采取见证执行、执行听证、债权人会议等方

式，充分保障各方当事人的知情权、异议权，有效解决了首先冻结、财产分配争议问题，顺利地将款项发放给陈某某等124名农民工，将一起群体性信访事件及时消化在基层，取得了较好的法律效果和政治效果。

案例四　宋某申请强制执行人身损害赔偿款信访案
——被执行人与申请人达成执行和解后下落不明，申请人长达20年未申请法院继续执行致案件陷入困局。江西省井冈山市人民法院运用"三推送"机制成功执结

【基本案情】

针对宋某与郭某、肖某、刘某、罗某中人身损害赔偿纠纷案，2000年12月，江西省井冈山市人民法院作出民事判决书，判令由郭某、肖某、刘某赔偿14097.52元，由罗某中赔偿42238.56元。判决生效后，被执行人未履行判决义务。2001年2月，宋某申请法院强制执行。执行中，被执行人郭某、肖某和刘某支付了赔偿款。同年4月，江西省井冈山市人民法院组织宋某与被执行人罗某中调解并达成执行和解协议，约定由罗某中向宋某直接支付赔偿款。和解后，被执行人罗某中外出打工下落不明，申请人宋某长期未向法院反馈此情况并要求继续执行，直至2021年4月在第一批政法队伍教育整顿期间才反映此案，致案件未能得到及时执行。江西省井冈山市人民法院立即启动"三推送"机制，向当地村委会、乡镇、民政、公安等推送被执行人罗某中的信息，请求协助查找罗某中的下落线索。"三推送"协助部门反馈未发现被执行人罗某中的行踪。但通过公安反馈结果发现被执行人罗某中现已更名为罗某忠。该院及时将此情况告知"三推送"协助部门，并根据反馈线索顺利找到了被执行人罗某忠。经传唤，罗某忠到江西省井冈山市人民法院当场履行了9950元。其间，该院拟采取司法拘留措施，考虑到其父母已过世，夫妻长期分居，且罗某忠独自抚养三个小孩，决定暂缓拘留。被执行人罗某忠出具了承诺书并履行19000元。2021年5月，该案全部执行完毕，且被执行人罗某忠另支付了25000元的迟延履行金。至此，该起20年前和解未履行案件得以顺利执结。

【典型意义】

本案是运用"三推送"执行机制成功化解涉执信访的典型案例。"三推送"机制是在党委政法委的领导下，依托基层综治中心，将协助执行工作纳入基层社会治安综合治理网格化管理的范围，由法院向相关单位、基层组织推送被执行人信息，请求协助送达、查找下落和财产线索、督促履行、化解涉执信访、开展法律宣传等的工作机制。江西省井冈山市人民法院启动该工作机制，在公安、村委会等的协助下，成功查找到被执行人，并经过认真细致的工作，促成双方当事人和解并履行完毕，取得了较好的执行效果。

案例五　曾某某申请强制执行交通事故赔偿信访案

——被执行人患严重疾病危及生命致生活困难，根本无力履行赔偿义务。江西省广昌县人民法院运用司法救助制度促化解

【基本案情】

针对曾某某与张某富道路交通事故损害赔偿纠纷案，2018年6月，江西省广昌县人民法院作出民事判决书，判令由张某富赔偿5.6万元。判决生效后，被执行人张某富未履行判决义务。同年9月，曾某某申请法院强制执行。执行中，江西省广昌县人民法院认真开展调查，被执行人张某富已离婚并外出务工，仅留有一未成年儿子和60岁母亲在家，家庭生活十分困难，未发现可供执行财产。但根据举报线索在车站蹲守成功，将被执行人张某富拘传到法院。江西省广昌县人民法院拟进一步采取司法拘留措施，但体检时发现被执行人张某富患有严重的强直性脊柱炎，随时有生命危险，且因无力支付高额医疗费至今未就医，不宜收拘，案件执行陷入困境。为此，江西省广昌县人民法院一方面协调村干部和被执行人亲属做其履行赔偿义务的思想工作，另一方面将被执行人的家庭和身体状况反馈给申请人，得到其理解。考虑到双方当事人的家庭均十分困难，江西省广昌县人民法院主动向当地党委政法委报告案件情况争取支持，帮助申请人申报国家司法救助资金，以解燃眉之急。2021年7月，该案通过司法救助方式成功化解。

【典型意义】

本案是成功运用国家司法救助制度有效化解小标的涉民生执行信访的典型案例。类似该案的执行实践中，人民法院往往遇到双方当事人家庭生活均十分困难的情况，被执行人根本无力履行致案件执行不能而引发信访。本案执行中，江西省广昌县人民法院除加大执行力度外，还多措并举，协调各方做好当事人的思想工作，积极运用国家司法救助制度帮助申请人纾解生活困难，既维护了胜诉当事人的合法权益，也赢得了双方当事人的满意，最大限度地化解信访矛盾，促进社会和谐稳定，具有较强的指导意义。

案例六　艾某申请强制执行工伤赔偿信访案

——被执行人隐藏财产拒不履行国家脱贫对象工伤赔款，江西省新余市渝水区人民法院运用执行专项调查措施促案件顺利执结

【基本案情】

针对艾某与新余某机械制造有限公司工伤赔偿纠纷案，2018年8月，江西省新余市渝水区人民法院作出民事判决书，判令由新余某机械制造有限公司赔偿64万余元。判

决生效后，该公司未履行判决义务。同年10月，艾某申请法院强制执行。执行中，江西省新余市渝水区人民法院迅速查控了被执行人名下财产，并执行到位4.4万元，之后未能发现其他财产，案件进入执行不能状态。考虑到申请人艾某工伤伤残四级且已离婚，无经济收入来源，还需抚养未成年的女儿，系低保户、贫困户和国家脱贫对象，江西省新余市渝水区人民法院认真分析案情、改变执行思路、制定周密方案，依艾某申请追加该公司唯一股东尹某为本案被执行人，并开展深挖调查工作。经梳理分析调查线索，发现被执行人与新余市某钢铁公司有业务往来，并迅速冻结和扣划到位12万余元货款。同时发现被执行人隐名持有某典当公司股权，并迅速启动评估、拍卖程序。结合前述情况，该院拟进一步采取追究拒执罪措施。被执行人迫于执行压力，主动找到法院请求调解，最终在法院的主持下达成执行和解协议，被执行人支付了45万余元赔偿。2021年5月，该案得以圆满解决，艾某赠送锦旗表示感谢。

【典型意义】

本案是人民法院充分发挥执行职能、运用执行专项调查措施、深挖调查财产线索顺利推动案件执结，服务和保障党中央乡村振兴大局的典型案例。因意外伤害致贫，是贫困产生的一个高发缘由，也是影响社会和谐稳定的重要因素。这类弱势群体的权利维护，是执行工作服务乡村振兴大局、落实"我为群众办实事"活动的具体要求。本案中，申请人艾某的生活在伤残后陷入贫困，江西省新余市渝水区人民法院开展执行专项调查，穷尽执行方法，综合运用各项强制执行措施，展开强大的执行攻势，最终顺利将该案执结，取得了较好的政治效果、社会效果和法律效果。

案例七　胡某某申请强制执行办证信访案

——案涉房屋不符合登记规定导致无法办证，案件陷入执行不能境地。江西省景德镇市珠山区人民法院创新方法，多方协调成功化解"骨头案"

【基本案情】

针对信访人胡某某与景德镇某中学拆迁安置补偿合同纠纷案，2003年12月，江西省景德镇市中级人民法院作出二审民事判决书，判令由景德镇某中学代为办理并向胡某某交付教师公寓房屋所有权证。同时由该中学支付逾期交付房屋所有权证的违约金。判决生效后，景德镇某中学未按期履行判决义务。2004年3月，胡某某申请强制执行。执行中，江西省景德镇市珠山区人民法院调查发现，案涉房屋因历史问题、手续不全，不符合办证规定，房地产管理部门无法协助办理，导致案件执行不能。为推动案件执行，该院组织双方当事人多次协商达成"房屋置换"和解方案，约定由被执行人景德镇某中学每年支付逾期违约金5000元，直至办证完毕止。同时由被执行人协调解决房屋置换问题。和解履行期间，被执行人景德镇某中学按约支付违约金，但未履行房屋置换义务。第一批政法队伍教育整顿期间，信访人胡某某上访要求强制执行办证。江西省景德镇市珠山区人民法院成立由局长带队的执行专班多次到房管、不动产登记等部门协调，均无法办证。面对困难，执行专班采取"背对背、面对面"等方式与当事人沟通，成功促使双方达成"房屋回购"和解方案，并得到了当地政府的大力支持。2021年6月，该案顺利得到化解。

【典型意义】

本案是人民法院执行干警以啃"硬骨头"的精神，创新执行方法成功化解疑难复杂涉执信访的典型案例。本案中，因涉案房屋不符合办证规定，江西省景德镇市珠山区人民法院不能通过强制执行将不具备办证条件的房屋"合法化"，导致案件执行不能，引发申请人胡某某上访。为妥善化解信访矛盾，该院促成双方当事人达成"房屋置换"和解方案仍难以执行完毕。于是，该院改变执行思路，多方协调，再次促成双方当事人达成"房屋回购"和解方案，并在当地党委政府的大力支持下，破解了回购款支付难问题，促使信访矛盾得以彻底化解，取得了较好的政治效果、社会效果和法律效果。

案例八　杨某某申请强制执行企业偿还欠款信访案

——被执行人受疫情影响生产经营陷入困境，难以履行判决义务，被纳入失信名单。江西省南昌市西湖区人民法院运用信用承诺和信用修复机制双向化解信访矛盾

【基本案情】

针对杨某某与南昌某建筑有限公司借款合同纠纷案，2017年9月，江西省南昌市西湖区人民法院作出民事判决书，判令由南昌某建筑有限公司偿还28万元及利息。判决生效后，被执行人南昌某建筑有限公司未履行判决义务。2018年4月，杨某某申请法院强制执行。执行中，江西省南昌市西湖区人民法院深入开展线上线下调查，发现被执行人南昌某建筑有限公司在该院涉案较多且未能全部执行到位，存在执行不能的风险。经多次做思想工作，被执行人陆续履行大部分款项。其间，受疫情影响且被纳入失信名单，被执行人银行贷款审批受阻、企业重组遇到困难和无法正常进行工程投标，致无力偿还剩余借款。考虑到此种情况，江西省南昌市西湖区人民法院决定采取执行和解方式对被执行人进行信用修复，且多次组织双方当事人协商，最终促成分期还款的和解方案，并由杨某某申请法院暂时解除被执行人上失信名单。信用修复后，被执行人南昌某建筑有限公司履行了全部还款义务。2021年3月，该案得以顺利执结。

【典型意义】

本案是人民法院秉持善意文明执行理念，成功运用信用承诺和信用修复机制双向化解信访矛盾的典型案例。本案中，江西省南昌市西湖区人民法院面对执行不能的困难，组织双方当事人协商促成和解，并征得申请人同意后实施信用修复措施，有效帮

助被执行人恢复生产经营、重获盈利能力，最终清偿债务。该案的执行既保障了胜诉当事人的合法权益，又帮助被执行企业复产复工，起到了"办理一个案件救活一个企业"的示范作用，对全国法院办理类似案件具有较强的指导意义。

案例九　刘某某申请强制执行村小组支付工程款信访案
——被执行财产难以变价造成执行困难。江西省新干县人民法院紧紧依靠当地党委政府妥善化解信访矛盾

【基本案情】

刘某某与新干县金川镇某村委会某村民小组建设工程施工合同纠纷案，2014年9月，江西省新干县人民法院作出民事判决书，判令由该村民小组支付工程款10万余元及利息。判决生效后，新干县金川镇某村委会某村民小组未履行判决义务。同年11月，刘某某申请法院强制执行。执行中，江西省新干县人民法院查明，被执行人新干县金川镇某村委会某村民小组有村民活动中心房屋一栋、休闲广场一处、某水库50%的所有权和水库岛屿一座。上述土地为农村集体所有性质，依法不能直接面向社会公开拍卖，当地村民不愿购买，导致案件执行不能。为破解执行难题，江西省新干县人民法院根据线索得知当地政府有意征收被执行人所有的水库岛屿，积极与当地水务部门沟通，并向县委政法委专题报告。该县委政法委组织召开案件协调会，协调同意由被执行人的上级组织新干县金川镇某村委会代为清偿。因该村委会未按期履行还款义务，江西省新干县人民法院依申请追加其为本案被执行人。新干县金川镇某村委会未提出异议，并承诺偿还10万元本金，但未得到申请人刘某某的同意。案件执行再次陷入僵局。江西省新干县人民法院面对困难反复组织双方当事人协商促成和解，由新干县金川镇某村委会偿还12万元工程款，剩余1万元利息放弃。同时在当地县委政法委的再次协调下，该村委会将名下水库区380亩滩地出租给某农业开发公司，并将租金12万元支付给刘某某。2021年7月，本案得以顺利执结。

【典型意义】

本案是人民法院紧紧依靠党委政府成功化解涉执信访的典型案例。如何化解村委会、村小组债务纠纷是当前人民法院面临的一项紧迫而艰巨的任务。在当前法律政策框架下，盘活村集体组织名下闲置资产，紧紧依靠党委政府推动土地承包权流转或入股，不失为一项有效措施。本案中，江西省新干县人民法院直面困难、多方协调、多方联动，紧紧依靠当地党委政府的支持成功化解了信访矛盾，进而避免影响新农村建设和村集体组织的正常运转，维护了村集体组织的声誉，为今后处理同类案件提供了有益经验。

案例十　某电梯有限公司申请强制执行货款信访案

——被执行人的法定代表人伙同他人转移公司租金收入，拒不履行还款义务。江西省宜春市袁州区人民法院创新使用"预告知＋预通知"执行措施攻克执行不能难题

【基本案情】

针对某电梯有限公司与江西某物流有限公司买卖合同纠纷案，2020年3月，江西省宜春市袁州区人民法院作出民事调解书，确认由江西某物流有限公司向某电梯有限公司支付货款92.7万元。调解生效后，江西某物流有限公司未履行还款义务。同年6月，某电梯有限公司申请法院强制执行。执行中，江西省宜春市袁州区人民法院经线上调查发现，被执行人名下除一块被另案多次查封的土地外无其他登记财产。该院派员现场调查发现，被执行人已搬离原址，但在原址处新建的一栋办公楼，引起了办案人员的注意。经过走访了解，被执行人建起该栋办公楼但未办理产权证书，并将其出租给其他公司办公，年租金收入100万元。江西省宜春市袁州区人民法院遂对租金流向进行调查，发现被执行人的法定代表人李某东伙同员工李某安以该员工的银行账号将租金转移，存在规避执行的违法行为，涉嫌构成拒执犯罪。在查清事实后，该院创新使用罚款和追究拒执罪等强制措施，于2021年3月12日分别向被执行人的法定代表人李某东和员工李某安发出《涉嫌拒执犯罪预告书》和《预罚款通知书》，限其在七日内清偿全部货款，否则将其涉嫌拒不执行判决、裁定罪线索移送公安机关侦查，并分别罚款10万元。被执行人于七日内清偿了全部货款。李某东和员工李某安向法院出具了悔过书。同年3月19日，该案得以执行完毕。

【典型意义】

本案是人民法院创新使用罚款和追究拒执犯罪措施，采取预罚款和涉嫌拒执犯罪预告等方式成功推动案件执行完毕和有效化解信访矛盾的典型案例。执行实践中，被执行人对办案人员的"涉嫌拒执犯罪"口头警告往往不以为意，根本没充分意识到转移财产规避执行所产生的严重法律后果。本案中，江西省宜春市袁州区人民法院创新运用"预告知+预通知"执行模式，让被执行人意识到规避执行的法律后果，给予其权衡利弊作出选择的时间；同时给予被执行企业法定代表人李某东和员工李某安悔改的机会，促使其主动履行判决义务，充分体现了善意文明的执行理念，彰显了司法的权威和温度。

来源：最高人民法院

最高法发布依法惩戒规避和抗拒执行典型案例

2021年12月1日，最高人民法院发布一批依法惩戒规避和抗拒执行的典型案例。全国政法队伍教育整顿开始以来，各级法院坚决贯彻落实党中央决策部署，在深入开展执行领域突出问题集中整治的同时，把解决好群众"急难愁盼"问题放在首要位置，积极部署开展"我为群众办实事"——高效为民执行专项行动，要求各级法院聚焦人民群众反映强烈、长期难以解决的涉执行信访案件，影响群众获得感的10万元以下小标的案件，影响群众幸福感的涉民生案件、涉小微企业案件等，用足用好搜查、拘传、罚款、拘留、追究拒执罪等强制性措施，依法加大对规避、抗拒执行的惩戒力度，尽最大努力、穷尽一切措施兑现胜诉当事人的合法权益。

本次发布的8件典型案例，集中展现了人民法院面对逃避、对抗执行行为时积极主动、因案施策的经验做法，体现了执行干警灵活运用多种方式向被执行人施加压力的执行智慧。人民法院打击规避和抗拒执行，维护了司法权威，保障了申请执行人的胜诉权利，起到了对被执行人强有力的震慑作用，实现了法律效果和社会效果的有机统一，体现了新时代执行干警司法为民、勇于担当的工作作风。下一步，全国法院将以党的十九届六中全会精神为引领，巩固深化队伍教育整顿成果，继续加大对规避和抗拒执行行为的惩戒力度，集中力量执结一批与群众利益切身相关的案件，推动高效为民专项执行行动取得更大成效。

依法惩戒规避和抗拒执行典型案例

案例一　龚某等与珠海市某餐饮公司劳动争议执行案件

【案情简介】

2020年4月底，珠海市某餐饮公司以受疫情影响为由与所有员工解除劳动关系，仅向员工发放了1000元的生活费。后经法院判决，该公司应向龚某等48名员工支付工资及经济补偿金共计230万元。2021年4月25日，龚某等48名员工向广东省珠海市香洲区人民法院申请强制执行。执行过程中，珠海市香洲区法院发现被执行人在该案进入诉讼程序时法定代表人发生了变更，有逃避债务的嫌疑。珠海市香洲区法院通过实地调查、传唤被执行人总经理李某、财务总监万某接受调查发现，李某系被执行人的主要负责人。其后，执行干警再次责令被执行人如实申报财产，但李某表示已如实向法院申报，并无财产可履行义务。经执行干警现场调查核实，被执行人公司并非无履行能力。因被执行人拒不履行义务并不如实申报财产，法院依法对被执行人珠海市某餐饮公司主要负责人李某作出司法拘留15日的决定，并最终促成当事人达成和解。2021年5月25日，被执行人当即向法院执行收款账户支付150万元，剩余80万余元分两个月支付完毕。

【典型意义】

欠薪问题事关劳动者切身利益与社会的和谐稳定，珠海市香洲区法院将《保障农民工工资支付条例》落实，将兑现劳动者合法权益作为"我为群众办实事"的一项重要工作来抓，对涉农民工工资类案件做到优先执行、优先兑现，用足用好调查和惩戒措施，促使被执行人更快履行欠薪义务，全心全力为"护薪"提供更有力的司法保障。

案例二　吴某甲等人申请执行陈某乙刑事附带民事赔偿纠纷案件

【案情简介】

吴某甲等7人申请执行陈某乙交通肇事刑事附带民事赔偿一案中，吴某甲等7人申请执行数额12万元，陈某乙支付了7万元后，一直以无财产为由拒绝履行支付剩余5万元的义务。2021年初，根据申请执行人提供的线索，被执行人陈某乙长期与其妻子在当地经营家禽生意，执行法院广西壮族自治区合浦县人民法院突击前往一百余公里外的被执行人经营场所，对经营场所、货物、收款二维码等物品进行拍照固定，后将被执行人陈某乙带至最近的乡镇派出法庭进行调查询问和调解。被执行人陈某乙承认其与妻子从事家禽生意每月均有利润，因其账户已被法院冻结故使用妻子名下的微信收款码收账。经调解，吴某甲等申请执行人与陈某乙达成每月至少支付2000元的和解协议。数月后，申请执行人向执行法院反映，被执行人仅履行两期付款义务后拒绝继续履行。合浦县法院经研究，向被执行人陈某乙发出《司法拘留预先告知书》，限其3日内履行全部义务，否则将对其司法拘留15日，情节严重的，移交公安机关按拒执罪处理。同时，合浦县法院向被执行人所在村委会发出《关于陈某乙已被依法列为失信被执行人的告知及协助敦促陈某乙履行生效裁判的函》，请村委会协助敦促陈某乙履行生效裁判，并提醒村委会在协助敦促中注意保护当事人的个人信息和个人隐私。陈某乙在收到《司法拘留预先告知书》的次日即主动联系执行法院，在执行法院的见证下，一次性付清全部剩余款项。合浦县法院随即解除被执行人陈某乙的全部限制措施，并致函其所在村委会通报其已自动履行完毕的情况，对村委会的协助表示感谢。

【典型意义】

在本案执行过程中，执行法院及时、准确地固定了被执行人有能力履行而不履行的完整证据链，在被执行人符合司法拘留，甚至追究其拒执罪的情况下，考虑到被执行人拒不履行义务的主要原因在于其不懂法，不清楚拒不履行生效裁判的具体法律后果，执行法院向其严肃、充分地释法说理，并向被执行人发出法律文书，同时借助当地村委会的力量，充分发挥基层治理功能，向被执行人施加压力，最终促成案结事了。合浦县法院在疫情期间，综合运用各种执行措施，注重善意文明执行，既维护了申请执行人的合法债权，又最大限度地保障了被执行人的生产生活。本案以最低的执行成本成功执行完毕，节约了大量司法资源，较好地实现了法律效果和社会效果的统一。

案例三　殷某娟拒不执行判决、裁定罪自诉案

【案情简介】

2019年12月，徐某与殷某娟民间借贷纠纷一案，经江西省鹰潭市余江区人民法院主持调解达成调解协议并制作调解书，殷某娟需偿还徐某借款83万元及利息。但殷某娟未按照调解书履行还款义务。徐某遂向余江区法院申请强制执行。执行中殷某娟虽多次作出还款承诺，但届期均未履行，且有逃离住所等逃避执行的行为，法院对其作出了司法拘留和罚款决定。2021年初，申请执行人徐某遂以被执行人殷某娟涉嫌拒不执行判决、裁定罪向余江区法院提起刑事自诉。该院刑事立案后对被执行人殷某娟作出逮捕决定。2021年4月，江西省高级人民法院联合多家媒体对该案开展"余江'猎狐'拘捕进行时"直播活动，观看量突破了60万人次，营造了强大的舆论氛围。在被决定逮捕后，被执行人殷某娟的家属与申请执行人徐某达成执行和解协议，该案得以顺利执结。

【典型意义】

本案是通过刑事自诉方式追究被执行人拒执罪的典型案例。且法院以案说法，通过与媒体深度合作，采取网络直播、全程见证抓捕等新媒体形式，形成强大的舆论威慑氛围，具有极强的教育意义和社会影响，真正起到了执行一案、教育一批、影响一片的积极效果。

案例四　丁某杨等人虚构债务被判拒执罪案

【案情简介】

在中国民生银行分别诉丁某杨夫妇、庞某明夫妇欠款纠纷案审理期间，丁某杨

等人串通各自亲属在法院保全前以各自房产为虚构的借款设定抵押并进行了公证。案件进入执行程序，执行法院苏州工业园区人民法院裁定拍卖了丁某杨夫妇、庞某明夫妇名下的两处房产，其亲属则以抵押权为由申请在拍卖价款中优先受偿。此外，其亲属以虚构的借款在异地起诉，并取得了生效判决，其持判决书向执行法院申请参与分配。因抵押借贷存疑，执行法院向两案被执行人及其亲属就虚假诉讼逃避执行等法律规定作出释明，各当事人仍坚称抵押借贷真实存在并愿意承担法律责任。后执行法院调查确认，所谓的借款在出借后经过二十余次流转最终又回到了出借人处，借贷的事实并不成立。执行法院对两案被执行人虚构债务、虚假抵押、虚假诉讼规避执行的行为作出了总计罚款60万元的决定，因虚假诉讼取得的判决亦被再审撤销。2021年3月，苏州中院部署开展打击拒执犯罪专项行动，本案根据联动机制实现快移、快侦、快诉和快审。移送起诉期间，被执行人丁某杨夫妇将其所涉全部债务履行完毕。2021年4月，苏州工业园区人民法院以拒不执行判决、裁定罪，分别判处各被执行人拘役六个月（缓期执行六个月）至一年三个月有期徒刑不等的刑罚。

【典型意义】

2021年以来，全国法院结合各地实际情况，部署开展打击拒执犯罪专项行动，并协调公安、检察等单位专题会商，对案件立案标准、证据采信、是否构罪等核心问题提前达成共识，充分凝聚打击拒执罪的工作合力；对拒执案件快移、快侦、快诉、快审，充分发挥了解决"执行难"的联动机制优势，彰显了打击拒执犯罪的决心；并通过集中组织旁听拒执罪庭审的方式在社会上起到了"判处一例、震慑一批、教育一片"的良好社会效果。

案例五　李某某利用电商平台规避执行案

【案情简介】

在代某某申请执行李某某买卖合同纠纷一案中，广东省佛山市南海区人民法院通过传统调查和网络查控措施，未查到李某某可供执行财产，故拟对诉讼财产保全阶段冻结的李某某持有一商贸公司75%的股权份额进行处置。因该公司未能提供相关的财务账册等资料，导致股权评估无法进行。后经执行法院充分利用互联网平台和资源进行调查，发现该商贸公司注册有"某光阴旗舰店"微博账号，账号内发布的信息均与童装销售有关。执行法官又在淘宝、京东电商平台上发现该网店，并确认"某光阴旗舰店"就是由该商贸公司作为经营主体开设的。经过进一步关联查询，执行法官还发现该商贸公司在淘宝网上开设有另一家名为"某花开童装旗舰店"的网店。经向浙江天猫网络有限公司调取两家网店的交易流水，"某光阴旗舰店"2017年1月1日至2019年3月20日的营业额为1773667.81元，"某花开童装旗舰店"2017年1月1日至2019年3月

20日的营业额为7542580.03元。据此,执行法院判断该商贸公司的股权具有一定价值,被执行人具备履行能力。经执行法官多次督促和告诫,被执行人依然不理不睬,后执行法院将相关材料移送公安机关立案侦查,并对被执行人采取了拘留措施,被执行人家属随即代李某某主动履行了相应义务。

【典型意义】

本案中,南海区法院在用足用好现有财产调查措施的基础上,充分利用互联网平台和资源,另辟蹊径,深挖隐藏在公司背后的财产及财产收益,并因案施策,通过采取移送公安机关追究拒执罪的执行措施,有力震慑了被执行人,迫使其主动履行义务,依法保障了胜诉当事人的合法权益。如今,电商网店已经相当普遍,相关数据显示,仅在淘宝、京东等知名电商平台上就有超过一千万家网店。因此,法院执行工作不能仅停留于对被执行人名下的银行存款、有价证券、不动产、车辆等传统类型财产的查控,而是要用足用活执行手段,利用互联网平台和资源,对被执行人潜在的新类型财产线索进行充分挖掘,坚决打击那些挖空心思藏匿、转移财产并企图蒙混过关的失信被执行人,决不能让互联网变成拒不履行生效法律文书义务的温床。

案例六 深圳某甲科技公司逃避执行案

【案情简介】

针对深圳某甲科技有限公司申请执行深圳某乙科技有限公司买卖合同纠纷一案,2019年5月15日,双方在人民法院的主持下达成调解协议:确认深圳某乙科技有限公司欠深圳某甲科技有限公司货款195000元,深圳某乙科技有限公司所欠货款分期支付至深圳某甲科技有限公司法定代表人权某某个人名下银行账户。执行中,深圳市龙华区人民法院依据生效调解书依法冻结并扣划了深圳某乙科技有限公司账户存款205625元,并在扣除执行费用后拟支付给申请执行人深圳某甲科技有限公司。但处理款项期间,执行法院通过关联案件检索发现,以深圳某甲科技有限公司为被执行人的案件共有四件,即贺某红等四名劳动者与该公司劳动争议纠纷执行案,执行标的额共计120399元。在上述案件执行过程中,该院未发现被执行人有可供执行财产,已于2019年5月10日终结本次执行程序。龙华区法院经审查,在该上述四案执行过程中,深圳某甲科技有限公司在其账户已被人民法院冻结的情况下,通过另案诉讼调解的方式将属于该公司的应收账款195000元约定支付至该公司法定代表人权某某个人账户,以达到其转移财产的目的,并已实际转入50000元。该公司的行为直接影响了上述四案的强制执行,严重损害了贺某红等四名劳动者的合法权益。龙华区法院依法对深圳某甲科技有限公司罚款人民币10万元,对其法定代表人权某某罚款人民币5万元,并将该公司与深圳某乙科技有限公司买卖合同纠纷执行案件中执行到位的款项划拨至上述四案,保障了四位劳动者的合法权益。

【典型意义】

本案被执行人以"合法民事法律行为"作为掩饰，逃避法律义务，具有很强的隐蔽性和欺骗性。本案执行中，执行人员综合利用信息化手段，积极主动进行查询，发现并掌握被执行人转移财产、逃避执行的行为，及时予以处理，既保护了另案劳动者的合法权益，又对拒不执行法院生效判决、裁定的行为进行了司法惩戒，取得了良好的法律效果和社会效果。本案是审执信息化平台在执行工作中的有效应用实例，具有一定的典型性。

案例七　韩某龙等10人申请执行黄某民间借贷纠纷案

【案情简介】

针对韩某龙、陈某祥、徐某金等10人与黄某民间借贷纠纷一案，上海市浦东新区人民法院判决黄某归还韩某龙等10位原告借款本金320万元及利息，原告对被告名下位于浦东新区一房产折价、拍卖、变卖所得价款优先受偿。执行中，浦东新区法院前往涉案房产所在地张贴拍卖公告及裁定并进行现场调查。被执行人黄某的母亲表示其无法配合搬离，并情绪激动，表示誓与房屋共存亡。为了缓解案外人的对抗情绪，避免激化矛盾，执行法官多次上门对被执行人黄某和其母亲进行劝解并释明强调被执行人的法律义务。因说理工作无效，2020年10月27日，被执行人黄某被司法拘留15日。此后，其仍然表示拒不搬离，对生效法律文书置若罔闻，并继续阻碍法院执行。浦东新区法院研究认为，本案申请执行人众多，且多系六十岁以上老年人，体弱多病，有部分靠领取失业金生活，因此决定由浦东新区法院执行局启动绿色通道，引导申请执行人通过刑事自诉被执行人涉嫌拒执罪的方式寻求救济。2021年6月24日，刑事审判开庭传唤被告人黄某，经庭审训诫和释明风险，被执行人黄某当庭表示悔过，愿意配合法院执行，恳请法院从轻处理。截至2021年9月30日，涉案房已拍卖成交，足够覆盖10位申请人的所有债权本金及利息。

【典型意义】

本案是一起典型的腾退成功的财产处置案件，涉及的当事人众多，且多为老年人，系争借款也均系申请人的养老和治病钱，是事关百姓民生的涉众案件。本案中，浦东新区法院在耐心释法的同时，针对被执行人拒不搬离、拒不配合的行为，采取逐步升级的惩戒措施，环环相扣，前后衔接，为追究拒执罪打下良好的铺垫，符合比例原则和实体公正。本案中，通过打通拒执罪的申请人自诉启动模式，由执行部门引导当事人提供证据材料自诉追究被执行人拒执罪的刑事责任，再由刑事审判庭与执行局部门之间就被执行人的违法情节进行协调和研判，刑事审判庭依法进行裁判的体系化流程，起到了很好的效果。

案例八　韩某某等拒不执行判决、裁定案

【案情简介】

针对申请执行人某融资租赁公司与被执行人唐山某实业集团有限公司、韩某某等融资租赁合同纠纷一案，依照山东省青岛市中级人民法院作出的生效民事判决书，被执行人需向申请执行人支付3800万元及利息。后被执行人未能自觉履行，申请人申请执行。青岛中院立案执行后，法院通过线上查控、线下走访等方式查明：被执行人将其名下所有的14套房产在法院查封后出售给公司员工，且被执行人通过设立新公司继续销售产品、收取货款，逃避法院的执行。青岛中院及时将本案拒不执行生效判决书的犯罪线索移送相关公安部门，追究其刑事责任。公安部门立案后对被执行人韩某某采取了刑事拘留措施，在强大的威慑力下，被执行人已将全部案款约4500万元交至法院，该案件得以顺利执结。

【典型意义】

因被执行人及相关案外人拒不配合法院的执行工作，故意逃避执行，青岛中院对此重拳出击，及时移交公安机关追究其拒不履行判决、裁定罪的法律责任。面对巨大的威慑力，被执行人主动联系法院及案件申请人，及时履行其全部巨额债务。法院的执行工作保障了当事人的合法权益，体现了司法机关对拒不执行行为坚决打击的态势，切实维护了法律的尊严与司法权威。

来源：最高人民法院

最高检印发第二批民事检察跟进监督典型案例（节录）

2021年12月1日，最高人民检察院印发第二批民事检察跟进监督典型案例。最高检第六检察厅有关负责人表示，典型案例体现了民事检察精准监督的理念，既有对常见高发虚假诉讼行为的跟进监督，又有聚焦公共利益保护的民事检察监督，还包括一些民事执行领域的新旧问题，具有较强的实践指导作用。

这5件典型案例分别是：利用挂靠经营便利，将个人债务转嫁为被挂靠单位债务的范某传与吴某某等九人虚假诉讼跟进监督案；阐述"刑民并行"办案理念的周某凤与林某辉、武夷山市华某大酒店有限公司民间借贷纠纷跟进监督案；聚焦公共利益，避免生态公益林遭滥伐的赵某章与康某勇、康某成买卖合同纠纷跟进监督案；网络司法拍卖文字说明严重失实导致竞买人权利受到严重损害的陈某振申请执行监督跟进监督案；对执行人员违法违纪行为处理过轻及时"亮剑"的张某伟与江某勇等民间借贷纠纷跟进监督案。

记者注意到，在格式上，典型案例分为关键词、基本案情、检察监督、典型意义四部分内容。在检察监督部分，案例又进行了细分，分为初次监督和跟进监督两部分，清晰地还原了民事检察跟进监督工作的流程。

该负责人表示，在印发第一批民事检察跟进监督典型案例的基础上，再次印发案例旨在进一步明确法定性与必要性相结合的民事检察监督标准，培育权力监督与权利救济相结合的民事检察思维，做到敢于监督与善于监督相统一。

民事检察跟进监督典型案例（第二批）

张某伟与江某勇等民间借贷纠纷跟进监督案

【关键词】

财产保全　执行违法　执行监督　跟进监督

【基本案情】

原告江某勇因与被告湖北省襄阳市佳奇某贸易有限公司（以下简称佳奇公司）、

被告梁某玮、被告梁某雨、被告梁某勇、被告金某峥、被告韩某民间借贷纠纷一案，起诉至湖北省襄阳市樊城区人民法院（以下简称樊城区法院）。2015年11月30日，樊城区法院作出一审民事判决，判令梁某玮等四人偿还江某勇借款260万元及利息，梁某雨偿还江某勇借款25万元及利息。一审判决生效后，因梁某玮、梁某雨等五人未履行生效法律文书确定的金钱给付义务，江某勇于2016年9月8日向樊城区法院申请强制执行。

另查明，原告张某伟因与被告襄阳市明道某贸易有限公司（以下简称明道公司）、被告襄阳市某纸制品有限公司（以下简称纸制品公司）、被告江某勇、被告骆某洋、被告周某艳、被告张某民间借贷纠纷一案，另案起诉至樊城区法院。2016年4月25日，樊城区法院作出一审民事判决，判令明道公司、纸制品公司及江某勇等四人偿还张某伟借款本金94万元及利息。江某勇不服一审判决，上诉至湖北省襄阳市中级人民法院（以下简称襄阳市中院）。二审期间，张某伟提出财产保全申请，襄阳市中院于2017年3月27日作出（2016）鄂06民终1610号之一民事裁定书，裁定冻结被申请人江某勇对梁某玮等三人享有的债权，梁某玮等三人在160万元限额内不得对被申请人江某勇进行清偿；若梁某玮等三人要求偿付，由执行法院提存财物或价款；期限为三年。

2017年5月2日，襄阳市中院向樊城区法院出具（2017）鄂06执保39-1号函，通知冻结江某勇在该院已申请执行的对梁某玮等三人享有的债权，并协助落实（2016）鄂06民终1610号之一民事裁定书的相关内容。

2017年5月5日，襄阳市中院将上述执行裁定和协助执行函送交樊城区法院执行人员李某成等人，要求樊城区法院协助扣留江某勇对梁某玮等三人享有的债权160万元。

2017年7月，樊城区法院执行员李某成在执行江某勇与佳奇公司及梁某玮、梁某雨等五人民间借贷纠纷一案中，拍卖被执行人梁某玮两套房屋，取得对价款2196520元。之后，李某成将上述款项发放给江某勇1696520元，仅留存50万元。

【检察监督】

（一）初次监督

审查情况： 2018年7月，张某伟向湖北省襄阳市人民检察院（以下简称襄阳市检察院）申请监督，请求对樊城区法院执行员李某成违法向江某勇支付保全款项的执行行为实施监督。襄阳市检察院遂将案件线索交由湖北省襄阳市樊城区人民检察院（以下简称樊城区检察院）审查。樊城区检察院经调取审判与执行案件卷宗、询问当事人，审查发现，樊城区法院执行员李某成在执行江某勇与佳奇公司及梁某玮、梁某雨等五人民间借贷纠纷一案中，未执行上级人民法院财产保全裁定及协助执行函，违法发放给江某勇执行款1696520元，仅留存50万元，损害张某伟的合法权益，违反《中华人民共和国民事诉讼法》第二百四十二条第二款"人民法院决定扣押、冻结、划拨、变价财产，应当作出裁定，并发出《协助执行通知书》，有关单位必须办理"之规定，属于违法执行，应当予以纠正。

监督意见：樊城区检察院于2018年8月22日作出《检察建议书》，建议：一、樊城区法院纠正违法行为，继续执行（2016）鄂06民终1610号之一民事裁定书；二、对执行员不执行上级法院作出的执行裁定的行为，应当依照《人民法院工作人员处分条例》的规定审查处理。

监督结果：樊城区法院收到《检察建议书》后回复：李某成在办案中存在不严格依法办案行为，引发当事人张某伟反复上访，造成了负面的社会影响。经研究，该院决定对李某成给予"诫勉谈话"，并责成李某成尽快启动司法拍卖程序，尽快结案。截至2019年6月10日，樊城区法院陆续为张某伟执行款项148万余元，尚欠11万余元。

针对执行人员李某成的处理决定，襄阳市检察院认为，樊城区法院对执行员李某成作出"诫勉谈话"的处理决定明显不当。

（二）跟进监督

监督意见：襄阳市检察院认为，根据《中华人民共和国民事诉讼法》第一百一十四条的规定，"有义务协助调查、执行的单位有下列行为之一的，人民法院除责令其履行协助义务外，并可以予以罚款：……（二）有关单位接到人民法院《协助执行通知书》后，拒不协助查询、扣押、冻结、划拨、变价财产的……人民法院对有前款规定的行为之一的单位，可以对其主要负责人或直接责任人员予以罚款；对仍不履行协助义务的，可以予以拘留；并可以向监察机关或有关机关提出予以纪律处分的司法建议"。《人民法院工作人员处分条例》第三十七条规定，"违反规定采取或者解除财产保全措施，造成不良后果的，给予警告、记过或者记大过处分；情节较重的，给予降级或者撤职处分；情节严重的，给予开除处分"。执行员李某成作为执法人员，拒不执行上级人民法院财产保全裁定，违法发放江某勇执行款1696520元，仅留存50万元，损害了司法权威和司法公信力。检察机关发出检察建议后，樊城区法院虽经多方努力执行到位148万余元，但尚有11万余元未执行到位，损害了当事人张某伟的合法权益，李某成的违纪行为已超出"诫勉谈话"适用范围。樊城区法院对执行员李某成的违法违纪行为处理过轻。

襄阳市检察院遂指示樊城区检察院对此案跟进监督。2019年7月8日，樊城区检察院作出《跟进监督检察建议书》，建议：樊城区法院严格依据《人民法院工作人员处分条例》相关规定对执行员李某成违法违纪行为作出处分；对剩余11万余元继续执行，尽快结案。

监督结果：樊城区法院收到《跟进监督检察建议书》后，认为李某成作为案件承办人，在收到襄阳市中院的协助执行通知后，未严格依法办案，将执行款发放给江某勇，导致襄阳市中院的协助执行款项未足额到位，损害当事人张某伟的合法权益，造成张某伟四处上访，严重影响了司法公信力及樊城区法院的良好声誉。

2019年8月27日，樊城区法院对执行员李某成作出行政记过处分和党内严重警告处分，并于当月函复樊城区检察院。

【典型意义】

检察机关在开展民事执行监督工作时，对于法院自身纠错不到位的，可依法跟进监督，帮助、督促法院加大执行力度、纠正违法行为。本案中的执行员未严格执行上级法院作出的执行裁定以及协助执行文书，在取得2196520元拍卖款后将执行款1696520元发放给江某勇，仅留存50万元，给申请执行人张某伟造成损失，产生负面社会影响。涉案执行员的行为违反了《人民法院工作人员处分条例》第三十七条关于"违反规定采取或者解除财产保全措施、造成不良后果，给予警告、记过或者记大过处分"以及第五十三条关于"对外地人民法院依法委托的事项拒不办理或者故意拖延办理造成不良后果的，给予警告、记过或者记大过处分"的规定，检察机关据此建议人民法院依法对违法执行行为作出处理。人民法院收到检察建议后，对涉案执行员的处理结果畸轻，可能造成惩戒效果不明显。检察机关及时跟进监督，再次督促法院作出适当的处理，帮助法院监督、规范执行行为，维护司法公信力。法院依法采纳了检察机关跟进监督意见。检察机关的跟进监督，既体现了检察监督的功能定位，也彰显了检察机关在办案过程中始终追求的双赢、多赢、共赢监督理念，在保护相关民事主体合法权益的同时，帮助法院加强人员管理、规范司法权的运行。

来源：最高人民检察院

最高人民法院发布第二批涉执信访实质性化解典型案例

2021年12月21日上午10：00，最高人民法院在全媒体新闻发布厅举行全国法院执行领域突出问题集中整治建章立制成果新闻发布会。最高人民法院执行局副局长何东宁、最高人民法院执行局副局长韩玉军、最高人民法院执行局综合室主任邵长茂出席发布会，发布《最高人民法院关于进一步完善执行权制约机制 加强执行监督的意见》《最高人民法院关于人民法院强制执行股权若干问题的规定》，以及一批涉执信访案例，并回答记者提问。发布会由最高人民法院新闻发言人李广宇主持。

案例一　法拍房买受人韦某申请强制腾退信访案
——法拍房成交后出现承租人异议，买受人信访要求法院强制腾退，北京市第三中级人民法院在保证程序正义的基础上，引入心理疏导等多手段联动机制，促使法拍房实际占用人主动腾退

【基本案情】

2020年12月，张某与李某、庞某仲裁执行案的案涉不动产经拍卖成交。此后，被执行人亲属李某1与法院联系，称其之前出过买房款，故对该房产享有使用权，法院不能要求其腾退，态度强硬。而后，同系被执行人亲属的张某1、李某2向法院申请执行异议，主张其是案涉房产承租人。异议审查期间，北京市第三中级人民法院中止对案涉不动产的强制腾退工作。异议被裁定驳回后，当事人又向北京市高级人民法院复议。复议案件审查期间，买受人韦某信访称其认为本案存在消极执行问题，要求法院考虑其实际困难，尽快腾房。法院考虑到买受人处于孕晚期的特殊身体、心理状况，与其多次进行恳切沟通，充分释明本案因程序原因暂时中止执行的客观情况，晓之以理，动之以情，对其进行情绪疏导和宽慰，尽可能减少对其身体的不利影响。2021年8月30日，北京市高级人民法院裁定驳回张某1、李某2的复议请求。租赁权阻碍消失后，北京市第三中级人民法院多措并举，力求以最短的时间、最小的伤害、最好的效果完成案涉房产的腾退工作。经调查，案涉房产的实际占用人为被执行人的父母，两

位老人年龄较大,且被执行人父亲患有癌症,强制腾退风险较高。同时,李某1在与法院沟通过程中多次表示,如果强制腾退,其也不会善罢甘休。为妥善解决纠纷,保障各方人身财产安全,法院有针对性地作出尽可能以劝说主动腾退为主、强制腾退为辅的基本工作方案。一方面,法官多次前往案涉不动产所在地并与实际占用人及被执行人沟通,晓以利害,分析主动腾退的好处及强制腾退的风险。另一方面,立即启动强制腾退准备工作,充分考虑强制腾退可能出现的意外情况,制定包含腾退后安置场所、物品运输、警力、医疗、消防、罚款、拘留等在内的强制腾退预案,张贴强制腾退公告,以强制腾退的威慑力为辅助手段。同时,北京市第三中级人民法院与申请执行人积极沟通,申请执行人对实际占用人及被执行人的实际情况表示理解与同情,主动减免一部分被执行人所欠债务,促使实际占用人主动腾退。经过多方沟通协调,实际占用人愿意主动配合腾退,北京市第三中级人民法院于2021年10月将案涉不动产交付至买受人手中,实质性化解信访矛盾。

【典型意义】

本案是人民法院注重心理疏导、沟通化解矛盾,多措并举以主动腾退代替强制腾退,实现法拍房顺利交付,有效化解信访矛盾的典型案例。法拍房的腾退交付工作是涉执行信访的突出矛盾之一,不动产拍卖成交后出现以承租为由的异议已成为阻碍法拍房交付的常见因素。本案中,北京市第三中级人民法院在保障程序正义的前提下,全面把握腾退工作所涉各方的核心诉求,制定有针对性的腾退方案,采取张弛有度的执行行为,同时将心理疏导机制引入信访化解,体现了人民法院切实解决人民群众诉求的信心和决心,实现了社会效果与法律效果的统一。

案例二 刘某某等申请强制执行交通事故赔偿款信访案

——特大交通事故致五死二伤,被执行人因交通肇事被判刑,无力支付巨额赔偿,导致多个家庭陷入困境,死者家庭多人多次信访。江苏三级法院运用联动救助机制,成功化解信访积案

【基本案情】

针对刘某某等人与李某、董某某、临沭市某运输公司机动车交通事故责任纠纷案,江苏省苏州市吴中区人民法院作出多份民事判决,判令李某、董某某向该起交通事故中5名死者的近亲属赔偿358万余元,不足部分由临沭市某运输公司赔偿。判决生效后,上述各案5名死者的近亲属于2013年数次向江苏省苏州市吴中区人民法院申请强制执行。执行中,被执行人均无财产可供执行,董某某因交通肇事罪被判处有期徒刑6年,江苏省苏州市吴中区人民法院经多次执行仍无法有效执结。因被执行人户籍所在地为山东省临沭县,该院于2013年3月委托山东省临沭县人民法院执行,亦未能有效执

结。本次事故造成多个申请执行人家庭因此陷入困境，并引发多人多次重复信访。

2018年10月，江苏省高级人民法院协同执行法院多次赴山东临沭、江苏赣榆执行，均未能查找到被执行人可供执行的财产。2019年10月，江苏省苏州市吴中区人民法院立案恢复执行，经多次查询仍未能查到被执行人财产情况，再次前往山东临沭、江苏赣榆执行亦未果。上述案件穷尽执行措施后仍执行不能，未执行到位金额总计358万余元。

上述案件中的申请执行人有多名老人和未成年人，无生活来源，基本生活难以维系。江苏省苏州市吴中区人民法院在收到当事人提交的司法救助申请后，分别于2014年2月、2015年3月、2017年2月、2019年2月、2020年1月，分期向5个死者家庭发放执行救助款共计30万元，但因司法救助金额有限，案件始终无法执行到位，多个家庭仍无法摆脱困难并多次赴省信访。为此，江苏省高级人民法院决定启动三级法院联动救助机制，并向江苏省委政法委汇报。江苏省、市、区三级党委政法委、法院迅速召开刘某某系列案件信访化解专题会议，经研究会商，5个死者家庭因交通事故损失特别重大，生活特别困难，合法权益始终未得到有效维护，为维持其家庭正常生活，妥善平息社会矛盾，按照司法救助规定，应给予刘某某等人最大限度的司法救助，由三级党委政法委、法院进行联合救助，确定联合救助金额150万元。同时，经向刘某某等人进行释法明理，5个死者家庭均承诺息诉罢访。2021年，该案通过司法救助方式成功化解，江苏省苏州市吴中区人民法院将到位的救助资金分批向各死者家庭予以发放。2021年9月，该院执行局领导对获得救助的家庭进行回访，当事人均对人民法院通过联合救助方式解决纠纷表示感谢。

【典型意义】

本案是省、市、区三级法院紧紧依靠各级党委政府支持，运用联合救助方式妥善化解信访积案的典型案例。本案所涉交通事故造成5人死亡的严重后果，被执行人无力履行义务，申请执行人多个家庭生活陷入极度困难，并为此多人多次信访。江苏三级法院及时运用国家司法救助制度，畅通上下级法院执行联动救助渠道，积极协调争取更多的司法救助资金，提升司法救助资金额度，缓解基层法院资金不足的难题，使因案致贫的多个家庭走出困境，以实际行动解决人民群众"急难愁盼"问题，最大限度化解信访矛盾，保障社会和谐稳定，体现了司法救助扶危济困的价值追求。

案例三　灌南县某房地产公司系列信访案

——房地产开发商资金链断裂，大量预售商品房无法完成交付，买受人集体上访。江苏省灌南县人民法院创新"附条件托管"制度促化解

【基本案情】

江苏省灌南县人民法院自2016年起，立案受理原告李某等人分别起诉被告灌南县

某房地产公司商品房销售合同纠纷、建设工程施工合同纠纷、金融借款合同纠纷共31件案件，案涉金额达6000多万元。其中金额最大的为原告连云港某建设公司诉被告灌南县某房地产公司建设工程施工合同纠纷一案。

2016年1月，被告灌南县某房地产公司将自己开发的总面积约为46700平方米的商业用房和面积约为2600平方米的地下人防工程承包给原告连云港某建设公司施工建设，工程总价为6700万元。合同签订后，连云港某建设公司按约进行施工，施工过程中，灌南县某房地产公司一直变更相关要求，双方于同年11月20日签订了建设工程施工补充协议，建筑总面积变更为5万平方米，总价款变更为8500万元，工程付款方式变更为20#、21#楼建设到二层时，灌南县某房地产公司付款2000万元，建设到五层时，付至3000万元，建至九层时付至4000万元，20#、21#楼竣工验收时付至总造价的97%。在连云港某建设公司已建超过九层时，灌南县某房地产公司未能按约定的进度支付工程款。连云港某建设公司于2017年1月13日起诉，要求灌南县某房地产公司暂支付原告工程款4000万元。案件审理过程中，经江苏省灌南县人民法院主持调解，双方当事人自愿达成如下协议：被告灌南县某房地产公司于2017年1月20日前支付原告连云港某建设公司工程款4000万元。另外，原告连云港某建设公司通过江苏省灌南县人民法院（2016）苏0724财保141号民事裁定保全被告灌南县某房地产公司所有的龙都花园三期的相关房产，享有了对其优先受偿的权利。

被告灌南县某房地产公司除无法支付连云港某建设公司工程款、无法偿还对其他债权人的融资款外，因资金链断裂，其房地产开发项目不得不停工，大量已经预售的商品房无法完成交付，但这部分商品房买受人并未通过民事诉讼方式维护自身合法权益，而是采取至灌南县人民政府集体上访的方式，试图挽回自身的损失，更有商品房买受人至北京找中央机关上访。

灌南县某房地产公司系列民事案件判决先后生效，因该公司未主动履行法律文书确定的义务，申请执行人先后向江苏省灌南县人民法院申请执行，其中最大的债权人连云港某建设公司最先于2017年1月22日向江苏省灌南县人民法院申请执行。立案执行后，执行法院向被执行人送达《执行通知书》《报告财产令》等执行文书，执行指挥中心发起网络查控，实施团队对被执行人进行传统查控。2017年2月5日，执行法官对被执行人灌南县某房地产公司开发的建设工程进行了现场勘察，了解了开发楼盘的完成情况，并向部分商品房买受人调查商品房交付情况。2017年6月6日，执行法官接待了部分案涉信访群众，了解到案涉三期建设工程尚未完工，已预售的房产因水电等附属工程不完善而无法进行交付且无法办理产权变更登记手续，致信访群发。2017年9月27日，执行法官向供水、供电、人防、税务、住建等多部门了解被执行人欠费情况。2018年初，执行法院召开债权人会议，通报本案情况。2018年4月27日，执行法院召开首次被执行人、债权人代表、信访群众代表会议,充分进行沟通协调,但因各方之间矛盾较大,未就案涉财产处置方案达成一致意见。执行法院综合各方因素,认为案涉三期工程暂不宜处置。2019年,执行法院又多次组织召开各方代表会议,仍未能达成一致意见。故执行法院依法对灌南县某房地产公司所有的剩余未开发的土地使用权进行了询价。2020年9月22日,询价结果为:灌南县某房地产公司所有的土地使用权总价为5620500元,钢筋混凝土预应力桩基础总价为1341000元。无论是执行法院预判之被执行人资产价值还是实际询价结果,被执行人所有可处置资产根本不足以偿付向江苏省灌南县人民法院申请执行的申请人的债权,遑论尚未导入司法程序的大量信访房屋买受人之权益保护。并且,如果将该地块拍卖,所有权人变更后,因行政法规定的楼间距等问题,新所有权人使用该地块建设建筑物数量将少于原本建设数量,且原先已经快要施工完成的工程项目也会因为没有资金注入而彻底变成"烂尾楼",债权人实现利益与债务人付出的代价不符合比例原则。

执行法院积极争取党委政府的支持,积极与申请执行人、被执行人沟通,2020年,多次召开多方主体参加的联席会议,探索创新和解模式,最终达成采用申请执行人托管被执行人可处置资产以及债务的方式,兼顾各方当事人利益诉求的方案。2020年12月17日,被执行人灌南县某房地产公司与连云港某建设公司、孟某元(申请执行灌南县某房地产公司的第二大申请执行人)达成和解托管协议。和解托管协议约定,灌南县某房地产公司将前期的扫尾工作及22#、23#、24#共三幢楼的开发事宜以及建筑安装、房屋销售及整体小区的收盘全部委托给债权人连云港某建设公司、孟某元经营管理,涉及土地使用权后期开发的房产中,以2020年11月19日执行法院确定的土地评估价作为其抵偿债权人债务的资产,灌南县某房地产公司对该土地上新建楼盘不享有任何财产权益,不参与新建房产销售利润分配,申请执行人连云港某建设公司、孟某元与被执行人灌南县某房地产公司债权债务关系消灭,且承担灌南县某房地产公司欠政府债务1100万元、员工工资235万元,经执行法院判决和调解生效的债务450万元。和解托管协议已在履行过程中,案涉土地上的工程项目已经施工建设,上访群众也已经息访。

2021年,执行法院对案涉三期工程施工情况、相关债权履行情况、完工商品房交付情况等进行了跟进回访,目前和解托管协议履行良好。

【典型意义】

在灌南县某房地产公司附条件托管系列案件执行过程中,江苏省灌南县人民法院充分发挥政府有关部门的协调、组织作用,与申请执行人、被执行人保持良性沟通,克服诸多执行难点,有效衔接司法审判权与行政审批权,创新运用附条件托管被执行人债权债务的模式,善意文明执行,最大限度地实现胜诉当事人的合法权益,充分发挥了执行职能作用，有效推动了法治化营商环境建设，对于推进国家治理体系和治理能力现代化、推进社会诚信体系建设起到了积极作用。

案例四　王某某申请个人债务重整信访案

——被执行人王某某身负巨额债务长达20余年，浙江省遂昌县人民法院积极引入个人债务重整制度，成功化解王某某系列债务纠纷

【基本案情】

2014年12月24日，浙江省遂昌县人民法院立案执行申请执行人叶某某和被执行人王某某民间借贷一案，执行标的额190000元。执行过程中，该院通过"点对点"财产查询、线下调查等方式，均未发现被执行人王某某有可供执行的财产。2015年6月9日，该院将王某某纳入失信被执行人名单，并对该案予以程序终结。此后，该院又陆续立案执行王某某为被执行人的案件10件，累计执行标的额达260余万元，均以程序终结结案。

浙江省遂昌县人民法院在王某某系列案件执行过程中发现，王某某早年因做工程失败而背负300余万元巨额债务，拖欠至今已长达20余年。由于债务多、金额大，尤其是逾期利息逐年增加，加之自2002年起王某某的母亲生病瘫痪在床需要人照顾，长期以来王某某一边照顾母亲，一边靠打零工维持基本生活，根本无力清偿巨额债务，也没有偿还债务的想法。每当债权人上门讨债时，他就四处逃避，因此多次遭到债权人的威胁甚至殴打。有的申请执行人因未能执行到款项，就迁怒于法院，认为法院执行不力，到处向有关部门信访。

2020年下半年，浙江省遂昌县人民法院被浙江省高级人民法院确定为全省个人债务集中清理试点法院，探索开展个人债务集中清理工作。2021年4月，因王某某父亲（已故）的房产被征迁，王某某继承了237万元拆迁款。2021年4月21日，王某某在得知浙江省遂昌县人民法院正在试行通过个人债务重整一揽子解决债务的做法后，为了彻底解决自己长达20多年的债务问题，不再过四处躲债、担惊受怕的日子，便主动向该院提交了个人债务重整申请书。

申请个人债务重整期间，除已进入执行程序的11件案件外，王某某还主动申报了未进入司法程序的32笔债务，这些债务大部分已过诉讼时效。重整过程中，浙江省遂昌县人民法院审查确认王某某对外欠债355万余元，可分配款项为237万元。债权人之一的遂昌县某商业银行以内部规定不允许为由不愿作出让步，导致重整陷入僵局。为妥善化解矛盾，该院多次与遂昌县某商业银行等债权人进行沟通协调，最终促使遂昌县某商业银行修改内部规定，并组织各方债权人就债权受偿比例达成一致。成功达成协议后，遂昌县某商业银行表示该行将以此案为一个起点，依托浙江省遂昌县人民法

院个人债务重整制度对其个人不良贷款处置机制进行全面改革，力争在最大限度实现其自身不良贷款回收的同时，帮助更多的债务人摆脱债务危机过上正常生活，实现整体共赢。

2021年6月21日，各方债权人正式达成按一定比例受偿的重整方案。2021年6月24日，浙江省遂昌县人民法院将全部执行款项汇至各债权人的银行账户。2021年6月25日，该院作出终结申请人王某某的个人债务重整程序的裁定，对王某某为被执行人的11件案件全部以执行完毕方式结案，并解除对王某某的所有强制执行措施。至此，长达20余年的王某某系列债务案得以圆满化解。

【典型意义】

2019年2月27日，最高人民法院在《关于深化人民法院司法体制综合配套改革的意见》中首次提出研究推动建立个人破产制度。本案系浙江省遂昌县人民法院积极引入个人债务重整制度成功化解信访矛盾纠纷的典型案例。浙江是民营经济大省、改革开放先行省份，浙江法院在个人破产领域实践先行，自2018年起开展试点探索个人债务集中清理工作。2020年12月2日，在全面总结试点经验的基础上，浙江省高级人民法院出台《浙江法院个人债务集中清理（类个人破产）工作指引（试行）》，将"有履行能力而拒不履行生效法律文书确定义务"的债务人与"诚实而不幸"的债务人予以区分，对前者采取强制执行措施，对后者可以通过个人债务集中清理进行集中执行，让债务人从债的"锁链"中解脱出来。个人债务集中清理工作实现了个人破产制度与强制执行制度的充分衔接，具有债务人"破产保护"、债权人公平清偿、教育和风险警示等作用，有利于促进市场经济健全运行和完善社会主义市场经济法律体系。本案中，浙江省遂昌县人民法院为畅通执行不能案件依法退出路径，积极开展具有个人破产制度性质的个人债务重整工作，为后续个人破产制度立法提供了重要的实践素材和浙江样本。

案例五　汪某申请强制执行民间借贷信访案

——针对被执行人无财产可供执行，申请执行人债权无法执行到位，导致系列执行案件同时陷入僵局的情况，安徽省定远县人民法院联合该县工业园区管委会，向该县县委、县政府作专题汇报，争取支持，由该县县委、县政府协调县城投公司收购上述"僵尸企业"资产，系列案件最终得以顺利执结

【基本案情】

针对汪某与汪某某民间借贷纠纷一案，安徽省定远县人民法院作出民事调解书，确认汪某某向汪某分期支付借款76万元。调解书生效后，汪某某未履行还款义务，汪某申请法院强制执行。执行中，安徽省定远县人民法院查明汪某某作为被执行人无财产

可供执行，但作为另案申请执行人，却有较多未执行到位的债权案件在法院执行。经梳理，汪某某申请执行郭某某一案标的额较大，而在郭某某作为申请执行人申请执行某化工公司一案中，该化工公司在定远县工业园区有厂房及相关设备尚未处理。另查明，上述化工公司因不符合国家相关环保政策已关停多年，其厂房和设备经法院拍卖无人购买而流拍。几起案件执行均陷入僵局，汪某也因案件无法执行到位多次信访。

经多番走访调查，安徽省定远县人民法院得知当地县政府为清理"僵尸企业"出台了"腾笼换鸟"相关政策，有意征收位于县工业园区内的上述化工公司土地。为破解执行难题，安徽省定远县人民法院积极与该县工业园区管委会联系，联合向县委、县政府作系列执行案件化解专题汇报。县委、县政府召开协调会，协调同意由县城投公司按变卖价收购上述化工公司资产。收购程序结束后，县城投公司如约将收购款汇入法院执行款账户。2021年5月，上述系列案件得以顺利执结。

【典型意义】

本案是安徽省定远县人民法院紧紧依靠当地党委政府，实施府院联动成功化解涉执信访的典型案例。如何化解"僵尸企业"带来的系列案件是当前人民法院面临的一项难题。自安徽省加入"长三角一体化"后，定远县委、县政府加大招商引资力度，引进不少外地企业进驻县工业园区，工业园区土地供应紧张，这为处理"僵尸企业"提供了良好的契机。安徽省定远县人民法院抓住机遇，多方协调，与县工业园区管委会联合行动，向县委、县政府作专题汇报，寻求帮助，顺利解决困扰多年的涉执信访矛盾，也成功盘活闲置国有资产。

案例六 焦某申请执行机动车交通事故赔偿款信访案

——被执行企业为了规避执行，雇用老弱村民为法定代表人，鄂托克旗人民法院向辖区工商行政管理局发出司法建议，要求予以整顿，促使案件顺利执结

【基本案情】

针对焦某与党某、党某海、沧州某运输队（个人独资企业）机动车交通事故责任纠纷案，2013年1月18日，鄂托克旗人民法院作出民事判决，判令党某海支付焦某581464.95元赔偿款，党某、沧州某运输队与党某海承担连带赔偿责任。判决生效后，党某海、党某、沧州某运输队未履行判决义务。2014年7月15日，焦某申请法院强制执行。法院在执行过程中发现，被执行人党某因本案事故在监狱服刑，被执行人党某海下落不明，被执行人沧州某运输队注册时的住所地与实际经营地址不符，无法查找到公司及负责人，且没有可供执行的财产。本案于2015年1月5日终本结案。

2017年5月15日，鄂托克旗人民法院得到线索，当时的肇事车辆（已报废）还扣押在高速公路管理局，随即对本案恢复执行，并通过评估、拍卖、变卖程序对该车辆

进行处置，但均流拍，申请执行人焦某也不同意前来法院接收车辆以物抵债。本次交通事故中，申请执行人焦某也造成他人伤亡，需要赔付，另案申请执行焦某的两件执行案件也均未履行完毕，焦某怕亲自去法院处理案件将被法院采取强制执行措施，且另案两个申请执行人也不同意以物抵债。2018年4月25日，法院依法向三名被执行人发出限制高消费令，并将其纳入失信被执行人名单。2018年12月12日，执行干警前往被执行人户籍地调查发现，被执行人党某海已去世，且无可供执行的财产，因此陷入困局，于2018年12月29日再次以终本方式结案。

2020年6月20日，申请执行人焦某向鄂托克旗人民法院提交书面申请，要求追加被执行人沧州某运输队的原投资人周某峰及现投资人周某胜为本案被执行人。2020年8月6日，鄂托克旗人民法院裁定追加周某峰及周某胜为本案被执行人，承担被执行人沧州某运输队应承担的义务，但因未查到其名下有可供执行的财产，故再次终本。

2020年11月23日，申请执行人焦某持追加被执行人裁定书再次申请恢复执行。鄂托克旗人民法院依法向被执行人送达了《执行通知书》《报告财产令》等法律文书，且及时通过网络查控手段对被执行人财产线索进行查询，但仍未查到可供执行的财产。

申请执行人焦某在2021年第一批政法队伍教育整顿开展后，向督导组反映此案未能执行到位。收到信访案件转办后，鄂托克旗人民法院党组高度重视，指派分管执行工作的院领导带头执行，经现场深入调查发现，此前被追加的被执行人系受被执行人沧州某运输队雇用担任法定代表人，为当地村民，而非实际投资人和经营人。因此，鄂托克旗人民法院于2021年5月1日向被执行人沧州某运输队辖区工商行政管理局发出司法建议，要求对该运输队变更住所地未备案及法定代表人不符合法律规定的情况及时予以整顿。该运输队主动承认错误，于2021年5月12日汇入本案"一案一账户"案款583966.31元。本案顺利执行完毕，且以焦某为被执行人的其他两件关联案件均顺利执结，申请执行人也都得到了赔偿款。

【典型意义】

本案从执行不能到执行完毕历时七年，但最终得以圆满解决，是法院及时调整工作思路、积极采取多方联动、综合运用各项措施、不断加大执行力度的集中体现。既有力维护了当事人的合法权益，也避免了产生新的信访案件，对维护群众利益和地区和谐稳定具有积极意义。

案例七　王某申请强制执行借款信访案
——以履行债务的主要责任人为切入点，化解矛盾纠纷

【基本案情】

2008年，福建省厦门市中级人民法院受理王某诉某公司民间借贷纠纷一案，并依

王某的申请，足额保全冻结某公司银行账户1667万元。该案经一审、二审，均判决驳回王某的全部诉讼请求。福建省厦门市中级人民法院遂解除了保全冻结。王某申请再审，最高人民法院经提审后判决支持王某的诉讼请求。王某据此于2016年5月申请强制执行。但此时，某公司账户中已无分文，其名下位于江西省九江市的房产亦转移登记至原法定代表人林某的女儿名下。历经8年取得的胜诉判决却无法兑现，王某情绪激动，多方反映对解除保全的不满。福建省厦门市中级人民法院多次向王某释明，并引导其就某公司转移财产的行为另行提起撤销权之诉。撤销权诉讼历经江西省九江市中级人民法院、江西省高级人民法院一审、二审并进入执行程序。2019年6月，撤销权判决履行完毕，某购物中心负一楼停车位的备案登记恢复至被执行人某公司名下。

在变更备案登记过程中，福建省厦门市中级人民法院为尽早实现申请执行人王某的合法权益，于2019年3月、4月两次先行发函江西省九江市房地产管理部门，征询拍卖车位的相关事宜。2019年7月，江西省九江市房地产管理部门函复福建省厦门市中级人民法院，某购物中心负一层因规划未计容，不能办理车位不动产转移登记手续。为此，福建省厦门市中级人民法院派员与江西省九江市房地产管理部门进一步协商车位拍卖问题，但未果。福建省厦门市中级人民法院立即改变执行方案，提取承租人的租金334000元。因执行到位的租金与执行标的额相距甚远，而执行标的因无法办理产权证，价值大打折扣，执行陷入僵局。王某遂不断上访、信访，言辞激烈。

福建省厦门市中级人民法院数次研讨案情，制定了以影响债务履行的主要责任人（原法定代表人）林某为切入点的执行方案。一是启动对车位的处置程序，张贴腾房公告，向被执行人施加压力；二是对林某采取了限制消费、限制出境等措施，迫使其走到了面对问题的第一线；三是组织执行和解，以期最大化实现申请执行人的合法权益。历经数月的背靠背和解，福建省厦门市中级人民法院把限购政策、税收承担、房产交付、权属变更、债权债务结算等问题都一一解决后，终于促成王某与林某、某公司在2021年11月签订了和解协议。林某以自有房产为某公司代偿债务，并于协议签订当日办理了房产交付及产权变更登记手续。2021年11月9日，王某拿着刚到手的房屋权属证书到福建省厦门市中级人民法院制作笔录，明确表示长达14年的纠纷终于得到了圆满解决，其所有针对诉讼、执行的上访都同意息诉息访，感谢执行法院的努力付出。

【典型意义】

本案是以履行债务的主要责任人为切入点，化解矛盾纠纷的典型案件。案涉纠纷历时14年，横跨两省三级法院，且生效判决又因依法解除保全冻结造成执行不能。福建省厦门市中级人民法院立足解决问题的根本点，采取富有针对性的执行措施，最终促成各方当事人达成执行和解并及时履行完毕。该案的顺利执结，解开了当事人长达

14年的心结，让各方当事人都对法律产生敬畏之心，也有了信赖之感，取得了良好的法律效果和社会效果。

案例八　善意解封助推涉众欠薪案件执结案
——广东法院认真贯彻《工资支付条例》，及时兑现工人工资债权

【基本案情】

中山市某制衣厂因拖欠工人工资而被起诉，广东省中山市第一人民法院共受理相关案件64件，涉及457名工人的工资共计503万余元。2020年9月，广东省中山市第一人民法院查封了中山市某制衣厂的成品及设备。经核实，查封财产中包含由案外人某公司提供原材料、制衣厂负责代工的产品。因案外人急需将成品衣在国庆黄金周售卖，经广东省中山市中级人民法院、中山市人社局等多方协调并经绝大多数工人同意，广东省中山市第一人民法院裁定解除对上述财产的查封，案外人随后将100万元案款转至法院账户，广东省中山市第一人民法院组织对364名工人的工资按50%比例先行发放。此后，该院坚持"优先立案、优先执行、优先发放执行款"原则，继续采取执行措施，于2021年1月、9月分别执行到位217万余元、120万余元，全案累计执行到位439万余元，工人工资受偿比例达84%以上，工人普遍感到满意。

【典型意义】

该案是广东法院认真贯彻《工资支付条例》，及时兑现工人工资债权的典型案例。该案执行过程中，执行法院坚持善意文明执行，巧用"活水养鱼"查封措施，盘活企业资产，将疫情期间民营企业解决欠薪问题纳入"六稳""六保"工作范畴，在尽最大可能兑付欠薪工人工资的同时，帮助欠薪企业恢复生产、走出困境。

案例九　某农信社申请强制执行抵押土地信访案
——被执行的抵押土地已部分开发房屋并销售完毕，查封土地引起购房业主信访，广西壮族自治区柳州市中级人民法院发挥联动机制、创新执行方式妥善解决

【基本案情】

针对某农信社与某公司借款合同纠纷一案，广西壮族自治区柳州市中级人民法院作出的（2018）桂02民初2号民事判决生效后，某农信社依据该判决向该院申请强制执行，要求某公司偿还借款本金28190937.47元、罚息4085131.48元（暂计至2018年9月4日），拍卖、变卖设定抵押的土地使用权，从所得价款中优先受偿。广西壮族自治区柳州市中级人民法院在执行中发现，该土地已进行了部分开发，建成26栋商品房并销售完毕。因土地使用权上设定有抵押且被查封，已购房的数百户业主一直未能办理产权证，遂长期向柳州市国土部门、城区政府上访，要求法院解封土地，给购房业主办

证。若不解封、强制执行拍卖抵押的土地使用权，已购房业主的房屋产权不能实现。但若解封，被执行人无其他财产可供执行，申请执行人的债权得不到保障，农信社的金融债权无法回收。而且，该土地使用权未被开发的部分多年来处于闲置状态，不及时处置会造成土地资源的巨大浪费。广西壮族自治区柳州市中级人民法院充分发挥主观能动性，在对土地现状和价格进行细致调查评估、与不动产管理部门探讨，并与当事人进行充分沟通的基础上，创新提出了对案涉土地使用权分割处理的方案：注销原来的土地证，对已开发部分和未开发部分，分别办理两本土地使用权证，对未开发的土地进行拍卖，得款偿付申请执行人农信社；对已开发的土地进行解封，让购房业主办理产权证书。为有效落实该方案，广西壮族自治区柳州市中级人民法院积极主动向广西壮族自治区高级人民法院和柳州市委市政府报告，在广西壮族自治区高级人民法院和柳州市委市政府的组织协调下，金融管理和不动产管理部门与相关法院联动，顺利解决了土地使用权证分割、财产处置权移交问题。土地处置范围明确后，一方面，广西壮族自治区柳州市中级人民法院依法对该土地使用权采取了拍卖措施，并于2021年4月20日以最高价4375万元拍卖成交，所得价款在预留相关税费后已及时向农信社发放；另一方面，数百户购房业主目前已经全部办理房屋产权证，被拍卖的土地在成交后也进入了开发阶段。

【典型意义】

该案通过灵活的执行处置方式，既化解了购房业主的信访难题，用实际行动践行了"我为群众办实事"，取得了较好的社会效果；也保障了申请执行人的债权，实现了金融债权的顺利回收，"救活"了闲置土地，为优化法治营商环境、服务当地经济社会高质量发展作出应有贡献，达到了"双赢"的效果。该案也是广西壮族自治区高级人民法院组织开展的涉农村合作金融机构未结执行案件"百日攻坚"活动效果的有力体现。

案例十　阳某、韦某璋申请强制执行投资款及资金信访案

——协助执行人不履行协助义务，贵州省黎平县人民法院出具《预罚款决定书》，促使案件顺利执结

【基本案情】

针对阳某、韦某璋申请执行贵州省黎平县某石料公司合同纠纷一案，2020年8月，贵州省黎平县人民法院作出民事判决，判令贵州省黎平县某石料公司支付原告阳某投资款及资金占用费等共计1460000元及利息，支付原告韦某璋投资款及资金占用费等共计1500000元及利息。贵州省黎平县某石料公司不服，遂向贵州省黔东南州中级人民法院上诉，该院作出二审判决，维持原判。判决生效后，贵州省黎平县某石料公司未履

行生效法律文书确定的义务。2021年1月，阳某、韦某璋向法院申请强制执行。执行过程中，贵州省黎平县人民法院对被执行人被保全银行账户内的存款1044521.81元予以强制扣划。同年3月15日，贵州省黎平县人民法院依法对被执行人在第三人贵州某实业公司的1963369元债权款进行扣划。第三人贵州某实业公司以公司资金周转困难为由，请求法院给予时间筹款支付。该案承办法官充分考虑到第三人系黎平县重点企业，强制提取可能给第三人造成资金周转困难，同意第三人于2021年5月30日前缴清上述款项。在协助执行期限即将届满之前，贵州省黎平县人民法院又向第三人送达了《风险告知书》，第三人仍拒不协助将1963369元债权款汇入指定账户。2021年6月4日，贵州省黎平县人民法院将《预罚款决定书》送达第三人，该公司才将400000元汇入指定账户，并承诺5天后将剩余的1563369元付清，若到期未付清，自愿承担一切法律后果。2021年6月9日，第三人将被执行人在该公司的剩余债权款1563369元汇入指定账户，该案得以顺利执行完毕结案。

【典型意义】

贵州省黎平县人民法院在办理本案的过程中，认真贯彻落实善意文明执行理念，既维护了胜诉当事人的合法权益，又兼顾了辖区内重点企业的经营发展，既获得了申请执行人的赞赏，又维护了黎平县良好的营商环境，取得了政治效果、法律效果与社会效果的有机统一。

来源：最高人民法院

最高人民检察院关于印发最高人民检察院第二十四批指导性案例的通知（节录）

各级人民检察院：

经2020年12月2日最高人民检察院第十三届检察委员会第五十五次会议决定，现将许某某、包某某串通投标立案监督案等四件案例（检例第90~93号）作为第二十四批指导性案例（涉非公经济立案监督主题）发布，供参照适用。

最高人民检察院

2020年12月21日

上海甲建筑装饰有限公司、吕某拒不执行判决立案监督案
（检例第92号）

【关键词】

拒不执行判决　调查核实　应当立案而不立案　监督立案

【要旨】

负有执行义务的单位和个人以更换企业名称、隐瞒到期收入等方式妨害执行，致使已经发生法律效力的判决、裁定无法执行，情节严重的，应当以拒不执行判决、裁定罪予以追诉。申请执行人认为公安机关对拒不执行判决、裁定的行为应当立案侦查而不立案侦查，向检察机关提出监督申请的，检察机关应当要求公安机关说明不立案的理由。经调查核实，认为公安机关不立案理由不能成立的，应当通知公安机关立案。对于通知立案的涉企业犯罪案件，应当依法适用认罪认罚从宽制度。

【基本案情】

被告单位：上海甲建筑装饰有限公司（以下简称甲公司）。

被告人：吕某，男，1964年8月出生，甲公司实际经营人。

2017年5月17日，上海乙实业有限公司（以下简称乙公司）因与甲公司合同履行

纠纷诉至上海市青浦区人民法院。同年8月16日,青浦区人民法院判决甲公司支付乙公司人民币3250995.5元及相关利息。甲公司提出上诉,上海市第二中级人民法院判决驳回上诉,维持原判。2017年11月7日,乙公司向青浦区人民法院申请执行。青浦区人民法院调查发现,被执行人甲公司经营地不明,无可供执行的财产,经乙公司确认并同意后,于2018年2月27日裁定终结本次执行程序。2018年5月9日,青浦区人民法院恢复执行程序,组织乙公司、甲公司达成执行和解协议,但甲公司经多次催讨仍拒绝履行协议。2019年5月6日,乙公司以甲公司拒不执行判决为由,向上海市公安局青浦分局(以下简称青浦公安分局)报案,青浦公安分局决定不予立案。

【检察机关履职过程】

线索发现。2019年6月3日,乙公司向上海市青浦区人民检察院提出监督申请,认为甲公司拒不执行法院生效判决,已构成犯罪,但公安机关不予立案,请求检察机关监督立案。青浦区人民检察院经审查,决定予以受理。

调查核实。针对乙公司提出的监督申请,青浦区人民检察院调阅青浦公安分局相关材料和青浦区人民法院执行卷宗,调取甲公司银行流水,听取乙公司法定代表人金某的意见,并查询国家企业信用信息公示系统。经查明,甲公司实际经营人吕某在同乙公司诉讼过程中,将甲公司更名并变更法定代表人为马某某,以致法院判决甲公司败诉后,在执行阶段无法找到甲公司资产。为调查核实甲公司资产情况,青浦区人民检察院又调取甲公司与丙控股集团江西南昌房地产事业部(以下简称丙集团)的业务往来账目以及银行流水、银行票据等证据,进一步查明:2018年5月至2019年1月,在甲公司银行账户被法院冻结的情况下,吕某要求丙集团将甲公司应收工程款人民币2506.99万元以银行汇票形式支付,其后吕某将该银行汇票背书转让给由其实际经营的上海丁装饰工程有限公司,该笔资金用于甲公司日常经营活动。

监督意见。2019年7月9日,青浦区人民检察院向青浦公安分局发出《要求说明不立案理由通知书》。青浦公安分局回复认为,本案尚在执行期间,甲公司未逃避执行判决,没有犯罪事实,不符合立案条件。青浦区人民检察院认为,甲公司在诉讼期间更名并变更法定代表人,导致法院在执行阶段无法查找到甲公司资产,并裁定终结本次执行程序。并且在执行同期,甲公司舍弃电子支付、银行转账等便捷方式,要求丙集团以银行汇票形式向其结算并支付大量款项,该款未进入甲公司账户,但实际用于甲公司日常经营活动,其目的就是利用汇票背书形式规避法院的执行。因此,甲公司存在隐藏、转移财产,致使法院生效判决无法执行的行为,已符合刑法第三百一十三条规定的"有能力执行而拒不执行,情节严重"的情形,公安机关的不立案理由不能成立。2019年8月6日,青浦区人民检察院向青浦公安分局发出《通知立案书》,并将调查获取的证据一并移送公安机关。

监督结果。2019年8月11日，青浦公安分局决定对甲公司以涉嫌拒不执行判决罪立案侦查，同年9月4日将甲公司实际经营人吕某传唤到案并刑事拘留。2019年9月6日，甲公司向乙公司支付了全部执行款项人民币371万元，次日，公安机关对吕某变更强制措施为取保候审。案件移送起诉后，经依法告知诉讼权利和认罪认罚的法律规定，甲公司和吕某自愿认罪认罚。2019年11月28日，青浦区人民检察院以甲公司、吕某犯拒不执行判决罪向青浦区人民法院提起公诉，并提出对甲公司判处罚金人民币15万元，对吕某判处有期徒刑十个月、缓刑一年的量刑建议。2019年12月10日，青浦区人民法院判决甲公司、吕某犯拒不执行判决罪，并全部采纳了检察机关的量刑建议。一审宣判后，被告单位和被告人均未提出上诉，判决已生效。

【指导意义】

（1）检察机关发现公安机关对拒不执行判决、裁定的行为应当立案侦查而不立案侦查的，应当依法监督公安机关立案。执行人民法院依法作出并已发生法律效力的判决、裁定，是被执行人的法定义务。负有执行义务的单位和个人有能力执行而故意以更改企业名称、隐瞒到期收入等方式，隐藏、转移财产，致使判决、裁定无法执行的，应当认定为刑法第三百一十三条规定的"有能力执行而拒不执行，情节严重"的情形，以拒不执行判决、裁定罪予以追诉。申请执行人认为公安机关对拒不执行判决、裁定的行为应当立案侦查而不立案侦查，向检察机关提出监督申请的，检察机关应当要求公安机关说明不立案的理由，认为公安机关不立案理由不能成立的，应当制作《通知立案书》，通知公安机关立案。

（2）检察机关进行立案监督，应当开展调查核实。检察机关受理立案监督申请后，应当根据事实、法律进行审查，并依法开展调查核实。对于拒不执行判决、裁定案件，检察机关可以调阅公安机关相关材料、人民法院执行卷宗和相关法律文书，询问公安机关办案人员、法院执行人员和有关当事人，并可以调取涉案企业、人员往来账目、合同、银行票据等书证，综合研判是否属于"有能力执行而拒不执行，情节严重"的情形。决定监督立案的，应当同时将调查收集的证据材料送达公安机关。

（3）办理涉企业犯罪案件，应当依法适用认罪认罚从宽制度。检察机关应当坚持惩治犯罪与保护市场主体合法权益、引导企业守法经营并重。对于拒不执行判决、裁定案件，应当积极促使涉案企业执行判决、裁定，向被害方履行赔偿义务、赔礼道歉。涉案企业及其直接负责的主管人员和其他直接责任人员自愿如实供述自己的罪行，承认指控的犯罪事实，愿意接受处罚的，对涉案企业和个人可以提出依法从宽处理的确定刑量刑建议。

【相关规定】

《中华人民共和国刑法》第三百一十三条

《中华人民共和国刑事诉讼法》第一百一十三条

《全国人民代表大会常务委员会关于〈中华人民共和国刑法〉第三百一十三条的解释》

《人民检察院刑事诉讼规则》第五百五十七至五百六十一条、第五百六十三条

《最高人民法院关于审理拒不执行判决、裁定刑事案件适用法律若干问题的解释》第一条、第二条

《最高人民检察院、公安部关于刑事立案监督有关问题的规定（试行）》第四条、第五条、第七至九条

来源：最高人民检察院

民事诉讼和执行活动法律监督典型案例（节录）

（2018年10月25日）

执行监督案例

唐某、郭某涉嫌拒不执行判决、裁定案

唐某、郭某系夫妻，二人共同经营某皮具公司。五金配件经营者雷某与皮具公司之间存在长期供货关系。2013年双方结算确认皮具公司尚欠货款200余万元，因皮具公司一直未予支付，雷某遂向法院起诉皮具公司与唐某、郭某，要求偿还货款并支付利息。本案经一审、二审和再审程序，法院判决皮具公司、唐某、郭某对未支付货款及利息承担连带清偿责任。判决生效后，皮具公司、唐某、郭某未履行判决确定义务，雷某向法院申请强制执行。在该案执行过程中，法院未能成功获取被执行人名下的财产线索，但发现唐某、郭某自本案起诉起至执行阶段可能存在转移财产的行为，遂将二人涉嫌犯罪的线索移送至公安机关。公安机关认为证据不足，不予立案侦查。雷某向检察机关申请监督。

检察机关经调查核实查明：唐某、郭某居住在三层豪华别墅内，该别墅未登记在其名下；唐某向案外人购买面积为136平方米的房屋一套，未办理房产转移登记手续，物业公司证明物管费由其交纳；唐某、郭某名下4辆价值超200万元的车辆均被转移至其亲属名下；皮具公司、唐某、郭某的银行账户均有几万元至十几万元不等的大额交易，且有300万元转账他人；唐某、郭某在法院执行过程中将皮具公司和库存皮具转让他人，公司及库存价值超过150万元；唐某、郭某以他人名义对外经营皮具皮革生意。据此，检察机关认为唐某、郭某存在转移财产、逃避履行生效判决确定义务的行为，遂向公安机关移送犯罪线索。公安机关启动立案侦查程序。唐某、郭某已被批准逮捕，现该案处于审查起诉阶段。

来源：《检察日报》

最高人民法院发布十起人民法院依法打击拒不执行判决、裁定罪典型案例

(2018年6月5日)

案例一 曹某某拒不执行判决、裁定案

【基本案情】

针对李某与曹某某侵权责任纠纷一案,贵州省正安县人民法院于2013年8月作出(2013)正民初字第1313号民事判决,判令被告曹某某赔偿李某因提供劳务而遭受人身损害赔偿的各项费用共计20余万元。判决生效后,曹某某未在判决确定的期限内履行义务,李某于2014年3月向正安县人民法院申请强制执行。在执行过程中,被执行人曹某某与李某达成分期履行的和解协议,曹某某先后共计履行了10万元后,尚余10余万元一直未履行。

法院在执行过程中查明,正安县城建设工程指挥部于2013年7月拆迁被执行人曹某某的房屋433.50平方米,门面101.64平方米,拆迁返还住房4套、门面3间。2014年5月28日法院查封了曹某某安置房一套。为逃避债务履行,曹某某与贾某某于2014年8月办理了离婚登记,离婚协议约定所有返还房产均归贾某某所有。2014年12月曹某某、贾某某与向某某夫妇签订房屋转让协议,将法院查封的住房以20.50万元转让给向某某夫妇。其后,曹某某继续不履行判决确定的义务,且下落不明,致使该判决长期得不到执行。

正安县法院遂将曹某某涉嫌拒不执行判决、裁定罪的线索移交正安县公安局立案侦查。被执行人曹某某于2017年3月30日向正安县公安局投案自首,当天被刑事拘留。在拘留期间,被执行人的前妻贾某某于2017年4月5日主动到法院缴纳了欠款及迟延履行期间的债务利息。经检察机关提起公诉,2017年8月8日正安县人民法院以拒不执行判决、裁定罪,判处曹某某有期徒刑一年。

【典型意义】

本案被执行人具有履行能力,以和妻子协议离婚的方法,将其名下全部财产转移

到妻子名下，并私自将法院查封的房产予以出售，致使判决无法执行，情节严重，构成拒不执行判决、裁定罪。法院将其犯罪线索依法移交公安机关启动刑事追究程序，并依法定罪判刑，有效惩治了拒执犯罪，维护了司法权威。同时促使被执行人的前妻主动帮助被执行人履行全部债务，有效地保障了申请执行人的合法权益，法律效果和社会效果良好。

案例二　施某某拒不执行判决、裁定案

【基本案情】

被告人施某某系海南省昌江黎族自治县昌缘生态农业专业合作社（以下简称昌缘合作社）法定代表人。2012年10月，因工地需搭建大棚种植，昌缘合作社和赵某签订了瓜菜大棚施工合同。后在结算工程款的过程中双方产生纠纷。赵某将昌缘合作社起诉至法院，昌江黎族自治县人民法院（以下简称昌江法院）于2014年7月18日作出（2014）昌民初字第268号民事判决，判令昌缘合作社支付赵某工程款1003500元及逾期付款违约金。昌缘合作社上诉后，海南省第二中级人民法院于2014年11月24日作出（2014）海南二中民三终字第23号民事判决书，判决驳回上诉，维持原判。

判决发生法律效力后，因昌缘合作社未在判决确定的期限内履行义务，赵某向昌江法院申请强制执行。据查，在大棚建成后，昌缘合作社曾向昌江县农业农村局申报农业大棚补贴，并从昌江县财政部门领取大棚补贴款3226800元，具有履行能力。昌江法院立案执行后，向昌缘合作社发出《执行通知书》和《报告财产令》，昌缘合作社仍拒不履行义务，且拒绝申报财产。执行法院遂依法查封昌缘合作社位于昌江县海尾镇双塘村的270亩土地经营权及地上的瓜菜大棚及相关设施。施某某擅自决定将已查封的上述土地及设施予以处置，部分出租给他人种植，部分大棚用于自己种植，所得租金及种植收益拒绝上缴法院。针对昌缘合作社及施某某的以上拒执行为，昌江法院于2016年1月20日依法对施某某采取司法拘留十五日的措施。拘留期限届满后，被执行人仍不履行。

执行法院遂将施某某涉嫌犯罪的线索移交公安机关。经公安机关侦查，检察院提起公诉，昌江法院依法作出判决，认定被告人施某某构成拒不执行判决、裁定罪，判处有期徒刑二年。

【典型意义】

本案中，作为被执行人的昌缘合作社在具有履行能力的情况下，拒绝申报财产，以各种手段逃避执行，而且其法定代表人在被采取司法拘留措施后仍不执行，致使申请执行人遭受较大损失，属于"有能力执行而拒不执行，情节严重"的情形，构成拒不执行判决、裁定罪。同时本案属于单位犯罪，被告人施某某为单位法定代表人，系

直接负责的主管人员，对于单位实施的拒不执行判决、裁定犯罪应当承担刑事责任。法院依法对施某某定罪并判处实刑，符合法律规定，体现了对拒执罪的严厉打击，对于在单位犯罪中依法追究自然人的刑事责任也具有一定的指导意义。

案例三　李某彬拒不执行判决、裁定案

【基本案情】

2013年6月至10月，被告人李某彬为其堂哥李某有与罗某签订的鱼饲料买卖合同提供担保。后因李某有未按期支付货款，罗某于2015年2月将李某彬、李某有诉至法院。黑龙江省肇东市人民法院立案后，对李某彬经营的鱼池及池中价值35万元的鱼采取了财产保全措施，并于2015年6月4日作出（2015）肇商初字第154号民事判决，判令李某彬于判决生效后十日内给付罗某饲料款33万余元。

判决生效后，李某彬未在法定期限内履行义务，罗某遂向法院申请强制执行。肇东市人民法院于2015年8月13日立案执行，依法向李某彬发出《执行通知书》和《报告财产令》。李某彬未在规定期限内履行义务，又拒绝申报财产，并将已被查封的鱼池中价值35万元的活鱼卖掉后携款逃走，致使法院的判决、裁定无法执行。

肇东市人民法院将李某彬涉嫌犯罪的线索移送公安机关。肇东市公安局立案侦查，于2016年9月5日将李某彬抓获，依法予以刑事拘留。经公安机关侦查终结，肇东市人民检察院于2016年11月16日以被告人李某彬涉嫌拒不执行判决、裁定罪，向肇东市人民法院提起公诉。

法院审理认为，被告人李某彬未经人民法院许可，擅自将人民法院依法查封的财产出卖，亦未将价款交给人民法院保存或给付申请执行人，又拒绝报告财产情况，有能力执行而拒不执行人民法院已经发生法律效力的判决、裁定，情节严重，构成拒不执行判决、裁定罪，依法判处被告人李某彬有期徒刑一年六个月。

【典型意义】

被告人李某彬作为执行案件的被执行人，在法院向其发出《执行通知书》和《报告财产令》后，拒绝报告财产情况，拒不履行生效法律文书确定的义务，还擅自将已被法院依法查封的财产出卖并携款外逃，导致法院生效判决无法执行，符合"有能力执行而拒不执行，情节严重"的情形。法院根据检察机关的起诉，依法作出判决，有力惩治了拒执犯罪，对此种抗拒执行犯罪行为起到了较好的警示作用。

案例四　林某某拒不执行判决、裁定案

【基本案情】

广东省佛山市顺德区湘越物流有限公司（以下简称湘越公司）与林某某合同纠纷

一案，经湘潭市雨湖区人民法院一审，湘潭市中级人民法院二审，作出生效判决，判令贺某某、林某某支付湘越公司货款22.3万元及利息。案件进入执行程序后，湘潭中院指定湘潭县法院执行。执行法官向贺某某、林某某送达了《执行通知书》《报告财产令》，但被执行人林某某始终未履行，且未向法院报告财产状况。2013年7月9日、2013年7月24日，因拒绝履行生效判决确定的义务，湘潭县法院对被执行人林某某两次采取司法拘留措施，被执行人仍未履行义务。湘越公司于2015年10月13日向湘潭县公安局报案，要求以涉嫌拒不执行生效判决、裁定罪立案。湘潭县公安局经审查后作出不予立案通知书。2015年11月10日，湘越公司向湘潭县法院提起自诉。湘潭县法院经审查后予以受理，并决定对林某某予以逮捕，由公安机关依法执行。2016年4月，湘潭县法院对林某某的银行账户进行查询，发现在法院执行期间林某某名下多个银行账户发生存取款交易一百多次，其中存款流水累计131719.84元。

湘潭县法院经审理认为，被告人林某某有能力履行而拒不履行法院生效判决，也不申报财产情况，被两次司法拘留后仍不履行，情节严重，其行为已构成拒不执行判决、裁定罪，于2016年5月23日作出（2015）湘0321刑初00391号刑事判决，以拒不执行判决、裁定罪，判处被告人林某某有期徒刑一年。林某某不服，上诉至湘潭市中级人民法院。湘潭中院以（2016）湘03刑终字206号刑事裁定，驳回上诉，维持原判。

【典型意义】

执行过程中，被执行人名下银行账户多次发生存取款行为，累计存入金额达人民币13万余元。但被执行人对生效判决确定的义务未做任何履行，且不按要求申报财产情况，经被采取两次拘留措施后仍不履行，情节严重，构成拒不履行生效判决、裁定罪。法院依法受理申请人的刑事自诉并对被告人作出有罪判决，有效惩治了拒执犯罪，维护了法律尊严。

案例五 周某某拒不执行判决、裁定案

【基本案情】

2013年5月，临安市人民法院（2013）杭临商初字第366号民事判决书对原告符某某与被告操某某、周某某民间借贷纠纷一案作出判决，判决被告周某某、操某某在判决生效后十日内支付原告符某某借款本金400000元、利息48000元。同年7月24日，临安市人民法院向被告周某某、操某某夫妇送达上述民事判决书，因被告周某某、操某某拒收民事判决书，法院工作人员依法留置送达。同年8月8日，该民事判决书生效。因被告周某某、操某某未履行支付义务，经符某某申请，临安市人民法院于同年8月19日依法立案执行，并于同年11月5日作出查封被执行人周某某名下位于临安市高虹镇高乐村大坞龙67号土地的执行裁定书。2014年3月31日，被执行人周某某在明知临安市人

民法院判决已生效并进入执行程序的情况下,将高虹镇高乐村大坞龙67号土地、厂房及小山头的土地等以150万元的价格转让给施某,所得款项用于偿还个人债务及消费,拒不履行法院判决,致使临安市人民法院已生效的判决无法执行。

经公安机关侦查,检察机关提起公诉,临安市人民法院依法审理本案。法院审理认为,被告人周某某对人民法院的判决有能力执行而拒不执行,情节严重,其行为已构成拒不执行判决、裁定罪,公诉机关指控的罪名成立。被告人周某某归案后如实供述罪行,依法予以从轻处罚,判决被告人周某某犯拒不执行判决、裁定罪,判处有期徒刑一年。

【典型意义】

本案中,被执行人拒收民事判决书,拒不履行生效判决确定的义务,在执行法院对其财产采取查封措施的情况下,私自转让查封财产并将转让所得价款用于清偿其他债务和个人消费,致使生效判决无法执行,属于拒不执行生效判决、裁定情节严重的行为。公安机关、检察机关、人民法院依法予以侦查、起诉和审判,有效打击了拒执犯罪,维护了司法权威。

案例六　肖某某非法处置查封的财产案

【基本案情】

被告人肖某某因资金周转困难向曾某某借款人民币285万元,后未及时偿还。曾某某遂向江西省南昌市西湖区人民法院提起诉讼,并于2014年5月29日申请财产保全。西湖区法院依法作出保全裁定,对肖某某存于南昌市洪都中大道14号仓库的自行车、电动车进行了查封。

2014年7月10日,在西湖区人民法院的主持下,肖某某与曾某某达成调解协议,法院依法制作民事调解书。调解书生效后,因肖某某未在确定的期间内履行还款义务,曾某某于2014年7月31日向西湖区人民法院申请强制执行。同日,执行法院向肖某某下达《执行通知书》,肖某某不配合执行。2014年8月肖某某私自将其被法院查封的2000多辆自行车拖走,并对自行车进行变卖和私自处理,用以偿还其所欠案外人胡某某的部分债务。肖某某未将上述非法处置查封的财产行为告知西湖区人民法院,也未将变卖自行车所得款项打入西湖区人民法院指定账户,并将原有手机关机后出逃,致使申请执行人曾某某的债权无法执行到位。

2016年6月13日,公安机关将被告人肖某某抓获。经公安机关侦查终结,检察院提起公诉,西湖区人民法院经审理,以非法处置查封的财产罪,判处被告人肖某某有期徒刑一年六个月。

【典型意义】

非法处置查封、扣押、冻结的财产，是被执行人规避、抗拒执行的一种典型方式。本案被执行人在强制执行过程中，私自变卖人民法院已经查封的财产，并将变卖所得用于清偿其他债务，导致申请执行人的债权得不到执行，情节严重，构成非法处置查封的财产罪。由于本案执行依据是民事调解书，被执行人的拒不执行行为不能构成拒不执行判决、裁定罪。法院以非法处置查封的财产罪对被告人定罪处罚，符合法律规定，惩治了此种抗拒执行的行为，维护了司法权威，具有较好的警示作用。

案例七　徐某某拒不执行判决、裁定案

【基本案情】

徐某某系平湖市某再生油脂加工厂（以下简称某油脂厂）的法定代表人。江苏省响水县人民法院于2015年7月22日受理陆某某诉徐某某、某油脂厂股权转让纠纷一案，2015年8月18日作出（2015）响民初字第01557号民事调解书：徐某某及某油脂厂于2015年9月10日前给付陆某某投资款80万元，并负担案件受理费。因徐某某及某油脂厂未按调解书确定的内容履行还款义务，陆某某于2015年9月14日向响水县法院申请强制执行。在法院强制执行过程中，徐某某代表某油脂厂与平湖市某开发建设有限公司就某油脂厂的拆迁补偿签订协议，约定平湖市某开发建设有限公司补偿某油脂厂的款项合计224.7773万元。该款项分两笔先后转入徐某某个人银行卡内，徐某某分别及时取现。

2016年5月10日，响水县法院作出（2015）响执字第01396号执行裁定书，裁定徐某某、某油脂厂偿还陆某某投资款80万元，徐某某拒绝签收该执行裁定书。2016年5月11日，该院要求徐某某对其个人财产情况进行申报，徐某某对其领取的拆迁补偿款的去向作出虚假申报。2016年9月21日、10月5日，因徐某某仍拒不执行裁定，分别被响水县法院拘留十五日，但徐某某仍拒不执行裁定。

响水县法院将徐某某涉嫌拒不执行法院判决、裁定罪的线索移送公安机关，公安机关依法立案侦查，并对徐某某采取强制措施。经公诉机关提起公诉，响水县法院于2017年5月9日作出判决，认定被告人徐某某犯拒不执行判决、裁定罪，判处有期徒刑三年。徐某某不服提起上诉，盐城中院裁定驳回上诉，维持原判。

【典型意义】

本案被告人徐某某在执行过程中获得大额拆迁补偿款，但其将拆迁款取走，不用于履行生效裁定确定的义务，同时虚假申报个人财产，在执行法院对其实施两次拘留后仍不履行，属于有能力履行生效判决、裁定而拒不履行，情节严重，构成拒不执行判决、裁定罪。响水县公安机关、检察机关、审判机关密切配合，及时追究其刑事责任，并公开宣判，起到了很好的惩治与警示作用。

案例八 藏某稳拒不执行判决、裁定案

【基本案情】

针对原告于某某、袁某芳、袁某雪、袁某飞与被告藏某稳、杨某、刘某某机动车交通事故责任纠纷一案,北京市房山区人民法院于2013年12月10日作出(2013)房民初字11987号民事判决,判令被告藏某稳在机动车交通事故强制保险限额内,于判决生效后15日内赔偿原告于某某、袁某芳、袁某雪、袁某飞死亡赔偿金、医疗费、丧葬费等共计人民币12万元,被告杨某、刘某某承担连带赔偿责任;被告藏某稳在机动车交通事故强制保险限额外,于判决生效后15日内赔偿原告于某某、袁某芳、袁某雪、袁某飞死亡赔偿金、医疗费、精神损害抚慰金等共计人民币202023元。判决生效后,于某某、袁某芳、袁某雪、袁某飞向房山区法院申请强制执行,其间杨某已缴纳执行案款人民币12万元。在强制执行期间,执行人员通过电话联系、前往户籍地等方式查找藏某稳,均未能与其取得联系。

2015年8月21日,藏某稳与北京京西阳光投资有限公司签订《北京高端制造业基地04街区01地块项目工程征地项目房屋拆迁补偿回迁安置协议》。2015年10月14日,藏某稳的北京银行账户收到拆迁款人民币53.86万元。次日,藏某稳将上述款项中的人民币40万元转入其妹妹藏某莲的北京银行账户,并将剩余人民币13.86万元全部现金支取。

2017年6月,在多位律师的见证下,袁某飞等人就藏某稳涉嫌拒不执行判决、裁定罪向北京市公安局房山分局提出控告,公安机关不予受理,但并未出具不予受理通知书。2017年6月28日,袁某飞等人以藏某稳犯拒不执行判决、裁定罪,向北京市房山区人民法院提起自诉,并提交了律师见证书,用以证实自诉人曾向公安机关报案但未予受理。该院经核实律师见证书后,确认公安机关不予立案属实,依法立案。在法院审理期间,被告人藏某稳的亲属应其要求已代为缴纳执行案款人民币205088元,被告人藏某稳对此事表示认可。

房山区法院经审理认为,被告人藏某稳在获得足以执行生效判决的拆迁款后,转移财产,逃避执行,致使判决长达三年无法执行,严重侵害了自诉人的合法权益及人民法院的司法权威,情节严重,其行为已构成拒不执行判决、裁定罪。鉴于其到案后如实供述自己的犯罪事实,且判决宣告前积极缴纳执行案款,确有悔罪表现,可酌予从宽处罚。该院以拒不执行判决、裁定罪判处藏某稳有期徒刑八个月,缓刑一年。

【典型意义】

被告人藏某稳在明知案件进入执行程序后,隐匿行踪,转移财产,拒不履行判决确定的义务,致使生效裁判无法执行,情节严重,构成拒不执行判决、裁定罪。在申请执行人向公安机关控告时,尽管公安机关没有出具不予立案通知书,但人民法院根

据律师见证书等证据确认公安机关不予立案的事实,依法受理申请执行人自诉,及时审理,依法判决,促使被执行人履行了义务,有效惩治了拒执犯罪。

案例九 陈某、徐某某拒不执行判决、裁定案

【基本案情】

2013年10月9日,陈某驾驶小型普通客车在莆田市荔城区西天尾镇龙山村路段将行人柯某、陈某崇撞倒致伤,形成纠纷。莆田市荔城区人民法院(以下简称荔城法院)于2014年10月14日分别作出(2014)荔民初字第2172号民事判决书、(2014)荔民初字第2563号民事判决书,分别判决被告陈某赔偿柯某经济损失共计人民币119070.95元,赔偿陈某崇经济损失共计人民币705514.92元。判决均于2014年11月4日发生法院效力。

判决生效后,陈某未主动履行赔偿义务,陈某崇、柯某分别于2014年12月22日、2014年12月24日向荔城法院申请强制执行,荔城法院于同日立案执行。立案后,荔城法院依法向被执行人发出《执行通知书》及《财产报告令》,督促其履行法律文书所确定的义务,但陈某仍未主动履行赔偿义务。荔城法院在执行过程中,亦未能查到被执行人陈某名下可供执行的财产。后经法院进一步调查查明,被执行人陈某为保全名下房屋,伙同其母亲徐某某私下签订房屋买卖协议书,约定将被执行人陈某所有的位于莆田市涵江区霞徐片区某安置房及某柴火间以人民币10万元的低价转让给徐某某,且未实际交付房款。2015年1月4日,被执行人陈某、徐某某办理了房屋所有权转移登记,致使判决无法执行。被执行人陈某、案外人徐某某转移房屋的行为涉嫌拒不执行法院判决、裁定罪,荔城法院将该线索移送公安机关立案侦查。随后,公安机关立案侦查后依法对陈某、徐某某采取强制措施。在此期间,被执行人陈某主动履行了赔偿义务,申请人柯某、陈某崇于2016年11月30日向荔城法院书面申请执行结案。2017年4月26日,荔城法院根据公诉机关的指控,作出(2017)闽0304刑初179号刑事判决,以拒不执行法院判决、裁定罪,分别判处被告人陈某有期徒刑九个月,缓刑一年;被告人徐某某拘役六个月,缓刑八个月。

【典型意义】

本案被执行人陈某有履行能力而拒不履行法院生效判决,并与案外人恶意串通,以虚假交易的方式将自己名下的财产转移至其亲属名下,逃避履行义务,致使法院判决无法执行。不仅被执行人的行为构成拒不执行判决、裁定罪,案外人也构成拒不执行判决、裁定罪的共犯。法院依法追究被执行人及案外人拒执罪的刑事责任,促使被执行人履行了义务,惩治了此种恶意串通拒不执行生效裁判的行为,起到了很好的教育和警示作用。

案例十 重庆某塑胶有限公司、刘某设拒不执行判决、裁定案

【基本案情】

重庆某市政工程有限责任公司（以下简称某市政公司）与重庆某塑胶有限公司（以下简称某塑胶公司）因建筑工程施工合同纠纷一案，经重庆市合川区人民法院一审，某塑胶公司上诉后，重庆市第一中级人民法院终审，判决某塑胶公司在判决生效后五日内支付某市政公司工程款1424801.2元及利息。2015年11月10日因某塑胶公司未按期履行义务，某市政公司向合川区法院申请强制执行。执行立案后，合川区法院依法向被执行人送达《执行通知书》《报告财产令》等执行文书，并将被执行人法定代表人刘某设传至法院，告知其某市政公司申请强制执行的相关情况及某塑胶公司要如实申报财产等义务，并对公司账户采取了查封措施。但某塑胶公司及法定代表人刘某设仍未履行义务。2015年12月10日，刘某设与案外人L公司协商好后，指派公司员工冯某某与L公司签订了厂房租赁协议，以364607元的价格将公司某厂房租赁给L公司使用三年。后刘某设在明知某塑胶公司和自己的私人账户均被法院冻结的情况下，指使L公司将此笔租房款转至其子刘某彬的账户，后取出挪作他用，未履行还款义务，致使法院生效判决无法执行。

合川区法院将被执行人某塑胶公司及刘某设涉嫌构成拒不执行判决、裁定罪的线索移送至合川区公安局立案侦查。刘某设主动向合川区公安局投案自首，同日被合川区公安局刑事拘留。在案件审理过程中，某塑胶公司及刘某设主动履行了部分义务。2017年4月17日，合川区法院作出判决，认定被告单位某塑胶公司及该单位直接负责的主管人员被告人刘某设对判决有能力执行而拒不执行，情节严重，其行为均已构成拒不执行判决、裁定罪。鉴于刘某设有自首情节，且某塑胶公司主动履行部分义务，决定对某塑胶公司及刘某设从轻处罚，以犯拒不执行判决、裁定罪，对被告单位某塑胶公司判处罚金10万元，对刘某设判处有期徒刑一年，缓刑一年六个月，并处罚金5万元。

【典型意义】

被执行人某塑胶公司及公司负责人刘某设在法院强制执行过程中，明知公司账户被法院冻结，仍指使他人将本应进入公司账户的资金转移至他人账户，挪作他用，隐匿公司财产，逃避法院强制执行，致使法院生效裁判无法执行，情节严重，其行为构成拒不执行判决、裁定罪。本案属于单位构成拒执罪的典型案例。法院依法认定被告单位及其直接负责的主管人员构成犯罪并分别判处刑罚，对于作为被执行人的单位具有很好的警示作用。

来源：最高人民法院

最高人民法院发布第 15 批指导性案例（节录）

（最高人民法院审判委员会讨论通过　2016年12月28日发布）

指导案例 71 号　毛某文拒不执行判决、裁定案

【关键词】

刑事　拒不执行判决、裁定罪　起算时间

【裁判要点】

有能力执行而拒不执行判决、裁定的时间从判决、裁定发生法律效力时起算。具有执行内容的判决、裁定发生法律效力后，负有执行义务的人有隐藏、转移、故意毁损财产等拒不执行行为，致使判决、裁定无法执行，情节严重的，应当以拒不执行判决、裁定罪定罪处罚。

【相关法条】

《中华人民共和国刑法》第三百一十三条

【基本案情】

浙江省平阳县人民法院于2012年12月11日作出（2012）温平鳌商初字第595号民事判决，判令被告人毛某文于判决生效之日起15日内返还陈某银挂靠在其名下的温州某包装制品有限公司投资款200000元及利息。该判决于2013年1月6日生效。因毛某文未自觉履行生效法律文书确定的义务，陈某银于2013年2月16日向平阳县人民法院申请强制执行。立案后，平阳县人民法院在执行中查明，毛某文于2013年1月17日将其名下的小型普通客车以150000元的价格转卖，并将所得款项用于个人开销，拒不执行生效判决。毛某文于2013年11月30日被抓获归案后如实供述了上述事实。

【裁判结果】

浙江省平阳县人民法院于2014年6月17日作出（2014）温平刑初字第314号刑事判决：被告人毛某文犯拒不执行判决、裁定罪，判处有期徒刑十个月。宣判后，毛某文未提起上诉，公诉机关未提出抗诉，判决已发生法律效力。

【裁判理由】

法院生效裁判认为：被告人毛某文负有履行生效裁判确定的执行义务，在人民法院具有执行内容的判决、裁定发生法律效力后，实施隐藏、转移财产等拒不执行行为，致使判决、裁定无法执行，情节严重，其行为已构成拒不执行判决、裁定罪。公诉机关指控的罪名成立。毛某文归案后如实供述了自己的罪行，可以从轻处罚。

本案的争议焦点为，拒不执行判决、裁定罪中规定的"有能力执行而拒不执行"的行为起算时间如何认定，即被告人毛某文拒不执行判决、裁定的行为是从相关民事判决发生法律效力时起算，还是从执行立案时起算。对此，法院认为，生效法律文书进入强制执行程序并不是构成拒不执行判决、裁定罪的要件和前提，毛某文拒不执行判决、裁定的行为应从相关民事判决于2013年1月6日发生法律效力时起算。主要理由如下：第一，符合立法原意。全国人民代表大会常务委员会对刑法第三百一十三条规定解释时指出，该条中的"人民法院的判决、裁定"，是指人民法院依法作出的具有执行内容并已发生法律效力的判决、裁定。这就是说，只有具有执行内容的判决、裁定发生法律效力后，才具有法律约束力和强制执行力，义务人才有及时、积极履行生效法律文书确定义务的责任。生效法律文书的强制执行力不是在进入强制执行程序后才产生的，而是自法律文书生效之日起即产生。第二，与民事诉讼法及其司法解释协调一致。《中华人民共和国民事诉讼法》第一百一十一条规定：诉讼参与人或者其他人拒不履行人民法院已经发生法律效力的判决、裁定的，人民法院可以根据情节轻重予以罚款、拘留；构成犯罪的，依法追究刑事责任。《最高人民法院关于适用〈中华人民共和国民事诉讼法〉的解释》第一百八十八条规定：民事诉讼法第一百一十一条第一款第六项规定的拒不履行人民法院已经发生法律效力的判决、裁定的行为，包括在法律文书发生法律效力后隐藏、转移、变卖、毁损财产或者无偿转让财产、以明显不合理的价格交易财产、放弃到期债权、无偿为他人提供担保等，致使人民法院无法执行的。由此可见，法律明确将拒不执行行为限定在法律文书发生法律效力后，并未将拒不执行的主体仅限定为进入强制执行程序后的被执行人或者协助执行义务人等，更未将拒不执行判决、裁定罪的调整范围仅限于生效法律文书进入强制执行程序后发生的行为。第三，符合立法目的。拒不执行判决、裁定罪的立法目的在于解决法院生效判决、裁定的"执行难"问题。将判决、裁定生效后立案执行前逃避履行义务的行为纳入拒不执行判决、裁定罪的调整范围，是法律设定该罪的应有之义。将判决、裁定生效之日确定为拒不执行判决、裁定罪中拒不执行行为的起算时间点，能有效地促使义务人在判决、裁定生效后即迫于刑罚的威慑力而主动履行生效裁判确定的义务，避免生效裁判沦为一纸空文，从而使社会公众真正尊重司法裁判，维护法律权威，从根本上解决"执行难"问题，实现拒不执行判决、裁定罪的立法目的。

来源：最高人民法院

最高人民法院发布六起依法审理拒执刑案典型案例

(2016年11月30日)

案例一 蒋某庆拒不执行判决、裁定公诉案
——被执行人躲避执行，转移财产，依法被判处有期徒刑六个月，缓刑一年

【基本案情】

针对林某鹏诉蒋某庆、胡某月民间借贷纠纷一案，江苏省丹阳市人民法院于2013年11月28日作出（2013）丹民初字第3538号民事判决，判决被告蒋某庆、胡某月夫妇向原告林某鹏返还借款50000元。同年12月20日，丹阳市人民法院向被告公告送达了判决书，2014年2月11日发生法律效力。林某鹏于2014年2月14日向法院申请强制执行。丹阳市人民法院立案执行后，及时发出《执行通知书》《财产申报通知书》和传票，被执行人下落不明。经对被执行人的财产进行查询，发现无可供执行的财产，但蒋某庆于2014年1月26日出售了其名下房产，2014年3月7日收得房款385000元，随即该房款被用来偿还其他债务、以他人名义投资经商以及用于个人生活花销等。丹阳市人民法院以涉嫌犯罪为由，将该案移送丹阳市公安局立案侦查，丹阳市公安局及时立案，并通过网上追逃，抓获被执行人蒋某庆。蒋某庆被公安机关抓获归案后，如实供述了前述事实，并清偿了对林某鹏的债务。

丹阳市人民法院经审理认为，被告人蒋某庆对人民法院的判决有能力执行而拒不执行，情节严重，其行为已构成拒不执行判决、裁定罪，依法应予刑罚处罚。被告人蒋某庆归案后如实供述了自己的罪行，依法可从轻处罚；其已于案发后履行了全部执行义务，量刑时可酌情从轻处罚，并符合缓刑适用条件。丹阳市人民法院依法判处蒋某庆有期徒刑六个月，缓刑一年。

【典型意义】

被执行人躲避执行，下落不明，虽然在判决生效前转让房屋，但在进入执行程序后收得房款，且所收房款挪作他用，并未履行判决义务，具有明显的抗拒执行的主观

故意，属于有执行能力而抗拒执行情形，依法应予以刑事处罚。鉴于具有从轻处罚情节，法院依法对被执行人判处缓刑，取得了良好的法律效果和社会效果。

案例二　张某苗拒不执行判决、裁定公诉案
——被执行人拒不迁出房屋，谩骂、殴打执行人员，鉴于有从轻情节，依法被判处拘役五个月零十日

【基本案情】

2012年6月28日，安徽省安庆市大观区人民法院判决张某苗与查某英离婚，并将该市大观区市府路南一巷的一处房产的所有权判决给查某英。民事判决生效后，查某英于2013年1月30日申请对该房屋强制执行。2013年5月6日，大观区人民法院向被执行人张某苗发出《执行通知书》，告知其要按照民事判决书确定的义务交付房屋，被执行人张某苗拒不签收通知书，并对送达人员进行谩骂。2013年10月25日，法院在张某苗居住房屋处张贴公告，责令张某苗在指定期间迁出该房屋，到期仍不履行的，将依法强制执行。当天，张某苗对法院工作人员进行谩骂，并在屋内手持木棍挥舞，不让法院工作人员张贴公告。2014年1月14日，大观区人民法院执行人员对张某苗采取强制搬迁措施，张某苗情绪激动并殴打办案人员，致使一名办案人员嘴部受伤流血。

2015年7月27日，被执行人张某苗被公安机关抓获归案，后检察机关提起公诉。大观区人民法院经审理认为，被告人张某苗对人民法院生效判决有能力执行而拒不执行，情节严重，其行为已构成拒不执行判决、裁定罪；鉴于本案系婚姻、家庭纠纷引起且已履行完毕，酌情对被告人予以从轻处罚；依法判处被告人张某苗拘役五个月零十日。

【典型意义】

被执行人不签收执行文书，阻碍张贴公告，对法院执行人员采取谩骂、殴打等方式抗拒执行，致执行人员受伤，其行为已构成拒不执行判决、裁定罪，依法应予刑事处罚。鉴于具有从轻处罚情节，法院依法对被执行人从轻判处。

案例三　韩某超拒不执行判决、裁定公诉案
——被执行人阻碍人民法院对被执行财产进行处置，导致执行工作无法进行，被判处有期徒刑一年，缓刑一年

【基本案情】

针对朱某会与韩某超、康某娟民间借贷纠纷一案，河南省禹州市人民法院于2015年3月作出民事判决，判决韩某超偿还朱某会借款45万元及利息。判决生效后，朱某会申请强制执行。禹州市人民法院依法向韩某超送达了《执行通知书》《限制高消费

令》《报告财产令》，韩某超收到上述法律文书后拒不履行判决确定的义务。在案件审理期间，禹州市人民法院于2014年10月10日对韩某超所有的位于禹州市博雅苑一处房产进行财产保全，于2015年10月12日向其发出评估、拍卖裁定书，于2016年1月25日张贴腾房公告，限韩某超及该房住户于张贴公告之日起40日内腾空迁出。腾房公告到期后，被执行人韩某超仍拒绝腾房，禹州市人民法院于2016年3月30日对被执行人采取了拘留措施。拘留后被执行人韩某超仍拒绝腾房，致使执行工作无法进行。2016年5月9日，禹州市人民法院将韩某超涉嫌构成拒不执行判决、裁定罪的有关证据线索移送公安机关。公安机关将韩某超刑事拘留，韩某超及其亲属与朱某会达成和解协议，并将房屋腾空。

禹州市人民法院经审理认为，被告人韩某超对人民法院的判决、裁定有能力执行而拒不执行，情节严重，其行为已经构成拒不执行判决、裁定罪。鉴于被告人韩某超如实供述自己的罪行，且韩某超及其亲属与申请执行人达成和解协议，对其可从轻处罚。法院依法判处韩某超有期徒刑一年，缓刑一年。

【典型意义】

被执行人拒不腾空房屋，阻碍执行法院对被执行财产进行处置，被拘留后仍对抗执行，导致执行工作无法进行，其行为已经构成拒不执行判决、裁定罪，依法应予以刑事处罚。鉴于具有从轻处罚情节，法院对被执行人依法判处缓刑。

案例四　王某华拒不执行判决、裁定公诉案

——被执行人有钱款可供执行，经两次司法拘留，仍拒不执行判决义务，被判处有期徒刑一年六个月，缓刑二年

【基本案情】

王某华与宋某凤所生之子王某国因意外事故死亡，事故责任方给付王某华、宋某凤赔偿金人民币770000.00元。王某华得款后拒不给付宋某凤应得的份额，宋某凤遂提起诉讼。吉林省磐石市人民法院作出（2012）磐民一初字第1014号民事判决，判决王某华返还宋某凤人民币308000.00元，并负担案件受理费5920.00元。判决生效后，王某华未主动履行给付义务，宋某凤申请强制执行。磐石市人民法院立案执行后，王某华在有能力履行法院生效判决的情况下，拒不执行判决书中确定的义务。2013年6月，王某华因拒不执行判决，被法院先后两次司法拘留，但仍对抗执行。法院将其涉嫌拒不执行判决、裁定罪的线索移送公安机关，后检察机关提起公诉。被执行人王某华与宋某凤达成和解协议，王某华给付宋某凤人民币205920.00元，案件履行完毕。

磐石市人民法院经审理认为，被告人王某华对人民法院的判决有能力执行而拒不

执行，情节严重，其行为已构成拒不执行判决、裁定罪；鉴于被告人王某华有悔罪表现，可对其适用缓刑；依法判处被告人王某华有期徒刑一年六个月，缓刑二年。

【典型意义】

被执行人明显有能力执行而对抗执行，在法院两次对其实施司法拘留措施后仍拒不执行，情节严重，依法应予以刑事处罚；鉴于其具有从轻处罚情节，依法被判处缓刑。

案例五　北京某建筑工程有限公司、郑某妹拒不执行判决、裁定自诉案
——被执行人被纳入失信被执行人名单、法定代表人被限制高消费后，仍拒不履行给付义务，申请执行人依法提起自诉，后因双方达成执行和解而撤诉

【基本案情】

针对孙某兵与北京某建筑工程有限公司劳动仲裁纠纷案，北京市平谷区劳动人事争议仲裁委员会京平劳人仲字〔2015〕第17号、第1009号裁决书裁决：北京某建筑工程有限公司给付孙某兵工资款、医疗费、生活费及各项补助金、赔偿金共计17万余元。因北京某建筑工程有限公司未履行仲裁裁决，孙某兵申请强制执行。北京市平谷区人民法院立案执行后，于2015年6月10日、8月30日分别作出（2015）平执字第02248号、第2931号执行裁定，裁定对北京某建筑工程有限公司相关财产予以执行，还采取了将其纳入失信被执行人名单、限制其法定代表人郑某妹高消费等执行措施，但被执行人北京某建筑工程有限公司仍拒不履行义务。

2016年1月，孙某兵以北京某建筑工程有限公司、郑某妹为被告，依法向平谷区人民法院提起刑事自诉，请求以拒不执行判决、裁定罪追究二被告人的刑事责任，平谷区人民法院经审查依法予以受理。案件审理期间，郑某妹认识到自己的错误，并积极筹措资金履行义务，后双方达成执行和解，由北京某建筑工程有限公司共给付孙某兵10万元了结两起执行案件。孙某兵提交撤回拒不执行判决、裁定罪自诉申请，平谷区人民法院依法作出刑事裁定，准许孙某兵撤诉。

【典型意义】

按照《中华人民共和国刑法修正案（九）》的相关规定，单位可以成为拒不执行法院判决、裁定犯罪主体。本案被执行人不履行人民法院作出的执行仲裁裁决的执行裁定，在被纳入失信被执行人名单、法定代表人被限制高消费后，仍拒不履行给付义务。申请执行人提起自诉，人民法院依法予以立案审查，充分运用法律手段打击单位为被执行人的拒执行为，促成双方达成执行和解，以准予撤诉方式结案，取得良好的法律效果和社会效果。

案例六　张某国非法处置查封的财产案

——被执行人擅自将诉讼保全查封的财产抵债给他人，妨害人民法院生效判决的执行，被判处有期徒刑六个月

【基本案情】

王某河诉张某国等借款纠纷一案，经山东省桓台县人民法院依法作出民事调解书，张某国等应偿还王某河借款本金及利息379000元。王某河在诉讼期间申请财产保全，桓台县人民法院于2014年7月9日以（2014）桓民初字第1528-1号民事裁定书依法查封了机器设备。因张某国等未主动履行还款义务，王某河申请强制执行，2014年8月25日，桓台县人民法院立案执行。经查，在查封期限内，张某国擅自将查封设备内的电火花数控线切割机一台和立式升降台铣床一台抵债给他人。桓台县人民法院责令张某国将这两台设备追回，张某国未追回。

桓台县人民法院将张某国涉嫌非法处置查封的财产罪的线索移送公安机关。经公安机关侦查、检察机关起诉，桓台县人民法院经审理认为，被告人张某国将法院的查封财产擅自抵债，致使查封财产无法追回，其行为已构成非法处置查封的财产罪。鉴于被告人张某国经公安机关电话传唤后到案，归案后如实供述其犯罪事实，系自首，依法可从轻处罚。在简易审理中自愿认罪，可酌情予以从轻处罚。依法判处张某国有期徒刑六个月。张某国不服，提出上诉，淄博市中级人民法院依法驳回上诉，维持原判。

【典型意义】

被执行人将人民法院诉讼期间保全查封的财产擅自抵债给他人，且查封的财产未追回，妨害了人民法院的执行工作。人民法院以非法处置查封的财产罪判处其有期徒刑六个月，有效打击了在立案执行前非法处置已被查封的财产、逃避执行的犯罪行为，丰富了打击拒执行为的司法实践。

来源：最高人民法院

最高人民法院公布五起拒不执行生效判决、裁定典型案例

（2015年12月4日）

案例一　庄某建申请强制执行民权某酒店有限公司案

【基本案情】

2014年11月3日，民权某酒店有限公司因购置酒店配套设施及内部升级改造，急需资金，向庄某建借款1800万元，借款期限为20天，并由民权某食品有限公司、李某冰、魏某胜承担连带保证责任。借款期限到期后，借款人未按照合同约定按期归还所借款项。申请人庄某建于2014年11月24日向商丘市睢阳区公证处申请出具与被申请人民权某酒店有限公司签订的具有强制执行效力的执行证书。经商丘市睢阳区公证处审查，庄某建所提申请符合法律规定，遂于2014年11月25日为庄某建出具了（2014）商睢证字第060号执行证书。

执行证书生效后，申请人多次催促被申请人履行还款义务，被申请人仅偿还本金750万元。经多次催要无果后，申请人庄某建于2015年4月7日向商丘市中级人民法院申请强制执行。2015年5月21日商丘市中级人民法院将此案移送民权县人民法院执行。

【执行情况】

民权县人民法院受理此案后，采取了以下措施：

首先送达手续、查控财产。执行人员受理案件后，第一，及时向被执行人民权某酒店有限公司、担保人民权某食品有限公司、李某冰、魏某胜送达了《执行通知书》《被执行人权利义务告知书》《财产报告令》等有关法律文书；第二，查控被执行人的财产状况，及时对被执行人所在公司所持股权进行查封；第三，向被执行人讲明有关法律规定，督促被执行人在规定期限内履行义务并告知其拒不履行的法律后果。

其次利用网络查控被执行人信息并及时将其列为失信被执行人。该案受理后，执行人员利用网络查控被执行人信息，经查询，被执行人在银行没有大额存款；又对被执行人房产情况进行查询，也没有重大发现。在被执行人未按照规定期限履行义务的

情况下，及时把被执行人列为失信被执行人，以及在有关电子屏幕上公布其失信的情况，限制其高消费，以督促其积极主动履行义务。在被告知其已被列为失信被执行人时，被执行人很重视，因为对于一个企业来说，声誉高于一切。为此，被执行人积极与申请执行人进行协商，主动与申请人沟通，作出解决案件的高姿态。

最后做好说理教育工作。在执行过程中，被执行人没有按照规定期限履行义务。执行人员及时传唤被执行人，对其说理释法，讲明有关执行法律规定，以及拒不履行的法律后果等，让被执行人明白拒不履行的法律后果。被执行人在执行人员有理有据的教育说服下，很快拿出解决方案，并积极主动与申请人协商，达成执行和解，及时履行了其应尽的义务，案件执结。

【典型意义】

执行法院将失信被执行人名单信息录入最高人民法院失信被执行人名单库，统一向社会公布，并通过报纸、广播、电视、网络等其他方式予以公布。被执行人作为企业，迫于社会压力，为维护其在经济交往中的名声，主动向执行法院表示尽快履行义务，失信被执行人名单制度的信用惩戒功能得以有效发挥。

案例二　王某某拒不执行判决、裁定案

【基本案情】

2006年12月起，常某花、杨某、王某军等人先后到和平区法院立案执行，要求被执行人辽宁某房屋开发有限公司返还购房款。执行过程中，王某某明知该公司已被法院判决归还他人钱款且在多次收到《执行通知书》的情况下，于2011年4月15日将公司所有的位于沈阳市和平某房屋以8866400元的价格低价变卖，并在取得卖房款后仍不履行判决内容，擅自向与某房屋开发有限公司无关的段某发支付钱款，几经催要未果，最终致使已生效的民事判决书无法执行。

【裁判结果】

沈阳市和平区人民法院经审理认为，王某某在法院判决、裁定生效后，将其财产予以变卖，所得款项支付给他人，而对人民法院已经发生法律效力的判决拒不履行，致使法院的判决无法执行，情节严重，其行为已构成拒不执行判决、裁定罪，公诉机关指控成立。依照刑法有关规定，法院以拒不执行判决、裁定罪判处王某某有期徒刑二年。宣判后王某某表示服从判决结果，未提起上诉。

【典型意义】

王某某作为辽宁某房屋开发有限公司的总经理，完全有能力执行生效法律文书给付购房款。但执行中其在明知判决归还他人钱款且多次收到《执行通知书》的情况下，不仅拒绝、阻碍执行，甚至将财产变卖、将所得款项支付给他人，直接造成判决

无法执行的后果。王某某的上述行为主观上有抗拒执行的故意，情节恶劣、后果严重，有较大的社会危害性。本案中，王某某如果在接到法院通知后能够正确认识到规避执行的法律后果，主动履行判决确定的义务，就不会被移送公安机关。正是由于自身存在一定的侥幸心理，试图通过转移财产牟取利益，其行为破坏了法院正常的执行秩序，王某某最终为抗拒执行付出了应有的法律代价。

王某某案属于典型的有履行能力却拒不执行的情形。正是在公安机关启动了刑事追责程序之后，王某某受到了相应处罚，相关权利人的合法权利得到了维护。在当前抗拒、逃避执行现象多发、"执行难"问题突出的背景下，人民法院依法打击拒执行为显得尤为必要，对实现判决内容、维护司法秩序、增强司法权威、提高司法公信力具有重要的导向作用。

案例三　杨某余拒不执行判决、裁定案

【基本案情】

2010年10月23日，年仅7岁的霍某到本村村民家新盖的房屋屋顶玩耍，在玩耍过程中不慎触碰到房顶的10千伏高压线从而被击伤。经滇西司法鉴定中心鉴定：霍某右肩关节9.2厘米处以远肢体缺失的目前损伤达五级伤残、被高压电烧伤所致的增生性疤痕百分比面积为13%，目前损伤达九级伤残。2011年9月29日原告霍某诉请判令被告大理供电有限公司、杨某余及房主杨某某共同承担赔偿责任。

2011年12月12日大理市人民法院判决由被告杨某余赔偿199353.99元，扣除已支付的15000元，实际再支付184353.99元；由被告大理供电有限公司赔偿199353.99元；由被告杨某某赔偿133235.99元。2012年8月24日霍某申请强制执行。经多次督促，被执行人杨某余拒不履行赔偿义务。法院在执行过程中查明，被执行人杨某余开办有个体工商企业大理某铸造厂，该厂按期纳税，运行状态正常；其名下登记有机动车两辆；被执行人在案发后还建盖了一幢五层住房（建筑面积约为1000平方米）。

2012年9月25日大理市人民法院对被执行人进行司法拘留15日，拘留期满，被执行人仍不履行赔偿义务。2014年8月28日，执行人员向被执行人杨某余送达了将其纳入失信被执行人名单的《执行决定书》。2014年10月21日被执行人缴纳了执行款10000元，对余款174353.99元仍以各种理由拒绝履行。

【裁判结果】

被执行人杨某余长期拒不履行生效裁判文书确定的义务，其行为已涉嫌拒不执行判决、裁定罪，2014年12月12日大理市法院将该案移送大理市公安局立案侦查，2015年1月31日大理市检察院向大理市人民法院提起公诉，指控杨某余犯拒不执行判决、裁定罪。在该案审理过程中，被执行人杨某余如实供述自己的犯罪事实并自愿认罪，其

家属积极筹措、支付了全部赔偿款项并取得了受害人的谅解,大理市人民法院认定被告杨某余犯拒不执行判决、裁定罪,判处有期徒刑六个月,缓刑一年。

【典型意义】

本案被执行人在被人民法院司法拘留后仍然对抗执行,明明有财产可供执行,却故意拖欠逃避执行,其已经构成拒不执行判决、裁定的行为,情节严重,应依法追究相应的刑事责任。

案例四 朱某福拒不执行判决、裁定案

【基本案情】

2011年10月28日,宜良县人民法院判决被告朱某福、李某芳返还原告付某等二人不当得利人民币24万元。判决生效后,朱某福、李某芳一直未执行该判决。2011年12月19日,申请人向人民法院申请强制执行。2012年1月29日,被告人朱某福因拒不执行生效判决被法院司法拘留15天,后因被执行人朱某福无财产可供执行,2012年12月6日法院终结了本案的执行程序,申请人多次来法院申请本案的恢复执行。法院查明:朱某福曾向其女儿朱某梅和女婿计某辉各转账10万元,且计某辉的银行卡仍有5万余元。2015年2月,法院恢复了案件的执行,裁定追加朱某梅和计某辉为被执行人,并冻结了计某辉的银行卡及李某芳的银行卡。之后,朱某福仍不执行人民法院判决,宜良县人民法院将已冻结的11万元执行款发放给付某等二人。被告人朱某福等人仍未返还剩余的13万元给付某等人。

【裁判结果】

法院审理认为,被告人朱某福对人民法院的判决有能力执行而拒不执行,情节严重,其行为已触犯了《中华人民共和国刑法》第三百一十三条之规定,构成拒执罪,依法对被告朱某福判处有期徒刑一年。

【典型意义】

本案被执行人朱某福有一定能力执行生效判决,但其转移财产的行为性质恶劣,社会危害性较大,依法应予惩戒。宜良县人民法院为进一步使案件的审理公开透明,主动接受人大、政协和社会的监督,特邀请部分人大代表、政协委员、人民陪审员及当地群众50余人参加旁听,并下发了《关于拒不执行判决、裁定罪的相关法律规定》宣传资料。通过案件的审理让旁听群众从中认识到法院判决、裁定的重要性,拒绝执行法院生效的判决、裁定是要受到刑事责任追究的。

案例五 庞某发拒不执行判决、裁定案

【基本案情】

桦南县农村信用合作联社因被告人庞某发贷款75000元到期未归还而诉诸法院,经

桦南县人民法院调解,双方达成调解协议:庞某发于2011年11月30日归还借款。协议到期后,庞某发未履行调解协议,桦南县农村信用合作联社申请法院强制执行。2014年10月21日桦南县人民法院裁定依法对庞某发家的50吨水稻予以查封。同年11月,庞某发私自将被查封的水稻变卖,销售得款11万余元,除归还桦南县农村信用合作联社借款2万元外,其余款项用于偿还个人债务,致使裁定无法执行。

另查明,被告人庞某发到案后已经将执行款人民币90000元交到桦南县人民法院执行局。

【裁判结果】

黑龙江省桦南县人民法院经审理认为,被告人庞某发有能力执行裁定而拒不执行,情节严重,其行为已经构成拒不执行裁定罪,依法应予惩处。公诉机关指控被告人庞某发犯拒不执行裁定罪,事实清楚,证据确实、充分,指控罪名成立。被告人庞某发到案能如实供述犯罪事实,并主动履行了部分执行义务,且此次犯罪系初犯,故对其可从轻处罚并适用缓刑。依照《中华人民共和国刑法》第六十七条第三款,第七十二条,第七十三条第二款、第三款、第三百一十三条之规定,判决如下:被告人庞某发犯拒不执行裁定罪,判处有期徒刑六个月,缓刑一年。

【典型意义】

近年来,全国法院生效文书"执行难"的情况日益严重,失信被执行人以各种方法逃避执行,使权利受到侵害的债权人拿着法院的生效判决却得不到实际履行。人民法院用刑事审判这把利剑,惩处了一批拒执案件,有效地保障了债权人的合法权益,也有效地惩治了诚信缺失的不良社会风气。

来源:最高人民法院

最高人民法院公布五起打击拒不执行涉民生案件典型案例

（2015年2月15日）

案例一　陈某会拒不支付劳动报酬案

——被执行人法定代表人拖欠73名公司职工14万余元工资后逃匿，被依法追究拒不支付劳动报酬罪，庭审期间自觉履行了法定义务

执行法院：重庆市开县人民法院

执行案由：追索劳动报酬纠纷

申请执行人：袁某桃等65人

被执行人：重庆某针织有限公司

【案情摘要】

2008年12月5日，陈某会、雷某容出资设立重庆某针织有限公司，从事针织品加工销售业务，公司住所地为重庆市开县。截至2011年6月，重庆某针织有限公司累计拖欠袁某桃等73名职工工资144474元。公司法定代表人陈某会逃避支付工人工资。同年7月、8月，重庆某针织有限公司职工为此多次群体上访。8月10日，开县人力资源和社会保障局对陈某会下达了《限期支付拖欠职工工资告知书》，陈某会未予理会。2011年9月，袁某桃等65人依法向开县人民法院提起诉讼。同年11月，开县人民法院依法判决，由重庆某针织有限公司支付袁某桃等65人工资合计124311元。

由于重庆某针织有限公司未在规定时间内履行义务，袁某桃等65人依法申请强制执行。开县人民法院受理执行后，查封了重庆某针织有限公司遗留在租用场地内的机器设备。经依法评估后，开县人民法院于2012年委托公开拍卖。由于机器设备陈旧，无人竞买，两次降价后流拍。开县人民法院对以上设备进行公告变卖，亦无人购买，申请执行人也不同意以该设备抵偿债务。其间，陈某会始终不予露面。

2014年1月26日，开县人民法院经研究后认为，重庆某针织有限公司拒不支付劳动报酬，涉及人数众多，数额较大，其行为涉嫌犯罪，于是决定移送公安机关追究其刑

事责任。同年5月22日,陈某会在昆明机场被公安机关刑事拘留。刑事拘留期间,陈某会通过家人向袁某桃等65人支付了所欠的全部工资124311元。

2014年11月27日,开县人民检察院向法院提起公诉,要求追究陈某会拒不支付劳动报酬罪。在案件审理过程中,陈某会将没有到法院起诉的另外8名职工的19313元劳动报酬也支付完毕。考虑到陈某会有认罪悔罪的实际行动,开县人民法院于2015年1月9日以拒不支付劳动报酬罪从轻判处陈某会有期徒刑三年,缓刑三年,并处罚金人民币10000元。

【典型意义】

在该系列案执行过程中,执行法院高度重视追索劳动报酬等与群众生计休戚相关的案件执行,对拒不履行生效法律文书的被执行人,严格按照最高人民法院、最高人民检察院、公安部《关于开展集中打击拒不执行法院判决、裁定等犯罪行为专项行动有关工作的通知》的要求,加强与公安、检察机关的沟通联系,依法进行了打击,提高执行威慑力,效果良好。该案的顺利执结再次表明,人民法院判决一经生效就具有法律强制力,当事人都必须自觉执行,不能心存侥幸,抗拒、逃避执行有可能被依法追究刑事责任。

案例二 黄某滨拒不执行判决、裁定案

——被执行人拒不履行生效调解书,将银行存款转移至案外人名下,致使案件无法执行,被依法追究拒不执行判决、裁定刑事责任

执行法院:福建省大田县人民法院

执行案由:继承纠纷案

申请执行人:林某香

被执行人:黄某滨

【案情摘要】

2014年3月25日,福建省大田县人民法院对原告林某香与被告黄某滨继承纠纷一案依法作出(2014)大民初字第958号民事调解书,确定黄某滨须于2014年4月2日前付清林某香继承余款19万元。调解书生效后,黄某滨未如期履行义务,林某香向大田县人民法院申请强制执行。大田县人民法院受理执行申请后,依法向黄某滨送达了《执行通知书》,并裁定冻结、扣划黄某滨的银行存款或扣留、提取其相应价值的收入。大田县人民法院在作出裁定后,以当面谈话等方式责令黄某滨履行调解书所确定的义务,但黄某滨仍拒不履行。之后,大田县人民法院通过银行查询,查明黄某滨曾在调解书生效后,将其账户中的存款130余万元转入案外人名下,且其无法说明转款事由,大田县人民法院遂以黄某滨涉嫌构成拒不执行判决、裁定罪移送公安机关立案侦查。

案发后，黄某滨于2014年11月28日主动向公安机关投案，并于次日与林某香达成执行和解，支付林某香执行款及利息共计人民币23万元，林某香书面请求对黄某滨从轻处理。大田县人民法院经开庭审理后认为，被告黄某滨对人民法院依法作出的具有执行内容的并发生法律效力的调解书有能力执行而拒不执行，情节严重，其行为已构成拒不执行判决、裁定罪。鉴于被告黄某滨能主动投案，如实供述犯罪事实，属于自首，同时，其支付了全部执行款及利息，取得了申请执行人的书面谅解，可从轻处罚。据此，大田县人民法院以拒不执行判决、裁定罪判处被告黄某滨拘役六个月、缓刑六个月。

【典型意义】

经人民法院主持达成的调解协议具有与生效判决、裁定同等的效力，生效调解书也属于拒不执行判决、裁定罪中的"判决、裁定"范畴。本案被执行人黄某滨在调解书生效后，将其130余万元银行存款转至案外人账户，致使生效调解书无法履行，已经构成了拒不执行判决、裁定罪。本案还从另一个角度说明，对那些涉嫌构成拒不执行判决、裁定罪的被执行人，如能主动投案并积极履行义务，依照宽严相济的刑事政策，可以得到从轻处罚。

案例三 许某燕非法处置查封、扣押、冻结财产案

——被执行人有履行能力，却转移财产逃避执行，被以涉嫌构成非法处置查封、扣押、冻结财产罪移送追究刑事责任

执行法院：浙江省嘉兴市南湖区人民法院

执行案由：交通事故人身损害赔偿

申请执行人：徐某龙

被执行人：高某珍

【案情摘要】

2006年3月5日，高某珍驾驶二轮摩托车与徐某龙发生碰撞，造成徐某龙受伤。经交警部门认定，高某珍负事故全部责任，经鉴定徐某龙的伤势构成八级伤残。徐某龙将高某珍诉至浙江省嘉兴市南湖区人民法院，要求支付赔偿款107026.45元。经嘉兴市南湖区人民法院调解，双方当事人于2007年5月18日达成（2007）南民一初字第380号民事调解书，确定被告高某珍赔偿原告徐某龙医药费、住院伙食补助费、护理费、误工费、交通费、伤残补助金、鉴定费、精神损害抚慰金等损失合计83800元，并定于2007年12月底前分三次付清。该民事调解书生效后，高某珍并未如约履行，徐某龙遂于2007年8月6日申请强制执行。

在该案执行过程中，嘉兴市南湖区人民法院未发现被执行人高某珍有可供执行财

产,遂于2007年11月2日终结本次执行程序。2012年底,随着嘉兴市南湖区"三改一拆"活动的展开,申请执行人发现被执行人高某珍家庭所有的猪舍被列入拆迁范围,应当有相应的款项予以补偿,于是向法院申请恢复执行。嘉兴市南湖区人民法院经查,2013年5月,高某珍家与嘉兴市南湖区新丰镇人民政府就猪棚拆除有相关补偿,且相关猪舍拆迁协议系该家庭以许某燕(高某珍之子)名义与拆迁单位签订。2013年7月19日,嘉兴市南湖区人民法院对补偿单位新丰镇竹林村村委会送达《协助执行通知书》,要求协助冻结补偿款项共计155492.18元(含迟延履行期间的债务利息)。其后,许某燕于2013年12月4日通过在中国农业银行新丰支行挂失补偿款的农行存单,转移该笔补偿款人民币226170元至张某伟(高某珍之女婿)账户。嘉兴市南湖区人民法院遂以许某燕涉嫌构成非法处置查封、扣押、冻结财产罪移送公安机关侦查。在公安机关侦查过程中,被执行人高某珍于2015年1月20日将全部赔偿款及迟延履行期间的债务利息82118.22元交至执行法院。有关机关对许某燕的刑事追责程序正在进行中。

【典型意义】

被执行人之子许某燕非法处置查封、扣押、冻结财产的行为已经涉嫌构成犯罪。正是在公安机关启动刑事追责程序之后,被执行人主动履行了执行义务,从而促成了本案的执结,维护了交通肇事受害人的合法权利。在当前被执行人抗拒、逃避执行现象多发,"执行难"问题突出的背景下,人民法院依法启动刑事追责程序,对于依法实现判决、裁定确定的权利义务关系,维护司法秩序,增强司法权威,提高司法公信力,无疑具有重要的导向作用。

案例四　曾某生涉嫌拒不执行判决、裁定案

——被执行人在判决生效后转移财产,拒不履行赔偿义务,被以涉嫌拒不执行判决、裁定罪移送立案侦查

执行法院:广西壮族自治区富川瑶族自治县人民法院

执行案由:交通肇事损害赔偿纠纷

申请执行人:何某文

被执行人:高某举、曾某生

【案情摘要】

2014年3月22日,曾某生雇请司机高某举驾驶轻型厢式货车在广西富川瑶族自治县石家乡公路上行驶,与行人何某(系申请执行人何某文之子、滕某之继子)发生碰撞,造成何某当场死亡。富川瑶族自治县公安局交通管理大队经调查后,认定司机高某举承担主要责任,何某承担次要责任。2014年6月9日,富川瑶族自治县人民法院判决高某举、曾某生互负连带责任,赔偿何某文、滕某因何某死亡造成的死亡赔偿金、

丧葬费、精神抚慰金等共计349695.14元。

判决生效后，申请执行人何某文、滕某于2014年7月24日向富川县人民法院申请强制执行，该院受理后于7月30日向高某举、曾某生发出《执行通知书》，但两被执行人未主动履行义务。经执行法院查明，被执行人曾某生于2014年6月25日将自己名下的一辆小型普通客车和一辆货车转让给了他人，于2014年6月26日到工商行政部门注销了其在贺州市八步区经营的某食品批发部。经富川县人民法院多次调查，未发现另一被执行人高某举有可供执行的财产或线索。

由于被执行人曾某生在法院判决已发生法律效力的情况下，为逃避债务，将名下财产予以变卖、处置，造成法院判决无法执行，情节严重，其行为涉嫌构成拒不执行判决、裁定罪。2014年12月8日，富川县人民法院将曾某生移送富川县公安局立案侦查；同年12月31日，曾某生被富川县人民检察院批准逮捕。2015年1月23日，双方当事人达成执行和解协议，由被执行人曾某生先行支付申请执行人15万元，余款分期给付履行。对曾某生的刑事追责程序仍在进行。

【典型意义】

实践中，被执行人为逃避履行生效判决确定的义务，千方百计转移、隐匿财产，其中常见的手法是将名下车辆、房产等予以变卖、处置。本案中，被执行人曾某生在判决生效后，故意将其名下的车辆予以变卖，将经营的个体户予以注销，显然属于有能力履行义务而拒不执行，已涉嫌构成拒不执行判决、裁定罪。其在羁押期间与申请执行人达成和解协议，可作为酌定量刑情节。本案旨在告诫被执行人不要抱有侥幸心理，要主动、自觉履行法院判决，如果转移、隐匿财产，将可能受到刑事处罚。

案例五　王某军涉嫌拒不执行判决、裁定案

——被执行人隐匿法院查封的财产，被两次司法拘留后仍抗拒执行，被以涉嫌构成拒不执行判决、裁定罪移送追责

执行法院：甘肃省山丹县人民法院

执行案由：交通肇事损害赔偿纠纷

申请执行人：赵某

被执行人：王某军

【案情摘要】

2013年9月13日傍晚，被执行人王某军的雇用人员任某华驾驶王某军名下的轻型自卸货车，行驶至甘肃省山丹县霍城镇王庄村路段时，与申请执行人赵某之妻杜某花驾驶的三轮摩托车发生刮擦，致杜某花受伤，经抢救无效死亡。在处理事故的过程中，双方达成赔偿协议，由王某军支付申请执行人赵某包括死亡赔偿金、丧葬费、被

抚养人生活费等各项费用共计266000元，扣除已支付的20000元及达成协议当日支付的106000元外，剩余140000元于2013年12月31日前全部付清，如不按协议履行，需另赔偿总额20%的违约金53200元。同年10月8日，经双方申请，甘肃省山丹县人民法院依法确认上述赔偿协议的效力。

因王某军未按照协议确定的期限履行义务，申请执行人赵某于2014年11月13日向山丹县人民法院申请强制执行。在执行过程中，山丹县人民法院调查到被执行人王某军拥有轻型自卸货车和小型普通客车各一辆，与其妻刘某桂在该县陈户乡范营村市场经营一化妆品店和一手机、家电门市部，完全具备履行能力。执行人员找到王某军，通知其主动履行法院生效裁判，但王某军拒不履行。2014年12月8日，山丹县人民法院对王某军采取了司法拘留措施，同时查封了王某军名下的轻型自卸货车及小型普通客车。拘留期限届满后，王某军仍然拒绝履行。山丹县人民法院责令王某军交出查封的车辆，但王某军拒绝交出。2015年1月15日，山丹县人民法院再次对其采取了司法拘留措施。拘留期间，执行法院向其告知拒不执行法院裁决的法律后果，要求其主动交出车辆配合执行，但王某军仍拒不配合。山丹县人民法院认为，被执行人王某军完全具备履行能力，在多次告知法律后果后，仍拒不履行生效裁判，其行为涉嫌构成拒不执行法院判决、裁定罪，遂将有关犯罪线索移送公安机关。公安机关立即立案侦查，及时对王某军采取了刑事拘留措施。王某军慑于法律的威严，于2015年2月3日缴清全部执行款193200元，案件顺利得到执结。对王某军的刑事追责程序仍在进行中。

【典型意义】

被执行人王某军在完全具备履行能力的情况下，拒不执行法院生效裁判，拒绝交出法院查封的财产，执行法院对其进行两次司法拘留仍对抗执行，属于拒不执行人民法院判决、裁定的行为且情节严重。本案通过严肃追究被执行人拒不执行人民法院判决、裁定犯罪行为，不仅促使法院生效裁判得到顺利执行，维护了当事人合法的权益，而且有力地震慑了犯罪，具有一定的教育宣传作用。

来源：最高人民法院

浙江法院 2021 年判处拒执罪 767 件 851 人

2022年3月30日上午，浙江省高级人民法院召开"打击拒执犯罪专项行动"新闻发布会，通报全省法院深化"打击拒执犯罪专项行动"工作情况。

据了解，全省法院2021年新收拒执刑事案件1077件，同比上升34.5%，审结1042件，同比上升25.1%，判处拒执罪767件851人，持续保持依法严惩拒执犯罪的高压态势。

从全省法院的审理情况来看，拒执行为覆盖立法、司法解释所列十二类"有能力执行而拒不执行，情节严重"的情形，常见情形主要有隐藏、转移、故意毁损财产，拒绝报告或虚假报告财产，拒不迁出房屋，暴力对抗执行，故意"失联"甚至"跑路"这几类。打击对象除自然人外，对单位有能力执行而拒不执行人民法院生效判决、裁定，情节严重的，依法追究单位的刑事责任，并对直接负责的主管人员和直接责任人员以拒执罪判处刑罚。

为推动在全社会进一步形成守信光荣、失信可耻的良好氛围，全省法院持续加大打击力度，强化自诉引导，畅通自诉通道，2021年共受理拒执自诉案件318件，占全部拒执犯罪案件总数的29.53%，同比上升0.51个百分点，远超全国拒执自诉比例，通过自诉手段办结执行案件118件，涉及金额共计3289.67万元，自诉案件债务履行率达87.76%，自诉打击实效进一步提升。同时，加大对可能与拒执行为相关联的非法处置查封、扣押、冻结财产，虚假诉讼等妨害司法犯罪的惩处力度，全年判处此类案件500余件。

2021年以来，全省法院用数智赋能助推打击拒执的司法实践，创新推进"执行一件事"集成改革，以不动产司法拍卖"一件事"为突破点，"智慧执行"系统横向对接自然资源、住建等10余个部门，纵向贯通省、市、县、乡、村5个层级，有效解决查人找物难、财产变现难、跨部门协同难的问题。发起执行协查近3000万次，执结39.1万件，执行到位976亿元，有财产可供执行案件法定期限内实际执结率99.6%，执行结案平均用时减少24天。经过打击拒执、立审执全程兼顾综合施策，2021年全省法院民商事案件自动履行率同比上升6.69个百分点。

"实践中，对拒执罪对象的判决、裁定，绝大部分是人民法院审理民商事案件所作的判决、裁定，与社会大众、公司企业的日常生产生活、经济活动等息息相关。"省高院刑三庭庭长梁旭东提醒，在经济活动中要加强两个意识：

一是风险意识，在拒执罪被告人中，有相当一部分系在民间借贷、金融借款、商品买卖等经济活动中为主债务人提供担保的当事人，由于风险意识或专业知识不足，贸然为他人提供担保，当其因主债务人履行不能而被列为被执行人时，往往认为"又不是我欠的债"而怠于履行义务甚至拒绝执行而构成拒执罪。

二是证据意识，在交易过程中要主动、及时固定证据、留存证据，在诉讼中及时全面提交证据，以最大限度地维护自身权益。

会上，还发布了相关典型案例。

浙江法院打击拒执犯罪典型案例

案例一　王某某转移隐藏夫妻共同财产拒执案

【案情简介】

王某某在离婚纠纷中私自将夫妻共同所有的房产变卖后拒绝透露所得款去向。其前夫申请执行夫妻共同财产分割款99万余元。王某某继续隐藏上述款项，不如实报告财产去向，并将一份价值19万余元的个人保单的投保人变更为其母亲。法院经审理认定王某某的拒执行为情节严重，已构成拒执罪，判处其有期徒刑八个月。

【点评】

被告人王某某作为被执行人，隐藏夫妻共同财产，拒不如实报告财产去向，还通过将个人保单投保人变更为其母亲的方式转移财产，致使判决、裁定无法执行，其行为属于"有能力执行而拒不执行，情节严重"的情形。人民法院以拒执罪判处其有期徒刑八个月，罚当其罪。

案例二　邵某擅自处置名下财产权益拒执案

【案情简介】

邵某被生效民事判决判令支付115.7万元，后其在明知名下厂房即将拆迁获得100万元补偿款的情况下，要求拆迁方将补偿款中的80万元直接转账给未经诉讼程序的另一债权人顾某。顾某收款后随即将其中的41万元转回由邵某直接控制的账户，邵某将该部分款项用于归还信用卡及其他债务。案发前，邵某已履行涉案债务18万余元。法院审理认定邵某构成拒执罪，其自愿认罪认罚，依法可予从宽处理，判处有期徒刑一年。

【点评】

人民法院生效裁判确定的法律义务具有履行的强制性,被告人在未向人民法院申报的情况下擅自将财产用于清偿其他债务,致使生效判决无法执行,其行为侵害了司法权威,也侵犯了胜诉当事人的权益。本案中,邵某名下的待拆迁厂房在执行开始时虽尚未变现,但预期财产性利益依法应当向执行法院申报。未向人民法院申报而擅自处置,使其履行生效裁判的能力降低,同样属于"有能力执行而拒不执行"。

案例三 某公司拒不执行刑事附带民事判决拒执案

【案情简介】

被告人张某某在交通肇事罪刑事附带民事一案中被判处赔偿8名附带民事诉讼原告人共计145万元,附带民事诉讼被告人某公司承担连带赔偿责任,该公司一直未履行。该案进入执行程序后,法院依法查封了登记在该公司名下的若干辆汽车并送达《责令交付车辆通知书》,但该公司拒不向法院移送查封车辆。执行法院责令该公司提供财务资料,该公司拒不提供会计账簿,导致法院无法评估该公司的财务状况。其间,该公司账户还有50万元被转出未向法院申报。案发后,被告单位法定代表人刘某某投案自首。法院经审理认为,被告单位拒执行为情节严重,刘某某作为直接负责的主管人员对单位犯罪应当承担刑事责任,被告单位和被告人投案自首,归案后认罪认罚,在本案审理的过程中与申请执行人达成和解协议并实际支付,获得谅解,认罪悔罪态度好,依法判处该公司罚金4万元,判处刘某某有期徒刑九个月,缓刑一年。

【点评】

本案中,被告单位某公司虽非交通肇事直接致害者,但依法应承担对多名被害人的连带赔偿责任。但被告单位一直不履行赔偿义务,进入执行程序后,作为被执行人拒不交付法律文书指定交付的财物,拒不提供财务资料,还转移财产,属于"有能力执行而拒不执行,情节严重",构成单位拒执犯罪。鉴于被告单位法定代表人主动投案自首,认罪悔罪,积极履行义务并获谅解等具体情况,法院予以酌情从宽处罚。

案例四 蒋某某等占据已被拍卖厂房妨碍买受人使用拒执案

【案情简介】

被告单位某公司因其未履行法院判决,经申请执行人申请强制执行,被法院评估拍卖该公司名下一处工业用房地产,并裁定该房产归买受人所有。在法院责令被告单位腾空搬离该处房产后,被告单位实际管理者蒋某某授意陈某、蒋某权、蒋某华、蒋某邦等多人,统一组织看管,妨碍买受人正常出入使用该房产。案发后,蒋某某、陈某、蒋某华、蒋某权被公安机关抓获，蒋某邦主动向公安机关投案自首。法院经审理认为，被告单位及各被告人均构成拒执罪，判处被告单位罚金20万元；各被告人分别被判处一年六个月至二年六个月有期徒刑，蒋某某、蒋某权、蒋某华、蒋某邦因具有从宽情节被适用缓刑。

【点评】

涉案厂房原属被告单位，但经拍卖，所有权已经转移。被告单位实际管理者蒋某某指使其他被告人继续占据，拒不迁出房屋、退出土地，甚至阻挠真正的产权人进入使用，一方面侵犯了厂房买受人的合法权益，另一方面也是对法院执行工作的对抗，属于"有能力执行而拒不执行，情节严重"，构成拒执罪。各被告人归案后均自愿认罪认罚，有的还主动投案自首，人民法院依法对单位判处罚金，并根据各被告人的犯罪情节、地位作用和认罪悔罪等情况判处相应刑罚并适用缓刑，充分体现了宽严相济的刑事政策和刑罚谦抑原则。

案例五　胡某崽拖欠员工工资拒执案

【案情简介】

胡某崽与徐某生等13人在某地人民调解委员会的调解下达成关于胡某崽需支付徐某生等13人工资共23.3万元的协议，该协议经法院司法确认裁定有效。后胡某崽支付了部分员工工资，尚有11.4万余元未支付。执行期间，胡某崽未如实申报名下车辆，其个人账户支出8.7万余元。案发后，胡某崽主动投案自首，其家属代为支付执行款3万元。法院经审理认为，胡某崽的拒执行为情节严重，其拖欠13名员工劳动报酬，依法从重处罚，鉴于其案发后投案自首、认罪认罚，其家属代为支付部分执行款，可依法从宽处罚，遂判处胡某崽有期徒刑六个月。

【点评】

欠薪问题事关劳动者切身利益和社会和谐稳定。最高人民法院在《关于审理拒不执行判决、裁定刑事案件适用法律若干问题的解释》中明确规定，拒不执行支付劳动报酬等判决、裁定的，酌情从重处罚。胡某崽投案自首，并申报部分财产，支付部分员工工资，归案后认罪认罚、真诚悔罪，法院根据其犯罪情节、社会危害、认罪悔罪等具体情况依法作出判决，充分体现了人民法院为依法"护薪"、实现"共同富裕"提供有力司法保障的信心和决心。

案例六　何某某暴力抗拒执行造成执行人员轻伤案

【案情简介】

何某某因与他人产生继承纠纷，被法院依法判令腾退一处涉案房产。该民事判决生效并进入执行程序，何某某无视法院执行裁定，拒不腾空房屋。2020年12月23日法院依法对涉案房屋强制腾空，何某某在屋内拒绝开门并扬言实施暴力。执行人员在多次警告无效后破门进入，何某某手持柴刀对抗执行，将一名执行人员砍致轻伤。法院经审理认为，何某某拒执行为情节特别严重，还系累犯，依法判处有期徒刑四年六个月，罚金1万元。

【点评】

被告人何某某拒不执行法院生效判决确定的腾退房屋义务，在法院依法强制执行时以暴力、威胁方法阻碍执行人员进入执行现场，并用柴刀砍伤执行人员，依法可认定为"有能力执行而拒不执行"，且属情节特别严重，依法应在三年以上七年以下有期徒刑幅度内处刑，并处罚金。人民法院根据何某某犯罪的性质、情节和社会危害程度等，对其判处有期徒刑四年六个月，并处罚金1万元，所处量刑适当，体现了人民法院对暴力抗拒执行依法严惩的态度。

案例七　郎某拒不申报财产且不到庭拒执自诉案

【案情简介】

郎某未清偿某公司应付货款55万余元及利息，进入执行程序后，因郎某拒不申报财产被法院司法拘留。后自诉人以"郎某名下与他人共有一处房产，涉嫌拒执罪"提起自诉。人民法院依法向郎某送达自诉状、证据材料及开庭传票。但郎某经法院多次联系拒不到庭。2021年9月，人民法院决定对郎某执行逮捕。法院经审理认定郎某构成拒不执行判决、裁定罪，判处有期徒刑六个月。

【点评】

本案中，自诉人根据掌握的被执行人财产线索提出控告，积极维护自身权益，人民法院以自诉案件立案审理并作出判决，彰显了以自诉模式打击拒执犯罪的威力，取得良好的法律效果和社会效果，为进一步营造尊法守法的社会氛围发挥积极作用。

案例八　曹某不支付未成年子女抚养费拒执自诉案

【案情简介】

因曹某未按期履行生效判决确定的给付自诉人余某某2018年至2020年的抚养费共计55200元，自诉人向法院申请强制执行。执行期间，曹某将其一处房产以26.8万元的价格出售，所得款项未用于履行法院判决。法院经审理认为，曹某拒执行为情节严重，构成拒执罪，其拒不支付抚养费用，酌情从重处罚。鉴于曹某认罪态度好，可酌情从轻处罚，判处曹某拘役六个月。

【点评】

涉及抚养费、赡养费等给付义务的拒执行为，严重侵害未成年人、老年人等特殊群体的合法权益，危及困难弱势群体的正常成长、生活、医疗等基本生存需要，破坏社会公序良俗，违背社会主义核心价值观。浙江省法院在审理此类拒执犯罪中，坚持依法从严打击，控制缓刑适用。

来源：浙江天平

浙江法院打击拒执犯罪典型案例

案例一 被告人卢某某隐匿股权和房产拒不执行案

【基本案情】

被告人卢某某通过以他人为名义股东的方式实际持有某公司32%的股份,还以某公司股东身份分得某商业广场房产数套,分别登记在其儿子和某公司名下。慈溪法院2016年作出民事判决,判决卢某某等归还他人借款800万元及相应利息。判决生效后,卢某某一直未履行还款义务。2017年至2018年,卢某某以上述房产为抵押,先后向他人借款1370万元,用于项目投资。其间,慈溪法院对卢某某下达《执行通知书》及《报告财产令》。卢某某填写财产申报表时,隐瞒自己实际持有某公司32%的股份和某商业广场房产的财产情况。卢某某因拒不履行法院判决、裁定被慈溪法院司法拘留十五日,仍辩解自己没有财产,拒不执行生效判决。经资产评估,卢某某实际持有的某公司32%的股份价值人民币2985万余元。案发后,卢某某仍未履行判决所确定的还款义务,后被慈溪法院强制执行。慈溪法院以拒不执行判决、裁定罪判处被告人卢某某有期徒刑四年,并处罚金人民币20万元。卢某某不服,提出上诉,被二审法院驳回。

【简评】

被告人因其股权和房产均登记在他人名下,由他人代持,故在财产申报中隐瞒自己上述财产情况时,气定神闲;被司法拘留后,仍未如实申报财产,不履行判决确定的还款义务,顽固不化。被告人的行为已构成拒不执行判决、裁定罪,且情节特别严重。四年牢狱,作为一名资产不薄的商人,卢某某为藐视生效裁判付出的代价有点大。

案例二 被告人冉某某微信收支数额巨大拒不执行案

【基本案情】

2017年,被告人冉某某被乐清法院判令于判决生效之日起15日内支付何某某货款28万余元及利息损失。该判决于同年7月26日生效。自判决生效之日起至2019年3月4

日，冉某某微信共收入21万余元、支出24万余元，所支出钱款均未用于归还何某某的货款及利息。案发后，冉某某亲属已代为偿还债务，该民事判决已执行完毕，申请执行人对冉某某予以谅解。乐清法院以拒不执行判决罪判处被告人冉某某有期徒刑六个月，缓刑一年。

【简评】

一边对法院生效判决置之不理，一边账户流水不断。查证拒执的路径有很多，银行、支付宝、微信、保险、理财账目或房产、机动车、民航、宾馆登记记录等都会"出卖"老赖，奉劝老赖们不要心存侥幸。本案被告人亲属亲情援助、申请执行人宽宏谅解，被告人虽被宣告缓刑，但犯罪记录已无法消除。

案例三 被告人寿某某不移交被查封车辆拒不执行案

【基本案情】

2018年9月，被告人寿某某因其与某公司民事纠纷案被柯桥法院查封其名下奥迪牌轿车一辆。同年11月，柯桥法院对该案作出民事判决，判令寿某某支付货款40万余元。判决生效后，寿某某未履行判决确定的义务。2019年5月，柯桥法院又查封寿某某名下宝马牌轿车一辆，并责令寿某某限期上交被查封的两辆轿车（价值17万元），但寿某某拒不将车辆移交法院，致使法院部分判决无法执行。柯桥法院以拒不执行判决罪判处被告人寿某某有期徒刑九个月。

【简评】

宝马有，奥迪有，但法律意识没有。不服从"责令"，可能承担刑事责任。寿某某拒不移交车辆，将自己送进了监狱，早知如此，何必当初。

案例四 被告人车某某银行有存款不申报、不履行拒不执行案

【基本案情】

2017年8月，越城法院作出民事判决，判令车某某于判决生效之日起十日内归还单某某借款本金41万余元并支付相应利息。同年9月判决生效。越城法院执得人民币近31万元，后因未发现有可供执行的财产于2018年6月终结执行。经查，2017年10月19日，车某某农业银行账户有可支配收入30万余元，但车某某未向越城法院申报，也未履行生效判决确定的还款义务。越城法院以拒不执行判决罪判处被告人车某某有期徒刑六个月。

【简评】

有财产要主动及时报告，有财产要积极履行。被执行人如果消极逃避，刑法就会主动出击。账户里明明有30多万元，既不履行判决确定的义务，也不申报财产，用六

个月时间给自己的人生记上了灰暗的一笔。

案例五 被告人邱某转让房产获得收益、有财产不申报不履行拒不执行案

【基本案情】

2014年至2015年，上虞法院先后对邱某与他人的民事纠纷案作出民事调解，民事调解书确定邱某支付他人钱款约100万元。调解书生效后，邱某未如期履行义务。案件进入执行程序，法院发出执行裁定书，裁定邱某限期履行指定义务，邱某仍未履行全部义务。其间，邱某将其一处营业房以88万元的价格予以转让。同时，邱某实际控制的银行及微信、支付宝账户可支配存款合计330万余元。邱某未向法院如实报告房屋转让款及其实际控制的账户内资金情况，且将资金用于他处，致使调解书无法执行。案发后，邱某先后与申请执行人达成和解协议，并取得申请执行人的谅解。上虞法院以拒不执行判决、裁定罪判处被告人邱某有期徒刑一年四个月。

【简评】

民事调解书和判决书具有同样的法律效力。邱某转让房屋了事，但法律绝不允许这样有头无尾。裁判得以执行，法律才能彰显价值和威严。从查证情况分析，邱某有足够的财产能力履行调解书确定的法律义务，却把它置之脑后，于是刑罚开始记挂他。十六个月的服刑生涯，丧失的可不仅仅是年华。

案例六 被告人褚某某多次违反限制消费令拒不执行案

【基本案情】

2018年3月，平湖法院作出民事判决，判令褚某某于判决生效后十日内给付原告沈某某货款17万余元并赔偿逾期付款损失。后平湖法院责令褚某某报告财产情况。褚某某因拒不报告财产情况，于同年11月被平湖法院司法拘留十五日。同年12月3日又因其他民事案件执行，褚某某被开具限制消费令。2018年12月6日至2019年3月，褚某某在明知平湖法院对其限制消费，其本人居民身份证无法购买机票的情况下，六次通过护照购买机票违反限制消费令乘坐飞机。平湖法院以拒不执行判决、裁定罪判处被告人褚某某有期徒刑十个月。

【简评】

被告人拒绝报告财产情况被司法拘留后，又多次违反限制消费令乘坐飞机，昂贵的不是机票，而是有期徒刑十个月。不履行判决确定的法律义务，法院发出限制消费令后，飞机、高铁、高档宾馆及酒店等从此与你无缘，若你还要偷偷享受，法律可能将你送进牢房。

案例七 被告人曹某某不腾退房产拒不执行案

【基本案情】

2018年11月,瑞安法院对某银行与曹某某等人金融借款合同纠纷案作出判决,曹某某等人需偿还本金43万元及利息,李某某负有连带保证责任,承担连带保证责任后有权向曹某某追偿。判决书生效时间为2019年1月。同年6月,李某某履行连带保证责任后,向瑞安法院申请执行追偿。当日瑞安法院立案执行,执行标的为46万余元。执行期间,曹某某等人未履行判决确定的义务,也未申报财产。同年8月,瑞安法院裁定查封、拍卖曹某某名下的房产,并张贴腾空公告,责令限期腾空。同年10月,瑞安法院强制腾空该处房产并张贴封条。当晚,曹某某擅自撕毁封条,撬开并更换门锁,将家具等物搬入已腾空的该处房屋内,并在房屋内居住。瑞安法院再次责令曹某某搬离、腾空该涉案房屋,但其仍未搬离。同年11月,曹某某被公安机关抓获。后曹某某家属将该处房产重新腾空,并将钥匙交至瑞安法院。瑞安法院以拒不执行判决、裁定罪判处被告人曹某某有期徒刑六个月。

【简评】

曹某某作为被执行人,在案件进入执行程序后,未履行判决生效的义务,也未申报财产,拒不腾空被查封的房产,还擅自撕毁法院封条,强占案涉房产,拒不搬离。最终他"被搬进"了监所,咎由自取。

案例八 被告人俞某某为他人规避执行提供帮助拒不执行案

【基本案情】

2016年至2019年,被执行人汪某某因公司经营不善、资不抵债而负债累累,被多名债权人起诉至法院。安吉法院先后予以立案执行,案件标的额为85万余元。在上述案件执行期间,被执行人汪某某为规避履行法院判决、裁定确定的还款义务,于2017年至2019年8月3日,借用案外人俞某某的身份信息注册手机号、微信号,并使用俞某某的工商银行卡收款共计70余万元。案外人俞某某明知汪某某系案件被执行人,仍将自己名下的工商银行卡及个人身份信息注册的手机号码、微信提供给被执行人汪某某使用,帮助其规避法院执行。安吉法院以拒不执行判决、裁定罪分别判处被告人汪某某有期徒刑一年二个月;判处被告人俞某某有期徒刑一年,缓刑一年。

【简评】

汪某某在俞某某的帮助下,明修栈道,暗度陈仓,二人构成拒不执行判决、裁定共同犯罪,分别系主犯、从犯,最终双双身陷囹圄,教训深刻。

案例九 单位拒不执行案

【基本案情】

贾某某系某公司法定代表人。原告徐某某诉被告某公司土地租赁合同纠纷一案,经金华中院二审于2016年11月29日判决某公司返还徐某某租金95万元及支付利息。2017年1月,义乌法院开具《执行通知书》,责令某公司履行判决确定的法律义务。某公司于2019年1月、3月合计收到当地政府的拆迁补偿款近710万元。贾某某将上述款项通过银行转账方式进行转移,并用于偿还其个人债务等,但未履行对徐某某返还租金的生效判决。同年8月,贾某某被抓获。案发后其亲属主动将执行款共计195万元转账至义乌法院执行款专户内,徐某某与某公司案执结,徐某某对贾某某表示谅解。义乌法院以拒不执行判决、裁定罪,分别判处被告单位某公司罚金人民币10万元;判处被告人贾某某有期徒刑十个月。

【简评】

某公司拒不执行判决、裁定,虽然案发后贾某某亲属主动交款促使案件执结,但某公司及其法定代表人难逃罪责,双双被处以刑罚,分别被判处罚金10万元和有期徒刑十个月。针对单位犯罪,刑法规定对于单位和直接负责的主管人员及其他直接责任人员判处刑罚。本案就是根据单位犯罪实行双罚制原则作出了刑事判决。

案例十 被告人陈某某变卖房产拒不执行自诉案

【基本案情】

针对自诉人施某某与被告人陈某某买卖合同纠纷一案,婺城法院判决陈某某支付施某某货款人民币25万元,支付违约金并承担诉讼费。判决生效后,陈某某未自动履行,后被立案执行。执行过程中当事人双方达成执行和解协议,并约定如未按协议履行,应恢复原判决的执行,并承担违约履行金。此后,陈某某履行了部分支付义务,但在此期间,其出售了作为夫妻共同财产的2套房屋,共得款人民币95万元,未用于履行剩余的支付义务。在自诉案件审理过程中,陈某某的亲属代其履行了部分偿还义务,施某某对陈某某表示谅解。婺城法院以拒不执行判决、裁定罪判处被告人陈某某有期徒刑九个月。

【简评】

判决生效后未自动履行,对于执行过程中达成的和解协议置之不理,在将夫妻共有房产出售获取收益后,仍不履行法律义务,等待陈某某的不再是民事制裁,而是刑事处罚。

案例十一　被告人陶某某变卖房产、协议离婚"净身出户"拒不执行自诉案

【基本案情】

自诉人孙某某因与被告人陶某某就房屋租赁合同产生纠纷，于2018年11月向柯城法院提起民事诉讼。柯城法院审理后于2019年2月作出民事判决，判决除解除合同、腾退房屋之外，还明确陶某某限期支付孙某某人民币数十万元，相关民事判决书于当月向陶某某送达。为避免判决生效后房产被法院拍卖执行，陶某某与妻子王某于2019年3月将共有的房屋以80万元的价格转让给他人。后陶某某与王某协议离婚，并在协议中约定"男女双方所有共同财产已变卖用于偿还双方共同债务，剩余未还债务由男方陶某某全部承担，与女方王某没有任何关系"。陶某某和王某获取的房屋转让款，部分用于归还该房屋的抵押贷款，部分用于支付王某购置新房的首付款。同年4月，一审民事判决发生法律效力，因陶某某未履行生效判决确定的义务，孙某某向柯城法院申请强制执行。柯城法院立案后依法向陶某某送达《执行通知书》《报告财产令》《被执行人财产申报表》。陶某某仍隐瞒上述转移财产的事实，并拒不申报财产，分文未予履行。柯城法院以拒不执行判决、裁定罪，判处被告人陶某某有期徒刑一年。陶某某不服，提出上诉，被二审法院驳回。

【简评】

陶某某在民事判决送达后、生效前，先变卖夫妻共有财产，后协议离婚，作为丈夫的陶某某"净身出户"，让妻子王某自立门户再购新房。陶某某为了逃避执行，可谓挖空心思，但终究难逃法网。

来源：浙江天平

浙江法院十大拒执犯罪典型案例，送给令人"挂念"的被执行人

（2019年4月29日）

案例一 杨某伟拒不执行判决、裁定案
——被执行人拒绝腾空房屋，被判处有期徒刑

【基本案情】

2017年10月11日，宁波市江北区人民法院作出（2017）浙0205民初2906号民事判决，判决被告人杨某伟及胡某平（系杨某伟之妻）与周某某的房屋租赁关系于2017年9月12日解除，并判令杨某伟、胡某平于判决生效后三十日内腾空房屋。该案判决生效后，杨某伟及胡某平未履行腾空房屋的义务。

2017年11月4日，周某某向江北法院申请强制执行。江北法院执行立案后向杨某伟及胡某平发送了《执行通知书》等相关材料，但杨某伟拒不腾退上述房屋。2018年2月13日，杨某伟因拒不履行生效判决被江北法院司法拘留十五日。杨某伟释放后，仍执意暂住于上述房屋，并将房屋进行粉刷翻新，撕毁法院张贴的腾退公告。后江北法院再次对上述房屋强制执行未果，杨某伟仍明确表示不会执行生效判决，江北法院将该案移送公安机关侦查。案发后，杨某伟之妻胡某平腾空房屋，并将该房屋返还给周某某。

江北法院经审理认为，杨某伟拒不履行人民法院生效判决所确定的义务，经人民法院强制执行、司法拘留后仍拒不迁出房屋，情节严重，其行为已构成拒不执行判决、裁定罪。杨某伟到案后如实供述相关犯罪事实，涉案房屋已被腾空并交付给申请执行人，对其予以酌情从轻处罚。据此，江北法院依法作出（2018）浙0205刑初508号刑事判决，判处杨某伟有期徒刑七个月。

【典型意义】

被告人杨某伟未能履行生效民事判决确定的腾空房屋的义务，法院依法对该房

屋强制腾空。执行期间，法院多次要求杨某伟腾空房屋，但杨某伟无正当理由逾期拒不执行，在法院对其采取拘留措施后，仍拒不腾空。其行为符合拒不执行判决、裁定罪的犯罪构成，且情节严重。另外值得一提的是，杨某伟无视法律，被司法拘留释放后，不仅执意暂住于上述房屋，还将房屋进行粉刷翻新，撕毁法院张贴的腾退公告，挑衅司法权威，理应从重处罚。

案例二 童某红拒不执行判决案
——被执行人拒不履行判决义务，在现场执行时拒不配合且采用掐脖子等暴力方式殴打、侮辱执行人员，造成执行工作被迫停顿，无法进行，被判处有期徒刑六个月

【基本案情】

2015年7月29日，被告童某红驾驶制动不合格的电动三轮车在开化县金星大桥路段将行人徐某某撞倒致伤，形成纠纷。江山市人民法院于2018年2月2日作出（2017）浙0881民初4536号民事判决书，判决被告童某红赔偿原告徐某某因案涉交通事故损伤产生的各项损失合计115650.25元，判决于2018年2月28日生效。

2017年12月28日，童某红与其妻子周某某协议离婚，离婚协议约定位于开化县华埠镇毛家村的自建房屋等财产归周某某所有，债务由童某红偿还。判决生效后，童某红未主动履行赔偿义务，徐某某于2018年6月19日向江山法院申请强制执行，江山法院于同日立案执行。立案后，江山法院依法向被执行人童某红邮寄送达《执行通知书》《报告财产令》《限制消费令》，童某红收到上述文书后未在规定时间履行执行义务，亦未申报财产。

2018年7月19日11时许，江山法院两名执行人员到开化县华埠镇金星村毛家18号被告人童某红家现场执行。执行人员表明身份并组织徐某某的监护人与童某红协商如何履行生效判决。童某红表示不服判决且不履行赔偿义务。经做思想工作无效，执行人员传唤童某红到江山法院接受调查，童某红强烈反抗并与执行人员拉扯。其间，童某红用右手掐住一名执行人员的脖子，猛力将其向后推靠至实木沙发靠背上，实木沙发受力向后倾倒后，童某红又用右手肘部抵住执行人员颈部将其按压在实木沙发靠背上。另一名执行人员将童某红左手上铐并拉开，后童某红仍拒绝执行人员将其带离，在场的童某红母亲、前妻等人亦出手阻拦，致使法院执行工作无法进行。当日下午1时许，在到场的开化县华埠派出所民警及开化法院执行人员的协助下，童某红被带离现场。同日，江山法院以童某红以暴力、威胁或者其他方法阻碍司法工作人员执行职务为由决定对童某红司法拘留15日。

因被执行人童某红涉嫌拒不执行判决罪，江山法院将该线索移送江山公安立案侦查。公安机关侦查后依法对童某红采取了强制措施。在此期间，童某红依旧未主动履

行赔偿。2018年10月19日,江山法院根据公诉机关的指控,依法作出(2018)浙0881刑初345号刑事判决,以拒不执行判决罪,判处被告人童某红有期徒刑六个月。

【典型意义】

本案被执行人童某红作为人民法院已经发生法律效力的民事判决的被执行人,无视司法权威,拒不履行判决义务,在人民法院执行人员现场执行时拒不配合且采用掐脖子等暴力方式殴打、侮辱执行人员,造成人民法院执行机构正在开展的执行工作被迫停顿,无法进行,其行为构成拒不执行判决罪。法院依法追究被执行人拒执罪的刑事责任,惩治了此种拒不执行生效裁判的行为,起到了很好的教育和警示作用。

案例三 王某刚拒不执行判决、裁定案

——被执行人未如实报告财产状况,擅自以协议离婚方式转移、隐匿财产,导致判决无法执行,被判处有期徒刑二年六个月

【基本案情】

被告人王某刚与浙江某融资租赁有限公司于2014年6月30日签订《融资租赁合同》一份。合同约定原告根据被告王某刚对出卖人和租赁物的选择购进施工升降机1台,出租给被告王某刚使用。租期为36个月,租金总额为人民币235000元,保证金人民币23500元已先行支付,剩余租金由被告王某刚分12期等额支付。同日,原告与被告合肥某起重设备安装有限公司签订《保证合同》一份,被告合肥某起重设备安装有限公司承诺对《融资租赁合同》项下被告王某刚的债务承担连带保证责任。后因王某刚未按时履行合同约定义务,形成诉讼。杭州市下城区人民法院(以下简称下城法院)于2017年7月18日作出(2016)浙0103民初3598、3596、3593号民事判决,判决王某刚及合肥某起重设备安装有限公司支付浙江某融资租赁有限公司租金及违约金合计约300万元。

判决生效后,王某刚未主动履行支付义务,浙江某融资租赁有限公司于2017年8月29日向下城法院申请强制执行,下城法院于同日立案受理。立案后,下城法院依法向被执行人发出《执行通知书》及《报告财产令》,督促其履行法律文书所确定的义务,但王某刚及合肥某起重设备安装有限公司仍未主动履行义务。因被执行人暂无财产可供执行,三案终结本次执行程序。后申请执行人浙江某融资租赁有限公司向下城法院提供执行线索,下城法院恢复执行。2018年1月23日,下城法院前往财产所在地安徽省合肥市,查封了被执行人合肥某起重设备安装有限公司在建筑工地项目出租的塔机设备,并冻结租金收益;同时,电话传唤被执行人王某刚到当地法院接受执行调查,王某刚仍无故拒不到庭。下城法院于2018年2月2日依法布控拘留王某刚。

2018年2月20日,申请执行人向下城法院申请追究王某刚拒不执行法院判决、裁定罪。2018年3月2日,下城法院依法以涉嫌拒执罪将王某刚移送杭州市下城区公安分

局立案侦查。2018年8月20日，下城法院根据公诉机关的指控作出（2018）浙0103刑初380号刑事判决，认为被告人王某刚有能力而拒不执行生效判决，将收入消费或取现，同时通过隐藏设备出租及借用他人名义对外出租设备秘密收取租金、转移公司融资租赁设备及设备使用收益，财产均以协议离婚方式转移、隐匿，离婚后通过与前妻周某智保持生产、生活上的联系继续占有使用具有执行价值的财产（车辆等），且经人民法院采取通知、限制高消费、拘留等多种措施均拒不到案，致使生效民事判决无法执行，情节严重，故下城法院以拒不执行法院判决、裁定罪判处被告人王某刚有期徒刑二年六个月。王某刚不服判决，依法向杭州市中级人民法院提起上诉，后杭州市中级人民法院依法驳回上诉，维持原判。

【典型意义】

本案被执行人王某刚有履行能力而拒不履行法院生效判决，且涉嫌隐藏、转移财产，逃避履行义务，致使法院判决无法执行。法院依法追究被执行人犯拒执罪的刑事责任，促使被执行人履行义务，对拒不履行法院生效法律文书、转移财产抗拒执行等行为起到了很好的教育和警示作用，也为基本解决"执行难"问题提供了强有力的案例支持。

案例四 宁海某工艺品有限公司、陈某娟拒不支付劳动报酬案

——宁海某工艺品有限公司犯拒不支付劳动报酬罪，判处罚金人民币6万元，陈某娟犯拒不支付劳动报酬罪，判处有期徒刑一年六个月，并处罚金人民币3万元

【基本案情】

宁海某工艺品有限公司拖欠葛某翠、陈某君等80名职工2016年1月至2017年5月的工资。2017年6月16日，宁海县人力资源和社会保障局责令宁海某工艺品有限公司于2017年6月30日前足额支付拖欠工资。同年6月27日，经劳动仲裁程序确认宁海某工艺品有限公司拖欠葛某翠、陈某君等80名职工共计人民币1074308.1元，并明确了支付期限。但该公司到期后仍未支付职工工资，公司的法定代表人陈某娟逃匿。工厂职工依法申请强制执行。2017年底，宁海县前童镇人民政府为宁海某工艺品有限公司垫付工资款人民币214861.6元。2018年10月10日，陈某娟被公安机关抓获归案。2018年12月，法院依法拍卖宁海某工艺品有限公司名下的机器设备，并将拍卖款人民币383508元用于支付拖欠的职工工资。

因陈某娟涉嫌构成拒不支付劳动报酬罪，宁海法院将该案移送公安机关立案侦查。宁海县检察院于2019年1月11日提起公诉。审理期间，被告人陈某娟取得夏某东、张某萍、陈某葱、童某娟、娄某翠等20人的谅解。宁海县人民法院认为，宁海某工艺品有限公司以逃匿方法逃避支付劳动者的劳动报酬，数额较大，经政府有关部门责令

支付仍不支付,被告人陈某娟系该公司直接负责的主管人员,其行为均已构成拒不支付劳动报酬罪。宁海某工艺品有限公司及陈某娟能如实供述犯罪事实,可从轻处罚。陈某娟取得部分受害人的谅解,酌情从轻处罚。故法院依法作出(2019)浙0226刑初71号刑事判决,分别判处宁海某工艺品有限公司罚金人民币6万元,判处陈某娟有期徒刑一年六个月,并处罚金人民币3万元。

【典型意义】

本案中,宁海某工艺品有限公司以逃匿方法逃避支付劳动者的劳动报酬,数额较大,经政府有关部门责令支付仍不支付,被告人陈某娟系该公司直接负责的主管人员,其行为均已构成拒不支付劳动报酬罪。故本案不仅对单位宁海某工艺品有限公司判处罚金,并对其直接负责的主管人员法定代表人陈某娟判处有期徒刑一年六个月,并处罚金3万元,有效打击了拒不支付劳动报酬行为,维护了生效法律文书的权威。

案例五 傅某根、邵某成虚假诉讼案

——被执行人傅某根在公司资不抵债的情况下,与邵某成恶意串通虚构债务,在公司资产处置时抵押变卖优先受偿,使个人非法获益。案发后被告人傅某根被判处有期徒刑一年,被告人邵某成被判处有期徒刑六个月,缓刑一年

【基本案情】

傅某根系浙江某人造板有限公司唯一股东。2015年以来,因公司严重亏损,资不抵债。为在法院处置公司资产中减少个人损失,傅某根与其同学邵某成共谋,虚构某人造板公司向邵某成借款200万元的事实,并伪造200万元的银行流水凭证,由傅某根出具虚假借条,又将某人造板公司的机器设备等资产虚假抵押给邵某成,并书面授权由傅某根全权接收抵押款。2016年2月16日,傅某根指使邵某成以某人造板公司未偿还其200万元借款为由,向龙游法院提起民事诉讼。龙游法院根据借条、银行流水凭据等虚假证据作出了(2016)浙0825民初411号民事判决,判令某人造板公司归还邵某成借款200万元及利息。判决生效后,傅某根将某人造板公司虚假抵押给邵某成的机器设备进行变卖,获利33万元。其间,邵某成根据傅某根的指示,以其200万元的虚假债务所形成的抵押关系,先后向法院提出对公司锅炉淘汰改造补助金35万元的执行异议、执行复议审查程序。

龙游法院以傅某根、邵某成涉嫌构成虚假诉讼罪移送当地公安机关立案侦查,两人均主动投案自首。2018年8月3日,龙游检察院向龙游法院提起公诉,指控傅某根、邵某成犯虚假诉讼罪。龙游法院经开庭审理后认为,傅某根、邵某成以捏造的事实提起民事诉讼,妨碍司法秩序,其行为均已构成虚假诉讼罪。故龙游法院依法作出(2018)浙0825刑初201号刑事判决,分别判处傅某根有期徒刑一年,邵某成有期徒刑

六个月,缓刑一年。

【典型意义】

人民法院在执行过程中,被执行人应该积极履行自己应负责的债务。本案中被执行人在资不抵债的情况下,没有想着如何将资产有效变卖处置,而是想着在处置过程中怎样才能尽可能地保护个人利益,虚构债务提起诉讼,妨碍司法秩序,构成虚假诉讼罪。

案例六 兰某英非法处置查封的财产案

——被执行人明知是法院查封的财产仍伙同他人变卖,情节严重,导致判决无法执行,被判处有期徒刑六个月

【基本案情】

2016年6月,邵某向余姚市人民法院起诉,要求被告魏某和兰某英归还借款15万元,并支付利息1.08万元。邵某还向法院申请查封了魏某和兰某英名下的房地产及存放在某锻件厂内的所有机器设备。2016年9月,法院判决支持了邵某的诉讼请求。因被告未履行法院生效判决,邵某向法院申请强制执行。经法院查实确认,被执行人魏某、兰某英将电炉等机械设备以人民币5万元的价格转让,将被法院查封的房屋以785万元的价格转让给第三人,所得款项全部用于支付其他借款。

余姚法院以兰某英涉嫌构成非法处置查封的财产罪移送当地公安机关立案侦查。2018年7月24日,兰某英被抓获,如实供述了其涉案事实。同年9月27日,余姚检察院向余姚法院提起公诉,指控兰某英犯非法处置查封的财产罪。余姚法院经开庭审理后认为,兰某英明知是法院查封的财产仍伙同他人变卖,情节严重,其行为已构成非法处置查封的财产罪。鉴于其归案后如实供述罪行,庭审中又自愿认罪,且有悔罪表现,决定依法予以从轻处罚。故余姚法院作出(2018)浙0281刑初1009号刑事判决,判处兰某英有期徒刑六个月。

【典型意义】

人民法院依法查封的财产,是禁止任何人擅自处置和移动的,其目的在于促使被执行人履行生效法律文书确定的义务。本案中,兰某英明知是法院查封的财产仍伙同他人变卖,情节严重,其行为已构成非法处置查封的财产罪。

案例七 戴某鹏拒不执行判决、裁定案

——被执行人转移财产,擅自将收入挪作他用,案发后虽然积极履行,并取得申请执行人谅解,仍然不能逃脱法律的制裁,被判处有期徒刑九个月

【基本案情】

55岁的李某(贵州人)在宁海县某塑料电器厂(经营人系戴某鹏)提供劳务。

2016年4月30日中午，在厂里做工时李某被升降梯夹伤，立即被送往医院住院治疗53天，但是仍然落下了截瘫伴大小便失禁，构成二级伤残。2017年2月10日，李某将塑料电器厂诉至法院。经过审理，宁海县人民法院（以下简称宁海法院）于2017年5月18日作出判决，塑料电器厂赔偿李某损失770205.28元。塑料电器厂拒收判决书后提起了上诉，二审法院于2017年7月24日裁定按撤诉处理，一审判决生效。

判决生效后，塑料电器厂未主动履行生效判决确定的赔偿义务。2017年8月1日，李某向宁海法院申请强制执行。同日，宁海法院对该案立案执行；次日，向戴某鹏邮寄送达了《执行通知书》《报告财产令》等法律文书。后戴某鹏故意隐匿塑料电器厂的2台注塑机（价值合计人民币18000元），转移至以其前妻梁某为法定代表人新注册的宁海县某电器有限公司（由戴某鹏实际经营），并于同年8月购买1台海达牌HD138注塑机（价值人民币12000元）继续生产经营，所得收入100000余元未用于支付赔偿款，致使上述生效法律文书确定的义务无法执行。

戴某鹏因涉嫌拒不执行判决、裁定罪，于2018年6月26日被宁海县公安局刑事拘留，7月10日被逮捕。7月25日，宁海县检察院向宁海法院提起公诉。其间，戴某鹏于2018年6月25日支付执行款600000元，取得申请执行人李某的谅解。2018年8月30日，宁海法院经审理作出（2018）浙0226刑初381号刑事判决，判决戴某鹏犯拒不执行判决、裁定罪，判处有期徒刑九个月。判决后，戴某鹏未上诉，该判决已生效。

【典型意义】

本案的申请执行人属于外来务工人员，且年龄较高，在提供劳务中受到严重的人身损害，急需赔偿款以保障当前及今后的生活。反观戴某鹏，其在案件进入执行程序后，不仅不主动履行生效裁判，反而转移机器设备，取得收入后仍拒不赔偿，其行为涉嫌拒不执行判决、裁定罪。之后，在法院掌握戴某鹏拒不执行生效判决的犯罪线索后，其才履行生效裁判，虽然取得了申请执行人的谅解，仍然不能逃脱法律的制裁。最高人民法院以此为案例，拍摄纪录片《失信惩戒录——塑料厂的塑料信用》，并于2019年2月19日在中央电视台"社会与法"频道播出，达到了"惩处一案、教育一片"的效果。

案例八　王某寿、陈某英拒不执行判决、裁定案
——被执行人未如实报告财产状况，无偿或低价转让财产，导致判决无法执行，分别被判处有期徒刑九个月

【基本案情】

2012年12月至2014年2月，王某寿多次向王某借款共计230万元。2014年10月23日，王某以夫妻共同债务起诉王某寿、陈某英共同归还上述借款。经调解双方达成和

解协议，永康法院于2015年1月19日出具（2014）金永石商初字524号民事调解书，确认由王某寿归还王某借款219.9万元及利息，由陈某英对上述借款中的179.9万元及相应利息承担共同还款责任。

调解书生效后，王某寿、陈某英未按约履行。王某于2015年2月3日向永康法院申请强制执行，永康法院于同日立案执行。立案后，永康法院依法向两被执行人发出《执行通知书》《财产申报令》及《执行决定书》，督促其履行法律文书所确定的义务，但王某寿、陈某英仍未主动履行还款义务。2013年9月13日，王某寿与陈某英协议离婚。2015年4月13日，王某寿与陈某英将其名下的宅基地使用权申请转让给未成年的女儿王某某，并于2016年2月16日无偿将该房屋登记在王某某名下。2014年11月10日，陈某英将其所有的一辆奥迪车以明显低于市场的价格转让给案外人俞某，经王某提出撤销权之诉后，法院判决撤销该转让行为。2016年6月15日，永康法院以（2015）金永执民字第1479号裁定书查封扣押该车辆，陈某英在其自行收回该车辆后一直藏匿。被执行人王某寿与陈某英转移房屋、被执行人陈某英在法院撤销其车辆转让后一直藏匿车辆拒不交出的行为均涉嫌拒不执行判决、裁定罪，永康法院移送公安机关立案侦查。随后，公安机关在立案侦查后，依法对王某寿、陈某英采取了强制措施。在此期间，陈某英通过其家属将其藏匿的车辆上交永康法院。2018年7月，永康法院根据公诉机关的指控作出（2018）浙0784刑初265号、656号刑事判决，以拒不执行判决、裁定罪分别判处王某寿、陈某英有期徒刑九个月。

【典型意义】

本案被执行人王某寿、陈某英对法院的裁定有能力执行而拒不执行，双方通过协议离婚，在执行过程中将名下房产无偿转移至女儿王某某名下，且陈某英在诉讼过程中与案外人恶意串通，以明显低于市场的价格转让其名下车辆，在法院撤销上述转让行为后仍拒不交出车辆，逃避履行义务，致使法院判决无法执行。本案旨在告诫被执行人不应抱有侥幸心理，在诉讼中转移财产，并通过赠与方式将名下房产转移至子女名下，逃避执行，法院依申请执行人的诉请依法判决撤销被执行人的转让行为，对该两起"拒执罪"刑事案件进行集中宣判，并组织多名申请执行人和被执行人到场旁听，惩治了恶意转移财产、拒不执行生效裁判的行为，起到了很好的教育和警示作用。

案例九　赵某梅拒不执行判决、裁定案

——被执行人未如实报告财产状况，拒不交出其名下车辆，案发后全部履行完毕，判处拘役一个月

【基本案情】

2017年11月20日，金东区法院判决被告赵某梅归还原告杨某群借款本金60700元并

支付利息。2018年4月9日,杨某群申请强制执行。据查,赵某梅名下有一辆比亚迪汽车,执行法官及时进行了动态查封。邮寄给赵某梅的资料石沉大海,没有回音。

2018年10月9日,赵某梅回到金华时被公安机关查获。执行法官在金华市拘留所提押室提审时,责令其交出查封车辆,并告知其相关法律后果。次日,赵某梅的父亲到法院来处理执行事宜,并与申请执行人杨某群达成协议,先付25000元,把赵某梅先放出来,后续执行款等赵某梅于2018年11月1日9点30分到金东区法院来协商处理。赵某梅被释放后一直未到法院来处理,其拘留时所留的手机号码也是错误的,多次打电话均由一名男性接听。

金东区法院以赵某梅涉嫌构成拒不执行判决、裁定罪移送当地公安机关立案侦查。2018年12月2日,赵某梅被抓获,如实供述了其涉案事实。归案后,赵某梅的家人代为归还欠款及利息,执行案件已经全部履行完毕。同月14日,金东区检察院向金东区法院提起公诉,指控赵某梅犯拒不执行判决、裁定罪。金东区法院经开庭审理后认为,赵某梅对人民法院的判决、裁定有能力执行,而采取隐瞒、转移财产等手段拒不执行,情节严重,其行为已构成拒不执行判决、裁定罪;鉴于其归案后如实供述自己的罪行,当庭自愿认罪,且已全部履行执行款项,决定依法予以从轻处罚;故作出(2018)浙0703刑初403号刑事判决,判处赵某梅拘役一个月。

【典型意义】

人民法院在执行过程中,有权责令被执行人在指定期限内报告当前及前一年内的财产状况。被执行人必须在指定期限内按照要求如实向法院报告,不得拒绝报告或虚假报告。同时,执行过程中被执行人的财产状况发生变化,应当主动进行补充报告。本案中,赵某梅未如实申报财产状况,也未在规定时间内交出其名下车辆,系有能力履行而拒不履行,构成拒不执行判决、裁定罪。

案例十 何某定拒不执行判决、裁定案
——何某定利用他人账户将拆迁补偿款进行隐匿、转移,并对款项进行随意处分,致使生效法律判决无法执行,被判处有期徒刑一年三个月

【基本案情】

2009年6月至2010年8月,镇海法院先后分别对被告人何某定与包某良、何某荣、孙某德的民间借贷纠纷作出了判决,判令被告人何某定返还包某良、何某荣、孙某德的借款本金共计人民币约150万元及支付相应的利息和违约金。上述判决生效后,包某良、何某荣、孙某德分别于2009年9月1日、2010年12月8日、2011年8月24日向镇海法院申请强制执行。镇海法院立案受理后向被告人何某定发出《执行通知书》和《报告财产令》,但何某定未向镇海法院申报财产,亦未履行上述生效判决确定的义务,

并将其于2012年8月14日及2012年10月10日获得的房屋拆迁补偿款共计人民币606620元中的106620元让张某兴帮助取现，余款500000元分两次汇入张某兴的银行账户。之后何某定又让张某兴将上述500000元全部取出，将上述获取的拆迁补偿款中的部分款项进行随意处分，致使包某良、何某荣、孙某德涉及的生效法律判决无法执行。

镇海法院以被告人何某定涉嫌构成拒不执行判决、裁定罪移送当地公安机关立案侦查。何某定于2018年9月18日被公安机关抓获。到案后，何某定如实供述了自己的犯罪事实。

镇海区检察院以甬镇检刑诉〔2018〕445号起诉书指控被告人何某定犯拒不执行判决、裁定罪，于2018年11月30日向镇海法院提起公诉。镇海法院经开庭审理后认为，被告人何某定对人民法院的判决有能力执行而拒不执行，情节严重，其行为已构成拒不执行判决、裁定罪；何某定归案后能如实供述自己的犯罪事实，并自愿认罪，依法予以从轻处罚；故作出（2018）浙0211刑初449号刑事判决，判处何某定有期徒刑一年三个月。

【典型意义】

我国刑法规定，对人民法院的判决、裁定有能力执行而拒不执行，情节严重的，处三年以下有期徒刑。本案中，何某定获得拆迁补偿款后，隐匿、转移拆迁款项并随意进行处置，未用于履行法院判决确定的义务，系有能力执行而拒不执行，情节严重，其行为构成拒不执行判决、裁定罪。

来源：浙江天平

浙江法院依法打击拒不执行判决、裁定犯罪十大典型案例

（2018年9月25日）

案例一　张某、王某、王某勤、陈某等四人拒不执行判决、裁定案

【基本案情】

2016年11月30日，杭州市江干区人民法院判决被告陈某、郝某某归还原告梅赛德斯-奔驰汽车金融有限公司借款本金人民币172603.66元、利息人民币10362.01元、逾期利息人民币1799.44元、违约金人民币23680.65元、律师费损失人民币10000元。判决生效后，陈某、郝某某未履行，梅赛德斯-奔驰汽车金融有限公司向江干法院提交强制执行申请。

江干法院受理后于2017年11月6日裁定查封、冻结、划拨被执行人陈某、郝某某名下的存款人民币221622.76元；若存款不足，则查封、冻结、扣押其相应价值的财产。同年11月8日晚，江干法院执行局执法人员前往南京市雨花台区执行扣押奔驰车，向该车实际控制人即被告人张某出示了工作证、《执行裁定书》，告知张某法院要对该车进行扣押，张某拒不配合导致扣押未果。执行员告知张某不得移动、藏匿该车，并与张某约定第二天到车辆所在地的南京市雨花台区法院处理。当晚，张某在明知他人拆卸车辆号牌的情况下，将该车开到南京市小市街被告人王某住的公寓楼下，告诉王某法院工作人员要把该车扣押回杭州，并将车钥匙交给王某，交代王某第二天将车开到修理厂。同年11月9日早上，张某指使王某及被告人王某勤、陈某将该车开到南京市鼓楼区某汽车维修中心，并指使他人将该车的发动机号磨损。执行员会同南京市鼓楼法院执法人员赶至某汽车维修中心，找到该车并当场送达《执行裁定书》和扣押清单，在该车尾部张贴封条，随后由3辆警车组成执法车队向南京绕城高速公路出发，准备将涉案奔驰车扣押回杭州。张某得知消息后，要求王某、王某勤、陈某追逐执法车队拦下被扣押的奔驰车。当执法车队行驶至南京绕城高速公路往杭州方向路段时，王某、王某勤、陈某驾驶一商务车追逐执法车队，强行超车并在奔驰车前方突然刹车逼停，

造成执法警车和涉案奔驰车发生追尾事故，两车均有不同程度的损坏（警车实际维修费价税合计人民币9858.35元，奔驰车实际维修费价税合计人民币2400元）。王某、王某勤、陈某下车后继续阻拦执行，张某随后赶到案发现场质问法院执法人员，阻拦扣押涉案奔驰车，导致执法行为受阻，并造成宁洛高速G36南京绕城段拥堵3公里，拥堵车流滞留时间约30分钟。

江干法院认为，被告人张某作为协助执行义务人，明知人民法院正在执行生效的判决、裁定，拒不交付法律文书指定交付的财物，并指使被告人王某、王某勤、陈某以暴力手段阻碍执行，王某、王某勤、陈某在明知人民法院依法扣押涉案财物的情况下，受张某指使以暴力手段阻碍人民法院依法执行，致使判决、裁定无法执行，情节严重，其行为同时构成拒不执行判决、裁定罪和妨害公务罪，因两罪法定刑相同，故以其目的行为即拒不执行判决、裁定罪处罚。四被告人均有坦白情节，张某的家属代为赔偿了车辆追尾造成的经济损失，依法予以从轻处罚。2018年5月，法院以拒不执行判决、裁定罪分别判处被告人张某有期徒刑二年十个月，判处被告人王某、王某勤、陈某各有期徒刑二年。

【典型意义】

本案中，被告人张某作为协助执行义务人，明知人民法院正在执行生效的判决、裁定，拒不交付法律文书指定交付的财物，并指使他人以暴力手段阻碍执行。被告人王某、王某勤、陈某在明知人民法院依法扣押涉案财物的情况下，受张某指使以暴力手段阻碍人民法院依法执行，致使判决、裁定无法执行，并造成车辆事故和交通堵塞，严重扰乱了正常的司法秩序和社会公共秩序，情节恶劣。法院对涉案四名被告人分别判处二年及以上有期徒刑，罪刑相当，罚当其罪，维护了司法权威，具有良好的警示效果。

案例二 吴某某拒不执行判决、裁定案

【基本案情】

针对自诉人汲某与被告吴某某及林某、宁波市鄞州某酒店有限公司民间借贷纠纷一案，宁波市海曙区人民法院依法判决吴某某、林某归还汲某借款本金人民币541977元，并支付逾期还款违约金、承担保全担保费人民币2500元；宁波市鄞州某酒店有限公司对上述债务承担连带清偿责任。该判决于2014年8月16日生效，但吴某某一直未履行判决义务。

2014年8月27日，汲某向海曙法院申请强制执行。海曙法院于同日立案执行，并向被执行人发出《执行通知书》《财产申报令》等法律文书。被执行人始终未履行判决确定的义务，未向法院报告财产状况。2014年9月26日，海曙法院从吴某某名下的中

国建设银行股份有限公司银行账户扣划存款人民币18900元,该款已由自诉人汲某领取。吴某某作为被执行人在海曙法院有5起执行案件,执行标的额总计达人民币460余万元。2015年7月19日至2018年5月26日,因吴某某拒绝履行生效判决确定的义务、拒不申报财产,海曙法院对吴某某先后11次处以司法拘留十五日(实际共执行163天)。2015年8月3日,汲某与吴某某达成执行和解协议,但吴某某仍未按约履行还款义务。另查明,吴某某于2014年6月至8月,有转让股权收入15万元和大额存款行为,但均未用于履行判决,海曙法院依法扣押了其名下房屋予以拍卖。

2016年10月25日,海曙法院将吴某某涉嫌拒不执行判决、裁定一案移送宁波市公安局海曙分局立案侦查,该局于当日受理并立案,后于2017年11月9日,以"不应当追究刑事责任"为由,撤销对吴某某的刑事立案。汲某向海曙法院提起自诉。海曙法院受理并经审理后认为,被告人吴某某有能力执行人民法院判决、裁定而拒不执行,拒绝报告、虚假报告财产情况,经人民法院多次采取司法拘留后仍拒不执行,又在法院执行期间将其所得款项随意处分,擅自偿还个人其他债务,致使法院生效判决、裁定无法执行,情节严重,其行为已构成拒不执行判决、裁定罪。自诉人起诉的罪名成立。2018年6月8日,海曙法院以拒不执行判决、裁定罪,判处被告人吴某某有期徒刑一年六个月。

【典型意义】

本案中,被执行人吴某某拒绝履行生效判决确定的义务、拒不申报财产,曾被法院多次司法拘留,仍在有能力履行的情况下拒不履行法院的生效判决、裁定。虽然公安机关在立案后撤销了该案,但是根据相关规定符合自诉条件,法院依法受理并进行了审判,最终对其作出了定罪处罚,有效避免了追究拒执犯罪时的司法机关意见不一、扯皮现象,及时惩治了拒执犯罪,维护了法律的尊严。

案例三 倪某某拒不执行判决、裁定案

【基本案情】

2016年4月28日,宁波市鄞州区人民法院作出判决,判令倪某某对1000万余元债务承担连带保证责任。该判决于2016年9月12日生效,同年10月26日立案执行,倪某某未主动履行连带责任。

2016年11月,被告人倪某某将其拆迁补偿款372.3257万元汇入其岳母的银行账户,并由倪某某对上述款项进行实际控制、支配。其后,倪某某将220万余元转汇他人,10万余元用于个人日常开支。2017年1月,倪某某购买房屋一套,并通过其实际控制的岳母的银行账户向卖方转汇购房款合计133万元,将该房屋登记在其岳母名下。执行法院以倪某某涉嫌拒不执行判决、裁定罪移送公安机关立案侦查。在刑事案件审理过程

中，倪某某与申请执行人自愿达成还款协议，倪某某主动履行了部分债务，并取得了申请执行人的谅解。2018年6月20日，鄞州法院根据公诉机关的指控，作出（2018）浙0212刑初484号刑事判决，以拒不执行判决、裁定罪判处被告人倪某某有期徒刑一年六个月，缓刑二年。

【典型意义】

本案被告人倪某某有履行能力而拒不履行法院生效判决，反而借用其亲友的银行账户，并以其岳母名义购买房产，隐藏拆迁补偿款，逃避还款责任，致使法院判决无法履行，其行为构成拒不执行判决、裁定罪。倪某某在庭审中自愿认罪，可酌情从轻处罚。案发后，倪某某和申请执行人自愿达成还款协议书并履行了部分执行义务，申请执行人对倪某某表示谅解。法院为体现宽严相济的刑事政策，对其依法定罪量刑。

案例四 庄某拒不执行判决、裁定案

【基本案情】

针对申请执行人李某与被执行人庄某买卖合同纠纷一案，嘉善县人民法院于2016年11月7日作出（2016）浙0421民初3828号民事判决，判令"庄某于判决生效之日起3日内履行完毕所欠李某424071元货款"。

2016年12月1日，李某依据生效法律文书向法院申请执行。2017年2月26日，法院传唤被执行人庄某进行调查，查明被执行人庄某在2017年1月25日前后，从户籍所在村领取生猪退养补偿款近39万元。法院询问其该款的下落及案件债务的履行方案时，其称款项已经全部还债而无能力再支付申请执行人任何款项。庄某同时称其在案件诉讼至法院前经与李某协商，承诺补助款领到后会支付给李某10万元，但由于李某当时提出至少要20万元，他自己因欠债较多无法安排出该金额款项，所以双方协商未果。后李某提起了诉讼，他又觉得由于李某的起诉导致外面更多的债主来讨债，所以就索性不再向李某支付承诺的款项。法院基于查明的事实，于当天决定对庄某司法拘留15日，并在第一时间就庄某涉嫌拒不执行判决、裁定罪行为移送公安机关侦查。

经公安机关侦查，并移送检察机关提起公诉，被告人庄某认识到了自己对生效判决拒不履行的法律后果，遂积极筹款并将案件债务及时履行完毕，故法院最终对其予以从轻处罚。嘉善法院以拒不执行判决、裁定罪判处庄某有期徒刑八个月，缓刑一年。

【典型意义】

本案中，当事人原是一从事小规模养殖生猪的农户，从起初的不知法、不懂法，在切身经历了法律制裁和接受了法治教育后，逐渐认识到自己原来的"赌气"行为已经触犯了法律，从而转变了自己消极对抗法院执行的态度，积极地与申请执行人进行协商，并主动联系家属亲戚及当地村委等寻求支持，及时将案件债务履行完毕。被告人知错就改的悔罪行为，不仅取得了申请执行人的谅解，同时也挽救了自己，法院本着"治病救人"的宗旨对其予以从轻处罚。

案例五　陈某拒不执行判决、裁定案

【基本案情】

针对被告人陈某与谢某买卖合同纠纷一案，绍兴市上虞区人民法院（以下简称上虞法院）判决陈某支付谢某货款7690元，赔偿谢某利息损失346.8元并负担案件诉讼费381元。判决发生法律效力后，被告人陈某未按期履行，谢某申请强制执行。上虞法院同日立案，于2004年5月12日向陈某发出《执行通知书》及传票。直至案发前，陈某仍未履行。

针对被告人陈某与任某买卖合同纠纷一案，上虞法院判决陈某支付任某材料款59900元，陈某负担案件诉讼费649元。判决发生法律效力后，陈某未在判决限定的期限内支付上述款项，任某向上虞法院申请强制执行。上虞法院同日立案，于2008年6月5日向陈某发出履行令及财产申报令。至案发前，陈某仍未履行。

被告人陈某于2016年2月17日购得丰田轿车一辆，购买价为人民币210800元，并取得相应产权证书。上虞法院依法对陈某所有的该车辆进行查封，并要求其将车辆移交给法院执行局，但陈某迟迟未履行，致使判决无法执行。

另查明，2017年5月10日，上虞法院向上虞公安分局（以下简称上虞分局）移送陈某拒不执行判决、裁定罪线索，上虞分局在接受案件线索后一直未予答复。2018年6月13日上虞法院对陈某进行司法拘留，同日任某向上虞法院提起刑事自诉，要求追究陈某拒不执行判决、裁定罪的刑事责任，法院即日受理，上虞分局于次日对该案立案受理。2018年6月15日，被告人陈某的妻子代其与任某达成履行合意，已履行完毕，并取得任某的谅解。自诉人于同日向上虞法院申请撤回自诉，上虞法院于2018年6月19日依法裁定准许自诉人任某撤诉。

【典型意义】

在本案刑事自诉的审理过程中，公安机关进行了立案，法院依照最高人民法院《关于拒不执行判决、裁定罪自诉案件受理工作有关问题的通知》中的第三种情形，即自诉人控告或者人民法院移送拒不执行判决、裁定罪线索，公安机关不立案侦查，但过了一年多又决定立案的，法院依法向自诉人释明让其撤回起诉或者裁定终止审理，并告知此后再出现公安机关或者人民检察院不予追究情形的，申请执行人可以依法重新提起自诉。本案体现了打击拒执犯罪两条腿走路，公诉、自诉双管齐下，公诉

优先的原则。同时，为及时打击拒不执行判决、裁定犯罪，本案实现了快审快结，公、检、法三家联动协作，从公安立案并对被告人陈某采取刑拘，到一审开庭宣判，仅用了七天（包括三天端午假期）。刑事立案后，被告人全额履行了两份民事生效判决确定的内容，并自觉主动地履行了判决书以外的迟延履行金、执行费以及对申请执行人的额外补偿款。申请执行人对该案的处理结果非常满意，实现了法律效果和社会效果的有机统一。

案例六　浙江某服饰有限公司、傅某某拒不执行判决、裁定案

【基本案情】

被告人傅某某系浙江某服饰有限公司法定代表人。2015年以来，因被告单位某服饰有限公司、被告人傅某某银行借贷到期无法偿还，多名债权人分别向义乌市人民法院提起民事诉讼。该院作出多份民事判决，某服饰有限公司、傅某某应归还借款共计人民币4600万余元。其中，2015年6月10日，义乌市人民法院判决被告单位某服饰有限公司、被告人傅某某承担归还中国银行股份有限公司人民币600万元贷款和利息的连带清偿责任（该债权后转让至义乌某资产管理有限公司），该民事判决于2015年8月6日生效。为逃避法院生效判决，傅某某委托陈某某收取某服饰有限公司厂房租金，将2016年、2017年的厂房租金共计人民币405.7308万元打入黄某某的银行账户内，用于归还黄某某的借款及公司开支。2017年6月19日，傅某某投案自首。同年8月3日，傅某某家属退赔人民币100万元。

公诉机关提起公诉，义乌法院以拒不执行判决、裁定罪分别判处被告单位某服饰有限公司罚金人民币40万元；判处被告人傅某某有期徒刑一年六个月；扣押在案的傅某某执行款人民币100万元由法院予以执行分配。傅某某不服提起上诉，在二审期间取得申请执行人的谅解。2018年5月，金华中院依法改判某服饰有限公司罚金人民币30万元，改判上诉人傅某某有期徒刑一年。

【典型意义】

本案中，作为被告单位的浙江某服饰有限公司、被告人傅某某为逃避执行法院生效的判决，利用虚假的租赁合同，在未支付对价的情况下，将本属于被执行主体的厂房租赁给他人，并且在收取相应租金后，未履行法院生效裁判确定的还款义务，将租金擅自处理，构成拒不执行判决、裁定罪。同时，本案被告单位构成拒不执行判决、裁定的犯罪主体，被告人傅某某为单位法定代表人，系直接负责的主管人员，对于单位及自己实施的拒不执行判决、裁定犯罪均应当承担刑事责任。法院依法对傅某某定罪并判处实刑，符合法律规定，体现出对拒执罪进行严厉打击的态度。

案例七　杨某、颜某、姜某拒不执行判决、裁定案

【基本案情】

2015年1月17日，杨某委托他人邀请郑某为杨某、颜某夫妻拆除位于衢州市衢江区峡川镇李泽村的养殖用房，在工作过程中郑某摔伤，到医院治疗。同年2月，杨某、颜某见郑某伤势严重需大额医药费，为了避免位于衢江区莲花镇芝溪路的房产在之后的民事诉讼中被法院拍卖执行，杨某、颜某多次找到朋友被告人姜某，劝说姜某帮忙，欲将莲花镇芝溪路的房产抵押给姜某。姜某在明知双方真实债务只有30余万元的情况下，由杨某出具共计300万元的借条，同时姜某出具了一张300万元的收条给杨某、颜某，以抵销该债务。杨某、颜某及姜某以虚构的该300万元债务，于2015年2月25日办理了抵押登记。

2015年4月15日郑某死亡，医药费共计20余万元，杨某、颜某前后共支付郑某家属约20万元，其他损失双方未达成协议。郑某家属提起民事诉讼，要求杨某、颜某赔偿损失，衢江法院于同年10月8日作出民事判决，判令杨某、颜某赔偿郑某家属因郑某死亡的各项损失共计375526.66元（不含已赔偿部分）。判决生效后，杨某、颜某未按判决履行赔偿义务，郑某的家属提出强制执行申请，衢江法院于11月16日立案受理。

衢江法院在该案执行过程中，查询到杨某、颜某夫妻名下存款仅数千元，但杨某名下有一套位于衢州市衢江区莲花镇芝溪路的房产，于2015年2月25日抵押给姜某。衢江区人民法院执行人员多次联系作为被执行人的杨某、颜某了解房产情况，在向姜某了解其与杨某、颜某的借款及抵押情况时，杨某、颜某表示无财产无能力全额赔偿，姜某表示其享有杨某、颜某300万元的债权真实，杨某、颜某位于衢州市衢江区莲花镇芝溪路的房产已抵押给自己，导致衢江法院生效判决确定的义务无法执行到位。2016年4月5日，衢江法院以杨某等人伪造证据涉嫌刑事犯罪将案件移送衢州市公安局衢江分局。衢州市公安局衢江分局于同年5月3日立案侦查。2016年4月至10月，杨某、颜某、姜某三人仍坚称300万元的借款真实存在，直至2016年10月15日后姜某、杨某、颜某开始如实供述。

2017年1月，杨某、颜某履行了生效的（2015）衢杜民初字第91号生效判决确定的全部义务，杨某、颜某取得了郑某家属的谅解。

据此，原判以拒不执行判决、裁定罪分别判处被告人杨某有期徒刑六个月，缓刑一年；判处被告人颜某拘役五个月，缓刑六个月；判处被告人姜某拘役三个月，缓刑四个月。杨某、颜某提出上诉。2018年2月，衢州中院经审理依法裁定驳回上诉，维持原判。

【典型意义】

判决裁定生效之前实施的相关隐瞒财产行为，具有一定的持续性，其行为延续到

裁判生效之后，可以认定为裁判生效之后有能力履行而拒不履行，情节严重，符合拒不执行判决、裁定罪的犯罪构成。本案中杨某在郑某摔伤后尚未进行民事诉讼时，即蓄谋恶意隐瞒财产，伙同姜某虚构高额债务，并办理抵押登记，该虚假登记状态一直延续到民事强制执行阶段。隐瞒财产行为不仅包括隐瞒财产是否存在的客观事实，也包括对财产存在状态，比如他物权的设立等进行虚假陈述，隐瞒客观情况等，故杨某等虚假登记行为系刑法意义上的隐瞒财产行为。而隐瞒财产行为属于刑法意义上的持续犯，其犯罪行为与犯罪状态持续存在，一直延续到裁判文书生效之后，在执行阶段仍未如实陈述，属于有能力履行而拒不履行，情节严重，应当以拒不执行判决、裁定罪予以打击。

案例八　郑某某拒不执行判决、裁定案

【基本案情】

2014年1月20日，仙居县人民法院对郑某某与郑某弟排除妨碍纠纷一案作出判决，限郑某某在判决生效之日起15日内清理其屋后墙壁起6米范围内其所有的阻碍通行的物品，恢复道路通行。

判决生效后，郑某某没有履行判决义务，郑某弟向仙居法院申请强制执行。仙居法院于2014年4月4日立案，并依法向郑某某送达《责令履行指定行为通知书》，郑某某拒不履行判决义务。同年4月30日，仙居法院依法予以强制执行。2016年6月10日，郑某某又在上述地方堆放木板等杂物阻碍通行。在要求郑某某履行判决未果的情况下，仙居法院第二次予以强制执行。同年9月8日，郑某某再次在上述地方堆放砖头阻碍通行，仙居法院第三次予以强制执行。在法院执行完毕离开后，郑某某即将砖头等杂物搬回原处。

仙居法院将郑某某涉嫌拒不执行判决、裁定罪的线索移交仙居县公安局立案侦查。郑某某于2016年12月19日经传唤到案，并于当日被刑事拘留。2016年12月26日，郑某某的儿子代表郑某某与申请执行人郑某弟达成和解，郑某弟对郑某某的行为表示谅解。检察机关提起公诉。2018年3月，仙居法院以拒不执行判决、裁定罪，判处被告人郑某某有期徒刑八个月，缓刑一年。

【典型意义】

本案被告人郑某某与申请执行人郑某弟系同胞兄弟关系，两人因家庭矛盾积怨颇深，继而引发本案民事诉讼。在生效民事判决执行期间，郑某某故意拒不执行，多次恶意妨碍，致使判决无法执行，情节严重，构成拒不执行判决、裁定罪。法院考虑到郑某某到案后认罪态度好，已取得申请执行人的谅解，且系年满七十周岁的老人，故依法对其适用缓刑。本案启动刑事追究程序，依法对被告人定罪处罚，有效惩治拒执

犯罪，维护了司法权威。在具体量刑时，法院贯彻宽严相济的刑事政策，在被告人认罪、悔罪且自愿履行判决义务的情况下，对其适用缓刑，有利于被告人与申请执行人两兄弟之间亲情关系的修复，取得了良好的法律效果和社会效果。

案例九　徐某拒不执行判决、裁定案

【基本案情】

被告人徐某系舟山市某石油有限公司法定代表人，该公司系徐某与其妻子徐某飞出资设立。2013年8月14日，徐某、舟山市某石油有限公司因与徐某波保证合同纠纷一案，被舟山市普陀区法院判令徐某、舟山市某石油有限公司对借款人王某及浙江某船务商贸有限公司140万元借款及相应利息承担连带保证责任。后双方当事人均提起上诉。2013年11月底，徐某将其公司位于舟山市普陀区螺门后沙洋螺渔公司北塘油库储油罐及相应设备以人民币500万元的价格转让给其胞弟，将部分款项用于归还个人其他债务，并将剩余的40余万元人民币隐藏。舟山市中级人民法院维持普陀法院的该项判决。2014年1月14日，徐某波申请强制执行，普陀法院受理后作出执行裁定。

2014年6月17日，针对徐某与吴某民间借贷纠纷一案，普陀法院判令徐某归还原告吴某借款75万元及相应费用。2014年7月23日，吴某申请强制执行，普陀法院受理后作出执行裁定。

2014年1月至2016年5月，徐某将隐藏的40余万元人民币用于分期偿还个人银行购房贷款，致使上述判决至案发前无法执行。

经公安机关立案侦查、检察机关起诉，普陀法院审理认为，被告人徐某对人民法院的判决有能力执行而拒不执行，情节严重，其行为已构成拒不执行判决、裁定罪。公诉机关指控罪名成立。2018年6月12日，法院以拒不执行判决、裁定罪判处被告人徐某有期徒刑一年六个月。

【典型意义】

本案中，徐某将隐藏的40余万元人民币用于分期偿还个人银行购房贷款，导致法院的生效裁判不能得到履行，不仅使法律文书成为"一纸空文"，而且严重损害了法治权威和司法公信力。法院通过对其定罪处刑，充分发挥了刑法的惩戒、教育、预防功能，引导被执行人作出正确的选择，积极履行生效法律文书载明的义务。

案例十　嘉兴冯某某拒不执行判决、裁定案

【基本案情】

2016年5月20日，金某某与张某某、冯某某民间借贷纠纷一案，由嘉兴市中级人民法院终审判决张某某、冯某某偿还金某某借款337.7万元及利息。

判决生效后，二被执行人均未履行，申请执行人向嘉兴市秀洲区人民法院申请强制执行。秀洲法院以邮政特快专递、当面送达等方式将《执行通知书》《执行裁定书》等送达张某某、冯某某，责令二人履行生效法律文书确定和法律规定的义务、缴纳执行费用、报告当前以及收到执行通知之日前一年的财产情况等。冯某某拒不上交宝马牌汽车、拒不腾退洪合镇洪运东路某房屋、洪合镇毛纱市场某门市部。2017年5月10日、5月25日，冯某某因拒不申报财产，拒不履行已经生效的判决、裁定，分别被秀洲法院司法拘留十五日。在执行过程中，秀洲法院发现，被执行人冯某某有三张信用卡，一年内累计进账一百余万元；另由冯某某用实际控制户名为张某良的农行卡分别购买理财产品110万元。

因冯某某拒不履行生效判决、裁定，秀洲法院于2017年6月12日将该案移送公安机关立案侦查。同年7月17日，冯某某向法院缴款2036556元。同年8月24日，金某某与张某某、冯某某达成和解协议，内容为：被执行人冯某某、张某某偿还金某某借款3377000元及利息400000元，合计3777000元；张某某持有的农商银行股权拍卖款已分配给金某某292166元，同年7月17日冯某某已缴纳执行款2000000元，余款1485000元于2018年12月31日前付清，冯某某以洪合镇毛纱市场某门市部的登记使用权更名给金某某作为担保，如冯某某与张某某在约定期限内付清余款，则金某某在冯某某等人还款的十日内将店铺登记使用权重新更名给冯某某。

此案经公安机关侦查，并移送检察机关提起公诉，秀洲法院于2018年6月13日以拒不执行判决、裁定罪判处被告人冯某某有期徒刑一年六个月，缓刑二年。

【典型意义】

被执行人在生效法律文书判令还款义务且收到法院《执行通知书》后，有履行能力故意拖欠而不予履行。执行法院曾两次对其实施拘留，但其仍不思悔改，继续逃避执行，情节严重，构成拒不执行判决、裁定罪。法院依法进行判决，有效地惩治了拒执犯罪，维护了法律尊严。

来源：浙江法院

上海法院 2021 年度执行失信联合惩戒五大典型案例

（2022年1月26日）

案例一　邱某申请执行赵某民间借贷纠纷案
——"黄牛入罪"切实从源头打击老赖违反限高令

【基本案情】

关于邱某与赵某民间借贷纠纷一案，邱某于2019年8月将赵某诉至上海市宝山区人民法院（以下简称宝山法院）。经审理，法院判决赵某需归还邱某借款4.1万元及利息。判决生效后，由于赵某未能履行判决确定的付款义务，邱某向法院申请强制执行。在执行过程中，法院发现被执行人赵某名下暂无任何可供执行的财产，且拒不到庭提供财产报告。宝山法院将被执行人赵某纳入全国失信被执行人名单并对其发出限制高消费令。

经查，被执行人赵某在被限制高消费后仍多次通过"特殊渠道"订购高铁票，频繁往返徐州、诸暨等地。2021年2月5日，宝山法院针对被执行人赵某上述规避执行、违反限制高消费令的行为，对其进行司法拘留并处以罚款，并将其违法犯罪线索移交公安机关处理。

宝山法院根据与宝山区公安分局建立的执行联动机制，最终一举将以董某为首的黄牛公司成功打掉。宝山法院审理后认为，被告人董某伙同他人倒卖车票，情节严重，其行为已构成倒卖车票罪，应依法惩处。"枪挑一条线，棒打一大片"，宝山法院决定坚决打断这条由"黄牛"与"老赖"建立的违法链条。

【评析】

诚信是人民群众敢于创造、乐享收获的"压舱石"。诚信社会是构筑法治国家的基础，限制高消费令等信用联合惩戒机制更是实现国家诚信体系和法院执行能力现代化的重要组成部分。当前"黄牛"堂而皇之地向"老赖"兜售高铁、飞机票，把破坏法院执行当作敛财之道，这无疑是对诚信体系与司法权威的严重挑战。

面对严峻形势,单纯在个案中对违反限制高消费令的被执行人采取罚款、拘留等强制措施只能是杯水车薪、治标不治本。要想标本兼治,我们必须调整思路,要与有关部门一道形成诚信合力的闭环,补足监管漏洞,持续加强执行联动机制建设。本案正是利用执行联动机制,对于这些故意规避法院执行的违法行为,追查到底决不放弃,坚决予以打击,对构成犯罪的,严肃追究刑事责任。该案作为全国第一起将向"老赖"出售高铁、飞机票的"黄牛"团伙入刑的案件,从源头上切实切断了违反限制高消费令的违法行为。也唯有如此,才能让公平正义更加可见可感,让诚信社会的成果惠及广大群众。

案例二　王某某申请执行陈某某民间借贷纠纷案

【基本案情】

原告王某某与被告陈某某民间借贷纠纷一案,经上海市黄浦区人民法院(以下简称黄浦法院)作出民事判决书确认:被告陈某某应给付原告王某某欠款人民币110000元。因被告陈某某未按上述生效法律文书履行义务,权利人王某某向黄浦法院申请强制执行。执行过程中法院通过网络执行查控系统调查后发现,被执行人陈某某名下银行账户中仅有少量存款,无其他可供执行的财产,亦无稳定的工资收入。法院通知双方到庭后,被执行人陈某某表示其需要时间筹钱,希望申请人能宽限一段时间,并承诺会在2020年12月31日之前全部履行完毕,双方达成执行和解协议。但之后陈某某并未按期履行,根据申请人王某某的申请,黄浦法院将被执行人纳入失信被执行人名单并限制高消费。

因被列入失信被执行人名单,陈某某在找工作的过程中屡屡碰壁,用人单位在入职前的调查中发现其为失信被执行人后,拒绝录用。2021年1月,被执行人陈某某和其母亲李某主动联系法院,李某表示愿意提供执行担保并代替被执行人履行还款义务,希望和申请人协商分期还款。经黄浦法院主持调解,双方达成和解长期履行协议,申请人王某某同意将被执行人陈某某从失信被执行人名单中删除,并解除其限制高消费令。目前,和解协议正在按期履行过程中,部分钱款已经履行到位。

【评析】

失信被执行人跨部门协同监管和联合惩戒机制的建立,构建起对失信被执行人"一处失信、处处受限"的信用监督、警示和惩戒工作机制。

本案中,法院将被执行人列入失信被执行人名单,导致其在求职过程中屡屡碰壁,是失信联合惩戒机制落到实处、惩戒范围不断扩大的体现,进一步发挥了"一处失信、处处受限"的失信联动惩戒威力。

案例三　上海某网络公司与福州某网络公司联营合同纠纷案

【基本案情】

上海某网络公司与福州某网络公司联营合同纠纷一案,经法院审理判决:被告福州某网络公司支付原告上海某网络公司游戏分成款12786432.97元及逾期付款利息。由于福州某网络公司未按照文书确定的时间履行义务,上海某网络公司申请执行,闵行法院于2021年1月6日立案执行。

执行过程中法院查得可供执行财产为车辆、股权和零星存款,价值有限,难以短时间实现执行债权。由于被执行人有履行能力却未履行任何义务,也未报告财产,闵行法院遂依法采取限制高消费措施,并将其纳入失信被执行人名单进行信用惩戒。

纳入失信被执行人名单后,被执行人在与其他企业签订合作协议时,因属于失信被执行人而遭到拒绝。为签署合作协议,被执行人与申请人于2021年7月15日签订执行和解协议,约定7月30日前一次性支付200万元,剩余款项分期支付,并由股东提供执行担保;并约定支付首笔款项后解除其限制高消费措施,删除失信信息。此后,被执行人按照执行和解协议履行了义务,申请人向闵行法院申请删除失信信息。闵行法院经审核,删除了被执行人的失信信息。

【评析】

通常而言,失信联合惩戒的主要对象是《关于对失信被执行人实施联合惩戒的合作备忘录》中的单位和部门。惩戒措施主要是对设立金融类机构、从事民商事行为、享受优惠政策、担任重要职务等方面进行限制。

本案中,相关企业在经营过程中,以失信被执行人为参照进行信用评价,并拒绝与失信被执行人开展合作,具有重要价值和意义。一方面,彰显了社会信用信息在企业日常经营过程中的重要性。公开的失信被执行人信息,有利于企业识别客户信用状况,既是从源头防范风险,也是从源头减少纠纷矛盾、化解"执行难"的体现。另一方面,褒扬诚信、惩戒失信,不仅需要政府部门,也需要社会各界的广泛参与,从而真正形成"一处失信、处处受限"的格局。

案例四　谢某某等申请执行上海某实业有限公司房屋租赁合同纠纷案

【基本案情】

谢某某等34户商户与上海某实业有限公司因房屋租赁合同纠纷起诉至法院。该系列房屋租赁合同争议案件经青浦法院判决生效后,因上海某实业有限公司拒不履行生效法律文书确定的义务,谢某某等34起类案共同向青浦法院申请强制执行,申请执行标的合计人民币1129254.80元。

经查，因小产权商铺出租纠纷案件，商铺由被执行人上海某实业有限公司集体承租。执行期间，法院发现被执行人上海某实业有限公司已将商场经营权转让，并通过变更法定代表人、变更股东等方式逃避法院的强制执行。经法院系统查控，其名下无任何可供执行的财产，法院依法将其纳入失信被执行人名单。

考虑到被执行人系青浦知名商场，且涉案商场商铺均满租，多家商铺正在进场装修，被执行人银行账面却无可供执行的财产，这明显不合常理。青浦法院遂对被执行人经营场所进行全面搜查，对在租商户进行了地毯式调查走访，送达《协助执行通知书》，并邀请青浦融媒体中心进行全程电视拍摄报道，全面曝光失信被执行人信息。2021年3月10日，上述执行措施在上海电视台予以电视报道。被执行人被电视报道公示为失信惩戒对象后，企业商誉严重降低，不少商户得知被执行人被列入黑名单，都表示不想再继续合作。在受到失信惩戒的影响和限制后，被执行人积极来院协商并表态愿意克服一切困难解决难题。在多项执行措施的合力下，被执行人上海某实业有限公司与34起案件申请执行人达成了执行和解协议，并履行了全部义务，法院依法将其从失信被执行人名单中删除。据后期执行反馈，当事人现已按期履行了支付租金的义务。

【评析】

广播电视台等融传媒单位作为失信联合惩戒机制中的重要协助执行单位，对法院的执行工作发挥着不可替代的作用。在实际执行过程中，被执行人通过预计法院的执行措施，往往会采取多种手段予以规避。本案中传媒宣传体系与法院失信名单、限制高消费精准对接，加大对失信被执行人联合惩戒的力度。传媒单位对于失信被执行人曝光的方式不应满足于公布失信人员名单等传统静态宣传模式，亦应采取全程跟踪拍摄等动态宣传方法。目前，各大电视台及网络平台等融合媒体均全力配合跟踪报道个案，给予了被执行人强大的执行压力，形成了积极的舆论导向，取得了良好的失信联合惩戒效果。

本案中，被执行人通过变更法定代表人及股东的行为，提前对抗后期法律执行。执行法官在未查控到被执行人财产情况下，敢于利用融媒体宣传手段对被执行人失信行为进行宣传报道，引领舆论导向，在企业商誉上予以限制，严重影响企业市场营销，给予被执行人强大的执行压力，最终促成案件执行完毕。本案不仅更好地对接了法院失信联合惩戒体系，避免了失信人获利的局面，也为整个社会形成了浓厚的执行氛围，对今后个案执行有着重要的指引作用。

案例五　上海某银行申请执行卞某信用卡纠纷执行案

【基本案情】

上海某银行因与卞某产生信用卡纠纷起诉至虹口法院。经审理，虹口法院缺席判令被告卞某应于判决生效之日起十日内归还原告上海某银行信用卡欠款本金73478.96元、偿付相应利息并承担案件受理费。判决生效后，因义务人卞某未履行义务，权利人某银行申请执行。在执行过程中法院查明：①被执行人卞某非本市户籍人员，在本市无住所地。②被执行人未居住其户籍所在地。③被执行人名下无财产可供执行。在执行过程中，申请执行人某银行亦表示无法提供被执行人的下落、财产或财产线索。后虹口法院向被执行人发出限制消费令。同日，该案以终结本次执行程序的方式结案。2021年2月24日，上海高院开展"织网行动——惩老赖打黄牛堵漏洞建机制"专项执行活动。上海某派出所在配合法院协查时，发现了被执行人违规购买高铁票的事实，并上门将其抓获。后公安机关将相关信息通报上海高院，上海高院通知虹口法院。虹口法院执行法官即刻赶赴某派出所，将被执行人传唤至法院，并将案件恢复执行。执行谈话时，被执行人表示虽知道被限制消费后不得乘坐高铁，但还是怀着侥幸心理委托他人购买了前往北京市和南京市的高铁票并成功乘坐。因被执行人拒绝履行义务，虹口法院依法对其采取司法拘留15日的强制措施，后被执行人认识到错误，委托其朋友履行全部付款义务。

【评析】

作为一种现代化、大众化的金融电子产品，信用卡以其方便、快捷、安全的服务和集购物、消费等多功能于一体的特点，受到社会各界的欢迎。然而，由于过度追求发卡数量，银行一再降低审核标准，致部分信用卡流入资信能力较差、恶意办卡透支、缺乏风险防控意识的群体当中，纠纷迅猛产生。由于持卡人普遍为异地办卡且无财产作为担保，导致执行过程中"人财难找"的情况频发。虹口法院针对被执行人欠款后去向不明的情况，一是采取信用惩戒措施，限制其消费，限制其乘坐G字头动车组列车、其他动车组列车一等以上座位等非生活和工作必需的消费行为，形成"一处失信、处处受限"的联合惩戒格局。二是以"织网行动"为载体，会同公安机关依法打击相关违法犯罪行为，真正织成"管得住、漏不了"的执行网。三是在作为违规"老赖"的被执行人拒绝履行义务时，依法加大执行力度，对其采取司法拘留措施。最终，通过信用惩戒、专项行动、司法拘留等措施的综合运用，迫使被执行人慑于执行威慑力，履行全部付款义务。本案的执结，对维护司法秩序、构建社会诚信体系、切实解决"执行难"起到了积极作用。

来源：上海市高级人民法院

上海高院发布上海法院 2021 年度破解"执行难"十大典型案例

（2022年1月26日）

案例一　上海某房地产开发公司申请执行上海某城市开发有限公司房屋参建纠纷案
　　——旧区改造"毛地"司法处置相关问题

【关键词】

旧区改造　"毛地"司法处置　评估异议处理

【执行要点】

确定土地现状，事先就案涉"毛地"拍卖的规划和土地管理要求征询有关机关意见；明确竞买义务，拍卖公告、竞买须知和标的物介绍等拍卖文件中特别提示土地规划用途调整的具体情况，并明确告知买受人需在拍卖成交后与政府签订房屋征收框架协议，并支付先期征收费用后再行办理土地过户手续；畅通救济渠道，依法有据处理当事人及利害关系人提出的异议。

【相关法条】

《最高人民法院关于人民法院办理执行异议和复议案件若干问题的规定》第五条、第二十一条，《中华人民共和国民事诉讼法》第二百二十五条。

【案情】

申请执行人：上海某房地产开发公司

被执行人：上海某城市开发有限公司

针对申请执行人上海某房地产开发公司与被执行人上海某城市开发有限公司（以下简称城发公司）房屋参建纠纷一案，上海一中院于1998年11月23日作出的（1998）沪一中民初字第200号民事判决书已经发生法律效力。该案执行标的为2500余万元。在执行过程中，法院查明城发公司当初以"毛地"出让的方式取得了上海市黄浦区复兴东路某号地块土地使用权,并办理了土地使用权证。但因债务纠纷被众多债权人起诉并申请强制执行,仅在上海一中院的执行案件就有23起之多。且城发公司自取得土地使用权以来未对涉案地块进行过任何动迁和实际资金投入。

被执行人除上述地块外,无其他财产可供执行,申请执行人申请暂缓执行,上海一中院于2000年3月裁定中止执行。执行中面临的困难如下:一是债权债务关系复杂。城发公司在本市及浙江等地另有多起作为被执行人的执行案件,涉案金额本金高达3.5亿余元,债权债务关系复杂。在涉案地块被查封期间,债权人纷纷提出申请,要求拍卖该地块以清偿债权。二是评估难度较大。涉案地块上涉及政府土地规划调整、容积率调整、征收成本、居民安置等众多因素,情况复杂,评估难度较大。三是土地价值较低。涉案地块系历史"毛地",动迁安置和旧区改造进度停滞,随着动迁成本日益增加,土地处置价值相应降低,易造成无益拍卖。四是司法拍卖启动难度大。涉案地块是"毛地",地上存在需要拆除的建筑物、构筑物等设施,尚有381户居民未动迁。司法拍卖涉及将来381户居民的动迁安置,建筑物、构筑物拆除等大量现实问题,一直难以启动拍卖程序。五是须兼顾后续社会效益。涉案地块拍卖成交后,竞买人需负责土地开发,做好后续旧区改造保障工作。为防止拍卖成交后竞买人停止开发,拖延旧区改造进程,影响居民切身利益,造成其他社会矛盾等现象发生,需在涉案地块拍卖前做好后续应对工作,在促成司法拍卖的同时兼顾社会效益。

上海一中院坚持不懈,一方面极力搜寻城发公司的其他财产线索,努力维护债权人的合法权益;另一方面也在积极促使众多债权人与城发公司达成和解,尽力早日化解纠纷以解除对涉案地块的司法查封,利于推动旧区改造。2021年初,上海市政府将涉案地块作为上海市重点推进的旧城改造项目,上海一中院也将涉案地块的司法处置问题作为为群众办实事的重点工作列入工作日程表。为尽快解决涉案地块的问题,在上海高院的有力指导和各级部门的大力支持下,在数次现场勘查及多方反复研讨后,上海一中院决定以规范透明、公开拍卖的方式,积极推进"毛地"处理,妥善解决涉案地块司法问题,助推旧改项目进行,主要采取了以下措施:

(1)组建专班,加强组织机制力量保障。上海高院、上海一中院和黄浦法院三级法院与市区相关政府职能部门成立涉案地块专班,每两周召开一次专班例会,研判问题,提出对策,推进进度。上海一中院充分认识到旧区改造是一项政治任务,由分管院长牵头定期仔细研究,论证相关工作方案和操作细节,指定一名执行局副局长主办案件,确保案件执行的依法依规和效率效果。

(2)定期研判,确保执行依法规范有序。执行法院仔细研究该地块处置问题,为避免线下拍卖暗箱操作嫌疑,上海一中院征询申请执行人的意见后,在具有较大影响力的淘宝网公开司法拍卖,在拍卖公告中充分披露政府的规划条件、土地管理要求、容积率调整及竞买人需承担的后续义务，并对悔拍的认定和后果作了严格约定，以避免故意搅局情况的发生，确保处置过程平稳有序。同时，考虑到"毛地"税费较高，为维护申请执行人利益，该地块未采取打折方式进行拍卖，直接以评估价为起拍价。

（3）各方合力，确保财产处置高效推进。传统的土地评估方法是由评估机构联系法院向政府各职能部门发出征询函，政府部门经研究论证后回函，耗时两三个月，严重影响评估进度。涉案地块专班成立后，通过高院摇号确定评估机构，立即请评估机构列明评估所需材料，并召开旧改工作专门会议。政府相关部门在会上当场受领提供资料的任务，明确责任主体和时间节点。加强评估机构、政府部门间的对接，在依法进行的同时减少各工作环节的时间损耗。

（4）畅通救济，确保当事人相关权利的行使。被执行人在送达评估报告后，以评估机构明知地块上房产未经法定征收缺乏法律依据为由提出执行异议，要求中止拍卖。执行法院明确告知被执行人该异议并非中止拍卖的法定事由，同时告知被执行人可通过法律途径提出执行异议以充分保障其异议救济权利。经上海一中院异议、上海高院复议审查后，其异议、复议均被驳回。

2021年6月11日，涉案地块成功拍卖成交，在买受人上海黄浦某建设发展有限公司提交其与政府签订的《房屋征收框架协议》、支付第一期征收费用的证明后，上海一中院于同年7月1日出具拍卖成交裁定，于次日即向黄浦不动产登记中心送达拍卖成交裁定。

【评析】

"毛地"是指在城市旧区范围内，尚未经过拆迁安置补偿等土地开发过程、不具备基本建设条件的土地。在国土资源部（现自然资源部）、上海市政府出台有关规定明确土地出让须为"净地"之前，部分地块以"毛地"方式予以出让。此举发挥了推动旧区改造的历史作用，但个别地块因受让人资金不足、拆迁迟缓等因素导致开发停滞，形成历史遗留问题，强制执行处置难度较大。上海一中院处置"毛地"相关主要的经验和举措如下。

一、充分披露拍卖标的详细情况

人民法院在对"毛地"等土地使用权进行拍卖或者采取其他方式予以变现前，事先书面征询政府有关部门关于用地性质、容积率、使用年限、出让金支付情况等规划和土地管理要求，并在公告中予以充分披露。

二、科学合理界定买受人的权利和义务

拍卖公告、竞买须知和标的物介绍等拍卖文件中特别提示土地规划用途调整的具

体情况,并明确告知买受人需在拍卖成交后与政府签订《房屋征收框架协议》,并支付先期征收费用后再行办理土地过户手续。拍卖前,引导评估公司将最新"毛地"规划用途调整文件作为评估依据,依法出具评估结论,确定合适的起拍参考价,评估报告必须载明政府调整土地规划用途的文件,方便竞买人查阅、参考。拍卖成交后,买受人应当根据拍卖文件中告知的时间节点与政府签订《房屋征收框架协议》,并支付先期征收费用,人民法院方才办理土地过户手续。

三、及时审查处理相关异议

对于被执行人等提出的政府调整土地规划用途导致案涉土地价值缩水的异议,释明政府的具体行政行为并非执行异议的对象,其可通过民事、行政诉讼等寻求权利救济;对于被执行人等提出的土地规划调整导致拍卖无效的异议,告知执行土地规划调整并非法院公告瑕疵,不影响强制拍卖的效力。当事人提出此类执行异议不影响拍卖,法院继续处置。

上海一中院的相关执行举措,为"毛地"司法处置提供了经验。特别是为后续上海市法院其他"毛地"的拍卖工作提供了宝贵经验和成功范本。同时,对旧区改造起到助推作用。涉案地块上住着近400户居民,但每家均没有独立的卫生间,过着"天天拎马桶"的生活。本次涉案地块拍卖成交,对旧区改造起到助推作用,给居民生活带来日新月异的变化。相关举措也为疑难复杂案件的处理提供了借鉴。对涉案地块的处置创新拍卖思路,确定拍卖成交后买受人需与政府签订《房屋征收框架协议》,并支付第一期征收费用后再行办理过户手续的拍卖思路,最大限度地保障后续房屋征收、人员安置工作的顺利开展。

案例二 某证券公司申请执行邢某某公证债权文书案
——资管计划参与竞买司法处置上市股票规则问题

【关键词】

资管计划 主体资格 司法竞买 股票处置

【执行要点】

关于资管计划能否参与司法处置中股票的竞买,法院认为,虽然资管计划本身由于欠缺民事主体资格不能以自身名义参与竞买,但可以由管理人以其自身名义参与竞买,待竞买成功后,可以将竞得的股票过户到资管计划专用证券账户中。

【案情】

申请执行人:某证券公司

被执行人:邢某某

针对申请执行人某证券公司与被执行人邢某某公证债权文书一案，上海市东方公证处作出的（2019）沪东证经字第11457号具有强制执行效力的公证债权文书已经发生法律效力。因被执行人邢某某未按期履行义务，权利人某证券公司向金融法院申请强制执行，执行案号（2020）沪74执425号。在执行过程中，金融法院委托上海证券交易所通过大宗股票司法协助执行平台处置被执行人邢某某持有的新疆拉夏贝尔服饰股份有限公司的上市公司股票（简称"*ST 拉夏"，证券代码：603157），对限售流通股8000万股股票依法进行处置。在处置的过程中，意向竞买人某证券公司向金融法院提出申请，其作为管理人拟代表"证券行业支持民企系列之某证券资管1号FOF单一资产管理计划"（以下简称资管计划）参与本次竞买。

金融法院经审查认为，虽然资管计划本身不能成为民事法律关系的适格主体，但是可以由管理人以管理人的名义参与竞买，竞买成功后可将处置股票过户到资管计划专用证券账户中。站在对防止管理人滥用其管理地位、损害投资者利益的角度考虑，在拍卖的过程中应当严格审查管理人参与竞买的资金来源，管理人负有披露资金来源的义务，确保管理人竞买的资金来源于该资管计划。

经执行法院同意，意向竞买人某证券公司在交纳保证金后参与了司法处置程序，最终竞买成功。在交纳了尾款后，法院裁定：第一，被执行人邢某某持有的8000万股"*ST拉夏"股票（证券代码：603157，证券类别：限售流通股）归买受人某证券公司管理的证券行业支持民企系列之某证券资管1号FOF单一资产管理计划所有，上述股票的所有权自本裁定送达买受人某证券公司管理的证券行业支持民企系列之某证券资管1号FOF单一资产管理计划时起转移。第二，被执行人邢某某持有的8000万股"*ST拉夏"股票（证券代码：603157，证券类别：限售流通股）扣划至买受人某证券公司管理的证券行业支持民企系列之某证券资管1号FOF单一资产管理计划（证券账户号：08901830××）名下。第三，解除对上述股票的司法冻结及质押，所有轮候冻结自动失效。

上述股票现已过户完毕。

【评析】

本案涉及资管计划参与司法处置的主体与程序问题。如果资管计划能够参与到处置程序中，那么能更大限度激发市场活力，提高处置成功率与溢价率，更好地实现当事人的胜诉权益。尤其是在证券质押式回购纠纷等金融类案件中，有大量待处置财产为上市公司股票等有价证券，因此实践中关于资管计划能否参与司法处置，或者管理人以自身名义参与竞买，但实际是利用资管计划资金代表资管计划进行竞买的能否准许等问题，也成为执行工作中必须回应的问题。

一、资管计划能否以自身名义参与司法处置

资管计划本身不具有独立的法人资格，也不能构成民法和民事诉讼法层面上的非法人组织，因此单从主体资格上来看，资管计划并不能独立以其自身的名义参与司法处置。

二、管理人能否以管理人名义代表资管计划参与司法处置

首先，本案管理人系依法登记设立的法人，具有民事权利能力和相应的民事行为能力，除非存在法律明确的禁止性规定，管理人可以以自己的名义参与司法处置活动。其次，从实践操作的层面来看，根据中国证监会发布的《证券期货经营机构私募资产管理计划运作管理规定》第十二条的规定，依法设立的资管计划可开立专用的证券账户。因此如果竞买成功，将证券过户到资管计划证券账户中在操作层面并无障碍。最后，从制度规范的角度来看，根据中国人民银行等四部门联合发布的《关于规范金融机构资产管理业务的指导意见》第二条和第八条，资产管理业务中的受托管理者要对受托的投资者财产进行投资和管理，所以管理人对资管计划的财产具有管理处分的法律地位。同时，该规定明确，管理人具有以管理人名义代表投资者利益行使诉讼权利或者实施其他法律行为的职责。因此，在司法处置中，管理人代表资管计划参加竞买的行为属于代表投资者利益实施法律行为，应予以准许。

三、拍卖过程中的司法审查

本案中，如果管理人代表资管计划竞拍成功，如何进行过户是法院在决定是否允许其参与本次司法处置时应当考虑的重要因素。如前所述，由于资管计划本身可以开立资管计划专用证券账户，而实际用以竞买的资金也来源于资管计划财产，因此在拍卖成功且买受人于规定时间内支付尾款之后，法院应当将成功拍卖的股票过户到资管计划的专用证券账户中而非管理人名下的证券账户中。这也符合资产管理业务中避免受托财产混同的要求。

案例三　王某某等 5 人申请执行某实业公司劳动仲裁案
——强制搜查认定实际控制人相关问题

【关键词】

强制搜查措施　公证参与辅助执行　认定实际控制人

【执行要点】

人民法院对涉嫌逃避、规避执行的被执行人公司，结合申请执行人提供的线索、相关物业的外围调查等，可对被执行人住所地或者财产隐匿地进行搜查，搜查中可引

入公证机构参与财产清点等辅助工作。根据搜查出的相关财务报表、印章、签名等，可据此确定被执行人的实际控制人，并视情采取司法拘留等措施，督促履行义务。

【相关法条】

《中华人民共和国民事诉讼法》第一百一十一条、第二百四十一条、第二百四十八条，《最高人民法院关于适用〈中华人民共和国民事诉讼法〉的解释》第四百九十六条、第四百九十七条、第四百九十八条、第四百九十九条、第五百条，《最高人民法院和司法部关于开展公证参与人民法院司法辅助事务试点工作的通知》（司发通〔2017〕68号），《上海市高级人民法院和上海市司法局关于进一步开展公证参与人民法院司法辅助事务试点工作的实施意见》。

【案情】

申请执行人：王某某等5人

被执行人：某实业公司

针对王某某等5人与某实业公司劳动仲裁五案，上海市浦东新区劳动人事争议仲裁委员会作出的浦劳人仲（2020）办字第10981号等仲裁书已经发生法律效力。因某实业公司不履行生效法律文书确定的义务，王某某等5人于2021年4月9日向浦东法院申请执行，要求被执行人某实业公司偿还本金共计71853.82元及迟延履行期间的加倍债务利息。浦东法院受理后，依法向被执行人某实业公司发出执行通知，责令其履行法律义务，但被执行人某实业公司未予履行。2021年4月26日，浦东法院收到网络集约查询反馈后，对某实业公司名下银行账户予以冻结，但冻结金额不能完全支付执行款，且未发现可供执行的财产线索。因暂时无法查找到被执行人公司的实际经营地，故执行法官多次通过电话、短信联系被执行人均未果。为此，浦东法院主要采取了以下措施：

第一，加大实地调查取证力度，掌握实际控制人基础线索。2021年5月27日，申请人提供线索称，被执行人在BOSS招聘网上发布招聘信息，该信息显示对方现已搬至浦东新区某商务园办公。2021年6月10日，执行法官至该商务园物业处调取被执行人公司的相关租赁合同及附件，确认被执行人公司在此地办公。执行法官至该办公点现场调查，公司员工张某说明了某实业公司的整个运行、财务支出、人事管理等情况，指向拥有公司决策权的并非工商部门登记的法定代表人刘某某，而是其儿子刘某及儿媳刘某路。2021年6月15日，申请人王某某等5人书面提交微信截屏、聊天记录等证据及情况说明，进一步指认刘某夫妇为某实业公司的实际控制人，请求法院采取进一步措施。

第二，引入公证机构参与辅助执行，现场搜查时配合清点物品，并根据搜查出的材料，依法确定实际控制人。经送达执行通知、传票，12368短信推送，电话联系等多渠道通知被执行人到庭履行义务，被执行人均拒绝到庭履行。浦东法院于2021年7月14日对某实业公司在浦东新区某商务园某号楼某室的办公地点进行搜查，并联系公证处对搜查中的相关物品进行辅助清点。搜查中工作人员发现了某实业公司的各类印章、大量会计凭证及相关文件材料，大量单据记录均证实了刘某夫妇系某实业公司实际控制人。

第三，与公安联动，重拳出击采取司法拘留措施。由于被执行人的实际控制人刘某夫妇的行踪难以确定，浦东法院执行法官在2021年9月初提请浦东公安分局协助查询刘某夫妇的下落。后执行法官接到线索反映实际控制人出现在另一处办公地点。执行法官立刻开展行动，迅速赶往该地，找到实际控制人刘某路，并要求被执行人履行法律义务、申报公司财产。刘某路一开始否认其是被执行人的实际控制人，拒绝履行。浦东法院根据掌握的材料，依法对其采取司法拘留措施。实际控制人被拘留后，慑于法律威严，在相关证据面前主动承认错误，并设法履行义务。最终，被执行人迅速凑齐款项后将所拖欠的全部劳动报酬支付到法院账户中，本案执行完毕。

【评析】

本案涉及被执行人规避执行时的应对。在类似的被执行人拒不履行还款义务时，执行法院可通过强制搜查被执行人住所地，查阅公司资料，确定被执行人的实际控制人，并引入公证机构参与执行，依法对实际控制人采取执行强制措施，督促其积极履行还款义务。

一、对涉嫌逃避、规避执行的被执行人公司，依法认定公司实际控制人后推进执行

根据《中华人民共和国民事诉讼法》第二百四十八条，《最高人民法院关于适用〈中华人民共和国民事诉讼法〉的解释》第四百九十六条、第四百九十七条、第四百九十八条、第四百九十九条、第五百条等的规定，被执行人不履行法律文书确定的义务并隐匿财产的，人民法院有权发出搜查令，对被执行人及其住所地或者财产隐匿地进行搜查。因此，某实业公司拒不履行生效法律文书确定的义务，人民法院有权对被执行人采取搜查措施。在搜查过程中，执行法官通过查获的公司资料确定了被执行人的实际控制人。

二、现场搜查时可引入公证机构参与辅助执行

根据《最高人民法院和司法部关于开展公证参与人民法院司法辅助事务试点工作的通知》（司发通〔2017〕68号）、《上海市高级人民法院和上海市司法局关于进一步开展公证参与人民法院司法辅助事务试点工作的实施意见》和《浦东新区人民法院执行局关于开展公证机构参与执行的实施方案（试行）》的规定，人民法院引入公证机构在执行工作环节参与司法辅助事务。公证机构可参与人民法院执行中的和解、调查、送达工作，协助人民法院收集核实执行线索、查核执行标的，协助清点和管理查封、扣押财物。在公司实际控制人的查证方面，浦东法院引入了公证机关，对公司经营地进行直接搜查，从而固定实际控制人身份，为后续采取相关执行强制措施打下基础。

三、依法拘留被执行人实际控制人，有效打击逃避执行行为

根据《中华人民共和国民事诉讼法》第一百一十一条、第二百四十一条的规定，浦东法院结合财务账册、租赁合同、申请人和案外人调查笔录等，认定刘某夫妇系该公司实际控制人及对公司事务拥有决策权的人。因该公司仍拒绝履行，人民法院依法对实际控制人采取司法拘留，有效打击了躲避执行的行为，最大限度督促被执行人积极履行法律义务。

案例四　王某申请执行朱某某民间借贷纠纷案
——被执行人自行变卖查封财产的适用要件与路径

【关键词】

小微企业　股权处置　内部转让　价款管控　善意文明执行理念

【执行要点】

人民法院在坚持网络司法拍卖优先原则的基础上，可综合考虑变价财产实际情况、是否损害执行债权人、第三人或社会公共利益等因素，适当采取直接变卖或强制变卖等措施。被执行人申请自行变卖查封财产清偿债务的，在确保能够控制相应价款的前提下，可以监督其在一定期限内按照合理价格变卖。

【相关法条】

《最高人民法院关于在执行工作中进一步强化善意文明执行理念的意见》第九条，《最高人民法院关于人民法院执行工作若干问题的规定（试行）》第三十三条、第三十九条，《最高人民法院关于人民法院民事执行中拍卖、变卖财产的规定》第二条，《最高人民法院关于人民法院网络司法拍卖若干问题的规定》第二条。

【案情】

申请执行人：王某

被执行人：朱某某

第三人：上海某策划咨询有限公司，管某某

针对申请执行人王某与被执行人朱某某民间借贷纠纷一案，上海市浦东新区人民法院（以下简称浦东法院）于2020年9月10日作出的（2020）沪0115民初52110号民

事调解书已经发生法律效力。因被执行人朱某某未履行生效法律文书确定的义务，权利人王某于2021年2月8日向浦东法院申请执行，要求被执行人朱某某偿还借款本金及利息共计人民币（以下同币种）56万元及迟延履行期间的加倍债务利息。浦东法院以（2021）沪0115执5129号受理立案后，依法向被执行人朱某某发出执行通知，责令其履行法律义务，但被执行人朱某某未予履行。

在执行过程中，浦东法院通过执行网络查控系统向金融机构、网络支付机构、自然资源部门等发出查询通知，并通知被执行人朱某某到庭谈话，对其生活、财产状况进行了全面调查。经查明，被执行人朱某某无业，系涉赌人员，其名下银行存款仅2.8万元，不动产因共有暂不具备处置条件，仅其持有的上海某策划咨询有限公司（以下简称某策划公司）出资额90万元的股权可以作为责任财产进一步处置。

为妥善推进涉案股权处置，浦东法院充分发挥执行能动性，贯彻落实善意文明执行理念，探索精准化财产变价处置模式，主要采取了以下措施：

（1）查明标的企业状况，分析可能的买受人。浦东法院向某策划公司发函告知被执行人朱某某已被立案执行，要求核实其所持股权分红情况，并责令其提供股东名册、财务账簿等资料。经查明，标的企业系三人有限公司，注册资本200万元，属于小微企业，受新冠疫情和行业下行等因素的影响，目前经营状况不佳，被执行人朱某某无相关分红收益。经研判，鉴于标的企业规模较小、"人合性"较强，由企业外部人员参与竞买的可能性不大，径行采用司法拍卖的方式处置有造成流拍的风险。相反，对于企业经营状况熟悉的其他股东最有可能成为潜在买受人，应当优先征询标的企业其他股东的购买意向，并以此明确股权处置模式。

（2）约谈标的企业所有股东，明确股权处置模式。浦东法院通知某策划公司所有股东到庭，告知拟对涉案股权变价处置事宜，并征询另外两名股东的购买意向。经协调，被执行人朱某某当庭与标的企业实际控制人、股东管某某达成初步股权转让意向，并主动申请自行变卖涉案股权。股东管某某表示为了企业未来的发展，愿意出资购买涉案股权，但要求浦东法院先行协调解除股权冻结。经评议，被执行人朱某某暂无其他涉诉案件，允许其以自行变卖方式处置股权不会损害第三人利益。但是，股权解除冻结尚需申请执行人同意，且交易过程中仍可能面临另案冻结的风险。为此，浦东法院及时约谈申请执行人，告知其股权处置的方式并提示相关风险。经释明，申请执行人同意解除股权冻结，但要求买受人先行缴纳转让价款至浦东法院。

（3）促成各方执行和解，确保价款有效管控。为妥善解决好各方关切的问题，浦东法院再次通知各方共同到庭，经过耐心细致的工作，被执行人朱某某与买受人管某某就涉案股权转让价款最终达成一致，买受人管某某当庭向浦东法院缴纳股权转让款50万元；申请执行人书面同意解除涉案股权冻结措施，自愿承担股权过户不能导致交易失败的风险,并确认在收到上述款项后自愿放弃剩余债权的执行;被执行人朱某某书面承诺在规定期限内协助买受人管某某完成股权变更登记手续。浦东法院根据各方意见制作了执行和解协议。

嗣后,浦东法院根据该协议内容及时解除了对涉案股权的冻结,被执行人朱某某如约协助买受人管某某完成了股权变更手续。在收到买受人管某某提交的确认书后,浦东法院及时向申请执行人发还了股权变价款。至此,本案执行完毕。

【评析】

一、符合条件的小微企业股权处置可采取当事人自行变卖方式

根据《最高人民法院关于人民法院民事执行中拍卖、变卖财产的规定》第二条和《最高人民法院关于人民法院网络司法拍卖若干问题的规定》第二条的规定,执行法院对查封、扣押、冻结的财产进行变价处理时,应当采取拍卖的方式,并且应当优先采取网络司法拍卖的方式,法律、司法解释另有规定的除外。但是,执行实践中需要变价的财产种类不尽相同,网络司法拍卖优先原则亦存在例外之情形。不同于中大型企业股权的"资合性"强、流通性强、价值稳定等特点,本案涉及的某策划公司企业规模小、内部股东少,这导致三个方面的问题:一是企业发展不稳定,股权价值比较模糊,即使通过评估方式也难以确定出合理的价格;二是企业封闭性较强,如引入新的外部股东,可能导致企业内部股东之间产生新的矛盾,不利于企业持续健康发展;三是企业投资价值不确定,采用司法拍卖的方式存在较高的流拍风险,不仅浪费了司法资源,也不利于债权之实现。因此,浦东法院经审查认为,本案应结合标的企业实际情况探索更佳的处置方式。这是本案能够采取被执行人自行变卖方式实现股权处置的客观背景。

二、小微企业股权处置以股东间内部转让为突破口

小微企业自身的特点决定了由企业外部人员参与竞买股权的可能性不大,而对企业发展了解并参与其中的其他股东最有可能成为涉案股权潜在的买受人。退一步来说,即使通过司法拍卖的方式处置,执行法院亦应依据《中华人民共和国公司法》第七十一条、第七十二条、第七十三条的规定,在征得全体股东过半数同意后予以拍卖、变卖或以其他方式转让涉案股权,企业股东在同等条件下仍有优先购买权。因此,本案不论采取何种方式处置涉案股权,都应当以标的企业其他股东是否具有购买意向作为股权变价的突破口,努力促成股权在标的企业内部转让。在已明确企业其他股东有意购买涉案股权的情况下,浦东法院反复协调申请执行人、被执行人和买受人,妥善处理各自关切的事项,最终促成各方达成执行和解协议。这是本案能够采取被执行人自行变卖方式实现股权处置的关键因素。

三、小微企业股权自行变卖处置以转让价款有效管控为前提

《最高人民法院关于在执行工作中进一步强化善意文明执行理念的意见》第九条指出，执行法院应当依法适当采取财产变价措施，综合考虑变价财产实际情况、是否损害执行债权人、第三人或社会公共利益等因素，适当增加财产变卖程序适用情形。《最高人民法院关于人民法院执行工作若干问题的规定（试行）》第三十三条、第三十九条亦指出，被执行人申请执行变卖查封财产清偿债务的，在确保能够控制相应价款的前提下，可以监督其在一定期限内按照合理价格进行变卖，并将转让所得收益用于清偿对申请执行人的债务。本案中，浦东法院秉持执法就是服务的理念，主动延伸执行权能，从精准化执行的角度出发，将标的企业其他股东作为潜在买受人积极引入涉案股权的处置变现中，综合考虑被执行人自行变卖方式处置对执行债权人和第三人利益的影响，在确保价款有效管控后及时解除股权冻结，监督被执行人及时配合股权变更，在确认股权变更完成后及时向申请执行人发还变价款，兼顾好各方合法权益，实现了法律效果和社会效果的统一。这是本案能够采取被执行人自行变卖方式实现股权处置的直接推动力。

2022年1月1日施行的《最高人民法院关于人民法院强制执行股权若干问题的规定》第十条规定：被执行人申请自行变价被冻结股权，经申请执行人及其他已知执行债权人同意或者变价款足以清偿执行债务的，人民法院可以准许，但是应当在能够控制价款的情况下监督其在指定期限内完成，最长不超过三个月。本案执行过程虽然在司法解释出台之前，但股权处置模式基本契合了司法解释的核心要旨，对于后续执行实践具有较强的指导和借鉴意义。

案例五　俞某申请执行汪某赡养、居住权纠纷案
——积极探索解决居住权案件执行难问题新路径

【关键词】

居住权执行　善意文明执行

【执行要点】

居住权执行应关注权利人居住权益的实质兑现，仅完成居住权登记不等于居住权案件执行完毕；居住权执行应与民法典有效衔接，落实居住权保障权利人稳定生活居住，保障不动产交易安全和交易秩序的立法目的；居住权执行应以善意文明理念为指导，根据双方当事人实际情况，灵活化居住权执行处置路径，最大限度化解当事人矛盾，真正实现"案结事了"。

【相关法条】

最高人民法院《关于适用〈中华人民共和国民法典〉时间效力的若干规定》第二条，《中华人民共和国民法典》第七条、第三百六十六条、第一千零六十七条第二款。

【案情】

申请执行人：俞某

被执行人：汪某

俞某与丈夫婚后购得一套房屋，房屋登记在丈夫和儿子汪某名下。2014年，俞某丈夫去世后，儿子汪某将该房屋售卖并购买一处新房，房屋登记在儿子汪某一人名下。2017年5月，俞某和儿子儿媳共同签署《儿女心语》，儿子汪某承诺母亲俞某在该处房屋内有永久居住权。但俞某脾气较为倔强，与儿子、女儿平日感情淡薄，儿子、女儿都另有其他住处。俞某认为，儿子后面所购房屋的购房款有部分来源于当年房屋的出售款，且儿子汪某在2017年5月承诺其在该房屋有永久居住权，其有权在该房屋内设立居住权。另基于赡养义务，其亦有权对女儿的房屋享有居住权。因此，俞某将儿子、女儿诉至上海宝山法院，请求确认其在儿子、女儿房屋内均享有居住权，并请求儿子、女儿在每个法定节假日对其进行探望。

宝山法院经过审理，于2021年6月30日依法作出判决：原告俞某对被告汪某所有的上海市宝山区某小区房屋享有居住权；被告汪某、俞某女儿于每个法定节假日探望原告俞某。判决生效后，俞某就其对汪某所有的上海市宝山区某小区房屋享有的居住权向宝山法院申请强制执行。

宝山法院受理该起执行案件后，执行法官首先与申请执行人俞某共同前往上海市宝山区不动产登记中心，依法要求协助办理居住权登记事宜。办理登记后，执行法官将申请执行人俞某与被执行人汪某约谈至法院。经了解，俞某与其子汪某长期感情不睦，若径行强制执行，可能会导致俞某与汪某的关系进一步恶化，不利于双方当事人生活安宁，且存在"案结事未了"的可能性。后执行法官又将俞某、汪某以及俞某女儿三方约谈至法院，进行详细协商。经过多番沟通，最终三方协商同意，由汪某全资购买一套一室一厅的房屋供俞某居住。至此，俞某的居住权问题得以妥善解决。

【评析】

民法典设立居住权，是保障人民群众"住有所居"的重要举措之一，其功能为保障居住权人稳定生活居住。本案是宝山法院首例居住权执行案件，其新颖性受到了社会的广泛关注。居住权作为一项新用益物权，可以预见会更多地出现在社会生活中，但目前涉居住权执行案件不多，尚未形成执行完结的统一标准，因此在探索的过程中如何落实居住权执行，形成可供借鉴的普适性经验，是执行工作必须回答的问题。

一、居住权执行具有典型行为类执行的难点

居住权执行作为一种不可替代行为执行,只能由义务人本人亲自实施,执行义务人拒不履行的,执行法院不能以金钱给付、财产交付的执行措施执行,也不能采取替代履行措施执行。和财产执行与可替代行为执行相较而言,不可替代行为执行与被执行人人身属性紧密相关,在执行中往往面临被执行人自动履行率、配合度低,部分强制措施适用受限,内在矛盾复杂、难以调解等问题。此外,居住权往往基于家庭等特殊关系而设立,权利期限缺乏可预见性,往往以一种长期的形式存在,且居住权的附着会导致不动产财产价值评价降低。

二、居住权执行应关注权利人居住权益的实体实现

居住权登记完成仅意味着在程序上使得申请执行人登记为房屋的居住权人,不等于居住权执行已经完毕。居住权的实现要落到"住"字上,使得居住权人对享有居住权之房屋行使占有、使用的权利;换言之,解决居住权人的居住问题、确保权利人稳定安宁居住才是居住权执行案件的根本目的所在。本案中,在申请执行人俞某与被执行人汪某感情不睦、无法长期共同居住的现实情况下,执行法官另辟蹊径,通过被执行人另购房屋为申请执行人设立居住权的方式,既切实解决了俞某的居住问题,也有效地避免了当事人亲情关系的恶化。

三、居住权执行应以善意文明理念为指导

强制性是执行程序的本质属性之一,然而并非所有执行案件的执行都适合突出强制的属性,比如探视权、居住权等案件执行。虽然居住权执行目前尚未形成执行完结的统一标准,但是良好的执行效果是居住权执行的"题中应有之义"。因此,在执行居住权案件的过程之中务须秉持善意文明执行理念,兼顾权利人生活安宁和不动产交易稳定,在充分研判案情的基础上进一步确定是否以强制措施介入居住权案件的执行过程中,灵活化居住权执行处置路径,避免激化当事人矛盾。

案例六 陈某申请执行余某某其他合同纠纷案
——被执行人在判决生效后转移名下财产构成拒执罪

【关键词】
判决生效后转移财产拒执行为起算时间认定 犯罪标准判定

【执行要点】
在法律文书生效后,进入执行程序前,被执行人转移其名下财产并将财产处分所

得款项转入其亲属账户，逃避案件执行。即使财产处分所得款项不足以支付全部执行款项，仍构成拒不执行判决、裁定罪。

【案情】

申请执行人：陈某

被执行人：余某某

2020年1月14日，上海市普陀区人民法院（以下简称普陀法院）就陈某与余某某其他合同纠纷一案，作出（2019）沪0107民初2014号民事判决。判决如下：第一，余某某于判决生效之日起十日内支付陈某补偿款人民币230万元；第二，余某某于判决生效之日起十日内支付陈某逾期付款利息（以人民币230万元为本金，自2018年11月28日起，按全国银行间同业拆借中心公布的贷款市场报价利率计算至实际清偿之日止）。

判决生效后，因余某某未履行生效法律文书确定的义务，申请执行人陈某于2020年5月28日向普陀法院申请强制执行。普陀法院于同日依法受理，执行案号为（2020）沪0107执2242号。

在执行过程中，普陀法院于2020年5月28日向被执行人余某某发出《执行通知书》及《财产报告令》，责令被执行人履行生效法律文书确定的义务，并向法院申报当前及一年内的财产变动情况，但未果。2020年5月29日，普陀法院通过执行网络查控系统查询被执行人名下财产情况，但未查询到可供执行财产。此后，因被执行人拒不履行生效法律文书确定的义务并申报财产，普陀法院依法对被执行人余某某采取失信、限高措施。2020年6月28日，普陀法院作出（2020）沪0107执2242号执行裁定书，裁定终结本次执行程序。

2020年11月12日，根据申请执行人的申请，普陀法院立案恢复执行。2020年11月17日，普陀法院以被执行人余某某拒不履行生效判决为由，决定对其拘留十五日。余某某被拘留期间，普陀法院通过讯问被执行人、走访调查及向相关部门核查，确定了被执行人余某某于2020年5月21日将其名下房产出售并过户给他人且未将钱款用于案件执行的事实。普陀法院认为被执行人的上述行为涉嫌拒不执行判决、裁定罪，并于2021年1月15日依法将其移送至上海市公安局普陀分局追究刑事责任。2021年6月2日，普陀法院作出一审判决，判决被告人余某某犯拒不执行判决、裁定罪，判处有期徒刑七个月。

【评析】

被执行人拒不履行生效法律文书确定的义务，将严重损害司法权威及胜诉当事人合法权益。在本案执行过程中，普陀法院积极调查、核实被执行人转移房产的相关事实，依法认定其拒不执行判决、裁定行为的起算时间以及拒执入罪标准，依法将本案移送公安机关追究被执行人的刑事责任，有效地打击了拒不执行判决、裁定的行为。

一、拒不执行判决、裁定罪的行为起算时间认定

民事诉讼法的解释第一百八十八条明确拒不履行判决、裁定的行为包括法律文书发生法律效力后隐藏、转移、变卖、毁损财产，致使人民法院无法执行。全国人大常委会对刑法第三百一十三条关于拒不执行判决、裁定罪进行解释时指出，该条中的"人民法院的判决、裁定"，是指人民法院依法作出的具有执行内容并已发生法律效力的判决、裁定。故拒不执行判决、裁定罪的行为起算时间应为"人民法院的判决、裁定发生法律效力后"。是否进入强制执行程序并不是构成拒不执行判决、裁定罪的要件和前提。本案中，被执行人余某某在判决生效后转移其名下房产，虽然当时执行案件尚未立案，但是仍构成拒不执行判决、裁定罪。

从法律效果上，将判决、裁定生效后，执行案件立案前逃避履行义务的行为纳入拒不执行判决、裁定罪的调整范围，是法律设定拒执入罪的应有之义，能通过刑罚威慑力有效敦促义务人在判决、裁定生效后主动履行生效裁判确定的义务，减少被执行人转移财产、逃避执行的行为，有效地维护法律权威。

二、"有能力执行拒不执行"的犯罪标准判定

根据全国人大常委会对刑法第三百一十三条规定的解释，"有能力执行"是指根据人民法院查实的证据证明负有执行人民法院判决、裁定义务的人有可供执行的财产或者具有履行特定行为义务的能力。有能力执行并非要求有足额全部履行的能力，有部分履行能力亦应当认定为有能力执行。本案中，被执行人余某某在判决生效后、执行立案前将其名下房产出售给他人，并将所得房款人民币29万元汇入其母亲账户，而未将钱款用于案件执行。虽然所得房款不足以将本案执行完毕，但被执行人有部分履行能力，却采取转移、隐藏财产等抗拒执行、逃避执行的行为，应认定为有能力执行而拒不执行的情形。

三、关于情节严重的犯罪标准判定

根据全国人大常委会对刑法第三百一十三条规定的解释，"情节严重"包括具有拒绝报告或者虚假报告财产情况、违反人民法院限制高消费及有关消费令等拒不执行行为，经采取罚款或者拘留等强制措施后仍拒不执行。本案中，被执行人余某某私下转移房产且未及时申报财产变动情况，财产转移后并未将所得款项用于本案执行，导致申请执行人权益无法得到落实，被法院司法拘留后仍拒绝履行生效法律文书确定的义务，致使生效判决难以执行，已达到情节严重标准。

案例七　上海某置业公司系列执行案
——涉烂尾楼司法处置相关问题

【关键词】

烂尾楼司法处置　承债式重组　善意执行　府院联动

【执行要点】

上海某置业公司系列执行案件时间跨度较长、关联企业众多、债务关系繁杂，涉讼法院遍及本市各辖区，牵涉利益主体多，强制执行难度极大。若对置业公司名下烂尾楼盘直接进行司法拍卖，相关税费过高，不利于切实有效保护债权人利益。为妥善化解矛盾纠纷，青浦法院在高中院的监督指导及全市法院的全力配合下，集中处理相关债务，成立工作专班扎实推进执行工作，创新制定烂尾楼处置方案，以承债式重组为切入，以司法拍卖为托底，合理分配执行金额，推动该起历时二十余年的执行老案得到实质性解决。

【相关法条】

《最高人民法院关于在执行工作中进一步强化善意文明执行理念的意见》第13条。

【案情】

某置业公司系以房地产开发为主业的民营企业，另有上海某房产有限公司、上海某木业有限公司、上海某长毛绒玩具有限公司、上海某国际游艇俱乐部有限公司等10多家关联企业。由于经营管理不善、非法吸收公众存款等问题，置业公司从1998年起长期处于资不抵债、亏损经营直至实际停业状态，其开发的某大酒店房地产项目停工，形成烂尾楼。此外，该置业公司及其关联企业牵涉大量银行、企业、个人债务，数额巨大，另有拖欠职工工资、社保金等问题。涉诉标的合计12.24亿元，非诉债务6061万元，总债务合计12.84亿元。二十余年里，置业公司始终未能走出困境。

某置业公司系列案件涉讼法院遍及本市各辖区，涉及全市10余家法院共计600余起案件，涉案个体1000余个。执行查明，置业公司及关联公司对涉案烂尾楼及相应地块即青浦区公园路某地块土地享有土地使用权。置业公司债权人普遍强烈要求拍卖涉案烂尾楼及相应地块，其法定代表人也曾提出资产重组清偿债务的要求。但因案涉地块被市二中院及全市其他法院查封，要处置该地块用于解决上述债务，涉及统一执行、地块确权、在建工程转让、土地规划调整、抵押权涤除、社会债务清偿等大量现实问题，处置难度大。此外，经估算，若烂尾楼直接进行拍卖处置，其中土地增值税等税费过高，亦不利于债权清偿。

青浦法院在执行过程中，主要采取以下措施：

一是成立工作专班，积极与相关部门沟通协调，形成财产处置最优方案，即通过采取有条件承债式重组的方案，以依法拍卖为前提，以重组为切入点。工作专班在区委政法委多次牵头协调下，在地块开发、税收等方面与区维稳办、信访办、规资局、房地局、税务局、市场监管局达成共识，各部门上下合力，内外联动，确保执行工作积极稳妥进行。

二是协调集中债务处置，一揽子解决纠纷。在高中院的监督指导及全市法院的配合下，全市法院涉置业公司及其关联企业案件移送给青浦法院集中管辖。青浦法院在财产的变现和分配问题上加以通盘考虑，成立债务清理办公室，对全市600余起案件所涉债务进行集中梳理；通过对案件数、执行标的额的梳理、排摸，在掌握基本情况后将置业公司债务按债务性质甄别为9大类；对诉讼及诉讼外债务进行逐笔核实、逐笔锁定，每笔债务梳理、锁定情况形成台账，作为今后解决债务的依据，执行全程留痕。

三是综合平衡各方利益，合理制定财产分配方案。根据债务锁定和资产评估情况，分别制定资产重组方案和司法拍卖方案，准确评估重组与拍卖方案的优劣。在资产转让、涉案地块重整复营阶段，债权人、债务人、受让人就具体事务的处理存在分歧，青浦法院综合平衡各方利益，达成最大共识，明确受让方转入受让资金后，根据前期的债权债务梳理，及时制作分配方案，促进地块重整复营工作加速运行。后经法院审核，浙江某房地产有限公司于2021年1月与置业公司成功签约案涉地块在建工程转让协议。青浦法院于2021年4月25日收到受让方受让资金8亿元。8月4日，置业公司关联的某大酒店已被正式爆破拆除，这意味着一起历时二十余年的执行老案得到实质性推进解决。

之后，青浦法院多次收到上海某投资管理发展有限公司、上海某集团有限公司等送来的感谢信，感谢法院在办理涉置业公司案件的过程中，公正廉明、勇于担当、专业高效，让数百家企业和上千名债权人得到公平的追偿。

【评析】

执行案件中烂尾楼处置普遍存在涉案金额巨大、法律关系复杂、矛盾极易激化、社会影响面广等特点，处置难度大，不可控因素多，对执行能力是极大的考验。为妥善化解涉置业公司系列执行案件的矛盾纠纷，切实有效保护债权人利益，青浦法院从更新办案理念、转变执行思路入手，在执行工作中敢于打破传统的执行模式，创造适合新形势需要和案件特点的执行方式方法。

一、凝聚解决"执行难"合力，争取多方支持

执行案件中烂尾楼处置，仅由法院一家往往难以推进，必须汇集各方合力。本案中，青浦法院就置业公司执行案件成立专项领导小组及工作专班多次专题研究部署，

执行局具体牵头推进各项工作，积极争取上级法院及区委的支持。上级法院多次下沉青浦法院调研指导，研讨本案法律适用问题。区委政法委大力支持，协调区维稳办、信访办、规资局、房地局、税务局、市场监管局召开专项研讨会议，研究土地权属确定、容积率变更、税费测算、交易转让等工作，准确评估资产情况，推进本案化解。

二、债务集中受理处置，形成最优处置方式

该类案件债务清偿属群体性纠纷，涉及投资者、经营者、劳动者、债权人等多种利益群体，关系到社会治理多个领域，若单个案件单个处置，则案件矛盾难以化解。为此，青浦法院争取高中院的支持，贯彻因案制宜原则，将涉置业公司及关联企业所涉执行案件都移转至青浦法院受理，大大推进了各环节的衔接，且在执行过程中对相关通知、公告、受偿等，均统一了标准，也提高了案件的执行效率与效果。

三、秉持善意执行，促进区域经济健康发展

在办理置业公司系列案件时，青浦法院以善意执行理念为引导，从维护社会稳定、促进民营经济发展、优化营商环境的角度，引入第三方纾困资金进行资产转让，把握好强制执行的力度和节奏，最大限度地减少强制执行对企业经营的负面效应，为民营企业的健康发展提供一线生机，促进区域经济健康发展。

人民群众的认可，永远是人民法院最珍视的勋章。在政法队伍教育整顿的过程中，置业公司历史老案得到了化解，青浦法院用实际行动努力践行"我为群众办实事"，努力为青浦打响上海之门、国际枢纽城市品牌作出应有的贡献。

案例八　李某等270名员工申请执行某道具公司劳动仲裁执行案
——劳动者集体讨薪案件的执行难点和破解路径

【关键词】

劳动欠薪　关联公司执行　到期债权执行

【执行要点】

强力施压，促使被执行人关联公司主动承担连带担保责任；主动出击，迅速锁定关联公司到期债权的财产线索，向负有履行义务的第三方公司及时发出《履行到期债务通知书》，确保债权及时回收；强化联动，积极争取区委、政法委的支持，与属地镇政府、社保中心等部门联动执行，做好维稳和工资款发放工作。

【相关法条】

《中华人民共和国民法典》第八十三条，《全国法院民商事审判工作会议纪要》第十一条，《中华人民共和国民事诉讼法》第二百四十条、第二百四十二条，《最高

人民法院关于适用〈中华人民共和国民事诉讼法〉的解释》第五百零一条，《最高人民法院关于人民法院执行工作若干问题的规定（试行）》第四十五条，《最高人民法院关于执行担保若干问题的规定》第三条、第五条。

【案情】

申请执行人：李某等劳动者270余名

被执行人：某道具公司

某道具公司因公司法定代表人突发心肌梗死离世造成经营停滞，进而引发众多债权人短时间内集中诉讼追讨公司经营期间所欠债务。李某等270余名劳动者因公司欠发工资申请劳动仲裁，并于2021年6月3日起陆续向奉贤法院申请执行，案件标的额为600余万元。申请人迫切需要获得工资补偿以维持生计，不满和焦虑情绪较大，在执行立案前，已发生多次小规模上访讨薪事件，存在明显的不安定因素。

奉贤法院受理案件后，依托涉民生案件绿色通道，立即成立由分管副院长牵头的工作专班，第一时间研判分析案情，梳理办案思路及权利保障路径，提出针对性解决方案，并指派一名执行局副局长专门负责立案及强制措施实施工作，对于每批次立案申请材料，坚持当天立案，当天采取查控措施，提高办案效率，严格落实"三优先"原则。

在执行过程中，法院经调查发现，被执行人公司法定代表人名下有多家公司同时运营，存在混同经营的情况。被执行人公司仅负责产品生产和工人聘用，其关联公司负责销售收入收取和工资发放，致使被执行人公司账面金额严重不足，名下可供执行的财产仅有生产设备及部分成品、半成品，处置周期长、变现难度大。另据涉关联公司案件情况，关联公司名下的银行账户目前均被供应商采取诉讼保全措施，大大增加了执行难度。

针对上述情况，奉贤法院果断采取以下措施：

一是针对被执行人公司账面财务状况不佳的现状，立即查封了被执行人仓库内的所有设备及成品、半成品，防止恶意隐匿、转移财产。

二是面对被执行人公司与关联公司混同经营的情况，执行法院主动出击，与涉案公司股东交涉，释法明理，告知风险，促使相关关联公司主动递交了股东会决议和担保书，与被执行人公司共同承担连带担保责任。

三是针对关联公司因存款被保全不能及时支付的情况，迅速锁定关联公司到期债权的财产线索，向负有履行义务的第三方公司及时发出《履行到期债务通知书》；对于两家住所地在广东深圳的第三方公司，利用最高院事项委托系统，及时与受托法院取得联系，以最快的速度委托当地法院代为送达相关法律文书，确保债权及时回收。最终在不到一个月的时间里，工资款全部执行到位并发放完毕，案件得到了妥善解决。

在此期间，针对维稳压力，奉贤法院积极争取区委、政法委的支持，协调柘林镇政府、杭州湾经济园区相关单位配合法院完成相关申请人的说明解释及安抚工作，避免发生群体性事件，协调柘林社保中心配合法院进行工资款发放工作，确保工资发放及时、准确，保障执行顺利进行。

【评析】

在此次劳动者集体讨薪案件的执行中，面临申请人人数众多、涉案金额大、被执行人经营状况复杂、执行难度大、维稳压力大等诸多困难，执行法院充分发挥自身主导作用，多措并举，首先促使被执行人关联公司主动承担连带担保责任，然后将关联公司到期债权迅速回收，确保相关款项能够优先清偿劳动者工资。其间，执行法院与相关部门积极联动，做好维稳和工资款发放工作，取得了较好的法律效果和社会效果，主要经验做法有：

一、对被执行人公司与关联公司混同经营的处理

根据民法典第八十三条、《九民纪要》第十一条的规定，本案被执行人公司与其关联公司存在明显的混同经营，在被执行人丧失偿付能力的情况下，申请人需另行提起公司人格否认之诉，追究其关联公司责任，且公司人格否认之诉的判决仅对本案当事人具有既判力，需要"一案一否认"。这对集体讨薪案件而言，维权成本过高、耗时过长，相关责任人极易隐匿、转移资产，最终不利于案件的解决。奉贤法院因此主动出击，约谈被执行人公司股东，向其释明法律规定，分析利害关系，告知其规避债务的行为存在被追究刑事责任的风险。最终在法律的震慑下，被执行人关联公司主动递交了股东会决议和担保书，承诺与被执行人公司共同承担连带担保责任，成为案件解决的最终突破口。

二、对关联公司到期债权的执行

根据《最高人民法院关于适用〈中华人民共和国民事诉讼法〉的解释》第五百零一条的规定，本案中承担连带担保责任的关联公司不能及时支付工资款时，法院可以冻结关联公司对他人的到期债权，并通知该他人向申请人履行。据此奉贤法院向两家住所地在广东深圳的第三方公司发出《履行到期债务通知书》，并利用最高院事项委托系统及时与公司所在地法院取得联系，以最快的速度委托其代为送达相关法律文书，确保债权及时回收。

三、对群体性案件信访风险的化解

本案涉及申请人众多，涉案金额大，在执行立案前，已发生多次小规模集聚讨薪

事件。奉贤法院强化执行联动，积极争取区委、政法委的支持，协调柘林镇政府、杭州湾经济园区相关部门配合法院完成相关申请人的说明解释及安抚工作；针对劳动者人数众多且离职后较为分散、案款发放困难的问题，联系柘林社保中心配合奉贤法院进行工资款发放工作，确保工资及时、准确地发放到劳动者手中，保障执行顺利进行。

案例九 某设备公司申请执行上海某业主委员会买卖合同纠纷案
——厘清维修资金的执行边界，解决业委会无财产的执行困境

【关键词】

业主委员会执行　业主大会名下财产甄别　维修资金

【执行要点】

业主委员会作为被执行人的案件，对于其因物业共用部位、共用设施设备的维修、更新和改造等公共事项产生的债务，法院可以直接执行业主大会名下维修资金等共益账户，无须另行追加业主大会作为被执行人。

【相关法条】

《中华人民共和国民法典》第二百八十条第一款、第二百八十一条第一款，《中华人民共和国物业管理条例》第十条、第十五条、第五十三条，《中华人民共和国民事诉讼法》第二百四十二条。

【案情】

申请执行人：某设备公司

被执行人：上海某业主委员会

针对某设备公司诉上海某业主委员会（以下简称某业委会）买卖合同纠纷一案，上海市金山区人民法院于2020年8月10日作出（2019）沪0116民初14965号民事判决书。该判决书判决如下：①某业委会应于判决生效之日起十日内支付某设备公司货款1480000元；②某业委会应于判决生效之日起十日内支付某设备公司自2017年10月12日至实际清偿之日止，以1480000元为基数，按每日万分之二计算的逾期付款违约金；③某业委会应于判决生效之日起十日内支付某设备公司律师费75000元。上述判决生效后，某业委会未按照判决书依法履行义务，某设备公司向法院申请强制执行，上海市金山区人民法院于2021年1月4日立案受理。

执行立案后，金山法院向某业委会发出《执行通知书》和《报告财产令》，责令其向法院报告财产并立即履行法律文书确定的义务。某业委会并未在指定期间履行义务，向法院报告财产的内容仅为开立于上海银行普陀支行的尾号为8259的银行账户，但是该账户的户名为"某业主大会"，并非某业委会，账户内的资金为维修资金。金山法院通过网络查控系统对某业委会名下不动产、车辆、银行账户、股权等信息进行

查询,均未能查到某业委会名下有其他财产可供执行。金山法院多次电话联系某业委会主任,责令其解决本案,亦未取得积极进展。经财产调查,本案可供执行的财产仅为上述尾号8259的银行账户内资金。

金山法院经审查认为,本案债务系购置安装小区中央空调热流量表具产生,属于因共用设施设备更新改造的小区公共事项。业主委员会是业主大会的执行机构,根据业主大会的授权对外代表业主进行民事活动,所产生的法律后果由全体业主承担,当被执行人为业主委员会时,无须追加程序即可直接执行业主大会的财产。

随后,金山法院就主债务及相关利息、违约金、费用等划拨业主大会名下维修资金账户内资金,本案债权全部执行到位。

【评析】

被执行人为业主委员会的案件,当业主委员会怠于履行职责且无财产可供执行,而业主大会名下有大额维修资金等财产时,是否可直接执行业主大会名下财产是当前执行实践的一个难点。若能直接执行,将破解大量此类案件执行僵局,加速纠纷化解,提升执行效率,助力营造和谐社区,切实落实执行为民举措。

一、涉业主委员会案件可以直接执行业主大会财产

从法律地位上看,业主可以设立业主大会,选举业主委员会;业主委员会是业主大会的执行机构,根据业主大会的授权对外代表业主进行民事活动。两者属于决策与执行的关系,对外法律地位一致。从责任财产看,两者在履行职责的过程中经营管理业主共有的财产,所产生的法律后果由全体业主承担,本质上为同一主体。从规范依据看,最高人民法院《关于民事执行中变更、追加当事人若干问题的规定》确定的当事人追加主要涉及权利义务的承继关系,业主委员会和业主大会主体同一,不涉及承继关系,不会突破追加被执行人的法定主义。因此,在执行业主委员会为被执行人的案件中,无须经过追加,即可直接执行业主大会名下账户内资金。

二、直接执行业主大会财产需区分被执行债务性质

根据民法典第二百八十条的规定,业主大会或业主委员会的决定,对业主具有法律约束力。从保护业主利益的角度,法律、法规对业主大会、业主委员会的职责作出具体规定。只有业主大会、业主委员会因履行法定职责产生的相应债务,才能由全体业主承担。业主委员会作为诉讼主体的案件,并不全部涉及全体业主共有事务的管理,因此,应坚持区分原则,只有当业主委员会涉案债务系物业共用部位、共用设施设备的维修和更新、改造等产生的,才可直接执行业主大会名下包括维修资金在内的所有财产。如果所涉债务不属于上述情形产生的,则不能执行业主大会名下维修资金。

三、执行业主大会共益账户应秉持谨慎性原则

具体执行业主大会财产，主要面临两个难点：一是业主大会名下维修资金有其特殊性，能否执行尚待明确；二是执行内容包含设备款、违约金、律师费、执行费等多类债务，是否均可从维修资金中划拨亦不明确。通常情况下，业主大会名下账户内分为业主大会活动经费科目、公共收益科目、维修资金科目，各科目资金来源不同且用途特定。执行中要坚持谨慎原则，加强与住房保障和房屋管理局以及账户开户银行等部门的沟通，征询其意见，针对不同的资金类别，做好论证。本案执行中，因系购置安装小区中央空调热流量表具产生的纠纷，属于共用设施设备的更新改造，是小区的公共事项，相关费用属于维修资金支出事项，可以直接予以全额划拨。

案例十 上海铁路运输法院刑事审判庭移送执行韩某勤、韩某华非法捕捞水产品罪刑事附带民事公益诉讼案
——长江流域十年禁渔背景下本市首例非法捕捞执行案

【关键词】

善意执行能动司法 恢复性生态保护

【执行要点】

本案系在长江流域生态保护十年禁渔的背景下，上海市首例非法捕捞水产品罪刑事附带民事公益诉讼的执行案件。在执行过程中，法官坚持依法执行与善意执行并用的理念，切实为群众办实事，加强联动促进社会共治，落实恢复性生态保护司法理念，得到了权利人和被执行人的高度认可，社会效果良好。

【案情】

移送执行人：上海铁路运输法院刑事审判庭

被执行人（被告人暨附带民事公益诉讼被告）：韩某勤、韩某华

2020年6月4日，上铁法院经审理，判令被告人韩某勤犯非法捕捞水产品罪，处以有期徒刑九个月；被告人韩某华犯非法捕捞水产品罪，处以有期徒刑九个月，缓刑一年。同时，判令刑事附带民事公益诉讼被告韩某勤、韩某华连带赔偿国家渔业资源损失75890元。判决生效后，韩某勤、韩某华未履行赔偿义务。上海铁路运输法院刑事审判庭于2020年11月25日移送强制执行。

在执行过程中，执行法官首先通过网络查询系统调查了两被执行人名下财产，未查获可供执行的财产和财产线索。因两被执行人服刑已满，执行法官会同上铁检察院人员依法传唤其来院谈话。两被执行人在谈话中提出：被执行人韩某华已过退休年龄、韩某勤没有工作，现均无收入，无力赔偿。执行法官在确认了被执行人均为渔民

的身份后，提示：渔民在禁捕后享有补贴的政策；该补贴系禁捕渔民的个人财产；如不履行生效判决确定的义务，将强制执行该财产。两被执行人当即表态：愿意以禁捕补贴履行赔偿义务；又提出因补贴尚未到位，又无收入，请求在三年内分期履行。执行法院经与附带民事公益诉讼起诉人上铁检察院沟通，在执行过程中充分考虑两被执行人的生活以及国家补贴暂未发放等实际情况，酌情采取分期还款方案。

在首次付款日的前一天，被执行人韩某勤主动致电执行法官，告知：禁捕补贴仍未发放，两人也未找到工作，到期仍无力履行。为核实相关情况，执行法官专程赶至被执行人户籍地江苏省盱眙县的渔政管理部门，通报了本案案情；核实了禁捕补贴正在行政审批中、尚未发放的事实；并要求有关部门尽快落实被执行人的禁捕补贴，协助本案执行。与此同时，执行法官考虑到被执行人没有工作，还特地赶到该县就业促进中心，了解渔民退渔就业的服务保障情况，并请求该中心予以协助。不久后，该中心给韩某华安排了一份工作，每月收入5000元左右。被执行人对执行法官的善意文明执行表示由衷感谢，在禁捕补贴核准下发后，主动提出不再按和解方案分期履行，并一次性付清了全部赔偿款。

在执行案款到位后，执行法院与检察机关联手，用执行到位的赔偿金实施增殖放流等替代性方式修复受损的生态环境；结合本案的执行情况，与长江航运公安局上海分局联手开展长江流域生态保护十年禁渔法治宣传活动，以案释法，吸引更多的人来关心生态保护事业。

【评析】

本案系在长江流域生态保护十年禁渔的背景下，上海市首例非法捕捞水产品罪刑事附带民事公益诉讼的执行案件。在执行过程中，法官坚持依法执行与善意执行并用的理念，切实为群众办实事，加强联动促进社会共治，落实恢复性生态保护司法理念，得到了权利人和被执行人的高度认可，社会效果良好。

一、落实善意执行理念，切实为群众办实事

在执行过程中，执行法官展现出了善意执行的魅力，让当事人充分地感受到了人民司法的温暖；鉴于被执行人的生活状况和履行义务的实际能力，采取分期付款方式推进执行，而未机械地直接采取强制措施；为解决被执行人禁渔后无收入的困难，积极走访有关部门，在执行案件的同时，帮助被执行人获得补贴、另寻工作，实实在在地为群众办了实事。

二、依法发挥执行职能，落实生态保护禁渔政策

人民法院发挥职能作用，贯彻落实生态文明理念，有力地保障了长江流域生态保

护政策的实施。执行法官一方面以专业的工作水平、细腻的工作态度,从经济上依法惩处了非法捕捞、破坏长江流域生态环境的犯罪行为;同时积极奔走,大力宣传禁捕退渔相关政策法规的实施,从一个侧面为进一步强化有关部门以及从业人员的环保意识、法治意识和保障意识,作出了应有的努力。

三、延伸司法职能,积极推进水域生态修复

执行法官秉承着"共治、共享、共建"的理念,在执行过程中,与有关渔政部门加强联动,及时兑现政策,在保障禁捕政策落实的同时,也保障了人民群众安居乐业。执行法院与检察机关联手,用执行到位的赔偿金实施增殖放流等替代性方式修复受损的生态环境;并开展长江流域生态保护十年禁渔法治宣传活动,以案释法,吸引更多的人来关心生态保护事业,延伸了司法职能。

来源:上海市高级人民法院

上海法院 2020 年度执行失信联合惩戒五大典型案例

案例一 周某某申请执行汪某等人提供劳务者受害责任纠纷案

【基本案情】

关于周某某申请执行汪某等人提供劳务者受害责任纠纷一案，浦东法院作出（2012）浦民一（民）初字第19800号民事判决，判令：汪某应于判决生效十日内赔偿周某某人民币30027.41元。浦东法院在2013年初次执行中，因查找不到被执行人，其名下又未查到可供执行的财产，暂时终结本次执行程序。在最高人民法院出台有关失信被执行人的司法解释后，浦东法院于2016年5月依法将被执行人纳入失信被执行人名单，并通过浦东新区失信被执行人联合惩戒机制将其推送至大数据平台。2020年春节后，被执行人在购买新能源汽车时，被告知其已被人民法院纳入失信被执行人名单，购车资格受到限制。被执行人主动联系执行法官，在知晓相关信用惩戒的法律后果后，主动到庭履行全部义务，执行法院遂删除其失信信息。

【评析】

（1）浦东法院依托新区信用联合惩戒机制，从源头治理出发，将失信名单推送至新区大数据中心和"诚信浦东"平台，推动形成"一处失信、处处受限"的联合惩戒局面。

（2）新能源汽车逐步受到市场的青睐，尤其是在上海可以申领免费牌照，这更是购买热点。对失信被执行人的联合惩戒应与时俱进、逐步深化，使其不敢失信、不能失信，才能敦促规避执行、隐匿财产的被执行人真正地敬畏法律、遵守法律、主动履行生效法律文书确定的义务。

案例二 沈某某申请执行陈某买卖合同纠纷案

【基本案情】

沈某某与陈某因买卖合同纠纷起诉至法院。在青浦法院的主持下，双方于2019年4月11日达成调解协议：陈某应分期支付沈某某货款共计2万元。调解书确定的履行期限届满后，沈某某申请执行。陈某因拒不履行生效法律文书确定的义务被青浦法院依法纳入失信被执行人名单并限制高消费。

经查，被执行人陈某持有中国银行透支额度为12万元的白金信用卡并频繁大额消费，且该卡号未在执行网络"总对总"查控系统中反馈。执行法官遂就其已被列入失信被执行人名单、限制高消费却仍能享有大额信用卡高消费以及账户遗漏反馈等情况，向中国银行股份有限公司制发沪青法建（2020）第2号司法建议书，建议：第一，全面对接"总对总"查控系统，完整反馈被执行人财产状况，避免"木桶效应"的发生；第二，完善信用卡额度浮动管理制度，对接法院失信限高联合惩戒体系，避免造成信用卡信用体系与法院失信名单相矛盾、"信用卡用户无信用"的局面；第三，核查异常交易，维护信用卡交易秩序，防范系统性金融风险。司法建议发出后，中国银行股份有限公司积极整改，派员至青浦法院致谢，并就青浦法院指出的问题，及时提交系统研发，并计划通过最高法院执行局指挥信息室专线，将失信限高信息嵌入行内系统。针对本案被执行人，中国银行股份有限公司及时协助采取了信用卡降额、止付等措施，配合法院执行。在失信联合惩戒措施的高压下，被执行人陈某履行了全部义务，法院依法将其从失信被执行人名单中删除。

【评析】

银行业金融机构作为失信联合惩戒机制中的重要协助执行单位，对法院执行工作发挥着重要的作用。执行案件的办理不仅依托各大银行在"总对总"查控系统的全面反馈，亦需要金融信用体系与法院失信名单、限制高消费的精准对接。目前，银行业金融机构已就失信被执行人的开销户、贷款等方面作出相应限制，取得了良好的失信联合惩戒效果。

本案中，执行法官对被执行人授信类账户的协助执行作出了尝试，并通过将失信、限高人员名单引入银行信用卡管理系统，不仅更好地对接了法院失信联合惩戒体系，避免了"信用卡用户无信用"的局面，也为整个社会信用体系的统一和兼容提供了方案，对银行业金融机构的客户筛选、风险防范有着重要的指引作用。

案例三　王某等申请执行上海某科技公司劳动仲裁纠纷案

【基本案情】

关于王某等与上海某科技公司劳动仲裁纠纷八个案件，上海市黄浦区劳动人事争议仲裁委员会作出的劳动仲裁裁决书已经发生效力。仲裁裁决书确认：上海某科技公司应支付王某等八人工资、经济补偿金，八个案件合计标的额约为52万元。

因上海某科技公司未履行生效法律文书确定的义务，王某等八人向黄浦法院申请执行。黄浦法院受理后，于2019年10月10日立案执行。在执行过程中，黄浦法院向被执行人发出《执行通知书》，责令其履行生效法律文书确定的义务，但被执行人未履行。执行法官在执行过程中通过网络执行查控系统调查后发现，被执行人上海某科技公司名下的银行账户中有79856元存款，法院依法扣划并发放给了申请执行人。

根据申请执行人提供的财产线索，被执行人享有多项专利，执行法官前往国家知识产权局查封了被执行人持有的20项专利。后被执行人代理人到庭表示，公司经营不善，无能力支付员工工资，仅有存放在浙江宁波某仓库中的一批元器件物料，并表示这些物料虽然采购价格较高，但市场有限，自行变现较为困难。为了尽快将员工工资执行到位，执行法官立即前往宁波，现场查封这些元器件物料，制作查封扣押物品清单并委托评估公司对上述物料进行资产评估，评估价格为46万元。法院依法启动了拍卖程序，但评估拍卖程序耗时久、变现可能性较低。与此同时，执行法院鉴于被执行人未主动申报财产，且有能力履行而未履行，依法将其纳入失信被执行人名单，并对其法定代表人郭某采取限制高消费措施。

因被列入失信被执行人名单造成无法办理银行贷款、法定代表人被限制高消费造成出行不便，2020年6月，被执行人主动到庭，表示希望和申请执行人达成和解，要求法院暂缓拍卖程序，并解除对其采取的失信、限高措施。6月30日，被执行人按期全额支付了八名员工的工资，案件全部执行完毕，法院解除了对被执行人的所有强制执行措施。

【评析】

本案为涉民生案件，执行难点在于被执行人公司经营不善，除了账户中的7万余元存款外，专利权、元器件物料等评估拍卖程序耗时久、成本高，且变现可能性较低，申请人未拿到工资，情绪较为激动。本案中，执行法院通过涉民生案件专项执行行动，加大案件的执行力度，对被执行人名下的财产及时采取查封、扣押、评估拍卖等措施，加快财产处置速度，安抚申请执行人的情绪；同时，更重要的是对被执行人依法采取纳入失信被执行人名单、限制高消费等措施，借助失信联合惩戒机制，在经济、社会活动中对失信被执行人采取种种限制，发挥"一处失信、处处受限"的失信联动惩戒威力，从而促使被执行人主动筹款履行支付工资的义务，充分地保障了申请人的合法权益，实现了法律效果和社会效果的统一。

案例四 上海某甲检测中心申请执行上海某乙检测中心服务合同纠纷案

【基本案情】

上海某甲检测中心申请执行上海某乙检测中心服务合同纠纷一案，经金山法院（2018）沪0116民初2382号民事判决书确认，上海某乙检测中心应支付上海某甲检测中心检验费720余万元及相应利息。

在执行过程中，因被执行人上海某乙检测中心未履行生效法律文书确定的义务而被金山法院依法纳入失信被执行人名单，并对其现任法定代表人罗某采取了限制高消费措施。后申请执行人上海某甲检测中心向金山法院提交申请，要求认定被执行人的原法定代表人谢某为影响本案债务履行的直接责任人员，并对其采取限制高消费措施。申请执行人还提供了相应的证据材料。金山法院经审查，结合本案双方合作期间所有业务均由谢某直接参与、管控，谢某签署相关债权债务确认文件等情况，从本案债权债务产生时间、被执行人及其投资方在本案债权债务确认前后工商变更登记的明显特征，认定被执行人的原法定代表人谢某系本案中影响债务履行的直接责任人员，故依法对谢某采取了限制高消费措施。之后，谢某提出了执行异议和复议，均被法院依法驳回。

2020年7月，谢某主动联系该案执行法官，作为被执行人的受托人表示自愿代付执行和解款项，至此案件得以执行完毕。

【评析】

在执行过程中，对拒不履行生效法律文书的被执行人的法定代表人采取限制高消费措施，旨在督促其尽快履行单位义务及防止单位财产不当减少。实践中，在单位作为被执行人的案件中，被执行人的法定代表人在诉讼前后存在变更行为，被执行人的法定代表人变更为与单位债务履行无影响的其他人，如年迈的老年人、公司职工等，若只是简单地对被执行人的现任法定代表人采取限制措施，并不足以对被执行人积极履行义务产生实质影响，难以推动案件的解决。本案通过结合立法目的，基于相关人员在涉案债权债务形成、合同履行、债务确认等期间的职务、身份以及行为性质、影响、后果进行综合判断，将被执行人原法定代表人认定为影响债务履行的直接责任人员，并对其采取限制高消费措施，促使案件顺利执结。同时，在被执行人履行完毕相关义务后，执行法院及时撤销、删除相关失信、限制高消费措施。

随着失信联合惩戒机制的进一步完善，限制高消费系统的线上功能进一步升级，跨部门协同监管和联合惩戒将"一处失信、处处受限"落到实处。该案作为失信联合惩戒的典型案例，对被执行人的法定代表人、主要负责人、影响债务履行的直接责任人员、实际控制人"四类人员"采取限制高消费措施的影响日益显现，充分体现了这一点，并树立了良好的社会示范效果。

案例五 邹某申请张某房屋买卖合同纠纷执行案

【基本案情】

邹某与张某房屋买卖合同纠纷一案，经嘉定区人民法院（以下简称嘉定法院）（2019）沪0114民初21049号民事判决，判决张某应支付邹某房款人民币137000元并支付逾期付款违约金。判决生效后，张某未主动履行义务，邹某向法院申请强制执行，嘉定法院依法对张某采取限制高消费并将其纳入失信被执行人名单的措施。2020年6月，张某外出购买机票，被航空公司系统自动比对为失信被执行人，故而无法购买机票。2020年7月初，张某主动联系执行法官并履行了生效法律文书确定的义务，嘉定法院依法删除其失信被执行人信息。

【评析】

人民法院在强制执行过程中，可视案件具体情况将被执行人纳入失信被执行人名单，依法对其进行信用惩戒。失信被执行人亦即俗称的"老赖"，随着我国的信用体系配套建设逐渐完善，对失信被执行人的限制范围越来越广，被纳入失信名单后其出行受到极大的阻碍。在本案执行过程中，执行法院积极利用失信联合惩戒机制，敦促被执行人履行法律义务，使得本案顺利执结，最大限度地保障了申请执行人的合法权益。

来源：上海市高级人民法院

上海法院 2020 年度破解"执行难"十大典型案例

案例一 李某某申请执行绍兴某信融小额贷款股份有限公司民间借贷纠纷案

【关键词】

到期债权 规避执行 限期申请执行

【执行要点】

（1）人民法院有权强制执行被执行人对第三人享有的到期债权。

（2）执行被执行人到期债权的前置程序是向第三人发出《履行到期债务通知书》。

（3）对生效法律文书确定的到期债权，第三人予以否认的，人民法院不予支持，有权依法对第三人强制执行。

【相关法条】

《最高人民法院关于适用〈中华人民共和国民事诉讼法〉的解释》第五百零一条，《最高人民法院关于人民法院执行工作若干问题的规定（试行）》第六十一条、第六十三条，《最高人民法院关于依法制裁规避执行行为的若干意见》第十二条，《最高人民法院关于认真贯彻实施民事诉讼法及相关司法解释有关规定的通知》第三条。

【案情】

申请执行人：李某某

被执行人：绍兴某信融小额贷款股份有限公司

第三人：上海某商务咨询有限公司

关于原告李某某与被告绍兴某信融小额贷款股份有限公司（以下简称信融公司）民间借贷纠纷一案，上海市第一中级人民法院（以下简称一中院）于2019年3月28日作出的（2018）沪01民初470号民事判决已经发生法律效力。因被告信融公司不履行生效法律文书确定的义务，原告李某某于2019年4月16日向一中院申请执行，要求被执行人信融公司偿还借款本金139058505元和利息及迟延履行期间的加倍债务利息。一中院受理立案后,依法向被执行人信融公司发出执行通知,责令其履行法律义务,但被执行人信融公司未予履行。本案诉讼期间,一中院依申请保全查封了被执行人信融公司名下位于绍兴市上虞区曹娥街道江滨新村××幢××室、舜江西路××号的不动产(其价值不足以完全覆盖执行标的)。

在执行过程中,申请执行人李某某向一中院提交了浙江省绍兴市上虞区人民法院已作出的一审民事判决书,确认上海某商务咨询有限公司(以下简称某商务公司)对信融公司共负有到期债务209650000元,申请某商务公司履行该到期债务。一中院于2019年5月20日向某商务公司发出《履行到期债务通知书》,通知其自收到通知之日后十五日内直接向一中院履行其对信融公司所负的到期债务,不得向信融公司直接清偿。某商务公司于异议期限内提出书面异议,称其对信融公司无到期债务。经查明,一审判决后,某商务公司不服,向浙江省绍兴市中级人民法院提起上诉,确认该到期债权的判决尚未生效。

2019年8月,申请执行人李某某向一中院提交了浙江省绍兴市中级人民法院作出的生效判决书,故再次请求某商务公司履行到期债务。一中院遂于2019年8月7日再次向某商务公司发出《履行到期债务通知书》,某商务公司未予履行;于2019年9月27日向信融公司发出《限期申请执行司法债权通知书》,责令信融公司限期向绍兴市上虞区人民法院提出强制执行申请,信融公司亦未申请强制执行。一中院遂于2019年10月22日裁定,某商务公司应自收到裁定起五日内在139264963.51元范围内向申请执行人李某某承担清偿责任,并送达某商务公司。因某商务公司未在规定期限内履行债务,一中院遂于2019年11月26日裁定采取强制执行措施,查封了某商务公司名下位于上海市徐汇区桂林路××号的不动产。后某商务公司提起执行异议,一中院于2019年11月26日作出(2019)沪01执异467号裁定,驳回其执行异议申请。

针对被执行人信融公司欲与第三人某商务公司私下和解,放弃到期债权,规避执行的行为,一中院主要采取了以下措施:

(1)迅速作出反应,防范涉案财产转移。在得知被执行人对第三人某商务公司享有到期债权后,一中院及时向第三人某商务公司发出《履行到期债务通知书》,通知其在限期内履行到期债务,要求其不得直接向被执行人清偿,并告知其如若擅自向被执行人履行,将承担相应的法律责任,以防止其擅自向被执行人清偿,造成财产被转移,致使申请执行人的权益落空。

(2)加强司法联动,保障执行款项的安全。为防止他案执行款项被信融公司转移,一中院积极联系绍兴市上虞区人民法院,发出《公函》《协助执行通知书》,向其释明本案的执行情况,并向绍兴市上虞区人民法院商请对执行款项予以协助冻结、扣划,以保障执行款项的安全。

（3）及时发现风险，震慑规避执行行为。在绍兴市中级人民法院的主持下，被执行人信融公司欲与某商务公司达成和解协议。后被执行人信融公司得知一中院已沟通协调冻结该执行款项，便企图绕过执行款项的监管，以放弃部分债权的方式，诱使第三人某商务公司撤回上诉，私下达成和解协议。后某商务公司提出撤回上诉申请并被法院裁定准许。一中院执行法官在某商务公司撤回上诉后，及时地发现了被执行人存在规避执行的风险，向被执行人信融公司发出《限期申请执行司法债权通知书》，责令限期提出强制执行申请，亦向第三人某商务公司再次发出《履行到期债务通知书》，通知其在限期内履行到期债务，并再次告知其相应的法律后果，成功地打消了被执行人与第三人欲合谋串通，规避执行行为、损害债权人合法权益的企图。

（4）果断重拳出击，破解执行难题。在上述通知书规定的期限届满后，第三人某商务公司未履行债务，信融公司亦未申请强制执行到期债权。法院果断重拳出击，作出裁定，要求某商务公司在五日内向申请执行人承担清偿责任。后某商务公司仍未履行债务，法院遂作出裁定，采取强制执行措施，查封某商务公司名下位于上海市徐汇区桂林路××号的不动产，保障了申请执行人李某某的合法权益。

【评析】

一、对被执行人到期债权强制执行的依据

根据《最高人民法院关于适用〈中华人民共和国民事诉讼法〉的解释》第五百零一条和《最高人民法院关于认真贯彻实施民事诉讼法及相关司法解释有关规定的通知》第三条的规定，人民法院查明被执行人在第三人处享有债权，可以作出裁定对该债权予以冻结，冻结该债权的实质是冻结被执行人与第三人之间抽象的债权债务关系，未加重第三人应付的偿还义务，因此，人民法院有权对被执行人的到期债权强制执行。

二、执行被执行人的到期债权应遵循的法定程序

根据《最高人民法院关于人民法院执行工作若干问题的规定（试行）》第六十一条和《最高人民法院关于依法制裁规避执行行为的若干意见》的相关规定，一中院分别于2019年5月20日和2019年8月7日两次向某商务公司发出《履行到期债务通知书》，在某商务公司拒不履行的情况下，作出冻结、划拨第三人某商务公司名下银行存款139264963.51元，前款不足部分，查封、扣押或拍卖、变卖第三人某商务公司名下相应价值的财产的裁定，合法有据。

三、第三人对《履行到期债务通知书》提出异议的处理

根据《最高人民法院关于人民法院执行工作若干问题的规定（试行）》第六十三

条、《最高人民法院关于依法制裁规避执行行为的若干意见》第十二条以及《最高人民法院关于适用〈中华人民共和国民事诉讼法〉的解释》第五百零一条的规定，本案中，经生效的民事判决确认，信融公司对某商务公司享有到期债权，某商务公司否认该债权的存在，并对履行到期债务通知和强制执行提出异议，显属不当。现被执行人信融公司不能清偿债务，亦未按通知在限期内提出强制执行申请，一中院依法向对被执行人信融公司负到期债务的某商务公司发出《履行到期债务通知书》，某商务公司亦未如期履行，执行法院可以裁定对某商务公司强制执行。

案例二　张某某申请执行上海某公司股东知情权纠纷一案
——涉股东知情权纠纷执行的困境与突破

【关键词】

股东知情权执行　间接执行措施　预处罚通知

【执行要点】

（1）股东知情权执行兼具物之交付与行为执行的特点，应综合运用物之交付执行方法和行为执行方法进行执行。

（2）知情权是股东行使一系列权利的前提和基础，在执行过程中应该合理审查判断并运用直接执行措施和间接执行措施，以保障股东知情权的充分实现。

（3）《预处罚通知书》具有督促被执行人履行义务、达到教育与惩戒相结合的效果，有助于规范执行行为、保障当事人的合法权益。

【相关法条】

《中华人民共和国民事诉讼法》第一百一十一条第一款第六项、第一百一十五条第一款，《最高人民法院关于适用〈中华人民共和国公司法〉若干问题的规定（四）》第十条，《最高人民法院关于人民法院立案、审判与执行工作协调运行的意见》第十五条。

【案情】

申请执行人：张某某

被执行人：上海某公司

张某某诉上海某公司股东知情权纠纷一案，经上海市闵行区人民法院（以下简称闵行法院）判决确认，上海某公司于判决生效之日起十日内向张某某提供公司自1996年8月13日起至2019年9月30日止的股东会会议记录、财务会计报告、会计账簿（包括总账、明细账、日记账和其他辅助性账簿及全部原始凭证、记账凭证）供张某某查阅、复制。上海某公司不服判决，提出上诉。上海市第一中级人民法院于2020年4月14日作出终审判决，驳回上诉，维持原判；并依据《最高人民法院关于适用〈中华人民共和国公司法〉若干问题的规定（四）》第十条第一款的规定，确定张某某在本案中行使股东知情权的时间为十个工作日，地点为上海市××路××号××大厦××层。由于被告上海某公司未主动履行义务，张某某向闵行法院申请强制执行。

闵行法院受理后，发现本案在执行过程中存在如下难点：一是材料繁多。本案中申请执行人要求查阅公司成立以来23年的公司财务账簿，时间跨度大、资料数量多，查阅的时间周期长，在履行过程中容易衍生新的矛盾和纠纷。二是情绪对立。当事人的经济利益与私人恩怨交织，对立情绪严重，在执行过程中争议不断。三是权利独特。股东知情权是股东行使一系列权利的前提和基础，受到侵害也难以弥补。股东知情权执行过程中，要直接保障知情权的实现，无法通过其他方式替代履行。四是性质复杂。股东知情权执行过程中，被执行人既要将账簿移交申请执行人临时占有，也要容忍和配合申请执行人查阅，兼具物之交付与行为执行的特点，需要综合运用物之交付执行方法和行为执行方法进行执行。

面对执行难点，执行法官以充分保障股东知情权为导向，根据判决的内容和相关司法解释的规定，依法进行审查并充分运用直接执行措施和间接执行措施，责令被执行人履行义务。经过执行法官的协调处理，双方就查阅账簿初步达成一致。

在查阅账簿的过程中，双方又因能否查阅电子账簿产生新的争议，对立明显。执行法官在充分听取双方意见后认为，当前电子账簿已经普遍化，查阅电子账簿不超出执行依据内容，而且有利于充分保障股东知情权，申请执行人的诉求应予支持。但被执行人仍以各种理由不予配合。在借鉴实践经验的基础上，闵行法院向被执行人发出《预处罚通知书》，要求三个工作日内交出电子账簿供申请执行人查阅，否则将予以罚款。随后，被执行人积极履行义务，该案顺利执行完毕。

【评析】

一、股东知情权纠纷执行中争议问题的处理

股东知情权纠纷执行中的难点，引发大量衍生纠纷。而这些纠纷主要是围绕能否聘请专业人员辅助行使股东知情权、每天查阅的时间、查阅的形式、能否摘录复制、能否查阅电子账簿等问题展开的。

（一）执行部门可直接审查确认的事项

首先，专业人员辅助查阅的问题。《最高人民法院关于适用〈中华人民共和国公司法〉若干问题的规定（四）》第十条第二款规定，股东依据人民法院生效判决查阅公司文件材料的，在该股东在场的情况下，可以由会计师、律师等依法或者依据执业行为规范负有保密义务的中介机构执业人员辅助进行。由于有法律明确的授权性规定，执行部门可以直接决定准许申请执行人聘请符合条件的专业人员辅助行使股东知情权。其次，文件材料内容的合理解释。执行部门可以根据《会计法》等规定，对如下内容做合理解释，会计凭证包括原始凭证和记账凭证；会计账簿包括总账、明细账、日记账和其他辅助性账簿。同时，如今电子账簿较为普遍，查阅账簿也意味着可以查阅电子化的账簿，以方便股东行使知情权。最后，复制、查阅与摘录问题。摘录是辅助记忆的过程，复制是资料再现的过程，二者有所差异。执行依据中明确可以复制的资料，应该准许通过拍照、扫描等形式制作电子化的复制件，而不仅限于传统的复制。执行依据中明确可以查阅的资料，申请执行人不得拍照、扫描和复制，但是应该准许摘录。

（二）需要征询审判部门予以明确的事项

《最高人民法院关于适用〈中华人民共和国公司法〉若干问题的规定（四）》第十条第一款规定，人民法院审理股东请求查阅或者复制公司特定文件材料的案件，对原告诉讼请求予以支持的，应当在判决中明确查阅或者复制公司特定文件材料的时间、地点和特定文件材料的名录。由此可以看出，对于查阅资料的范围以及行使的地点、时间应该属于判决的必要事项，执行部门不宜直接确定。如果执行部门发现上述内容缺失或者不明，则属于执行内容不明，应该根据《最高人民法院关于人民法院立案、审判与执行工作协调运行的意见》第十五条的规定，书面征询审判部门的意见。

二、《预处罚通知书》的性质与价值

《预处罚通知书》并非法定的执行措施，是由地方法院探索而来。《预处罚通知书》通常包含三个要素：第一，做什么。即法院要求相关主体作出某项行为的明确指令，或履行义务，或协助执行。第二，为什么。即法院"为什么"要求其"做什么"的事实、理由及法律依据。第三，罚什么。即相关主体拒绝做什么的后果，一般是具体明确的处罚责任，而不是概括的法律后果。

实践证明，这种做法具有间接执行措施的效果，能够有效地促进执行工作。其功能和价值在于：一是具有威慑作用，督促履行义务。《预处罚通知书》属于告知性文书，也带有命令属性，明确体现了人民法院的意志和要求，对被执行人具有一定的威慑作用，是一种间接执行措施。二是实现教育与惩戒相结合，提高执行权威。《预处罚通知书》载明了采取执行行为的理由、法院的要求，告知相应法律后果，兼具教育性和灵活性，实现惩戒性和实用性相结合，有利于促进当事人认可执行、配合执行。三是规范执行行为，保障合法权益。以书面形式明确呈现人民法院的意志，是执行行为外化的表现，有利于规范执行，防止执行的随意性。如果当事人对执行行为有异议，可以对《预处罚通知书》提起行为异议，保障当事人的合法权益。

案例三　中国某银行股份有限公司上海宝山支行申请执行杨某平、杨某燕金融借款合同案

——"电子封条"在司法拍卖不动产中的运用

【关键词】

电子封条　不动产　司法拍卖

【执行要点】

（1）"电子封条"可以作为纸质封条的有益补充，运用到司法拍卖不动产的强制执行程序中。

（2）确因被执行人阻碍抗拒执行，并因此使用安装"电子封条"的，执行费用由被执行人承担，申请执行人可先行垫付。

【相关法条】

《最高人民法院关于人民法院民事执行中查封、扣押、冻结财产的规定》第八条，《中华人民共和国民事诉讼法》第二百五十二条。

【案情】

申请执行人：中国某银行股份有限公司上海宝山支行

被执行人：杨某平、杨某燕

关于中国某银行股份有限公司上海宝山支行诉杨某平、杨某燕金融借款合同纠纷案，宝山法院于2019年8月21日作出民事调解书确认：被告杨某平、杨某燕于2020年2月底前共同归还原告借款本金及利息（以原告出具的对账单为准）；如被告杨某平、杨某燕届时未履行上述调解主文还款义务，原告有权就未到期的全部款项一并向法院申请执行，并有权以被告杨某平、杨某燕所有的坐落于上海市浦东新区某小区的房屋折价，或者拍卖、变卖上述房产所得价款优先受偿。

因被执行人杨某平、杨某燕未履行调解书中的付款义务，申请执行人中国某银行股份有限公司上海宝山支行向宝山法院申请强制执行。宝山法院于2020年4月2日立案执行，于2020年4月6日向被执行人发出执行通知，要求被执行人履行义务，被执行人一直未到庭履行义务。其后，执行法官前往涉案房屋张贴拍卖公告等材料时，查明在法院查封该房屋并张贴纸质封条后，纸质封条被人为撕毁，导致案外人将房产对外群租作为职工宿舍。在进行强制清场并对被执行人及案外人依法采取措施后，如何对该房屋实现有效监控，防止被执行人及其亲属再次将房屋出租，为后期拍卖做好准备，成为顺利推进本案的关键因素。

为此，执行法官联系了某网络科技公司。该公司基于移动互联网和物联网领域相关信息化技术研发出了一种"电子封条"。该"电子封条"能够对被执行人房产实行

24小时不间断的监控和取证，运行时间最长可达5年，安装牢固不易脱落损坏。5月28日上午，执行法官一行前往涉案房屋安装"电子封条"，仅用5分钟就将电子封条牢固地安装在被查封房屋的防盗门上。"电子封条"有效地震慑了被执行人及非法占据房屋的案外人，本案再无反复。该房产评估价为345万元，2020年9月14日网络司法拍卖成交，成交价为412万元，高出评估价20%。本案顺利执行完毕。

【评析】

一、执行中传统纸质封条的不足之处

当前，人民法院在查封房产时主要采用张贴纸质封条的做法，但传统纸质封条在执行实践中的缺点与不足非常明显：一是传统纸质封条容易自然脱落或易遭到人为损毁。被执行人很容易将封条损毁或者将锁具破坏，继续使用被查封的房产并阻碍执法。二是传统纸质封条威慑力不足。在司法实践中，封条被撕毁的情况时有发生，严重贬损了司法权威。三是对违法行为无法进行证据固定。传统纸质封条不具备证据固定功能，因此无法对非法损毁封条、违法进入查封场所、破坏查封现场的违法者及其违法行为进行证据固定，影响下一步法律责任的追究，导致查封效果很不理想。

二、执行中"电子封条"的特点与优势

"电子封条"相较于传统纸质封条，在功能方面具备三大特点：一是外观醒目，牢固耐用。"电子封条"使用简单、方便、牢固，可多次反复使用，整个安装过程不到5分钟，可以对被执行人房产实行24小时不间断的监控和取证，运行时间最长可达5年。在外观方面，整套系统呈长方形，覆盖面积近2平方米，上面有超大字体的"封""法院查封""严禁破坏"等字样。相较于传统纸质封条，"电子封条"固定性极好，能牢牢地固定在房屋进户大门上，覆盖门锁，不会脱落，也不容易被破坏，且如果查封不解除任何人都不能进入房屋。二是自防破坏，取证及时。"电子封条"设备内设声光警示系统，可对任何破坏或企图破坏设备的人员立即自动发出声光警告，语音提示不要破坏设备，能起到强有力的警示震慑作用。"电子封条"并非完全坚不可摧，仍然存在被破坏的风险，但是该系统内置有180度网络拍照功能，能对任何破坏或企图破坏设备的相关人员及其行为进行同步拍照取证，并将现场照片作为证据同步发送到执行人员的手机终端，有助于人民法院第一时间知悉情况、固定证据，及时采取应对措施。三是智慧提示，善意执行。"电子封条"设备上印有二维码，被执行人和相关人员用手机扫码就能阅读相关法律文书，了解该房屋被查封的原因，方便被执行人明确自己的权利和义务，加强了相关人员和人民法院之间的沟通，体现了善意执行和文明执行的要求。

三、"电子封条"费用的承担

按照《中华人民共和国民事诉讼法》第二百五十二条的规定，对判决、裁定和其他法律文书指定的行为，被执行人未按执行通知履行的，人民法院可以强制执行，或者委托有关单位或者其他人完成，费用由被执行人承担。同时应特别注意，如果被执行人能及时履行法院生效的判决，就不需要使用安装"电子封条"这种强制手段。如果纸质封条能达到同等效果，还是应该选择低成本的方式。按照法律规定，查封由法院执行。正常的查封，除了法院收取的保全费外，不应再产生额外的成本。现在"电子封条"产生了额外的成本，在采取查封措施阶段，在征询了申请执行人的意见后，可由申请执行人垫付。至于最终由谁承担的问题，应该分成两个维度：如果在查封过程中，被执行人抗拒阻碍执行或破坏"电子封条"的，这个成本应该由被执行人承担；如果没有任何转移或损害财产的行为，因"电子封条"更主要的功能在于震慑和预防，应由申请执行人承担。执行法院也不能强行把"电子封条"作为绝对化的执行手段，这样可能会加重申请执行人的维权负担。

四、启动"电子封条"程序的价值导向

"电子封条"的运用是执行信息化建设探索过程中的一次成功实践。它是对传统纸质封条的有益补充，为司法拍卖中房产的处分带来了巨大的便利。科技赋能、智慧执行，极大地压缩了违法失信者的活动空间，无疑能够对失信被执行人产生威慑作用，进而强力提升执行权威，维护申请执行人的合法权益。

案例四　缪某某单位行贿罪、开设赌场罪、诈骗罪刑事涉财产部分执行案
——黑恶势力犯罪涉案财产如何应执尽执

【关键词】

"打财断血"　黑财处置

【执行要点】

（1）程序规范。要严格按照法律规定开展黑恶势力犯罪涉案财产的执行工作，严格贯彻落实扫黑除恶专项斗争的部署要求。

（2）联动协作。建立"公检法协同、审执部门联动"的工作机制，加强内部和外部多部门联动、衔接。

（3）多措并举。通过释法明理、强制震慑等双管齐下的方式方法，实现最大限度的追赃退赔。

【相关法条】

《中华人民共和国刑法》第六十四条，《关于办理黑恶势力刑事案件中财产处置

若干问题的意见》。

【案情】

被执行人：缪某某

2014年，被告人缪某某及其同伙在上海市虹口、杨浦等区域内实施单位行贿、开设赌场、诈骗等违法犯罪活动。其中，被告人缪某某伙同他人通过行贿方式请托国家工作人员，谋取不正当利益；又单独或与他人合伙，雇员开设唐山路店、东余杭路店、临平路店等多家赌博机店；缪某某还伙同他人进行"套路贷"活动，并以疏通关系为由，骗取被害人钱财。被告人缪某某及其同伙为非作歹，扰乱区域经济、社会生活秩序，已形成以缪某某为主的恶势力团伙，造成较为恶劣的社会影响。2019年6月，缪某某等人涉恶刑事案件，被普陀法院依法判处相应的有期徒刑，并处罚金，其中案件涉财产部分总计人民币2500余万元。判决生效后，缪某某并未履行该案刑事涉财产部分，遂由普陀法院刑事审判庭移送执行部门强制执行。

案件进入执行程序，普陀法院执行局迅速组成合议庭，制定执行方案，并及时与刑事审判庭对接、保持沟通。在法院依法向被执行人缪某某发出《执行通知书》《报告财产令》及《被执行人财产申报表》，责令被执行人在规定期限内履行生效判决义务后，被执行人仍未履行。在扫黑除恶案件的执行过程中，"打财断血"要想打得狠打得准，摸清财产状况，并做好涉案财产保全格外重要。在执行过程中，承办法官对涉案财产穷尽一切手段进行调查，梳理被执行人财产刑判决义务，做好全力攻坚准备。

首先，采取点对点、总对总线上查控措施，充分运用网络财产查控系统全面查询被执行人名下的不动产、车辆、银行存款等财产情况，第一时间对被执行人名下的10余个银行账户进行查控操作。

其次，为确保涉案财产不脱保，顺利处置财产，承办法官积极与普陀区公安分局协调沟通，将被执行人名下7个银行账户内共计人民币1400余万元扣划至法院执行案件代管款专用账户，并且续封两套公安部门已查封房产。

最后，为实现最大限度追赃退赔，经合议庭研究决定，对被执行人已查封在案的房产进行拍卖处置。承办法官在启动房产拍卖的过程中发现，被执行人的前妻杨某及其孩子仍占用被执行人名下的一处房产。在本案当前仍有人民币1100余万元应当追赃退赔的情况下，根据法律规定和在案查控财产状况，必须拍卖被执行人名下房产。承办法官遂告知被执行人前妻，该房产将予以拍卖，占用人应当搬离、腾退房屋；同时明确告知其拒不配合法院执行的法律后果，对拒不交房的占用人将会采取强制腾房的措施。最终，被执行人前妻的态度从抵触转为理解，并自愿代被执行人履行剩余款项义务，后该案执行款人民币2500多万元全部执行到位。

【评析】

一、准确界定黑恶势力刑事案件涉黑财产

牟取不义之财、攫取非法利益，是黑恶势力犯罪的主要目的之一，也是其赖以生存和发展的经济基础。铲除黑恶势力犯罪的经济基础是扫黑除恶专项斗争的重点。因此准确界定黑恶势力犯罪涉案财产是"打财断血"的前提。依照两高两部《关于办理黑恶势力刑事案件中财产处置若干问题的意见》（以下简称《财产处置意见》）第一部分"总体工作要求"规定的内容，黑恶势力犯罪中对于组织者、领导者一般应当并处没收个人全部财产。对于确属骨干成员或者为该组织转移、隐匿资产的积极参加者，可以并处没收个人全部财产。对于其他组织成员，应当根据所参与实施违法犯罪活动的次数、性质、地位、作用、违法所得数额以及造成损失的数额等情节，依法决定财产刑的适用。同时，《财产处置意见》第15条针对"追缴、没收"的黑恶势力犯罪涉案财产作出了七项明确的规定。在本案执行过程中，承办法官严格依照《财产处置意见》中前述有关规定查清、界定了黑恶势力犯罪涉案财产。

二、黑恶势力犯罪涉案财产应执尽执

《财产处置意见》中规定了总的处理原则，即"要全面调查黑恶势力组织及其成员的财产状况，依法对涉案财产采取查询、查封、扣押、冻结等措施，并根据查明的情况，依法作出处理"。在本案执行过程中，具体包括以下几个方面：第一，严格按照法律规定开展执行工作。在执行启动后，按照法律规定的时间节点送达法律文书，依法制发《执行通知书》《报告财产令》及《被执行人财产申报表》等有关法律文书。积极做好财产查控，第一时间发起点对点、总对总网络财产查控，及时分析网络财产查控结果，全面掌握被执行人目前的财产状况。在财产处置的过程中，按照《财产处置意见》的有关规定，依法准确处置涉案财产。第二，实现内部和外部多部门联动、衔接。对内，根据刑事审判庭移送的案件，及时与原审案件承办人进行对接沟通，确保案件材料完整移送，充分掌握原审案情，以便办理执行案件时做到心中有数、有的放矢，提高执行案件办案工作效率。对外，与区公安分局、区检察院联合制发《刑事涉案财产查控操作办法（试行）》，推动公检法协同开展涉案财产查控工作。一是明确涉案财产查控范围，夯实财产处置工作基础；二是明确涉案财产强制措施实施主体，确保不漏封、不脱保；三是制作随案移送清单及报告，厘清涉案财产状况；四是强化公检法沟通协调，疏通财产查控工作堵点。通过建立"公检法协同、审执部门联动"的工作机制，在"打财断血"中编织出一张密不透风的财产查控处置法网。第三，通过多措并举、双管齐下的方式方法，实现最大限度的追赃退赔。一方面依靠法院执行手段的强制性，查询、冻结、强制扣划被执行人名下银行存款，查封被执行人名下动产、不动产等相应价值财产；另一方面约谈被执行人及案件相关人员，借助强制手段的震慑力，要求被执行人及案件相关人员配合执行、主动履行。

三、法治效果与社会效果相统一

缪某某涉恶案件涉财产部分共计人民币2528万元，最终全部执行到位。其中退赔款人民币1550万元，已全部发还各被害人；罚金人民币530万元、违法所得人民币448万元，均已追缴上缴国库。财源如同"血源"，打掉黑恶势力经济基础，是遏制其滋生蔓延的有效手段。本案严格贯彻落实扫黑除恶专项斗争的部署要求，为实现"黑财清底"的目标，不断加大"打财断血"执行力度，使黑恶势力犯罪案件生效判决的执行不打折扣，确保得到切实执行。有关部门在此类案件上持续发力，确保"打财断血"清仓见底，力求打深打透、除恶务尽。本案充分保障了被害人的合法权益，彻底铲除了黑恶势力生存的土壤，彰显了社会主义法治的威慑力，为区域经济的健康发展、社会治安秩序的和谐稳定提供了有力的司法保障。

案例五　上海某门窗系统有限公司污染环境罪刑事附带民事公益诉讼案
——首例破坏长江流域水资源刑事附带民事公益诉讼案的执行

【关键词】

首例　破坏长江流域水资源　刑事附带民事公益诉讼

【执行要点】

（1）在公司无可供执行财产的情况下，依托督导案件，对未完全出资的股东施加执行压力，促使股东代替被执行企业履行赔偿义务。

（2）规范引导，持续监控，促使新企业获"绿色企业产品"称号。

（3）创新执行手段，法检联合执行，督促被执行人履行赔偿义务。

（4）以环境的有效修复为目标，兼顾民营企业生存能力，善意执行、文明执行。

【相关法条】

《中华人民共和国民事诉讼法》第二百二十四条、第二百三十条、第二百三十五条。

【案情】

被执行人（被告人暨附带民事公益诉讼被告）：上海某门窗系统有限公司（以下简称某门窗公司）

公诉机关上海铁路运输检察院（以下简称上铁检察院）指控被告人某门窗公司，被告人龚某某、贺某某、向某某犯污染环境罪，于2018年6月7日向上海铁路运输法院（以下简称上铁法院）提起公诉，同时提起刑事附带民事公益诉讼。上铁法院经审理后查明：某门窗公司主要从事铝合金门窗的生产加工，有危废产生。但该公司自2012

年投产至今，在既没有申报环保部门的审批，也未配套相应环保设施的情况下，擅自生产，同时还私设暗管排污至公司外侧雨水窨井。2017年12月13日，上海市松江区环境保护局对某门窗公司进行现场检查。经检测，该公司5个处理单元池内、总管排口处雨水沟渠内、东外侧雨水窨井内均检出锌、铬、锰等重金属。其中总管排口处雨水沟渠内的废水中铬浓度为55.6mg/L（超标36.1倍）、六价铬浓度为46.5 mg/L（超标92倍）；东外侧雨水窨井内的废水中铬浓度为1.29mg/L，除油后清洗1号池，池中pH为5.48，严重污染环境。经上海市环境科学研究院鉴定评估，某门窗公司排放的废水中检出的特征污染物与处理池中废水的特征具有高度关联性，违法排污行为对外环境地表水体造成环境损害，某门窗公司环境损害金额为人民币365475元，鉴定评估费为人民币25000元。

经审理，上铁法院依法判决被告单位某门窗公司犯污染环境罪，判处罚金人民币100000万元；被告单位某门窗公司赔偿环境损害金额人民币365475元、鉴定评估费人民币25000元等。判决生效后，因义务人某门窗公司未履行判决确定的支付钱款义务，上铁法院刑事审判庭移送执行。

在案件执行过程中，执行法官首先通过网络查询系统对某门窗公司名下财产情况进行查询，但未查询到任何可供执行的财产。随即，执行法官至市场监督管理局依法查阅了某门窗公司的工商登记档案材料，亦未查找到可供执行的财产线索。此后，执行法官又至某门窗公司住所地进行实地走访，发现某门窗公司早已停止生产经营，根本无法履行赔偿义务。此外，因某门窗公司法定代表人龚某某正处于服刑期间，执行法官依法提审了龚某某，其虽真诚悔过，但因某门窗公司已停止生产经营且其个人名下也无银行存款，故无法履行赔偿义务。

案件的执行陷入非常困难的境地，但执行法官并未因此懈怠。此后，执行法官经与赔偿权利人上铁检察院取得联系，发现某门窗公司早在公安机关及环保部门查处阶段已停止相关生产经营活动，但某门窗公司的一名股东在本案发生之后将原公司搬迁至浙江的嘉善重新设立公司经营。后执行法官与上铁检察院原案件负责人员决定联手对某门窗公司的原主要投资人龚某某进行调查。

某门窗公司原主要投资人龚某某面对执行法官和检察官的调查，在知晓相关利害关系之后，表示虽然其平时不直接参与经营，也不是公司本次违法行为的直接责任人和赔偿义务人，但其作为大股东坚决吸取这次事件的教训，愿意代公司接受惩罚履行赔偿义务。但龚某某提出某门窗公司作为一家成立多年的铝合金生产企业，相关产品在市场上还是具有不错的销路和较高的占有率的；如果公司能恢复相关产品的生产，重返市场的话，赔偿款的履行也就可以解决，因此诚恳请求执行法院能给予其一定的时间和空间。

在详细听取了龚某某重新投资、异地选址、更新设备、新招工人等一系列计划后，经慎重评估，并与上铁检察院协商，执行法官决定同意龚某某的请求，分期履行赔偿款项，放水养鱼，共同持续监控、评估某门窗公司的恢复生产情况及赔偿能力，帮助真诚悔过、守法经营的企业重返市场。最终某门窗公司书面承诺，以分期履行的方式每月向执行法院缴付50000元款项。最后，被执行人某门窗公司对全部赔偿款和罚金等款项共计490475元已履行完毕。

【评析】

本案是公安部、环保部、最高检联合重点关注的长江流域污染案件，也是上海市污染环境领域刑事附带民事公益诉讼首例判决。社会对本案判决是否得以及时执行的关注度非常高。上铁法院对本案的执行非常重视，认真研判案情、积极作为，在法检联合执行下，不仅善意、文明地完成案件执行，同时助推了涉案民企恢复造血功能。

一、规范引导，全程监督

本案执行之初就以环境的有效修复为目标，兼顾民营企业生存能力。在案件的执行过程中，执行法官考虑的不仅是将赔偿款项执行到位，而且在调查到投资人在嘉善重新设厂后，还对新公司的生产情况以及废弃物的排放进行评估、监控，确保重新设立的公司对环境无任何污染。因此，为避免新成立的公司再次走污染环境的老路，执行法官特地至设立在嘉善县的新公司实地约谈公司负责人员，要求新设立的公司的生产设备、废水在处理上要符合国家标准，不得对周围环境造成污染；并强调如果新的企业再次对周围土地、水源造成污染，会再次触犯刑法，将受到更为严重的刑罚。公司负责人员向执行法官作出保证，公司坚决吸取污染环境的教训，而且代价非常严重，新的公司绝对不走污染环境的老路。在执行法官的规范引导和持续的监控下，新公司在嘉善运营一段时间后，相关产品获评了当地"绿色企业产品"的称号。

二、创新执行手段，法检联合执行

经前期对被执行公司进行调查之后，执行法官发现被执行公司早在公安侦查阶段就停止生产经营，公司名下也无任何可供执行财产。为进一步掌握案件财产线索，执行法官与赔偿权利人上铁检察院取得联系，随后法检双方联合展开对案件的执行，进而突破执行困境，促使被执行公司的原投资人代替公司履行相关赔偿义务。法检联合执行，是上铁法院在本案执行过程中使用的创新执行手段。就刑事附带民事公益诉讼的执行案件特点来说，公诉方对案件中被执行人的前期信息掌握的范围比较广泛，在案件经审理、判决进入执行程序之后，可能被执行人已无财产可供执行，抑或有的财产线索已无法查证；而法检联合执行，既有利于对执行线索的共享，亦对被执行人产生更大的执行威慑，进而督促被执行人完全履行赔偿义务。

三、落实善意文明执行

在执行过程中，执行法官了解到，允诺代替被执行人支付相关赔偿款项的原投资人重新设立的公司刚刚起步，不仅每月要支付工人的工资，还在推动相关符合国家标准的产品重返市场。为避免对某门窗公司的征信、贷款以及招录员工等方面带来很多不利影响，确保本案的相关赔偿款项有效落实，经慎重评估，执行法官决定对被执行人某门窗公司暂不使用限制措施，并同意某门窗公司分期履行所有赔偿款项。最后，被执行人某门窗公司已将全部赔偿款和罚金履行完毕。

放水养鱼，法检联手执行的创新方式推进被执行人履行了本市首例污染环境类刑事附带民事公益诉讼案件的罚金和民事赔偿，是执行法院贯彻落实习近平总书记在民营企业座谈会上的讲话精神的体现，在维护法院生效判决的权威性、实现社会公众利益的前提下，助推了涉案民企恢复造血功能，取得了办案政治效果、法律效果和社会效果的高度统一，也为刑事附带民事公益诉讼赔偿案的执行进行了良好的探索和实践。

案例六　李某某申请执行曾某某、上海某建筑装潢有限公司买卖合同纠纷案
——利用执行程序中的司法拘留措施调查收集执行异议虚假诉讼犯罪证据

【关键词】

案外人执行异议之诉　虚假诉讼　证据收集

【执行要点】

（1）在案外人执行异议之诉中发现当事人存在虚假诉讼的情形，人民法院可以利用执行程序中的司法拘留措施。

（2）通过执行程序中的司法拘留进一步调查收集涉嫌虚假诉讼犯罪的相关证据并依法追究刑事责任。

【相关法条】

《中华人民共和国民事诉讼法》第一百一十三条，《中华人民共和国刑法》第三百零七条之一。

【案情】

上海市松江区人民法院（以下简称松江法院）于2016年12月1日作出的（2016）沪0117民初20864号民事调解书已经发生法律效力。该调解书确认被告曾某某支付原告李某某货款1986464元、逾期付款利息90000元；被告上海某建筑装潢有限公司对于被告曾某某上述货款及利息承担连带清偿责任等。因曾某某、上海某建筑装潢有限公司未履行上述生效法律文书确定的给付义务，李某某向松江法院申请强制执行，松江法院于2017年1月9日以（2017）沪0117执373号案件立案执行。在执行过程中，松江法院于2017年2月15日轮候查封了被执行人曾某某名下位于上海市长宁区××路××弄××号××室的房屋。嗣后，因前序查封（2016）沪0117民初3082号案件在2018年3月执行完毕，该查封予以解除，本案递进为正式查封。

2018年6月5日，松江法院依法裁定拍卖被执行人曾某某名下被查封的房屋，后刊登拍卖公告，于2018年10月16日10时至2018年10月19日10时在淘宝网上公开进行网络司法拍卖。同年10月11日，案外人赵某向松江法院提出书面异议要求保护其合法承租权，松江法院依法驳回了赵某的异议，赵某遂提起了案外人执行异议之诉。执行法院在审理中发现，赵某称其于2017年5月1日与本案被执行人曾某某签订了房屋租赁合同一份，约定由其承租上海市长宁区××路××弄××号××室房屋，租金为每月22000元，从该租赁合同载明的时间来看，晚于本案的查封日期2017年2月15日。根据《最高人民法院关于人民法院民事执行中查封、扣押、冻结财产的规定》第二十六条第一款的规定，被执行人就已经查封、扣押、冻结的财产所作的移转、设定权利负担或者其他有碍执行的行为，不得对抗申请执行人。此外，从租赁合同的真实性来说，在赵某与被执行人曾某某本就熟识的情况下，每月租金22000元的支付除了收据以外没有其他证据予以佐证。法院对该租赁关系的真实性难以采信，故驳回了赵某的诉讼请求。

鉴于本案租赁合同的签订、租金的支付、房屋的使用等均有诸多不合常理之处，赵某与被执行人曾某某之间存在恶意串通虚假诉讼的犯罪嫌疑，执行法院决定进一步调查收集相关证据。虽然在庭审中法院已经有重点地通过举证、质证对租赁合同的真实性作了审理，但赵某与被执行人曾某某拒不承认，法院尚未能取得足以移送公安机关侦查的表面证据。同时，鉴于庭审中查明被执行人曾某某存在有能力履行而拒不履行的行为，在庭审结束后，法院决定对其适用执行程序中的司法拘留措施，执行法官依法当场对其予以司法拘留。此举有力地震慑了在场的原告（案外人）赵某，在事后的询问中，赵某坦白了虚假诉讼的事实。次日，执行法官在拘留所提讯曾某某时，曾某某对其捏造租赁关系、意图拖延房屋拍卖的事实供认不讳。执行法院根据双方的供述，第一时间调取了相关录像，在取得了足以移送公安机关侦查的初步证据后，依法将本案移送公安机关处理。后曾某某自愿认罪认罚，将上海市长宁区××路××弄××号××室房屋的钥匙交付松江法院，积极配合法院的执行程序。目前该房屋已拍卖成交，房屋变更登记、移交工作已完成，案件顺利执行完毕。

【评析】

实践中，由于虚假诉讼的取证比较难，故被执行人通过执行异议虚假诉讼对抗执行的问题比较突出。本案审理法院根据查明的事实，通过适用执行程序中的司法拘留措施,既处理了被执行人的拒不履行行为,又达到了进一步收集虚假诉讼证据的目的,弥补了民事诉讼中对于涉嫌虚假诉讼犯罪行为调查取证方式上的不足,成功地将被执行人绳之以法,在一定程度上解决了目前案外人执行异议之诉中虚假诉讼的证据收集难题。

利用执行程序中的司法拘留措施,达到进一步调查取证的目的,主要优势如下:第一,经法庭调查和法庭辩论,合议庭发现案外人与被执行人存有恶意串通虚假诉讼重大嫌疑,但按照民事诉讼举证、质证规则难以收集到足以移送公安侦查的初步证据。如要证明当事人之间存在恶意串通,仅凭申请执行人的指证是不够的,还要有相关书证、鉴定结论等证据的佐证,而最直接、最有效的证据是当事人(包括案外人和被执行人)的相应供述,这也是最难取得的证据。第二,以涉嫌虚假诉讼罪移送公安机关侦查需要相应的表面证据支撑,否则公安机关一般不会受理,即使受理也不会马上采取刑事强制措施,这反而会打草惊蛇,给事后的侦查带来难度。第三,当庭对被执行人进行司法拘留,不仅能震慑被执行人和案外人,而且能有效地隔离双方,防止双方串供,利用"囚徒困境"有效地分化瓦解,更有利于恶意串通、虚假诉讼的调查取证,从而形成一定的初步证据,有利于将案件移送公安机关进一步立案侦查。第四,在案外人执行异议之诉的程序中,仅凭虚假诉讼嫌疑,不能对被执行人和案外人采取司法拘留措施。而执行程序中的司法拘留,适用于对被执行人或者其他人拒不履行或者妨碍执行行为的处理。经庭审调查,被执行人存在拒不履行的行为,依法应在执行程序中予以处理。对于该行为,法院既可以罚款,也可以司法拘留;既可以在本案庭审中当庭处理,也可以事后处理。

拘留措施的适用贯穿于强制执行程序的全过程,选择在异议之诉庭审结束后立即采取拘留措施,能够提高证据的收集效率,取得较好的证据收集效果。本案中,庭审结束后立即采取拘留措施,一方面在彰显司法权威的同时,对第三人(被执行人)曾某某、原告(案外人)赵某形成了巨大的心理压力,起到了震慑作用;另一方面将虚假诉讼参与的双方相互隔离,杜绝了双方继续串通的可能,而对双方的隔离询问成为本案虚假诉讼犯罪行为得以初步认定的关键。

本案为通过刑事制裁推进执行工作的开展奠定了良好的基础,在执行过程中,被执行人往往因不动产价值较高,采取多种手段包括与案外人串通、捏造虚假事实抗拒执行等,造成房屋处置时间长、效率低、取证难。通过适用司法拘留等强制措施来收集相关虚假诉讼的证据,为执行工作的开展提供了新的思路,也取得了较好的效果。本案被执行人最终迫于压力主动腾房,法院拍卖得款1300余万元,涉及被执行人的多起执行案件均得到了顺利执结。

案例七　单某等人申请执行侯某相邻关系纠纷案
——疫情防控背景下人民法院积极发挥司法职能，推动基层社会治理的创新实践

【关键词】

疫情防控　相邻纠纷　基层治理　善意执行

【执行要点】

（1）高效遏制公共卫生"毒瘤"的失序扩张，体现了司法保障疫情防控的重要作用。

（2）多方联动行政职能部门统一行事，推动了司法参与基层社会治理的创新实践。

（3）相邻关系与私人物权的双重保护，彰显了善意文明执行理念的现实意义。

【相关法条】

《中华人民共和国物权法》第八十四条[①]，《中华人民共和国民事诉讼法》第二百五十二条。

【案情】

侯某与母亲陈某长期捡拾垃圾及其他废旧物品，并在家中及平改坡阁楼（公共区域）囤积，长年累月，侯某所住房屋已被垃圾及其他废旧物品堆满，无法正常出入房屋。大量的垃圾、杂物也导致楼道内恶臭难闻，跳蚤、老鼠等"四害"横行，卫生状况极差，周围邻居怨声载道。邻居单某等人不堪其扰，将侯某诉至法院。静安法院审理后认为，不动产的相邻各方应当按照有利生产、方便生活、团结互助、公平合理的原则，正确处理通风、采光、通行等相邻关系，给相邻方造成妨碍的，应当排除妨碍。故判决：被告侯某应清空其堆放在平改坡阁楼内的物品，恢复原状；被告侯某应清空其屋内的废旧电线、废旧纸板箱、废旧塑料制品等超出日常生活与居住所需所用的杂物。

（1）执行准备情况。执行立案后，法院通过送达《执行通知书》、张贴公告等形式要求侯某主动履行义务，但其拒绝履行。为维护司法权威，法院拟开展强制执行，并数次走访现场及居委，了解情况。分管院领导、局领导带队与街道等部门多次会商执行方案，动员被执行人家属配合法院执行。

（2）执行现场情况。本案的难点之一在于要在执行现场甄别超出日常生活与居住所需所用的杂物，然后进行清空处理。为此，静安法院成立执行专班，由分管副院长视频在线指挥，执行局领导带队现场督导，六名干警身着防护服等装备到现场进行甄别，并安排街道环卫工人实施具体清理工作。外围方面，由法警与公安干警协力拉起警戒带，严格控制人员出入；环卫部门通过安装在楼宇墙壁上的滑轮将整袋垃圾直接滑送到清运卡车上，减少清运对其他居民正常生活的影响，并做好后续的垃圾分类和

---

① 已废止，现为民法典第二百八十八条。

消毒工作；消防、医务、居委等随时待命，以妥善应对火灾或工作人员身体不适等突发情况，并做好当事人的安抚工作。在法院统一指挥和各部门的多方配合下，现场执行工作得以有条不紊地快速推进。

（3）执行结果。经过四天的连续作战，从被执行人家中累计清理出一千余袋垃圾，装满了九部卡车，原本被垃圾充斥完全不具备生活条件的房屋被清理得整洁干净，数年不见天日的房间地板也迎来了久违的阳光。申请执行人与被执行人均对执行过程及结果表示满意，申请执行人专程向静安法院执行局赠送锦旗以示感谢，被执行人亦承诺今后不再继续堆积垃圾，本案得以解决。上海电视台、上观新闻、《上海法治报》等多家媒体均对本案进行了报道，获得了社会大众的广泛好评。

【评析】

本案发生在全国上下防控疫情的特殊时期，被执行人的行为已严重影响公共卫生安全，对社区基层疫情防控、居民居家健康等都会造成不利后果。为此，静安法院充分贯彻落实司法保障疫情防控的有关部署和要求，通过大量走访、协调和会商，缜密制定执行方案，联动街道、环卫、公安、消防和医护等多部门统一行事，精准拿捏相邻关系处理和私人物品处置之间的平衡关系，以善意文明执行理念积极推动基层社会治理创新，在兼顾法律效果和社会效果的基础上圆满执结本案，也为涉公共卫生安全、相邻关系纠纷等类似案件的执行和处理提供了有益经验和良好借鉴。

一、高效遏制公共卫生"毒瘤"的失序扩张

本案中，被执行人的囤积行为已质变为影响公共卫生的"毒瘤"，除了刺鼻的气味外，还滋生了难以计数的细菌、病毒，如不加以及时处置，将对基层疫情防控造成不利后果，很可能引发公共卫生安全事件。

为此，静安法院在案件审理阶段即着手准备后续执行预案，确保了从审判到执行的"无缝衔接"；在执行阶段，静安法院拿出了周详、严密的执行方案，将可能面临的困难点及应对措施全部考虑到位，最大限度地保障执行工作的顺利展开；在执行攻坚阶段，由院领导在线指挥、执行局领导带队督导、执行专班现场突击"三位一体"构筑工作"主心骨"，执行干警发扬连续作战的不怕难精神，克服"脏、乱、多、杂"等种种恶劣因素，最终高效完成了既定目标。从立案到执行完毕仅用时一个月余，确保了疫情防控期间"防疫"与"执行"两不误，充分体现了人民法院的执行力度和执行效率，为疫情防控期间维护社会稳定提供了有力的司法保障。

二、能动司法参与基层社会治理创新实践

行政职能部门统一行事。基层行政职能部门囿于权力边界的限制，无法入室对杂物进行强制清理,只能采取上门约谈等"柔性"方式开展工作,实际效果不甚理想,基层社会治理面临"痛点"。而基层法院因其握有司法权这一公权力,在参与基层社会的治理中具有得天独厚的优势,对于基层社会治理中出现的深层次的法律问题也确实需要法院以司法权作为强制性手段予以介入,以合法有效地破除各种法律障碍。但法院深入社区基层解决实际问题并非简单的"案例分析与作答",而是需要依靠众多基层单位或部门的配合和支持,才能使司法权的效力更好地落到实处。

为此,静安法院通过大量走访工作,听取各方意见,多次牵头协调会商,缜密制定执行方案;在案件执行实施阶段同时联动街道、环卫、公安等多部门统一配合行事,不但化解了矛盾、定分止争,还充分利用好深入基层执行的有利条件,通过媒体开展了面向大众的法治宣传教育,正面影响了基层群众的价值观、是非观,积极引导民众共同爱护生活环境,有序参与社会生活。本案的执行充分发挥了人民法院作为基层社会治理的参与者、推动者、保障者,在维护社会和谐稳定、规范指引社会行为、促进推动治理创新等方面的积极作用,实现了法律效果与社会效果的有机统一。

三、相邻关系与私人物权的双重保护

最高人民法院强调要求贯彻善意文明执行理念,在执行中找准双方利益平衡点,避免过度执行。本案中,生效判决以"概括+列举"的方式为执行的自由裁量留有合理空间,但在实际执行时仍会面临价值甄别和物权保护的难题,因此,如何在清理杂物的过程中合理保留被执行人仍具有使用价值的私人物品,是本案的一大执行难点。

为此,静安法院通过做足预案和临场应对,精准拿捏相邻关系处理和私人物品处置之间的平衡度。一方面,执行干警持视频拍摄设备进入屋内,对清理全过程进行录音录像,并由干警凭借常人对物品的判断进行初次甄别,同时邀请街道、居委等第三方参与对可疑物品的二次甄别,最大限度确保物品清理范围符合社会大众的普遍认知。另一方面,充分尊重被执行人意见,在被执行人因故不能亲临现场的情况下,由其委托亲属进行物品甄别、取舍判断及后续保管;对可能藏有现金、首饰等物品的皮包、匣子等,在被执行人亲属的见证下当面打开,与其当面确认金额和数量并交付其保管,同步制作、签署交付笔录并辅以照片、视频为佐证,确保对每一件贵重物品的清理都做到公开、透明,最大限度地降低执行措施对被执行人带来的负面影响,为其能重新融入社会生活创造必要条件,让执行不再只是冰冷的手段,而是维护社会和谐稳定的保障。

案例八　上海某房地产公司申请执行上海市某影剧院房屋租赁合同纠纷案
——疫情防控期间矛盾激化案件的案结事了

【关键词】

全面执行　和谐执行　高效执行

【执行要点】

（1）全面执行，体现营商环境的更高站位。

（2）和谐执行，体现定分止争的更高要求。

（3）高效执行，体现案结事了的更高目标。

【相关法条】

《最高人民法院关于在执行工作中进一步强化善意文明执行理念的意见》。

【案情】

申请执行人：上海某房地产公司

被执行人：上海市某群众影剧院

原告上海市某群众影剧院（以下简称群众影剧院）为与被告上海某房地产公司（以下简称某房地产公司）房屋租赁合同纠纷案向虹口法院起诉，要求解除双方签订的租赁合同及相关补充合同，某房地产公司交还位于本市四川北路××号的房屋（群众影剧院，以下简称系争房屋）并支付租金、违约金等。审理中，某房地产公司提起反诉，以前期投入大量资金，但工程暂停、合同无法履行造成损失为由要求群众影剧院支付违约金、返还预付租金并补偿投资损失。虹口法院于2019年4月17日作出一审判决，判决明确：双方解除合同及其补充合同；某房地产公司于判决生效之日起15日内配合群众影剧院收回系争房屋，并将其转租的四间门面房腾退后返还；某房地产公司于判决生效之日起15日内支付门面房租金，自2013年9月25日起计算至实际返还房屋之日止，按每年30万元计算，已付租金100万元应在其中抵扣；群众影剧院于判决生效之日起15日内赔偿某房地产公司损失225万元。某房地产公司不服，提起上诉。上海市第二中级人民法院审理后，于2019年11月15日二审判决维持其他判决内容，改判某房地产公司应自2015年4月2日起支付群众影剧院门面房租金，至实际返还房屋之日止。因群众影剧院未履行生效判决确定的义务，某房地产公司于2020年1月向虹口法院申请执行。

在执行过程中，虹口法院查明被执行人名下无财产可供执行，申请执行人也表示无法提供被执行人名下可供执行的财产。后被执行人出具书面说明，对申请执行人已交还四间门面房予以确认，对已交还系争房屋提出异议，其认为系争房屋至今仍由申请执行人方的员工居住，一楼房内有床铺及个人物品，二楼房门紧锁无法进入，三楼、四楼均有物品未清理，希望执行法院审查确认，并提供照片为证。对此，申请执行人予以否认，表示被执行人的"现场照片"非系争房屋照片，而是附属楼的照片。其曾临时使用附属楼三楼，但早就在2019年10月前撤离并在2020年2月10日前清空物品。

对于申请执行人是否交还系争房屋，双方存在争议。虽然房屋的占有使用情况不属本案执行范围，但执行法官不只是简单地以案办案、机械办案，而是尝试将矛盾纠纷一揽子解决。对于占有使用情况，因在疫情防控期间，执行法官无法上门；同时，居住人员均为外省市人员，春节前均已离沪回家，仅遗留有物品，无联系方式。案件执行一度陷入僵局。对此，执行法官没有消极等待，一方面指导双方当事人研读民事判决书相关载明内容，明确生效裁判载明的各自的权利义务；另一方面提出执行方案，由申请执行人出具其公司无人居住的承诺书，被执行人搁置争议，将赔偿款先付至虹口法院代管款账户，在查明涉案房屋居住情况后，再结算赔偿款。此方案得到了双方当事人的认同，被执行人将赔偿款付至虹口法院。之后，经多方努力，被执行人终于联系到居住人员。居住人员表示其为施工方人员，与申请执行人无关。现因疫情暂时无法回沪，遗留物品可由被执行人自行处理。2020年3月11日，被执行人将相关情况告知执行法官，确认申请执行人已交付系争房屋，同意发放赔偿款。3月12日，虹口法院发还代管款183万余元。案件执行完毕。

【评析】

本案案由为房屋租赁合同纠纷，从判决看，虽然双方互负义务，但因是某房地产公司作为权利人申请的执行，故本案的执行内容仅涉及金钱部分的给付而不涉及行为部分的迁让。如果就事论事，执行法官只需执行被执行人群众影剧院的财产即可。但是，执行法官没有就案办案，而是从营商环境的更高站位、定分止争的更高要求及案结事了的更高目标等角度出发，思考和做好本案的执行工作。其间，执行法官充分发挥和谐执行理念、充分展现群众工作能力，说服当事人求大同存小异，在系争房屋占有事实待查的情况下，由群众影剧院先期履行金钱给付义务。最终，消弭矛盾化解纠纷，达到案结事了的目的。在疫情防控的特殊时期，本案通过高效执行，实现防疫执行两不误。在畅通司法服务保障"最后一公里"的同时，进一步优化了区域营商环境，为夺取疫情防控和实现经济社会发展目标双胜利提供了坚强的保障。

一、全面执行，体现营商环境的更高站位

营商环境是指市场主体在准入、生产经营、退出等过程中涉及的政务环境、市场环境、法治环境、人文环境等有关外部因素和条件的总和。良好的营商环境是一个国家或地区经济软实力的重要体现，是一个国家或地区提高综合竞争力的重要方面。执行法官在本案的执行中，从更高起点、更高层次、更高水平上，提出将金钱及行为纠

纷一揽子解决、案内及案外矛盾一次性化解的执行思路，并以此思路贯彻办案全程，为营造良好的营商环境提供了坚实的司法保障。本案的执行结果，对于身为民营企业的申请执行人来说，实现了债权，在其合法权益得到保障的同时，切实增强了获得感。而拥有上海市优秀历史建筑的群众影剧院，摆脱了近十年的纠葛纷争，可以通过重谋发展，进一步擦亮历史文化名片。

二、和谐执行，体现定分止争的更高要求

对于系争房屋是否已交还，申请执行人认为这一事实，判决都已经确认。而被执行人则提供照片为证，认为申请执行人未交还。针对双方当事人剑拔弩张、互不相让的态势，执行法官就相关情况进行了认真分析。基于当事人双方矛盾由来以及执行争议焦点问题，执行法官决定采用和谐执行方式，秉着"和"字诀执行法，召集双方当事人共同研究，最终确认两个事实：一是申请执行人已搬出系争房屋；二是确实有人占有使用系争房屋，身份不明，但与申请执行人无关。解决了争议焦点，因涉及工程对接人员的离职"究竟谁占有使用"又成为一个新问题。经三方再次研究，初步确定为改建工程的施工人员。至此，双方矛盾进一步得到有效化解。

三、高效执行，体现案结事了的更高目标

申请执行人是否还占有系争房屋这一问题搞清楚了，但居住使用的究竟是否为施工方人员还在排查中。由于"这块地方究竟有没有人居住、谁在居住"，双方之前均未关注，管理"真空期"已几年有余，所以排查遇到了很大的阻碍。在此情况下，执行法官没有采取"等"的消极措施，而是充分发挥其群众工作能力，要求当事人求大同、存小异，说服被执行人先行履行义务。考虑到实际情况，被执行人同意先将赔偿款付至虹口法院，但也提出申请执行人作出承诺、待使用情况查明再发还代管款的相应请求。经过协商，双方当事人均作出让步，达成和解协议。最终，被执行人查清使用情况，同意虹口法院将代管款发还申请执行人，案结事了。综观本案，除案件本身包含的双方矛盾激化、事实难查等执行难点外，更有新冠疫情防控的特殊情况。突发疫情不仅给社会经济活动带来严重影响，也给法院的执行工作带来巨大考验。此时，高效执行的价值尤为显现。三个月的结案期，将司法为民的宗旨落到了实处。

案例九　刘某某等 12 人与上海某航空公司劳动仲裁纠纷案
——善意文明执行理念对涉疫情保障被执行人案件的体现

【关键词】

善意执行　疫情保障　劳动报酬　复工复产

【执行要点】

（1）疫情防控期间，人民法院注重强化善意执行、文明执行理念，依法审慎适用强制措施，保障疫情防控工作顺利进行。

（2）加大涉民生案件执行力度，为服务民生提供有力的司法保障。

【相关法条】

《最高人民法院关于在执行工作中进一步强化善意文明执行理念的意见》第十三条。

【案情】

申请执行人：刘某某等12人

被执行人：上海某航空公司

上海某航空公司是一家专注于直升机航空救援的企业，其业务遍及全国多个省市。2019年，因该公司在规模扩张的过程中，恰逢重要客户与公司合作发生中断，公司运营资金出现困难，工资缓发。该公司总部及各地分公司被拖欠劳动报酬的部分员工分别向北京、上海等地劳动仲裁机构申请劳动仲裁，当时已经劳动仲裁调解尚未履行的有百余案件，总标的额为数百万元。春节前已经有数十名员工向上海市奉贤区人民法院（以下简称奉贤法院）申请执行劳动报酬，该数十起案件全部执行完毕，同时承办法官对该公司后续仍会有被执行案件的可能性有了一定的预判。春节后，在2月刘某某等12名员工先后依据生效法律文书向奉贤法院申请执行，该批案件总标的额为24余万元。

奉贤法院充分运用善意文明执行理念，通过视频谈话的形式，执行法官、申请执行人和被执行人三方在线对话，在执行法官的主持下，12名申请执行人逐一与被执行人达成和解，并通过"云端"系统在线签署执行和解协议。同时，执行法院将对协议履行全程"护航"，实现抗击疫情与保障民生两不误。新冠疫情发生后，湖北省尤其是武汉市前线医疗防护物资呈现高度紧缺状态，本案被执行人是直接保障疫情防控、在疫情防控前线运输医疗防护物资的关键企业。该航空公司接到湖北省应急管理厅任务指示，派遣机组人员至湖北武汉一线，通过直升机多次运输护目镜、口罩、防护服、消毒水等紧急医疗防护物资至武汉、黄冈、鄂州、随州等地。被执行人最终按照执行和解协议，在案件履行期内全部履行，法院也第一时间将案款发放给当事人，该批案件得到圆满解决。针对该案的善意文明执行，奉贤法院主要采取了如下措施：

（1）立即启动绿色通道，全面摸排案情。在院、局领导的部署下，执行法官迅速与被执行人进行联系，核实该公司参与疫情防控运输的具体情况、目前拖欠薪资的总体情况、履行义务时的意愿以及履行碰到的困难等详细信息。被执行人向法院提交《延期履行执行通知申请书》及参与疫情防控的相关文件，向法院说明，除了欠薪案件以外，运营资金周转困难导致公司缠上了一些其他案件的纠纷，公司账户也早被其他法院冻结了；现在受到新冠疫情影响，公司尚未复工，生产经营无法正常开展，鉴于其肩负保障疫情运输物资的重要使命，申请法院在这段特殊时期内，延缓采取执行措施。

（2）强化运用双赢理念，促成执行和解。疫情当前，必须全力保障防疫工作；事关民生，申请执行人的权益也不容忽视。经过充分沟通和研判，这批案件的"解题思路"逐渐清晰：尽一切可能促成执行和解，实现疫情防控和保障民生双赢。执行法官与申请执行人逐一电话联系，"隔空"做起了和解工作。面对申请执行人的顾虑，执行法官先从和解意愿比较强的几位"老面孔"入手，并通过申请执行人微信群释放积极信息。与此同时，执行法官也向公司释明，一旦达成执行和解，公司要如约履行，否则将承担责任。几经波折，申请执行人终于打消顾虑，同意公司延期履行的和解方案。

（3）依托执行在线系统，云端签署协议。12名申请执行人身处天南海北，又处在疫情防控特殊时期，签订和解协议存在困难。考虑到上述情况，执行法官利用上海法院"12368"微调解微信小程序，组织各方进行云端签署。在法官的主持下，法官、申请执行人、被执行人三方共同进行执行在线谈话，通过视频连线，12名申请执行人全部逐一与被执行人就案件履行达成执行和解。

（4）持续跟进后续工作，确保实际履行。在达成执行和解协议后，承办法官并未放松对该批案件的执行。执行法官逐一与被执行人工作人员核对案件具体情况，确保法院账号准确无误，并多次督促、提醒被执行人按时履行，同时与申请执行人逐一联系，要求申请执行人提供准确的银行开户信息，便于案款的发放。被执行人最终按照执行和解协议，在案件履行期内全部履行。法院也第一时间将案款发放给当事人，该批案件得到圆满解决。

【评析】

善意文明执行强调在民事执行中既追求执行结果是好的，强调执行工作客观达到好的实际效果，还指善于执行，强调为了实现执行目的所采取的执行方式方法或手段措施合适和有效。善意文明执行的"善"表现在以下四个方面：

一、善在"规范"

善意文明执行的前提是规范，即主观上坚持平等、公正、文明、法治的社会主义核心价值理念，在客观上也要践行上述理念要求，坚持以生效法律文书为依据，以法律规范为支撑，公正司法、严格依法、善于执法，实现社会利益的最大化。

二、善在"适度"

善意文明执行所采取的强制执行手段必须适度，必须坚守比例原则，符合理性，即所采用的执行手段要与拟达到的执行目的相适应，保持均衡、适度，在有多种执行手段可选择时要尽量采用对当事人损害最小，或者负面影响最小，或者成本最低的手段。

三、善在"效果"

执行不仅要考虑案件事实、法律规定，还要考虑社会人情，实现天理、国法、人情的协调统一。特别是在疫情期间及疫情之后经济下行压力加大的形势下，人民法院在采取强制执行措施时，在不损害债权人利益的前提下，尽量优先采取方便执行且对当事人生产经营影响较小的执行措施；同时，还要协调好申请执行人、被执行人、利害关系人等之间的利益关系，着力营造和谐的执行氛围，实现案结事了、多方共赢的良好效果。

四、善在"科技"

善意文明执行载体，要多运用信息化、区块链等技术手段。运用现代科技执行手段，既能有效降低执行成本，减轻当事人的经济负担，又能便捷高效，以最快的速度实现当事人的合法权益，提高执行效率。

执行是公平正义最后一道防线的最后一个环节。法院应强化善意文明执行理念，在依法保障胜诉当事人合法权益的同时，最大限度地减少对被执行人权益的影响，实现法律效果和社会效果的有机统一。新冠疫情发生后，湖北省尤其是武汉市前线医疗防护物资呈现高度紧缺状态。本案被执行人是直接保障疫情防控、在疫情防控前线运输医疗防护物资的关键企业。奉贤法院贯彻落实上级关于疫情防控的部署和要求，充分强化善意文明执行理念，从保障疫情防控大局和司法为民的角度出发，依法慎用强制执行措施，全力促成双方达成执行和解协议，兼顾法律效果和社会效果的统一，为统筹疫情防控和经济社会发展提供有力的司法服务与保障。

案例十　焦某某申请执行上海某塑料包装有限公司等民间借贷纠纷案
——强化善意执行，助力疫情防控

【关键词】

善意执行　疫情防控　灵活措施

【执行要点】

（1）强化联动执行力，认真核查线索。疫情期间，被执行人提供该公司已被列为疫情防控重点保障企业的线索，执行法院迅速与松江区经济委员会联系并实地开展走访,实地核查线索。

（2）找准利益平衡点,灵活采取措施。执行法院在确保申请执行人胜诉权益的同时,灵活采取强制执行措施,保障被执行企业的正常经营,避免社会资源的浪费,并以此助力全国疫情防控战。

（3）密织动态跟踪网,督促及时履行。依托网络查控系统及被执行人的定期报告,执行法院及时、全面掌握被执行人公司生产经营情况,更新履行能力评估指标,督促被执行人尽快履行判决义务,增强执行威慑力。

【相关法条】

《最高人民法院关于在执行工作中进一步强化善意文明执行理念的意见》第三条、第五条。

【案情】

申请执行人：焦某某

被执行人：上海某塑料包装有限公司（以下简称某包装公司）、孙某某、张某某

孙某某因某包装公司经营需要,向焦某某借款,并出具借条。但是约定还款期届至,孙某某无法偿还借款,焦某某遂诉至上海市徐汇区人民法院（以下简称徐汇法院）。徐汇法院于2019年10月24日作出（2019）沪0104民初20019号民事判决书,明确：①孙某某于本判决生效之日起十日内归还焦某某借款本金900000元；②孙某某于本判决生效之日起十日内支付焦某某以900000元为基数、按年利率24%标准计算自2019年1月28日起至实际清偿之日止的利息；③张某某对本判决第一、二项确定的债务承担连带清偿责任；④某包装公司对本判决第一、二项确定的债务承担连带清偿责任；⑤驳回焦某某其余诉讼请求。

因被告孙某某、张某某和某包装公司不履行生效法律文书确定的义务,原告焦某某于2020年2月3日向徐汇法院申请执行。立案后,因被执行人未在法院指定的期限内履行生效判决确定的义务,故法院对被执行人采取限制消费、曝光及网上追查等执行措施。在执行过程中,被执行人来信,称某包装公司系新冠疫情医用物资生产企业,经松江区经济委员会通知,已被列为疫情防控重点保障企业,并于2020年2月7日0时起全面复工复产生产消毒液、洗手液等医用物品的外包装,恳请法院对本案执行予以特殊处置。执行法院遂在第一时间走访松江区经济委员会并前往某包装公司实际经营地核查,某包装公司正在生产消毒液、洗手液等医用物品的外包装,情况属实。在防疫大局之下,鉴于被执行人某包装公司的企业性质特殊,经合议庭评议并向相关领导汇报情况、执行法院征求申请执行人意见后,执行法院决定不对被执行人某包装公司的原材料采购款进行冻结扣划,亦不对其生产中的原材料及成品进行扣押变价。同时,为了保障申请执行人的实体权利,执行法院对被执行人孙某某名下的房屋及车辆进行

了查封。

对被执行人采取强制措施后,执行法院及时追踪情况,定期向被执行人了解生产经营情况,适时询问其履行意向及履行能力,并就上述情况及时反馈申请执行人。2020年6月,在全国防疫形势好转的大背景下,被执行人某包装公司主动向徐汇法院履行了全部债务,该案顺利执结。

【评析】

最高人民法院《关于在执行工作中进一步强化善意文明执行理念的意见》明确指出,在持续加大执行力度、及时保障胜诉当事人实现合法权益的同时,要注意强化善意文明执行理念,严格规范公正保障各方当事人的合法权益。本案中,在新冠疫情防疫大背景下,执行法院在切实维护申请执行人胜诉权的同时,充分考虑被执行人某包装公司作为疫情防控重点保障企业的特殊性,灵活采取强制措施,保障被执行人企业生存发展,助力疫情防控战。

一、强化联动执行力,认真核查线索

本案中,被执行人在来信中明确该公司系新冠疫情医用物资生产企业,且被列为疫情防控重点保障企业。执行法院根据最高院《关于做好防控新型冠状病毒感染肺炎疫情期间执行工作相关事项的通知》及上海高院相关工作部署,确保执行工作不停歇,在保证自身安全的同时,执行法官第一时间与松江区经济委员会取得联系,并实地走访。松江区经济委员会对执行法院询问的情况予以一一核实,并提供公司相关情况,便于现场勘查。之后,执行法官迅速赶赴公司实际经营地,现场了解企业生产、经营情况,以及厂房内现有设备、设施等动产信息。

二、找准利益平衡点,灵活采取措施

本案中,在全国上下齐心协力抗疫的过程中,执行法院考虑到被执行人某包装公司的企业性质特殊,如果冻结该公司的原材料采购款,扣押并变价处理原材料及成品,不仅不利于某包装公司的正常经营,导致公司陷入经营困境,还会对当前的疫情防控工作造成一定程度的影响。在综合考虑时局因素、执行情况和被执行人配合度的前提下,执行法院快速作出反应,决定暂不对被执行人某包装公司的原材料采购款进行冻结扣划,亦不对其生产中的原材料及成品进行扣押变价,而是合理选择执行财产,对被执行人孙某某名下的房屋及车辆进行查封。

三、密织动态跟踪网,督促及时履行

为防止被执行人怠于履行生效法律文书确定的义务,强化执行威慑力,执行法院除通过网络查控系统定期发起对被执行人的财产情况查询外，还要求被执行人定期汇报某包装公司的生产经营情况，充分评估被执行人的履行能力，督促被执行人在条件具备时履行判决义务。同时，执行法院将获取的信息及时反馈给申请执行人，通过法律释明和情绪安抚，争取申请执行人的支持和理解。

本案通过"认真核查线索、灵活采取措施、督促及时履行"三步走，给被执行人留有"一线生机"，避免造成社会资源的浪费。在疫情防控态势有所好转的情况下，被执行人主动缴纳全部执行款，最终实现案结事了的目标。

来源：上海市高级人民法院

上海法院 2020 年度"执行不能"五大典型案例

案例一 上海某实业公司申请执行上海某建筑装饰公司第一分公司仲裁纠纷案
【基本案情】

2014年9月15日，上海某实业公司与上海某建筑装饰公司第一分公司签订《物资购销合同》。因上海某建筑装饰公司第一分公司未履行剩余货款人民币200000元（以下币种均为人民币）的偿付义务，根据合同仲裁条款的约定，上海某实业公司向青岛仲裁委员会申请仲裁。青岛仲裁委员会作出青仲裁定（2019）第420号仲裁裁决书。因上海某建筑装饰公司第一分公司到期未履行裁决书确定的偿付义务，2020年8月12日，上海某实业公司向二中院申请强制执行。

二中院立案执行后，于2020年8月14日通过执行网络查控系统对被执行人上海某建筑装饰公司第一分公司名下的银行存款、车辆、房产、股权、证券等发起查询，均未发现有可供执行的财产；同时还向被执行人邮寄发出《执行通知书》及《报告财产令》，亦被退回。后二中院赴被执行人的注册营业场所宝山区双城路某处进行实地调查，发现该地址不是被执行人的实际经营地。

之后，申请执行人申请追加上海某建筑装饰公司为本案被执行人。经查，上海某建筑装饰公司确为被执行人上海某建筑装饰公司第一分公司的企业法人，现分公司未能履行偿付义务，依据法律规定，分公司的企业法人应当承担债务清偿责任。二中院于2020年9月4日依法裁定追加上海某建筑装饰公司为本案被执行人，并对其财产进行了调查。二中院查明其名下有银行存款合计49551.75元，并冻结，但未发现有其他可供执行财产。后二中院赴其经营地址宝山区真大路某处进行了现场调查，虽然该地址登记有其公司名称，但已人去楼空；又赴其注册地崇明区城桥镇秀山路某处进行实地调查，发现有其他公司在经营，附近公司均反映从未有该公司在该处经营。二中院在依法扣划银行存款发还申请执行人后，向申请执行人告知查明的财产情况和实地调查情况，并释明无新的财产线索，法院将依法终结本次执行程序，待有新的财产线索时可以再申请恢复执行，恢复执行没有期限限制。申请执行人表示同意。

【评析】

本案中分公司的实际欠款及违约金等已达20余万元，申请执行人考虑到分公司的履行能力，在仲裁中为促成调解已主动放弃违约金和部分货款，但仲裁裁决书生效后被执行人仍拒不履行义务，且无法联系到被执行人，已存在不履行债务可能。在分公司无财产执行的情况下，二中院又依法追加其总公司为本案被执行人，但总公司也无足够财产清偿债务。执行法院穷尽了一切执行手段后仍不能执行，属于典型的"执行不能"案件。本案的执行程序清晰合规，执行措施准确完整，切实保障债权人的胜诉利益，具有较大的实践借鉴意义。

第一，合法依规，追加总公司为被执行人。本案被执行人为分公司，不能清偿到期债务，经法院查询其名下无可供执行的财产后，依据法律规定，其总公司应当承担债务清偿责任。执行法院遂依法追加其总公司为本案被执行人，要求其清偿分公司的债务。

第二，尽心尽责，穷尽一切执行措施。对本案分公司的执行，执行法官穷尽各种执行措施，通过线上查询、电话联系、12368诉讼平台、线下实地调查等措施均未能联系到被执行人，亦未发现被执行人的实际经营地及可供执行财产；同时已依法对被执行人采取纳入失信被执行人名单、限制消费等强制措施，仍执行未果。

第三，明理释法，赢得申请执行人对法院执行的充分理解。执行法院依法约谈申请执行人，告知其已查询的财产情况和实地调查情况，还有对被执行人采取的执行措施和强制措施。申请执行人表示充分理解，在无新的财产线索的情况下，同意执行法院以终结本次执行程序的方式结案。

案例二　秦某某申请执行孙某某船舶碰撞损害责任纠纷案

【基本案情】

2016年11月18日，孙某某所有的渔船和秦某某所有的渔船发生碰撞事故。2017年3月2日，赣榆渔港监督局出具了碰撞事故调查报告，认定孙某某所有的渔船承担事故的全部责任。原告于2018年7月5日向上海海事法院提起诉讼。经审理，上海海事法院于2018年9月5日作出了（2018）沪72民初3515号民事判决，判令孙某某向秦某某赔偿修理费、船期损失、评估费合计人民币115284元。一审判决后，双方当事人均未上诉，判决生效。因孙某某未履行判决书确定的义务且下落不明，2020年3月30日秦某某向上海海事法院申请强制执行。

执行立案后，执行法官第一时间通过网络财产查控系统对被执行人的银行存款、车辆、房产、船舶、证券、互联网银行存款等发起财产查询，网络冻结并扣划了被执行人孙某某的存款人民币9008.86元，除此以外，均未发现有可供执行的财产。执行法官多次赴被执行人住所地实地调查，在连云港市赣榆区海洋与渔业局查询到孙某某已于2017年底将涉案渔船卖予他人；经向涉案渔船买受人调查，卖船钱款以抵债和现金形式交易，卖船款去向不明；走访当地派出所和村委会得知，孙某某已离开住所地，一直未归，下落不明；赴孙某某家调查，其家人的住房简陋，以为他人织补渔网维持生计，家庭较为贫困。

2020年9月，上海海事法院依法与申请执行人进行了约谈，告知其执行情况，法院已依法将被执行人限制高消费，列入失信被执行人名单。执行法官询问申请执行人是否有新的线索提供，如没有新的财产可供执行，法院将依法终结本次执行程序，待有新的执行线索时再恢复执行。申请执行人对法院的执行工作表示认可，并表示没有新的线索可以提供，同意法院终结本次执行程序。

【评析】

本案中，碰撞事故发生之后，相关部门出具了碰撞事故调查报告，认定孙某某应承担船舶碰撞事故的全部责任。秦某某未及时向法院提起诉讼，亦未及时申请财产保全，导致孙某某将涉案渔船卖予他人，卖船款以债务抵销和现金方式支付，孙某某离家外出下落不明，最终导致案件执行不能。此类案件要从根本上降低执行不能的风险，首先，应防患于未然，在相关部门调查事故原因时，应争取对方提供保证、抵押和质押等担保自身债权的实现；其次，事故发生后如赔偿协商不成，应尽快向有管辖权的法院提起诉讼，并依法在诉前、诉中提出财产保全申请，控制对方的相应财产；最后，在执行过程中，申请执行人也应及时提供被执行人的联系方式、财产线索等信息，积极配合法院的执行工作，避免发生执行不能的情况。本案案件执行启动后，法院即通过线上线下同步展开财产查控，多次赴当地海洋与渔业局调查、走访派出所和村委会，询问涉案船舶买受人及相关人员，探查被执行人住所地，穷尽各种执行手段，仍然未发现被执行人有可供执行的财产。故法院按照法律规定，在征得申请执行人的同意后，依法终结本次执行程序。

案例三　倪某等13人申请执行上海某健康管理有限公司服务合同纠纷案

【基本案情】

2017年8月，原告倪某等13人分别与被告上海某健康管理有限公司（以下简称某健康管理公司）签订《某健康管理公司功勋会员合同书》，原告向被告交纳3万元健康服务保证金成为功勋会员，被告提供原告自2017年8月26日至2020年8月26日为期三年的健康管理与服务，包括健康讲座、旅游交流等活动，但不到一年时间，被告公司人去楼空。13名原告诉至上海市宝山区人民法院（以下简称宝山法院），宝山法院判令被告退还各原告会员费29900元。判决生效后，因某健康管理公司未履行生效法律文书确定的义务，倪某等13人向宝山法院申请强制执行。

法院在执行过程中查明，倪某等13名申请执行人均系60岁至80岁的高龄老人，部分人员身有残疾，还有部分人员系同一家庭成员，损失较大。执行法官通过网络查控系统对被执行人某健康管理公司名下的银行存款、车辆、房产、股权、证券等财产情况进行了查询，均未发现有可供执行的财产。经实地调查发现，被执行人原经营场地系租赁而来，现已另租他人。执行法官在线约谈被执行人法定代表人蒋某，蒋某称其人在四川老家，近期不会来沪，并表示公司早已停止经营，没有履行能力。蒋某同时表示，公司的幕后老板是熊某，现因涉嫌非法吸收公众存款罪被黄浦检察院羁押。后宝山法院依法对被执行人采取限制消费措施。

虽然没有发现可供执行的财产，但宝山法院找到了案件的两个突破口。一是被执行人系一人有限公司，蒋某系公司唯一股东。执行法官向申请执行人释明，可根据《最高人民法院关于民事执行中变更、追加当事人若干问题的规定》，申请追加蒋某为被执行人。二是被执行人蒋某所称的幕后老板熊某，是否能够代替被执行人清偿债务。

宝山法院将第三人蒋某追加为本案的被执行人后，通过调查也未发现其名下有可供执行的财产。另在执行过程中，宝山法院与宝山检察院联合提审了案外人熊某。熊某自愿代替被执行人某健康管理公司偿还人民币39000元，由13名申请执行人各受偿3000元，余款无力支付。至此，宝山法院已穷尽了所有的执行措施。经约谈申请执行人，告知本案的执行情况、终结本次执行程序的依据及法律后果等，申请执行人均表示同意。

【评析】

本案被执行人属于"无场地、无财产、无人员"的三无企业，没有任何可供执行的财产，属于典型的"执行不能"案件。因申请执行人较多，且均系高龄老人，诉讼能力有限，在执行过程中，法院要更加注重释法析理和对当事人情绪的稳控。虽然法院对被执行人某健康管理公司穷尽调查措施后未发现可供执行的财产，但亦找到了案件的两个突破口。最终，蒋某被追加为被执行人但仍查无财产可供执行，熊某则同意补偿给每个申请执行人3000元，案件部分执行到位。至此，执行法院已经穷尽了一切执行手段，但案件仍然不能全部执行到位。申请执行人对此表示认可，亦无法提供财产线索，案件可依法终结本次执行程序。

"执行不能"案件的重点在于"法院穷尽了执行措施"后仍不能执行到位。如何判断"法院穷尽了执行措施"？本案是一个很好的参考。查无任何可供执行财产的企业，人在外地的法定代表人，还有仍在羁押的所谓"幕后老板"，几乎是没有到位希望的执行案件。但是为了维护13个高龄申请执行人的胜诉权益，执行法官还是做了大量的工作。除了常规的财产调查工作外，执行法官还引导申请执行人追加股东作为被执行人，借助检察院的力量共同提审"幕后老板"。虽然案件最终没能全部执行到位，但申请执行人受偿了部分钱款，也认可执行法官确实穷尽了执行措施。通过该案，也提醒大家，特别是老年人，在社会生活中应进一步增强风险意识。

案例四　杜某诈骗罪、敲诈勒索罪刑事裁判涉财产部分移送执行案

【基本案情】

2011年3月起，被告人杜某非法参与陈某某、任某某等人"套路贷"恶势力犯罪集团，负责放贷、平账、催收等辅助性工作，参与实施诈骗犯罪既遂金额51.5万余元，实施敲诈勒索未遂金额132万余元，并从中获利。经法院审理判决，被告人杜某犯诈骗罪，判处有期徒刑四年，并处罚金人民币6万元，犯敲诈勒索罪，判处有期徒刑三年，并处罚金人民币4万元，决定执行有期徒刑五年六个月，并处罚金人民币10万元。违法所得予以追缴发还各名被害人。

执行立案后，执行法官第一时间对被执行人的财产进行查询，经查，被执行人名下无可供执行的银行存款、车辆、房产、股权、证券等财产线索。执行法官对被执行人采取限制高消费等措施，并及时到监所提审被执行人。在提审过程中，执行法官对被执行人释法明理，明确告知被执行人须按照刑事判决书的内容履行退赔、缴纳罚金义务，以及承担拒不申报和隐匿财产的法律后果。此外执行法官至被执行人户籍地调查相关情况，但均未发现有可供执行的财产。鉴于被执行人被判处有期徒刑五年六个月，在狱中服刑，无法工作并获取收入，且无其他财产可供执行，没有履行生效判决的能力，法院依法终结本次执行程序。

【评析】

当前，集资诈骗、非法吸收公众存款类刑事案件越来越多，且大都已陆续进入执行阶段。此类案件，因被告人前期挥霍等原因，许多案件刑事涉财部分的清偿比例有限。且由于被执行人在狱中服刑，没有收入，所以较之普通民商事案件的执行，刑事案件执行过程中"执行不能"的情况更为多见。本案即属于此类"执行不能"案件。

"执行不能"不等同于"执行难"。"执行不能"，指法院已最大限度利用已有的资源对被执行人名下财产进行查控，并对被执行人采取了限制高消费等措施，案件仍然执行无果。这类案件不能得到执行不是人民法院执行不力，而是由于被执行人丧失清偿能力所致。"执行难"，是指被执行人有财产可供执行而不能得到及时全部执行的情况。打击"执行难"主要解决的是被执行人规避或抗拒执行、有关人员或部门干预执行以及法院消极执行、拖延执行等问题。本案中，执行法官对被执行人穷尽一切执行措施，深入调查被执行人名下财产情况，做到财产线索不遗漏，但本案被执行人名下确无财产可供执行，且在狱中服刑，没有履行生效判决的能力。故执行法院依

法终结本次执行程序。但对于涉刑事案件"执行不能"的情况，法院也要多措并举，妥善处理。一是强化财产查控，统一案件管理。加大对被执行人财产的调查力度，在全面采取查、扣、冻措施的基础上，丰富传统调查手段，通过提审、走访等各种传统调查方式，深入发掘财产线索，不断降低被执行人财产隐匿的可能性。同时，拓宽线上线下财产线索渠道，对有财产可供执行的案件，尽快启动评估拍卖工作，加快财产处置进度，提高执行到位率。二是加强内外沟通协调，形成联动执行合力。对于涉及如动产查封、扣押等执行问题时，及时与刑事审判庭和相关部门进行共同会商，必要时可邀请公安机关、检察机关等共同参与研判。强化与工商、税务、银行等部门的沟通交流，完善失信联合惩戒机制，建立健全执行联动机制，形成执行合力。三是做好宣传引导。加强对"执行不能"案件的有效宣传，通过发布执行宣传纪实片、发布典型案例，以案释法的方式对"执行不能"进行有效的解释和分析，引导社会对"执行不能"形成科学理性的认识。

案例五　上海某信息科技有限公司申请执行上海某网络科技有限公司广告合同纠纷案

【基本案情】

关于原告上海某信息科技有限公司与被告上海某网络科技有限公司广告合同纠纷一案，长宁法院依法作出（2019）沪0105民初14505号民事判决，确认被告退还原告广告费50000元、违约金及迟延履行期间的逾期利息。因被告未履行生效法律文书确定的义务，原告于2020年4月10日向长宁法院申请执行。

执行立案后，长宁法院随即向被执行人上海某网络科技有限公司发送了《执行通知书》《报告财产令》，责令其限期履行义务。但被执行人逾期未到庭也未履行。长宁法院向自然资源部、中国证券登记结算中心、公安局车辆管理所、保险部门等多处查询被执行人的财产状况。经查，被执行人名下无可供执行的房产、车辆、证券、保险、银行存款等财产线索。执行法官还对被执行人公司注册地崇明区进行实地调查，发现被执行人并不在此经营；此后，又走访被执行人公司实际经营地奉贤区，其也未在该地实际经营。在执行过程中，申请执行人上海某信息科技有限公司还提供了被执行人公司在浙江杭州市经营办公的地址，该院第一时间委托杭州市余杭区法院前往调查，也未发现被执行人公司在该地经营。因被执行人的法定代表人在上海无居住地，户籍地为山东德州，该院再行委托其户籍地法院进行调查，发现其户籍地址已搬迁，无法找到法定代表人。之后执行法官又通过其他方式了解到被执行人公司已经被列入经营异常名录，并且自2020年1月20日起就未办理过纳税申报。

2020年9月，执行法官通知申请执行人到庭，告知其执行法院已依法将被执行人纳入失信名单并对其法定代表人采取限制消费措施,以及其他执行情况。申请执行人表示认可,并表示无法提供新的财产线索,放弃申请执行转破产程序,同意终结本次执行程序。执行法官向其再次释明如有新的财产线索可再申请恢复执行,并且恢复执行不受申请执行有效期间两年的限制。

【评析】

本案是一起典型的"执行不能"案件。在执行过程中,执行法官严格按照法律规定,对被执行人进行网络查控、传统查控、实地走访、委托调查,并将其纳入失信被执行人名单,对其法定代表人采取限制消费措施。在终结本次执行程序前,充分听取了申请执行人对本案的意见,告知了申请执行人查找财产线索的义务和申请执行转破产的权利,取得了申请执行人的认可和理解,兼顾了法律效果和社会效果的统一。

本案在一审期间即对被告进行公告送达,后作出缺席判决。在案件执行过程中,执行法院已经穷尽强制执行措施、穷尽财产调查手段,仍无法发现被执行人有可供执行的财产或者线索,遂依法终结本次执行程序。这类案件不能得到执行系被执行人丧失清偿能力所致。

来源:上海市高级人民法院

吉林法院 2021 年执行工作典型案例（节录）

案例四　申请执行人胡某与被执行人肖某民间借贷纠纷一案

【简要案情】

人民法院判决肖某向胡某偿还借款本金人民币6万元及利息。由于肖某迟迟未履行生效法律文书确定的义务，案件进入执行程序。立案当日，梅河口人民法院执行局即向被执行人肖某下发了《执行通知书》《报告财产令》《财产申报表》和传票，责令其依法履行义务，如实申报财产，并依传票上的确定时间到达法院接受询问；立案第二日，执行法院通过最高人民法院网络执行查控系统及线下查控措施查询了被执行人肖某名下财产，并冻结了其名下银行账户；立案第七日，被执行人收到法院送达的文书后未履行法定给付义务并拒绝申报财产，因在外地未如期到达法院；立案第八日，执行干警多次联系被执行人并告知其拒不履行法定给付义务的法律后果，被执行人肖某仍拒不履行，执行法院对肖某采取限制高消费措施，将其纳入失信被执行人名单；立案第十日，执行干警再次联系被执行人，向其释明拒执罪的法律后果及影响，被执行人在法院一系列执行措施的限制及拒执罪法律后果的震慑下，决定积极配合法院履行法定义务；立案第十五日，被执行人将执行款汇入法院账户，法院依法解除对被执行人采取的强制措施；立案第十八日，法院通过执行案款系统将执行款本息发放给申请执行人胡某，案件顺利执行完毕。

【典型意义】

这起案件展现着传统执行模式的转变，是执行工作流程化、规范化、信息化的优秀案例。执行工作的信息化、规范化，改变了传统执行线下摸查的工作模式，既提高了执行效率，也提高了执行质量，还有效地减少了拖延执行、消极执行行为的产生，是推动执行案件高效快速执结，助力社会诚信体系建设，营造诚实守信、自觉履行的良好执行环境的重要举措。

来源：吉林省高级人民法院 省法院执行指挥中心

江苏法院打击抗拒执行、规避执行十大典型案例

抗拒执行、规避执行行为，不仅严重影响债权人合法权益的实现，而且严重破坏社会诚信体系，损害司法公信力和法律权威。其表现形式除一般的暴力抗法、逃匿隐藏、转移财产等典型方式外，逐渐呈现出新的特征，主要表现为通过虚构债务、虚假诉讼等更为隐蔽的方式进行。

近年来，江苏全省法院持续加大对此类行为的打击力度。2021年，最高人民法院先后出台的《关于深入开展虚假诉讼整治工作的意见》《关于在民事诉讼中防范与惩治虚假诉讼工作指引（一）》，也为识别和惩治通过虚假诉讼等抗拒、规避执行的行为提供了新的制度支撑。经过梳理，江苏高院精选了十件2021年各级法院处理的抗拒执行、规避执行典型案例，现予以发布。

案例一　无视限消令肆意消费，被判拒执罪

关于南通某钢丝制品有限公司诉吴某买卖合同纠纷一案，南通经济技术开发区法院判决吴某偿还货款4万余元。判决生效后，吴某未主动履行义务被申请强制执行。在执行过程中，吴某称其无能力一次性履行，愿意分期给付，但其在仅给付6000余元后便拒绝履行义务。随后，南通经济技术开发区法院对吴某作出《限制消费令》和《失信决定书》，其仍未主动履行义务。执行法官通过调查发现，吴某在法院判决生效后，其微信账户存在大量资金往来，并在微信充值8000余元进行网络游戏消费。

南通经济技术开发区法院认为吴某上述行为涉嫌拒不执行判决、裁定罪，遂将该案移交公安机关立案侦查。吴某到案接受调查，如实供述罪行并履行了判决义务。南通开发区法院综合考虑其自愿认罪认罚等量刑情节，于2021年12月8日，以拒不执行判决、裁定罪判处吴某罚金人民币2000元。

案例二 有大额租金收入来源而不主动履行，被判拒执罪

扬州某投资顾问有限公司诉李某某、扬州某金属制品有限公司等金融借款合同纠纷一案，经扬州市广陵区法院判决相关被告承担688万余元给付义务。在执行过程中，广陵法院查封了被执行人的房地产及其附属设施。在此期间，李某某以其作为扬州某金属制品有限公司实际经营人的身份，将涉案房产租赁给多个企业或个人用于生产经营，并收取租金37万余元。该租金未用于偿还所欠债务，导致法院生效判决、裁定无法执行，法院执行腾让亦较为困难。

因被执行人拒不执行法院生效判决，广陵法院依法对李某某司法拘留十五日，并将犯罪线索移送公安机关。法院经审理认为，被告单位扬州某金属制品有限公司有能力执行而拒不执行人民法院的判决、裁定，情节严重，被告人李某某系单位实际经营人，其与该公司行为均构成拒不执行判决、裁定罪。判决生效后，广陵法院将两被告人涉及刑事犯罪的情况告知涉案租户，多数租户与申请人重新签订租赁合同。

案例三 有财产用于投资却拒不履行判决义务，被判拒执罪

张某某与秦某建设工程施工合同纠纷一案，经丰县法院依法判令张某某支付秦某工程款及相应利息。张某某不服，上诉至徐州中院。徐州中院经审理后驳回上诉，维持原判。因张某某不主动履行义务，秦某向丰县法院申请强制执行。在执行过程中，丰县法院多次传唤被执行人张某某，要求其申报财产，向其释明拒不履行法律义务的严重后果，张某某均称无力偿还。

丰县法院经多方调查，发现张某某认缴并实际出资参与设立某幼儿园，故再次督促张某某履行义务。张某某迫于执行压力与申请执行人达成和解协议，但协议达成后，张某某并未履行和解协议。

丰县法院遂将张某某涉嫌拒不履行判决、裁定罪线索移送公安侦查。经公安侦查、检察机关审查起诉后，该案进入刑事案件审理程序。开庭前，张某某主动将剩余工程款及利息履行完毕。被执行人虽积极履行全部判决义务，但不影响犯罪的构成，最终被人民法院依法追究刑事责任。

案例四 通过虚构债务稀释债权以规避执行，被判拒执罪

丁某某夫妇、庞某某夫妇因结欠民生银行多笔债务，陆续被诉至苏州工业园区法院。案件审理期间，其串通各自亲属安某某、庞某抢在法院保全房产前虚构债务，以房产设定抵押并对借款合同进行了公证。判决生效后，因其均不履行判决书确定的义务，民生银行陆续向苏州工业园区法院申请强制执行。在执行过程中，法院裁定拍卖被执行人名下的二处房产，案外人安某某、庞某书面申请对拍卖价款优先受偿。此

后，安某某、庞某异地起诉，迅速取得了生效判决，并持判决向执行法院申请参与分配。在拍卖过程中，安某某、庞某又分别参与竞买二处房产，其中庞某实际竞得。拍卖成交后，执行法院及时分配了案款（其中抵押债权因存疑暂未发放），民生银行实际受偿金额远不足以清偿全部债务。

法院调查后确认，安某某、庞某所称出借款在短时间内先后经过20余次流转最终回流至出借方，款项来源及资金走向形成闭环，借贷事实并不成立。因6人虚构债务、虚假抵押、虚假诉讼实施规避执行行为，执行法院对6人罚款合计60万元，并将6人的犯罪线索移送公安机关，6人均被追究刑事责任。

案例五　为阻却执行，律师参与伪造证据并担任虚假诉讼代理人，构成虚假诉讼罪共犯

被告人张某系某律师事务所律师。为帮助案外人邵某取得已被法院查封的被执行人房产，张某伙同邵某等人虚构以房抵债协议，以此提出异议请求排除执行，导致人民法院作出错误裁判，中止执行被查封的房产。在另案中，张某为邓某等人出谋划策，捏造实际出借款项事实，申请仲裁，取得仲裁文书后，向人民法院申请强制执行，致使连云港某房地产公司被强制执行220余万元。

上述两案中，律师张某及邓某、邵某等人以捏造的事实提起虚假诉讼并申请强制执行，情节严重，其行为构成虚假诉讼罪，灌云法院对张某、邓某、邵某等人依法追究刑事责任。其中，律师张某以虚假诉讼罪，被判处有期徒刑一年九个月，并处罚金人民币10万元。

案例六　案外人通过循环转账，虚构买受执行标的物的虚假付款事实，以恶意阻却执行，被罚款10万元

南通中院在一起执行案件中，查封了被执行人某大酒店名下的房产及土地使用权。案外人刘某珍主张其已在法院查封之前购买上述不动产，支付了价款1600万元，并提交了付款银行流水进行证明。在该案案外人异议之诉二审期间，省法院查明：刘某珍通过其农业银行账户分12笔向某大酒店共计汇款3188万元。同日，某大酒店及其关联公司账户将其中的2188万元返还至刘某珍前述的农业银行账户。因此，其实际给付某大酒店的资金只有1000万元，且其中623万元的转账记录已经被另案生效法律文书确认为民间借贷。

案外人刘某珍通过循环转账，虚构买受执行标的物的虚假付款事实，以此恶意阻却执行，其行为严重扰乱了诉讼秩序。据此，省法院对其阻却执行的诉讼请求判决驳回，并处罚款10万元。

案例七　亲朋好友恶意串通，签订虚假房屋买卖合同企图逃避执行，
5人被拘留或罚款

姑苏法院在执行过程中，查封了被执行人茅某忠的房产。案外人俞某新提出案外人异议，主张其已在法院查封之前购买上述房产。在案外人异议之诉审理中，姑苏法院查明：被执行人茅某忠、阙某华为夫妻，其因经营负债，为逃避将来可能的债务，在周某东的帮助下，由阙某华与俞某新签订虚假的房屋买卖协议书，以阻却执行。在案件审理过程中，案外人俞某新、被执行人茅某忠又串通证人周某东、周某英向法院作虚假陈述。

姑苏法院查明上述事实后，对茅某忠拘留15日，对阙某华、俞某新分别罚款3万元，对周某英、周某东分别罚款2万元。上述人员被处罚后，均向法院具结悔过，被执行人茅某忠主动向法院缴纳执行款10万元，并同意将案涉不动产交付执行。

案例八　虚构租赁提出执行异议，意图阻止"法拍房"正常交付，
被罚款2万元

南京江北新区法院在依法拍卖被执行人房产前发出公告，责令被执行人及案涉房屋的其他使用人在限定日期前腾空并迁出。案外人马某青以其对案涉房产享有租赁权为由，提出执行异议，请求阻止交付司法拍卖成交房屋。马某青为证明其主张，提供租赁合同、水电费缴款记录、物业费发票为证。

南京江北新区法院经审查发现，马某青与被执行人存在商业合作关系。在案件听证过程中，马某青多处陈述前后不一、自相矛盾。关于案涉房屋的占有使用情况，马某青先是陈述由自己居住，后又改称租赁给其父母居住；关于物业费发票，马某青陈述系其姑父从物业公司开具，但是其提供的微信聊天记录显示是其姐姐从物业公司直接取得。法院要求马某青提供水电费缴款详情，其也未能提供。

综上，南京江北新区法院认定马某青虚假陈述案情，拒不提供关键证据，刻意隐瞒案件真实情况，妨害司法秩序，对其罚款2万元。

案例九　虚构婚前财产协议，骗取法院民事调解书企图阻却执行，
夫妻双双被罚款

关于申请执行人某建筑公司与王某民间借贷纠纷一案，在执行过程中，法院查封了王某名下案涉房产。后王某之妻翁某向法院提起离婚诉讼，并持其与王某签订的婚前财产协议请求法院确认案涉房产归翁某所有，双方达成调解协议并由该区法院制作民事调解书。

徐州中院在执行异议之诉审理的过程中发现，翁某离婚诉讼所持婚前财产协议中关于案涉房产的出资主体及方式与商品房买卖合同以及抵押贷款合同的约定不一致。经查，翁某、王某为达到转移财产、逃避执行的目的，持虚假的婚前财产协议，以离婚诉讼为由骗取人民法院生效民事调解书，再以此调解书作为排除执行的依据。翁某与王某采取伪造证据、虚假诉讼等手段，企图规避执行，妨害正常的民事诉讼和执行程序，徐州中院据此对翁某罚款8万元，对王某罚款5万元。

案例十　隐瞒合同解除事实，虚假提起案外人异议以阻却执行，被罚款1万元

张家港法院在执行过程中依法查封了被执行人名下宝马汽车一辆。案外人谢某提出执行异议称，其于2019年5月28日购买了该汽车，并付清了全款，后因案涉车辆被查封导致无法过户，请求停止对该车辆的执行并解除查封。谢某还提供了原购车合同及付款凭证等证据。经张家港法院查实，上述车辆买卖合同交易双方已于2019年6月5日口头解除，并于当日通过第三人退还了全部购车款。谢某在得知其提出的虚假案外人异议被法院发现后，立即请求撤回执行异议。因谢某的上述行为具有明显的违法性，故张家港法院对其撤回异议的申请不予准许，并对其罚款1万元。

来源：江苏省高级人民法院

江苏省检察机关服务保障民营经济高质量发展典型案例（节录）

典型案例四 马某拒不执行裁定不起诉案
——帮助涉案企业挽回损失，保障职工合法权益

【基本案情】

马某系三家民营企业董事长、法定代表人、实际经营人。

2012年4月，马某向刘某借款60万元。后经法院调解、裁定，马某应偿还刘某借款及利息，并承担诉讼费共计65万元。但马某一直未履行执行裁定确认的还款义务。

另审查发现，2010年至2012年，马某因企业资金周转陷入某黑社会性质组织"套路贷"陷阱，巨额财产被非法侵吞，致使企业长期拖欠400余名职工1500万元社保费用。

【检察履职情况】

某区人民检察院受理马某拒不执行裁定案后，认为马某长期逃避执行法院生效裁定的事实清楚、证据确实充分，符合逮捕条件，但经主动调查发现：马某既是本案的犯罪嫌疑人，又是涉黑案件的被害人，其不执行裁定主要因为巨额财产被非法侵吞；马某的公司尚在生产经营，且主要依靠其本人拓展业务，若对其继续羁押，企业生存难以为继，数百名职工也将失去工作岗位。检察机关在马某家属代为偿还65万元欠款后及时启动羁押必要性审查，在保证刑事诉讼顺利进行的前提下，将马某的强制措施变更为取保候审。

案件移送审查起诉后，检察机关把本案与涉黑案件一并审查，协同推进；采用民事监督手段，建议法院优先保障企业职工权益；与法院沟通协作，制定涉黑案件财产处置清单，促成法院将涉黑案件的查扣赃款优先用于支付职工社保费用。

检察机关综合考虑案件性质、马某认罪认罚、案发后已执行裁定等情节，依法作

出不起诉决定。

【发布意义】

检察机关在办理涉企案件的过程中，既要依法惩治犯罪，也要保障企业及职工权益，防止因经营人的违法犯罪而导致企业经营状况恶化、职工权益受损。本案中，检察机关通过依法变更对涉案民营企业经营人的强制措施、追缴返还企业被黑社会组织侵吞的财产等手段，有效帮助民营企业挽回经济损失，优先支付职工工资和社保，在保护企业职工合法权益的基础上，同步保障企业的生存发展。

来源：江苏检察在线

江苏法院打击拒执犯罪典型案例

为确保"基本解决执行难"工作有效推进，进一步宣传法院打击拒执犯罪的努力和成果，营造尊重生效判决、崇尚诚实守信的良好氛围，江苏省法院现集中发布一批"拒执罪"典型案例。2016年至2018年7月底，全省法院共判决拒执罪232人，非法处置查封、扣押、冻结财产罪70人。在通过这些典型案例向社会传达法院系统打击拒执犯罪决心的同时，敦促被执行人牢固树立诚信意识，自觉履行法定义务，莫为自己的抗拒执行行为付出人身自由的代价。

案例一　赵某拒不执行判决案

【案情简介】

2008年9月28日，赵某驾驶正三轮摩托车与单某相撞，致单某受伤，经鉴定构成两处十级伤残，赵某负事故主要责任。2009年9月21日，江苏省东海县人民法院作出民事判决，判令赵某赔偿单某各项损失共计39045元。

因赵某未如期履行，单某申请强制执行；法院于2010年1月21日依法立案并向赵某送达《报告财产令》，赵某收到《报告财产令》后拒绝报告财产；法院于2014年1月26日对赵某司法拘留15日，赵某仍不履行判决确定的义务。赵某有能力履行判决义务而拒不执行，造成单某家庭生活困难，致单某与其妻子于2010年2月3日协议离婚，后单某患精神分裂症，中国残疾人联合会于2017年12月4日向单某发放精神残疾二级残疾证。

东海县公安局对本案立案侦查后，赵某于2018年4月29日履行赔偿款加延期利息共计45000元，并主动到案，如实供述犯罪事实。赵某对人民法院的生效判决有能力执行而拒不执行，情节严重，其行为已构成拒不执行判决、裁定罪。其犯罪后自动投案并如实供述自己的犯罪事实，是自首，可以从轻处罚。鉴于赵某案发后已履行了生效判决确定的义务，可以从轻处罚。根据其犯罪情节和悔罪表现，对其所居住社区没有重大不良影响，符合缓刑适用条件，可依法宣告缓刑。江苏省东海县人民法院遂作出判决：被告人赵某犯拒不执行判决、裁定罪，判处有期徒刑一年，缓刑一年。

【法官说法】

这是一起典型的涉民生执行案件，被执行人的失信行为给申请人造成极大的伤害。申请人单某家境本不富裕，伤后长久未获赔偿，致经济更加窘迫，妻子与之离婚，在多重打击之下患上精神分裂症。被执行人赵某在收到法院《报告财产令》后，拒绝报告财产，以各种手段抗拒执行，在被采取司法拘留措施后，仍拒不执行判决，在刑事立案后却很快一次性付清赔偿款及延期利息，说明其明显具备履行能力，属于"有能力执行而拒不执行，情节严重"的情形，构成拒不执行判决、裁定罪。本案的判处，不仅体现了人民法院对拒不执行判决、裁定行为绝不纵容、坚决打击的信心和决心，也对其他失信被执行人形成了巨大的威慑力。

案例二　贵州某机械设备租赁有限公司、陈某拒不执行判决案

【案情简介】

关于陈某某诉贵州某机械设备租赁有限公司、陈某融资租赁合同纠纷一案，江苏省徐州市鼓楼区人民法院作出民事判决，判令被告贵州某机械设备租赁有限公司一次性向原告陈某某支付租金1194768元及违约金，被告陈某对上述债务向原告陈某某承担连带保证责任。因两被告未按生效法律文书确定的期限履行义务，原告陈某某申请法院强制执行。

经法院调查，被执行人贵州某机械设备租赁有限公司无银行存款，明显不符合经营企业常理。法院执行干警前往贵州查询该公司银行账户流水情况后发现：陈某作为该公司的法定代表人，将该公司的财产收入转到第三人陈江某名下，以此逃避执行。法院遂将该案移送公安机关进行侦查。开庭审理前，被执行人陈某迫于压力缴纳了全部案款。

江苏省徐州市鼓楼区人民法院经审理认为，被告单位贵州某机械设备租赁有限公司及其法定代表人被告人陈某对人民法院生效判决有能力执行而拒不执行，情节严重，其行为已构成拒不执行判决、裁定罪，且系单位犯罪，依法应予以刑事处罚。鉴于被告人陈某犯罪情节较轻，确有悔罪表现，对其可以适用缓刑，该院遂作出判决：被告单位贵州某机械设备租赁有限公司犯拒不执行判决罪，判处罚金人民币十五万元；被告人陈某犯拒不执行判决罪，判处有期徒刑八个月，缓刑一年。判决生效后，贵州某机械设备租赁有限公司依法缴纳了全部罚金。

【法官说法】

本案中，公司法定代表人为使公司逃避执行，将公司财产恶意转到其他人名下，拒不履行人民法院生效的民事判决，性质十分恶劣。该案的办理，使得被执行人迫于压力，履行了全部案款，执行案件得以顺利结案，有力地保障了胜诉当事人的合法权

益，取得了良好的社会教育效果。

案例三　谢某伟、谢某拒不执行判决案

【案情简介】

谢某伟、谢某均为东海县黄川镇人。2008年3月13日，谢某伟在东海县某信用合作社借款3万元，约定2008年11月20日还清本息，谢某、孙某波为该借款的保证人，其保证方式为连带责任保证。到期后，由于三人未履行还款义务，该信用合作社向东海法院提起诉讼。2011年3月28日，江苏省东海县人民法院作出民事判决，判令被告人谢某伟偿还该信用合作社借款人民币3万元及利息和逾期罚息；谢某及孙某波承担连带清偿责任。

判决生效后，谢某伟、谢某未履行生效判决。该信用合作社于2011年9月23日向法院申请执行。执行期间，二人不仅未履行生效判决确定的义务，谢某伟还以谢某的名义在东海县某汽贸公司以分期付款的方式购买了价值50万元的半挂货车一辆，而且在还款方式上作了变通以隐藏财产逃避执行。东海法院迅速固定证据，将二人涉嫌拒不执行判决的犯罪线索移送东海县公安局，公安机关随即立案侦查。谢某伟、谢某二人终于明白事情的严重性，在公安机关立案侦查期间，全部归还了借款本息，且到案后如实供述了犯罪事实。

谢某伟、谢某对人民法院的生效判决有能力执行而拒不执行，情节严重，其行为均已构成拒不执行判决、裁定罪，系共同犯罪。鉴于二人到案后能如实供述犯罪事实，构成坦白，且已全部履行了判决确定的义务，予以从轻处罚。江苏省东海县人民法院遂作出判决：被告人谢某伟犯拒不执行判决罪，判处罚金人民币三千元；被告人谢某犯拒不执行判决罪，判处罚金人民币二千元。

【法官说法】

债务人作为被执行人为逃避执行，以担保人的名义购置大额资产并在还款方式上做变通，企图隐藏财产，掩盖其具有执行能力的事实；担保人作为被执行人，明知案件情况和执行义务，仍与债务人合谋隐藏财产，二人在主观上具有犯意联络，在客观上配合实施了拒执行为，构成拒不执行判决、裁定罪的共同犯罪。因二人到案后如实供述罪行，悔罪表现诚恳，且全部归还了借款本息，法院最终对二人判处罚金，体现了"宽严相济、罚当其罪"的刑事政策，彰显了重在推动执行、预防教育的刑罚适用目的。

案例四　王某拒不执行判决案

【案情简介】

2014年5月4日，苏州市中级人民法院就王某与中国人民解放军某部队的房屋租赁

合同纠纷作出维持原判的终审判决，判令王某于判决生效之日起三十日内将其占用的位于苏州市西二路的房屋腾空后返还给中国人民解放军某部队，并承担相应租金及占用费。因王某未按判决履行义务，2014年7月10日，权利人中国人民解放军某部队向苏州市姑苏区人民法院申请强制执行。

在执行过程中，姑苏法院查明，王某在判决生效后不仅没有主动履行法律义务，反而将应交付的房屋扩大对外招租，延长租期至2019年，召集社会闲杂人等，特别是控制了大量残疾人占据房屋，并公开声称就是要占据房屋以谋取拆迁利益。在执行过程中，王某一方面拒不露面，另一方面组织不良势力不断闹事上访，刻意阻挠强制执行，致使判决执行无法顺利推进。2015年底，姑苏法院在全面评估该案件情况后，以被执行人王某涉嫌构成拒不执行判决、裁定罪，将案件线索移送公安机关。经公安机关立案侦查、检察机关审查起诉，该案于2016年9月8日进入审判程序。在案件审理过程中，王某迫于刑事制裁的威慑力，履行了判决确定的腾房义务。

法院经审理认为，被告人王某对人民法院的判决有能力履行而拒不执行，属于"情节严重"的情形，其行为构成拒不执行判决、裁定罪，当处三年以下有期徒刑、拘役或者罚金；鉴于被告人王某案发后履行了民事判决所确定的腾房义务，归案后又如实供述了所犯罪行，可以从轻处罚。被告人王某在案发后确有悔罪表现，且具有实施社区矫正的条件，可予以适用缓刑。该院遂作出判决：被告人王某犯拒不执行判决罪，判处拘役六个月，缓刑一年。被告人王某未提起上诉。

【法官说法】

《全国人大常委会关于刑法第三百一十三条的解释》以及《最高人民法院关于审理拒不执行判决、裁定刑事案件适用法律若干问题的解释》对刑法第三百一十三条规定的"有能力执行而拒不执行，情节严重"的情形进行了列举，其中包含了"拒不交付法律文书指定交付的财物、票证或者拒不迁出房屋、退出土地，致使判决裁定无法执行"的情形。本案中，被执行人王某负有腾退房屋的义务，在案件已经进入强制执行程序的情况下，王某非但没有配合法院的工作，反而通过恶意延长租期、召集社会闲杂人等公然对抗执行，严重妨害了执行秩序，构成拒不执行判决、裁定罪。

案例五 严某拒不执行判决、裁定自诉案

【案情简介】

2013年3月16日，江苏省滨海县人民法院作出（2009）滨执字第00856号民事裁定书，裁定将被执行人严某所有的房屋所有权转移给申请执行人王某，折抵案件全部标的款。裁定作出后，被执行人严某仍占有该房屋，拒不搬出。申请执行人王某多次报警，当地派出所亦多次出警，并进行调解，被执行人严某当时口头答应搬出，但事后

仍然对该房屋进行占有。2016年2月3日，法院对被执行人严某实施司法拘留十五天。2017年5月17日，法院对该被执行的房屋再次进行查封，并张贴了查封公告和封条，但当天就被被执行人严某的妻子撕毁，并继续对该房屋进行占有。

因严某拒不履行生效判决，王某遂启动"自助"模式，以严某犯拒不执行判决、裁定罪向滨海法院提起刑事自诉。在案件审理期间，被告人严某主动与自诉人王某达成房屋转让协议，使自诉人的合法利益得到实现。自诉人王某对被告人严某的行为表示谅解，并请求对被告人严某从轻处罚。2018年3月，滨海法院公开宣判该院首例申请执行人自诉拒执刑事案件，被告人严某犯拒不执行判决、裁定罪，被判处拘役四个月，缓刑六个月。

【法官说法】

自诉举措另行开辟了一条通过刑事诉讼打击拒执行为的途径。若被执行人一直拒不履行义务，只要符合"拒执罪"自诉案件的立案条件，当事人就可以直接向法院提起自诉，要求追究被执行人的刑事责任。本案中，被执行人严某拒不搬出涉案房屋并对房屋进行占有使用的行为严重损害了申请执行人的合法权益，符合拒不执行判决、裁定罪的构成要件，应以该罪论处。虽然公安机关未就严某涉嫌拒执罪立案，但是申请执行人以向法院提起刑事自诉的方式追究了被执行人的刑事责任，维护了自身合法权益，促使被执行人履行了义务。

案例六　王某、黄某拒不执行裁定案

【案情简介】

2012年10月18日，宿迁市中级人民法院对招商银行股份有限公司南通分行诉王某、宿迁某医药有限公司借款担保合同纠纷一案作出民事调解书，确认王某尚欠招商银行股份有限公司南通分行借款本金13778841.42元以及逾期利息142846.58元，并于2012年10月20日前将上述本息给付招商银行股份有限公司南通分行。如王某未能按约全额履行，则招商银行股份有限公司南通分行可向该院申请执行，并对王某提供的全部抵押房地产折价或者以拍卖、变卖所得价款优先受偿。因王某未按调解书约定履行义务，招商银行股份有限公司南通分行向该院申请强制执行。该院立案执行后，作出执行裁定，对王某所有的位于启东市的商铺及座下土地使用权涤除租赁权进行拍卖。

2017年2月23日，王某指使黄某向宿迁市中级人民法院提交租赁合同以及400万元的转账记录，虚构关于被执行商铺的租赁关系，向该院提出执行异议，要求法院带租拍卖或拍卖后补偿预付租金。该院审查后驳回黄某的异议请求。王某又指使黄某提出执行异议之诉。该院立案受理后，在审理该案的过程中，黄某提出撤诉申请，该院裁

定准许黄某撤回起诉。王某、黄某通过上述虚假诉讼的方式，拒不执行宿迁市中级人民法院作出的裁定。

该虚假诉讼的进行，导致执行工作难以推进，在被拖延的这段时间内，案涉商铺市场行情出现较大波动，财产处置困难，申请执行人的合法权益无法得到保障。江苏省宿迁市宿城区人民法院经审理，认为被告人王某、黄某对人民法院的裁定有能力执行而拒不执行，情节严重，其行为已构成拒不执行裁定罪。被告人王某当庭自愿认罪，可以酌情从轻处罚。被告人黄某归案后如实供述自己的罪行，可以从轻处罚。该院遂作出判决：被告人王某犯拒不执行裁定罪，判处有期徒刑十个月；被告人黄某犯拒不执行裁定罪，判处拘役六个月，缓刑十个月。

【法官说法】

虚构租赁合同规避执行，在涉房产执行的过程中较为常见，租赁关系是否构成，需要司法实践中结合多种证据予以综合分析认定。本案中，王某、黄某合谋串通，利用虚假诉讼规避执行，虚假证据"环环相扣"，违法手段十分隐蔽，不仅导致案件无法执行，更导致司法资源的大量浪费。对王某、黄某依法判处刑罚，维护公平正义，既是打击不诚信诉讼的需要，也是推动"基本解决执行难"工作顺利开展的有效手段。

案例七　仇某拒不执行判决、裁定案

【案情简介】

2013年10月15日，扬州市邗江区人民法院判决仇某于判决生效之日起十日内一次性返还夏某人民币10万元及逾期还款利息。判决生效后，仇某未履行义务，申请执行人夏某向该院申请强制执行。在执行过程中，该院依法查封被执行人仇某名下位于扬州市邗江区的一套房产。该院经多次联系被执行人仇某未果后，决定拍卖被执行人仇某名下的不动产来偿还债务。

2014年12月4日，被执行人仇某主动约申请执行人夏某至法院，双方达成执行和解协议，约定先偿还人民币3万元，剩余部分分期还款；在被执行人仇某的要求下，双方另达成由申请执行人夏某向法院申请解除对仇某房产的查封，后该院根据申请执行人夏某的申请，解除对上述房产的查封。在后期履行的过程中，被执行人仇某没有依期按照协议履行，且已更换了电话号码，该院多次联系被执行人仇某，仇某要么不接，要么以不清楚执行人员身份为由迅速挂掉电话。该院经进一步查询被执行人仇某名下房产时，发现其已将该房屋出售，其出售所得的款项未能偿还申请执行人，遂向扬州市公安局邗江分局发送公安机关侦查函。

扬州市公安局邗江分局立案侦查后，查明被执行人仇某所卖房屋款项用于偿还银行的贷款和以其近亲属名义购置房屋,未用于偿还本案债务。邗江分局后将仇某抓获。到案后,仇某如实供述了自己的犯罪事实,其亲属代为履行了全部还款义务。江苏省扬州市邗江区人民法院经审理认为,被告人仇某有能力执行法院判决而拒不执行,情节严重,其行为已构成拒不执行判决、裁定罪;其归案后如实供述自己的罪行,依法可以从轻处罚;其亲属代为履行还款义务,可酌情从轻处罚并可给予其一定的考验期限。该院遂作出判决:被告人仇某犯拒不执行判决、裁定罪,判处有期徒刑九个月,缓刑一年。

【法官说法】

积极履行生效判决是被执行人的法定义务。本案中,被执行人仇某在面临法院处置房产的压力下,为了骗取申请执行人夏某的信任,假意签订和解协议,先偿还部分款项,再让申请执行人向法院申请解除对其房产的查封。房屋解封后,被执行人严重违背诚信,拒不履行和解协议,不仅迅速变卖房产,还更换了手机号码,使得法院无法查找可供执行的财产线索,也无法联系到被执行人。被执行人有能力执行法院判决而拒不执行,逃避执行意图明显,情节严重,其行为已构成拒不执行判决、裁定罪。

案例八 毛某拒不执行判决案

【案情简介】

关于扬州市某服饰有限公司诉南通某纺织品有限公司加工合同纠纷一案,江苏省高邮市人民法院作出(2015)邮商初字第00420号民事判决,判令:南通某纺织品有限公司应于判决生效后十日内给付扬州市某服饰有限公司加工价款、运费、进仓费合计301265元。因被执行人南通某纺织品有限公司未在规定的期限内履行法律文书所确定的义务,申请执行人扬州市某服饰有限公司向该院申请执行。

2017年6月8日上午,该院在南通市港闸区发现被执行人南通某纺织品有限公司法定代表人毛某,在南通市港闸区人民法院执行局的协助下,将其带至南通市港闸区人民法院。在谈话的过程中,毛某拒绝配合,对执行人员实施推搡殴打,阻碍执行工作,造成了很坏的社会影响,该行为被现场执行仪全程录像。

因拒不履行生效法律文书确定的义务及以暴力方法阻碍司法工作人员执行职务,2017年6月8日,毛某被法院决定司法拘留十五日。鉴于毛某的行为已涉嫌构成拒不执行判决、裁定罪,该院于2017年6月12日将该案移送公安机关立案侦查,毛某后被高邮市公安局立案侦查并采取取保候审的强制措施。在公安机关侦查期间,被执行人履行了全部执行义务。鉴于毛某归案后如实供述主要犯罪事实,且被执行人南通某纺织品有限公司已履行全部执行义务,法院酌情从轻处罚。该院遂作出判决:被告人毛某犯拒不执行判决罪,判处有期徒刑八个月,缓刑一年。

【法官说法】

被执行人以暴力方法阻碍司法工作人员执行职务，造成了极为恶劣影响的，构成拒不执行判决、裁定罪。本案的审理和判决，切实维护了司法权威，有力地打击了被执行人蔑视法律的嚣张气焰，促进了生效判决的履行，同时，也为今后执行人员的人身安全提供了进一步保障，实现了法律效果和社会效果的有机统一。

案例九　郑某拒不执行判决、裁定案

【案情简介】

新沂市人民法院作出的（2015）新民初字第00237号民事判决书，判令被执行人郑某于本判决生效后三十日内将位于新沂市新安街道沂铁花苑的4套房屋内被告所有的相关物品腾空后交付给申请执行人陈某。判决生效后，被执行人郑某拒不从涉案房屋内搬出，申请执行人陈某遂向新沂市人民法院申请执行。新沂市人民法院立案受理后，依法向被执行人郑某送达了《执行通知书》，责令被执行人在规定期限内将其侵占的房屋清空并搬出交付给申请执行人。但被执行人仍拒不履行生效法律文书确定的义务，并将其儿子、儿媳妇及其年迈且行动不便的母亲搬到房屋内居住，严重阻碍案件的执行。执行人员多次上门做其工作，被执行人态度恶劣，不配合执行工作，并多次威胁执行人员。2016年1月12日，新沂市人民法院对被执行人郑某进行司法拘留15日。拘留期间，被执行人郑某在拘留所以绝食等方式抗拒执行，公安机关决定对其提前解除拘留措施。因被执行人郑某拒不履行生效判决确定的义务，涉嫌构成拒不执行判决、裁定罪，新沂市人民法院于2016年3月5日将该案移送新沂市公安局立案侦查，追究其刑事责任。2017年4月6日，新沂市人民法院作出判决：被告人郑某犯拒不执行判决、裁定罪，判处有期徒刑一年。

【法官说法】

生效的判决应该得到尊重和执行，任何人在法律上都没有特权，企图抗拒执行、阻挠执行的行为最终都会受到法律的惩罚。郑某无视法律，采取各种手段阻挠执行、抗拒执行，最终受到法律应有的处罚。执行干警们不畏困难、敢于担当，坚决打击"老赖"，不让违法行为有生存的空间。本案执行过程的全公开和案件的最终判决，曝光了"老赖"的嘴脸，弘扬了社会正气，打击了"老赖"的违法犯罪行为，营造了社会理解、尊重、支持人民法院执行工作的氛围。

案例十　吴某非法处置查封的财产案

【案情简介】

2015年2月11日，如东县人民法院对南通某劳护用品有限公司二楼成品仓库内1900

余箱手套进行查封。2015年8月，该公司法定代表人吴某在明知该1900余箱手套已被查封的情况下，将其中1700余箱手套转移至如东县曹埠镇上漫居委会通如桥附近的朱某仓库，并委托翟某进行出售。翟某将其中部分手套出售，余下的手套仍存放在朱某仓库。

吴某因涉嫌非法处置查封的财产罪，于2018年2月3日被如东县公安局抓获，2月4日被刑事拘留，2月14日被逮捕。案发后，吴某如实供述了自己的犯罪事实。

江苏省如东县人民法院经审理认为，被告人吴某转移已经被司法机关查封的财产，情节严重，其行为已构成非法处置查封的财产罪。归案后被告人吴某如实供述了自己的犯罪事实，系坦白，可以从轻处罚。被告人吴某在庭审中自愿认罪，可酌定从轻处罚。据此，该院作出判决：被告人吴某犯非法处置查封的财产罪，判处有期徒刑十个月。

【法官说法】

吴某在明知相关财产被查封的情况下，却私自处理进行销售，对抗执行的性质恶劣，依法应予以惩戒。通过审判追究被告人非法处置查封财产的刑事责任，一方面惩罚了非法处置查封财产的行为，另一方面促使被执行人及时履行生效判决的义务，执行案件被顺利执结。

来源：江苏高法

湖北法院保护法官合法权益维护司法秩序典型案例（二）（节录）

案例十　曹某敬拒不执行案

【裁判要点】

法院对被执行人的财产采取强制措施后，他人未经法院同意，擅自破坏法院的查控措施，处置财产，人民法院可以根据情节轻重予以罚款、拘留；构成犯罪的，依法追究刑事责任。

【基本案情】

2021年1月，湖北省宜昌市猇亭区人民法院立案执行申请执行人骆某明与被执行人刘某华民间借贷纠纷一案。在该案审理及执行期间，法院先后依法查封了被执行人刘某华经营的砂石场内一批已停止生产的机械设备。2021年5月，因被执行人刘某华既未向砂石场场地出租人曹某敬交纳拖欠的场地租金，亦未及时腾退机械设备将场地返还给出租人曹某敬，曹某敬在事先未通知执行法院的情况下，擅自对砂石场场地上被查封的机械设备进行了转移，其中部分设备异地堆放，另将部分已损坏的设备当作废品进行了变卖。因曹某敬擅自处置已被法院查封的财产，申请执行人骆某明分别向当地公安机关及执行法院报案，请求对曹某敬的行为依法进行严惩。

【裁判结果】

2021年5月17日，宜昌市猇亭区人民法院向案外人曹某敬发出《追回财产通知书》：责令其自通知书送达之日起三日内追回财产；逾期不能追回的，将裁定其承担相应赔偿责任。2021年5月18日，宜昌市猇亭区人民法院又作出（2021）鄂0505执2号决定：对案外人曹某敬罚款5000元，限其三日内缴纳。2021年5月25日，因曹某敬未能追回被其处置的财产，宜昌市猇亭区人民法院作出（2021）鄂0505执2号之四执行裁定书，裁定案外人曹某敬于裁定生效之日起五日内，赔偿擅自处置变卖查封财产的折价款20215元。

在相关法律文书送达给曹某敬后，其本人自愿认错认罚，在法定期限内，未申请复议和提起执行异议。2021年5月21日，曹某敬主动缴纳罚款5000元；2021年5月27日，其又主动缴纳赔偿款20215元，在指定的期限内缴清了全部罚款和赔偿款。

【典型意义】

人民法院依法作出并发生法律效力后的民事判决、裁定，当事人必须履行。一方当事人拒绝履行的，对方当事人可以向人民法院申请执行。在执行过程中，被执行人未按执行通知履行义务的，人民法院有权查封、扣押、拍卖、变卖被执行人应当履行义务部分的财产。在法院对被执行人的财产采取强制措施后，任何人不得破坏法院的查控措施，也不得擅自处置。如有违反，将承担相应法律后果。

本案中，曹某敬作为案外人，其无视场地现场张贴的查封裁定和公告，擅自处置被法院查封的财产，其行为已妨碍了法院的民事执行；但鉴于其作为砂石场场地的出租人，因砂石场长期停业，被执行人刘某华又拒不交纳租金，其处置被查封财产的目的是收回场地，违法情节较为轻微，尚不够追究其刑事责任。根据本案的实际情况，法院对案外人曹某敬作出罚款并责令赔偿的处罚决定，既符合法律规定，又适当惩罚了藐视法院执法权威的违法行为人员，较好地起到了"执行一案、教育一方"的法律效果和社会效果。

来源：湖北高院

2020年度重庆法院刑事审判十大典型案例（节录）

案例五 甲公司、陶某拒不执行判决、裁定案

【基本案情】

2016年11月1日，重庆市沙坪坝区法院作出（2016）渝0106民初8475号民事判决书，判决被告乙公司支付原告丙公司钢材款5884626.72元，资金占用损失以及加倍支付延迟履行期间的债务利息、案件受理费26494元，被告甲公司对被告乙公司应支付的钢材款、资金占用损失承担连带责任。该判决生效后，被告甲公司和被告乙公司均未执行判决。

2017年2月28日，申请执行人丙公司向法院申请强制执行，沙坪坝区法院立案执行，于2017年3月1日将《执行通知书》《报告财产令》《财产申请表》和传票送达被执行人甲公司，并于2017年4月12日查封了被执行人甲公司所有的权证号为"渝2016沙坪坝区不动产权第00044××××号"的土地。但该土地已设立多轮抵押权，甲公司的厂房未办理产权证。2018年11月7日，重庆市大足区人民法院受理了甲公司破产清算一案，现破产程序已进入债权认定阶段。

被告人陶某系被告单位甲公司的大股东和实际控制人，占股80%，由其弟陶某某担任公司的法定代表人。2017年初起，被告单位甲公司及其实际控制人即被告人陶某继续利用原生产场地、机器设备、工作人员，但以甲家居公司的名义对外生产经营，且以陶某和其父亲陶某华等私人账户参与公司收付款，导致法院无法核查甲公司的资金，从而使执行工作难以有效进行。经重庆某会计师事务所司法会计鉴定，2017年2月28日至2019年6月11日，涉案单位及关联方共对外收款4881笔，金额共计16049546.24元。该金额足以履行沙坪坝区法院（2016）渝0106民初8475号民事判决书判令的给付义务，而被告甲公司拒不履行。

【裁判结果】

被告单位甲公司犯拒不执行判决、裁定罪，被判处罚金10万元。被告人陶某犯拒不执行判决、裁定罪，被判处有期徒刑二年六个月。

【典型意义】

本案中,被告单位甲公司和其实际控制人陶某在收到法院依法作出的具有执行内容并已发生法律效力的判决、裁定后,为逃避执行,以关联公司的名义继续经营,并以私人账户收取远超执行金额的经营款,属于有能力执行而拒不执行的隐藏、转移财产行为,严重扰乱了人民法院的正常司法秩序,已构成拒不执行判决、裁定罪,依法应当承担刑事责任。自觉履行生效的判决、裁定是公民应积极履行的法律义务。本案的依法审理向社会传达了人民法院依法打击拒执犯罪、维护司法权威的决心,同时做到了"打击一案、教育一片",敦促被执行人树立诚信意识,实现了执行工作法律效果和社会效果的统一。

来源:重庆市高级人民法院刑一庭、刑二庭

重庆市高级人民法院发布拒执罪典型案例

案例一 周某拒不执行裁定案
——被执行人故意转移、隐匿财产,逃避法院执行,致使法院生效裁定无法执行,被判处有期徒刑十个月,缓刑一年

【基本案情】

周某系重庆市某防火设备有限公司(以下简称防火设备公司)的法定代表人。2014年5月15日,周某向夏某某借款400万元并约定利息,担保人为防火设备公司。因未能按期还本付息,夏某某向重庆市合川区人民法院(以下简称合川法院)起诉周某、防火设备公司。2015年7月29日,合川法院对该民事案件以民事调解书的形式结案,该调解书确认由周某分期支付夏某某借款本金400万元及利息,防火设备公司对上述借款本金及利息负连带清偿责任。

调解书生效后,周某仍未按调解书明确的内容按时支付夏某某借款,夏某某遂于2015年11月25日向合川法院申请强制执行。在执行过程中,周某在规定的期限内拒不履行还款义务,亦不报告财产,并于2015年12月15日将其本人以及案外人周某伶、重庆市某实业有限公司持有的重庆市某消防设备制造有限公司的全部股份作价5000万元全部转让至案外人杨某、鲜某名下,并于当日变更重庆市某消防设备制造有限公司的法定代表人为杨某。为逃避法院查扣财产,达到转移、隐匿财产的目的,周某先后于2015年11月、2016年1月利用庞某某的名义办理银行卡,并对银行卡进行实际控制。

经调查,庞某某的上述银行卡中收入近百万元,但周某仍拒不执行裁定的内容,未偿还夏某某。鉴于周某在法院执行过程中,转移股权、隐匿财产,致使法院生效裁定书无法执行。合川法院将被执行人周某涉嫌构成拒不执行裁定罪的线索移送至合川区公安局立案侦查。2016年11月9日,周某到合川区公安局投案,如实供述了公司股权转让的事实,并履行了部分义务。

最后,合川法院认定被告周某对人民法院的裁定有能力执行而拒不执行,情节严重,其行为已构成拒不执行裁定罪。鉴于周某如实供述自己的罪行,且在案件审理期

间主动履行部分被执行义务，决定对周某从轻处罚，以犯拒不执行裁定罪，判处周某有期徒刑十个月，缓刑一年。

【典型意义】

被执行人周某在法院强制执行的过程中，转让公司股权，利用他人名义办理银行卡并实际控制使用，故意转移、隐匿财产，逃避法院强制执行，致使法院生效裁定无法执行，情节严重，其行为构成拒不执行裁定罪。法院依法认定被告周某构成犯罪并判处刑罚，对于不履行生效调解书、执行裁定书的被执行人具有较好的警示作用。

案例二 重庆某塑胶有限公司、刘某拒不执行判决、裁定案

——被执行人拒不执行判决确定的偿还借款义务，隐匿公司财产，逃避法院强制执行，对被告单位重庆某塑胶有限公司判处罚金10万元，对刘某判处有期徒刑一年，缓刑一年六个月，并处罚金5万元

【基本案情】

重庆某市政工程有限责任公司与重庆某塑胶有限公司因建筑工程施工合同纠纷一案，经重庆市合川区人民法院（以下简称合川法院）一审，重庆某塑胶有限公司上诉后，重庆市第一中级人民法院终审，判决重庆某塑胶有限公司在判决生效后五日内支付重庆某市政工程有限责任公司工程款1424801.2元及利息。2015年11月10日，因重庆某塑胶有限公司未按期履行义务，重庆某市政工程有限责任公司向合川法院申请强制执行。

执行立案后，合川法院依法向被执行人送达《执行通知书》《报告财产令》等执行文书，并对公司账户采取了查封措施。但重庆某塑胶有限公司及法定代表人刘某仍未履行义务。2015年12月10日，刘某与案外人重庆某物流有限公司协商好后，指派公司员工冯某某与重庆某物流有限公司签订了厂房租赁协议，以364607元的价格将公司厂房租赁给重庆某物流有限公司使用三年。后刘某在明知重庆某塑胶有限公司和自己的私人账户均被法院冻结的情况下，指使重庆某物流有限公司将此笔租房款转至其子刘某某的账户，后取出挪作他用，未履行还款义务，致使法院生效判决无法执行。合川法院将被执行人重庆某塑胶有限公司及刘某涉嫌构成拒不执行判决、裁定罪的线索移送至合川区公安局立案侦查。同月21日刘某主动向合川区公安局投案自首，同日被合川区公安局刑事拘留。在案件审理过程中，重庆某塑胶有限公司及刘某主动履行了部分义务。

2017年4月17日，合川法院作出判决，认定被告单位重庆某塑胶有限公司及该单位直接负责的主管人员被告人刘某对判决、裁定有能力执行而拒不执行，情节严重，其行为均已构成拒不执行判决、裁定罪。鉴于刘某有自首情节，且重庆某塑胶有限公司主动履行了部分义务，合川法院决定对重庆某塑胶有限公司及刘某从轻处罚，以犯拒不执行

判决、裁定罪,对被告单位重庆某塑胶有限公司判处罚金10万元,对刘某判处有期徒刑一年,缓刑一年六个月,并处罚金5万元。

【典型意义】

被执行人重庆某塑胶有限公司及公司负责人刘某在法院强制执行的过程中,明知公司账户被法院冻结,仍指使他人将本应进入公司账户的资金转移至他人账户,挪作他用,隐匿公司财产,逃避法院强制执行,致使法院生效裁判无法执行,情节严重,其行为构成拒不执行判决、裁定罪。法院依法认定被告单位及其直接负责的主管人员构成犯罪并分别判处刑罚,对于作为被执行人的单位具有很好的警示作用。该案已入选最高人民法院依法打击拒不执行判决、裁定罪十大典型案例。

案例三　陈某拒不执行判决案

——被执行人拒不执行判决确定的偿还借款义务,在执行期间故意规避执行,导致判决无法执行,被判处有期徒刑六个月,缓刑一年

【基本案情】

2015年12月,陈某因驾驶电动四轮车撞伤曾某,后被曾某起诉至南川法院。2016年6月,法院判决由陈某支付曾某医疗费、住院伙食补助费、残疾赔偿金、护理费、精神损害赔偿金、鉴定费等共计65000余元。判决生效后,因陈某未自动履行,曾某向法院申请强制执行。执行立案后,南川法院向陈某送达了《执行通知书》《报告财产令》等法律文书,但陈某未在指定期间履行生效判决确定的义务,也未申报个人的财产情况。2017年6月,陈某、曾某达成和解协议,协议约定陈某2017年底支付30000元、2018年底支付20000元,剩余部分不再履行。但协议到期后,陈某再一次拒绝履行协议。

经调查发现,交通事故发生后,陈某与其妻子赵某协议离婚,签订"房屋及屋内一切归赵某所有,银行贷款由陈某归还"的财产分割协议,意图逃避赔偿义务。同时,二人将离婚协议中所涉房产作为抵押向银行贷款共计200000元,用于农机经营等事务。自2016年6月至案发前,陈某、赵某名下账户及借用的朱某银行卡账户中包含现金存入、补贴款账户打款、转账等多笔进账,累计进账金额达570000元,且其贷款均按期还款并支付利息,还将92000元资金转账给其儿媳用于购买房屋等。故南川法院以陈某涉嫌拒不执行判决罪移送南川区公安局立案侦查。

法院经审理认为,被告人陈某明知有判决义务必须履行,在具备履行能力的情况下,采取协议离婚、借他人银行卡予以使用以躲避资金动向的监控查询等手段,拒不执行,情节严重,其行为构成拒不执行判决罪。考虑被告人陈某如实供述自己的罪行,且在侦查阶段主动付清所有赔偿费用,可以从轻处罚,遂以拒不执行判决罪判处陈某有期徒刑六个月,缓刑一年。

【典型意义】

长久以来，部分被执行人诚信缺失，法治意识淡薄，拒不履行义务，严重损害了法律尊严和司法权威。本案中，陈某用尽心思、耍尽手段逃避执行，以为可以一直赖下去，但法网恢恢疏而不漏，该还的始终要还，还要付出高昂的代价，逃避了一年多的金钱义务可以补交，人生档案中留下的黑点却永远无法擦掉。

案例四　丁某某非法处置查封财产案
——被执行人拒不执行判决确定的偿还借款义务，在执行期间非法处置查封的财产，导致判决无法执行，被判处有期徒刑八个月

【基本案情】

关于某银行重庆分行与重庆某特殊钢板有限公司（以下简称钢板公司）金融借款合同纠纷一案，某银行重庆分行于2013年11月18日向重庆市第一中级人民法院（以下简称重庆一中院）申请财产保全，要求查封钢板公司1250万元或同等价值财产。重庆一中院当日裁定查封钢板公司的土地、厂房以及动产质押物约415吨、动产抵押物约20吨，并于次日进行查封，交由某银行重庆分行委托的某物流有限公司监管。查封后，钢板公司总经理丁某某，在未经重庆一中院和银行同意的情况下，私自运走部分被查封的钢板。其中，36吨钢板被运至浙江省缙云县无法追回，其余31.067吨钢板（价值30余万元）被运至重庆市主城区（后被公安机关追回29.233吨）。重庆一中院遂将执行人丁某某涉嫌构成拒不执行判决、裁定罪的线索移送至公安机关立案侦查，后由重庆市忠县检察院向忠县法院提起诉讼。

忠县法院经审理认为，丁某某指使、安排他人非法处置已被司法机关查封的财产，情节严重，其行为已构成非法处置查封的财产罪。丁某某在犯罪后主动投案，属自首，可以从轻处罚。丁某某如实供述罪行并配合追回部分涉案钢板，在量刑时均予考虑。法院遂以非法处置查封的财产罪，判处丁某某有期徒刑八个月。

【典型意义】

丁某某无视法律权威，私自运走被查封物品，其行为构成非法处置查封的财产罪，最终受到刑事处罚。实践中，部分被查封的动产仍在被执行人的实际控制之下，但被执行人应严格遵守法律规定，谨记不能违法处置，否则将面临刑事处罚。

案例五　柏某某拒不执行判决案
——被执行人拒不执行判决确定的偿还借款义务，在执行期间故意规避执行，导致判决无法执行，被判处有期徒刑八个月，宣告缓刑一年六个月

【基本案情】

2016年2月，艾某某为柏某某搬运车床被砸伤，后因柏某某不支付医院治疗费将其

诉至法院。2016年12月28日，江北区法院判决柏某某于判决生效之日起十日内赔偿艾某某各项损失253519.99元。该案经二审终审，维持原判。判决生效后，柏某某未按照判决履行赔偿义务，艾某某遂向江北区法院申请强制执行。

2017年10月19日，因柏某某拒不执行判决，执行法官前往柏某某住所拟对其进行拘留，柏某某作出虚假承诺以骗取艾某某的谅解，逃避拘留。2017年10月20日，柏某某与妻子窦某某协议离婚，同时在协议中注明夫妻关系存续期间无共同债务，以此逃避夫妻共同财产被执行。此后，柏某某在其橡塑配件厂正常生产经营的情况下仍拒绝执行判决。江北区法院遂将被执行人柏某某涉嫌构成拒不执行判决、裁定罪的线索移送至公安机关立案侦查。后由江北区检察院向江北区法院起诉。

江北区法院经审理认为，柏某某对人民法院的生效判决有能力执行而拒不执行，情节严重，其行为已构成拒不执行判决罪，依法应予以处罚。柏某某到案后如实供述其罪行，且与申请执行人达成了协议，履行了大部分义务，取得了申请执行人的谅解，综合其具体情节，法院依法对其从轻处罚，并适用缓刑。据此，江北区法院于2018年6月13日以拒不执行判决罪，判处柏某某有期徒刑八个月，宣告缓刑一年六个月。

【典型意义】

柏某某无视法律权威，终审判决生效后拒不履行赔偿义务，其在每月有工厂经营收入的情况下，仍拒不支付生效判决确定的赔偿款，且在执行中以虚假承诺的方式骗取申请执行人的谅解以逃避司法拘留，对人民法院的判决有能力执行而拒不执行，情节严重。实践中，被执行人被拘留后可以通过与申请执行人达成执行和解协议的方式提前恢复自由。若将和解协议作为缓兵之计，以虚假承诺逃避司法拘留，将面临刑罚制裁。

案例六 程某拒不执行判决案

——被执行人有能力执行而拒不执行法院生效判决，情节严重，其行为构成拒不执行判决罪，被判处拘役五个月，缓刑六个月

【基本案情】

被执行人程某的父亲程某甲于2017年8月1日不幸死亡，程某甲所在单位于2017年8月3日将全部抚恤金1350000元转入被执行人程某的账户。因对该赔偿款的分配不能达成一致，程某甲的母亲熊某某于2017年8月24日将被执行人程某起诉至重庆市南川区人民法院（以下简称南川法院）。南川法院依法判决程某支付熊某某352000元。判决生效后，被执行人程某以金额过高为由拒绝支付。为防止法院对其财产的查控，程某频繁使用一张户名为陶某某的银行卡，且流水金额较大。因被执行人程某拒不执行该生效判决，熊某某于2018年1月2日向南川法院申请执行。

在执行过程中,南川法院于2018年1月31日依法拘传程某,并组织程某与熊某某达成执行和解协议,约定程某在2018年2月7日之前一次性支付熊某某358896元。但此后程某拒绝履行并外出,导致法院无法与其联系。南川法院遂将程某涉嫌拒不执行判决罪的线索移送公安机关立案侦查。后由南川区检察院向南川法院起诉。案发后,被执行人程某于2018年6月5日经公安机关电话通知后,主动到案并供述了自己的犯罪事实。

南川法院经审查认为,被执行人程某对人民法院的判决有能力执行而拒不执行,情节严重,其行为构成拒不执行判决罪。被执行人程某犯罪以后自动投案,如实供述自己的罪行,可以从轻处罚。人民法院依法以拒不执行判决罪,判处程某拘役五个月,缓刑六个月。

【典型意义】

本案中,一位家庭成员的死亡给家庭其他成员带来了巨大悲痛,但是死亡抚恤金的分配问题还导致祖孙两人对簿公堂,让本就不幸的家庭更添痛楚。被执行人程某在巨大利益面前丧失了自我,逾越了道德和法律的底线,拒不执行法院的生效判决,逃避执行,最后受到法律的制裁。

案例七 张某某拒不执行判决案

——被执行人拒不执行生效判决,执行过程中将执行标的物进行毁坏、改建,造成执行标的物灭失,判决无法执行,判处被执行人有期徒刑一年

【基本案情】

邓某某与张某某财产权属纠纷一案,经开州法院依法审理,于2006年11月22日判决张某某在判决生效后三日内将自己占有而尚未改建的正房一间返还给邓某某,并赔偿邓某某损失人民币3000元。判决生效后,因张某某未履行判决义务,邓某某于2007年4月9日向法院申请强制执行。

在执行过程中,执行干警多次通知被执行人张某某履行义务,但被执行人张某某始终对执行人员的告知置若罔闻。2010年6月,张某某隐瞒判决结果,办理了房屋改建手续,将原判决标的物正房一间损毁并进行改建。2010年9月9日,法院决定对张某某司法拘留十五日。其间张某某执行了判决第二项,赔偿了邓某某人民币3000元,并承诺主动与申请执行人邓某某协商解决交付房屋事宜。事后,张某某不但未兑现承诺,还于2013年4月8日将房屋卖与他人。鉴于被执行人张某某的行为涉嫌构成拒不执行判决罪,法院于2014年7月18日将本案移送公安机关依法处理。

2017年2月10日,开州区检察院向开州法院提起公诉,指控张某某犯拒不执行判决罪。法院经审理查明,被告人张某某将执行标的物进行毁坏、改建,造成执行标的

物灭失，判决无法执行，故依法判决被告人张某某犯拒不执行判决罪，判处有期徒刑一年。

【典型意义】

被执行人张某某有能力执行生效判决，交付房屋，但其不仅拒绝、阻碍执行，甚至将房屋毁坏、改建后出售给他人，直接致使生效判决无法执行。在法院穷尽调解、司法拘留等措施后，仍不能执行，表明被执行人抗拒执行的主观故意明显，情节严重，依法应予惩戒。

来源：重庆市高级人民法院

2021年度四川省法院执行典型案例：打击拒执罪篇

拒执犯罪作为不执行法院生效裁判的最严重表现形式，不仅导致债权人的合法权益无法得到有效实现，而且极大地损害了司法公信力和法治权威。2020年，四川省因拒不执行人民法院生效判决、裁定罪被追究刑事责任的有93人，有力震慑了拒不执行的行为。

2021年1月28日，四川省高级人民法院、四川省人民检察院、四川省公安厅联合出台了《关于办理拒不执行判决、裁定刑事案件的实施意见》，从拒执犯罪的认定标准、追究程序两个方面统一了法检公机关在打击拒执犯罪上的法律适用问题，为依法及时有效打击拒不执行判决、裁定犯罪和切实解决"执行难"提供了指引。

案例一 离婚逃债难得逞，赔了夫人又折兵

【基本案情】

杨某诉常某、廖某借款纠纷一案，经法院一审判决常某偿还杨某借款本金466653.7元及利息，廖某对上述借款本息承担连带清偿责任。廖某不服，上诉至中院，被驳回上诉。判决生效后，常某、廖某未履行，杨某申请强制执行。

在执行过程中，执行法官经查控，常某、廖某均无财产可供执行；但在调查廖某时发现，廖某与其前妻胡某在二审刚结束时即办理协议离婚。执行法官立即从民政部门调取二人的离婚协议，发现协议约定夫妻共同拥有的3套住房、1辆轿车及享有的所有债权均归胡某，而三名子女的抚养及所有债务全由廖某负担。面对如此蹊跷的离婚，执行法官立即查封涉案房屋和车辆，并赶赴廖某前妻现居地河南省郑州市实地调查。询问中，胡某称双方离婚系因感情不和，其不知晓廖某的下落，也不清楚廖某在外的债务。执行干警在其家中发现，双方虽已离婚，但家中仍摆放着两人的结婚照、全家福。执行干警认为，廖某的离婚行为涉嫌故意转移财产规避执行，便将该案移送公安机关侦查。公安机关受理后，在国庆假日期间立即赶往河南抓获廖某。在案件侦办的过程中，廖某前妻胡某及朋友积极与申请执行人杨某达成和解履行协议并提供担

保，现已履行义务30余万元，此案执行终结。现被执行人廖某向公安机关申请办理取保候审。

【典型意义】

任何"小聪明"都难逃法律的"火眼金睛"。本案中，被执行人廖某以自己仅承担担保责任为由拒不履行生效法律文书确定的义务，企图以离婚"净身出户"的方式转移财产，自以为能够逃避执行，殊不知将换来更为严厉的法律制裁。

案例二 迟延腾退还毁坏，拒执打击来偿还

【基本案情】

四川大英农村商业银行（以下简称大英农商行）与唐某、李某借款合同纠纷一案，法院经审理，判令唐某、李某立即偿还贷款本金15万元及利息。判决生效后，唐某、李某未还款，大英农商行申请强制执行。执行法院依法对唐某、李某的房屋予以查封并进行司法拍卖。买受人康某参与竞拍购得该处房屋，执行法院将拍卖结果、腾退公告、《限期搬离通知书》等送达唐某、李某，责令实际居住人李某自行腾空房屋完成交付。因李某拒不搬离，执行法院对其采取司法拘留十五日的措施，其间李某表示愿意搬离，法院遂对其提前解除拘留措施。而后，李某称屋内物品皆已搬离，可以交付。执行人员到达现场时发现，房屋内的地板、墙壁、门框、下水道等财物已被损毁，财产损失达8.5万元，查明系李某所为。

经移送侦查、起诉，执行法院审理认为，李某明知房屋已由他人通过司法拍卖购得，仍然故意损毁屋内财物，导致无法交付，其行为构成拒不执行判决、裁定罪。在法律的威慑下，李某对其不理智的行为表示深深忏悔，主动向买受人康某就其损毁的财物进行了足额赔偿，故法院宣告对其判处有期徒刑一年。

【典型意义】

被执行人无视生效法律文书，拒不履行法定义务，抵押财产经依法处置后拒不腾退，被采取司法拘留措施主动承认错误后却恶劣地损毁财产，造成巨大损失，致使已拍卖成交的房屋无法交付，情节严重。李某最终因犯拒不执行判决、裁定罪被判处有期徒刑一年，是其咎由自取，也是人民法院维护司法权威的应有之义。

案例三 千方百计避执行，万变千化都不行

【基本案情】

王某与赵某等借款纠纷一案，法院经审理，判决赵某等人一次性向王某偿还借款本金、利息373万元及逾期还款利息。在诉讼中，法院保全查封了赵某个人名下所有的位于泸定县的20间铺面。判决书生效后，王某申请强制执行，执行法院向被执行人赵

某发出了《执行通知书》。2017年9月，执行法院拟拍卖赵某名下被查封房屋时查明，2017年8月赵某与案外人杨某登记结婚，在明知房屋被查封的情况下，利用当地房管部门管理方面的漏洞，将杨某添加为被查封房屋的共有人。2017年11月，赵某与杨某持离婚证明将被查封房屋过户给杨某单独所有。2018年1月至2月，杨某将20间铺面出售给第三人，赵某还将其名下的另外18间商业铺面以赠与方式登记在其女名下。

2019年1月22日，王某以赵某犯拒不执行判决、裁定罪，向执行法院提起刑事自诉。执行法院以赵某涉嫌拒不执行判决、裁定罪，决定对其予以逮捕，后交由公安机关执行。最终赵某因犯拒不执行判决、裁定罪，被判处有期徒刑一年六个月。刑事判决生效后，法院另案判决赵某将被转移的商铺恢复原状。目前，该批商铺已经依法进入司法拍卖程序。

【典型意义】

本案中，被执行人赵某明显具有履行能力，明知其房产被查封，仍钻监管部门的漏洞，通过与杨某结婚、离婚的方式，恶意转移、处置被查封的房产，并将其他资产赠与子女，致使生效判决无法执行，构成拒不执行判决、裁定罪。执行法院通过引导申请执行人提起自诉，有效地惩治了赵某的犯罪行为，维护了司法权威。

案例四　宽严结合打拒执，疫情期间促自首

【基本案情】

周某申请执行陈某民间借贷纠纷一案，根据判决陈某应当支付周某本金1068500元及利息，判决生效后陈某未履行，周某向法院申请强制执行。在执行过程中，执行法官向陈某送达了相关法律文书并多次电话联系陈某，责令其履行生效法律文书确定的义务，但被执行人陈某隐匿行踪，拒不履行。执行法官经调查发现，陈某的多张银行卡上有大额流水，明显有能力履行而拒不履行，其行为已构成拒执犯罪。执行法院随即将其涉嫌拒不执行判决、裁定罪的线索移送公安机关立案侦查，并通过微信、微博、抖音等新媒体平台，网络喊话让其投案自首。受疫情影响，工作出行受限，龙马潭区法院执行干警充分利用电话、微信、移动执行App、网络大数据等技术手段进行"云办案"，切实做到防疫、办案两不误。2020年2月25日，执行法官苦寻未果的被执行人陈某通过微信视频投案自首，认罪悔罪；同时向周某归还3万元欠款，并结合自身情况对借款本金制定了三年还款方案。2020年12月18日，执行法院公开开庭审理了陈某涉嫌拒不执行判决、裁定罪一案，依法判处陈某有期徒刑八个月，缓刑一年六个月。

【典型意义】

"若自首、必从宽"的敦促自首理念，正是执行法院倡导主动投案、主动履行、

修复失信、强调诚信的价值内核。本案中，陈某有能力履行而拒不履行人民法院生效判决，人民法院依法对其犯罪行为予以处理，体现了法律的强制性；惩罚只是手段，不是目的，疫情期间，执行法院通过网络喊话、网络自首等特别措施，鼓励被执行人主动配合执行工作，争取宽大处理，体现了法律的温情，也是贯彻落实善意文明执行理念的应有之义。

案例五　抖音视频获线索，查证属实追刑责

【基本案情】

2019年9月27日，法院对蔡某诉季某民间借贷纠纷一案作出民事判决，判令季某归还借款55.5万元。判决生效后，季某未如期履行，蔡某申请强制执行。执行法院向季某发出《执行通知书》《报告财产令》，责令季某履行生效法律文书确定的义务并在规定期限内申报财产。季某收到上述文书后，隐瞒其从事废品收购的事实，且未向执行法院报告财产状况。2020年1月17日，执行法院以拒不履行给付义务对季某采取司法拘留十五日的措施。拘留结束后季某仍未履行，利用其兄在中国邮政储蓄银行的账户，隐匿从事废品收购的收入，致使执行法院未查询到其有可供执行的财产。

2020年8月，申请执行人蔡某提供了"抖音"信息（季某通过抖音发布其在废品交易现场卸货的视频），执行法院立即根据视频定位的地点，找到视频中交易的另一方，经过核查，初步掌握季某拒不执行判决、裁定罪的线索；另查明，季某该银行账户中通过废品交易所得的2万余元又全部用于废品收购。同月17日，季某在被公安民警现场传唤到案后如实供述了犯罪事实，并给付申请执行人1000元执行款。2020年12月10日，季某因犯拒不执行判决、裁定罪，被判处有期徒刑八个月。

【典型意义】

随着电子信息时代的发展，申请执行人提供的线索也更加多元化。本案执行法院通过申请执行人提供的"抖音"信息，顺藤摸瓜查明季某借用他人银行卡隐匿收入的事实，最终依法惩戒季某拒不履行生效判决、裁定的行为，对维护司法权威具有积极的作用。

案例六　虚假承诺拖延履行，拒执惩戒毫不留情

【基本案情】

李某清诉李某某追索劳动报酬一案，经朝天区法院于2020年3月作出民事判决，判决李某某支付工资款27020元，判决生效后李某某未履行，李某清遂申请强制执行。执行法院依法向李某某送达了相关法律文书，并采用网络查控和实地走访的方式进行财产调查，但既未查到李某某的财产线索又未确定其下落，遂对其采取失信惩戒措施

后移交公安机关协助调查。2020年11月，公安机关反馈李某某在某酒店入住，执行干警立即前往该酒店将其拘传至法院。执行干警不仅从李某某身上搜出大量现金，还发现其在外地承包工程，其微信转账记录中有大额资金往来。因李某某拒不履行生效判决，执行法院决定对其罚款。李某某迫于法律的威慑，承诺将在期限内履行，但到期后仍拒不履行，行为恶劣。后经申请执行人李某清提起自诉，案件受理后公安机关依法对李某某实施逮捕。案件审理期间，李某某的家人积极与申请执行人协商，代李某某履行完毕执行款项。

2020年12月，法院判决李某某犯拒不执行判决、裁定罪，单处罚金5000元。

【典型意义】

一直以来，维护广大农民工的合法权益是涉民生执行的重点工作。本案中，执行法院多措并举，查明被执行人李某某有履行能力。李某某经拘传、罚款后仍抱有侥幸心理，言而无信，拒不履行和解协议。申请执行人提起自诉后，李某某迫于威慑在庭前履行了义务，但法院对其行为仍依法予以惩处，体现出司法权威不容侵犯、社会诚信可贵的价值导向。

案例七　查封房屋被变卖，公开庭审警后人

【基本案情】

陈某与刘某借款合同纠纷一案，经法院于2015年1月15日依法判决刘某偿还陈某借款30万元。判决生效后，刘某未履行。陈某遂申请强制执行。执行法院依法查封刘某位于达川区亭子镇的房屋一套，并将查封裁定书送达刘某。2016年5月18日，刘某在明知其房屋被执行法院查封的情况下，仍将该房屋以30万元的价格出售给他人，所得款项用于偿还其他债务。2018年7月，法院干警前去调查涉案房屋时，发现该房已被他人占有使用，遂将该案移送公安机关侦查。

2019年5月5日，检察院以涉嫌非法处置查封的财产罪对刘某提起公诉。2019年6月18日，执行法院公开开庭审理此案，执行法院不仅邀请人大代表、政协委员、人民陪审员和社区代表80余人旁听庭审，而且传唤100余名被执行人到场亲历庭审全程。最终刘某因犯非法处置查封、扣押、冻结的财产罪，被判处有期徒刑一年。因该查封房屋属于自建房屋，未取得房产证，出售的房屋实际未过户。目前执行法院正在进行拍卖程序，买受人也另行起诉维护其自身的合法权益。

通过旁听庭审，100余名被执行人受到了极大的教育，此举也受到人大代表、政协委员、人民群众的高度评价。

【典型意义】

任何组织和个人不得擅自处置法院依法查封、扣押、冻结的财产。本案中，执

行法院依法严惩刘某违法行为的同时，主动接受社会各界监督，既公开司法又以法示警，既传达了严惩非法处置被查封财产、逃避执行行为的决心，又扩大了法治宣传与教育的影响力，实现了法律效果和社会效果的有机统一。

案例八　侵占耕地拒复原，失了人情又入刑

【基本案情】

祝某与淡某、付某系邻里关系。淡某、付某趁祝某外出务工期间，将房屋和田地托人照管时，在未征得祝某及村、社的同意下，占用祝某承包的土地，修建了宽约一米的硬化便道。通过村、社干部多次协调，三人均未达成一致意见。祝某遂向叙永县法院提起诉讼，法院判决淡某、付某于判决生效之日起立即停止占用祝某承包土地修路的行为，并在判决生效之日起十五日内将占用祝某承包土地修建的硬化便道予以清除。

判决书生效后，淡某、付某未履行。在执行过程中，淡某教唆其80多岁的父亲阻挡执行。执行法官将淡某带离执行现场并采取拘留措施，并要求其家属将老人带离，案件得以顺利执结。

案件执行完毕之后，淡某又陆续采用堆积建渣的方式占用祝某的耕地修建道路，祝某遂提起刑事自诉。法院经审理，以拒不执行判决、裁定罪判处淡某有期徒刑一年，缓期二年执行。其间，淡某家属代其履行完毕义务。

【典型意义】

远亲不如近邻，休要失了人情，更莫触犯法律。本案系行为履行，淡某在执行法院采取强制措施执行完毕后，又故意采取其他方式侵权，已对执行标的构成妨害行为，其行为是拒不执行生效法律文书的延伸，依法仍应予以打击。

案例九　捏造证据阻执行，触犯法律追刑责

【基本案情】

2013年7月至2014年12月，杨某先后向马某借款70万元，并自愿以其所购买的房屋向马某作抵押担保。因开发商原因，该房屋未办理权属登记，故也未办理抵押登记。2016年7月15日，杨某将上述房屋以42万元的价格卖与贾某，贾某先期共支付杨某28万元房款后入住该房屋，双方约定房屋过户后付清余款。因杨某逾期未向马某偿还借款，马某向法院申请支付令。法院于2017年10月23日下发支付令，由杨某偿还马某借款70万元及利息。因杨某未按支付令规定的期限履行义务，马某向法院申请强制执行。

在执行过程中处置上述房屋时，案外人贾某提出执行异议，请求排除执行。在贾

某未实际支付全部购房款的情况下，杨某故意向贾某出具付清全部房款的收款凭据，后法院在执行异议之诉中查明杨某出具虚假证据、贾某并未实际支付全部购房款的事实，贾某对上述房屋享有的权益不足以排除执行。2020年4月10日，上述房屋被强制执行完毕。2020年6月17日，检察院向法院提起公诉，杨某犯拒不执行判决、裁定罪，被判处有期徒刑六个月，缓刑一年。

【典型意义】

本案中，被执行人杨某向案外人贾某出具虚假证据，通过虚假诉讼妨害执行，致使判决、裁定无法执行，其行为不仅侵犯了当事人的合法权益，也损害了国家司法的权威性和严肃性。虽案件已执行完毕，但其行为已构成拒不执行判决、裁定罪，依法应予惩处。

案例十　扬言贷款不用还，被追刑责悔已晚

【基本案情】

2017年，旺苍县农村信用合作联社向法院起诉罗某、孙某偿还借款本金30000元及利息。判决生效后，罗某、孙某未履行。旺苍县农村信用合作联社申请强制执行。执行人员先后数次约谈罗某，但其不为所动，表示贷款系国家政策性贷款，可还可不还，且在执行调查的过程中拒不如实申报财产，执行法院遂依法对其司法拘留十五日。罗某在拘留期间，既不主动履行，又阻止其亲友代为履行。执行人员多次前往罗某住所地及村社，多方实地走访调查其收入及家庭情况，查明其自2006年起至2018年7月，一直在当地一木材加工厂上班，且是该厂的技术骨干，月收入为5000元左右，有较为稳定的收入来源，具备履行能力；同时查明，罗某不仅自己拒不偿还贷款本息，且向周围村民及亲友大肆宣扬"国家贷款可还可不还"，甚至讥讽和阻挡同村社的其他贷款户偿还贷款，其言行极其恶劣。拘留期满后，罗某仍不思悔改，拒不履行。执行法院将案件移送公安机关侦查，被执行人依法被刑拘。其后，其家属主动代其偿还了贷款本息，案件全部执结。最终罗某因犯拒不执行判决、裁定罪，被判处有期徒刑六个月，缓期一年执行，并处罚金5000元。

【典型意义】

本案中，罗某的言行严重影响当地金融秩序的健康发展。罗某被判处刑罚后，在其所在乡镇引起强烈反响，许多贷款户主动履行还贷义务，起到了惩戒一人、教育一片，以案释法的良好效果。严厉打击拒执犯罪行为，是人民法院强力推进社会主义诚信体系建设的重要举措。

来源：四川高院

山东高院发布打击拒执罪十大典型案例

案例一　庄某峰拒不执行判决、裁定案
——被执行人有能力履行义务而拒不履行，在法院作出罚款拘留措施后仍不履行，被移送公诉后主动将孩子抚养权交给申请执行人，被以拒不执行判决、裁定罪判处拘役四个月，宣告缓刑六个月

【基本案情】

庄某峰与王某焕达成离婚协议，二人之女由王某焕抚养。后庄某峰在一次探视时，将女儿接到家中，未再送还给王某焕。王某焕向济南市长清区人民法院提起民事诉讼，请求判令庄某峰依法履行双方签订的离婚协议书，将女儿交由自己抚养。长清区人民法院判决庄某峰与王某焕之女由王某焕抚养。

庄某峰未主动履行生效判决确定的义务，王某焕向长清区人民法院申请强制执行，要求庄某峰将女儿交由其抚养。立案后，法院向庄某峰送达《执行通知书》、传票等手续，通知庄某峰履行生效法律文书确定的义务。在邮寄送达被退回，且无法得知庄某峰的下落后，长清区人民法院向长清区公安局发出协助查找函，后联系到庄某峰并向其送达了执行手续，但庄某峰以其父母不同意将孩子的抚养权交给王某焕为由拒绝履行义务，且为逃避执行，拒不向法院告知孩子的下落，为孩子办理幼儿园转园手续后又以生病为由为孩子请假。

为促使庄某峰主动履行义务，也为避免因强制执行引发更大的矛盾，影响孩子的身心健康，法院多次给庄某峰做工作，希望其主动将孩子交由王某焕抚养，但庄某峰依然拒不履行。长清区人民法院对其作出罚款2万元、司法拘留十五日的决定，但庄某峰拒不缴纳罚款，因其身体原因，司法拘留亦未执行。长清区人民法院遂以涉嫌拒不执行判决、裁定罪，将本案移交公安机关立案侦查，公安机关移送检察机关提起公诉。

长清区人民法院经审理认为，庄某峰拒不执行判决、裁定罪的事实清楚，证据确实充分，但庄某峰在公安机关立案后，接民警电话通知主动到案，如实供述上述事实，且在法院审理期间主动将孩子的抚养权交于王某焕，实际履行了生效判决，判决

庄某峰犯拒不执行判决罪,判处拘役四个月,缓刑六个月。

【典型意义】

抚养权案件的执行涉及未成年子女的身心健康,无法采取强制措施,但生效法律文书的既判力必须得到维护。法院在做好辨法析理、说服教育工作的同时,对拒不履行判决的被执行人保持高压态势,以判促执,维护了法律权威和司法公信力。

案例二 李某拒不执行判决、裁定案

——被执行人有履行能力而拒不履行法院的生效判决,法院多次下达执行通知后拒不腾退房屋,将其依法拘留两次后仍不履行,情节严重,构成拒不执行判决、裁定罪,被判处拘役三个月

【基本案情】

关于贺某、张某与李某、纪某房屋买卖合同纠纷一案,青岛市崂山区人民法院作出民事判决,判决李某、纪某签订的房屋买卖合同无效,李某于判决生效后三十日内将崂山区香港东路某两户房屋腾交给贺某、张某。宣判后,李某提出上诉,青岛市中级人民法院判决驳回上诉,维持原判。

因李某、纪某未履行生效判决所确定的法律义务,崂山区人民法院依申请立案执行,向李某送达《执行通知书》等法律文书,责令李某自《执行通知书》送达之日起五日内将位于崂山区香港东路某两户房屋腾交给贺某、张某,并履行判决的金钱义务,李某未履行。法院作出执行公告并在崂山区香港东路某两户房屋单元门张贴,限李某在公告发出之日起十日内迁出房屋,到期仍不履行,依法强制执行。因李某到期未履行,法院两次对其拘留十五日,但李某仍拒不迁出房屋。

申请执行人贺某、张某以被执行人李某涉嫌拒不执行判决罪,向崂山区人民法院提起自诉。法院经审理,以拒不执行判决、裁定罪判处李某拘役三个月。

【典型意义】

拒不执行判决、裁定罪刑事自诉为当事人追究被执行人刑事责任提供了新的途径,有助于维护社会秩序,确保人民法院判决、裁定的依法执行,是依法惩治拒执行为的有力手段。

案例三 杜某伟拒不执行判决、裁定案

——被执行人在法律文书生效后,将登记在其名下的不动产出售给第三人,拒不履行生效法律文书确定的义务。公诉机关提起公诉后,被执行人与申请执行人达成执行和解并履行部分义务,被判处有期徒刑二年,缓刑三年

【基本案情】

关于申请执行人某商业银行、某农商银行与被执行人杜某伟等金融借款合同、保

证合同纠纷两案,执行法院依法对被执行人财产进行查控,未查到被执行人名下有可供执行的财产,遂对上述两案以终结本次执行程序方式结案。

案件虽然以终结本次执行程序报结,但执行法院一直没有放松对被执行人财产的查找。在得知被执行人杜某伟曾在湖南省长沙市经商之后,执行法院即派人前往查找被执行人杜某伟的财产线索。经查,杜某伟在法院执行期间与山东某食品有限公司签订了七份房屋买卖合同,将其名下位于湖南省长沙市的七处房产予以转让。

查找到上述证据后,执行法院决定依法以涉嫌拒不执行判决、裁定罪,将其移交公安机关立案侦查。公安机关接到案件后,对杜某伟进行了刑事拘留。杜某伟认识到其行为的严重后果,积极与案件申请执行人联系,多方筹集资金,与某商业银行、某农商银行分别达成执行和解协议,并偿还某农商银行贷款本金约133万元,偿还某商业银行贷款本金约24万元。

法院经审理认为,被告人杜某伟对人民法院的生效判决有能力执行而拒不执行,并在法院执行期间转移财产,数额巨大,情节严重,损害了司法权威和申请执行人的合法权益,其行为已构成拒不执行判决、裁定罪。因其有自首和主动履行部分法律义务的从轻情节,法院依法判处杜某伟犯拒不执行判决、裁定罪,判处有期徒刑二年,缓刑三年。

【典型意义】

本案对被执行人以拒不执行人民法院判决、裁定罪追究刑事责任,对逃废银行金融债务的被执行人形成有力震慑,对防范化解金融风险起到了很好的推动作用,收到了判决一案、教育一片的效果。该案判决后,当地很多金融案件被执行人主动联系申请执行人和法院,表示将积极履行生效法律文书确定的义务,实现了法律效果和社会效果的统一。

案例四 燕某某非法处置查封的财产案

——司法机关查封、扣押、冻结的财产,任何人不得非法隐藏、转移、变卖、故意毁损。燕某某非法变卖法院查封的财产用于偿还个人债务,情节严重,被判处有期徒刑二年

【基本案情】

上海市浦东新区人民法院在审理原告上海某石油公司与被告上海某石油化工公司买卖合同纠纷一案中,原告提出财产保全申请,浦东新区人民法院对上海某石油化工公司存放在东营市某化工公司的1254.23吨轻质组分油品进行了查封,上海某石油化工公司经理燕某某签收了查封裁定及《协助执行通知书》。

该案进入执行程序后,执行法院对上述查封的油品进行评估、拍卖。因两次进行司法拍卖均未成交,申请执行人上海某石油公司申请以第二次拍卖底价以物抵债,浦

东新区人民法院将上述查封的油品作价303万元交付申请执行人抵债。

在该案的审判执行阶段,燕某某分多次将上述查封的油品全部出售给王某,所卖款项用于偿还个人债务,致使被查封的油品无法交付给申请执行人。

浦东新区人民法院向广饶县公安局移交案件线索,广饶县公安局立案侦查后,电话传唤被告人燕某某接受讯问,燕某某到案后如实供述了上述事实。广饶县人民法院经审理,以非法处置查封的财产罪,判处燕某某有期徒刑二年。

【典型意义】

非法处置查封、扣押、冻结的财产,不仅侵害了申请执行人的合法权益,也影响了人民法院执行工作的正常开展。燕某某私自变卖人民法院查封的财产,并将变卖所得清偿个人债务,导致申请执行人的债权得不到执行,情节严重,构成非法处置查封的财产罪,给那些心存侥幸、以身试法的当事人敲响了警钟。

案例五 管某成拒不执行判决、裁定案

——被执行人有能力履行而拒不履行,对其作出罚款、拘留后仍隐瞒财产,拒不履行义务,被以拒不执行判决、裁定罪判处拘役六个月,缓刑十个月

【基本案情】

孙某、史某与管某成民间借贷纠纷二案,经鱼台县人民法院判决管某成偿还孙某借款31万元、偿还史某借款23.5万元及利息。判决生效后,因管某成未履行生效法律文书确定的义务,孙某、史某分别向法院申请强制执行。执行法院依法向管某成送达了《执行通知书》《报告财产令》等法律文书,因管某成未申报财产,执行法院对其罚款1万元,管某成仍拒不履行义务,执行法院依法对其司法拘留十五日。

经调查,管某成系济宁某电器公司执行董事兼总经理,持有公司90%的股份。在上述二案诉讼期间,管某成名下的农业银行某支行的账户有银行存款流水累计36万元。鱼台县人民法院于2018年9月25日将案件线索移送鱼台县公安局立案侦查。2019年8月2日,管某成与孙某、史某分别达成和解协议并履行完毕。

法院经审理认为,管某成对人民法院的判决有能力执行而拒不执行,情节严重,构成拒不执行判决、裁定罪;管某成到案后如实供述其罪行,且自愿认罪认罚,可从轻处罚;其已与申请执行人达成和解协议并履行完毕,客观上降低了社会危害性,可酌定从轻处罚;判决管某成犯拒不执行判决、裁定罪,判处拘役六个月,缓刑十个月。

【典型意义】

在执行过程中,被执行人应当如实报告财产,对拒绝报告、虚假报告、无正当理由逾期报告的,人民法院可以采取罚款、拘留措施;对构成犯罪的,依法追加刑事

责任。本案中，被执行人完全有能力执行生效判决，但其拒绝报告财产，拒不履行义务，依法受到了刑事处罚。

案例六　李某、王某某拒不执行判决、裁定案

——被执行人有能力履行而拒不履行，以各种方法阻碍法院执行，公安机关立案侦查后，被执行人履行义务并取得申请执行人的谅解，最终被人民法院判处有期徒刑，宣告缓刑

【基本案情】

关于原告孙某与被告李某、王某某民间借贷纠纷一案，寿光市人民法院判决被告李某、王某某共同偿还原告孙某借款本金44832元。

判决生效后，李某、王某某未履行还款义务，申请执行人依法向法院申请强制执行。执行法院依法查封了被执行人李某名下的车辆，现场扣押该车辆时，遭到被执行人李某、王某某及李某母亲的阻挠，王某某自称怀孕并躺在车辆前方阻碍，导致车辆无法被拖走，李某趁机逃跑。在后续执行过程中，执行法院多次通知李某、王某某交付车辆，但其一直未交付并隐藏车辆，致使案件无法执行。

寿光市人民法院决定以被执行人李某、王某某涉嫌拒不执行判决、裁定罪移交公安机关立案侦查。公安机关立案侦查后，被执行人李某、王某某履行了判决确定的义务，并取得申请执行人孙某的谅解。李某、王某某因犯拒不执行判决、裁定罪，分别被法院判处有期徒刑六个月、缓刑一年，有期徒刑八个月、缓刑一年六个月。

【典型意义】

被执行人有能力履行法院判决义务而拒不履行，且以各种方法阻碍法院执行、隐藏财产，致使执行工作无法进行。公安机关、检察机关、人民法院依法予以侦查、起诉和审判，有效打击了阻碍执行、逃避执行的行为，维护了司法权威。

案例七　赵某青拒不执行判决、裁定案

——被执行人为逃避执行隐藏赔偿款项，人民法院通过网络查控系统寻找被执行人的蛛丝马迹，固定相关证据，被执行人犯拒不执行判决、裁定罪，判处有期徒刑二年

【基本案情】

李某申、张某兰与赵某青共有纠纷一案中，被执行人赵某青是申请执行人李某申、张某兰的女婿，赵某青的妻子李某因工伤事故死亡，赵某青及其岳父母李某申、张某兰等人共获得赔偿款120万元，但赵某青未给付李某申、张某兰，李某申、张某兰因此诉至平邑县人民法院。平邑县人民法院作出民事判决，判令赵某青支付李某申、

张某兰因李某的死亡而应得的款项48万元。

判决生效后,赵某青拒绝履行给付义务。2018年1月12日,平邑县人民法院立案执行。因赵某青长期在外打工,无法联系,执行法院利用人民法院执行网络查控系统,经多次分析查控,查实被执行人赵某青在邮储银行沈阳市某支行账户内分四次存入120万元,并分四次取出。获取证据后,执行法院将本案依法移送平邑县公安局侦查,被执行人赵某青在沈阳市北火车站被车站派出所抓获。赵某青到案后,承认以上存取款事实,但这些钱都已被其挥霍。平邑县人民法院经审理,以拒不执行判决、裁定罪判处赵某青有期徒刑二年。

【典型意义】

执行法院充分利用人民法院执行网络查控系统,加大查控研判力度,对规避执行、逃避执行的行为依法精准打击,彰显了智慧执行建设取得的成果,布下了打击拒不执行法院生效裁判行为的天罗地网。

案例八 孔某华拒不执行判决、裁定案

——被执行人拒不配合法院执行工作,拒不报告财产,拒不到庭,在送拘的过程中通过微信转移资金,被以拒不执行判决、裁定罪,判处有期徒刑十一个月

【基本案情】

关于德州某材料公司与孔某华买卖合同纠纷一案,平原县人民法院经审理,判决孔某华于判决生效后五日内付给德州某材料公司人民币74610元。孔某华不服,上诉于山东省德州市中级人民法院,二审判决驳回上诉,维持原判。

在该案执行过程中,平原县人民法院以邮寄的形式向被执行人孔某华送达《执行通知书》《报告财产令》和《限制消费令》,孔某华拒收,后又多次传唤,孔某华拒不到庭。2019年3月8日,平原县人民法院将孔某华拘传到法院。在谈话过程中,孔某华胡搅蛮缠,仍拒不承认欠申请执行人任何款项,法院决定对其拘留十五日。在送拘过程中,孔某华通过微信向他人转款5000元,被执行人员发现并取证。执行法院以孔某华涉嫌拒不执行判决、裁定罪,将其移送平原县公安局立案侦查。

平原县人民法院经审理认为,孔某华作为被执行人,拒不执行法院判决,在送拘过程中,私自将名下存款转移,严重损害了申请执行人的合法权益,判决孔某华犯拒不执行判决、裁定罪,判处有期徒刑十一个月。

【典型意义】

本案被执行人无视法律权威,不尊重法院生效裁判,在强制执行的过程中拒不配合、无理取闹,公然转移财产。法院在执行过程中注重收集、固定被执行人转移财产

的证据,及时采取措施,最终使被执行人为其违法行为付出代价。

案例九 骆某某非法处置查封的财产案
——被执行人有履行能力而拒不履行,在明知财产已被法院查封的情况下,擅自处置、转移财产,被以非法处置查封的财产罪,判处有期徒刑一年

【基本案情】

薛某某诉某制造公司等建设工程合同纠纷系列案中,临清市人民法院依法查封了某制造公司名下的财产一宗,并依法作出了民事判决。在执行过程中,骆某某作为某制造公司的经营者,在明知财产已被法院查封的情况下,私自将被查封的部分财产抵偿给某机床公司,其他被查封的财产去向不明。

临清市人民法院认为,骆某某擅自处置法院查封的财产,情节严重,其行为已构成犯罪,依法判决骆某某犯非法处置查封的财产罪,判处有期徒刑一年。

【典型意义】

骆某某擅自处置法院依法查封的财产,性质恶劣,执行法院依法将其移送追究刑事责任,通过法院、公安机关、检察机关多部门联动,彰显了生效裁判权威,维护了司法公信力。

案例十 张某、韩某晓拒不执行判决、裁定案
——被执行人在债务履行期间,明显有资金收入且具有履行能力,经法院作出罚款决定后仍不履行义务,被判处有期徒刑六个月,缓刑一年

【基本案情】

张某、韩某晓系夫妻关系,二人通过朋友担保向他人借款10万元,还款2万元后,其余8万元再没有偿还,后债权人向法院提起民事诉讼,聊城市茌平区人民法院判决张某夫妻二人偿还借款8万元及利息。判决生效后,张某夫妻二人一直未履行判决义务,债权人向法院申请强制执行。执行法院向张某夫妻二人送达了《执行通知书》《报告财产令》等法律文书,但二人拒绝报告财产,且不履行还款义务。后法院对二人作出罚款决定,二人仍然拒绝履行还款义务。

法院经调查发现,债务履行期间张某的招商银行卡内累计收入12.3万元,韩某晓工资累计收入9.4万元,张某、韩某晓夫妻二人有一定的履行能力而拒不履行法院生效判决。

茌平区人民法院向公安机关移送了被执行人涉嫌犯罪的相关材料,公安机关决定立案侦查,同时对张某夫妻二人采取刑事拘留措施。刑事拘留期间,二人与债权人达成了和解协议,履行了全部义务,并取得了债权人的谅解。最终法院判决张某夫妻二

人犯拒不执行判决、裁定罪，二人均被判处有期徒刑六个月，缓刑一年。

【典型意义】

被执行人在债务履行期间有21万余元的收入，说明其有一定的履行能力，但仍拒不履行法院的生效判决，致使法院的判决无法执行。应该履行的法律义务必须履行，逃避法律、对抗法律，终将受到法律的制裁。

来源：山东高法

山东高院召开"决胜基本解决执行难工作"新闻发布会公布八起典型案例

2018年5月8日上午,山东高院召开"决胜基本解决执行难工作"新闻发布会,执行局局长程乐群通报了全省法院基本解决"执行难"工作情况,执行三庭庭长侯希民发布了《关于敦促被执行人自觉履行生效法律文书确定的通告》和八起基本解决执行难典型案例。

【概要情况】

近年来,山东高院不断加大执行力度,组织开展了"百日执行攻坚""涉民生案件集中执行""百日执行会战"等集中行动和专项执行行动,形成了强大的执行阵势;加强执行工作统一管理、统一指挥、统一调度的"三统一"力度,层层传导压力,层层落实责任,形成了上下联动的整体合力;运用全国法院统一运行的执行案件流程管理系统,加强了执行流程的信息化监控,执行工作规范化水平显著提升;全省三级法院在官方网站、官方微博、微信公众号、新闻客户端等平台统一开设"决胜基本解决执行难"专栏,通过召开新闻发布会、组织集中采访、开展全媒体直播和微博直播等方式,加大宣传力度,推动形成生效裁判必须履行的社会氛围。

2016年以来,山东省法院受理执行案件103.9万件,执结91.8万件,执行到位的金额为2443亿元,共采取司法拘留等强制措施17336人次;2017年4月,省法院与省公安厅签订协作备忘录以来,公安机关协助查找被执行人1467人次,以拒不执行判决、裁定罪判处288人;截至目前,共将96.42万人纳入失信被执行人名单,限制高消费9.8万人次,限制乘坐高铁27.55万例,限制乘坐飞机60.49万例。

案例一 毕某波拒不执行判决、裁定被判刑案

关于申请执行人刘某与被执行人毕某波返还财产纠纷一案,2016年9月27日,莱芜市莱城区人民法院作出民事判决,判决毕某波返还刘某捷达出租车一辆,并赔偿其经

济损失62400元。因毕某波拒不返还车辆，刘某向人民法院申请强制执行。在执行过程中，法院依法向毕某波送达了《执行通知书》。毕某波拒绝还车，其行为涉嫌构成拒不执行人民法院判决、裁定罪。法院将有关证据线索移送公安机关立案侦查。2018年4月10日，莱城区人民法院对毕某波拒不执行判决、裁定罪一案依法作出判决，认为毕某波拒不履行法院生效判决指定交付的财物，致使判决无法执行，情节严重，构成拒不执行人民法院判决、裁定罪，对其判处有期徒刑一年。

案例二　案外人李某、张某妨碍执行公务被拘留罚款案

申请执行人杨某某与被执行人山东某新材料科技有限公司、郑某某民间借贷纠纷一案执行过程中，宁阳县人民法院执行干警前往山东某新材料科技有限公司调查其财产状况。该公司综合部经理李某、财务负责人张某，态度蛮横，辱骂执行干警，阻挠执行干警调查，并试图与公司职工围攻执行干警。宁阳县人民法院接到消息后派警增援，但李某、张某仍不顾干警的劝诫，拒不配合，并抓伤执行干警。为严厉打击妨碍执行公务行为，维护司法权威，宁阳县人民法院依法对二人分别作出司法拘留十五日、罚款5万元的处罚决定。

案例三　马某亮非法处置法院查封财产被刑事拘留案

邹平某塑料制品有限公司申请执行邹平某汽贸有限公司，马某亮（邹平某汽贸有限公司法定代表人）与马某国、刘某（此二人系邹平某汽贸有限公司股东）等借贷纠纷一案，本息共计600余万元。在执行过程中，法院查封了邹平某汽贸有限公司所有的比亚迪汽车132辆。因邹平某汽贸有限公司二股东马某国、刘某出资不到位，法院依法追加其二人为被执行人，并冻结二人在其新成立公司的股权。

在执行过程中，马某亮将查封的132辆比亚迪汽车中的60%进行销售转移，其余车辆抵押给他人。马某国、刘某二人则以低于市场价近一半的价格将其新成立公司的资产擅自处置。2017年9月，滨州中院将涉嫌非法处置法院查封财产的马某亮移交公安机关。公安机关立案后，于2018年4月将潜逃至黑龙江省的马某亮抓获，并予以刑事拘留。

案例四　失信被执行人李某无法乘坐高铁案

2012年6月，李某驾驶汽车，与骑自行车的赵某在交叉路口处发生碰撞，导致赵某严重受伤。车祸发生后，交警经现场勘查，认定李某负事故的全部责任。赵某受伤后，被送往医院进行治疗，诊断为双肺挫伤、多发肋骨骨折、左锁骨及左肩峰骨折，经鉴定构成十级伤残。案件进入司法程序后，经人民法院主持调解，双方当事人达成

调解协议，除去由保险公司承担的赔偿金额外，李某应赔偿原告赵某医疗费、住院费等共计6975元。调解书生效后，李某逾期拒绝还款，赵某遂向法院申请强制执行。

在执行过程中，承办法官依法向李某发出《执行通知书》《报告财产令》，但李某拒绝履行法律义务。法院依法对其银行账户进行冻结并扣划款项1000元，同时将李某发布为失信被执行人。2018年4月，本打算乘高铁去外地办事的被执行人李某，在高铁站被"拒载"。在见识到了失信惩戒的威力后，李某主动来到法院向承办法官表达了履行法律义务的意愿，将赔偿款、迟延履行金、执行费、诉讼费等共计8800元汇至法院账户。

案例五　宋某某虚假申报财产被依法拘留案

李某某原系宋某某经营的家具厂的职工。2016年5月，李某某在组装产品时被电锯割伤。李某某起诉到法院后，法院判决宋某某赔偿李某某一次性伤残补助金等费用共15余万元，但宋某某一直未予履行。在执行过程中，淄博市博山区人民法院向宋某某送达了相关手续，责令其申报财产。宋某某表示自己没有任何财产，在交给法院的财产申报表中收入、银行存款、现金、车辆、不动产、财产性权利等均填写为"无"。

法院经详细调查发现，宋某某名下银行账户中有存款700余元；其微信红包余额近4000元，并有多次转账记录；手机短信记录中有汽车4S店给其发的保养价值10余万元车辆的信息，有物业公司给其发的提示房产停水的信息。这些事实足以证明宋某某并非没有任何财产。宋某某因未按照《报告财产令》的规定如实申报财产，被依法拘留十五日。最终其迫于压力，向申请执行人支付10万元，对剩余部分已经与申请执行人达成还款协议。

案例六　黄某某拒不执行判决、裁定被判刑案

关于黄某某与季某某道路交通事故损害赔偿纠纷一案，临沂市中级人民法院于2013年6月7日二审判决黄某某赔偿季某某经济损失10198.22元（含黄某某已经支付的1000元）及鉴定费320元。因黄某某未履行判决确定的义务，临沂市河东区人民法院于2013年9月5日依法立案执行，2013年9月6日向黄某某送达传票，要求其到庭履行义务，其未履行。2015年2月13日，临沂市河东区人民法院裁定查封了黄某某的生猪25头，允许其继续饲养，要求其出卖后将所得价款交至法院。后黄某某将生猪分批出卖，得款1万余元，未交至法院或赔偿申请执行人。因黄某某有能力执行而拒不执行人民法院的判决、裁定，临沂市河东区人民法院依法将其移送公安机关侦查。2016年4月12日，被告人黄某某的女儿黄某英代其向季某某赔偿12000元，取得了申请执行人的谅解。2016年6月20日，临沂市河东区人民检察院指控黄某某犯拒不执行判决、裁定罪，

向临沂市河东区人民法院提起公诉。2017年8月15日，临沂市河东区人民法院以拒不执行判决、裁定罪判处被告人黄某某拘役三个月，缓刑六个月。

案例七 张某拒不执行判决、裁定被判刑案

2012年7月4日，张某驾驶机动车辆发生交通事故，被害人向法院提起民事诉讼，法院判决张某在机动车强制保险责任限额外赔偿被害人医药费等损失237672.33元。判决生效后，张某未主动履行，而是将收入款项转移至他人名下。2016年11月，张某购买价值20余万元的比亚迪越野车一辆，登记在其亲戚名下，通过转移、隐瞒财产的方式拒绝履行判决书确定的义务。

乐陵县人民法院在执行过程中依法作出对张某罚款50000元的决定，并移送追究其拒执犯罪责任。乐陵县人民法院经审理认为，被告人张某对人民法院发生法律效力的判决书有能力执行，而采用转移、隐瞒财产的方式拒不执行，情节严重，其行为构成拒不执行判决、裁定罪；其拒不支付医疗费用，属酌情从重处罚情节；鉴于其在侦查过程中已向被害人履行了赔偿义务，并如实供述罪行，依法从轻处罚；判决被告人张某犯拒不执行判决、裁定罪，判处有期徒刑六个月，缓刑一年。

案例八 崔某拒不支付抚育费被拘留案

崔某和宋某于1999年结婚，并于两年后生下一女，之后因为家庭琐事，夫妻矛盾不断升级，导致感情破裂，最终闹上法庭。2011年12月，在法院的调解下，双方达成协议离婚，约定女儿随母亲宋某生活，崔某则每月给付抚育费1000元，直至女儿年满18周岁为止。调解生效之后，崔某并未按照协议支付抚育费。在执行过程中，执行法官对崔某的财产状况进行了调查，并敦促他到法院履行义务，然而崔某却迟迟不露面。烟台市芝罘区人民法院执行干警来到了崔某父母的住处，找到了长期逃避执行的崔某，并将其拘传回法院，但崔某仍然明确表示拒不支付抚育费。执行法院决定对崔某采取拘留措施。崔某的父亲到法院后，了解到事态的严重性，当天便将所有应付的钱款交到了法院。

来源：山东高法

广西法检公打击拒执罪典型案例

案例一 黄某元拒不支付93名工人工资构成拒不支付劳动报酬罪

【基本案情】

黄某元开设两家工厂。其间,唐某某、麻某某等93人先后到两厂务工。黄某元以货款未到账为由拖欠唐某某等人的工资。唐某某等人向平果县劳动保障监察大队投诉,该局遂作出《劳动保障监察限期改正指令书》,责令黄某元限期支付拖欠工人的工资,但其仍拒不支付,随后将手机销号逃匿。

经查询,黄某元账户先后共入账186050元,其将上述款项全部取出转移,拒不支付工人工资。经审查,法院认为被告人黄某元的行为构成拒不支付劳动报酬罪,鉴于其具有自愿认罪、全部退出拖欠工人工资的从轻处罚情节,决定对其从轻处罚并宣告缓刑,决定判处黄某元有期徒刑八个月,缓刑一年,并处罚金5000元。

【典型意义】

保障工人的合法权益,妥善处理涉众型民生案件,一直是人民法院工作的重点。法院从保民生、促稳定的角度,在公安机关、检察院等多部门的联动支持下,共同维护了弱势群体的合法权益,为涉众型民生案件执行提供了成功样本,有力地彰显了法律权威。

案例二 陆某生擅自处置法院查封的生猪被自诉,法院认定构成拒执罪

【基本案情】

南宁市某饲料有限责任公司与陆某生等买卖合同纠纷一案,经法院判令陆某生、黄某初(双方原系夫妻关系)共同偿还货款835971元。诉讼中,法院依申请对陆某生饲养的生猪进行查封。在执行过程中,陆某生在未报告法院的情况下,假借生猪死亡为由私自处理已被司法机关查封的财产,导致法院的判决得不到执行。

南宁市某饲料有限责任公司向法院提起刑事自诉。法院经审理认为,被告人陆某生已构成拒不执行判决、裁定罪。因黄某初已与被告人陆某生离婚,无证据证实黄某

初构成刑事犯罪,为此,法院最终判处被告人陆某生有期徒刑一年六个月。

【典型意义】

在强制执行案件中,一方面法院会依职权用尽法律手段促使案件执行到位,另一方面申请执行人也可以利用法律武器保护自己的合法权益。法律赋予当事人提起刑事自诉的权利,拓宽了保护自身合法权益的渠道。

案例三 杨某献违反限制高消费令将子女送读高消费私立学校构成拒执罪

【基本案情】

法院判令广西北流某商贸城有限公司支付梁某强等三人垫付款236余万元,杨某献对该债务承担连带清偿责任。

在执行过程中,杨某献拒绝报告财产情况,并且违反人民法院限制高消费及有关消费令将其子女三人送至高消费私立学校就读。经两次司法拘留,杨某献仍拒不履行法院生效判决。

经公安机关侦查移送检察院提起公诉,法院经审理认为,被告人杨某献已触犯刑法,构成了拒不执行判决、裁定罪,鉴于其归案后如实供述自己的罪行,依法可以从轻处罚,判处有期徒刑二年。

【典型意义】

法院对被执行人发出限制高消费令,限制其子女进入高消费私立学校,并非剥夺其子女受教育的权利,其子女仍可以到公立学校就读。法院作出限制的目的在于防止被执行人可供执行财产减少,损害申请执行人的合法权益。

案例四 农某权将土地及地上作物转让他人取得转让费拒不履行义务,被自诉后法院认定其构成拒执罪

【基本案情】

黄某美与农某权合伙纠纷一案,经法院调解确认,农某权自愿一次性付清合伙欠款38510元。该调解书发生法律效力后,农某权没有按期履行义务,而是将自己承包的土地及地上作物转让他人,取得转让费435000元,并将该款隐瞒、转移,致使法院生效的民事调解书无法得到执行。

黄某美遂向法院提起刑事自诉。法院经审理认为,被告人农某权已构成拒不执行判决、裁定罪,鉴于其到案后如实供述,认罪态度较好,可从轻处罚,判处有期徒刑八个月。

【典型意义】

经法院确认的民事调解书与判决书、裁定书具有同等的法律效力,可以向法院申

请强制执行。本案中，申请执行人依照法律规定向法院提起了刑事自诉，利用法律武器震慑了被执行人，保障了自己的合法权益。

案例五 陈某周因拒不停止侵占房屋构成拒执罪

【基本案情】

法院判决被告人陈某周、龚某芬停止侵占梁某行的房屋并搬离。在执行的过程中，法院发出公告，令陈某周、龚某芬限期自行迁出涉案房屋。后陈某周经法院多次做工作仍拒不执行，长期占用梁某行合法所有的房屋。

陈某周的行为已触犯刑法，构成拒不执行判决、裁定罪。其案发后已搬离了涉案房屋。法院经审理认为，被告人陈某周的犯罪情节较轻，有悔罪表现，没有再犯罪的危险，宣告缓刑对其所居住的社区没有重大不良影响，为此，判处其有期徒刑一年六个月，缓刑二年。

【典型意义】

涉及房屋搬迁的案件，双方当事人的矛盾十分尖锐，执行的风险和成本比较高。本案对被执行人移送追究刑事责任，维护了生效裁判的权威。同时，被执行人有悔罪表现，且没有再犯罪的危险，对其判处缓刑，体现了法律从宽处罚的精神。

案例六 蒋某捷有稳定收入但拒不履行判决确定的义务构成拒执罪

【基本案情】

法院判决蒋某捷偿还刘某旺借款本金255万元及利息。在执行过程中，蒋某捷因拒不履行生效判决，且拒不提供真实财产情况，被执行法院拘留十五日。

后公安机关经过侦查发现，蒋某捷一直在帮他人打工并有相对稳定的收入，在这样的情况下，其拒不向法院报告财产情况并将部分财产转移给熊某某，拒不执行生效判决。

检察院提起公诉，法院经审理认为，被告人蒋某捷的行为已构成拒不执行判决、裁定罪，应予依法惩处。在审理过程中被告人已履行部分给付义务，有悔罪表现，对其可以从轻处罚，为此，判处被告人有期徒刑一年六个月。

【典型意义】

被执行人隐瞒真实的财产状况，将部分财产转移到他人名下，逃避执行，严重侵害了申请执行人的合法权益，为判决执行制造障碍，情节严重。经过公安机关的严密侦查、收集证据，并由检察院提起公诉，最终被执行人被追究刑事责任，起到了很好的惩治与警示作用。

案例七 李某英擅自将法院已查封并成功拍卖的房屋出租他人，且租金未用于履行债务，构成拒执罪

【基本案情】

法院判决确认，李某英、张某荣归还唐某方借款本金70万元及利息，如不履行上述债务，则唐某方有权申请对李某英名下的房产进行折价或者拍卖、变卖，对所得价款优先受偿。该房产在诉讼过程中已被法院依法查封。

案件进入执行程序后，经调解，唐某方同意李某英分期支付，但李某英仍未如期履行。法院遂强制清空上述房屋，推送网络司法拍卖。李某英在明知上述房屋已被查封并成功拍卖的情况下，私自撕毁法院封条并更换门锁，以每月租金1500元的价格将房屋租给他人。

法院经审理认为，被告人李某英的行为已构成拒不执行判决、裁定罪，鉴于其到案后如实供述全部犯罪事实，可以从轻处罚；其退还犯罪所得，可以酌情从轻处罚，为此判处李某英有期徒刑七个月，同时对犯罪所得1500元（收取的租金），依法予以没收并上缴国库。

【典型意义】

司法拍卖属于司法行为的一种，被执行人将房屋交给法院进行拍卖，拍卖成交后应积极配合法院将房屋移交买受人。本案中，被执行人撕掉封条出租他人，仍应认定为抗拒执行，且所收取的租金被认定为违法所得，必须上缴国库。

案例八 廖某松被民事判决返还证照但拒不返还构成拒执罪

【基本案情】

廖某松与某公司证照返还纠纷一案，经法院判令廖某松应将广西某房地产开发有限公司的证照印章以及财务资料重置于公司的行政办公场所之内。判决生效后，廖某松未履行判决确定的义务。

案发后，廖某松迫于压力，将上述证照及财务资料提交公安机关。法院经审理认为，被告人廖某松的行为已构成拒不执行判决罪，鉴于其归案后能如实供述自己的罪行，认罪认罚，依法可从轻处罚，为此判处罚金人民币10万元。

【典型意义】

本案中，被执行人只需将持有的证照返还公司办公场所就能履行判决确定的义务，但是其抗拒执行。法院将有关证据收集后移交公安机关，公安机关侦查后移送检察院公诉，严密配合，给予拒执被执行人强有力的震慑，达到执行一个案件、教育一片群众、震慑一批拒执者的目的，充分彰显了公检法强力推进执行、坚决打击拒执犯罪的决心。

案例九　刘某清三次将法院拆除的围墙重建构成拒执罪

【基本案情】

刘某清认为其对门邻居梁某童后大门的三级台阶影响其进出,故用水泥砖封堵梁某童的后大门,并砌起一堵近两尺高的围墙将门口围起。法院判令刘某清拆除前述围墙。

在执行过程中,刘某清先后三次在法院强制拆除围墙后再次重建围墙。法院经审理认为,被告人刘某清的行为已构成拒不执行判决罪。案发后,其儿子主动将围墙拆除,已履行执行义务,可以酌情从宽处罚,为此,判处刘某清有期徒刑八个月,缓刑一年。

【典型意义】

判决确定的义务可以是给付金钱,也可以是履行一定的行为。被执行人一次次地挑战法律权威,严重破坏了人民法院正常的执行秩序,情节严重,必须依法追究相应的刑事责任。即使事后其家属作出了补救行为,也不能抹去其构成刑事犯罪的事实。本案告诫所有被执行人切莫以身试法。

案例十　陆某远领取征地补偿款后转入他人账户逃避执行构成拒执罪

【基本案情】

陆某远被法院判决向钦州市某寄卖行返还借款人民币16万元,后其领取了一笔征地补偿款共计人民币114063.6元。为了逃避法院执行,陆某远将该笔征地补偿款转入陆某莲名下账户,但该银行卡实际由其控制并全部用于个人花销。

法院经审理认为,被告人陆某远的行为已构成拒不执行法院判决、裁定罪,情节严重,鉴于其归案后,如实供述所犯罪行,依法可以从轻处罚,为此,判处陆某远有期徒刑六个月。

【典型意义】

本案惩罚了拒不执行判决、裁定的犯罪行为,警示所有被执行人,要依法自觉履行生效法律文书确定的义务,配合人民法院的执行工作,任何试图挑战司法权威的行为,都将受到法律的制裁。

来源:广西高院

广西壮族自治区高院发布八起拒执犯罪典型案例（节录）

2016年以来，全区法院在基本解决"执行难"战役中，依法敢用、善用执行手段，加大对拒执罪的打击力度，坚持引导申请人依法提起刑事自诉与检察机关提起公诉并重，对一批构成拒执犯罪的被执行人依法定罪量刑，取得了良好的法律效果和社会效果。现通报八起典型案例。

案例一 邓某某拒不执行判决、裁定案
——被执行人未向法院申报财产，法院依法对其罚款后仍拒不执行，且拒不配合将法院查封车辆交给法院处置，归案后仍未履行义务，被判处有期徒刑一年

【基本案情】

关于阮某某与被告人邓某某运输合同纠纷一案，南宁市中级人民法院于2016年3月22日作出（2015）南市民一终字第1930号民事判决，判令邓某某支付阮某某运输费795000元及利息。2016年6月17日，南宁市武鸣区人民法院（以下简称武鸣法院）立案执行后，邓某某在规定期限内未向法院申报财产。武鸣法院在诉讼过程中，依法查封邓某某位于南宁市区的一套商品房和两台小车。法院在执行调查中查明，查封的房产因设定有抵押，处置后不足以清偿抵押债权，向申请执行人释明后暂不对房产进行评估拍卖，但被执行人邓某某拒不配合将法院已查封的丰田牌小车交至法院拍卖处置。另查明，被执行人邓某某开办广西某土石方工程有限公司，既是该公司的股东之一，又是其法定代表人，该公司至今仍在全国各地开展业务。2017年9月8日，武鸣法院决定对邓某某罚款10000元，但邓某某既未缴纳罚款，也未执行生效判决。鉴于邓某某上述行为，武鸣法院将案件移送公安机关立案侦查，公安机关经过侦查后，移送检察院提起公诉。在此期间，被执行人邓某某仍未履行义务。2018年10月17日，武鸣法院以拒不执行判决、裁定罪，判处邓某某有期徒刑一年。

案例二　李某拒不执行判决、裁定案

——被执行人刻意隐匿、转移租金收入，拒绝履行法律义务，被判处有期徒刑一年六个月

【基本案情】

徐某与李某民间借贷纠纷一案，经梧州市长洲区人民法院（以下简称长洲区法院）和梧州市中级人民法院先后作出一审、二审判决，判令李某支付徐某1090万余元。长洲区法院在执行过程中查明，李某在判决生效后有53万余元的租金收入，李某将该租金收入全部转入其弟弟的个人账户，但姐弟俩并不存在任何债权债务关系，显然李某系刻意转移财产。2016年7月21日，长洲区法院对李某作出司法拘留十五日的处罚。在司法拘留期间，李某仍态度蛮横，拒绝履行义务。2017年2月15日，长洲区法院以拒不执行判决、裁定罪，判处李某有期徒刑一年六个月。

案例三　莫某某拒不执行判决、裁定案

——被执行人拒不履行行为义务，而且将被执行标的土地租赁给他人使用，阻碍生效判决的执行，被判处有期徒刑二年六个月

【基本案情】

关于陈某某诉莫某某排除妨碍纠纷一案，平南县人民法院于2013年6月24日作出（2013）平民初字第133号民事判决，判令莫某某立即停止对陈某某宅基地的侵权行为并拆除宅基地地面上的所有建筑物。判决生效后，莫某某没有履行判决所确定的法律义务。平南县法院立案执行后，向莫某某送达《执行通知书》，责令其限期履行法律义务。但莫某某置之不理，并将被执行标的土地出租给某食品有限公司以抗拒履行判决书所确定的法律义务，致使法院的生效判决无法执行。2017年6月30日，平南县人民法院以拒不执行判决、裁定罪，判处莫某某有期徒刑二年六个月。

案例四　辛某某拒不执行判决、裁定案

——被执行人拒绝迁出已被法院拍卖的房屋，蓄意抗拒执行，被判处有期徒刑六个月，缓刑一年

【基本案情】

关于辛某某、施某某与他人民间借贷六起案件，桂平市人民法院先后作出（2013）浔民初字第1805号、第2843号、第2844号民事判决和（2013）浔民初字第2610号民事调解，（2014）浔民初字第1481号、第1804号民事判决。六案债权人先后于2014年1月

至8月向桂平市人民法院申请强制执行。2015年1月15日,桂平市人民法院依法拍卖施某某所有的位于桂平市西山镇大起村2队的一栋房屋,并于2015年3月26日发出公告,责令辛某某、施某某在六个月内将拍卖的该栋房屋腾空给买受人,但辛某某、施某某拒绝从房屋迁出,致使无法交付房屋给买受人。2017年8月8日,公安机关对涉嫌拒不执行判决、裁定罪的辛某某进行刑事拘留(施某某另案处理)。2017年9月14日,辛某某及其家人将房屋腾空给买受人。2018年3月27日,桂平市人民法院作出判决,认定辛某某对人民法院发生法律效力的判决、裁定有能力执行而拒不执行,情节严重,其行为已触犯刑律,构成拒不执行判决、裁定罪;鉴于辛某某如实供述其犯罪事实,且已履行判决义务,有悔罪表现,依法对其判处有期徒刑六个月,缓刑一年。

案例五 秦某拒不执行判决、裁定案

——被执行人有财产而拒不履行,且捏造虚假租赁情形妨碍法院对其名下财产的拍卖,被判处有期徒刑一年,缓刑二年

【基本案情】

关于钟某与秦某离婚纠纷一案,南宁市青秀区人民法院(以下简称青秀区法院)于2014年5月19日作出(2013)青民一初字第2202号民事调解书。该调解书除确定相关车辆、房产归属外,还确定原告秦某应分期补偿被告钟某800万元。青秀区法院在执行过程中,启动了对被执行人秦某名下位于南宁市某国际公馆房屋的拍卖程序。秦某向法院提出其已于2014年12月29日将该房屋出租并收取了房屋租金190万元,承租方杨某亦向法院提交了租赁合同及转账凭证,为此法院暂停拍卖房屋。经查明,2016年9月19日至20日,由秦某之子秦某某出资30万元、韦某出资20万元,利用秦某某、韦某、杨某、秦某等人的中国建设银行账户,制造了杨某分六次向秦某支付租金共计190万元的假象,秦某收到钱后立即把款分成多笔转给韦某等人。青秀区法院经审理作出(2018)桂0103刑初577号刑事判决书,认定秦某构成拒不执行判决、裁定罪,鉴于秦某归案后如实供述自己的罪行,并与债权人达成和解,取得了谅解,依法判处其有期徒刑一年,缓刑二年。

案例六 吴某某拒不执行判决、裁定案

——被执行人拒绝向法院申报财产,案件执行期间依然进行购买高档小轿车及多份人身保险等高消费活动,被判处有期徒刑十个月

【基本案情】

杨某某与吴某某借款纠纷一案,经象州县人民法院于2016年4月26日作出判决,

判令吴某某偿还杨某某借款本金76000元及利息。案件进入执行程序后，吴某某没有主动报告财产状况。经法院查明，吴某某在被执行期间，于2017年4月25日以信用卡汽车专项分期付款的方式，购买了一辆价值20余万元的凯迪拉克小轿车，自己交首付款41572元，每月还款4880元至2017年10月；于2017年5月2日向象州农村合作银行贷款5万元购买货车一辆。在判决生效后及案件执行期间，吴某某购买多份保险并缴纳保费至2017年10月，每月缴纳保费共计7700余元。2018年4月24日，象州县人民检察院向法院提起公诉，在案件开庭前夕吴某某家人主动代其归还5万元欠款，同时与申请执行人就剩余欠款的偿还达成和解协议。2018年5月4日，象州县人民法院以拒不执行判决、裁定罪，判处吴某某有期徒刑十个月。

案例七　徐某某拒不执行判决、裁定案
——被执行人未按时、如实向法院申报其财产，案件执行期间投入巨资开办公司，且一直以各种方式躲避执行，被公安机关网上追逃，最后被判处罚金20000元

【基本案情】

关于陆某某申请执行徐某某民间借贷纠纷一案，灵山县人民法院和钦州市中级人民法院先后作出一审、二审判决，判令徐某某偿还陆某某借款59969.05元及利息。2013年7月，灵山县人民法院立案执行，被执行人徐某某没有按时、如实向法院申报其财产情况，且一直躲避执行。经法院查明，徐某某是广州某再生资源有限公司的法定代表人及股东，该公司成立于2014年2月22日，注册资本为3000万元。因躲避、逃避执行，灵山县公安局于2018年6月19日将徐某某列为网上在逃人员。2018年7月24日，徐某某在广州被当地公安机关抓获并移交灵山县公安局。2018年9月12日，灵山县法院作出判决，认定徐某某构成拒不执行法院判决、裁定罪，鉴于徐某某在归案后主动履行了全部债务，判处其罚金20000元。

来源：广西法院网

天津法院公布六起打击拒执罪典型案例

2018年12月10日,天津市高级人民法院召开新闻发布会,向媒体发布天津法院打击拒执犯罪情况,并公布了第二批六起打击拒执犯罪典型案例,在全社会形成依法惩治抗拒执行违法犯罪行为的强大舆论氛围,进一步强化社会诚信意识,弘扬社会主义法治精神。

案例一 蒋某某拒不执行判决、裁定案

【导语】

被告人(被执行人)蒋某某拒不履行法院生效判决,擅自将名下的小型汽车质押他人,致使生效判决无法执行,构成拒不执行判决、裁定罪,被判处有期徒刑八个月,缓刑一年。

【案情】

关于申请执行人陈某某与被执行人蒋某某民间借贷纠纷一案,2013年4月2日,天津市东丽区人民法院(以下简称东丽法院)作出(2013)丽民初字第221号民事判决,判决被执行人偿还欠款本金423780元及利息。

判决生效后,蒋某某未主动履行金钱给付义务。2013年6月3日,陈某某至东丽法院申请强制执行。立案后,东丽法院向被执行人蒋某某下达《执行通知书》,要求其提供财产予以执行。东丽法院查询到被执行人拥有小型汽车一辆,遂予以查封,并多次督促被执行人将车辆移交至法院,但被执行人未履行。因无法实际控制车辆,且被执行人无其他可供执行的财产,执行法院依法终结本次执行程序。后东丽法院收到线索称被执行人将该汽车质押他人,经核实,情况属实。被执行人擅自处置已查封财产的行为,致使生效判决无法执行,故东丽法院将被执行人以拒不执行判决、裁定罪移送公安机关。2017年12月21日,被执行人被公安机关传唤到案。案发后,被执行人家属与申请执行人达成分期还款协议并部分履行,申请执行人对被执行人表示了谅解。但被执行人隐匿财产、拒绝履行人民法院生效判决的行为,情节严重,已构成拒不执

行判决罪；考虑到被执行人认罪、悔罪态度较好，且已与对方达成协议并已部分履行、取得对方的谅解，可酌情从轻处罚并可适用缓刑。2018年4月16日，东丽法院作出（2018）津0110刑初326号刑事判决，认定被告人蒋某某犯拒不执行判决、裁定罪，判处其有期徒刑八个月，缓刑一年。

【典型意义】

本案被执行人蒋某某在法院强制执行的过程中，擅自处置法院已依法查封的财产，对抗法院执行，情节严重，其行为已构成拒不执行判决、裁定罪，依法应予刑事处罚。考虑到被执行人及时主动与申请执行人达成协议并部分履行，取得了申请执行人的谅解，认罪、悔罪态度较好，法院依法从轻处罚。本案的量刑考量充分发挥了刑罚的教育、预防功能，引导被执行人及时作出积极履行生效判决的正确选择。

案例二 曹某某拒不执行判决、裁定案

【导语】

被告人（被执行人）曹某某拒不腾迁房产及土地，导致判决无法执行，构成拒不执行判决、裁定罪，被判处有期徒刑一年，缓刑二年。

【案情】

申请执行人曹某A与被执行人曹某某系兄妹关系，二人排除妨碍纠纷一案，于2015年2月17日经天津市宝坻区人民法院（以下简称宝坻法院）作出（2014）宝民初字第7572号民事判决，判令曹某某腾迁本市宝坻区宝新公路北侧的一处房产及土地。曹某某不服提起上诉，二审维持原判。

判决生效后，曹某某未主动履行腾迁义务。2015年7月20日，曹某A向宝坻法院申请强制执行。在执行过程中，宝坻法院向曹某某发出了《执行通知书》，责令其在2015年9月1日前履行上述义务，但其未能在指定期限内主动履行。经法院多次督促，曹某某拒不腾迁房产及土地，致使判决无法执行。2015年10月28日，因曹某某拒不执行生效判决，宝坻法院对其采取司法拘留措施，但曹某某仍拒不履行义务。2015年11月23日，鉴于曹某某之行为已经涉嫌构成拒不执行判决、裁定罪，宝坻法院将线索移送公安机关。

2015年11月23日，公安机关立案并对曹某某采取刑事拘留强制措施。2016年6月12日，检察机关以曹某某涉嫌拒不执行判决、裁定罪提起公诉。2016年6月12日，宝坻法院公开开庭审理了该案，当日，曹某某亲属代其履行了全部执行义务，并将相关人员和财产彻底从涉诉房产中迁出，完成了涉诉房产及土地的交接手续，申请执行人曹某A也向法院提交了《书面谅解书》。2016年6月24日，宝坻法院作出（2016）津0115刑初296号刑事判决，认定被告人曹某某犯拒不执行判决、裁定罪，判处其有期徒刑一年，

缓刑二年。

【典型意义】

本案双方当事人虽是亲属关系，但积怨颇深。法院多次做被执行人工作，并采取司法拘留措施，其仍执迷不返，拒不迁出房产、退出土地，最终构成拒不执行判决、裁定罪，受到刑事处罚。值得欣慰的是，该案最终的结果是被执行人主动履行法律义务，申请执行人向法院提出书面谅解，曹某某被从轻处罚。本案警示被执行人，即使是亲属关系，只要行为触犯司法权威，亦将受到法律的制裁。

案例三 刘某某拒不执行判决、裁定案

【导语】

被告人（被执行人）刘某某采取拒不到庭、躲避执行、非法处置被查封财产等方式，拒不履行法律文书确定的义务，情节严重，构成拒不执行判决、裁定罪，被判处有期徒刑一年六个月。

【案情】

关于申请执行人邹某某与被执行人刘某某等民间借贷纠纷一案，2015年8月5日，天津市宝坻区人民法院（以下简称宝坻法院）作出（2015）宝民初字第5349号民事判决，判令刘某某等于判决生效后三日内返还邹某某借款200000元。

判决生效后，刘某某未主动履行偿还借款义务。2015年9月9日，邹某某向宝坻法院申请强制执行。立案后，宝坻法院于2015年9月17日向被执行人发出《执行通知书》《报告财产令》及《财产申报表》，责令其履行法定义务，但被执行人未按执行通知履行法定义务，亦未如实申报财产。宝坻法院依法对被执行人银行存款、不动产登记信息进行了调查，未发现有可供执行的财产。

在执行过程中，被执行人刘某某称，其在天津市宝坻区大白街道大白庄村承包并种植有160余亩水稻，可以卖288000余元，并同意法院对上述水稻予以查封。2015年10月10日，宝坻法院作出执行裁定书，查封上述稻田及所产稻谷，查封价值为30万元，并责令稻田及所产稻谷由被执行人刘某某负责保管，未经法院许可，任何单位或个人不得擅自收割稻田、处置稻谷，所得一切价款应交至法院。后被执行人在未告知法院的情况下，私下将涉案稻谷予以收割，刘某某将所收稻谷卖出并携款出走、下落不明。

因刘某某私自变卖查封农作物的行为涉嫌拒不执行判决、裁定罪，宝坻法院于2016年1月26日将线索移送公安机关。2016年2月23日，公安机关受理并立案侦查，因刘某某携款逃跑，公安机关对刘某某刑拘列逃。2017年9月3日，公安机关将其抓捕归案，予以批捕。2017年12月12日，检察机关以被执行人刘某某涉嫌拒不执行判决、裁

定罪提起公诉。2017年12月25日，宝坻法院作出（2017）津0115刑初783号刑事判决，认定刘某某犯拒不执行判决、裁定罪，判处有期徒刑一年六个月。

【典型意义】

本案被执行人刘某某，貌似主动地要求法院查封其承包并种植的水稻，虚构清偿欠款的意图。而在法院依法查封并责令其为保管人后，刘某某非法、擅自处置被查封的水稻，并携出售水稻所得款项潜逃，性质恶劣、情节严重，构成拒不执行判决、裁定罪。本案警示被执行人要依法履行生效判决确定的义务，要小聪明逃避执行的行为只会害了自己；挑战司法权威，必将受到法律的惩处。

案例四 天津市某水泥制品有限公司、袁某某、陈某某、王某拒不执行判决、裁定案

【导语】

被告单位（被执行人）天津市某水泥制品有限公司及被告人袁某某、陈某某、王某拒不按照法院迁出公告及执行和解协议返还申请人建材场地、厂房、机器设备等租赁物，拒不将己方建筑物、机器设备等设施予以清除的行为，构成拒不执行判决、裁定罪，被告单位被判处罚金8万元；三被告人均被判处有期徒刑七个月，缓刑一年。

【案情】

关于申请执行人天津市某建材有限公司（以下简称建材公司）与被执行人天津市某水泥制品有限公司（以下简称水泥公司）租赁合同纠纷一案，2016年10月28日，天津市宝坻区人民法院（以下简称宝坻法院）作出（2016）津0115民初2855号民事判决，判令：水泥公司于判决生效后十日内返还建材公司建材场地、厂房及机器设备等租赁物，并将己方的建筑物、机器设备等设施予以清除；水泥公司于判决生效后十日内赔偿建材公司租赁物占用经济损失40万元。水泥公司不服一审判决，上诉至天津市第一中级人民法院，2017年5月16日，二审法院判决维持原判。

判决生效后，水泥公司未主动履行腾房及金钱给付义务。2017年6月22日，建材公司向宝坻法院申请强制执行。立案后，宝坻法院依法向被执行人水泥公司的法定代表人陈某某送达了《执行通知书》，陈某某亦将执行通知告知了公司实际负责人袁某某以及公司股东王某。但该三人提出公司存在业务生产、工人安置、巨额欠款的情况，要求政府和法院予以解决，以此拒绝履行相应义务。2017年9月11日，执行法院向被执行人发出迁出公告，责令被执行人在三日内履行判决书所确定的法律义务。但被执行人拒不执行，执行法院依法对被执行人的法定代表人陈某某采取了司法拘留十五日的强制措施。2017年12月20日，申请执行人与被执行人自愿订立了执行和解协议，约定被执行人于2018年3月1日前履行生效判决书第一项确定的义务，但被执行人并未如期履行。

因被执行人及法定代表人陈某某拒不腾房的行为涉嫌构成拒不执行判决、裁定罪,宝坻法院于2018年3月2日将线索移送公安机关。公安机关经过侦查,依法将水泥公司实际负责人袁某某、股东王某亦列为犯罪嫌疑人。后袁某某自动投案,到案后如实供述自己的罪行;陈某某、王某到案后如实供述自己的罪行。同时,被执行人水泥公司拆除了己方建筑物、机器设备,返还申请执行人建材场地、厂房及机器设备等租赁物,并将40万元经济损失支付到位,申请执行人表示认可,案件顺利执结。

2018年9月14日,宝坻法院作出(2018)津0115刑初637号刑事判决,认定被告单位水泥公司的行为已构成拒不执行判决、裁定罪,系单位犯罪;袁某某、陈某某、王某作为被告单位直接负责的主管人员和其他直接责任人员,代表单位具体实施犯罪行为,其行为均亦构成拒不执行判决、裁定罪,系共同犯罪;判处被告单位水泥公司犯拒不执行判决、裁定罪,判处罚金8万元;被告人袁某某、陈某某、王某犯拒不执行判决、裁定罪,均被判处有期徒刑七个月,缓刑一年。

【典型意义】

本案被执行人水泥公司未履行返还租赁物、清除己方设施的执行义务,属于有履行能力而拒不履行。宝坻法院依法对其法定代表人实施司法拘留措施后,水泥公司与申请执行人达成执行和解,但再次违约,未按照和解协议履行义务,情节严重,构成了拒不执行判决、裁定罪。本案警示企业法人或非法人组织的行为构成拒不执行判决、裁定罪的,其直接负责的主管人员和其他直接责任人员亦将承担相应的法律责任。

案例五 金某某拒不执行判决、裁定案

【导语】

被告人(被执行人)金某某拒不履行判决确定的腾房义务,进入刑事追责程序后全部履行到位,但已构成拒不执行判决、裁定罪,被判处有期徒刑一年,缓刑二年。

【案情】

关于申请执行人戴某、李某某与被执行人金某某等返还原物纠纷两案,2014年12月19日,天津市滨海新区人民法院功能区审判管理委员会(以下简称功能区审判管理委员会)分别作出(2014)滨功民初字第2114号、2115号民事判决,判令被执行人金某某将位于本市滨海新区的两处房屋腾空,并赔偿房屋所有人戴某、李某某房屋使用费(按照每日1452元标准,自2012年8月9日起计算至判决生效之日止)。

判决生效后,金某某未主动履行腾房及赔偿义务。2015年3月9日,戴某、李某某分别向功能区审判管理委员会申请强制执行。立案后,执行法院向被执行人金某某送达了《执行裁定书》《执行通知书》,并多次做工作,但金某某拒不腾空房屋,致使

法院判决无法执行。

因被执行人拒不腾房的行为涉嫌拒不执行判决、裁定罪，执行法院依法将线索移送公安机关。2017年2月20日，被执行人金某某经公安机关传唤到案，其亲友将上述两处涉案房屋腾空。在刑事案件审理期间，2018年3月29日，被执行人与申请执行人之一李某某达成和解协议，一次性向李某某支付了房屋使用费人民币60万元，李某某同意让免其他款项，并对被执行人表示谅解。2018年5月30日，被执行人主动将给付另一申请执行人戴某的部分房屋使用费人民币60万元交至法院保管款账户，现已由法院发还戴某。2018年5月31日，功能区审判管理委员会作出（2018）津0116刑初80055号刑事判决，认定被告人金某某构成拒不执行判决、裁定罪，判处其有期徒刑一年，缓刑二年。

【典型意义】

本案被执行人有能力腾交房屋但一直占用，且拒绝支付房屋使用费，其抗拒执行的主观故意明显，情节严重，依法应予严惩。被执行人被公安机关传唤后，如实供述所犯罪行，并有悔罪表现，最终依法予以从轻处罚。本案警示被执行人有履行能力须积极履行，抗拒执行、挑战司法权威和法律底线的行为，必将受到法律的制裁。

案例六　杨某某拒不执行判决、裁定罪

【导语】

被告人（被执行人）杨某某在案件执行期间，将判决确认应交付申请执行人使用的房屋擅自对外出租，构成拒不执行判决、裁定罪。

【案情】

关于申请执行人陈某某与被执行人杨某某离婚纠纷一案，2013年12月12日，天津市宁河区人民法院（以下简称宁河法院）作出（2013）宁民初字第1742号民事判决，判令本市宁河区大陈村毗邻芦汉公路的六间平房中的东侧三间正房归陈某某使用等。杨某某提出上诉，二审维持原判。

判决生效后，杨某某未主动履行交付使用义务。2014年9月30日，陈某某向宁河法院申请强制执行。立案后，宁河法院向被执行人送达了《执行通知书》，多次要求其履行生效判决确定的义务，将上述房屋交由申请执行人使用，但被执行人置若罔闻，拒不履行法律义务，并将房屋擅自对外出租。执行法院对其依法实施司法拘留措施，但被执行人仍占用房屋，导致申请执行人无法依据判决正常使用房屋。

因被执行人的上述行为涉嫌拒不执行判决、裁定罪，宁河法院于2017年4月21日，将线索移送公安机关。公安机关立案侦查阶段，被执行人杨某某履行了义务，将房屋交付申请执行人使用。2018年6月6日，宁河法院作出（2018）津0117刑初252号刑事判

决，认定被告人杨某某构成拒不执行判决、裁定罪，鉴于其确有悔罪表现且没有前科劣迹系初犯，判决对被告人杨某某免予刑事处罚。

【典型意义】

本案被执行人有能力腾交房屋却拒不履行法律义务，其将应交还申请执行人的房屋擅自出租他人的行为，违法情节严重，构成拒不执行判决、裁定罪。公安机关立案侦查后，被执行人虽履行了判决书确定的义务，但已构成犯罪。考虑到其悔罪表现，法院依法对其免予刑事处罚，彰显了重在推动执行、重在预防教育的刑罚适用目的，体现了宽严相济的刑事司法政策。

来源：天津高院执行局

天津市人民法院发布八起拒执罪典型案例

案例一 藏某某拒不执行判决、裁定案

【导语】

被告人（被执行人）藏某某在执行期间，将卖房款挥霍，构成拒不执行判决、裁定罪，判处有期徒刑两年，缓刑三年。

【基本案情】

关于申请执行人周某某与被执行人藏某某所有权纠纷案，2015年8月7日，天津市南开区人民法院（以下简称南开法院）作出（2015）南民初字第1925号民事判决书，判令藏某某给付周某某购房款350000元及诉讼费5400元，宣判后藏某某未提出上诉。

2015年9月8日，周某某向法院申请强制执行。南开法院考虑到，周某某与被执行人藏某某系母子关系，在向藏某某送达《执行通知书》后，多次做工作，希望其主动履行法院判决。2015年11月，藏某某将其位于本市南开区冶金路处房产以845000元的价格卖出，并将所得房款用于投资股市、购买汽车等个人消费，拒不执行法院的生效判决。2016年11月25日，南开法院决定对藏某某司法拘留十五日，并在拘留期间多次到拘留所督促其尽快履行义务，但藏某某仍不思悔改。2016年12月9日，藏某某因涉嫌构成拒不执行判决、裁定罪被天津市公安局南开分局刑事拘留。2017年3月1日，天津市南开区人民检察院向南开法院提起公诉。其间，申请执行人周某某以执行案件已与藏某某自行解决完毕为由，向南开法院申请撤销执行，并表示对藏某某予以谅解，请求法院对其拒执犯罪从宽处罚，适用缓刑。2017年5月26日，南开法院判决：被告人藏某某犯拒不执行判决、裁定罪，判处有期徒刑两年，缓刑三年。

【典型意义】

本案申请执行人与被执行人系母子关系，且申请执行人周某某年逾八十，被执行人藏某某拒不履行生效判决确定的金钱给付义务，在案件执行期间将卖房款隐匿挥霍，情节严重，社会影响恶劣。拒执犯罪审理期间，藏某某履行了法律义务，并取得了周某某的谅解，法院本着维护社会、家庭稳定的原则，充分考虑其母子关系，给予

藏某某有期徒刑两年、缓刑三年的适度惩罚，充分发挥了刑罚的惩罚、教育、预防的多重功能。

案例二　马某某拒不执行判决、裁定案

【导语】

被告人（被执行人）马某某将80余岁的母亲带至涉案房屋，恶意阻止法院强制腾房，构成拒不执行判决、裁定罪，被判处有期徒刑六个月。

【基本案情】

关于申请执行人米某某与被执行人马某某、马某某之妻、马某某之子侵权纠纷案，2015年7月20日，天津市红桥区人民法院（以下简称红桥法院）作出（2015）红民初字第2615号民事判决书，判令马某某一次性支付米某某房屋租金及使用费4800元，判决生效后三十日内马某某及其家人将涉案房屋腾交给米某某。马某某不服一审判决，上诉于天津市第一中级人民法院。2015年10月19日，二审法院作出（2015）一中民四终字第1073号民事判决，维持原判。

2015年11月20日，米某某向红桥法院申请强制执行，并为三被执行人提供了本市外环线以内坐落于北辰区宜兴埠和睦里，面积为15平方米的平房一间。其间，马某某申请再审，为慎重起见，红桥法院未启动强制腾房。2016年4月26日，天津市高级人民法院裁定，驳回马某某的再审申请。2016年4月29日，红桥法院依法强制执行，张贴腾房公告，限马某某等人在2016年5月5日前腾空房屋。2016年5月9日，执行人员到达执行现场，发现有一位80余岁的老太太在涉案房屋内居住。经询问，老太太为马某某之母，系由马某某之子从山东老家接到涉案房屋。据此，法院决定对马某某罚款5万元，并依法强制追缴。

2016年6月23日，红桥法院将该案移送公安机关立案侦查。2016年6月26日，公安机关立案并对马某某采取刑事拘留强制措施。被执行人马某某之妻和马某某之子，迫于压力主动将涉案房屋腾空。2016年10月13日，红桥法院公开审理了该案，并为马某某指定了两名辩护人，邀请10余家媒体代表全程旁听该案庭审。该案当庭宣判：被告人马某某犯拒不执行判决、裁定罪，判处有期徒刑六个月。

【典型意义】

被执行人马某某有能力腾空房屋，但拒不履行生效判决确定的法律义务，还将80余岁的母亲带至涉案房屋内阻碍执行，其行为已经严重扰乱了正常的司法活动，主观恶意明显。红桥法院据此将该案依法移送公安、检察机关，严惩拒执犯罪，促进了案件执行。邀请媒体代表全程旁听案件的庭审和宣判，体现了司法公开与群众监督相结合，不仅有利于人民群众更好地了解执行工作，提高司法权威，同时警示被执行人，

人为制造不能履行情形、阻挠法院执行的规避执行行为，构成拒不执行判决、裁定罪，终将受到法律的制裁。

案例三 闫某某拒不执行判决、裁定案

【导语】

被告人（被执行人）闫某某恶意拖延，拒不全面履行生效法律文书确定的法律义务的行为，构成拒不执行判决、裁定罪，判处罚金人民币5000元。

【基本案情】

关于申请执行人崔某某与被执行人闫某某劳务者受害责任纠纷案，2015年2月10日，天津市东丽区人民法院（以下简称东丽法院）作出（2015）丽民重字第5号民事判决书，判令闫某某向崔某某支付医疗费等各项费用总计人民币287902元。

2015年3月25日，崔某某向东丽法院申请执行，法院向被执行人闫某某送达《执行通知书》并查封其房产。其间，闫某某与崔某某达成执行和解，取得了申请执行人的谅解与信任。后闫某某向法院提出自行变卖房产的申请，并书面承诺变卖后将足额给付执行款项。随后，闫某某变卖了房产，但仅给付部分款项。2017年5月19日，法院以闫某某的行为涉嫌拒不执行判决、裁定罪，将此案移送天津市公安局东丽分局。2017年7月11日、9月30日，被执行人分两次将给付义务全部履行完毕。2017年10月12日，东丽法院判决：被告人闫某某犯拒不执行判决、裁定罪，判处罚金人民币5000元。

【典型意义】

被执行人闫某某在法院对其房产进行查封的情况下，采用与申请执行人达成和解，并给付部分执行款项的方式，妄图拖延执行、转移财产，构成拒不执行判决、裁定罪，鉴于其最终履行了法律义务，故单处罚金刑。该案警示被执行人有履行能力，就要全面、及时地履行法律义务。

案例四 袁某某拒不执行判决、裁定案

【导语】

被告人（被执行人）袁某某转移财产、恶意出逃，导致判决无法执行，构成拒不执行判决、裁定罪，被判处有期徒刑一年四个月。

【基本案情】

袁某某系天津某冶金材料有限公司法定代表人。2012年3月9日，天津市东丽区人民法院（以下简称东丽法院）作出（2012）丽民初字第713号民事判决书，判令天津某冶金材料有限公司给付原告袁某借款人民币739773元；2012年3月12日，东丽法院作出（2012）丽民初字第986号民事判决，判令天津某冶金材料有限公司给付刘某、袁某货

款人民币2334600元、利息人民币200000元，共计人民币2534600元。袁某某对上述两份判决均未上诉。

2012年4月9日、4月23日，袁某、刘某申请东丽法院强制执行。袁某某自2012年5月31日至7月24日，分四次还款人民币1600000元。另查，2012年6月26日、7月10日，袁某某亦分两次将天津钢铁集团有限公司支付给天津某冶金材料有限公司的货款共计人民币3300000元，转移至其女儿的天津银行账户内，致使法院判决无法执行。2013年2月22日、3月8日，法院依法对其采取司法拘留。2013年6月3日，袁某某被列为网上追逃犯。2016年3月8日，袁某某到公安机关投案。

袁某某涉嫌拒不执行判决、裁定罪，天津市东丽区人民检察院于2016年8月18日提起公诉。2016年10月17日，东丽法院判决：被告人袁某某犯拒不执行判决、裁定罪，判处有期徒刑一年四个月。

【典型意义】

被执行人袁某某在法院强制执行阶段，以假意履行部分给付义务，实则转移巨额财产的方法抗拒执行，被拘留两次，仍不知悔改，并恶意出逃，被网上追捕后，虽有自动投案等酌情从轻处罚的情节，但主观恶意明显、行为恶劣，被判处有期徒刑一年四个月。该案警示被执行人转移财产、恶意出逃，必将受到法律严惩。

案例五　刘某某拒不执行判决、裁定案

【导语】

被告人（被执行人）刘某某拒不腾交占有房产，非法阻挠法院进场执行的行为，构成拒不执行判决、裁定罪，被判处拘役四个月。

【基本案情】

关于申请执行人温某某与被执行人刘某某房屋租赁合同纠纷案，2015年4月13日，天津市北辰区人民法院（以下简称北辰法院）作出（2015）辰民初字第1261号民事判决书和（2015）辰民初字第1262号民事判决书，判令刘某某于判决生效后十五日内搬出并腾空其占有使用的位于本市北辰区宜兴埠镇的六间办公室及一间厂房。刘某某不服原审判决，上诉于天津市第一中级人民法院。2015年8月5日，二审法院对两案判决，维持原判。

2015年8月27日、28日，温某某对两案向北辰法院申请强制执行。北辰法院多次传唤被执行人到院，自2015年9月14日至2016年2月29日，承办人先后五次就上述案件与被执行人一方或双方当事人进行沟通协商，刘某某始终未主动履行义务。2015年12月30日，北辰法院在涉案房屋处张贴公告，责令刘某某在2016年1月7日前自行搬出并腾空涉案厂房一间及六间办公室，被执行人刘某某未履行。

2016年4月17日上午,北辰法院组织40余名干警前往涉案场地强制执行。但现场厂房门口停放多辆宝马、奔驰、宾利、卡宴等豪华轿车,厂房内紧贴大门处停放了一辆中型汽车,将门口完全堵死,且现场有众多闲散社会人员,致执行人员无法进入厂房内执行。当天,北辰法院依法传唤被执行人刘某某到法院,依法对其采取拘留十五日的强制措施,并将该案移送公安机关。其间,被执行人亲属将涉案厂房腾空。2016年11月21日,北辰法院判决:被告人刘某某犯拒不执行判决、裁定罪,判处其拘役四个月。

【典型意义】

被执行人负有生效法律文书确定的腾房义务,但其在法院强制执行的过程中采取车辆堵塞入场通道的方式,对抗、阻挠执行,北辰法院遂依法对其采取拘留措施,并以拒执罪将案件移送公安机关。慑于执行压力,被执行人亲属将涉案厂房腾空,其行为已构成拒不执行判决、裁定罪。该案警示被执行人,拒不履行法律生效判决,逞一时之快,非法阻挠法院执行的违法行为,必将受到法律的制裁。

案例六 张某某拒不执行判决、裁定案

【导语】

被告人(被执行人)张某某非法占有亲属财产拒绝返还,有履行执行而拒不履行生效判决确定的义务,构成拒不执行判决、裁定罪,被判处有期徒刑十个月。

【基本案情】

申请执行人刘某某与被执行人张某某继承纠纷案中,刘某某与张某某、被继承人均系母子关系。2017年3月16日,天津市宁河区人民法院(以下简称宁河法院)作出(2016)津0117民初4775号民事判决书,判令张某某于判决生效后十日内返还刘某某124945元。

2017年3月20日,刘某某向宁河法院申请强制执行。2017年4月6日,被执行人张某某在询问中表示,其占有的钱款在办丧事时全花了,拒不履行生效判决确定的义务。因(2016)津0117民初4775号民事判决书已载明,扣除张某某操办丧事实际支出的费用30500元后,张某某应返还刘某某含被继承人工资在内的124945元。2017年5月9日,宁河法院以张某某行为涉嫌构成拒不执行判决、裁定罪,将该案移送公安机关立案侦查。

2017年8月9日,公安机关立案并对张某某采取刑事拘留措施。2017年8月21日,天津市宁河区人民检察院批准逮捕。2017年11月27日,宁河法院公开审理,并当庭宣判被告人张某某犯拒不履行判决、裁定罪,判处有期徒刑十个月。

【典型意义】

该案系典型的返还财产类执行案件,被执行人不履行判决即构成有能力履行而拒不履行,情节严重的将构成拒不执行判决、裁定罪。本案警示被执行人非法占有亲属的财产,经拘留后仍拒不履行的,构成"有能力执行而拒不执行,情节严重"的情形,将被追究刑事责任。

案例七 张某某拒不执行判决、裁定案

【导语】

被告人(被执行人)张某某拒不依照生效判决腾出诉争房屋,构成拒不执行判决、裁定罪,被判处有期徒刑一年,缓刑一年六个月。

【基本案情】

关于申请执行人张某A与被执行人张某某排除妨害纠纷案,2015年1月5日,天津市蓟州区人民法院(以下简称蓟州法院)作出(2015)蓟民初字第6404号民事判决书,判令被告张某某于判决生效后十五日内从坐落在本市蓟州区渔阳镇中昌新村西区的一处房产中搬出。被告张某某不服一审判决,上诉于天津市第一中级人民法院。2016年6月6日,二审法院判决,维持原判。

2016年6月27日,张某A向法院申请强制执行,法院执行局多次传唤被执行人张某某,但其始终未履行生效法律文书确定的法律义务。2017年11月13日,蓟州法院对张某某司法拘留十五日。拘留期间,张某某有悔改表现,表示将积极履行判决书确定的法律义务。2017年11月27日,张某某被提前解除司法拘留。解除司法拘留后,张某某仍拒绝履行法律义务。2018年1月17日,法院以张某某涉嫌拒不执行判决、裁定罪,将案件移送至天津市公安局蓟州分局。

2018年1月30日,公安机关立案,张某某到案后如实供述自己的犯罪事实,并从本市蓟州区渔阳镇中昌新村西区的一处房产中搬出,取得了申请执行人的谅解。2018年6月25日,蓟州法院当庭宣判:被告人张某某犯拒不执行判决罪,判处有期徒刑一年,缓刑一年六个月。

【典型意义】

排除妨害的执行案件,属于行为执行,被执行人不存在无履行能力的情形。张某某被司法拘留后,假意悔改,拒不履行生效判决确定的法律义务,构成拒不执行判决、裁定罪。案件移送公安机关后,张某某主动履行并取得申请执行人的谅解,蓟州法院对于犯罪情节较轻、在立案侦查期间积极履行、认错态度良好的,依法给予宽大处理,引导当事人作出积极履行生效判决的正确选择,彰显了重在推动执行、重在预防教育的刑罚适用目的。

案例八 马某某、常某某拒不执行判决、裁定案

【导语】

被告人（被执行人）马某某、常某某私自转让处置小产权厂房，构成拒不执行判决、裁定罪，判处被告人马某某有期徒刑一年六个月，缓刑二年；判处被告人常某某有期徒刑六个月，缓刑一年。

【基本案情】

关于申请执行人中国建设银行股份有限公司天津大港支行与被执行人天津滨海某建材有限公司、天津市某铝业制造有限公司、常某某、马某某等人金融借款合同纠纷一案，2016年4月29日，天津市滨海新区人民法院大港审判管理委员会（以下简称大港审判管理委员会）作出（2015）滨港民初字第3461号民事判决书，判令：天津滨海某建材有限公司于本判决生效后十日内向中国建设银行股份有限公司天津大港支行偿还借款本金人民币3141171.11元及罚息，支付违约金人民币3141.17元；天津市某铝业制造有限公司于本判决生效后十日内向中国建设银行股份有限公司天津大港支行偿还借款本金人民币2470945.16元及罚息，支付违约金人民币2470.95元；马某某、常某某等人承担连带责任。

2016年6月6日，中国建设银行股份有限公司天津大港支行向大港审判管理委员会申请执行。2016年7月8日，大港审判管理委员会依法查封了天津滨海某建材有限公司所有的小产权厂房及附着物，并张贴查封公告。该查封裁定送达该公司法定代表人马某某，同时告知马某某和公司股东常某某在查封期间禁止处分该厂房及附着物。2016年12月9日，被执行人马某某、常某某私自将该厂房及附着物、机器设备以人民币524万元的价格转让给不知情的案外人张某某，并签订厂房转让合同。后该转让款由二被执行人分割处理，被执行人常某某分得人民币80万元，被执行人马某某分得100万元，其余部分款项由被执行人马某某私自用于偿还其个人债务。法院在回访时发现上述情况，及时采取措施追回转让款人民币360万余元。

2017年5月11日，大港审判管理委员会以被执行人马某某、常某某行为涉嫌构成拒不执行判决、裁定罪，将该案移送天津市滨海新区公安局大港分局追究其刑事责任。2017年11月7日，大港审判管理委员会公开审理了该案，当庭宣判：判处被告人马某某有期徒刑一年六个月，缓刑二年；判处被告人常某某有期徒刑六个月，缓刑一年。

【典型意义】

本案为涉金融执行案件，案件标的大，查封的又是小产权房产，法院查封后积极回访查看，及时发现被执行人的违法行为，最大限度地为申请执行人挽回损失。被

执行人试图钻小产权厂房无查封登记信息的漏洞，妄图私自转让处置房产，逃避执行的行为，最终受到了应有的惩罚。本案警示被执行人，小产权厂房虽无公示的查封登记信息，但法院已下达查封手续，当事人不得私自转让处置，否则终将受到法律的制裁。

来源：天津高法

巧用拒执罪，八年交通肇事案终执结

拒执罪在实际执行过程中给"老赖"们带来无形的压力，往往在这种重压之下，有能力执行而拒不执行的被执行人或者行为上有直接导致无可供执行的财产的被执行人，能够及时履行法院判决、裁定的义务，使申请执行人的权益得到有效的保障。静海法院巧妙运用拒执罪，成功执结一起长达八年的交通肇事案。

【案情回顾】

2010年2月，京沪高速上静海法院辖区内发生了一场车祸，郑某驾驶的小型客车与赵某驾驶的小型汽车相撞，后两车分别与高速防护栏相撞，造成赵某车上乘车人汪某（赵某丈夫）、郑某及其车上乘车人李某（郑某妻子）等人受伤，两车及公路设施损坏。经天津市公安交通管理局高速支队京沪大队认定，郑某负事故全部责任。原告汪某在医院治疗结束后，曾就后续治疗等相关费用和残疾赔偿金等与郑某进行多次沟通，后经协调未果，遂将郑某和某保险公司诉至静海法院。经审理，静海法院先后作出三份民事判决书，共判决某保险公司赔偿原告汪某夫妇共计122000元，判决被告郑某赔偿汪某夫妇其余损失1073655.75元，而被告郑某仅履行25000元赔偿后便以各种借口推脱、逃避，剩余1048655.75元未还。

【执行过程一度陷入困局】

三份民事判决书生效后原告汪某夫妇即向静海法院申请执行，案件总标的额约104万元。法院受理后在规定的期限内，向被执行人送达了《执行通知书》《报告财产令》等文书。承办人同时按判决书写明的被执行人住址委托当地法院调查其财产线索，当地法院回复未查到该被执行人财产线索，案件执行过程陷入僵局。后经承办人多次与汪某夫妇及其委托代理人沟通，在承办人的耐心解释下，原告同意三个案件一次性给付60万元，可和解结案，但被执行人郑某只同意三个案件共赔付50万元，且要分期履行，即每年给付10万元。双方意见出现分歧，承办人多次电话联系原被告，明法释理，尽力促成双方和解，但被执行人电话未接通，案件执行再次进入僵持状态。

【被执行人离奇失踪】

原告汪某夫妇多次致电静海法院询问被执行人下落和案件执行情况，但被执行人始终杳无音信。承办人并未因此放弃，一方面安抚原告的情绪，另一方面继续全方位、多角度地开展执行工作。为查找郑某的下落，案件承办人赴判决书载明的郑某住址进行查询，又根据判决书上载明的身份证号委托其籍贯所在地派出所进行查询，但均未查到线索。

【法网恢恢，疏而不漏】

在静海法院清理涉民生案件的过程中，承办人经过多方排查、多处走访，利用各种手段，在公安部门的协助下，确定了郑某的位置信息，并获悉被执行人在与他人合营一家餐馆，且占该店股份的三分之一。而承办人到达餐馆后，又一次扑空，得知狡猾的郑某早已离开，退股并分得股金52000元。承办人并没有因此灰心，仍始终坚信被执行人难逃法网。

经查，事发后至今，郑某夫妻未回原籍长期居住，而是辗转山东、云南、浙江温州等地经营生意。从调取郑某及其妻子银行信息及账户资金流量上看，在案件转入执行阶段后二人银行账户的资金流量为455923.52元（郑某为6766元，郑某妻子为449157.52元），郑某的银行账户几乎不见活动，全由其妻李某的账户收支。狡猾的郑某采取隐匿、转移财产至其妻子名下的方式逃避应承担的交通损害赔偿义务，情节恶劣。虽然在调查期间郑某的父亲在其村、镇领导的说服下，替郑某给付了50000元赔偿款，但其后就以生活困难为由不再履行。本来答应由他代替其子来法院进一步协商，后经联系，一再推脱。

【拒执罪威慑下"老赖"和解履行】

综合以上情况，静海法院承办人认为被执行人郑某在人民法院作出其具有给付义务的判决后，本应自觉主动履行法律文书确定的义务，但其在有收入的情况下，拒不履行法院判决确定的义务并到处藏匿，该行为已涉嫌构成拒不执行法院判决罪。依照《中华人民共和国刑法》第三百一十三条、《最高人民法院关于审理拒不执行判决、裁定刑事案件适用法律若干问题的解释》第一条的规定，建议追究郑某的刑事责任。

静海法院办案人员在被执行人原籍所在地公安机关的大力配合下，找到了郑某的下落并成功将其传唤到当地法院，依法对郑某进行刑事拘留，将其羁押至静海看守所，随后，公安机关提请检察院将其逮捕。案件承办人去看守所提讯郑某时，郑某在拒执罪巨大的心理压力之下，主动请求达成还款协议，由其父代其给付50000元执行款，剩余款项其按每月给付3000元分期支付。

郑某被取保后，开始几个月尚能按协议给付执行款，后再次以种种理由拒绝给付。汪某的委托律师到静海法院请求为其出具律师调查令，调查郑某夫妻的财产情况，案件承办人也多次和郑某取得联系，讲述拒执犯罪的危害和恶劣影响。最终，郑某认识到了自己的所作所为对社会及他人的危害，表示歉意。经与汪某夫妻协商，其二人同意扣除郑某已给付的款项，再一次性给付400000元便可结案。后双方当事人及委托代理人共同来到静海法院，按事前的协商内容签署了执行和解协议，使这起历经八年的交通肇事案件终于画上了圆满的句号。

这是一起"老赖"在拒执罪的强大压力下，主动达成和解协议、成功执结的经典案例。今后，为进一步突出执行工作的强制性，依法惩治拒执犯罪，充分发挥刑事制裁措施在提升执行工作权威、推动解决"执行难"、促进社会诚信体系建设方面的积极作用，静海法院将对情节严重的拒不执行人民法院判决、裁定的被执行人，依法充分运用刑法手段予以严厉打击，划出底线，震慑"老赖"。让当事人的胜诉权益得到充分保障，让人民群众在每一起执行案件中都能感受到公平正义。

来源：天津市静海区人民法院

打击"拒执"、失信惩戒、追回"欠薪"
——三起新疆法院攻坚"执行难"的典型案例

案例一 被执行人有财产可供执行而拒不履行,恶意隐匿转移财产,构成拒不执行判决、裁定罪

【基本案情】

2016年4月,乌鲁木齐市新市区人民法院审理了一起借款纠纷案。法院作出(2016)新0104民初1326号调解书,约定者某、刘某向金某分期归还借款3421240元。按照约定,2016年5月30日之前,者某、刘某应向金某支付50万元,然而者某、刘某在支付了15万元后却下落不明。于是金某向法院申请强制执行。法院经调查发现,者某账户内有大量资金往来,刘某在一家公司存放了大量机器设备。执行法官多次到被执行人家中,均未发现被执行人下落。2018年4月11日,者某经网上追逃被杭州铁路公安处德清站派出所民警抓获。两位被执行人不仅不履行法律义务,还与法院玩起了"躲猫猫",并将自己名下的一处房产、一辆奥迪轿车、一辆路虎揽胜汽车、一辆江淮汽车变卖,恶意隐匿财产,转移财产。

2018年8月23日,乌鲁木齐市新市区人民法院经审理,者某、刘某作为案件的被执行人不仅不履行法律义务,还恶意隐匿财产,转移财产,其行为已经构成拒不执行判决、裁定罪;依照我国刑法的规定应处三年以下有期徒刑、拘役或者罚金;依照《中华人民共和国刑法》第三百一十三条、第二十五条的规定,判处者某有期徒刑六个月,刘某有期徒刑六个月。

【典型意义】

"执行难"一直是社会各界高度关注、人民群众反映强烈的"老大难"问题,也是新疆法院的工作焦点。被执行人刘某、者某在明知案件进入执行程序后,藏匿财产,转移财产,致使生效裁判无法执行,情节严重,构成拒不执行判决、裁定罪。在该判例中,被执行人与法院"躲猫猫"妄图逃避法律责任,但"天网恢恢,疏而不漏"，经过网上追逃最终被抓获。该判例警示，漠视法律、心存侥幸，恶意逃避执行的行为终将受到法律的制裁。

案例二　失信惩戒，限制购买飞机票

【基本案情】

2013年5月23日，申请执行人中国工商银行股份有限公司北屯支行与赵某签订了个人借款/担保合同，借款100000元。被执行人余某（女）、李某对借款承担保证责任。

借款到期后，赵某未向申请执行人中国工商银行股份有限公司北屯支行还款。引发诉讼后由阿勒泰市人民法院作出调解，被执行人李某、余某（女）于2015年8月30日前归还赵某向申请执行人的借款本金99999.95元及利息17033.45元，合计117033.4元（利息计算至2015年7月7日）。截至调解书到期日，被执行人李某、余某（女）仍未将全部借款本金99999.95元及利息17033.45元向申请执行人支付，中国工商银行股份有限公司北屯支行于2016年3月10日向阿勒泰市人民法院申请强制执行。

案件进入执行阶段后，阿勒泰市人民法院执行局迅速通过执行查控系统进行查询，经查询，被执行人余某（女）、李某的银行账户均无存款可供执行，在该院辖区亦无相关动产和不动产。随后承办法官依法约谈了被执行人余某（女）、李某，向其二人说明了拒不履行生效法律文书的后果，告知其若仍继续不能履行，就把其二人纳入失信被执行人名单中，到时二人在未来的生活、经济发展及各方面都会受到诸多限制。后双方当事人进行协商，被执行人余某（女）、李某二人分别承担一半的借款本金及利息，申请执行人中国工商银行股份有限公司北屯支行的委托代理人李某表示同意并且双方约定了还款时间。约定还款时间到期后，被执行人余某（女）、李某并未按照协商的内容履行义务，依然无所忌惮，未支付案款。承办人经过合议庭合议，立即决定依法将二被执行人余某（女）、李某列入失信被执行人名单，并通过报纸、网络等媒体曝光方式敦促二被执行人尽快履行义务。

2019年2月初，被执行人余某（女）要长期往返于本地工作，被告知其已被纳入失信被执行人名单，不能购买飞机票及火车票。此时被执行人余某（女）才真正领会到作为失信被执行人所要付出的代价，随即与申请执行人的委托代理人再次协商，履行一半涉案款项，申请执行人表示同意并且收到被执行人余某（女）支付的案款。

事后，被执行人余某（女）深刻意识到，失信于人，即是对他人的不尊重，甚至会给他人、集体的利益造成损失。失信不仅会给自己带来不利影响，而且会有损于他人和社会的利益，从而受到人们的谴责甚至法律的惩罚。

【典型意义】

根据最高人民法院《关于限制被执行人高消费的若干规定》，法院及相关部门

对被执行人依法采取限制高消费措施。为了督促借款人或担保人尽快还款，针对欠钱不还、名下又没有财产可被执行的人，设立了失信被执行人员名单，名单上的人俗称"老赖"。被列入失信被执行人员名单还会有很多严重后果。例如，被限制高消费，唯一住房会被拍卖，支付宝账户被冻结，申请信用卡、银行贷款、网贷全部会被拒绝，子女不能上重点私立学校，养老金可以直接被划扣等。本案被执行人余某（女）正是在限制高消费的牵制、震慑下，无法正常购买机票外出办事，出行、住宿等处处受限，给工作、生活带来了诸多不便，才在具有履行能力后主动向法院履行义务，换取"自由身"，案件终得以妥善解决。

案例三 农民工申请执行被拖欠的工资款

【基本案情】

2018年3月至6月，张某雇用李某、许某等16名农民工为其在托克逊县承包的土地种植哈密瓜。哈密瓜收获后，张某拒绝支付劳动报酬，故李某、许某等16人于2018年7月21日将张某诉至托克逊县人民法院。托克逊县人民法院在受理案件后，执行法官立马将张某传唤至该院，对该16起案件进行诉前调解，经调解，张某答应2018年8月全部支付完毕。支付期限已到，张某却不知所终，躲藏逃避支付李某、许某等16人的劳动报酬。2018年11月27日，李某、许某等16人遂向托克逊县人民法院申请强制执行。托克逊县人民法院立即采取措施，执行法官采取查询措施后发现张某名下无房产、车辆、银行存款、土地、债权、理财产品等可供执行的财产且人也在托克逊县消失。为维护农民工的合法权益，托克逊县人民法院同公安机关联合行动，将张某在四川省成都市火车站抓获。经执行法官再三地做思想工作后，张某最终将所拖欠李某、许某等16名农民工的113000元的工资全部履行完毕。

【典型意义】

托克逊县人民法院为拖欠众多农民工工资案件开设绿色通道，联合公安机关，双管齐下，在短时间内解决了执行难题，体现了司法公正，严厉打击恶意欠薪行为，很好地保护了农民工的合法权益。多年以来，让农民工快速拿到血汗钱回家过年是全区法官的心愿。因此，托克逊县人民法院处理农民工工资案件一贯秉持"四快，三优先"原则，即快立、快审、快结、快执，优先立案、优先审理、优先执行。把维护农民工合法权益这件事一直坚持下去，相信欠薪案件会越来越少。

来源：新疆高院

山西省检察机关"支持和服务企业家创新创业营造良好法治环境"专项工作第二批典型案例（节录）

案例九　郑某拒不执行判决、裁定监督案

【案情摘要】

蒲县某有限公司为自然人独资公司，公司法定代表人和股东均为被告人郑某。2016年6月，郑某与孙某签订《蒲县某有限公司整体转让合同》，约定公司变更登记、转让的价格及合同附件采矿许可证移交等内容。合同签订后，孙某支付价款120万元，郑某进行工商变更登记，但郑某拒绝交付采矿许可证。孙某将郑某诉至法院。经审理，二审终审判决郑某立即将蒲县某有限公司采矿许可证交付孙某。后经多次执行，但被告人郑某拒不履行生效法律文书确定的义务，致使该公司采矿许可证逾期不能办理，被国土资源部门责令停止违法基建至今，造成公司直接经济损失143.5万元。

【诉讼过程】

2018年1月，蒲县某有限公司股东孙某委托律师向蒲县人民检察院递交了立案监督申请，请求公安机关立即对被告人郑某立案侦查并采取强制措施，并提交了孙某与郑某转让公司后的采矿许可证纠纷相关民事判决书复印件，以及与公安机关之间的沟通经过等相关材料。蒲县人民检察院受理，对案件的相关情况进行调查后认为，法院作出生效判决后，经多次执行，郑某有能力执行而拒不履行生效判决，公安机关未对此案立案侦查。据此，蒲县人民检察院启动了立案监督程序，于2018年2月1日向蒲县公安局发了要求说明不立案理由的通知。2018年2月5日，蒲县公安局就郑某拒不执行法院判决、裁定一案出具了不立案理由说明。蒲县人民检察院经审查认为，公安机关不立案理由不成立，于2018年3月21日通知蒲县公安局立案侦查，2018年3月26日蒲县公安局立案侦查，蒲县人民检察院于2018年4月16日对郑某作出批准逮捕决定。2018年7月9日，蒲县人民检察依法提起公诉；2018年9月20日，蒲县人民法院以拒不执行判决、裁定罪判处郑某有期徒刑一年。该判决现已生效，进入执行阶段。

【典型意义】

被告人郑某作为执行案件的被执行人，在人民法院向其多次发出《执行通知书》后，拒绝报告财产情况，拒不履行生效法律文书确定的义务，属于有能力履行执行义务而拒不履行的情形。但是公安机关未能及时依法立案侦查。检察机关充分发挥法律监督作用，通过立案监督，督促公安机关开展立案侦查工作。检察机关以拒不执行判决、裁定罪依法提起公诉，人民法院根据检察机关的起诉作出判决，有力维护了民营企业的胜诉权益，有力惩治了拒执犯罪，对这类抗拒执行犯罪行为起到了较好的警示作用。

案例十　邯郸市某建筑安装有限公司与山西某煤业有限公司建设工程款纠纷执行监督案

【案情摘要】

2016年5月11日，邯郸市某建筑安装有限公司将山西某煤业有限公司诉至静乐县人民法院，请求判令被告支付工程款共计21万元。经法院调解，双方达成调解协议，但山西某煤业有限公司未履行调解协议内容。2017年4月7日，邯郸市某建筑安装有限公司向静乐县人民法院申请强制执行。静乐县人民法院于2017年5月8日向被执行人送达了执行通知。申请人认为法院执行立案一个月后才向被执行人送达执行通知，执行进度缓慢，给其生产经营带来了极大的影响，于是向检察机关申请执行监督。静乐县人民检察院经审查认为，静乐县人民法院在执行本案的过程中存在法律文书送达违法和怠于履行职责的情形，遂向静乐县人民法院发出检察建议，建议其积极履行执行职责，尽快执结案件。静乐县人民法院在收到检察建议后迅速行动，积极履职，很快便为申请人落实了15万元的工程款，后续的款项也在不久后落实。

【典型意义】

执行进度缓慢、执行超期限会导致申请人、执行人的合法权益无法如期实现，严重影响司法公正和当事人的切身利益。静乐县人民检察院通过检察建议督促静乐县人民法院积极履职，采取有效措施推动执行进展，法院采纳了检察建议，促使被执行人很快地履行了支付义务，有效地维护了申请执行企业的合法权益，为静乐本地营造良好的营商环境和法治环境作出了积极努力。

来源：山西检察

山西高院发布五起"拒不执行判决、裁定罪"典型案例

2018年11月28日下午,山西高院召开新闻发布会,向社会公开发布五起拒不执行判决、裁定罪典型案例。

案例一 被告人张某拒不执行判决、裁定案

【基本案情】

根据生效的民事判决,被告张某应偿还王某借款55万元,曲沃县人民法院根据王某的申请依法向张某发出《执行通知书》。张某拒不履行,后曲沃县人民法院向曲沃县公安局送达案件移送函,公安机关以张某涉嫌拒不执行判决、裁定罪立案后,对张某进行传唤,张某一直避而不见。后张某被北京市公安局海淀分局抓获。张某归案后,以各种理由推脱,拒不配合履行曲沃县人民法院的判决、裁定。2018年2月26日,曲沃县人民法院以拒不执行判决、裁定罪,判处被告人张某有期徒刑十个月。后张某向临汾市中级人民法院提出上诉,2018年5月29日,临汾市中级人民法院作出驳回上诉、维持原判的终审裁定。

【典型意义】

本案被告人张某对人民法院的生效判决,有能力执行而拒不执行,在人民法院执行生效判决的过程中,发出《执行通知书》和《执行裁定书》后,一直不履行判决、裁定确定的义务,情节严重,其行为构成拒不执行判决、裁定罪。人民法院将其犯罪线索依法移交公安机关启动刑事诉讼程序,并在检察机关提起公诉后,依法定罪判刑,有效惩治了拒执犯罪,维护了司法权威,保障了申请执行人的合法权益,取得了良好的法律效果和社会效果。

案例二 被告人王某拒不执行判决、裁定案

【基本案情】

根据生效的民事判决,被告王某应返还范某30000元,并每月支付范小某抚养费

200元。王某有履行能力而拒不执行,致使范某的合法权益无法保障。2018年3月27日,公安机关以王某涉嫌拒不执行判决、裁定罪立案;王某于同日履行了人民法院民事判决书确定的义务;后公安机关依法对其作出取保候审的决定;8月9日,检察院提起公诉;8月30日,代县人民法院以拒不执行判决、裁定罪,判处被告人王某有期徒刑六个月,缓刑一年。

【典型意义】

本案被告人王某对人民法院的判决、裁定有能力执行而拒不执行,情节严重,其行为已构成拒不执行判决、裁定罪。王某在公安机关刑事立案后,已履行了人民法院生效判决所确定的返还钱款义务,且认罪态度较好,可以从轻处罚。最高人民法院出台的《关于审理拒不执行判决、裁定刑事案件适用法律若干问题的解释》中规定,对在刑事诉讼程序中一审、二审宣告判决前,自动履行判决裁定、达成执行和解并履行完毕或部分履行的,可酌情从宽处罚。该判决体现了宽严相济的刑事政策,达到了促进当事人履行法律文书确定的义务、债权人的权益得以实现的最终目的。

案例三 被告人靳某拒不执行判决、裁定案

【基本案情】

阳泉市城区人民法院执行局依据相关生效的民事判决执行立案后,要求被告靳某将住房交付赵某、王某,后靳某拒不执行法院判决。经该院多次调解,靳某承诺一次性支付申请执行人62万元,否则同意法院强制将房屋腾出并交给申请执行人,并承担一切损失及费用。到期后,靳某仍拒不履行义务。后法院向靳某送达腾房公告,责令其限期自行腾房,但靳某仍不履行义务。法院多次传唤靳某并责令其腾房,但靳某始终拒不履行义务。后阳泉市城区人民法院强制执行该房屋时,靳某家属等人使用向执行工作人员泼水等方式阻碍法院工作人员依法执行。后当地公安机关以靳某涉嫌拒不执行判决、裁定罪立案,并对其实施网上追逃,被告人靳某归案后及时履行了民事判决中确定的腾房义务。2017年1月22日,阳泉市城区人民法院以拒不执行判决、裁定罪,判处被告人靳某有期徒刑二年,缓刑三年。

【典型意义】

本案被告人靳某需要履行的是交付住房的义务,此种义务在靳某实际控制执行标的的情况下,不存在"没有能力执行"的原因和困难。而靳某推托在外地始终拒不履行义务,且在法院工作人员强制执行的过程中阻碍执法,情节严重,构成拒不执行判决、裁定罪。但靳某到案后履行了生效民事判决所确定的腾房义务,对其可酌情从轻处罚。该案的宣判,一方面迫使被执行人履行了生效判决确定的义务;另一方面对同类案件的被执行人起到了震慑作用,实现了法律效果和社会效果的统一。

案例四 被告人陈某拒不执行判决、裁定案

【基本案情】

根据生效的民事判决,被告陈某应给付潘某房屋折价款595075元。判决生效后,陈某不履行判决义务,潘某向人民法院申请执行。人民法院依据相关法律向陈某送达了《执行通知书》《报告财产令》《执行裁定书》和《执行决定书》等。但陈某既不履行,亦不报告其财产,且存在转移、藏匿财产,逃避执行的行为。公安机关于2017年9月25日以陈某涉嫌拒不执行判决、裁定罪予以立案。后在检察机关审查起诉阶段,陈某的亲属与潘某达成执行和解协议,履行了民事判决所确定的义务。潘某出具了书面谅解书,对陈某表示谅解。2018年4月20日,人民法院以拒不执行判决、裁定罪,判处被告人陈某拘役五个月,缓刑六个月。

【典型意义】

本案被告人陈某负有履行生效判决的义务,其在有能力履行的情形下,转移财产、隐匿行踪,致使判决无法执行,情节严重;在本案审查起诉阶段,被告人陈某的亲属与申请执行人达成和解协议,自觉履行了民事判决义务,执行案件已经了结,且取得了申请执行人的谅解,未造成严重后果,被告人有悔罪表现,可依法从宽处理。该案有效惩治了拒执犯罪,维护了司法权威,同时体现了宽严相济的刑事政策,充分发挥了刑罚的惩罚、教育及预防的功能,引导当事人作出正确的选择,保障了申请执行人的合法权益,取得了良好的法律效果和社会效果。

案例五 被告人王某拒不执行判决、裁定案

【基本案情】

根据已生效的民事判决,被告王某应偿还柴某借款本金382500元及利息。王某在判决书确定的期限内没有自动履行给付义务,柴某向朔城区人民法院提出强制执行申请,朔城区人民法院于2018年2月2日依法向王某下达了《执行通知书》和《报告财产令》,要求其履行生效判决并如实报告自己当前及前一年的财产情况。但王某拒不履行,并采取转移财产、虚假和解的方式拒不执行法院判决。2018年6月27日,王某因拒不履行民事判决书确定的义务,被朔城区人民法院决定司法拘留十五日;7月11日因涉嫌拒不执行判决、裁定罪,被朔州市公安局朔城分局刑事拘留;7月25日因涉嫌拒不执行判决、裁定罪,经朔州市朔城区人民检察院批准,于次日被朔州市公安局朔城分局执行逮捕;9月29日,朔城区人民检察院向朔城区人民法院提起公诉;11月28日,朔城区人民法院以拒不执行判决、裁定罪,判处王某有期徒刑二年。

【典型意义】

任何规避执行的行为都要受到法律的制裁。本案被告人王某采取转移财产、虚假和解的方式拒不执行法院判决,逃避偿还债务,致使案件执行难度增大。为了惩罚拒执犯罪、维护法律尊严,人民法院通过公安、检察联合办案,共同维护当事人的合法权益。该案警示所有被执行人必须自觉承担法定义务,积极履行判决内容,否则必将受到法律的严惩。

来源:山西高院

山西高院公布"拒不执行判决、裁定罪"五大典型案例

2018年10月12日,在山西省高院、省检察院、省公安厅召开的"发挥联合惩戒作用,促进解决执行难"新闻发布会上,省高院公布"拒不执行判决、裁定罪"五大典型案例,通过案例形象说明"天网恢恢,疏而不漏"。拒不执行判决、裁定,必然受到法律的严惩。

案例一 孙某某拒不执行判决、裁定案

【基本案情】

关于某信托有限公司与盘锦某房地产开发有限责任公司借款合同纠纷一案,双方当事人约定本案由合同签订地的山西法院管辖。某信托有限公司于2015年12月9日向山西省高级人民法院提起诉讼。在案件审理阶段,某信托有限公司向山西省高级人民法院申请财产保全。山西省高级人民法院于2015年12月21日作出(2015)晋民初字第61-1号民事裁定书,查封了盘锦某房地产开发有限责任公司开发的盘锦西水湾二期商品房项目的部分房产。山西省高级人民法院于2016年2月1日作出(2015)晋民初字第61号民事调解书,确认盘锦某房地产开发有限责任公司向某信托有限公司支付欠款30388.49万元。后盘锦某房地产开发有限责任公司未能如期偿还欠款,2016年7月,某信托有限公司向山西省高级人民法院申请强制执行。2016年7月26日,山西省高级人民法院作出(2016)晋执21号《执行通知书》、(2016)晋执21号执行裁定书,要求盘锦某房地产开发有限责任公司在收到该《执行通知书》后向申请执行人某信托有限公司支付30388.49万元及履行生效法律文书确定的其他义务,并于2016年8月3日向被执行人送达了该法律文书。

被告人孙某某系盘锦某房地产开发有限责任公司法定代表人,其在收到《执行通知书》《执行裁定书》后,一直未主动履行法定义务。后执行法院采取强制执行措施,在执行过程中查明,被执行人盘锦某房地产开发有限责任公司在收到法院要求履行义务的法律文书后,仍多次转款到孙某某和单某某个人账户,共计人民币686.97万

元，且被告人孙某某将山西省高级人民法院已查封的盘锦西水湾二期商品房住房中的16套房屋进行非法出售，所得款项1000余万元，一部分进入公司账户，一部分直接转到孙某某和公司出纳单某某账户上。发现此情况后，执行法院对被执行人进行告诫，被执行人仍不悔改，亦不主动履行生效法律文书所确定的义务，造成申请执行人不能及时实现胜诉权益，严重影响执行。

山西省高级人民法院遂将孙某某涉嫌拒不执行判决、裁定罪的线索移交山西省公安厅。山西省公安厅指定太原市万柏林区公安分局立案侦查，同时执行法院继续对被执行人其他财产采取执行措施。2017年6月8日，被执行人因涉嫌拒不执行判决、裁定罪被太原市万柏林区公安分局网上追逃，2017年6月22日被刑事拘留，同年7月6日被批准逮捕。经检察机关提起公诉，2018年3月8日，太原市万柏林区人民法院以拒不执行判决、裁定罪，判处孙某某有期徒刑三年。

【典型意义】

本案被执行人具有履行能力，却一直未履行法定义务，公司的对公账户多次转款到个人账户，且将法院已查封的房屋进行非法出售，并将所得款项1000余万元的一部分直接转到个人账户，给申请执行人造成巨大经济损失，严重影响执行，情节严重，构成拒不执行判决、裁定罪。法院将其犯罪线索依法移交公安机关启动刑事追究程序，并依法定罪判刑，有效地惩治了拒执犯罪，维护了司法权威，保障了申请执行人的合法权益，取得了良好的法律效果和社会效果。

案例二　渠某某拒不执行判决案

【基本案情】

关于梁某某与渠某某返还原物纠纷一案，祁县人民法院作出（2013）祁民初字第831-1号民事判决书，判决渠某某在判决生效后三日内返还梁某某清障车一辆。后双方提起上诉。2015年9月7日，晋中市中级人民法院作出（2015）晋中中法民终字第806号民事终审判决书，判决驳回上诉，维持原判。被告渠某某拒不主动履行。2016年1月21日，祁县人民法院对该案予以立案执行。2016年3月28日，祁县人民法院依法向渠某某送达《执行通知书》，渠某某没有自觉履行判决书确定的义务，反而将清障车隐藏、转移，致使法院判决无法执行。

后祁县人民法院将渠某某拒不执行判决罪线索移交祁县公安局立案侦查。2017年3月24日，渠某某因涉嫌拒不执行判决罪被祁县公安局刑事拘留，同年3月26日被祁县公安局取保候审。案发后，渠某某将清障车返还梁某某。经检察机关起诉，祁县人民法院经审理认为，渠某某对人民法院作出的判决，有能力履行而拒不履行，且将被执行标的物隐藏、转移，致使生效判决不能执行，其行为已构成拒不执行判决罪。鉴于渠某某案发后已履行法院判决的义务，根据被告渠某某犯罪的事实、性质、情节及对社会的危害程度，并经社区矫正机构评估，适于社区矫正，依法可以宣告缓刑。祁县人民法院遂以渠某某犯拒不执行判决罪，判处渠某某有期徒刑六个月，缓刑八个月。

【典型意义】

本案被执行人需要履行的是返还原物义务，此种义务在被执行人实际控制执行标的的情况下，不存在"没有能力执行"的原因和困难。而本案中的被执行人渠某某以修车费未付清为由，客观上实施了将清障车隐藏、转移的行为，致使判决无法执行，情节严重，构成拒不执行判决罪。该案的宣判，一方面迫使被执行人履行了生效判决确定的义务；另一方面对其他返还原物类执行案件的被执行人起到了震慑作用，为返还原物类案件的执行打开了局面，实现了法律效果和社会效果的双丰收。

案例三　程某某拒不执行判决、裁定案

【基本案情】

关于王某某与程某某民间借贷纠纷一案，孝义市人民法院于2013年8月12日作出（2013）孝民初字第781号民事判决，判令被告程某某给付王某某借款20万元整。判决生效后，程某某未在判决确定的期限内履行义务，王某某于2013年9月24日向孝义市人民法院申请强制执行。孝义市人民法院于2013年10月20日作出（2013）孝法执字第395-1号《执行通知书》及执行裁定书并送达被执行人，被执行人程某某于2014年先后给付王某某少部分款项后再未给付。

孝义市人民法院在执行过程中查明，被执行人程某某名下有位于孝义市府前街永鑫商业楼的商铺，其将该商铺抵押于吕梁孝义汇通村镇银行股份有限公司大众路支行用于贷款430万元。程某某于2014年7月、2015年9月、2016年2月、2016年9月四次将其商铺中的部分门市出租，获得租金170000元，但被执行人程某某未将其获取收益的情况告知孝义市人民法院，也未将该款项用于履行本案生效法律文书所确定的义务。执行法院遂于2017年1月16日将被执行人程某某以涉嫌拒不执行判决、裁定罪移送公安机关立案侦查。

2017年2月7日，孝义市公安局刑警队传唤犯罪嫌疑人程某某，对其讯问后予以刑事拘留。经公安侦查，被执行人程某某名下有位于孝义市府前街永鑫商业楼的商铺；程某某于2014年7月、2015年9月、2016年2月、2016年9月四次将其商铺中的部分门市出租，并获得租金170000元；程某某名下还有一辆福田牌小型汽车。2017年2月22日，孝义市人民检察院对程某某批准逮捕；2018年1月24日，程某某被取保候审。2018年1月19日，孝义市人民检察院以孝检刑一刑诉（2018）49号起诉书指控程某某犯拒不执行判决、裁定罪，依法向孝义市人民法院提起公诉。

孝义市人民法院经审理认为，被告程某某对人民法院的判决、裁定有能力执行而拒不执行，情节严重，其行为已触犯法律，构成拒不执行判决、裁定罪；但程某某当庭表示认罪，可酌情从轻处罚；庭审前，程某某已全部付清欠王某某的借款本金及利息，王某某亦对程某某表示谅解，可酌情从轻处罚。2018年3月14日，孝义市人民法院作出（2018）晋1181刑初33号刑事判决书，以拒不执行判决、裁定罪，判处程某某有期徒刑一年，缓刑二年。

【典型意义】

本案被执行人具有履行能力，其名下有位于孝义市府前街永鑫商业楼的商铺并获得了租金，还有一辆福田牌小型汽车。法院将其犯罪线索依法移交公安机关启动刑事追究程序，并依法定罪判刑，有效地惩治了拒执犯罪，维护了司法权威，保障了申请执行人的合法权益，取得了良好的法律效果和社会效果。

案例四　杨某某拒不执行判决案

【基本案情】

2016年7月19日，晋中市中级人民法院对杨某某与武某某提供劳务纠纷一案作出终审判决，判决杨某某赔偿武某某587956.50元，除已支付部分，还应支付546956.50元。2016年10月21日，因武某某死亡，申请人刘某某作为武某某的继承人向祁县人民法院申请了强制执行。祁县人民法院向杨某某送达《执行通知书》，多次对杨某某进行传唤。被执行人杨某某不按规定到法院接受调查、询问，且完全未履行生效判决确定的义务。

2017年5月26日，杨某某因拒不履行人民法院已经发生法律效力的判决被祁县人民法院拘留十五日。其不按规定到法院接受调查、询问，且完全未履行生效判决确定的义务的行为，已涉嫌拒不执行生效判决罪，祁县人民法院遂将其涉嫌犯罪线索移交祁县公安局立案侦查。祁县公安局经侦查查明，2016年底，杨某某通过用他人的银行卡转账和现金结算的方法，与山西某公司结算了其以工头带工形式承揽安装钢结构的工程款共计376670元，2017年4月9日向该公司借款20000元，所得款项用于支付工人工资和个人开支。2017年5月，杨某某在接受祁县人民法院调查和祁县公安局讯问时均称自己在外打工，隐瞒了自己的真实收入，谎称无力履行生效判决。

2017年6月1日，杨某某因涉嫌拒不履行判决、裁定罪被祁县公安局刑事拘留，于2017年6月13日被祁县公安局执行逮捕。祁县人民检察院以祁检刑诉（2017）18号起诉书指控杨某某犯拒不执行判决、裁定罪，于2017年8月16日向祁县人民法院提起公诉。

祁县人民法院经审理认为，杨某某对人民法院作出的判决，有能力履行而拒不履行，情节严重，其行为已构成拒不执行判决、裁定罪。杨某某能够如实供述其犯罪事实，但在本案第一次庭审结束后，杨某某的家属才向执行机关缴纳了案款10000元。根据杨某某犯罪的事实、性质、情节及对社会的危害程度，2017年10月26日，祁县人民法院作出（2017）晋0727刑初77号刑事判决书，以杨某某犯拒不执行判决、裁定罪，判处有期徒刑一年。

【典型意义】

本案被执行人杨某某以工头带工形式，带领数名工人从某公司承揽钢结构安装工程，并通过使用他人的银行卡转账和现金结算的方法，共计结算工程款37万余元，所得款项用于支付工人工资和个人开支，直至案件庭审前一直未主动履行义务，属于典型的有能力履行而拒不履行。且被执行人杨某某存在隐瞒收入、隐藏财产、拒不接受法院调查询问的行为，致使案件无法得到执行，情节严重。该案的依法判决，一方面，迫使被执行人履行了部分给付义务，保障了申请人的合法权益，对日后案件的执行起到了积极的促进作用；另一方面，对其他执行案件中心存侥幸、故意隐藏转移财产的被执行人也起到了法律震慑作用。

案例五　李某拒不执行判决案

【基本案情】

被执行人李某因交通事故致他人死亡，有能力却拒不履行赔偿义务。边某等4人将李某诉至灵丘县人民法院。经审理，灵丘县人民法院作出（2010）灵民初字第45号、第118号民事判决书及（2010）同民终字第492号判决书，判决李某支付刑某死亡赔偿金等费用共计224379.5元，支付边某死亡赔偿金等费用共计141633.0元。判决生效后，被执行人李某未按时履行赔偿义务，灵丘县人民法院在执行过程中，将被执行人李某的工资账户冻结。但李某在未通知法院的情况下私自更改工资账户，并将冻结的账户销户，将工资从其他账户领取。2012年9月27日，李某被灵丘县人民法院决定司法拘留十五日。后灵丘县人民法院裁定扣留了李某在右玉县房屋征收补偿办公室的一笔拆迁款，而李某将该款于2015年6月26日领走，并将该笔拆迁款私自用掉，致使法院的生效判决无法执行。灵丘县人民法院将李某涉嫌构成拒不执行判决、裁定罪的线索移送公安机关。2015年12月25日，李某被朔州车站派出所抓获，同月28日被灵丘县公安局刑事拘留，2016年1月8日被灵丘县公安局取保候审，2016年9月30日被执行逮捕。2016年9月27日，灵丘县人民检察院以拒不执行判决、裁定罪向灵丘县人民法院提起公诉。2016年12月16日，被执行人李某与申请执行人当庭达成和解协议，由李某的家人代为履行了全部赔偿义务，并取得申请执行人的谅解。2016年12月16日，灵丘县人民法院作出（2016）晋0224刑初40号判决书，判决被执行人李某犯拒不执行判决、裁定罪，免予刑事处罚。

【典型意义】

本案中,被执行人李某因交通事故造成他人死亡,法院判决其支付36万余元的死亡赔偿金。李某有能力却拒不履行法定义务,多次心怀侥幸转移财产以逃避法院执行,最终自食其果,以拒不执行生效判决、裁定罪被追究刑事责任。法院告诫那些有履行能力却拒不履行的被执行人,尽快履行生效法律文书确定的义务才是正确的选择,不要心怀侥幸对抗执行,否则终将为自己的失信行为和抗拒执行行为付出相应的法律代价。

来源:山西高院

黑龙江高院发布十起拒执犯罪典型案例

案例一　李某某拒不执行判决、妨害公务案

【基本案情】

黑龙江某储备物资局（以下简称储备物资局）与哈尔滨某酒店、李某某（该酒店董事长）房屋租赁合同纠纷一案，经哈尔滨市道里区人民法院一审、哈尔滨市中级人民法院终审，判决哈尔滨某酒店、李某某在判决生效后60日内从哈尔滨市道里区某处房产中迁出，并给付损失费313万余元。

判决生效后，哈尔滨某酒店、李某某拒不履行生效判决确定的义务。2015年1月22日，储备物资局向道里区人民法院申请强制执行。

2017年7月25日，道里区人民法院向哈尔滨某酒店发出公告，限其在2017年8月20日前迁出房屋。经执行人员多次催告，李某某均以各种理由推托，拒不迁出房屋。2017年12月1日，道里区人民法院依法实施强制迁出。在执行过程中，李某某声称自己患有抑郁症，数次以死相威胁，拒不配合法院执行。2018年3月13日，李某某因涉嫌拒不执行判决罪被依法逮捕。

另据查明，2016年12月14日，李某某驾车与行人发生剐蹭。因在执法过程中殴打执行职务的人民警察并涉嫌妨害公务罪，公安机关于2016年12月15日对李某某取保候审。2018年4月8日，道里区人民检察院指控被告人李某某犯拒不执行判决罪、妨害公务罪，并向道里区人民法院提起公诉。法院经审理认为，哈尔滨某酒店有能力执行而拒不执行法院判决，情节严重，李某某作为该单位直接负责的主管人员对此亦应承担刑事责任。此外，李某某于2016年12月14日暴力袭击正在依法执行职务的人民警察，其行为已构成妨害公务罪。鉴于李某某到案后如实供述所犯罪行，可依法从轻处罚。

2018年4月20日，道里区人民法院判决哈尔滨某酒店犯拒不执行判决罪，判处罚金人民币10万元；李某某犯拒不执行判决罪、妨害公务罪，数罪并罚，决定对其执行有期徒刑一年六个月，缓刑二年。

【典型意义】

李某某在有履行能力的情况下，经法院多次催告，仍然拒不迁出房屋，严重干扰执行工作的正常进行，其行为已构成拒不执行判决罪；因李某某曾在一起交通事故中袭击依法执行职务的人民警察并构成妨害公务罪，故法院依法对其进行数罪并罚。本案属于拒不执行判决罪单位犯罪的典型案例。人民法院依法分别判处被告单位及其法定代表人相应的刑罚，既有力地震慑了违法犯罪行为，也为办理拒不执行判决、裁定单位犯罪案件积累了宝贵经验。

案例二 亢某某拒不执行判决、裁定案

【基本案情】

关于单某某与亢某某借款合同纠纷一案，齐齐哈尔市铁锋区人民法院于2015年11月6日作出民事判决书，判决亢某某于判决生效后十日内一次性给付单某某借款本金人民币88000元、利息6720元（按本金88000元、月息2分计算至2015年10月）。民事判决生效后，被告人亢某某未主动履行法定义务，单某某向铁锋区人民法院申请强制执行。

齐齐哈尔市铁锋区人民法院于2016年1月6日立案执行，并向亢某某依法送达了《执行通知书》《报告财产令》，被执行人亢某某在指定期限内既未报告财产，也未主动履行法律义务。后经查明，2017年1月17日，亢某某委托刘某某将其名下位于齐齐哈尔市铁锋区的一处建筑面积为112.24平方米的房产，以人民币43万元的价格卖给冯某某，但亢某某并未将卖房所得款交到法院，致使单某某申请执行的债权无法得到执行，给单某某造成了经济损失。

因涉嫌构成拒不执行判决、裁定罪，2018年1月5日，铁锋区人民法院将该案移送公安机关，但公安机关未在60日内作出是否立案的决定。2018年5月16日，单某某向铁锋区人民法院提起刑事自诉，请求法院依法追究亢某某拒不执行判决、裁定罪的刑事责任。2018年5月18日，亢某某被依法取保候审。2018年9月17日，亢某某被依法逮捕。2018年9月26日，在经过两次开庭审理后，铁锋区人民法院判决亢某某犯拒不执行判决、裁定罪，判处其有期徒刑二年。

【典型意义】

本案中，亢某某具有履行法律义务的能力，但其故意转移名下财产，规避法律责任，致使生效的判决、裁定无法执行，符合拒不执行判决、裁定罪的构成条件。申请执行人单某某依据《最高人民法院关于审理拒不执行判决、裁定刑事案件适用法律若干问题的解释》第三条的规定，依法向人民法院提起自诉，使被执行人亢某某受到了应有的制裁。该案例将教育和激励更多的申请执行人通过行使自诉权，切实维护自身

的合法权益，让亢某某这样的"老赖"不再逍遥法外。

案例三 邓某拒不执行判决、裁定案

【基本案情】

2014年9月29日14时，邓某驾驶一辆松花江微型汽车，将骑自行车下班的于某撞倒，导致于某下肢截瘫并失去劳动能力。2015年，牡丹江市爱民区人民法院依法判决邓某给付于某各项赔偿金共计108万元。判决生效后，邓某一直下落不明。2016年10月7日，于某向法院申请强制执行。

牡丹江市爱民区人民法院于2016年10月10日立案执行。经依法调查，被执行人邓某于2014年9月29日将自己经营的一家电脑公司兑出，并于2015年9月18日、2016年8月31日将其名下位于哈尔滨市利民开发区、牡丹江市广厦新城的两处房产变卖，以逃避执行。执行人员通过对银行的调查还发现，邓某在哈尔滨银行的账户资金往来比较频繁，最大的一笔竟高达33万元，涉嫌构成拒不执行判决、裁定罪。爱民区人民法院于2017年12月11日将相关犯罪线索及案件材料移送公安机关。

2018年3月21日，牡丹江市公安局爱民分局对该案正式立案侦查。2018年5月28日，牡丹江市公安局爱民分局经依法侦查终结，将案件移送检察机关审查起诉。2018年8月23日，牡丹江市爱民区人民检察院向牡丹江市爱民区人民法院提起公诉。牡丹江市爱民区人民法院于2018年8月28日依法公开开庭审理了该案。

在庭审过程中，邓某对自己的行为深感懊悔，欲一次性赔偿于某人民币50万元，期望得到于某的谅解，并请求法院对其进行宽大处理。2018年10月25日，牡丹江市爱民区人民法院依法判决邓某犯拒不执行判决、裁定罪，判处其有期徒刑八个月。

【典型意义】

本案中，申请执行人因一起交通事故丧失了劳动能力。被执行人在明知申请执行人生活和工作已陷入困境的情况下，不仅不积极主动地履行赔偿义务，还通过隐匿、转移名下公司、房产的手段，故意规避执行，逃避法定的履行义务，导致人民法院生效的判决无法执行，理应受到法律的严惩。尽管邓某在庭审过程中主动要求一次性赔偿损失，取得了于某的谅解，但这并不妨碍其行为已构成拒不执行判决、裁定罪。

案例四 宿某拒不执行判决案

【基本案情】

关于叶某与宿某民间借贷纠纷一案，2016年6月6日，鸡西市梨树区人民法院依法判决宿某给付叶某借款本金人民币75万元，加倍支付迟延履行期间的债务利息，并承担案件受理费人民币11300元。因宿某不主动履行生效判决确定的义务，2016年8月10

日，叶某向法院申请强制执行。2016年8月10日，鸡西市梨树区人民法院立案执行。

在执行过程中，执行法院依法向宿某送达了《执行通知书》及《报告财产令》，法院办案人员多次与宿某取得联系并责令其履行义务。但宿某不仅不主动履行义务，还多次实施乘坐飞机头等舱、入住星级以上酒店等行为。2016年12月5日，鸡西市梨树区人民法院依法将宿某纳入失信被执行人名单，并限制其消费和出境。但宿某仍利用其护照乘坐飞机头等舱、入住星级以上酒店，执行法院遂对宿某采取了司法拘留措施，并在出入境管理部门的协助下将宿某的护照作废，使其再也无法乘坐飞机。

宿某迫于压力主动履行了31.5万元，并与申请执行人达成了分期履行协议。后经法院调查，宿某未按和解协议履行分期给付义务，且故意违反法院限制消费令，在两年多的时间里多次乘坐飞机头等舱、入住星级以上酒店，将本该用来偿还申请执行人的资金大肆挥霍，涉嫌构成拒不执行判决罪。

2018年6月1日，鸡西市梨树区人民法院将该案移送公安机关，鸡西市公安局梨树区分局于6月14日立案，并于7月6日在哈尔滨市道里区香格里拉酒店客房内将宿某抓获。7月24日，公安机关将宿某移送检察机关审查起诉，梨树区人民检察院于8月23日向法院提起公诉。法院经审理认为，宿某对人民法院生效判决有能力执行而拒不执行，经采取罚款、拘留等强制措施仍拒不执行，情节严重，其行为已构成拒不执行判决罪。因其到案后能当庭自愿认罪，且已偿还部分借款，可依法从轻处罚。10月25日，梨树区人民法院判决宿某犯拒不执行判决罪，判处其有期徒刑六个月。

【典型意义】

本案中，宿某不仅不积极履行法律义务，还故意违反人民法院限制消费令，过着"纸醉金迷"的奢侈生活，属于人民群众最痛恨的那种"老赖"。宿某因违反限制消费令被法院拘留后，仍不知悔改，继续实施乘坐飞机头等舱、入住星级以上酒店等高消费行为，拒不履行法律义务，符合《最高人民法院关于审理拒不执行判决、裁定刑事案件适用法律若干问题的解释》第二条第一项的规定，应当对其以拒不执行判决罪予以刑事制裁。

案例五 于某拒不执行判决、裁定案

【基本案情】

关于刘某与于某借款合同纠纷一案，绥化市青冈县人民法院于2017年10月28日裁定扣押于某存放的8万斤玉米，并于2017年11月15日判决于某在判决生效后十日内给付刘某人民币4万元。判决生效后，于某未在判决书确定的期限内履行给付义务，刘某于2018年1月22日向青冈县人民法院申请强制执行。

2018年2月7日，青冈县人民法院依法向于某送达了《执行通知书》《报告财产令》。2018年3月，于某将被法院扣押的玉米私自变卖，青冈县人民法院责令其在4月2日前将变卖玉米所得的4万元交到执行局，于某仍拒不履行。

因违反《报告财产令》，青冈县人民法院于2018年4月28日对于某采取了司法拘留措施。被拘留期间，于某仍拒绝缴纳变卖玉米所得的4万元。因非法变卖法院扣押的玉米、拒不报告财产，执行法院认为于某涉嫌构成非法处置扣押财产罪，并于2018年5月4日将案件线索移送公安机关。2018年5月17日，于某被青冈县公安局刑事拘留。2018年5月17日，青冈县公安局正式立案，并于2018年7月10日将其移送检察机关审查起诉。

2018年8月10日，青冈县人民法院开庭审理了此案，认为于某的行为应构成拒不执行判决、裁定罪，公诉机关起诉的罪名不正确。其间，于某与申请执行人达成还款协议并取得了刘某的谅解。2018年10月15日，青冈县人民法院判决被告于某犯拒不执行判决、裁定罪，判处有期徒刑一年，缓刑两年执行。

【典型意义】

这起案件原本应当是一件普通的民间借贷纠纷案件，正因被执行人于某不懂法、不守法，肆意践踏法律，才使其应当承担的民事责任转化为刑事责任。这个教训是十分深刻的，更为全社会上了一堂生动的法治教育课。该案例再次警示那些不主动履行生效法律文书确定义务的被执行人，拒不履行人民法院生效判决、裁定情形严重的，也是犯罪行为的一种。任何触碰和挑战这条"红线"的人，必将受到刑法的严厉制裁。

案例六　倪某胜拒不执行判决、裁定案

【基本案情】

关于延寿县某建筑公司与延寿县某粮油公司债务纠纷一案，2015年8月26日，延寿县人民法院作出民事调解书，确认延寿县某粮油公司分4次给付延寿县某建筑公司工程款共计人民币390万元。调解书发生法律效力后，延寿县某粮油公司未履行还款义务，延寿县某建筑公司于2015年11月3日向延寿县人民法院申请强制执行。

延寿县人民法院立案执行后，向延寿县某粮油公司送达了《执行通知书》《报告财产令》，但该公司未在规定期限内履行还款及财产报告义务。后经法院查明，延寿县某粮油公司于2015年10月28日与某粮食收储公司签订了租赁合同，将其名下的储粮仓库租赁给该公司使用。2016年4月11日，为逃避法院执行（原公司账户已被法院查封），延寿县某粮油公司在银行开设了新的对公账户，并于2016年9月5日将法定代表人变更为倪某胜。

另据法院查明，某粮食收储公司在2016年7月至9月，先后4次向该账户汇入仓库租

金108万元，延寿县某粮油公司未向人民法院报告财产，也未履行给付义务，还将其中的60余万元挪作他用。2016年11月至2017年6月，延寿县某粮油公司分3次偿还申请执行人75万余元。

因倪某胜涉嫌拒不执行判决、裁定罪，2017年7月28日，延寿县人民法院将犯罪线索移送公安机关。2018年1月22日，延寿县人民检察院向延寿县人民法院依法提起公诉。经审理，延寿县人民法院认为，被告人倪某胜在担任延寿县某粮油公司股东并实际经营期间，拒绝报告财产情况，对人民法院的判决、裁定有能力执行而拒不执行，情节严重，其行为已构成拒不执行判决、裁定罪。2018年10月29日，延寿县人民法院判决被告人倪某胜犯拒不执行判决、裁定罪，判处有期徒刑八个月，缓刑一年。

【典型意义】

倪某胜在人民法院下达《执行通知书》《报告财产令》后，私自违法转移公司财产并挪作他用，对人民法院的判决、裁定有能力执行而拒不执行，情节严重，严重侵犯了申请执行人的合法权益，符合拒不执行判决、裁定罪的认定条件，依法应予严惩。延寿县人民法院结合被告人倪某胜的犯罪行为和悔罪表现，依法作出了公正的判决，切实保障了申请执行人的合法权益，充分发挥了刑事制裁手段的强大震慑作用。

案例七　郝某某拒不执行判决、裁定案

【基本案情】

关于湖北省荆门市某塑业有限公司与郝某某合同纠纷一案，2015年3月11日，虎林市人民法院判决郝某某给付湖北省荆门市某塑业有限公司人民币85.2万元。判决生效后，郝某某未主动履行法律文书确定的义务。2015年12月1日，湖北省荆门市某塑业有限公司向虎林市人民法院申请强制执行。

2016年3月29日，虎林市人民法院向被执行人郝某某依法送达了《执行通知书》和《报告财产令》，责令郝某某在指定期限内偿还欠款。在签收了法律文书后，郝某某未按《报告财产令》的要求如实申报财产，且将其名下注册资金为1000万元的长春某农贸公司以170万元的低价转让给第三人，导致生效判决无法继续执行。

因郝某某涉嫌构成拒不执行判决、裁定罪，虎林市人民法院将犯罪线索移送公安机关审查立案。2017年12月1日，虎林市公安局对郝某某正式立案侦查。2017年12月19日，公安机关将郝某某抓捕归案。其间，其近亲属代为给付了15万元，并与申请执行人签订了分期履行和解协议，取得了申请执行人的谅解。

2018年2月5日，虎林市人民检察院向虎林市人民法院依法提起公诉。法院经审理认为，郝某某的行为已经构成拒不执行判决、裁定罪，但因其归案后如实供述犯罪事实，在一审判决前与申请执行人达成和解协议并履行了部分给付义务，取得了申请执

行人的谅解，可酌情从轻处罚。2018年5月7日，虎林市人民法院依法判决被告人郝某某犯拒不执行判决、裁定罪，判处其有期徒刑一年，缓刑二年。

【典型意义】

《全国人民代表大会常务委员会关于〈中华人民共和国刑法〉第三百一十三条的解释》规定，被执行人以明显不合理的低价转让财产，致使判决、裁定无法执行的，属于《中华人民共和国刑法》第三百一十三条规定的"有能力执行而拒不执行，情节严重"的情形，应当依法追究其拒不执行判决、裁定罪的刑事责任。郝某某将其名下注册资金为1000万元的公司以170万元的低价转让给第三人，导致判决无法执行，符合法律、立法解释的规定，应当依法追究其刑事责任。该案例是对立法解释的具体适用，发挥了较好的教育、警示和震慑作用。

案例八　金某某拒不执行判决、裁定案

【基本案情】

关于田某某与金某某事故赔偿责任纠纷一案，2013年12月9日，讷河市人民法院作出民事判决书，判决金某某赔偿原告田某某人民币15.7万元。判决生效后，金某某拒不履行给付义务，田某某向讷河市人民法院申请强制执行。

2014年4月10日，讷河市人民法院向金某某送达《执行通知书》及《报告财产令》，要求金某某在限定期限内履行生效法律文书确定的义务，但金某某拒不履行法律义务。法院经查明，金某某故意隐瞒其在2013年购买的一处位于讷河市通南镇用于经营的门市。2015年11月20日，讷河市人民法院对该房屋进行强制执行。在房屋流拍后，田某某同意以保留价15.3万元接收房屋抵债。2016年4月25日，讷河市人民法院发出公告，责令金某某于2016年5月5日前从房屋中迁出。到期后金某某仍拒不迁出，致使法院的判决无法执行。

因涉嫌构成拒不执行判决、裁定罪，讷河市人民法院将相关犯罪线索移送公安机关。2017年9月25日，讷河市公安局正式立案。2018年3月27日，讷河市人民检察院向讷河市人民法院依法提起公诉。法院经审理认为，金某某对人民法院的判决、裁定有能力执行而拒不执行，故意隐瞒财产，且拒不迁出房屋，导致法院的判决无法执行，其行为已构成拒不执行判决、裁定罪。鉴于金某某属初次犯罪，无前科劣迹，并取得了田某某的谅解，可酌情从轻处罚。2018年6月19日，讷河市人民法院判决金某某犯拒不执行判决、裁定罪，判处其有期徒刑二年，缓刑三年。

【典型意义】

本案被执行人金某某于2013年购买了一处房产，有能力履行生效判决确定的义务，但其拒不执行法院生效判决且不如实申报财产。在申请执行人田某某同意接收房

屋抵债后，金某某拒不迁出房屋，直接导致生效判决无法继续执行，严重损害了申请执行人的合法权益。金某某抗拒执行的行为主观故意明显，情节严重，性质恶劣，社会危害性较大，符合《最高人民法院关于审理拒不执行判决、裁定刑事案件适用法律若干问题的解释》第二条第三项规定的情形，依法应予严惩。

案例九　王某拒不执行判决案

【基本案情】

关于孙某与王某借款合同纠纷一案，2015年12月28日，鸡西市鸡冠区人民法院依法作出民事判决书，判决王某偿还孙某借款本金及利息人民币120万元。王某不服一审判决并上诉至鸡西市中级人民法院。2016年5月10日，鸡西市中级人民法院判决驳回上诉，维持原判。判决生效后，王某未主动履行法律义务。2016年6月8日，孙某向鸡冠区人民法院申请强制执行。

2016年6月12日，鸡冠区人民法院向王某送达了《执行通知书》，其未在指定期限内履行法律义务。2016年7月18日，王某将其持有的某养殖股份有限公司股份中的38.45%转让给其夫妹栗某玲，将其余10%的股权转让给其子栗某宇，并到鸡西市工商行政管理局办理了公司变更登记，致使判决无法执行。

因王某涉嫌构成拒不执行判决罪，法院将王某的犯罪线索移送公安机关审查立案。2016年10月31日，鸡西市公安局鸡冠区分局对王某正式立案并采取了刑事拘留措施。2017年8月14日，鸡西市公安局鸡冠区分局将案件移送鸡冠区人民检察院审查起诉。2018年1月4日，鸡冠区人民检察院向鸡冠区人民法院依法提起公诉。鸡冠区人民法院于7月16日公开开庭审理了此案。案件审理期间，王某与孙某达成了执行和解协议，孙某出具了谅解书。2018年7月24日，鸡冠区人民法院判决王某犯拒不执行判决罪，判处其拘役五个月，缓刑一年。

【典型意义】

《全国人民代表大会常务委员会关于〈中华人民共和国刑法〉第三百一十三条的解释》规定，被执行人隐藏、转移财产，致使判决、裁定无法执行的，属于《中华人民共和国刑法》第三百一十三条规定的"有能力执行而拒不执行，情节严重"的情形，构成拒不执行判决、裁定罪。本案被执行人王某在收到法院送达的《执行通知书》后，将其持有的某养殖股份有限公司的股份转让给他人，致使判决无法执行。这种无视诚信底线、挑战法律权威的行为，严重损害了申请执行人的合法权益，理应受到法律的严惩。

案例十　鲍某某非法处置查封财产案

【基本案情】

关于哈尔滨市某建筑工程公司与哈尔滨某房地产开发公司建设工程施工合同纠纷一案，哈尔滨市中级人民法院于2015年5月7日作出民事判决，被告不服并提出上诉。2015年12月31日，黑龙江省高级人民法院判决哈尔滨某房地产开发公司给付哈尔滨市某建筑工程公司工程款、违约金等合计3000余万元。二审判决生效后，因被执行人未履行生效判决确定的义务，2016年1月9日，哈尔滨市某建筑工程公司向哈尔滨市中级人民法院申请强制执行。

哈尔滨市中级人民法院于2016年1月21日立案执行，于2016年1月24日向被执行人送达了《执行通知书》《报告财产令》，并将其依法纳入失信被执行人名单，但被执行人仍拒不配合法院执行，亦拒绝报告财产。执行法院经查明，哈尔滨市中级人民法院于2013年9月6日对被执行人开发建设的90套房产进行了诉讼保全，但其法定代表人鲍某某藐视法律规定，在2013年9月8日至2015年9月8日，公然利用电视等媒体将43套被法院查封的房产售出，所得价款共1800余万元。另据查明，在收到二审判决书后，鲍某某于2016年1月15日将公司法定代表人变更为与公司毫无关系的张某某。

因鲍某某涉嫌非法处置查封财产罪，2017年12月，执行法院将案件移送哈尔滨市公安局，哈尔滨市公安局指定哈尔滨市公安局呼兰分局立案侦查。2018年4月4日，哈尔滨市呼兰区人民检察院指控被告人鲍某某犯非法处置查封财产罪，并向哈尔滨市呼兰区人民法院提起公诉。2018年6月14日，哈尔滨市呼兰区人民法院判决鲍某某犯非法处置查封财产罪，判处其有期徒刑三年，缓刑三年。

【典型意义】

本案被执行人哈尔滨某房地产开发公司原法定代表人鲍某某对人民法院的生效判决，有能力履行而拒不履行，且非法销售已被哈尔滨市中级人民法院依法查封的房产，涉案金额巨大，情节严重，性质恶劣，其行为已构成非法处置查封财产罪。该案例说明，非法处置查封财产罪与拒不执行判决、裁定罪一样，均严重侵犯了当事人的胜诉权益，损害了人民法院的司法权威和司法公信力，破坏了社会法治环境、诚信环境，是人民法院依法打击的重点。

来源：黑龙江省高级人民法院

广东法院发布打击拒不执行判决、裁定犯罪典型案例

为提升办理拒执犯罪案件的司法理念,统一裁判尺度,捍卫宪法和法律的权威,促进全社会诚信体系的建设,严厉打击拒不执行判决、裁定的犯罪行为,广东省高级人民法院从近两年广东各级人民法院判决的拒执犯罪案件中,精选出十个典型案例进行发布。

案例一 拒执九年"打游击",回家建房终落网
——协助执行义务人接到人民法院协助《执行通知书》后,拒不协助执行,致使判决、裁定无法执行的,构成拒不执行判决、裁定罪

【基本案情】

2008年2月29日,兴宁市的曾某金临时雇请唐某明一起驾驶三轮摩托车运载货物,途中唐某明从摩托车上跌落,脑部受伤造成二级伤残。唐某明将曾某金诉至兴宁法院,要求曾某金赔偿其治疗费用。兴宁法院作出民事判决,责令曾某金赔偿唐某明治疗费用共计213267.37元。判决生效后,曾某金拒不履行。于是,唐某明向法院申请强制执行。法院干警多次上门,但曾某金均故意避而不见。法院将曾某金列入失信被执行人名单,冻结其银行账号并扣划其存款、拍卖其摩托车共得款5300余元,但对于受害人家庭来说仍是杯水车薪。而曾某金通过隐姓埋名外出做工,在老家与外地之间往返,与执行人员"打起了游击"。

事隔九年后的2017年,执行法院得知曾某金回到老家兴建楼房后,立马再次上门执行。在遭到曾某金的明确拒绝后,法院将其涉嫌拒不执行判决、裁定罪的线索移送公安部门立案侦查。9月12日,曾某金被传唤到案并由检察机关提起公诉。2018年初,兴宁法院以拒不执行判决、裁定罪,依法判处曾某金有期徒刑一年四个月。

【典型意义】

目前,社会上存在债务人有能力还债而赖账不还,通过"打游击""躲猫猫"的方式来逃避执行的情况,此举不仅损害了申请人的利益,妨害了司法秩序,还低估了

人民法院决胜"基本解决执行难"的决心和毅力,最终只能自食其果,为自己的失信行为付出更加沉重的自由代价。

案例二 赠出房产拒执行,主动还钱求轻判
——被执行人无偿转让财产,致使判决、裁定无法执行的,构成拒不执行判决、裁定罪

【基本案情】

郭某棠与债权人刘某霞在东莞市第一人民法院某诉讼中达成调解,由郭某棠分期支付刘某霞欠款200万元,民事调解书于当日生效。后因郭某棠逾期未履行调解书义务,刘某霞向法院申请强制执行。执行法院经调查查明,郭某棠在调解书生效的次日,便与妻子将名下共有房产赠与其儿子,并办理了房产所有权转移登记。法院要求郭某棠报告其财产情况遭拒绝后,依法决定对其实施司法拘留十五日并限制高消费的措施。2016年9月,法院在察觉郭某棠有企图出境躲债的行为后,立即裁定对其限制出境。2016年12月,郭某棠从深圳过境时被抓获并处以拘留十五日。但郭某棠仍拒不履行法定的支付义务,且丝毫没有还款的意愿。法院遂将其涉嫌构成拒不执行判决、裁定罪的线索移送至公安机关立案。郭某棠向公安机关自动投案,并在审理期间履行完相关义务,取得了债权人刘某霞的谅解。人民法院最终以拒不执行判决、裁定罪判处郭某棠有期徒刑六个月。

【典型意义】

本案中,被执行人郭某棠拒绝履行生效调解书确定的支付义务,并通过转移、赠与财产,企图出境逃避等行为逃避责任,其行为已构成拒不执行判决、裁定罪。案发后,法院通过对被执行人郭某棠实施限高、边控等强制措施,并提交线索让公安机关对其立案侦查,最终将其判刑。

案例三 无偿、低价转让财产逃避执行,刑事立案后还清仍需判刑
——被执行人无偿或者以明显不合理的低价转让财产,致使判决、裁定无法执行的,构成拒不执行判决、裁定罪

【基本案情】

邵某池与陆某、江某A工业区的出资及收益分配问题纠纷被诉至花都区法院。2013年8月21日,花都区法院判决责令邵某池向陆某、江某支付合伙收益1105636.4元及利息。邵某池提出上诉,并在二审期间将其个人独资经营的塑印厂无偿转让给儿子邵某某,又以不合理的低价将A工业区的全部厂房租给广州某物业管理有限公司,合同约定年租金为60万元(A工业区前两年的租金收入均为120万元)。2015年1月15日,广

州市中级人民法院判决驳回上诉，维持原判。

案件进入执行程序后，邵某池未向法院申报财产，隐瞒其名下小汽车、银行存款、A工业区的租金纯收益等情况，被司法拘留后，仅象征性地缴纳了2000元执行款，属于有能力执行而拒不执行。2016年2月3日，花都区法院将该案移送公安机关立案侦查，并由花都区检察院提起公诉。其间，邵某池缴清了尚欠的执行款项，最终花都区法院考量被告人的犯罪手段、危害后果及悔罪态度等情节，以拒不执行判决、裁定罪依法判处其有期徒刑一年。

【典型意义】

本案中，被执行人由于存在侥幸心理，试图通过无偿赠与、明显低价转让财产来逃避执行，破坏了正常的执行秩序（"明显低价"按低于市场价50%以上掌握）。尽管被执行人在进行刑事追责程序后积极缴清了执行款，但最终仍要付出沉重的自由代价。

案例四　小额借钱拒不还，"老赖"获刑六个月

——被执行人隐藏财产2万元以上，致使判决、裁定无法执行的，构成拒不执行判决、裁定罪

【基本案情】

2014年7月，因高某欠朋友邝某现金8万元一直未归还，被诉至珠海市斗门区人民法院（以下简称斗门法院），法院判决高某在判决生效后3日内向邝某清偿欠款8万元及利息，高某提起上诉后被二审驳回，维持原判。

2015年9月，邝某向斗门法院申请强制执行，法院依法向高某送达《执行通知书》《申报财产表》等执行材料。经查，高某一直在珠海市开出租车，每月工资约3000元，但高某并未向法院如实申报每月收入，亦不履行生效判决。2016年2月，法院决定对高某司法拘留15日。被拘留后的高某仍拒绝执行法院判决，斗门法院向公安机关移送高某拒不执行判决的线索，公安机关立案侦查后由斗门区检察院提起公诉。斗门法院经审理认为，高某对人民法院的生效判决有能力执行而拒不执行，虚假报告财产情况且经采取拘留等强制措施后仍拒不执行，情节严重，其行为已构成拒不执行判决、裁定罪，判处其有期徒刑六个月。

【典型意义】

被执行人隐藏财产达到2万元以上，致使判决、裁定无法执行的，便已达到刑事立案的条件，人民法院将会依法移送、依法审理，绝不会因为所谓"金额不大"而放纵"老赖"的失信行为。

案例五 卖掉唯一住房逃避执行，拒执获刑一年三个月
——被执行人转移财产，致使判决、裁定无法执行的，构成拒不执行判决、裁定罪

【基本案情】

曾某锐与谢某、许某珊、许某容、许某灿四人存在借款合同纠纷，2016年12月14日经潮州市潮安县人民法院（以下简称潮安法院）一审及潮州市中级人民法院二审后，作出终审民事判决，责令曾某锐应返还谢某、许某珊、许某容、许某灿四人借款人民币64万元及利息。

2017年1月5日，根据申请执行人的申请，潮安法院立案执行。在执行的过程中，被执行人曾某锐一直抗拒履行，潮安法院依法对被执行人采取拘留、查封车辆等强制手段仍无法有效执结案件。2017年2月5日，经申请执行人举证，曾某锐早在二审判决后十几天，即将其唯一住房作价人民币85万元出售给第三人曾某深，第三人已付购房款人民币40万元，尚有45万元未付清。潮安法院经查后，依法向第三人曾某深发出《履行到期债务通知书》，成功将人民币45万元执行到位。同时将被执行人曾某锐有履行能力而拒不履行判决的线索移送公安机关立案，后由检察院提起公诉。潮安法院经审理，被执行人曾某锐因犯拒不执行判决、裁定罪，被判处有期徒刑一年三个月。

【典型意义】

被执行人在法律文书生效后，将自有唯一住房出售给第三人，转移财产拒不履行还款义务，其行为性质恶劣、情节严重，人民法院依法给予刑责惩处，维护了司法公正，营造了诚实守信的社会氛围。

案例六 擅自转让法院查封物业，获刑二年九个月
——被执行人转移财产，致使判决、裁定无法执行的，构成拒不执行判决、裁定罪

【基本案情】

关于钟某诉黄某、陆某民间借贷纠纷一案，肇庆市高要区人民法院（以下简称高要区法院）于2014年12月1日作出民事判决，责令黄某、陆某向钟某还清借款人民币3240000元及利息。判决生效后，黄某、陆某未主动履行还款义务，钟某申请强制执行。高要区法院依法向黄某、陆某送达了《执行通知书》《报告财产令》。黄某、陆某收到上述法律文书后拒不履行判决确定的义务。高要区法院裁定查封黄某名下经营的名为"××山庄"的农庄，并将黄某名下全部银行账号内的金额划扣，对扣押的黄某名下的小汽车进行拍卖，但仍有2904378.6元未能执行。之后，黄某擅自将被查封的"××山庄"内的游泳池转让给他人，并将收取的款项全部提取或支付消费完毕。高要区法院将黄某拒不执行判决的线索移送公安机关立案，后由高要区检察院提起公诉。高要

区法院最终认定黄某犯拒不执行判决、裁定罪,判处其有期徒刑二年九个月。

【典型意义】

本案中,被执行人拒不执行法院生效判决,并在执行期间擅自转移、变卖财产,将法院查封的固定资产转卖他人,并将所得款项全部提取和支付消费完毕,最终为其失信、犯罪行为承担牢狱之苦。

案例七 欠债宾馆被拍卖,拒不腾房获刑罚

——被执行人拒不交付法律文书指定交付的财物或者拒不迁出房屋、退出土地,致使判决、裁定无法执行的,构成拒不执行判决、裁定罪

【基本案情】

吴某云、何某妹夫妻与胡某云存在民间借贷纠纷,经南雄市人民法院判决,责令吴某云、何某妹应自2015年7月30日起于30日内偿还借款3616000元及逾期利息给胡某云。因吴某云、何某妹二人逾期未还款,胡某云申请法院强制执行。2016年5月25日,南雄市人民法院委托拍卖公司对吴某云、何某妹夫妻名下所有且正在经营的南雄市某宾馆予以拍卖,并由买受人胡某春以3749200元竞买成交。但吴某云、何某妹不仅不肯签名过户,还在停水停电的情况下,居住在宾馆的五楼不肯搬离。南雄市人民法院将吴某云、何某妹涉嫌拒不执行判决、裁定罪的线索移送公安部门立案侦查,并由检察院提起公诉。南雄市人民法院经审理,对二人分别以犯拒不执行判决、裁定罪判处有期徒刑八个月。

【典型意义】

在审判实践中,经常出现被执行人在其房屋被司法拍卖后,仍拒绝迁出的情形,属明显抗拒执行,且情节严重,其行为构成拒不执行判决、裁定罪。此案的处理,无疑是对个别妄图通过不合作、不作为的方式对抗执行的失信者以最好的警示。

案例八 暴力、威胁拒执行,最终获刑六个月

——被执行人以暴力、威胁方法阻碍执行人员进入执行现场或者聚众哄闹、冲击执行现场,或者对执行人员进行侮辱、围攻、扣押、殴打,或者毁损、抢夺执行案件材料、执行公务车辆和其他执行器械等,致使执行工作无法进行的,构成拒不执行判决、裁定罪

【基本案情】

黄某卿与黄某善借用合同纠纷一案,经雷州市人民法院(以下简称雷州法院)和湛江市中级人民法院判决,责令黄某善向黄某卿返还202.86平方米房屋。因黄某善逾期未履行生效判决,黄某卿向法院申请强制执行。雷州法院发出《执行通知书》,责令

黄某善履行义务但遭黄某善拒绝。后雷州法院再次向被执行人黄某善发出《执行通知书》。但在送达文书时，黄某善故意推搡执行人员，当众抢走执行人员的卷宗材料，并当场撕毁部分法律文书，以粗言恶语辱骂，并扬言要殴打执行人员，这一过程被执行人员的执法记录仪全程录音录像。因执行人员人身安全遭到较严重威胁，执行工作被迫中断。

雷州法院将黄某善涉嫌构成拒不执行判决、裁定罪的线索及相关录音录像移送公安机关立案侦查，黄某善被公安机关抓获后，由检察院提起公诉。法院最终以拒不执行判决、裁定罪判处黄某善有期徒刑六个月。

【典型意义】

在执行工作中，个别失信被执行人通过侮辱、围攻、扣押、殴打执行人员，或者毁损、抢夺执行文件、材料、器械、证件、工作服装等方式，拖延执行工作的进度或者迫使执行工作中断，这类行为已构成拒不执行判决、裁定罪。对存在这类行为的被执行人追究刑事责任，能有效打击"老赖"们的嚣张气焰，保障执行人员的安全，维护法院的权威，为"基本解决执行难"提供最坚实的法律后盾。

案例九　公司拒执隐瞒资产，法定代表人被判刑
——被执行人隐藏、转移财产致使判决、裁定无法执行的，构成拒不执行判决、裁定罪

【基本案情】

被执行人鹤山市高S建筑工程有限公司（以下简称高S公司）于2001年成立。自2008年起，钟某怡担任高S公司执行董事、经理，为公司实际经营者和法定代表人。自2012年起，高S公司因经营不善开始拖欠工人工资、供应商货款以及工程款，被债权人提起仲裁和民事诉讼。经仲裁和判决确定，高S公司以及钟某怡需偿还欠款合计人民币12559102.61元。由于高S公司、钟某怡未履行生效判决、裁定确定的还款义务，债权人向鹤山市人民法院申请强制执行，相关执行案件44宗，涉及执行申请人114人。鹤山市人民法院先后发出44份《执行通知书》和《报告财产令》，执行欠款2157661.81元，但高S公司、钟某怡隐瞒了其实际控制的汇S土石方工程队、鸿X达装饰工程部、汇J室内装饰工程部有大量工程款收取的情况。后经查实，自2014年起至2017年3月，高S公司、钟某怡通过上述三个个体户账户收取了本应由高S公司收取的工程款合计12356779.01元，且均被支取使用，致使剩余的9964593.30元欠款义务未能履行。鹤山市人民法院将高S公司及钟某怡涉嫌拒不执行判决、裁定罪的线索移交公安机关，公安机关对钟某怡实施了抓捕，并由检察机关对高S公司和钟某怡提起公诉。鹤山市人民法院于2018年5月作出判决，对被告单位高S公司以拒不执行判决、裁定罪，判处罚金人民币20万元；对钟某怡以拒不执行判决、裁定罪，判处有期徒刑二年六个月。

【典型意义】

本案是一起以拒执罪追究单位及其法定代表人刑事责任的案件。被执行人高S公司、钟某怡在执行的过程中隐瞒财产情况，利用实际控制的三个个体工商户收取、转移了大量被告公司的工程款，拒不执行数额近1000万元。法院最终对高S公司判处罚金20万元，对其法定代表人并同为被执行人的钟某怡判处有期徒刑二年六个月，不仅体现了人民法院对拒不执行生效判决、裁定行为绝不姑息、坚决打击的态度和决心，同时，也警示了其他"老赖"单位和个人。

案例十　公安机关不立案，申请执行可自诉

——申请执行人有证据证明执行义务人有能力执行而拒不执行，可向公安机关报案或者控告，公安机关不予立案并且不出具不予立案通知书的，可以直接向执行法院申请立案

【基本案情】

关于黎某华与张某武买卖合同纠纷一案，人民法院判处张某武需要支付黎某华本金1008847元及利息、案件受理费。因张某武逾期未执行法院判决，黎某华向中山市第一人民法院申请强制执行。但张某武拒绝申报财产，亦不履行生效判决。执行法院遂依法查封了张某武名下四套共有房产及一辆奔驰汽车，并依法强制扣划了张某武的第三人到期债务款410426元。经执行法官多次敦促、教育，张某武仍一直未履行义务。执行法院书面责令张某武交出已被执行法院查封的价值约80万元的奔驰汽车，但张某武拒绝交出。为此，2018年4月4日，申请执行人黎某华向公安机关报案，要求对被执行人张某武以涉嫌拒不执行判决、裁定罪立案侦查，同日公安机关作出《不予立案决定书》。同月24日，黎某华向中山市第一人民法院提起刑事自诉，中山市第一人民法院决定立案审理。张某武得知法院受理案件后当天即一次性支付了全部执行款82万余元。其后申请执行人向执行法院申请撤回了刑事自诉，法院裁定准许。

【典型意义】

在执行过程中，被执行人藏匿已被法院查封、扣押的大价值动产，经书面责令交出而拒不交出，导致无法执行的，触犯了《最高人民法院关于审理拒不执行判决、裁定刑事案件适用法律若干问题的解释》第二条第三项"拒不交付法律文书指定交付的财物"的规定，涉嫌构成拒不执行判决、裁定罪。执行法院可向公安机关提供线索或者引导申请执行人向公安机关报案。若公安机关不予立案，申请执行人可向执行法院提起刑事自诉。因本案张某武在立案后即全部履行了还款义务，且自诉人自行撤回自诉，故法院裁定准许，否则被执行人将可能被追究刑事责任。

来源：广东省高级人民法院

河南省检察院公布支持和监督法院解决"执行难"工作的十起典型案件

法律的生命在于实施，裁判的价值在于执行。执行工作是保障法律实施、实现公平正义的一个重要关键环节。长期以来，"执行难"已经成为一个社会顽疾，也是人民法院长期面临的棘手问题，严重损害当事人的合法权益，损害人民法院司法权威。2016年以来，根据最高人民检察院的统一部署，河南省检察院组织开展了为期两年的民事行政执行监督专项活动和为期一年半的民事行政非诉执行监督专项活动，与省高级人民法院联合开展了执行案款集中清理活动，监督纠正了一批因违法执行、怠于执行导致的"执行难"案件，取得了较好的效果。

2018年9月14日，河南省检察院召开支持和监督法院解决"执行难"新闻发布会，会上向公众公布了河南省检察机关支持和监督人民法院基本解决"执行难"工作的十起典型案件。希望能通过这十起典型案件，让大家体会到执行案件的复杂性和难度，让社会各界看到司法机关为解决"执行难"这一顽疾所付出的积极努力，让社会公众从这些典型案件中得到启示和教育，在全社会营造知法、守法的良好氛围。

案例一 苗某民执行检察建议案

南乐县检察院在执行监督的过程中，发现苗某民作为被执行人，共有两起被执行案件：一是其与刘某普转让合同纠纷案，法院判决苗某民给付刘某普转让费20000元及利息；二是其与南乐县韩张镇某村村委会排除妨害纠纷案，法院判决苗某民将涉案的46.7亩土地返还给村委会，同时将土地恢复原状。该两起案件进入执行环节后，因苗某民拒绝报告财产状况，拒不执行法院判决，南乐县法院分别于2016年8月12日、9月9日对其作出罚款决定，但未采取其他有效措施，罚款亦未执行，遂引发申请执行人多次上访。

南乐县检察院于2016年9月成立专案组，经调查发现，苗某民开办的养猪场一直处于经营状态，其银行账户在2014年8月至2016年8月（被申请执行期间）有大量资金来往，说明其有履行能力但拒不履行义务。南乐县检察院于2016年10月8日向南乐县法院发出检察建议，建议法院以拒不执行判决、裁定罪追究苗某民的刑事责任。

南乐县法院采纳检察建议，将该犯罪线索移送公安部门。后苗某民被立案侦查，2017年1月16日被刑事拘留。被羁押期间，其家人将两起案件履行到位。南乐县法院依法对其从轻、减轻处罚，于2017年2月24日以拒不执行判决、裁定罪判处苗某民有期徒刑十个月，缓刑一年。

案例二 黄某柱与谭某杰民间借贷纠纷执行检察建议及执行和解案

黄某柱认为长垣县法院在执行其与谭某杰民间借贷纠纷一案生效判决时存在违法行为，向长垣县检察院申请监督。

长垣县检察院经调查查明，2012年9月，黄某柱到长垣县法院申请强制执行其与谭某杰民间借贷纠纷一案生效判决，在法院执行过程中，因谭某杰一直拒绝执行，长垣县法院以拒不执行判决、裁定罪判处谭某杰有期徒刑一年六个月。但因执行法官宋某怠于执行、违法终结案件执行程序以及擅自中止执行等，致使被执行人谭某杰顺利转移财产，已无财产可供执行。

长垣县检察院介入案件后，一方面充分履行监督职责，针对执行法官宋某的违法行为，向法院发出检察建议，建议法院加大执行力度；另一方面反复做黄某柱的思想工作，打消其对法院的疑虑，同时积极与法院沟通配合，争取促和。经过检法两家共同努力，谭某杰与黄某柱达成和解协议，涉案103万元已执行到位，执行法官宋某受到纪律处分。2017年12月，黄某柱将一面锦旗送到长垣县检察院，对检察机关表示感谢。

案例三 阮某秀等160余人与泌阳县农村信用合作联社金融借款合同纠纷执行检察建议案

泌阳县农村信用合作联社因涉及其单位的151起已生效民事判决案件长期未执行，向泌阳县检察院申请监督。

泌阳县检察院经调查发现，1999年至2018年，阮某秀等人因借款合同纠纷被泌阳县农村信用合作联社起诉至泌阳县法院。经审理，法院判决阮某秀等160余名被告偿还泌阳县农村信用合作联社借款本金及利息共计1.2亿余元。判决生效后，泌阳县农村信用合作联社向法院申请执行，但法院长期未执行到位。

泌阳县检察院经检委会讨论后决定，由该院检察长向法院公开送达检察建议。2018年8月30日，泌阳县检察院举行公开送达仪式。送达仪式由县人大常委会副主任李其钊主持,县委常委、政法委书记张万兵,县政协副主席吴健,县公安局局长许志勇,部分市县人大代表、政协委员,县直局委代表,农村信用社、农行、工行、建行等金融界代表,新闻媒体代表,县法院全体干警、县检察院中层以上干警等150余人参加。泌阳县检察院检察长田冬松向泌阳县法院院长黄依群公开送达、宣告了检察建议,提出四条意见:一是对有信用担保长期未执结的案件,要求当事人说明未履行的原因,要求其限期履行,对符合列入失信人员黑名单条件的人员按规定纳入黑名单;二是对涉及公职人员的案件按规定及时划扣工资,不能划扣的要求限期说明不能履行的原因,根据情况及时将相关案件线索移交县纪委监委处理;三是对有抵押担保的案件,根据相关法律规定及时依法进入评估拍卖程序予以执行;四是对有能力履行而拒不履行的被执行人,应当以涉嫌拒不执行判决、裁定罪及时移交公安机关立案查处,并要求法院在收到检察建议后三个月内将处理结果书面回复检察院。泌阳县法院接受检察建议,并表示将及时组织召开会议专题研究金融案件"执行难"问题,以此为契机,集中开展金融案件执行专项行动。

案例四　王某豪与王某影借款纠纷执行检察建议案

被执行人王某豪因与王某影借款纠纷一案法院长期未执结多次上访,于2015年12月以尉氏县法院隐瞒、非法占有其执行款为由,向检察机关申请监督。

尉氏县检察院经调查查明,2012年11月7日,原审原告王某影向尉氏县法院申请对被告王某豪、仝某峰、某公司强制执行,执行标的为借款本金200余万元及利息。王某豪于2014年3月将170万元执行款转入法院执行账户。尉氏县法院执行法官朱某将其中的150万元交给王某影,并让王某影在事先写好"王某影收到案件款170万元,案件款履行完毕,余款自愿放弃"的收条上签名。剩余20万元,朱某以王某影自动放弃为由,将其中的15万元作为对王某豪、仝某峰的罚款,3万元作为执行费入账,余下2万元由王某豪妻子的代理人领走。尉氏县法院在执行的过程中存在将执行款私自存入个人账户、侵犯王某豪合法权益等违法情形。

尉氏县检察院于2016年6月24日向尉氏县法院发出检察建议,并跟进监督。2016年7月19日,尉氏县法院书面函复,采纳检察建议,对执行法官朱某给予党政纪处分并将其调离法院,将当事人放弃执行的20万元扣除对王某豪的罚款后全部退赔给王某豪。2017年,该案被最高人民检察院评为全国检察机关基层民事行政检察优秀监督案件。

案例五　王某伏拒不执行判决、裁定案

2011年9月13日,清丰县法院分别作出14份民事判决书,判决被告王某伏支付原告段某增、杨某志、杨某轩等14人劳动报酬、往返路费共计25228元,限判决生效后七日

内付清。上述判决生效后，段某增、杨某志、杨某轩等14名原告均于2012年1月10日向法院申请强制执行。清丰县法院于同年12月11日将上述案件立案执行。在执行期间，王某伏有经济收入，有能力履行判决而拒不履行上述生效判决。2017年1月9日，清丰县公安局以王某伏涉嫌拒不执行判决、裁定罪，将其刑事拘留。

在清丰县检察院审查起诉阶段，承办人多次开展释法说理，王某伏终于在起诉前支付了所有判决款。考虑其有悔罪表现，且已履行完判决，2017年1月13日，清丰县公安局决定对其变更强制措施为取保候审。清丰县检察院提起公诉后，清丰县法院以拒不执行判决、裁定罪判处王某伏拘役五个月，缓刑十个月。

案例六　王某仁拒不执行判决、裁定案

关于王某仁与朱某贞合同纠纷一案，河南省高级法院于2012年12月8日作出民事判决书，判决王某仁支付朱某贞300余万元。2013年3月5日，开封市中级法院对该判决强制执行。因对判决结果不服，王某仁有能力执行而拒不执行生效判决。

开封市中级法院于2013年6月24日将王某仁涉嫌拒不执行判决、裁定罪的线索移送开封市公安局金明池分局（以下简称金明池分局）。金明池分局于当日立案侦查。2016年11月18日，王某仁在湖北省荆门市被公安机关抓获。金明池分局于2017年2月8日将其移送审查起诉。审查起诉期间，王某仁的家属全部履行了还款义务，并取得了朱某贞的谅解。

2017年6月2日，开封市金明区检察院向法院提起公诉。2017年6月30日，开封市金明区法院以拒不执行判决、裁定罪判处王某仁有期徒刑八个月。

案例七　王某生拒不执行判决、裁定案

2014年11月5日，汤阴县法院作出刑事判决书，判决被告人王某生犯诈骗罪，判处其有期徒刑两年，并处罚金10000元；责令被告人王某生退赔被害人26000元。该判决于2014年11月18日生效，因王某生未按上述判决履行义务，被害人申请执行。在执行期间，汤阴县法院经调查发现，王某生在汤阴县宜沟镇三里屯村有土地赔偿款，其有履行能力而拒不履行。汤阴县法院于2017年10月19日将王某生涉嫌拒不执行判决、裁定罪的线索移送汤阴县公安局，汤阴县公安局不予立案。

2017年11月10日，汤阴县检察院派驻公安局检察官办公室工作人员登录公安警综平台发现该案件线索，经调阅案卷审查，认为王某生已涉嫌犯罪，遂向汤阴县公安局发出《要求说明不立案理由通知书》。汤阴县公安局于2017年11月20日书面说明了不立案理由，认为不存在犯罪事实。主要理由是：《执行通知书》《报告财产令》均未送达本人；且在进入执行程序前，王某生已将土地补偿款转移至其子名下，后土地补

偿款均由其子领取，不应视为有能力履行。

汤阴县检察院经审查，认为不立案理由不能成立，理由是：被执行人在收到《执行通知书》前将土地补偿款转移至其子名下的行为，反映了其主观上具有隐藏、转移财产的目的，应当予以立案追诉。按照汤阴县法院提供的执行卷宗材料，王某生名下土地补偿款总计25835元，与被执行标的相当，应当视为"有能力"执行判决、裁定。汤阴县检察院于2017年11月22日向汤阴县公安局发出《通知立案书》，要求公安机关立案侦查。汤阴县公安局于当日立案侦查。2018年1月26日，汤阴县检察院批准逮捕王某生。

2018年7月30日，汤阴县法院以拒不执行判决、裁定罪判处王某生有期徒刑七个月。

案例八　朱某成拒不执行判决、裁定案

2016年1月18日，淅川县法院作出民事判决书，判决朱某成偿还张某杰借款36万元并支付相应利息。朱某成上诉后，在二审阶段无正当理由拒不到庭，南阳市中级法院于2016年10月8日裁定按撤回上诉处理。公告送达后，该裁定于2017年3月1日生效。因朱某成不履行生效判决，张某杰申请强制执行。淅川县法院于2017年7月11日立案执行，但朱某成在法定期限内仍未履行义务，也不向法院申报财产。淅川县法院查明其在金河镇有一套120平方米的小产权房，名下银行卡有收入、消费记录，于2017年10月24日划扣朱某成名下存款9500元；并因朱某成有能力履行而不履行，且不向法院申报财产，于2017年12月25日、2018年1月9日两次依法对其作出拘留十五日的决定。司法拘留期满后，朱某成仅向法院履行执行款10200元。

2018年1月24日，淅川县法院将朱某成涉嫌拒不执行判决、裁定罪的线索移交公安机关。淅川县公安局侦查后，向淅川县检察院提请批准逮捕。淅川县检察院经审查，认为该案现有证据不足以证实朱某成存在隐藏、转移或者无偿转让财产，致使判决、裁定无法执行的行为，遂依法作出不批准逮捕决定。

同时，淅川县检察院结合具体案情，严格依照证据标准提出补充侦查提纲，并主动与法院、公安机关侦查人员沟通，消除认知偏差，逐条梳理落实，最终引导公安机关查明了朱某成拒不执行判决、裁定的犯罪事实。经查，朱某成于2014年6月4日注册成立南阳某林业开发个人独资公司，注册资本为1000万元，2016年1月18日将公司股东无偿变更为他人。2017年10月19日、2017年12月4日，朱某成将公司收入50万元全部转入由其本人控制的贺某、闫某个人账户，逃避履行。

淅川县公安局补充侦查后，再次以朱某成涉嫌拒不执行判决、裁定罪提请批准逮捕。2018年3月19日，淅川县检察院对朱某成作出批准逮捕决定，6月7日提起公诉。同

年8月20日，淅川县法院以拒不执行判决、裁定罪判处朱某成有期徒刑两年。

案例九　秦某乐拒不执行判决、裁定案

2017年3月17日，商丘市梁园区法院作出民事调解书，秦某乐偿还原告商丘市梁园区某纸箱厂、经营者张某纸箱款262000元。调解书生效后，秦某乐未履行还款义务。商丘市梁园区法院在执行过程中发现，秦某乐下落不明，其房产拆迁，其也未到相关部门签署拆迁协议。

2018年5月21日，商丘市公安局平原分局以秦某乐涉嫌拒不执行判决、裁定罪，向商丘市梁园区检察院移送审查起诉。商丘市梁园区检察院深入了解秦某乐拒不执行法院判决、裁定的深层次原因，积极开展以案释法工作，广泛争取其近亲属支持。最终，秦某乐真诚认罪悔罪，积极履行还款义务。

2018年6月13日，梁园区检察院提起公诉。2018年7月30日，梁园区法院以拒不执行判决、裁定罪判处秦某乐有期徒刑一年，缓刑一年。

案例十　胡某伟拒不执行判决、裁定案

2012年6月2日，许昌县法院作出民事判决书，判决胡某伟偿还徐某平借款40万元及利息。该判决于2012年8月1日生效。2012年8月2日，胡某伟将其在许昌县某轮胎有限公司价值300万元的股份转让给他人。

2016年12月14日，许昌县公安局以胡某伟涉嫌拒不执行判决、裁定罪，向许昌县检察院提请批准逮捕。许昌县检察院经审查认为，胡某伟在收到法院判决书及《执行通知书》后，为逃避执行，与妻子办理离婚手续，将其在许昌县某轮胎有限公司的全部股份转让给他人，有能力执行而拒不执行。2016年12月21日，许昌县检察院作出批准逮捕决定；同时，对在办案中发现的公安机关超期拘留的侦查违法行为进行监督，12月26日向许昌县公安局发出《书面纠正违法通知书》，有效地保障了当事人的合法权益。

2017年8月27日，许昌县法院以拒不执行判决、裁定罪判处胡某伟有期徒刑一年。

来源：河南检察

安徽省高院发布六起打击拒执罪典型案例

案例一 杨某胜拒不执行判决、裁定罪

【基本案情】

关于高某与杨某胜追索劳动报酬纠纷一案,蚌埠市固镇县人民法院于2016年12月13日作出(2016)皖0323民初2384号民事判决,判决被告杨某胜于判决生效后五日内支付原告高某工资款10925元。判决生效后,杨某胜一直未主动履行义务,2017年2月15日,高某向该院申请强制执行。

在执行过程中,该院向被执行人杨某胜发出《执行通知书》及《报告财产令》,督促其履行法律文书所确定的义务,但其既未主动履行赔偿义务,也未依法报告财产情况。法院经查明,没有发现杨某胜名下有可供执行的财产。其间,杨某胜对执行法官拒而不见,也不接听执行法官的电话。后根据相关知情人提供的线索,法院通过核实发现,被执行人杨某胜在固镇县连城镇美食街东侧有一处房产,且超过实际居住所需的面积,其名下还有一辆奇瑞牌QQ轿车;另外,2016年11月1日至2017年4月18日,被执行人杨某胜三次以借款名义从固镇县经济开发区管委会支取34000元工程款。由此可见,被执行人杨某胜明显具有履行能力却拒不履行义务。

2017年9月19日,该院以拒不执行判决、裁定罪将该案移送固镇县公安局立案侦查。2017年11月13日,固镇县公安局对杨某胜实施刑事拘留,并于同年11月28日执行逮捕。2018年2月14日,固镇县人民检察院以拒不执行判决、裁定罪对杨某胜提起公诉。在此期间,杨某胜主动履行了义务,且当庭认罪,有悔过表现。2018年5月30日,固镇县人民法院作出(2018)皖0323刑初63号刑事判决,以拒不执行判决、裁定罪,判处杨某胜有期徒刑七个月,宣告缓刑一年。

【典型意义】

涉民生特别是追索劳动报酬纠纷案件,是全社会关注的焦点,也是法院执行工作的重点、难点。本案中,被执行人杨某胜拖欠劳动报酬,有履行能力却拒不履行,且不如实申报财产,规避执行,最终以拒不执行判决、裁定罪被追究刑事责任。该案例

既打击了被执行人的嚣张气焰，又维护了劳动者的合法权益，实现了法律效果和社会效果的有机统一。

案例二　闫某拒不执行判决、裁定案

【基本案情】

闫某欠谭某购物款及借款共计9973元，并出具欠条，承诺四个月内还清。由于其逾期未还且谭某多次催要未果，谭某将其诉至亳州市利辛县人民法院。经该院调解，双方当事人达成如下协议：被告闫某于2017年12月31日前一次性给付原告谭某9973元，本案受理费50元，减半收取25元，由原告谭某负担。然而，闫某再次逾期未还。

2018年2月5日，谭某向该院申请执行。法院依法向被执行人闫某送达了《执行通知书》《报告财产令》，经查询，发现其有存款3400元。执行干警当即与闫某联系，敦促其依法履行义务，并告知其拒不执行法院判决、裁定的严重后果。2018年2月10日，闫某转移财产继续规避执行。

2018年5月15日，申请执行人谭某以被执行人闫某涉嫌拒不执行判决、裁定罪，向亳州市利辛县人民法院提起自诉。该院在调查取证的过程中发现，被告人闫某正处于犯故意伤害罪的缓刑考验期内，遂决定依法对其执行逮捕。其间，其亲属代为向自诉人谭某履行了欠款义务，并取得了谭某的谅解，谭某同意撤诉。但该院经审查认为，自诉人申请撤诉不符合相关法律规定，不予撤诉。6月28日，该院依法公开审理了此案，并作出判决：被告人闫某犯拒不执行判决、裁定罪，判处拘役三个月；对其前因犯故意伤害罪所判有期徒刑六个月、缓刑一年，撤销其缓刑部分，实行数罪并罚，决定对其执行有期徒刑六个月。

【典型意义】

本案被执行人具有履行能力，却拒不配合执行，其转移账户存款，致使判决无法执行，构成拒不执行判决、裁定罪，且其正处于犯故意伤害罪的缓刑考验期内，法院经审理，依法予以数罪并罚。该案例不仅有效地打击了抗拒执行、规避执行行为，而且震慑了一大批"老赖"，起到了较好的警示作用。

案例三　余某拒不执行判决、裁定罪

【基本案情】

2012年4月11日，薛某辉将位于滁州市乌衣镇的一处房屋卖给余某用于经营酒店，双方签订协议约定：若余某到期不能付清该房屋全部款项，房屋所有权、酒店经营权以及酒店装饰全部归薛某辉所有。因余某在协议约定期限内未付清全部房款，薛某辉催要未果后，将其诉至滁州市南谯区人民法院。该院判决被告余某应将乌衣镇某大酒

店房屋及装饰返还原告薛某辉，因余某拒不履行返还义务，薛某辉向该院申请强制执行。

2015年7月，该院发布公告，要求被执行人余某在2015年9月8日前搬离涉案酒店，并将公告张贴于该酒店大门处。因余某四处藏匿躲避，其亲属也借种种理由迟迟没有搬离。2016年10月，该院依法查封了涉案酒店，并派出20余名执行干警仔细清点酒店40个房间内的案外物品且逐一登记，同时将清单交申请执行人薛某辉和被执行人余某的妻子进行核对，双方均表示无异议。

2016年10月25日，被执行人余某现身并主动来到法院与申请执行人薛某辉进行协商，但双方未能达成一致意见。在执行过程中，执行干警共组织双方调解16次，前往涉案酒店10次，并多次依法告知权利义务，但余某始终拒不履行义务。

2017年3月，该院将该案移送公安机关侦查，要求依法追究余某拒不执行判决、裁定罪的刑事责任。其间，迫于法律的威慑，余某将房屋内的案外财物全部搬离，并将房屋及装饰交付薛某辉。2018年6月15日，该院判决被执行人余某犯拒不执行判决、裁定罪，判处其有期徒刑一年，宣告缓刑一年。

【典型意义】

本案被执行人有履行能力而拒不履行义务，逃避、抗拒执行，致使法院判决无法执行，法院依法对酒店进行查封后才迫使被执行人现身。由于被执行人的行为极其恶劣，法院决定追究其拒不执行判决、裁定罪的刑事责任，并促使其主动履行了义务。该案例对恶意躲避、拒不执行生效判决的"老赖"起到了很好的教育和警示作用。

案例四　张某伟、石某侠拒不执行判决、裁定罪

【基本案情】

2016年2月，张某军因交通事故死亡，其父母妻女四人共得到各项赔偿金103万元，但钱款全部由张某军的父亲张某伟、母亲石某侠领取保管。张某军的妻子任某颖索要未果，遂将二人起诉至淮北市杜集区人民法院。法院在多次调解未成的情况下，依法判决张某伟、石某侠于判决生效三日内退还任某颖、张某琳（张某军的女儿）生活费、死亡赔偿金等合计504641元。张某伟、石某侠未履行判决确定的义务，2018年1月22日，任某颖、张某琳向该院申请强制执行。

在执行过程中，该院向两被执行人送达《执行通知书》《报告财产令》，要求其主动报告财产并履行义务，但两被执行人既不同意退款亦拒绝报告财产状况。2月24日，该院决定依法对两被执行人强制拘留十五日。其间，执行员调取了被执行人张某伟的收款凭据、银行存款、往来明细等相关材料，确认两被执行人确已实际领取了103万元赔偿款项，并在短时间内连续取出。另通过入户查明，两被执行人生活在

农村，生活俭朴，巨额款项的支取明显不符合正常的生活开销，明显属于有能力履行而拒不履行法院生效判决的行为。于是，执行员及时将两被执行人涉嫌构成拒不执行判决、裁定罪的材料移交公安机关。两被执行人在收到公安机关《刑事拘留决定书》后，即委托家人与申请执行人达成和解协议，并一次性支付40万元，申请执行人任某颖遂向法院提交了谅解书。

2018年5月28日上午，该院公开开庭审理了此案，当庭宣判被告人张某伟、石某侠犯拒不执行判决、裁定罪，分别判处其有期徒刑一年，缓刑一年。

【典型意义】

本案被执行人明显具有履行能力却拒不履行，并将赔偿款非法转移，致使判决无法执行，情节严重，其行为已构成拒不执行判决、裁定罪。该案例不仅有效惩治了拒执犯罪，也打出了"江淮风暴"执行攻坚战的声势，有力地维护了司法权威，取得了良好的法律效果和社会效果。

案例五 孙某峰拒不执行判决、裁定罪

【基本案情】

关于王某娜与孙某峰债务纠纷一案，2014年6月16日，淮南市田家庵区人民法院作出（2014）田民一初字第00836号判决书，判决被告人孙某峰归还王某娜35万元。判决生效后，被告人孙某峰只偿还了12.5万元，王某娜向该院申请强制执行。

法院立案执行后，经查，被执行人孙某峰名下有本区三套房产，以及小型面包车和小型轿车各一辆，明显有能力履行而拒不履行。该院依法查封了其名下其中一套房产，但其本人及家人拒不从已查封的房屋中迁出。2017年8月30日，孙某峰因涉嫌拒不执行判决、裁定罪被淮南市公安局田家庵分局取保候审。2018年1月18日，田家庵区人民检察院向该院提起公诉，该院决定对孙某峰予以逮捕，并羁押于淮南市看守所。迫于威慑，被执行人孙某峰于审理期间履行了全部债务，并取得申请执行人王某娜的谅解。

2018年2月1日，淮南市田家庵区人民法院作出一审判决：被告人孙某峰犯拒不执行判决、裁定罪，判处其拘役二个月。

【典型意义】

本案被执行人名下有多套房产、多辆汽车，明显有能力偿还欠款而拒不履行。在法院对被执行人的房产采取查封措施后，其依然我行我素，既不清偿债务，也不搬离房屋，情节严重，性质恶劣，应当依法以拒不执行判决、裁定罪追究其刑事责任。该案例在有效保障申请执行人合法权益的同时，彰显了法律的尊严与权威。

案例六　谷某龙拒不执行判决、裁定罪

【基本案情】

谷某勤与谷某龙系父子关系。2014年9月22日，针对双方侵权纠纷一案，宿州市埇桥区人民法院作出（2014）宿埇民一初字第04877号民事判决，限谷某龙于判决生效后十日内迁出其父谷某勤所有的位于宿州市经济技术开发区的房屋。判决生效后，谷某龙拒不执行。2014年12月27日，谷某勤向该院申请强制执行。

该院于2015年1月15日向谷某龙发出《执行通知书》，责令其于2015年1月26日前履行生效判决所确定的义务，到期后，谷某龙未予履行。2015年5月4日，该院又发布公告，责令谷某龙于2015年5月8日前迁出房屋，到期后，谷某龙仍未履行。2015年7月17日，该院组织谷某勤、谷某龙达成执行和解协议，谷某龙自愿于2015年7月20日前迁出房屋。逾期后，谷某龙再次拒不迁出房屋。

由于谷某龙有能力执行而拒不执行生效法律判决，其父谷某勤在外租房居住。2015年11月3日，该院将本案移送至宿州市公安局经济技术开发区分局，该分局于次日立案，并于2015年12月1日将谷某龙抓获。次日，谷某龙的家人迁出房屋并将住宅内的所有物品搬离，申请执行人谷某勤对谷某龙的行为表示谅解。2017年12月21日，埇桥区人民法院经审理认为，谷某龙有能力执行而拒不执行生效判决，情节严重，构成拒不执行判决、裁定罪，判处罚金5000元。谷某龙不服一审判决，提起上诉，2018年5月22日，宿州市中级人民法院作出裁定，驳回上诉，维持原判。

【典型意义】

本案申请执行人与被执行人系父子关系，谷某龙已有两套安置房，经法院多次催促，仍拒不迁出房屋，导致其父在外租房，社会影响恶劣。该案例警醒那些对亲情关系淡漠的被执行人，人民法院作出的生效判决，即使是涉及家庭纠纷的，也不可敷衍了事，不予执行。

来源：安徽高院

安徽省高院发布六起"基本解决执行难"打击拒执罪典型案例

案例一　祁某龙拒不执行判决、裁定案

【基本案情】

关于原告中国建设银行股份有限公司霍山支行与被告祁某龙、张某如金融借款合同纠纷一案，六安市霍山县人民法院于2015年3月11日作出（2015）霍民二初字第29号民事判决，判决祁某龙、张某如归还原告中国建设银行股份有限公司霍山支行贷款本金130465.86元及其相应的利息、罚息。由于判决生效后两被告均未履行，案件进入执行程序。

在执行过程中，霍山县人民法院依法向被执行人祁某龙、张某如送达了《执行通知书》《报告财产令》，祁某龙在指定的期限内既未履行义务，又未申报财产。经查，被执行人祁某龙名下有丰田汽车一辆、位于霍山县嘉利星城的住房一套、股权等可供执行财产。鉴于其拒不申报财产，拒不履行判决、裁定，该院分别两次对其拘留十五日，但其仍然未履行义务。

2017年10月9日，被执行人祁某龙因涉嫌构成拒不执行判决、裁定罪被公安机关抓获，并被批准逮捕。2018年1月4日，霍山县人民检察院以祁某龙犯拒不执行判决、裁定罪向霍山县人民法院提起公诉。该院经审理，认定公诉机关指控的罪名成立，考虑其到案后如实供述自己的犯罪事实，且履行了部分借款，决定对其予以从轻处罚，判处有期徒刑一年。判决后，祁某龙向六安市中级人民法院提起上诉，该院判决驳回上诉，维持原判。

【典型意义】

本案中，被执行人有汽车、房产、股权等可供执行财产却拒不履行生效法律文书确定的义务，又拒不申报财产，情节严重，属于典型的拒执行为。该行为不仅损害了申请执行人的合法权益，而且践踏了国家的司法权威，司法机关对此拒执行为的严

惩,有力地维护了法律尊严。

案例二　陈某宝拒不执行判决、裁定案

【基本案情】

陈某宝在担任青阳县新河镇常洲村一组组长期间,以他人名义与常洲村一组签订合同,并由其本人实际承包了该村东门头塘口,承包期限为2013年2月21日至12月30日。承包期限届满,陈某宝未再次取得东门头塘口承包权,应当将塘口交还常洲村一组。但其并未按约定交还,导致常洲村一组与村民何某某签订的合同无法履行,造成常洲村一组实际损失31320元,常洲村一组遂将其诉至池州市青阳县人民法院。经审理,该院依法作出(2014)青民一初字第00950号民事判决,判令陈某宝于判决生效后十五日内将东门头塘口交还常洲村一组,并赔偿常洲村一组各项损失31320元。陈某宝未在规定期限内履行给付义务,常洲村一组遂向该院申请强制执行。

该院多次与被执行人陈某宝联系,其均表示愿意交还土地,并分期履行还款义务,却一直未信守承诺。经查发现,2017年陈某宝仍耕种该土地并获益5万元,2016年8月其曾获得某农业保险公司理赔款17052元,所有款项均用于其他日常开支。

鉴于陈某宝有能力履行却拒不履行,情节恶劣,2018年3月,该院将本案移送至青阳县公安局。青阳县公安局以陈某宝涉嫌构成拒不执行判决、裁定罪予以立案侦查。在侦查期间,陈某宝及其家人迫于法律的威慑力,主动联系法院并履行了全部执行款。在案件审理期间,陈某宝家人对执行标的土地上的房屋等所有物进行了搬迁,主动将该土地交还常洲村一组,并取得常洲村一组的谅解,该执行案件得到圆满解决。

考虑到被执行人主动到案,认罪、悔罪态度较好,且积极履行了生效法律文书确定的全部义务,青阳县人民法院依法对其从轻、减轻处罚,以拒不执行判决、裁定罪判处其有期徒刑一年,缓刑二年。

【典型意义】

本案被执行人陈某宝有能力履行却拒不履行,曾有两笔较大收入也未主动报告,在执行过程中极力抗拒执行,社会影响恶劣。其行为已构成拒不执行判决、裁定罪。虽然陈某宝已履行完全部义务,但仍然逃脱不了法律的制裁。此案给那些妄图对抗执行的"老赖"们敲响了警钟。

案例三　许某拒不执行判决、裁定罪

【基本案情】

2016年5月4日,安庆市中级人民法院作出(2016)皖08民终586号终审判决,判决被告许某支付原告安徽某混凝土公司材料款3455375.5元,并承担违约责任。因许某未自动

履行义务,安徽某混凝土公司于2016年6月20日向安庆市桐城市人民法院申请强制执行。

该院责令被执行人许某履行法律义务,但其既不履行义务,也未按规定申报财产。法院经网络查控系统查明,被执行人许某名下有两辆轿车,但在对车辆进行查封时发现,其已将该两辆轿车分别出卖并过户给了孙某和藏某,所得价款共计69万元。

被执行人许某明知自己有未履行的法律义务,却将属于自己的两辆轿车予以变卖转移,明显属于对人民法院的判决有能力履行而拒不履行,且情节严重,其行为已构成拒不执行判决、裁定罪。2017年5月23日,该院以被执行人许某涉嫌构成拒不执行判决、裁定罪,将此案移交桐城市公安局,桐城市公安局于同日立案。2017年9月6日,合肥市公安局井岗派出所民警协助抓获了被执行人许某,并临时将其羁押在合肥市看守所。2017年9月8日,桐城市公安局对许某予以刑事拘留;9月21日,对其取保候审。被执行人许某迫于威慑力,履行了部分义务,且取得了安徽某混凝土公司的谅解。

2018年3月6日,桐城市人民检察院向桐城市人民法院提起公诉,该院经审理于2018年3月29日作出判决,认定许某犯拒不执行判决、裁定罪,判处拘役三个月。被告人许某上诉至安庆市中级人民法院,该院作出(2018)皖08刑终121号民事判决书,判处其拘役三个月,缓刑五个月。

【典型意义】

被执行人有财产可供执行,却将其名下的车辆进行变卖转移,严重侵犯了申请执行人的合法权益,其行为已构成拒不执行判决、裁定罪,依法应予以刑事处罚,最终被法院判处拘役三个月,缓刑五个月。该案例有效地打击了私自处置财产、逃避执行的违法行为,取得了良好的法律效果和社会效果。

案例四　强某林拒不执行判决、裁定罪

【基本案情】

2011年5月,强某林向陈某玲借款30万元,因被告仅履行部分还款义务,原告诉至芜湖市镜湖区人民法院。该院依法对强某林所有的位于三山区峨桥镇某房屋进行了保全,后经一审、二审程序,最终判决被告强某林偿还原告陈某玲本金及利息共计209025元。判决生效后,因强某林一直未予履行,陈某玲遂向该院申请强制执行。

案件进入执行程序后,该院依法向被执行人强某林送达了《执行通知书》《报告财产令》等相关执行文书,通过线上、线下查控,未发现被执行人有可供执行的财产。该院将案件情况告知了申请执行人陈某玲,并依法终结本次执行程序。

2017年10月,申请执行人陈某玲指控被执行人强某林于2014年2月采取欺瞒手段擅自处分已被查封的个人财产,即被查封的房屋拆迁补偿款540万元,并向法院提起刑事自诉。2017年11月,该院依法对强某林决定逮捕。2018年4月,强某林被广州铁路公安抓获。

被执行人强某林明知自己的房屋被查封,在该房屋被拆迁后,委托他人领取拆迁补偿款,却拒不履行还款义务,情节严重,其行为已构成拒不执行判决、裁定罪。最终,芜湖市镜湖区人民法院判处其有期徒刑一年。

【典型意义】

本案中,被执行人明知财产被保全查封,却采取欺瞒手段擅自处分该财产,不履行判决确定的义务,情节严重,不仅给人民法院的工作带来了严重困扰,也严重损害了申请执行人的合法权益,影响恶劣。申请执行人提起自诉后,执行法院果断决定逮捕,并追究被执行人拒不执行判决、裁定罪的刑事责任,体现了人民法院维护司法权威、保障申请执行人合法权益的信心与决心,对有能力履行却拒不履行法定义务的被执行人具有重要的警示作用。

案例五 吴某斌拒不执行判决、裁定罪

【基本案情】

史某云等人因吴某斌未能归还借款,先后向宣城市宣州区人民法院提起诉讼。该院分别作出判决,判决吴某斌和其妻周某兰归还史某云等人借款共计1271.56万元及利息。判决生效后,因吴某斌及其妻周某兰未自动履行还款义务,史某云等人先后向法院申请强制执行。

在执行过程中,该院责令被执行人吴某斌申报财产,其申报的财产为在诉讼中保全的房产及汽车一辆。

法院在执行的过程中查明,2011年10月11日,被执行人吴某斌购买了南陵县江南国际置业有限公司开发建设的芜湖江南国际综合市场D2幢两套房产;2012年2月12日,其又购买了芜湖万达广场有限公司3号楼两套房产;2016年8月至12月,其在中国平安人寿保险股份有限公司为自己及其妻周某兰、其子吴某购买了人寿保险,支付保险金共计148016.75元。对于上述财产,被执行人吴某斌未进行财产申报。因被执行人吴某斌拒不履行生效法律文书确定的给付义务,且拒不如实申报财产,该院分别于2016年2月26日、3月12日对其采取拘留措施。

2017年9月4日,因涉嫌构成拒不执行判决、裁定罪,吴某斌被宣城市公安局宣州分局刑事拘留;9月30日,经宣州区人民检察院批准逮捕;10月1日,由宣城市公安局宣州分局执行逮捕。2018年5月2日,宣州区人民法院作出(2017)皖1802刑初489号刑事判决,判决吴某斌犯拒不执行判决、裁定罪,判处其有期徒刑一年。

【典型意义】

本案被执行人在向法院报告财产时存有侥幸心理,仅对已被法院查封的财产进行申报,而对暂时尚未被法院掌握的财产隐瞒不报,企图逃避执行,最终"聪明反被聪

明误"，受到刑事处罚。该案例警示被执行人不要心存侥幸，任何规避执行、抗拒执行的行为必将受到法律的严惩。

案例六　吴某飞拒不执行判决、裁定罪

【基本案情】

关于吴某腊等四人与吴某飞民间借贷纠纷一案，安庆市枞阳县人民法院于2014年11月以（2014）枞民一初字第01460号作出判决：被告吴某飞于判决生效后十五日内归还原告吴某腊、左某里、左某文、吴某香借款73.5万元，并自2014年8月14日起按中国人民银行同期贷款利率支付利息。判决生效后，吴某飞未履行义务，吴某腊等四人于2015年3月6日向该院申请强制执行。

案件进入执行程序后，该院依法向被执行人吴某飞发出《执行通知书》和《报告财产令》，督促其履行生效法律文书确定的义务，但吴某飞始终不主动履行、不报告财产、拒接法院电话。在执行过程中，该院及时进行了财产调查，依法冻结、扣划吴某飞的银行存款，并查封了其与案外人邓某某共有的一套房屋（该房屋办理了房屋抵押贷款）。经查明，2015年8月，吴某飞委托他人将共有房屋对外出租，收取租金17000元；2015年9月，吴某飞归还个人房屋按揭贷款4500余元；2017年9月至11月，吴某飞从其务工单位领取工资款合计10000元。因吴某飞有能力履行而拒不履行生效判决确定的义务，该院于2017年9月向枞阳县公安局移送吴某飞涉嫌构成拒不执行判决、裁定罪案件，枞阳县公安局于同年12月作出不予立案决定。

2018年1月12日，吴某腊等四人以吴某飞涉嫌构成拒不执行判决、裁定罪，向枞阳县人民法院提起自诉。1月25日，该院决定逮捕吴某飞。在案件审理期间，吴某飞履行了部分还款义务，并与吴某腊等四人就剩余还款事项达成和解协议，取得了四人的谅解。

鉴于吴某飞归案后如实供述犯罪事实，自愿认罪，并取得自诉人的谅解，结合社区影响评估意见，枞阳县人民法院于2018年5月25日作出（2018）皖0722刑初12号刑事判决，以拒不执行判决、裁定罪，判处被告人吴某飞有期徒刑二年，缓刑三年。

【典型意义】

本案被执行人存在将共有房屋出租并收取租金、归还个人房屋按揭贷款、领取工资款等行为，但对生效判决确定的义务拒不履行，致使判决无法执行，情节严重。尽管公安机关对被执行人涉嫌构成拒不执行判决、裁定罪案件不予立案，但人民法院根据申请执行人的自诉申请，结合执行过程中固定的证据事实，及时立案审理，依法对被执行人定罪量刑，有效地打击了拒执犯罪，维护了司法权威，起到了良好的惩治与警示作用。

来源：安徽高院

徐州法院发布拒不履行判决、裁定罪典型案例

徐州法院强化与公安机关、检察机关的协作配合，不断加大对拒执犯罪的打击力度，在全市范围内形成打击拒执犯罪的高压态势，对被执行人起到较好的震慑作用。为展示徐州法院打击拒执犯罪的工作成果，向社会宣示强制执行的强制力、威慑力，现发布打击拒执典型案例，通过真实案例警示不主动履行义务的被执行人，要端正态度积极履行义务，不要心存侥幸逃避执行。

案例一 鲁某某拒不执行判决、裁定案

【基本案情】

鲁某某因拖欠劳务费、欠款被诉至法院，睢宁法院依法分别判决鲁某某偿还顾某等人劳务费8.5万余元，偿还位某等人借款31万余元。因鲁某某未履行生效判决确定的义务，顾某、位某等人申请强制执行。

【执行情况】

在执行过程中，睢宁法院查明：鲁某某因房产面临拆迁，为躲避法院执行，故意将自己所有的房产以其母亲李某某的名义进行评估，办理拆迁手续，并且选择货币安置。鲁某某先领取虚假登记在李某某名下的房屋的拆迁费以及十个月的过渡费共计26570元，又通过其妹妹的银行卡接收10万余元的拆迁款，致使上述判决无法执行。鉴于被执行人鲁某某对人民法院的判决有能力执行而拒不执行，并且情节严重，其行为构成拒不执行判决、裁定罪，睢宁法院经审理遂作出判决：鲁某某犯拒不执行判决、裁定罪，判处有期徒刑十个月。

【典型意义】

本案中，被执行人鲁某某故意转移财产，将应得拆迁款转移到案外人名下，以达到规避法院执行的目的，属于典型的有能力履行而拒不履行法院生效判决，其行为已经构成拒不执行判决、裁定罪。被执行人鲁某某最终因自身的违法行为，付出了惨痛的代价。本案以此告诫其他被执行人不要自作聪明，妄图挑战法律权威。

案例二　张某乙拒不执行判决、裁定案

【基本案情】

关于王某某与张某甲、张某乙交通事故责任纠纷一案，丰县法院依法判令张某甲支付王某某各项费用共计967645元；张某乙对该赔偿款承担连带赔偿责任。因张某甲、张某乙未主动履行义务，王某某向丰县法院申请强制执行。

【执行情况】

在执行过程中，丰县法院经调查发现，被执行人张某乙名下原有商品房一套，为逃避履行义务，张某乙通过与妻子协议离婚故意放弃财产并办理了产权变更手续，后将该房产售出，所得价款转入了他人账户，对财产进行隐匿转移，致使判决、裁定无法执行。针对张某乙的行为，丰县法院以张某乙涉嫌拒不执行判决、裁定罪移送公安机关侦查。虽然被执行人张某乙在开庭前迫于压力将赔偿金履行完毕，但张某乙对人民法院的判决、裁定有能力执行而拒不执行的行为已构成拒不执行判决、裁定罪，且情节严重，丰县法院经审理判决：张某乙犯拒不执行判决、裁定罪，判处其有期徒刑一年，缓刑二年。

【典型意义】

张某乙在明知自身负有赔偿义务的情况下，有能力履行而拒不履行法律文书确定的义务，通过恶意转移财产逃避执行，虽然最后履行了赔偿义务，但其恶意转移财产逃避执行，依然会受到法律的制裁。

案例三　拾某某拒不执行判决、裁定案

【基本案情】

夏某某与拾某某借款合同纠纷一案，经鼓楼法院主持调解，双方当事人自愿达成协议：拾某某按期向夏某某偿还借款本金及相应利息，共计7万元。后因拾某某未按期履行义务，夏某某向鼓楼法院申请强制执行。

【执行情况】

在执行过程中，鼓楼法院通过查控措施未发现拾某某名下有财产可供执行；拾某某在法院的数次传唤询问中均表示其无力偿还欠款。后鼓楼法院深入拆迁部门、社区、银行等单位进行调查，通过执行联动信息反馈机制，发现拾某某为规避法院执行，利用案外人的银行账户接收其房屋拆迁补偿款126万元。在掌握了拾某某转移财产、逃避执行的确切线索后，执行法官约谈拾某某，督促其履行义务并向其释明拒不履行法律义务的严重后果，然而拾某某仍拒不履行义务，其行为已涉嫌构成拒不执行判决、裁定罪。虽然拾某某在拒执罪审理期间，主动与夏某某达成和解，偿还其本息

7万元，执行案件完全执结，但是基于拾某某的拒执情节，鼓楼法院以拒不执行判决、裁定罪，判处拾某某拘役二个月，缓刑六个月。

【典型意义】

被执行人拾某某在其账户被冻结的情况下，通过案外人账户接收拆迁补偿款，恶意隐瞒收入，属于典型的规避执行。在本案办理过程中，鼓楼法院追根溯源、多方执行联动，严密监控被执行人收入渠道，形成立体式的查控措施，最终发现被执行人规避执行行为，其违法行为受到了法律制裁。

案例四　黄某某拒不执行判决、裁定案

【基本案情】

关于吴某某与黄某某民间借贷纠纷一案，睢宁法院经审理判令黄某某返还吴某某借款本金140万元并支付借款利息。因被执行人黄某某未在生效判决确定的期限内履行义务，申请执行人吴某某向睢宁法院申请强制执行。

【执行情况】

在执行过程中，执行法院经现场走访调查发现，黄某某所有的公司虽已注销，但其公司所有的厂房仍然属其所有并分别出租给他人，执行法官至其所在村集体走访时又发现黄某某承租了村里的梨园地并转租给他人，上述两项租金累计共收取140余万元。本案中，黄某某完全具备履行能力，但故意隐匿相关租金收入情况，致使生效判决无法执行。执行法官在查明上述情况后，立即查封了该涉案厂房并启动财产处置程序。鉴于被执行人黄某某在有能力履行的情况下而拒不履行，其行为涉嫌拒不执行判决、裁定罪，睢宁法院经审理判决：黄某某犯拒不执行判决、裁定罪，判处有期徒刑一年。

【典型意义】

本案中，被执行人黄某某不仅未如实申报财产，还隐匿其获得租金的情况，有能力履行而拒不履行，涉案数额巨大，情节严重。虽然黄某某在案发后主动投案，到案后能够如实供述犯罪事实，但其逃避执行且情节严重，仍被依法判决。

来源：徐州市中级人民法院

下 编

相关法律法规及司法解释摘编

中华人民共和国刑法（节录）

（2020年修正）

第三百一十三条 【拒不执行判决、裁定罪】对人民法院的判决、裁定有能力执行而拒不执行，情节严重的，处三年以下有期徒刑、拘役或者罚金；情节特别严重的，处三年以上七年以下有期徒刑，并处罚金。

单位犯前款罪的，对单位判处罚金，并对其直接负责的主管人员和其他直接责任人员，依照前款的规定处罚。

第三百一十四条 【非法处置查封、扣押、冻结的财产罪】隐藏、转移、变卖、故意毁损已被司法机关查封、扣押、冻结的财产，情节严重的，处三年以下有期徒刑、拘役或者罚金。

中华人民共和国民事诉讼法（节录）

（2023年修正）

第二十章 执行的申请和移送

第二百四十七条 发生法律效力的民事判决、裁定，当事人必须履行。一方拒绝履行的，对方当事人可以向人民法院申请执行，也可以由审判员移送执行员执行。

调解书和其他应当由人民法院执行的法律文书，当事人必须履行。一方拒绝履行的，对方当事人可以向人民法院申请执行。

第二百四十八条 对依法设立的仲裁机构的裁决，一方当事人不履行的，对方当事人可以向有管辖权的人民法院申请执行。受申请的人民法院应当执行。

被申请人提出证据证明仲裁裁决有下列情形之一的，经人民法院组成合议庭审查核实，裁定不予执行：

（一）当事人在合同中没有订有仲裁条款或者事后没有达成书面仲裁协议的；

（二）裁决的事项不属于仲裁协议的范围或者仲裁机构无权仲裁的；

（三）仲裁庭的组成或者仲裁的程序违反法定程序的；

（四）裁决所根据的证据是伪造的；

（五）对方当事人向仲裁机构隐瞒了足以影响公正裁决的证据的；

（六）仲裁员在仲裁该案时有贪污受贿，徇私舞弊，枉法裁决行为的。

人民法院认定执行该裁决违背社会公共利益的，裁定不予执行。

裁定书应当送达双方当事人和仲裁机构。

仲裁裁决被人民法院裁定不予执行的，当事人可以根据双方达成的书面仲裁协议重新申请仲裁，也可以向人民法院起诉。

第二百四十九条 对公证机关依法赋予强制执行效力的债权文书，一方当事人不履行的，对方当事人可以向有管辖权的人民法院申请执行，受申请的人民法院应当执行。

公证债权文书确有错误的，人民法院裁定不予执行，并将裁定书送达双方当事人和公证机关。

第二百五十条 申请执行的期间为二年。申请执行时效的中止、中断，适用法律有关诉讼时效中止、中断的规定。

前款规定的期间，从法律文书规定履行期间的最后一日起计算；法律文书规定分期履行的，从最后一期履行期限届满之日起计算；法律文书未规定履行期间的，从法律文书生效之日起计算。

第二百五十一条 执行员接到申请执行书或者移交执行书，应当向被执行人发出执行通知，并可以立即采取强制执行措施。

第二十一章 执行措施

第二百五十二条 被执行人未按执行通知履行法律文书确定的义务，应当报告当前以及收到执行通知之日前一年的财产情况。被执行人拒绝报告或者虚假报告的，人民法院可以根据情节轻重对被执行人或者其法定代理人、有关单位的主要负责人或者直接责任人员予以罚款、拘留。

第二百五十三条 被执行人未按执行通知履行法律文书确定的义务，人民法院有权向有关单位查询被执行人的存款、债券、股票、基金份额等财产情况。人民法院有权根据不同情形扣押、冻结、划拨、变价被执行人的财产。人民法院查询、扣押、冻结、划拨、变价的财产不得超出被执行人应当履行义务的范围。

人民法院决定扣押、冻结、划拨、变价财产，应当作出裁定，并发出协助《执行通知书》，有关单位必须办理。

第二百五十四条 被执行人未按执行通知履行法律文书确定的义务，人民法院有权扣留、提取被执行人应当履行义务部分的收入。但应当保留被执行人及其所扶养家属的生活必需费用。

人民法院扣留、提取收入时，应当作出裁定，并发出协助《执行通知书》，被执行人所在单位、银行、信用合作社和其他有储蓄业务的单位必须办理。

第二百五十五条 被执行人未按执行通知履行法律文书确定的义务，人民法院有权查封、扣押、冻结、拍卖、变卖被执行人应当履行义务部分的财产。但应当保留被执行人及其所扶养家属的生活必需品。

采取前款措施，人民法院应当作出裁定。

第二百五十六条 人民法院查封、扣押财产时，被执行人是公民的，应当通知被执行人或者他的成年家属到场；被执行人是法人或者其他组织的，应当通知其法定代表人或者主要负责人到场。拒不到场的，不影响执行。被执行人是公民的，其工作单位或者财产所在地的基层组织应当派人参加。

对被查封、扣押的财产,执行员必须造具清单,由在场人签名或者盖章后,交被执行人一份。被执行人是公民的,也可以交他的成年家属一份。

第二百五十七条 被查封的财产,执行员可以指定被执行人负责保管。因被执行人的过错造成的损失,由被执行人承担。

第二百五十八条 财产被查封、扣押后,执行员应当责令被执行人在指定期间履行法律文书确定的义务。被执行人逾期不履行的,人民法院应当拍卖被查封、扣押的财产;不适于拍卖或者当事人双方同意不进行拍卖的,人民法院可以委托有关单位变卖或者自行变卖。国家禁止自由买卖的物品,交有关单位按照国家规定的价格收购。

第二百五十九条 被执行人不履行法律文书确定的义务,并隐匿财产的,人民法院有权发出搜查令,对被执行人及其住所或者财产隐匿地进行搜查。

采取前款措施,由院长签发搜查令。

第二百六十条 法律文书指定交付的财物或者票证,由执行员传唤双方当事人当面交付,或者由执行员转交,并由被交付人签收。

有关单位持有该项财物或者票证的,应当根据人民法院的《协助执行通知书》转交,并由被交付人签收。

有关公民持有该项财物或者票证的,人民法院通知其交出。拒不交出的,强制执行。

第二百六十一条 强制迁出房屋或者强制退出土地,由院长签发公告,责令被执行人在指定期间履行。被执行人逾期不履行的,由执行员强制执行。

强制执行时,被执行人是公民的,应当通知被执行人或者他的成年家属到场;被执行人是法人或者其他组织的,应当通知其法定代表人或者主要负责人到场。拒不到场的,不影响执行。被执行人是公民的,其工作单位或者房屋、土地所在地的基层组织应当派人参加。执行员应当将强制执行情况记入笔录,由在场人签名或者盖章。

强制迁出房屋被搬出的财物,由人民法院派人运至指定处所,交给被执行人。被执行人是公民的,也可以交给他的成年家属。因拒绝接收而造成的损失,由被执行人承担。

第二百六十二条 在执行中,需要办理有关财产权证照转移手续的,人民法院可以向有关单位发出《协助执行通知书》,有关单位必须办理。

第二百六十三条 对判决、裁定和其他法律文书指定的行为,被执行人未按执行通知履行的,人民法院可以强制执行或者委托有关单位或者其他人完成,费用由被执行人承担。

第二百六十四条 被执行人未按判决、裁定和其他法律文书指定的期间履行给付金钱义务的，应当加倍支付迟延履行期间的债务利息。被执行人未按判决、裁定和其他法律文书指定的期间履行其他义务的，应当支付迟延履行金。

第二百六十五条　人民法院采取本法第二百五十三条、第二百五十四条、第二百五十五条规定的执行措施后，被执行人仍不能偿还债务的，应当继续履行义务。债权人发现被执行人有其他财产的，可以随时请求人民法院执行。

第二百六十六条　被执行人不履行法律文书确定的义务的，人民法院可以对其采取或者通知有关单位协助采取限制出境，在征信系统记录、通过媒体公布不履行义务信息以及法律规定的其他措施。

第二十二章　执行中止和终结

第二百六十七条　有下列情形之一的，人民法院应当裁定中止执行：

（一）申请人表示可以延期执行的；

（二）案外人对执行标的提出确有理由的异议的；

（三）作为一方当事人的公民死亡，需要等待继承人继承权利或者承担义务的；

（四）作为一方当事人的法人或者其他组织终止，尚未确定权利义务承受人的；

（五）人民法院认为应当中止执行的其他情形。

中止的情形消失后，恢复执行。

第二百六十八条　有下列情形之一的，人民法院裁定终结执行：

（一）申请人撤销申请的；

（二）据以执行的法律文书被撤销的；

（三）作为被执行人的公民死亡，无遗产可供执行，又无义务承担人的；

（四）追索赡养费、扶养费、抚养费案件的权利人死亡的；

（五）作为被执行人的公民因生活困难无力偿还借款，无收入来源，又丧失劳动能力的；

（六）人民法院认为应当终结执行的其他情形。

第二百六十九条　中止和终结执行的裁定，送达当事人后立即生效。

最高人民法院关于适用《中华人民共和国民事诉讼法》的解释（节录）

（2022年修正）

二十一、执行程序

第四百六十条 发生法律效力的实现担保物权裁定、确认调解协议裁定、支付令，由作出裁定、支付令的人民法院或者与其同级的被执行财产所在地的人民法院执行。

认定财产无主的判决，由作出判决的人民法院将无主财产收归国家或者集体所有。

第四百六十一条 当事人申请人民法院执行的生效法律文书应当具备下列条件：

（一）权利义务主体明确；

（二）给付内容明确。

法律文书确定继续履行合同的，应当明确继续履行的具体内容。

第四百六十二条 根据民事诉讼法第二百三十四条（现第二百三十八条）规定，案外人对执行标的提出异议的，应当在该执行标的执行程序终结前提出。

第四百六十三条 案外人对执行标的提出的异议，经审查，按照下列情形分别处理：

（一）案外人对执行标的不享有足以排除强制执行的权益的，裁定驳回其异议；

（二）案外人对执行标的享有足以排除强制执行的权益的，裁定中止执行。

驳回案外人执行异议裁定送达案外人之日起十五日内，人民法院不得对执行标的进行处分。

第四百六十四条 申请执行人与被执行人达成和解协议后请求中止执行或者撤回执行申请的，人民法院可以裁定中止执行或者终结执行。

第四百六十五条　一方当事人不履行或者不完全履行在执行中双方自愿达成的和解协议，对方当事人申请执行原生效法律文书的，人民法院应当恢复执行，但和解协议已履行的部分应当扣除。和解协议已经履行完毕的，人民法院不予恢复执行。

第四百六十六条　申请恢复执行原生效法律文书，适用民事诉讼法第二百四十六条（现第二百五十条）申请执行期间的规定。申请执行期间因达成执行中的和解协议而中断，其期间自和解协议约定履行期限的最后一日起重新计算。

第四百六十七条　人民法院依照民事诉讼法第二百三十八条（现第二百四十二条）规定决定暂缓执行的，如果担保是有期限的，暂缓执行的期限应当与担保期限一致，但最长不得超过一年。被执行人或者担保人对担保的财产在暂缓执行期间有转移、隐藏、变卖、毁损等行为的，人民法院可以恢复强制执行。

第四百六十八条　根据民事诉讼法第二百三十八条（现第二百四十二条）规定向人民法院提供执行担保的，可以由被执行人或者他人提供财产担保，也可以由他人提供保证。担保人应当具有代为履行或者代为承担赔偿责任的能力。

他人提供执行保证的，应当向执行法院出具保证书，并将保证书副本送交申请执行人。被执行人或者他人提供财产担保的，应当参照民法典的有关规定办理相应手续。

第四百六十九条　被执行人在人民法院决定暂缓执行的期限届满后仍不履行义务的，人民法院可以直接执行担保财产，或者裁定执行担保人的财产，但执行担保人的财产以担保人应当履行义务部分的财产为限。

第四百七十条　依照民事诉讼法第二百三十九条（现第二百四十三条）规定，执行中作为被执行人的法人或者其他组织分立、合并的，人民法院可以裁定变更后的法人或者其他组织为被执行人；被注销的，如果依照有关实体法的规定有权利义务承受人的，可以裁定该权利义务承受人为被执行人。

第四百七十一条　其他组织在执行中不能履行法律文书确定的义务的，人民法院可以裁定执行对该其他组织依法承担义务的法人或者公民个人的财产。

第四百七十二条　在执行中，作为被执行人的法人或者其他组织名称变更的，人民法院可以裁定变更后的法人或者其他组织为被执行人。

第四百七十三条　作为被执行人的公民死亡，其遗产继承人没有放弃继承的，人民法院可以裁定变更被执行人，由该继承人在遗产的范围内偿还债务。继承人放弃继承的，人民法院可以直接执行被执行人的遗产。

第四百七十四条　法律规定由人民法院执行的其他法律文书执行完毕后，该法律文书被有关机关或者组织依法撤销的，经当事人申请，适用民事诉讼法第二百四十条（现第二百四十四条）规定。

第四百七十五条 仲裁机构裁决的事项，部分有民事诉讼法第二百四十四条（现第二百四十八条）第二款、第三款规定情形的，人民法院应当裁定对该部分不予执行。

应当不予执行部分与其他部分不可分的，人民法院应当裁定不予执行仲裁裁决。

第四百七十六条 依照民事诉讼法第二百四十四条（现第二百四十八条）第二款、第三款规定，人民法院裁定不予执行仲裁裁决后，当事人对该裁定提出执行异议或者复议的，人民法院不予受理。当事人可以就该民事纠纷重新达成书面仲裁协议申请仲裁，也可以向人民法院起诉。

第四百七十七条 在执行中，被执行人通过仲裁程序将人民法院查封、扣押、冻结的财产确权或者分割给案外人的，不影响人民法院执行程序的进行。

案外人不服的，可以根据民事诉讼法第二百三十四条（现第二百三十八条）规定提出异议。

第四百七十八条 有下列情形之一的，可以认定为民事诉讼法第二百四十五条（现第二百五十三条）第二款规定的公证债权文书确有错误：

（一）公证债权文书属于不得赋予强制执行效力的债权文书的；

（二）被执行人一方未亲自或者未委托代理人到场公证等严重违反法律规定的公证程序的；

（三）公证债权文书的内容与事实不符或者违反法律强制性规定的；

（四）公证债权文书未载明被执行人不履行义务或者不完全履行义务时同意接受强制执行的。

人民法院认定执行该公证债权文书违背社会公共利益的，裁定不予执行。

公证债权文书被裁定不予执行后，当事人、公证事项的利害关系人可以就债权争议提起诉讼。

第四百七十九条 当事人请求不予执行仲裁裁决或者公证债权文书的，应当在执行终结前向执行法院提出。

第四百八十条 人民法院应当在收到申请执行书或者移交执行书后十日内发出执行通知。

执行通知中除应责令被执行人履行法律文书确定的义务外，还应通知其承担民事诉讼法第二百六十条（现第二百六十四条）规定的迟延履行利息或者迟延履行金。

第四百八十一条 申请执行人超过申请执行时效期间向人民法院申请强制执行的，人民法院应予受理。被执行人对申请执行时效期间提出异议，人民法院经审查异议成立的，裁定不予执行。

被执行人履行全部或者部分义务后，又以不知道申请执行时效期间届满为由请求执行回转的，人民法院不予支持。

第四百八十二条 对必须接受调查询问的被执行人、被执行人的法定代表人、负责人或者实际控制人，经依法传唤无正当理由拒不到场的，人民法院可以拘传其到场。

人民法院应当及时对被拘传人进行调查询问，调查询问的时间不得超过八小时；情况复杂，依法可能采取拘留措施的，调查询问的时间不得超过二十四小时。

人民法院在本辖区以外采取拘传措施时，可以将被拘传人拘传到当地人民法院，当地人民法院应予协助。

第四百八十三条 人民法院有权查询被执行人的身份信息与财产信息，掌握相关信息的单位和个人必须按照《协助执行通知书》办理。

第四百八十四条 对被执行的财产，人民法院非经查封、扣押、冻结不得处分。对银行存款等各类可以直接扣划的财产，人民法院的扣划裁定同时具有冻结的法律效力。

第四百八十五条 人民法院冻结被执行人的银行存款的期限不得超过一年，查封、扣押动产的期限不得超过两年，查封不动产、冻结其他财产权的期限不得超过三年。

申请执行人申请延长期限的，人民法院应当在查封、扣押、冻结期限届满前办理续行查封、扣押、冻结手续，续行期限不得超过前款规定的期限。

人民法院也可以依职权办理续行查封、扣押、冻结手续。

第四百八十六条 依照民事诉讼法第二百五十四条（现第二百五十八条）规定，人民法院在执行中需要拍卖被执行人财产的，可以由人民法院自行组织拍卖，也可以交由具备相应资质的拍卖机构拍卖。

交拍卖机构拍卖的，人民法院应当对拍卖活动进行监督。

第四百八十七条 拍卖评估需要对现场进行检查、勘验的，人民法院应当责令被执行人、协助义务人予以配合。被执行人、协助义务人不予配合的，人民法院可以强制进行。

第四百八十八条 人民法院在执行中需要变卖被执行人财产的，可以交有关单位变卖，也可以由人民法院直接变卖。

对变卖的财产，人民法院或者其工作人员不得买受。

第四百八十九条 经申请执行人和被执行人同意，且不损害其他债权人合法权益和社会公共利益的，人民法院可以不经拍卖、变卖，直接将被执行人的财产作价交申请执行人抵偿债务。对剩余债务，被执行人应当继续清偿。

第四百九十条 被执行人的财产无法拍卖或者变卖的，经申请执行人同意，且不损害其他债权人合法权益和社会公共利益的，人民法院可以将该项财产作价后交付申请执行人抵偿债务，或者交付申请执行人管理；申请执行人拒绝接收或者管理的，退回被执行人。

第四百九十一条 拍卖成交或者依法定程序裁定以物抵债的，标的物所有权自拍卖成交裁定或者抵债裁定送达买受人或者接受抵债物的债权人时转移。

第四百九十二条 执行标的物为特定物的，应当执行原物。原物确已毁损或者灭失的，经双方当事人同意，可以折价赔偿。

双方当事人对折价赔偿不能协商一致的，人民法院应当终结执行程序。申请执行人可以另行起诉。

第四百九十三条 他人持有法律文书指定交付的财物或者票证，人民法院依照民事诉讼法第二百五十六条（现第二百六十条）第二款、第三款规定发出协助执行通知后，拒不转交的，可以强制执行，并可依照民事诉讼法第一百一十七条、第一百一十八条规定处理。

他人持有期间财物或者票证毁损、灭失的，参照本解释第四百九十二条规定处理。

他人主张合法持有财物或者票证的，可以根据民事诉讼法第二百三十四条（现第二百三十八条）规定提出执行异议。

第四百九十四条 在执行中，被执行人隐匿财产、会计账簿等资料的，人民法院除可依照民事诉讼法第一百一十四条第一款第六项规定对其处理外，还应责令被执行人交出隐匿的财产、会计账簿等资料。被执行人拒不交出的，人民法院可以采取搜查措施。

第四百九十五条 搜查人员应当按规定着装并出示搜查令和工作证件。

第四百九十六条 人民法院搜查时禁止无关人员进入搜查现场；搜查对象是公民的，应当通知被执行人或者他的成年家属以及基层组织派员到场；搜查对象是法人或者其他组织的，应当通知法定代表人或者主要负责人到场。拒不到场的，不影响搜查。

搜查妇女身体，应当由女执行人员进行。

第四百九十七条 搜查中发现应当依法采取查封、扣押措施的财产，依照民事诉讼法第二百五十二条（现第二百五十六条）第二款和第二百五十四条（现第二百五十八条）规定办理。

第四百九十八条 搜查应当制作搜查笔录，由搜查人员、被搜查人及其他在场人签名、捺印或者盖章。拒绝签名、捺印或者盖章的，应当记入搜查笔录。

第四百九十九条 人民法院执行被执行人对他人的到期债权，可以作出冻结债权的裁定，并通知该他人向申请执行人履行。

该他人对到期债权有异议，申请执行人请求对异议部分强制执行的，人民法院不予支持。利害关系人对到期债权有异议的，人民法院应当按照民事诉讼法第二百三十四条（现第二百三十八条）规定处理。

对生效法律文书确定的到期债权，该他人予以否认的，人民法院不予支持。

第五百条 人民法院在执行中需要办理房产证、土地证、林权证、专利证书、商标证书、车船执照等有关财产权证照转移手续的，可以依照民事诉讼法第二百五十八条（现第二百六十二条）规定办理。

第五百零一条 被执行人不履行生效法律文书确定的行为义务，该义务可由他人完成的，人民法院可以选定代履行人；法律、行政法规对履行该行为义务有资格限制的，应当从有资格的人中选定。必要时，可以通过招标的方式确定代履行人。

申请执行人可以在符合条件的人中推荐代履行人，也可以申请自己代为履行，是否准许，由人民法院决定。

第五百零二条 代履行费用的数额由人民法院根据案件具体情况确定，并由被执行人在指定期限内预先支付。被执行人未预付的，人民法院可以对该费用强制执行。

代履行结束后，被执行人可以查阅、复制费用清单以及主要凭证。

第五百零三条 被执行人不履行法律文书指定的行为，且该项行为只能由被执行人完成的，人民法院可以依照民事诉讼法第一百一十四条第一款第六项规定处理。

被执行人在人民法院确定的履行期间内仍不履行的，人民法院可以依照民事诉讼法第一百一十四条第一款第六项规定再次处理。

第五百零四条 被执行人迟延履行的，迟延履行期间的利息或者迟延履行金自判决、裁定和其他法律文书指定的履行期间届满之日起计算。

第五百零五条 被执行人未按判决、裁定和其他法律文书指定的期间履行非金钱给付义务的，无论是否已给申请执行人造成损失，都应当支付迟延履行金。已经造成损失的，双倍补偿申请执行人已经受到的损失；没有造成损失的，迟延履行金可以由人民法院根据具体案件情况决定。

第五百零六条 被执行人为公民或者其他组织，在执行程序开始后，被执行人的其他已经取得执行依据的债权人发现被执行人的财产不能清偿所有债权的，可以向人民法院申请参与分配。

对人民法院查封、扣押、冻结的财产有优先权、担保物权的债权人，可以直接申请参与分配，主张优先受偿权。

第五百零七条 申请参与分配，申请人应当提交申请书。申请书应当写明参与分配和被执行人不能清偿所有债权的事实、理由，并附有执行依据。

参与分配申请应当在执行程序开始后,被执行人的财产执行终结前提出。

第五百零八条 参与分配执行中,执行所得价款扣除执行费用,并清偿应当优先受偿的债权后,对于普通债权,原则上按照其占全部申请参与分配债权数额的比例受偿。清偿后的剩余债务,被执行人应当继续清偿。债权人发现被执行人有其他财产的,可以随时请求人民法院执行。

第五百零九条 多个债权人对执行财产申请参与分配的,执行法院应当制作财产分配方案,并送达各债权人和被执行人。债权人或者被执行人对分配方案有异议的,应当自收到分配方案之日起十五日内向执行法院提出书面异议。

第五百一十条 债权人或者被执行人对分配方案提出书面异议的,执行法院应当通知未提出异议的债权人、被执行人。

未提出异议的债权人、被执行人自收到通知之日起十五日内未提出反对意见的,执行法院依异议人的意见对分配方案审查修正后进行分配;提出反对意见的,应当通知异议人。异议人可以自收到通知之日起十五日内,以提出反对意见的债权人、被执行人为被告,向执行法院提起诉讼;异议人逾期未提起诉讼的,执行法院按照原分配方案进行分配。

诉讼期间进行分配的,执行法院应当提存与争议债权数额相应的款项。

第五百一十一条 在执行中,作为被执行人的企业法人符合企业破产法第二条第一款规定情形的,执行法院经申请执行人之一或者被执行人同意,应当裁定中止对该被执行人的执行,将执行案件相关材料移送被执行人住所地人民法院。

第五百一十二条 被执行人住所地人民法院应当自收到执行案件相关材料之日起三十日内,将是否受理破产案件的裁定告知执行法院。不予受理的,应当将相关案件材料退回执行法院。

第五百一十三条 被执行人住所地人民法院裁定受理破产案件的,执行法院应当解除对被执行人财产的保全措施。被执行人住所地人民法院裁定宣告被执行人破产的,执行法院应当裁定终结对该被执行人的执行。

被执行人住所地人民法院不受理破产案件的,执行法院应当恢复执行。

第五百一十四条 当事人不同意移送破产或者被执行人住所地人民法院不受理破产案件的,执行法院就执行变价所得财产,在扣除执行费用及清偿优先受偿的债权后,对于普通债权,按照财产保全和执行中查封、扣押、冻结财产的先后顺序清偿。

第五百一十五条 债权人根据民事诉讼法第二百六十一条(现第二百六十五条)规定请求人民法院继续执行的,不受民事诉讼法第二百四十六条(现第二百五十条)规定申请执行时效期间的限制。

第五百一十六条 被执行人不履行法律文书确定的义务的,人民法院除对被执行人予以处罚外，还可以根据情节将其纳入失信被执行人名单，将被执行人不履行或者不完全履行义务的信息向其所在单位、征信机构以及其他相关机构通报。

第五百一十七条 经过财产调查未发现可供执行的财产，在申请执行人签字确认或者执行法院组成合议庭审查核实并经院长批准后，可以裁定终结本次执行程序。

依照前款规定终结执行后，申请执行人发现被执行人有可供执行财产的，可以再次申请执行。再次申请不受申请执行时效期间的限制。

第五百一十八条 因撤销申请而终结执行后，当事人在民事诉讼法第二百四十六条（现第二百五十条）规定的申请执行时效期间内再次申请执行的，人民法院应当受理。

第五百一十九条 在执行终结六个月内，被执行人或者其他人对已执行的标的有妨害行为的，人民法院可以依申请排除妨害，并可以依照民事诉讼法第一百一十四条规定进行处罚。因妨害行为给执行债权人或者其他人造成损失的，受害人可以另行起诉。

最高人民法院关于适用《中华人民共和国民事诉讼法》执行程序若干问题的解释

（2008年9月8日最高人民法院审判委员会第1452次会议通过，根据2020年12月23日最高人民法院审判委员会第1823次会议通过的《最高人民法院关于修改〈最高人民法院关于人民法院扣押铁路运输货物若干问题的规定〉等十八件执行类司法解释的决定》修正）

为了依法及时有效地执行生效法律文书，维护当事人的合法权益，根据《中华人民共和国民事诉讼法》（以下简称民事诉讼法），结合人民法院执行工作实际，对执行程序中适用法律的若干问题作出如下解释：

第一条 申请执行人向被执行的财产所在地人民法院申请执行的，应当提供该人民法院辖区有可供执行财产的证明材料。

第二条 对两个以上人民法院都有管辖权的执行案件，人民法院在立案前发现其他有管辖权的人民法院已经立案的，不得重复立案。

立案后发现其他有管辖权的人民法院已经立案的，应当撤销案件；已经采取执行措施的，应当将控制的财产交先立案的执行法院处理。

第三条 人民法院受理执行申请后，当事人对管辖权有异议的，应当自收到《执行通知书》之日起十日内提出。

人民法院对当事人提出的异议，应当审查。异议成立的，应当撤销执行案件，并告知当事人向有管辖权的人民法院申请执行；异议不成立的，裁定驳回。当事人对裁定不服的，可以向上一级人民法院申请复议。

管辖权异议审查和复议期间，不停止执行。

第四条 对人民法院采取财产保全措施的案件，申请执行人向采取保全措施的人民法院以外的其他有管辖权的人民法院申请执行的，采取保全措施的人民法院应当将保全的财产交执行法院处理。

第五条 执行过程中，当事人、利害关系人认为执行法院的执行行为违反法律规定的，可以依照民事诉讼法第二百二十五条（现第二百三十六条）的规定提出异议。

执行法院审查处理执行异议，应当自收到书面异议之日起十五日内作出裁定。

第六条 当事人、利害关系人依照民事诉讼法第二百二十五条（现第二百三十六条）规定申请复议的，应当采取书面形式。

第七条 当事人、利害关系人申请复议的书面材料，可以通过执行法院转交，也可以直接向执行法院的上一级人民法院提交。

执行法院收到复议申请后，应当在五日内将复议所需的案卷材料报送上一级人民法院；上一级人民法院收到复议申请后，应当通知执行法院在五日内报送复议所需的案卷材料。

第八条 当事人、利害关系人依照民事诉讼法第二百二十五条（现第二百三十六条）规定申请复议的，上一级人民法院应当自收到复议申请之日起三十日内审查完毕，并作出裁定。有特殊情况需要延长的，经本院院长批准，可以延长，延长的期限不得超过三十日。

第九条 执行异议审查和复议期间，不停止执行。

被执行人、利害关系人提供充分、有效的担保请求停止相应处分措施的，人民法院可以准许；申请执行人提供充分、有效的担保请求继续执行的，应当继续执行。

第十条 依照民事诉讼法第二百二十六条（现第二百三十七条）的规定，有下列情形之一的，上一级人民法院可以根据申请执行人的申请，责令执行法院限期执行或者变更执行法院：

（一）债权人申请执行时被执行人有可供执行的财产，执行法院自收到申请执行书之日起超过六个月对该财产未执行完结的；

（二）执行过程中发现被执行人可供执行的财产，执行法院自发现财产之日起超过六个月对该财产未执行完结的；

（三）对法律文书确定的行为义务的执行，执行法院自收到申请执行书之日起超过六个月未依法采取相应执行措施的；

（四）其他有条件执行超过六个月未执行的。

第十一条 上一级人民法院依照民事诉讼法第二百二十六条（现第二百三十七条）规定责令执行法院限期执行的，应当向其发出督促执行令，并将有关情况书面通知申请执行人。

上一级人民法院决定由本院执行或者指令本辖区其他人民法院执行的，应当作出裁定，送达当事人并通知有关人民法院。

第十二条 上一级人民法院责令执行法院限期执行，执行法院在指定期间内无正当理由仍未执行完结的，上一级人民法院应当裁定由本院执行或者指令本辖区其他人民法院执行。

第十三条　民事诉讼法第二百二十六条（现第二百三十七条）规定的六个月期间，不应当计算执行中的公告期间、鉴定评估期间、管辖争议处理期间、执行争议协调期间、暂缓执行期间以及中止执行期间。

第十四条　案外人对执行标的主张所有权或者有其他足以阻止执行标的转让、交付的实体权利的，可以依照民事诉讼法第二百二十七条（现第二百三十八条）的规定，向执行法院提出异议。

第十五条　案外人异议审查期间，人民法院不得对执行标的进行处分。

案外人向人民法院提供充分、有效的担保请求解除对异议标的的查封、扣押、冻结的，人民法院可以准许；申请执行人提供充分、有效的担保请求继续执行的，应当继续执行。

因案外人提供担保解除查封、扣押、冻结有错误，致使该标的无法执行的，人民法院可以直接执行担保财产；申请执行人提供担保请求继续执行有错误，给对方造成损失的，应当予以赔偿。

第十六条　案外人执行异议之诉审理期间，人民法院不得对执行标的进行处分。申请执行人请求人民法院继续执行并提供相应担保的，人民法院可以准许。

案外人请求解除查封、扣押、冻结或者申请执行人请求继续执行有错误，给对方造成损失的，应当予以赔偿。

第十七条　多个债权人对同一被执行人申请执行或者对执行财产申请参与分配的，执行法院应当制作财产分配方案，并送达各债权人和被执行人。债权人或者被执行人对分配方案有异议的，应当自收到分配方案之日起十五日内向执行法院提出书面异议。

第十八条　债权人或者被执行人对分配方案提出书面异议的，执行法院应当通知未提出异议的债权人或被执行人。

未提出异议的债权人、被执行人收到通知之日起十五日内未提出反对意见的，执行法院依异议人的意见对分配方案审查修正后进行分配；提出反对意见的，应当通知异议人。异议人可以自收到通知之日起十五日内，以提出反对意见的债权人、被执行人为被告，向执行法院提起诉讼；异议人逾期未提起诉讼的，执行法院依原分配方案进行分配。

诉讼期间进行分配的，执行法院应当将与争议债权数额相应的款项予以提存。

第十九条　在申请执行时效期间的最后六个月内，因不可抗力或者其他障碍不能行使请求权的，申请执行时效中止。从中止时效的原因消除之日起，申请执行时效期间继续计算。

第二十条　申请执行时效因申请执行、当事人双方达成和解协议、当事人一方提出履行要求或者同意履行义务而中断。从中断时起，申请执行时效期间重新计算。

第二十一条　生效法律文书规定债务人负有不作为义务的，申请执行时效期间从债务人违反不作为义务之日起计算。

第二十二条　执行员依照民事诉讼法第二百四十条（现第二百五十一条）规定立即采取强制执行措施的，可以同时或者自采取强制执行措施之日起三日内发送《执行通知书》。

第二十三条　依照民事诉讼法第二百五十五条（现第二百六十六条）规定对被执行人限制出境的，应当由申请执行人向执行法院提出书面申请；必要时，执行法院可以依职权决定。

第二十四条　被执行人为单位的，可以对其法定代表人、主要负责人或者影响债务履行的直接责任人员限制出境。

被执行人为无民事行为能力人或者限制民事行为能力人的，可以对其法定代理人限制出境。

第二十五条　在限制出境期间，被执行人履行法律文书确定的全部债务的，执行法院应当及时解除限制出境措施；被执行人提供充分、有效的担保或者申请执行人同意的，可以解除限制出境措施。

第二十六条　依照民事诉讼法第二百五十五条（现第二百六十六条）的规定，执行法院可以依职权或者依申请执行人的申请，将被执行人不履行法律文书确定义务的信息，通过报纸、广播、电视、互联网等媒体公布。

媒体公布的有关费用，由被执行人负担；申请执行人申请在媒体公布的，应当垫付有关费用。

第二十七条　本解释施行前本院公布的司法解释与本解释不一致的，以本解释为准。

最高人民法院印发指导意见 进一步完善申请执行监督案件办理规范

日前，最高人民法院印发《关于办理申请执行监督案件若干问题的意见》（以下简称《意见》）。《意见》系统总结了人民法院近年来办理执行监督案件的经验，针对人民群众对执行工作的新要求和新期待，对申请执行监督案件办理实践中普遍存在的系列共性问题进行了规范和指引。

《意见》同时参照《最高人民法院关于完善四级法院审级职能定位改革试点的实施办法》的改革精神，根据《最高人民法院关于进一步完善执行权制约机制加强执行监督的意见》的要求，立足我国执行工作处于"切实解决执行难"的重要历史时期，全面强化最高人民法院在确保法律正确统一适用中的职能作用。

《意见》对申请执行监督案件的立案受理问题进行了规范，对实务中当事人向执行法院及向上一级法院申请督促执行的适当途径，作出了指引和要求；针对应通过仲裁或实体诉讼途径解决的相关案件，明确指引当事人、利害关系人应通过寻求实体争议救济程序解决，消除已有规范的模糊执行；对多次和重复申请执行监督问题进行了规范，进一步提高执行工作保护当事人合法权益的效率。

《意见》对申请执行监督的期限进行了规范，明确申请人对执行复议裁定不服，及因超过提出执行异议期限或者申请复议期限向人民法院申请执行监督的，应在一定期限内提出。这有利于维护执行秩序的稳定，切实将胜诉当事人的合法权益保护落到实处。

《意见》在明确申请执行监督的一般性规定和途径的同时，参照人民法院四级法院职能定位的改革精神，进一步厘清了最高人民法院、高级人民法院受理和办理申请执行监督案件的范围，明确了向最高人民法院申请执行监督的条件，全面强化最高人民法院在确保法律正确统一适用中的职能作用。

《意见》还补充规定了三种申请执行监督案件结案方式，并对结案文书的要求进行了规范指引。

法发〔2023〕4号

最高人民法院关于办理申请执行监督案件若干问题的意见

为进一步完善申请执行监督案件办理程序，推动法律正确统一适用，根据《中华人民共和国民事诉讼法》的规定和《最高人民法院关于进一步完善执行权制约机制加强执行监督的意见》的要求，结合执行工作实际，制定本意见。

第一条 当事人、利害关系人对于人民法院依照民事诉讼法第二百三十二条（现第二百三十六条）规定作出的执行复议裁定不服，向上一级人民法院申请执行监督，人民法院应当立案，但法律、司法解释或者本意见另有规定的除外。

申请人依法应当提出执行异议而未提出，直接向异议法院的上一级人民法院申请执行监督的，人民法院应当告知其向异议法院提出执行异议或者申请执行监督；申请人依法应当申请复议而未申请，直接向复议法院的上一级人民法院申请执行监督的，人民法院应当告知其向复议法院申请复议或者申请执行监督。

人民法院在办理执行申诉信访过程中，发现信访诉求符合前两款规定情形的，按照前两款规定处理。

第二条 申请执行人认为人民法院应当采取执行措施而未采取，向执行法院请求采取执行措施的，人民法院应当及时审查处理，一般不立执行异议案件。

执行法院在法定期限内未执行，申请执行人依照民事诉讼法第二百三十三条（现第二百三十七条）规定请求上一级人民法院提级执行、责令下级人民法院限期执行或者指令其他人民法院执行的，应当立案办理。

第三条 当事人对执行裁定不服，向人民法院申请复议或者申请执行监督，有下列情形之一的，人民法院应当以适当的方式向其释明法律规定或者法定救济途径，一般不作为执行复议或者执行监督案件受理：

（一）依照民事诉讼法第二百三十四条（现第二百三十八条）规定，对案外人异议裁定不服，依照审判监督程序办理或者向人民法院提起诉讼的；

（二）依照《最高人民法院关于民事执行中变更、追加当事人若干问题的规定》第三十二条规定，对处理变更、追加当事人申请的裁定不服，可以向人民法院提起执行异议之诉的；

（三）依照民事诉讼法第二百四十四条（现第二百四十八条）规定，仲裁裁决被人民法院裁定不予执行，当事人可以重新申请仲裁或者向人民法院起诉的；

（四）依照《最高人民法院关于公证债权文书执行若干问题的规定》第二十条规定，公证债权文书被裁定不予执行或者部分不予执行，当事人可以向人民法院提起诉讼的；

（五）法律或者司法解释规定不通过执行复议程序进行救济的其他情形。

第四条 申请人向人民法院申请执行监督，有下列情形之一的，不予受理：

（一）针对人民法院就复议裁定作出的执行监督裁定提出执行监督申请的；

（二）在人民检察院对申请人的申请作出不予提出检察建议后又提出执行监督申请的。

前款第一项规定情形，人民法院应当告知当事人可以向人民检察院申请检察建议，但因人民检察院提出检察建议而作出执行监督裁定的除外。

第五条 申请人对执行复议裁定不服向人民法院申请执行监督的，参照民事诉讼法第二百一十二条（现第二百一十六条）规定，应当在执行复议裁定发生法律效力后六个月内提出。

申请人因超过提出执行异议期限或者申请复议期限向人民法院申请执行监督的，应当在提出异议期限或者申请复议期限届满之日起六个月内提出。

申请人超过上述期限向人民法院申请执行监督的，人民法院不予受理；已经受理的，裁定终结审查。

第六条 申请人对高级人民法院作出的执行复议裁定不服的，应当向原审高级人民法院申请执行监督；申请人向最高人民法院申请执行监督，符合下列情形之一的，最高人民法院应当受理：

（一）申请人对执行复议裁定认定的基本事实和审查程序无异议，但认为适用法律有错误的；

（二）执行复议裁定经高级人民法院审判委员会讨论决定的。

第七条 向最高人民法院申请执行监督的，执行监督申请书除依法必须载明的事项外，还应当声明对原裁定认定的基本事实、适用的审查程序没有异议，同时载明案件所涉法律适用问题的争议焦点、论证裁定适用法律存在错误的理由和依据。

申请人提交的执行监督申请书不符合前款规定要求的，最高人民法院应当给予指导和释明，一次性全面告知其在十日内予以补正；申请人无正当理由逾期未予补正的，按撤回监督申请处理。

第八条 高级人民法院作出的执行复议裁定适用法律确有错误，且符合下列情形之一的，最高人民法院可以立执行监督案件：

（一）具有普遍法律适用指导意义的；

（二）最高人民法院或者不同高级人民法院之间近三年裁判生效的同类案件存在重大法律适用分歧，截至案件审查时仍未解决的；

（三）最高人民法院认为应当立执行监督案件的其他情形。

最高人民法院对地方各级人民法院、专门人民法院已经发生法律效力的执行裁定，发现确有错误，且符合前款所列情形之一的，可以立案监督。

第九条 向最高人民法院申请的执行监督案件符合下列情形之一的，最高人民法院可以决定由原审高级人民法院审查：

（一）案件可能存在基本事实不清、审查程序违法、遗漏异议请求情形的；

（二）原执行复议裁定适用法律可能存在错误，但不具有普遍法律适用指导意义的。

第十条 高级人民法院经审查，认为原裁定适用法律确有错误，且符合本意见第八条第一项、第二项规定情形之一，需要由最高人民法院审查的，经该院审判委员会讨论决定后，可以报请最高人民法院审查。

最高人民法院收到高级人民法院根据前款规定提出的报请后，认为有必要由本院审查的，应当立案审查；认为没有必要的，不予立案，并决定交高级人民法院立案审查。

第十一条 最高人民法院应当自收到执行监督申请书之日起三十日内，决定由本院或者作出执行复议裁定的高级人民法院立案审查。

最高人民法院决定由原审高级人民法院审查的，应当在作出决定之日起十日内将执行监督申请书和相关材料交原审高级人民法院立案审查，并及时通知申请人。

第十二条 除《最高人民法院关于执行案件立案、结案若干问题的意见》第二十六条规定的结案方式外，执行监督案件还可采用以下方式结案：

（一）撤销执行异议裁定和执行复议裁定，发回异议法院重新审查，或者撤销执行复议裁定，发回复议法院重新审查；

（二）按撤回执行监督申请处理；

（三）终结审查。

第十三条 人民法院审查执行监督案件，一般应当作出执行裁定，但不支持申诉请求的，可以根据案件具体情况作出驳回通知书。

第十四条 本意见自2023年2月1日起施行。本意见施行以后，最高人民法院之前有关意见的规定与本意见不一致的，按照本意见执行。

最高人民法院于本意见施行之前受理的申请执行监督案件，施行当日尚未审查完毕的，应当继续审查处理。

最高人民法院

2023年1月19日

最高人民法院出台涉执行司法赔偿解释（附全文）

2022年2月8日，最高人民法院发布了《最高人民法院关于审理涉执行司法赔偿案件适用法律若干问题的解释》（法释〔2022〕3号，以下简称《解释》），该解释自2022年3月1日起施行。《解释》以习近平新时代中国特色社会主义思想为指导，深入贯彻习近平法治思想，坚持"当赔则赔、把好事办好"的工作理念，根据《中华人民共和国国家赔偿法》等法律规定，结合人民法院国家赔偿审判和执行工作实际，针对审理涉执行司法赔偿案件中的若干法律适用问题作出统一规范。

党的十八大以来，在以习近平同志为核心的党中央坚强领导下，人民法院攻坚克难、锐意进取，如期实现"基本解决执行难"的阶段性目标，狠抓执行规范体系建设，有效约束和规范执行权，执行工作取得了重大成效。与此同时，随着国家赔偿审判和执行工作实践的发展，涉执行司法赔偿领域的新情况新问题不断出现，人民群众对于权利保障的新要求新期待不断提高。为了及时回应社会关切，彰显社会公平正义，加强人权司法保障，最高人民法院制定了《解释》。《解释》共二十个条文，主要内容包括涉执行司法赔偿立案审查的条件，赔偿程序与执行救济、监督程序的衔接，赔偿责任的认定，损害赔偿的范围和标准等。《解释》立足涉执行司法赔偿实际，着力解决长期困扰国家赔偿审判的难点、痛点和堵点问题，积极回应人民群众新要求新期待。《解释》的出台，对于公正及时审理涉执行司法赔偿案件、充分保障赔偿请求人合法权益、促进人民法院规范有序开展执行工作将发挥重要作用。

据介绍，《解释》是最高人民法院赔偿委员会办公室和执行局在2016年《最高人民法院关于审理民事、行政诉讼中司法赔偿案件适用法律若干问题的解释》的基础上，总结涉执行司法赔偿和执行工作实践中的经验，共同起草制定。下一步，最高人民法院将认真学习贯彻习近平法治思想，切实抓好《解释》的贯彻实施工作，并以此为契机，进一步推动国家赔偿审判和执行工作高质量发展，充分保障公民、法人和其他组织的合法权益，努力让人民群众在每一个司法案件中感受到公平正义。

《最高人民法院关于审理涉执行司法赔偿案件适用法律若干问题的解释》已于2021年12月20日由最高人民法院审判委员会第1857次会议通过，现予公布，自2022年3月1日起施行。

最高人民法院
2022年2月8日

法释〔2022〕3号

最高人民法院关于审理涉执行司法赔偿案件适用法律若干问题的解释

（2021年12月20日最高人民法院审判委员会第1857次会议通过，自2022年3月1日起施行）

为正确审理涉执行司法赔偿案件，保障公民、法人和其他组织的合法权益，根据《中华人民共和国国家赔偿法》等法律规定，结合人民法院国家赔偿审判和执行工作实际，制定本解释。

第一条 人民法院在执行判决、裁定及其他生效法律文书过程中，错误采取财产调查、控制、处置、交付、分配等执行措施或者罚款、拘留等强制措施，侵犯公民、法人和其他组织合法权益并造成损害，受害人依照国家赔偿法第三十八条规定申请赔偿的，适用本解释。

第二条 公民、法人和其他组织认为有下列错误执行行为造成损害申请赔偿的，人民法院应当依法受理：

（一）执行未生效法律文书，或者明显超出生效法律文书确定的数额和范围执行的；

（二）发现被执行人有可供执行的财产，但故意拖延执行、不执行，或者应当依法恢复执行而不恢复的；

（三）违法执行案外人财产，或者违法将案件执行款物交付给其他当事人、案外人的；

（四）对抵押、质押、留置、保留所有权等财产采取执行措施，未依法保护上述权利人优先受偿权等合法权益的；

（五）对其他人民法院已经依法采取保全或者执行措施的财产违法执行的；

（六）对执行中查封、扣押、冻结的财产故意不履行或者怠于履行监管职责的；

（七）对不宜长期保存或者易贬值的财产采取执行措施，未及时处理或者违法处理的；

（八）违法拍卖、变卖、以物抵债，或者依法应当评估而未评估，依法应当拍卖而未拍卖的；

（九）违法撤销拍卖、变卖或者以物抵债的；

（十）违法采取纳入失信被执行人名单、限制消费、限制出境等措施的；

（十一）因违法或者过错采取执行措施或者强制措施的其他行为。

第三条　原债权人转让债权的，其基于债权申请国家赔偿的权利随之转移，但根据债权性质、当事人约定或者法律规定不得转让的除外。

第四条　人民法院将查封、扣押、冻结等事项委托其他人民法院执行的，公民、法人和其他组织认为错误执行行为造成损害申请赔偿的，委托法院为赔偿义务机关。

第五条　公民、法人和其他组织申请错误执行赔偿，应当在执行程序终结后提出，终结前提出的不予受理。但有下列情形之一，且无法在相关诉讼或者执行程序中予以补救的除外：

（一）罚款、拘留等强制措施已被依法撤销，或者实施过程中造成人身损害的；

（二）被执行的财产经诉讼程序依法确认不属于被执行人，或者人民法院生效法律文书已确认执行行为违法的；

（三）自立案执行之日起超过五年，且已裁定终结本次执行程序，被执行人已无可供执行财产的；

（四）在执行程序终结前可以申请赔偿的其他情形。

赔偿请求人依据前款规定，在执行程序终结后申请赔偿的，该执行程序期间不计入赔偿请求时效。

第六条　公民、法人和其他组织在执行异议、复议或者执行监督程序审查期间，就相关执行措施或者强制措施申请赔偿的，人民法院不予受理，已经受理的予以驳回，并告知其在上述程序终结后可以依照本解释第五条的规定依法提出赔偿申请。

公民、法人和其他组织在执行程序中未就相关执行措施、强制措施提出异议、申请复议或者申请执行监督，不影响其依法申请赔偿的权利。

第七条　经执行异议、复议或者执行监督程序作出的生效法律文书，对执行行为是否合法已有认定的，该生效法律文书可以作为人民法院赔偿委员会认定执行行为合法性的根据。

赔偿请求人对执行行为的合法性提出相反主张，且提供相应证据予以证明的，人民法院赔偿委员会应当对执行行为进行合法性审查并作出认定。

第八条　根据当时有效的执行依据或者依法认定的基本事实作出的执行行为，不因下列情形而认定为错误执行：

（一）采取执行措施或者强制措施后，据以执行的判决、裁定及其他生效法律文书被撤销或者变更的；

（二）被执行人足以对抗执行的实体事由，系在执行措施完成后发生或者被依法确认的；

（三）案外人对执行标的享有足以排除执行的实体权利，系在执行措施完成后经法定程序确认的；

（四）人民法院作出准予执行行政行为的裁定并实施后，该行政行为被依法变更、撤销、确认违法或者确认无效的；

（五）根据财产登记采取执行措施后，该登记被依法确认错误的；

（六）执行依据或者基本事实嗣后改变的其他情形。

第九条 赔偿请求人应当对其主张的损害负举证责任。但因人民法院未列清单、列举不详等过错致使赔偿请求人无法就损害举证的，应当由人民法院对上述事实承担举证责任。

双方主张损害的价值无法认定的，应当由负有举证责任的一方申请鉴定。负有举证责任的一方拒绝申请鉴定的，由其承担不利的法律后果；无法鉴定的，人民法院赔偿委员会应当结合双方的主张和在案证据，运用逻辑推理、日常生活经验等进行判断。

第十条 被执行人因财产权被侵犯依照本解释第五条第一款规定申请赔偿，其债务尚未清偿的，获得的赔偿金应当首先用于清偿其债务。

第十一条 因错误执行取得不当利益且无法返还的，人民法院承担赔偿责任后，可以依据赔偿决定向取得不当利益的人追偿。

因错误执行致使生效法律文书无法执行，申请执行人获得国家赔偿后申请继续执行的，不予支持。人民法院承担赔偿责任后，可以依据赔偿决定向被执行人追偿。

第十二条 在执行过程中，因保管人或者第三人的行为侵犯公民、法人和其他组织合法权益并造成损害的，应当由保管人或者第三人承担责任。但人民法院未尽监管职责的，应当在其能够防止或者制止损害发生、扩大的范围内承担相应的赔偿责任，并可以依据赔偿决定向保管人或者第三人追偿。

第十三条 属于下列情形之一的，人民法院不承担赔偿责任：

（一）申请执行人提供财产线索错误的；

（二）执行措施系根据依法提供的担保而采取或者解除的；

（三）人民法院工作人员实施与行使职权无关的个人行为的；

（四）评估或者拍卖机构实施违法行为造成损害的；

（五）因不可抗力、正当防卫或者紧急避险造成损害的；

（六）依法不应由人民法院承担赔偿责任的其他情形。

前款情形中，人民法院有错误执行行为的，应当根据其在损害发生过程和结果中所起的作用承担相应的赔偿责任。

第十四条　错误执行造成公民、法人和其他组织利息、租金等实际损失的，适用国家赔偿法第三十六条第八项的规定予以赔偿。

第十五条　侵犯公民、法人和其他组织的财产权，按照错误执行行为发生时的市场价格不足以弥补受害人损失或者该价格无法确定的，可以采用下列方式计算损失：

（一）按照错误执行行为发生时的市场价格计算财产损失并支付利息，利息计算期间从错误执行行为实施之日起至赔偿决定作出之日止；

（二）错误执行行为发生时的市场价格无法确定，或者因时间跨度长、市场价格波动大等因素按照错误执行行为发生时的市场价格计算显失公平的，可以参照赔偿决定作出时同类财产市场价格计算；

（三）其他合理方式。

第十六条　错误执行造成受害人停产停业的，下列损失属于停产停业期间必要的经常性费用开支：

（一）必要留守职工工资；

（二）必须缴纳的税款、社会保险费；

（三）应当缴纳的水电费、保管费、仓储费、承包费；

（四）合理的房屋场地租金、设备租金、设备折旧费；

（五）维系停产停业期间运营所需的其他基本开支。

错误执行生产设备、用于营运的运输工具，致使受害人丧失唯一生活来源的，按照其实际损失予以赔偿。

第十七条　错误执行侵犯债权的，赔偿范围一般应当以债权标的额为限。债权受让人申请赔偿的，赔偿范围以其受让债权时支付的对价为限。

第十八条　违法采取保全措施的案件进入执行程序后，公民、法人和其他组织申请赔偿的，应当作为错误执行案件予以立案审查。

第十九条　审理违法采取妨害诉讼的强制措施、保全、先予执行赔偿案件，可以参照适用本解释。

第二十条　本解释自2022年3月1日起施行。施行前本院公布的司法解释与本解释不一致的，以本解释为准。

最高人民法院举行全国法院执行领域突出问题集中整治建章立制成果新闻发布会

2021年12月21日上午10：00，最高人民法院在全媒体新闻发布厅举行全国法院执行领域突出问题集中整治建章立制成果新闻发布会。最高人民法院执行局副局长何东宁、最高人民法院执行局副局长韩玉军、最高人民法院执行局综合室主任邵长茂出席发布会，发布《最高人民法院关于进一步完善执行权制约机制 加强执行监督的意见》《最高人民法院关于人民法院强制执行股权若干问题的规定》和一批涉执信访案例，并回答记者提问。发布会由最高人民法院新闻发言人李广宇主持。

全国第二批政法队伍教育整顿开展以来，最高人民法院坚决贯彻落实党中央决策部署，深入推进执行领域突出问题集中整治，坚持"当下治"与"长久立"并重，一手抓顽瘴痼疾整治，一手抓建章立制，先后制定了《最高人民法院关于建立健全执行信访案件"接访即办"工作机制的意见》《人民法院办理执行案件"十个必须"》等规范性文件。12月21日发布会上再次介绍了两个重要的建章立制成果，一个是《最高人民法院关于进一步完善执行权制约机制 加强执行监督的意见》，另一个是《最高人民法院关于人民法院强制执行股权若干问题的规定》。

一、《最高人民法院关于进一步完善执行权制约机制 加强执行监督的意见》出台的背景和主要内容

党的十八大以来，在以习近平同志为核心的党中央坚强领导下，全国法院坚决贯彻落实党的十八届四中全会提出的"切实解决执行难"重大决策部署，攻坚克难，锐意进取，如期实现"基本解决执行难"阶段性目标，执行工作取得重大成效，发生历史性变化，实现跨越式发展，基本形成中国特色执行制度、机制和模式，为"切实解决执行难"打下坚实基础。"基本解决执行难"阶段性目标实现以来，人民法院坚持以政治建设为统领，强化责任担当，以咬定青山不放松的精神和重整行装再出发的毅

力，全力以赴抓办案，持之以恒抓管理，2019年至2021年11月，全国法院共受理执行案件3321.4万件，执结2963.2万件，执行到位金额5.39万亿元，执行工作实现了良性循环，有了新发展。

与此同时，一些长期困扰执行工作的难点、痛点、堵点问题仍未根本解决，执行难在有些方面、有些地区仍然存在，甚至比较突出。从全国第一批法院队伍教育整顿情况看，执行人员违纪违法案件占比较高，执行领域仍是廉政风险高发地。客观分析，产生问题的原因是多方面的，但其中一个重要原因是执行监管不到位，执行权制约机制不完善。为深入贯彻落实党的十九届四中全会关于坚持和完善党和国家监督体系，强化对权力运行制约和监督的重大制度安排，贯彻落实党中央关于政法队伍教育整顿的决策部署，最高人民法院积极发挥执行条线指导、政策供给作用，深入分析，认真研判，制定了《关于进一步完善执行权制约机制 加强执行监督的意见》（以下简称《意见》），全方位加强对执行权的监督制约，把执行权关进"制度铁笼"和"数据铁笼"，筑牢不敢腐不能腐不想腐的制度堤坝，确保高效公正规范善意文明执行，坚定不移向着"切实解决执行难"目标迈进。

《意见》分为6部分，共43条。围绕始终坚持执行工作正确的政治方向、深化审执分离改革、强化执行流程关键节点管理、加强层级指挥协调管理、主动接受外部监督、加强执行队伍建设六个方面，全方位、系统性完善执行权监督制约长效机制。《意见》坚持问题导向，以有效解决"执行不廉""作风不正""拖延执行、消极执行、选择性执行"等顽瘴痼疾为着力点，全面系统设计制约监督执行权的制度机制，努力打造执行权运行的"制度铁笼"和"数据铁笼"。

一是强调始终坚持执行工作正确政治方向。《意见》第一部分旗帜鲜明、开宗明义地提出，要始终坚持执行工作正确的政治方向，坚持党的绝对领导，突出政治教育，强化警示教育，压实全面从严治党主体责任。引导广大执行干警提高政治能力，夯实政治根基，践行政治忠诚，筑牢思想防线，营造廉洁生态，做到自我监督、自我制约、自我警醒，防止"执行不廉""作风不正"。

二是强调深化审执分离改革。《意见》第二部分明确提出要深化审判权与执行权分离。有效发挥审判、破产、国家赔偿程序对执行权的制约作用，避免以执代审、违法个别清偿，以及不及时启动国家赔偿程序侵害当事人权益；深化执行裁决权与执行实施权的分离，加强执行裁决权对执行实施权的监督制约；健全事务集约、繁简分流的执行权运行机制，实现由办案人员一人包案到底到分段、集约办理的转变，加强对消极执行、选择性执行的监管，有效解决权力寻租顽疾。

三是强调执行流程关键节点管理。《意见》第三部分明确提出实现人民法院文书、电子卷宗自动生成，关键节点自动提醒等智能化功能，实现四级法院对执行程序关键节点可视化监管。明确要求财产处置参考价一律通过全国法院询价评估系统确定,彻底消除人为操纵评估的权力空间。同时,探索建立被执行人自行处置财产机制,赋予被执行人在一定期间内自行处置财产的权利,减少其对评估价格、财产处置行为的异议,提升执行工作效率和满意度。《意见》对执行案款管理提出了明确要求,全面推行"一案一账号"管理模式,在相关法律文书中一旦明确接受执行案款账户,执行人员不得要求被执行人将案款打入指定账户以外的其他账户。同时配套下发《关于进一步规范人民法院执行案款收发的通知》,对案款收发节点、程序等予以规范,从源头上彻底解决款项混同、边清边积顽疾。

四是强调执行工作的层级管理。《意见》第四部分强调抓好层级指挥协调管理,强化以信息化为支撑的"统一管理、统一指挥、统一协调"的执行管理模式,压实各层级监管责任,形成各层级法院对关键流程节点齐抓共管的工作能力,构建"层级分明、责任清晰、齐抓共管"的执行监督管理体系。

五是强调主动接受外部监督。《意见》第五部分突出外部监督,强调人民法院执行工作要主动接受纪检监察监督、人大监督和政协民主监督、检察监督、社会舆论监督等,使各项监督制度协调联动,形成合力。

六是强调加强执行队伍建设。《意见》第六部分对执行队伍建设提出具体要求,要求根据四级法院审级职能定位进一步优化执行资源配置,强化执行工作力量配备,及时配齐执行局长,加强执行队伍党风廉政建设,从严管理执行队伍,加强专业培训,引导干警树牢公正、善意、文明执行理念。

二、《最高人民法院关于人民法院强制执行股权若干问题的规定》出台的背景和主要内容

随着我国经济社会发展和公司法律制度日益完善,利用股权进行投资越来越受到青睐,股权已经成为人们的一项重要财产权利,人民法院执行被执行人股权的情况也比较多。但在执行实践中,由于有关执行股权的法律规定非常少,加上执行股权与公司法等实体法律规定交织在一起,与执行其他财产相比,执行股权是个难点:一是冻结规则不明确。冻结股权应该向股权所在公司还是向公司登记机关送达冻结手续,还是向两个单位都要送达冻结手续,由于冻结规则不明确,实践中做法不一,尤其在不同法院向不同协助单位送达冻结手续时,如何确定冻结先后顺序,存在很大争议。二是评估难。由于公司和被执行股东拒不配合,或者股权所在公司本身缺乏评估所需的有关材料,实践中大量被冻结股权因未能评估而无法进行处置,造成司法和社会资源浪费。三是反规避执行难。股权被冻结后,被执行人为规避执行,会与其他股东恶意串通或者利用其对公司的控制地位,恶意贬损被冻结股权价值。比如,在金钱债权执

行案件中,将公司名下仅有的土地使用权、房屋等低价转让,使公司成为空壳,股权价值大幅贬损。在交付股权案件中,公司恶意进行增资,大幅降低交付股权的比例,使债权人受让股权后丧失控股地位等。对于这些问题,在现行法律规则下,人民法院尚无有效反制措施。

为统一执行股权的法律适用,解决实践中的相关争议,依法保障当事人、利害关系人合法权益,研究制定了《最高人民法院关于人民法院强制执行股权若干问题的规定》(以下简称《规定》),《规定》共有19条,重点对四个方面的问题予以规范。

(一)明确了股权冻结的规则。为有效解决因股权冻结规则产生的争议,《规定》第六条明确:冻结股权的,应当向公司登记机关送达裁定书和《协助执行通知书》,由公司登记机关在企业信用信息公示系统进行公示,股权冻结自在公示系统公示时发生法律效力。多个人民法院冻结同一股权的,以在公示系统先办理公示的为在先冻结。

(二)规定了解决股权评估难的应对措施。为有效解决股权评估难问题,《规定》明确:一是人民法院可以向公司登记机关等部门调取相关材料,也可以责令被执行人、公司提供。同时,为解决实践中有些公司高管、控股股东控制相关材料拒不提供的问题,明确人民法院可以责令他们提供。相关主体拒不提供的,不仅可以强制提取,而且可以按照相关规定进行处罚。二是为确保评估机构准确评估公司价值并依此确定被执行人股权价值,必要时,人民法院可以委托审计机构对公司进行审计。三是在评估机构无法出具评估报告时,人民法院可以结合案件具体情况和股权实际情况进行"无底价拍卖",但起拍价要适当高于执行费用。这样规定一方面可以对拒不配合执行的被执行人形成有力震慑,敦促其配合人民法院的评估工作;另一方面也能够有力推动股权处置工作,依法保障债权人合法权益,避免股权长期冻结不处置造成的司法和社会资源浪费。

(三)规定了防范股权价值被恶意贬损的应对措施。《规定》第八条第一、二款规定,冻结股权的,人民法院可以向股权所在公司送达《协助执行通知书》,要求公司在实施增资、减资、合并、分立等对股权价值产生重大影响的行为前,向人民法院报告;未报告即实施这些行为的,人民法院可以进行处罚。这在一定程度上可以起到抑制不法行为的作用。同时,第三款规定,公司或者董事、高管故意通过这些行为导致被冻结股权价值严重贬损,规避执行的,申请执行人可以通过提起诉讼的方式进行救济。这种"事先报告"和"事后救济"的规则设计,既可以满足公司的正常经营需求,也为人民法院制裁不法行为和申请执行人寻求救济预留了规则空间。

(四)明确了交付股权类案件执行的相关规则。一是对于生效法律文书作出后公司增减资导致被执行人实际持股比例降低或者升高的问题,《规定》第十六条明确:如果生效法律文书已经明确交付股权的出资额,要按照该出资额交付股权;如果仅明确交付一定比例的股权,则按照生效法律文书作出时出资额所对应的比例交付股权,以确保严格按照执行依据的本意交付相应数量的股权。二是为解决股东资格确认判决中因无给付内容而无法申请人民法院强制变更登记的问题,《规定》第十七条第一款明确,在审理股东资格确认纠纷案件中,当事人未提出变更股权登记的诉讼请求的,人民法院可以根据案件具体情况向其释明,以便在其主张成立时人民法院在判决中予以确定。同时,第二款还明确,生效法律文书已经确认股权属于当事人所有的,当事人可以持该生效法律文书自行向公司、公司登记机关申请变更登记,尽可能降低当事人的负担。

本次发布会同时发布了10件涉执信访典型案例。这10件案例多为涉民生及执行存在难度的案件,执行法院多措并举,使案件得到了实质化解,取得了良好的法律效果、社会效果,具有一定的典型性、代表性。

最高人民法院关于进一步完善执行权制约机制 加强执行监督的意见

法〔2021〕322号

党的十八大以来,在以习近平同志为核心的党中央坚强领导下,全国法院坚决贯彻落实党的十八届四中全会关于"切实解决执行难"的重大决策部署,攻坚克难,锐意进取,如期实现"基本解决执行难"的阶段性目标,执行工作取得显著成效,人民群众获得感持续增强。但是,执行难在有些方面、有些地区仍然存在,甚至比较突出。特别是全国政法队伍教育整顿以来执行领域暴露出的顽瘴痼疾和查处的违纪违法案件,反映出执行监督管理不到位、执行权制约机制不完善问题。为全面贯彻落实党中央关于全国政法队伍教育整顿决策部署,进一步规范执行行为,强化对执行权的监督制约,不断清除执行领域的顽瘴痼疾,筑牢不敢腐不能腐不想腐的制度堤坝,确保高效公正规范文明执行,切实维护人民群众合法权益,努力让人民群众在每一个司法案件中感受到公平正义,提出以下意见。

一、始终坚持执行工作正确的政治方向

1. 坚持党的绝对领导。坚持以习近平新时代中国特色社会主义思想为指导,深入贯彻落实习近平法治思想,始终把党的政治建设摆在首位,增强"四个意识"、坚定"四个自信"、做到"两个维护",不断提高政治判断力、政治领悟力、政治执行力,筑牢政治忠诚,始终在思想上政治上行动上同以习近平同志为核心的党中央保持

高度一致。严格落实执行领域重要工作、重大问题和重要事项向上级人民法院党组、地方党委请示报告制度，确保党中央决策部署在人民法院执行工作中不折不扣贯彻落实。充分发挥党总揽全局、协调各方的领导核心作用，统筹各方资源，构建从源头综合治理执行难的工作格局和常态化工作机制。

2. 突出政治教育。始终把政治建设摆在首位，加强理论武装，提高政治理论修养。深入持久开展理想信念教育，弘扬伟大建党精神，赓续红色司法基因，引导执行干警树立正确人生观、价值观、权力观。深入持久开展宗旨意识教育，坚持以人民为中心，带着对人民群众的深厚感情和高度责任感高效公正规范文明办理好每一个执行案件，切实解决群众观念缺失、"冷硬横推"、"吃拿卡要"等作风不正突出问题。

3. 强化警示教育。以刀刃向内、刮骨疗毒的自我革命精神，彻查执行领域违纪违法案件，清除害群之马，持续保持执行领域反腐倡廉高压态势。有针对性地深入持久开展执行人员纪法教育、警示教育，以案明纪、以案释法、以案促改，促使执行人员知敬畏、存戒惧、守底线，恪守司法良知。坚决杜绝违反"三个规定"、与当事人和律师不正当交往、违规干预过问案件、有令不行有禁不止、以权谋私等执行不廉行为。

4. 压实全面从严治党主体责任。各级人民法院党组要切实担负起执行领域党风廉政建设主体责任。党组书记、院长是本院执行领域党风廉政建设第一责任人，院领导、执行局长根据职责分工履行"一岗双责"，对职责范围内的党风廉政建设负领导责任。各级人民法院党组要定期研究部署执行领域的党风廉政建设工作，强化责任考核，倒逼责任落实。

二、深化审执分离改革

5. 深化审判权与执行权分离。有效发挥审判、破产、国家赔偿程序对执行权的制约作用。执行中的重大实体争议问题，严格按照民事诉讼法及司法解释的规定，通过相应诉讼程序解决，避免违规以执代审。执行中发现企业法人不能清偿到期债务，并且资产不足以清偿全部债务或者明显缺乏清偿能力的，应当暂缓财产分配，及时询问申请执行人、被执行人是否申请或者同意将案件移送破产审查，避免影响各债权人的公平受偿权；对于无财产可供执行的终本案件，要及时启动执转破程序，清理僵尸企业，有序消化终本案件存量。人民法院收到移送破产审查决定书面通知的，应依法中止执行，坚决杜绝在破产案件受理后不配合解除相应保全措施、搞地方保护等现象。执行错误的，依法及时启动国家赔偿程序，完善执行错误案件国家赔偿制度机制，有效及时挽回因执行错误给当事人造成的损失，维护当事人的合法权益。

6. 深化执行裁决权与执行实施权分离。具备条件的人民法院可单独设立执行裁判庭，负责办理执行异议、复议、执行异议之诉案件，以及消极执行督办案件以外的执行监督案件。不具备条件的人民法院，执行异议、复议、消极执行督办案件以外的执行监督案件由执行机构专门合议庭负责审查，执行异议之诉案件由相关审判庭负责审理。充分发挥执行裁决权对执行实施权的制衡和约束作用。

7. 健全事务集约、繁简分流的执行权运行机制。首次执行案件应在立案后或者完成集中查控后，根据查控结果，以有无足额财产可供执行、有无财产需要处置、能否一次性有效执行等为标准，实施繁简分流，实现简案快执、难案攻坚。简易执行案件由快执团队办理，普通案件由以法官为主导的团队办理。做好简易执行案件与普通案件的衔接，简易执行案件无法在既定期限内执结的，应转为普通案件办理。通过对繁简案件分类考核、精准管理，有效避免繁简案件混杂引发的选择性执行问题。

8. 确立专人监督管理制度。建立流程节点自动预警和专人监管的双重管理机制。设专人履行专项监管职责，对案件承办团队是否及时查控财产、发放执行案款、终本案件是否合规等关键节点进行日常核查，及时提示办案人员采取相应措施纠正违规行为，对未采取相应纠正措施的，及时向有关负责同志报告。各级人民法院要对专人监督管理制度制定相应的实施办法。

9. 严格落实合议制度。依照法律和司法解释规定应当合议的事项，必须由合议庭讨论决定，不得搞变通，使合议流于形式。健全专业法官会议制度和审判委员会制度，完善合议庭评议、专业法官会议与审判委员会讨论的工作衔接机制。

10. 制定完善执行权力和责任清单。各级人民法院要根据法律规定和司法责任制要求，制定符合新的执行权运行模式的权力和责任清单，完善"四类案件"管理机制，并嵌入执行案件流程管理系统，实现对履职行为的提醒、留痕、倒查和监督，压实院长、执行局长监管职责，严格落实"谁审批、谁负责"要求。

11. 深化执行公开。进一步优化执行信息化公开平台，将执行当事人、终本案件、限制消费、失信惩戒、财产处置、执行裁判文书等信息向社会全面公开，对依法应当公开的执行流程节点、案件进展状态通过手机短信、微信、诉讼服务热线、手机App等及时向案件当事人推送，实现执行案件办理过程全公开、节点全告知、程序全对接、文书全上网，保障当事人和社会公众的知情权、参与权和监督权，让执行权在阳光下运行。广泛开展"正在执行"全媒体直播等活动，凝聚全社会了解执行、理解执行、支持执行的共识。有效解决暗箱操作、权力寻租顽疾。

三、强化执行流程关键节点管理

12. 全面升级执行案件流程管理系统。实现四级法院对执行程序关键节点可视化监管。全面推行全案电子卷宗随案生成、信息自动回填、文书自动生成、执行节点自动提醒、执行过程自动公开、执行风险自动预警、违规操作自动拦截等智能化功能，做到全节点可查询、全进程可预期、全流程可追溯。确保执行程序关键节点信息真实全面准确，确保线下执行与线上系统信息的一致性，彻底堵塞执行程序关键节点信息随意填报、随意改动的技术漏洞。

13. 依法及时查封财产。执行部门收到立案部门移送的案件材料后，必须在5个工作日内通过"总对总""点对点"网络查控系统对被执行人财产发起查询，查询范围应覆盖系统已开通查询功能的全部财产类型。经线上查询反馈被执行人名下有财产可供执行的，应当立即采取控制措施，无法线上采取控制措施的，应当在收到反馈结果后3个工作日内采取控制措施。申请执行人或者案外人提供财产线索明确、具体，情况紧急的，应在24小时内启动调查核实，经查属实的，应当立即采取控制措施。有效解决消极、拖延执行、选择性执行顽疾。

14. 同步录入财产信息。人民法院必须将全部已查控财产统一纳入节点管控范围，对于通过网络查控系统线上控制到的财产，财产信息同步自动录入执行案件流程管理系统；对于线下查控到的财产，执行人员应当及时将财产信息手动录入执行案件流程管理系统。财产查控信息应及时向当事人推送，彻底消除查控财产情况不公开不透明、规避监管和"体外循环"现象。

15. 严禁超标的查封、乱查封。强制执行被执行人的财产，以其价值足以清偿生效法律文书确定的债权额为限，坚决杜绝明显超标的查封。冻结被执行人银行账户内存款的，应当明确具体冻结数额，不得影响冻结之外资金的流转和账户的使用。需要查封的不动产整体价值明显超出债权额的，应当对该不动产相应价值部分采取查封措施；相关部门以不动产登记在同一权利证书下为由提出不能办理分割查封的，人民法院在对不动产进行整体查封后，经被执行人申请，应当及时协调相关部门办理分割登记并解除对超标的部分的查封。有多种财产的，选择对当事人生产生活影响较小且方便执行的财产查封。

人民法院采取诉讼保全措施，案外人对保全裁定或者保全裁定实施过程中的执行行为不服，基于对标的物享有实体权利提出异议的，人民法院应当依照民事诉讼法第二百二十七条规定处理，切实将案外人权利救济前移。

一方当事人以超标的查封为由提出执行异议，争议较大的，人民法院可以根据当事人申请进行评估，评估期间不停止查封。

16. 合理确定财产处置参考价。财产处置参考价应当通过全国法院询价评估系统确定。人民法院查封、扣押、冻结财产后，对需要拍卖、变卖的财产，应当在30日内启动确定财产处置参考价程序，参考价确定后10日内启动财产变价程序。

双方当事人议价一致的,优先采取议价方式确定财产处置参考价,当事人议价不成的,可以网络询价或者定向询价。无法采取上述方式确定参考价的,应当委托评估机构进行评估。

17. 探索建立被执行人自行处置机制。对不动产等标的额较大或者情况复杂的财产,被执行人认为委托评估确定的参考价过低、申请自行处置的,在可控制其拍卖款的情况下,人民法院可以允许其通过网络平台自行公开拍卖;有确定的交易对象的,在征得申请执行人同意或者能够满足执行债权额度的情况下,人民法院可以允许其直接交易。自行处置期限由人民法院根据财产实际情况、市场行情等因素确定,但最长不得超过90日。

18. 坚持网络拍卖优先原则。人民法院以拍卖方式处置财产的,应当采取网络司法拍卖方式,但法律、行政法规和司法解释规定必须通过其他途径处置,或者不宜采用网络司法拍卖方式处置的除外。

各级人民法院不得在最高人民法院司法拍卖网络服务提供者名单库中进一步限定网络司法拍卖平台,不得干预、替代申请执行人进行选择。

拍卖财产为不动产且被执行人或者他人无权占用的,人民法院应当依法负责腾退,不得在公示信息中载明"不负责腾退交付"等信息。

严格贯彻落实《最高人民法院关于加强对司法拍卖辅助工作管理的通知》,由高级人民法院制定拍卖辅助机构管理办法,建立名单库并规范委托拍卖辅助机构开展拍卖辅助工作。

19. 完善"一案一账号"工作机制和信息化系统。各级人民法院要做到"一案一账号"系统与执行案件流程管理系统对接,全面实现执行案款管理的全流程化和信息化。

历史性执行案件往来款必须于2021年12月30日前全部甄别完毕,在此之后不得出现无法与执行案件对应的不明款。彻底解决款项混同、边清边积顽疾。

20. 完善"一案一账号"工作制度。执行立案时,必须向申请执行人确认接受案款方式和具体账户,以便案款发放准确及时。《执行通知书》、风险告知书等相关法律文书中必须载明案件对应的具体账户;被执行人有权拒绝向文书指定账户以外的账户付款;如发现有执行人员指定其他案款交付途径的,可向12368举报。线下扣划时,严禁执行人员将案款扣划至文书指定账户以外的其他账户内。有效解决截留、挪用执行案款顽疾。

21. 推行设立案款专户专用。各级人民法院要协调财政部门为执行案款单独设立执行款专户,形成专户专用,对执行款建立专项管理、独立核算、专款专付的长效机制。

22. 及时发放执行案款。具备发放条件的，执行部门应当在执行案款到账后10个工作日内向财务部门发出支付案款通知，财务部门在接到通知后5个工作日内向申请执行人发放案款。部分案款有争议的，应当先将无争议部分及时发放。有效解决执行案款发放不及时问题。

执行案款发放要严格履行审批程序，层层把关，做到手续完备、线下和线上手续相互印证。对于有法定事由延缓发放或者提存的，应当在法定期限内提出申请，严格履行报批手续。

23. 严格规范失信惩戒及限制消费措施。严格区分和把握采取纳入失信名单及限制消费措施的适用条件，符合失信情形的，纳入失信名单的同时限制消费；仅符合限制消费情形的，不得纳入失信名单。

被执行人履行完毕的，人民法院必须在3个工作日内解除限制消费令，因情况紧急当事人申请立即解除的，人民法院应当立即解除限制消费令；在限制消费期间，被执行人提供有效担保或者经申请执行人同意的，人民法院应当在3个工作日内解除限制消费令。被执行人的法定代表人发生变更的，应当依当事人申请及时解除对原法定代表人的限制消费令。

纳入失信名单必须严格遵守法律规定并制作决定书送达当事人。当事人对将其纳入失信名单提出纠正申请的，人民法院应及时审查，及时纠正，不得拖延。案件执行完毕的，人民法院应当及时屏蔽失信信息并向征信部门推送，完善失信被执行人信用修复机制。

探索施行宽限期制度。人民法院可以根据案件具体情况，设置一定宽限期，在宽限期内暂不执行限制消费令和纳入失信名单，通过宽限期给被执行人以警示，促使其主动履行。

24. 严格把握规范终结本次执行程序的程序标准和实质标准。严禁对有财产可供执行的案件以终结本次执行方式结案，严禁因追求结案率而弄虚作假、虚假终本，损害申请执行人的合法权益。

依法穷尽必要的合理的财产调查措施。必须使用"总对总""点对点"网络查控系统全面核查财产情况；当事人提供财产线索的，应当及时核查，有财产的立即采取控制措施；有初步线索和证据证明被执行人存在规避执行、逃避执行嫌疑的，人民法院应当根据申请执行人的申请采取委托专项审计、搜查等措施，符合条件的，应当采取罚款、司法拘留或者追究拒执罪等措施。

执行中已查控到财产的，人民法院应当依法及时推进变价处置程序，不得滥用《最高人民法院关于严格规范终结本次执行程序的规定（试行）》第四条关于"发现的财产不能处置"的规定，不得以申请执行人未申请拍卖为由不进行处置而终结本次执行程序；不得对轮候查封但享有优先权的财产未经法定程序商请首封法院移送处置权而终结本次执行程序。

人民法院终结本次执行程序应当制作执行裁定书并送达当事人。申请执行人对终结本次执行程序有异议的，人民法院应及时受理。严禁诱导胁迫申请执行人同意终结本次执行程序或者撤回执行申请。

四、加强层级指挥协调管理

25. 以信息化为依托，健全"统一管理、统一指挥、统一协调"的执行工作机制。结合人民法院的职能定位，明确各层级监管职责，压实各层级监管责任，依托案件流程管理系统实现各层级法院对关键流程节点齐抓共管，构建"层级分明、责任清晰、齐抓共管"的执行案件监督管理体系。

26. 把执行工作重心下移到中级、基层人民法院，就地化解矛盾、解决纠纷。强化中级人民法院对辖区法院执行工作"统一管理、统一指挥、统一协调"的枢纽作用。中级人民法院对基层人民法院执行工作全方位管理、指挥、协调，调配力量、调配案件并进行监督考核；对辖区内跨区域执行案件、一个被执行人涉及多起关联案件、疑难复杂案件等统筹调配执行力量，集中执行、交叉执行、联动执行。

探索建立"区（县）人民法院执行机构接受本级人民法院和中级人民法院执行机构双重领导，在执行业务上以上级执行机构领导为主"的管理体制，使"三统一"管理机制落到实处。

27. 依法及时协调执行争议案件。两个或者两个以上人民法院发生执行争议的，应及时协商解决，协商不成的，应逐级报共同上级人民法院协调解决。上级人民法院应当在1个月内解决争议，提出协调方案，下级人民法院对下达的协调意见必须在15个工作日内有效落实，无正当理由不得拖延。人民法院与检察机关、公安机关及税务、海关、土地、金融、市场管理等执法机关因执行发生争议的，要依法及时协商解决，协商不成的，及时书面报送同级党委政法委或者依法治省［市、区（县）］委员会协调，需要报上级人民法院协调有关部门的，应当在5个工作日内报请上级人民法院协调解决。上级人民法院应当在10个工作日内启动与其他部门的协调程序，切实有效解决因部门之间长期不能达成一致意见，久拖不决，损害人民群众合法权益问题。

实行执行案件委托向执行事项委托的彻底转变，强化全国执行"一盘棋"的理念，健全以执行事项委托为主的全国统一协作执行工作机制。依托执行指挥管理平台，畅通异地事项委托的运行渠道，切实提高事项委托办理效率，降低异地执行成本。

28. 纠正错误执行，防止消极执行。上级人民法院发现下级人民法院错误的执行裁定以及违法、失当、失范执行行为的，应函告下级人民法院自行纠正，或者直接下达裁定、决定予以纠正；对存在消极执行或者疑难重大复杂的案件，上级人民法院应充分运用民事诉讼法第二百二十六条规定，及时督促执行、提级执行或者指令其他法院执行；指令其他法院执行必须坚持有利于及时公正执行标准，严禁以"指令其他法院执行"之名，行消极执行、拖延执行之实。

29. 改革执行监督案件审查程序。当事人、利害关系人对高级人民法院依照民事诉讼法第二百二十五条作出的发生法律效力的复议裁定，认为有错误的，参照《最高人民法院关于完善四级法院审级职能定位改革试点的实施办法》第十一条至第十五条规定办理。

30. 充分发挥执行信访发现执行工作突出问题、解决人民群众"急难愁盼"的工作窗口作用。切实完善四级法院"统一办理机制、统一化解标准、统一解决程序"工作机制，确保接访即办，有错必纠，件件有录入，事事有回应。人民法院收到信访材料后5个工作日内必须录入执行信访办理系统，30个工作日内办结，并将办理结果及时反馈当事人。

31. 切实加强"一案双查"工作。各级人民法院要坚持执行工作"一案双查"制度，加强督察部门与执行部门的协作配合，严格落实《最高人民法院关于对执行工作实行"一案双查"的规定》，将检查案件执行情况与检查执行干警纪律作风情况同步进行，充分发挥"一案双查"的威慑、警示作用。要通过线索受理、涉执信访、日常舆情等途径，探索拓展"一案双查"覆盖领域。督察部门对当事人反映执行行为存在规范性合法性问题，情节较为严重的，应及时转执行部门核查处理。执行部门发现执行人员存在违纪违法问题的，应及时与督察部门会商并依程序移送处理。

32. 健全完善"一案双查"工作机制。各级人民法院要进一步完善督察部门与执行部门的联席会议和会商机制，适时召开联席会议，定期研究会商具体案件。健全完善依法履职保护机制，既要严肃整治消极执行、选择性执行、违法执行、弄虚作假、监管失职、不落实上级人民法院工作部署及意见等行为，确保依法规范公正廉洁执行，及时堵塞执行廉政风险漏洞，又要注重充分保护执行干警正当权益，防范和减少办案风险。

33. 充分发挥巡查督察作用。上级人民法院要加大对下级人民法院监督指导的力度，将执行领域存在的突出问题纳入司法巡查工作范围，适时组织开展执行专项巡查。充分发挥审务督察利剑作用，精准发现执行工作存在的司法作风、执行不规范等问题。对司法巡查、审务督察工作中发现的问题，要明确整改措施、整改期限，逐案整改、逐一销号，切实扭转执行领域违纪违法问题高发态势。

五、主动接受外部监督

34. 主动接受纪检监察专责监督。执行工作中发现的违纪违法线索,应当及时向纪检监察部门移送。纪检监察部门因办案需要,查看调取执行信息系统相关信息,人民法院应当主动积极配合。

35. 主动接受人大监督和民主监督。拓展主动接受人大、政协监督渠道。依法接受和配合人大常委会开展执法检查、专题调研、专题询问,积极争取人大、政协对执行工作的支持。各级人民法院要向人大常委会专题报告执行工作,听取意见建议,及时改进工作。对社会影响较大、群众关注度高的重大案件,邀请人大代表、政协委员参与听证、见证执行。

提升建议、提案办理及相关工作的办理质效。各级人民法院要健全人大代表建议、政协委员提案办理工作机制,加强对建议、提案反映问题的深入调查研究,及时沟通意见,形成有针对性、切实可行的答复意见,切实转化为工作成果有效落实。

36. 主动接受检察机关法律监督。切实落实《中共中央关于加强新时代检察机关法律监督工作的意见》,建立健全"全国执行与法律监督信息化工作平台",推动建立法检信息共享,畅通监督渠道,与检察机关共同完善执行检察监督机制,使执行检察监督规范化、常态化、机制化。

对重大敏感复杂、群体性及人民群众反映强烈的执行案件,人民法院应主动邀请检察机关监督,必要时可邀请检察机关到现场监督执行活动。

37. 主动接受社会舆论监督。对媒体曝光反映的执行问题,及时核查、及时纠正、及时回应社会关切。

六、加强执行队伍建设

38. 加强执行人员配备。克服"重审判、轻执行"的错误观念,强化执行工作力量配备,确保在编人员占比符合中央文件要求。根据四级法院审级职能定位进一步优化执行资源配置,完善落实"以案定编""以案定额"的人员编制、员额动态调整机制,根据执行案件任务量足额配备员额法官。严把执行队伍入口关,提高准入门槛,真正将政治强、业务精、作风好的干部充实到执行队伍。畅通执行队伍出口,及时将不适应执行工作发展需要的人员调离岗位,不断优化队伍结构,切实加强对人员配备和保障的监督核查。

39. 加强执行局领导班子建设。坚持德才兼备、以德为先用人标准,选优配强各级人民法院执行局领导班子。积极争取组织部门支持,及时配齐执行局长,增强执行工作领导力量。落实下级人民法院执行局长向上级人民法院报告述职制度。下级人民法院执行部门的主要负责人不称职的,上级人民法院可以建议有关部门予以调整、调离或者免职。

40. 加强执行队伍专业化建设。加强专业培训,开展执行人员分批分类培训和实操考核,对全国法院执行人员全员轮训。建立分级培训和考核工作机制,明确和落实四级法院的培训职责、任务和要求。探索实行上下级法院执行人员双向挂职锻炼制度。

41. 进一步从严管理执行队伍。加强执行队伍党风廉政建设,持续正风肃纪,深入开展规范执行行为专项整治活动,引导执行干警树牢公正、善意、文明执行理念。坚决纠治执行工作中的形式主义、官僚主义以及消极执行、选择性执行、乱执行等行为,以零容忍态度惩治执行领域司法腐败,努力建设一支纪律严明、行为规范、作风优良的执行铁军。健全与执行权力运行体系相适应的廉政风险防控体系,强化"事前预警、事中监控、事后查究"的监督防线。

42. 建立常态化交流轮岗机制。完善执行队伍交流机制,强化权力运行监督制约,执行部门担任领导职务的人员和独立承办案件的执行人员,在同一职位任职满5年的必须交流,其他人员在同一职位工作满10年的必须交流。

43. 健全执行人员激励机制。对执行工作业绩突出的干警要及时提拔任用。完善抚恤优待政策,落实带薪休假、调休轮休、心理疏导等机制,严防执行干警厌烦心理和畏难情绪,不断提高执行干警的职业荣誉感、自豪感。

最高人民法院
2021年12月6日

最高人民法院关于人民法院强制执行股权若干问题的规定

法释〔2021〕20号

(2021年11月15日最高人民法院审判委员会第1850次会议通过,自2022年1月1日起施行)

为了正确处理人民法院强制执行股权中的有关问题,维护当事人、利害关系人的合法权益,根据《中华人民共和国民事诉讼法》《中华人民共和国公司法》等法律规定,结合执行工作实际,制定本规定。

第一条 本规定所称股权,包括有限责任公司股权、股份有限公司股份,但是在依法设立的证券交易所上市交易以及在国务院批准的其他全国性证券交易场所交易的股份有限公司股份除外。

第二条 被执行人是公司股东的，人民法院可以强制执行其在公司持有的股权，不得直接执行公司的财产。

第三条 依照民事诉讼法第二百二十四条的规定以被执行股权所在地确定管辖法院的，股权所在地是指股权所在公司的住所地。

第四条 人民法院可以冻结下列资料或者信息之一载明的属于被执行人的股权：

（一）股权所在公司的章程、股东名册等资料；

（二）公司登记机关的登记、备案信息；

（三）国家企业信用信息公示系统的公示信息。

案外人基于实体权利对被冻结股权提出排除执行异议的，人民法院应当依照民事诉讼法第二百二十七条的规定进行审查。

第五条 人民法院冻结被执行人的股权，以其价额足以清偿生效法律文书确定的债权额及执行费用为限，不得明显超标的额冻结。股权价额无法确定的，可以根据申请执行人申请冻结的比例或者数量进行冻结。

被执行人认为冻结明显超标的额的，可以依照民事诉讼法第二百二十五条的规定提出书面异议，并附证明股权等查封、扣押、冻结财产价额的证据材料。人民法院审查后裁定异议成立的，应当自裁定生效之日起七日内解除对明显超标的额部分的冻结。

第六条 人民法院冻结被执行人的股权，应当向公司登记机关送达裁定书和《协助执行通知书》，要求其在国家企业信用信息公示系统进行公示。股权冻结自在公示系统公示时发生法律效力。多个人民法院冻结同一股权的，以在公示系统先办理公示的为在先冻结。

依照前款规定冻结被执行人股权的，应当及时向被执行人、申请执行人送达裁定书，并将股权冻结情况书面通知股权所在公司。

第七条 被执行人就被冻结股权所作的转让、出质或者其他有碍执行的行为，不得对抗申请执行人。

第八条 人民法院冻结被执行人股权的，可以向股权所在公司送达《协助执行通知书》，要求其在实施增资、减资、合并、分立等对被冻结股权所占比例、股权价值产生重大影响的行为前向人民法院书面报告有关情况。人民法院收到报告后，应当及时通知申请执行人，但是涉及国家秘密、商业秘密的除外。

股权所在公司未向人民法院报告即实施前款规定行为的，依照民事诉讼法第一百一十四条的规定处理。

股权所在公司或者公司董事、高级管理人员故意通过增资、减资、合并、分立、转让重大资产、对外提供担保等行为导致被冻结股权价值严重贬损，影响申请执行人债权实现的，申请执行人可以依法提起诉讼。

第九条 人民法院冻结被执行人基于股权享有的股息、红利等收益，应当向股权所在公司送达裁定书，并要求其在该收益到期时通知人民法院。人民法院对到期的股息、红利等收益，可以书面通知股权所在公司向申请执行人或者人民法院履行。

股息、红利等收益被冻结后，股权所在公司擅自向被执行人支付或者变相支付的，不影响人民法院要求股权所在公司支付该收益。

第十条 被执行人申请自行变价被冻结股权，经申请执行人及其他已知执行债权人同意或者变价款足以清偿执行债务的，人民法院可以准许，但是应当在能够控制变价款的情况下监督其在指定期限内完成，最长不超过三个月。

第十一条 拍卖被执行人的股权，人民法院应当依照《最高人民法院关于人民法院确定财产处置参考价若干问题的规定》规定的程序确定股权处置参考价，并参照参考价确定起拍价。

确定参考价需要相关材料的，人民法院可以向公司登记机关、税务机关等部门调取，也可以责令被执行人、股权所在公司以及控制相关材料的其他主体提供；拒不提供的，可以强制提取，并可以依照民事诉讼法第一百一十一条、第一百一十四条的规定处理。

为确定股权处置参考价，经当事人书面申请，人民法院可以委托审计机构对股权所在公司进行审计。

第十二条 委托评估被执行人的股权，评估机构因缺少评估所需完整材料无法进行评估或者认为影响评估结果，被执行人未能提供且人民法院无法调取补充材料的，人民法院应当通知评估机构根据现有材料进行评估，并告知当事人因缺乏材料可能产生的不利后果。

评估机构根据现有材料无法出具评估报告的，经申请执行人书面申请，人民法院可以根据具体情况以适当高于执行费用的金额确定起拍价，但是股权所在公司经营严重异常，股权明显没有价值的除外。

依照前款规定确定的起拍价拍卖的，竞买人应当预交的保证金数额由人民法院根据实际情况酌定。

第十三条 人民法院拍卖被执行人的股权，应当采取网络司法拍卖方式。

依据处置参考价并结合具体情况计算，拍卖被冻结股权所得价款可能明显高于债权额及执行费用的，人民法院应当对相应部分的股权进行拍卖。对相应部分的股权拍卖严重减损被冻结股权价值的，经被执行人书面申请，也可以对超出部分的被冻结股权一并拍卖。

第十四条　被执行人、利害关系人以具有下列情形之一为由请求不得强制拍卖股权的，人民法院不予支持：

（一）被执行人未依法履行或者未依法全面履行出资义务；

（二）被执行人认缴的出资未届履行期限；

（三）法律、行政法规、部门规章等对该股权自行转让有限制；

（四）公司章程、股东协议等对该股权自行转让有限制。

人民法院对具有前款第一、二项情形的股权进行拍卖时，应当在拍卖公告中载明被执行人认缴出资额、实缴出资额、出资期限等信息。股权处置后，相关主体依照有关规定履行出资义务。

第十五条　股权变更应当由相关部门批准的，人民法院应当在拍卖公告中载明法律、行政法规或者国务院决定规定的竞买人应当具备的资格或者条件。必要时，人民法院可以就竞买资格或者条件征询相关部门意见。

拍卖成交后，人民法院应当通知买受人持成交确认书向相关部门申请办理股权变更批准手续。买受人取得批准手续的，人民法院作出拍卖成交裁定书；买受人未在合理期限内取得批准手续的，应当重新对股权进行拍卖。重新拍卖的，原买受人不得参加竞买。

买受人明知不符合竞买资格或者条件依然参加竞买，且在成交后未能在合理期限内取得相关部门股权变更批准手续的，交纳的保证金不予退还。保证金不足以支付拍卖产生的费用损失、弥补重新拍卖价款低于原拍卖价款差价的，人民法院可以裁定原买受人补交；拒不补交的，强制执行。

第十六条　生效法律文书确定被执行人交付股权，因股权所在公司在生效法律文书作出后增资或者减资导致被执行人实际持股比例降低或者升高的，人民法院应当按照下列情形分别处理：

（一）生效法律文书已经明确交付股权的出资额的，按照该出资额交付股权；

（二）生效法律文书仅明确交付一定比例的股权的，按照生效法律文书作出时该比例所对应出资额占当前公司注册资本总额的比例交付股权。

第十七条　在审理股东资格确认纠纷案件中，当事人提出要求公司签发出资证明书、记载于股东名册并办理公司登记机关登记的诉讼请求且其主张成立的，人民法院应当予以支持；当事人未提出前述诉讼请求的，可以根据案件具体情况向其释明。

生效法律文书仅确认股权属于当事人所有，当事人可以持该生效法律文书自行向股权所在公司、公司登记机关申请办理股权变更手续；向人民法院申请强制执行的，不予受理。

第十八条　人民法院对被执行人在其他营利法人享有的投资权益强制执行的，参照适用本规定。

第十九条　本规定自2022年1月1日起施行。

施行前本院公布的司法解释与本规定不一致的，以本规定为准。

附件：主要文书参考样式

×××人民法院
《协助执行通知书》

（××××）……执……号

×××市场监督管理局：

根据本院（××××）……执……号执行裁定，依照《中华人民共和国民事诉讼法》第二百四十二条、《最高人民法院关于人民法院强制执行股权若干问题的规定》第六条的规定，请协助执行下列事项：

一、对下列情况进行公示：冻结被执行人×××（证件种类、号码：……）持有×××……（股权的数额），冻结期限自××××年××月××日起至××××年××月××日止；

二、冻结期间，未经本院许可，在你局职权范围内，不得为被冻结股权办理_____等有碍执行的事项（根据不同的公司类型、冻结需求，载明具体的协助执行事项）。

××××年××月××日
（院印）

经办人员：×××
联系电话：……

×××人民法院
《协助执行通知书》

（回执）

×××人民法院：

  你院（××××）……执……号执行裁定书、（××××）……执……号《协助执行通知书》收悉，我局处理结果如下：

  已于××××年××月××日在国家企业信用信息公示系统将你院冻结股权的情况进行公示，并将在我局职权范围内按照你院要求履行相关协助执行义务。

××××年××月××日
（公章）

经办人员：×××
联系电话：……

来源：最高人民法院

最高法相关负责人就全国法院执行领域突出问题集中整治建章立制相关情况答记者问

2021年12月21日上午10：00，最高人民法院在全媒体新闻发布厅举行全国法院执行领域突出问题集中整治建章立制成果新闻发布会。最高人民法院执行局副局长何东宁、最高人民法院执行局副局长韩玉军、最高人民法院执行局综合室主任邵长茂出席发布会，发布《最高人民法院关于进一步完善执行权制约机制 加强执行监督的意见》《最高人民法院关于人民法院强制执行股权若干问题的规定》和一批涉执信访案例，并回答记者提问。发布会由最高人民法院新闻发言人李广宇主持。

人民法院实行失信惩戒和限制消费措施以来，有力地打击了"老赖"的失信行为，积极地推进了社会诚信体系建设，取得了很好的效果。与此同时，我们也注意到一些群众不太了解失信惩戒和限制消费究竟有什么不同？为什么一些被执行人既被采取了限制消费措施，也被纳入了失信名单？

答：为有效解决当事人规避执行、抗拒执行、转移隐匿财产等问题，促进被执行人主动履行生效法律文书确定的义务，提高司法公信力，推进社会信用体系建设，2016年，中共中央办公厅、国务院办公厅联合印发《关于加快推进失信被执行人信用监督、警示和惩戒机制建设的意见》，这是对失信被执行人进行联合信用惩戒的纲领性文件，也为实行联合惩戒提供了重要的政策依据。为进一步加大执行力度，推动社会诚信体系建设，最高人民法院先后出台《关于公布失信被执行人名单信息的若干规定》（法释〔2017〕7号）和《关于限制被执行人高消费及有关消费的若干规定》（法释〔2015〕17号）两部司法解释，并联合相关部门，对被执行人在政府采购、招标投标、行政审批、融资信贷、市场准入等方面进行联合信用惩戒；对被限制消费的被执行人采取限乘飞机、高铁，限制住宿星级酒店等措施。截至2021年11月底，共有901万被纳入失信名单的被执行人，自动履行了生效法律文书确定的义务，取得了良好的法律效果和社会效果。

失信惩戒和限制消费措施，二者在适用条件、采取的具体措施和退出机制上是不同的。最高人民法院对"失信惩戒"和"限制消费"都有明确、具体的规定。失信惩戒，是对失信被执行人采取11类150项惩戒措施，涉及个人信用，采取的措施涉及面大、范围广、比较严厉；限制消费，只是对被执行人采取的限制乘坐飞机、高铁、列车软卧等9项高消费等其他非生活和工作必需的消费行为。对于纳入失信被执行人名单的被执行人，人民法院会对其采取限制消费措施；但是，对于被采取限制消费措施的被执行人，只有符合最高人民法院《关于公布失信被执行人名单信息的若干规定》中的六种纳入失信的情形时，才会被纳入失信名单。

全国第二批政法队伍教育整顿开展以来，最高人民法院整治了一批损害当事人合法权益和司法公信力的顽瘴痼疾，解决了一批人民群众"急难愁盼"的问题。为了巩固教育整顿成果，进一步规范失信惩戒和限制消费措施的适用，这次出台的《最高人民法院关于进一步完善执行权制约机制 加强执行监督的意见》中又提出了具体要求：一是进一步强调，执行干警在办理执行案件时，要严格区分和把握采取失信惩戒和限制消费措施的适用条件，对仅符合限制消费情形的，严禁同时纳入失信名单。二是明确规定人民法院办理解除限制消费措施的时间，规定了情况紧急需解除或法定代表人发生变更解除原法定代表人的限制消费措施的解除时限；还明确了失信惩戒适用中的信用修复问题，并探索实行宽限期制度，进一步体现善意文明执行理念，实现法律效果与社会效果的有机统一。

目前，最高人民法院正在修订"失信惩戒"和"限制消费"两部司法解释，进一步规范和完善失信惩戒、限制消费工作，促使被执行人自觉履行生效法律文书确定的义务，最大限度保护当事人的合法权益，推进社会信用体系建设。

在这次执行领域突出问题集中整治中，将超标的查封作为重点整治内容，彰显了最高人民法院对整治超标的查封问题的坚决态度和坚定决心。实践中为什么会出现超标的查封问题？人民法院采取了哪些有效举措来解决这一问题？

答：超标的查封问题，是个"老大难"问题。造成这一问题的原因是多方面的，从主观方面讲，主要是执行人员责任心不强、未按规定程序办案，未分清财产情况而对被执行人的财产采取查封措施。从客观方面讲，超标的查封问题很难根治，主要有以下原因：一是案件债权额具有不确定性，一般会有利息甚至加倍利息，而这些利息一直在不断增长中，执行人员在计算债权额时需要留出一定的"富余"，相应地也需要适当多查封一些财产。二是有些财产不容易确定价值或者价值存在较大波动。比如，对于股权、机器设备等财产，只有通过评估才能确定具体价值，否则很难预估。三是有些财产无法进行分割查封。比如，虽然被执行人房屋的价值明显高于债权额，但由于无法进行分割登记，执行人员只能对其进行整体查封。四是查封财产可能会被降价拍卖。为充分保障申请执行人的债权，执行人员在采取查封措施时会将拍卖降价因素考虑在内。综合这些客观因素，实践中，执行人员可能会多查封一些财产，但查封得过多，就容易出现超标的查封问题。这个尺度如何把握，客观上的确比较困难。

对于超标的查封问题，最高人民法院的态度一贯是鲜明的，就是要坚决禁止、零容忍。一是在制度层面，在2004年的《最高人民法院关于人民法院民事执行中查封、扣押、冻结财产的规定》和2016年的《最高人民法院关于人民法院办理财产保全案件若干问题的规定》中明确规定，查封被执行人财产要以案件债权额及执行费用为限，不得明显超标的查封。在2019年的《关于在执行工作中进一步强化善意文明执行理念的意见》中，对这一问题进行重申，并明确了具体的适用规则。比如，明确规定，冻结被执行人银行账户内存款的，应当明确具体冻结数额，不得影响冻结之外资金的流转和账户的使用；查封的不动产能够进行分割登记的，应当积极协调有关部门进行分割查封登记；等等。这次出台的《意见》再次将严禁超标的查封单独作为一条作了明确规定，并提出，一方当事人以超标的查封为由提出执行异议，争议较大的，人民法院可以根据当事人申请进行评估，但评估期间不影响查封。二是在监督管理方面，积极发挥上级法院对下级法院的监督管理职责，通过信访督办等方式，对信访人反映的超标的查封问题，一督到底，及时纠正。同时，通过异议、复议、监督等案件，对执行实施环节的超标的查封问题进行个案监督，积极发挥执行裁判权对执行实施权的制约监督作用。三是在执行领域突出问题集中整治中，把超标的查封问题作为重点整治内容，列出超标的查封的具体情形，组织各级法院对照检查、整改落实。截至目前，全国法院排查出超标的、超范围、超时限采取查扣冻措施的重点案件1203起，已整改到位1170起。同时，我们对2021年以来当事人通过信访渠道反映的超标的查封问题，有的及时立案监督，有的及时对下交办、督办。

总之，随着执行权制约监督机制不断完善和法律适用规则不断织密，超标的查封问题一定能够得到有效解决。

我们注意到，与之前的规则相比，《规定》对于人民法院冻结股权的程序有了较大调整。请介绍一下进行调整的背景和主要考虑，以及这些调整会带来哪些影响？

答：股权作为一种财产权利，在经济和社会生活中越来越常见，也越来越重要。对股权的冻结，牵涉面广，不仅涉及债权人和债务人之间的权利义务，而且间接甚至直接影响股权所在公司的经营活动，以及股权转让、出质等经济活动，牵一发而动全身。

正如这位记者朋友所说的,本司法解释对冻结股权程序做了"较大调整",主要体现在第六条,对股权冻结的程序、生效时点、冻结顺位等问题予以明确。最根本的变化,就是把目前实践中选择到股权所在公司、股权托管机构、公司登记机关这三方主体中的一个、两个或者三个去办理冻结手续的做法,调整为统一到公司登记机关通过国家企业信用信息公示系统办理冻结手续的一元模式。这个调整主要基于以下几个方面的考虑:

第一,化繁为简、明确规则、减少争议。调整为一元模式后,股权冻结的生效、顺位等情况,在公示系统中一目了然、非常明确。有助于解决长期困扰实践的难点和争议,提高生效法律文书的执行效率。

第二,尽可能"广而告之",实现最好的冻结效果。查封方式是与社会发展阶段相适应的。传统的查封方式主要是占有、张贴封条的方式。财产登记制建立之后,发展为以登记为主。从演进过程可以看出,无论是占有、贴封条,还是办理查封登记,最关键的在于将查封情况"广而告之",让相关主体知晓这一情况,防止债务人恶意转移财产,给债权人或者财产受让人造成损失。随着信息时代的到来,通过统一的公示平台进行查封成为可能。国家企业信用信息公示系统是涉企信息归集、公示、共享、应用的信息化平台,通过这个系统冻结股权,让利害相关方和不特定的市场主体都能及时、便捷地知晓相关情况,据此调整自己的行为,公信力强、权威性高、冻结效果好。公示冻结方式,具有一定的开创性,体现了我国的制度优势和科技优势,代表了发展趋势。

第三,保障交易安全、促进股权市场规范。建立一套统一、明确、公开的司法冻结规则,有助于市场主体在购买股权或者接受质押时提前排除风险,有助于规范和繁荣股权交易市场。这是落实党中央近日提出的建立高效规范、公平竞争、充分开放的全国统一大市场这一要求的实际行动和具体举措。

本司法解释自2022年1月1日起施行。准确适用调整后的股权冻结程序,需要注意这样几点:

第一,按照调整后的规则,一个生效的股权冻结需要且仅需要到公司登记机关办理手续,但执行法院仍应及时向被执行人、申请执行人送达裁定书,并将股权冻结情况书面通知股权所在公司。在执行股权时,应当审慎采取措施,严禁直接执行公司财产,并尽最大可能减少对公司经营的不利影响。

第二,配合法院执行股权,包括按照法院的要求提供股权评估所需材料,对相关事项进行报告,办理或者不予办理股权变更手续等,这是公司需要依法承担的协助义务。拒不配合,甚至恶意帮助被执行人规避执行的,将承担相应的法律后果。

第三,根据本司法解释第六条和第七条的规定,在公示系统公示后,冻结即产生法律效力,被执行人转让或者出质被冻结股权的,不能对抗执行。所以,被执行人、股权所在公司以及其他市场主体在交易股权或者接受股权质押时均应通过国家企业信用信息公示系统对冻结情况进行查询,以预判和规避可能出现的法律风险。

来源:最高人民法院

最高人民法院关于审理拒不执行判决、裁定刑事案件适用法律若干问题的解释

（2015年7月6日最高人民法院审判委员会第1657次会议通过，根据2020年12月23日最高人民法院审判委员会第1823次会议通过的《最高人民法院关于修改〈最高人民法院关于人民法院扣押铁路运输货物若干问题的规定〉等十八件执行类司法解释的决定》修正）

为依法惩治拒不执行判决、裁定犯罪，确保人民法院判决、裁定依法执行，切实维护当事人合法权益，根据《中华人民共和国刑法》《中华人民共和国刑事诉讼法》《中华人民共和国民事诉讼法》等法律规定，就审理拒不执行判决、裁定刑事案件适用法律若干问题，解释如下：

第一条 被执行人、协助执行义务人、担保人等负有执行义务的人对人民法院的判决、裁定有能力执行而拒不执行，情节严重的，应当依照刑法第三百一十三条的规定，以拒不执行判决、裁定罪处罚。

第二条 负有执行义务的人有能力执行而实施下列行为之一的，应当认定为全国人民代表大会常务委员会关于刑法第三百一十三条的解释中规定的"其他有能力执行而拒不执行，情节严重的情形"：

（一）具有拒绝报告或者虚假报告财产情况、违反人民法院限制高消费及有关消费令等拒不执行行为，经采取罚款或者拘留等强制措施后仍拒不执行的；

（二）伪造、毁灭有关被执行人履行能力的重要证据，以暴力、威胁、贿买方法阻止他人作证或者指使、贿买、胁迫他人作伪证，妨碍人民法院查明被执行人财产情况，致使判决、裁定无法执行的；

（三）拒不交付法律文书指定交付的财物、票证或者拒不迁出房屋、退出土地，

致使判决、裁定无法执行的；

（四）与他人串通，通过虚假诉讼、虚假仲裁、虚假和解等方式妨害执行，致使判决、裁定无法执行的；

（五）以暴力、威胁方法阻碍执行人员进入执行现场或者聚众哄闹、冲击执行现场，致使执行工作无法进行的；

（六）对执行人员进行侮辱、围攻、扣押、殴打，致使执行工作无法进行的；

（七）毁损、抢夺执行案件材料、执行公务车辆和其他执行器械、执行人员服装以及执行公务证件，致使执行工作无法进行的；

（八）拒不执行法院判决、裁定，致使债权人遭受重大损失的。

第三条 申请执行人有证据证明同时具有下列情形，人民法院认为符合刑事诉讼法第二百一十条第三项规定的，以自诉案件立案审理：

（一）负有执行义务的人拒不执行判决、裁定，侵犯了申请执行人的人身、财产权利，应当依法追究刑事责任的；

（二）申请执行人曾经提出控告，而公安机关或者人民检察院对负有执行义务的人不予追究刑事责任的。

第四条 本解释第三条规定的自诉案件，依照刑事诉讼法第二百一十二条的规定，自诉人在宣告判决前，可以同被告人自行和解或者撤回自诉。

第五条 拒不执行判决、裁定刑事案件，一般由执行法院所在地人民法院管辖。

第六条 拒不执行判决、裁定的被告人在一审宣告判决前，履行全部或部分执行义务的，可以酌情从宽处罚。

第七条 拒不执行支付赡养费、扶养费、抚育费、抚恤金、医疗费用、劳动报酬等判决、裁定的，可以酌情从重处罚。

第八条 本解释自发布之日起施行。此前发布的司法解释和规范性文件与本解释不一致的，以本解释为准。

最高人民法院关于人民法院执行工作若干问题的规定（试行）

（1998年6月11日最高人民法院审判委员会第992次会议通过，根据2020年12月23日最高人民法院审判委员会第1823次会议通过的《最高人民法院关于修改〈最高人民法院关于人民法院扣押铁路运输货物若干问题的规定〉等十八件执行类司法解释的决定》修正）

为了保证在执行程序中正确适用法律，及时有效地执行生效法律文书，维护当事人的合法权益，根据《中华人民共和国民事诉讼法》（以下简称民事诉讼法）等有关法律的规定，结合人民法院执行工作的实践经验，现对人民法院执行工作若干问题作如下规定。

一、执行机构及其职责

1. 人民法院根据需要，依据有关法律的规定，设立执行机构，专门负责执行工作。

2. 执行机构负责执行下列生效法律文书：

（1）人民法院民事、行政判决、裁定、调解书，民事制裁决定、支付令，以及刑事附带民事判决、裁定、调解书，刑事裁判涉财产部分；

（2）依法应由人民法院执行的行政处罚决定、行政处理决定；

（3）我国仲裁机构作出的仲裁裁决和调解书，人民法院依据《中华人民共和国仲裁法》有关规定作出的财产保全和证据保全裁定；

（4）公证机关依法赋予强制执行效力的债权文书；

（5）经人民法院裁定承认其效力的外国法院作出的判决、裁定，以及国外仲裁机构作出的仲裁裁决；

（6）法律规定由人民法院执行的其他法律文书。

3. 人民法院在审理民事、行政案件中作出的财产保全和先予执行裁定，一般应当移送执行机构实施。

4. 人民法庭审结的案件，由人民法庭负责执行。其中复杂、疑难或被执行人不在本法院辖区的案件，由执行机构负责执行。

5. 执行程序中重大事项的办理，应由三名以上执行员讨论，并报经院长批准。

6. 执行机构应配备必要的交通工具、通信设备、音像设备和警械用具等，以保障及时有效地履行职责。

7. 执行人员执行公务时，应向有关人员出示工作证件，并按规定着装。必要时应由司法警察参加。

8. 上级人民法院执行机构负责本院对下级人民法院执行工作的监督、指导和协调。

二、执行管辖

9. 在国内仲裁过程中，当事人申请财产保全，经仲裁机构提交人民法院的，由被申请人住所地或被申请保全的财产所在地的基层人民法院裁定并执行；申请证据保全的，由证据所在地的基层人民法院裁定并执行。

10. 在涉外仲裁过程中，当事人申请财产保全，经仲裁机构提交人民法院的，由被申请人住所地或被申请保全的财产所在地的中级人民法院裁定并执行；申请证据保全的，由证据所在地的中级人民法院裁定并执行。

11. 专利管理机关依法作出的处理决定和处罚决定，由被执行人住所地或财产所在地的省、自治区、直辖市有权受理专利纠纷案件的中级人民法院执行。

12. 国务院各部门、各省、自治区、直辖市人民政府和海关依照法律、法规作出的处理决定和处罚决定，由被执行人住所地或财产所在地的中级人民法院执行。

13. 两个以上人民法院都有管辖权的，当事人可以向其中一个人民法院申请执行；当事人向两个以上人民法院申请执行的，由最先立案的人民法院管辖。

14. 人民法院之间因执行管辖权发生争议的，由双方协商解决；协商不成的，报请双方共同的上级人民法院指定管辖。

15. 基层人民法院和中级人民法院管辖的执行案件，因特殊情况需要由上级人民法院执行的，可以报请上级人民法院执行。

三、执行的申请和移送

16. 人民法院受理执行案件应当符合下列条件：

（1）申请或移送执行的法律文书已经生效；

（2）申请执行人是生效法律文书确定的权利人或其继承人、权利承受人；

（3）申请执行的法律文书有给付内容，且执行标的和被执行人明确；

（4）义务人在生效法律文书确定的期限内未履行义务；

（5）属于受申请执行的人民法院管辖。

人民法院对符合上述条件的申请，应当在七日内予以立案；不符合上述条件之一的，应当在七日内裁定不予受理。

17. 生效法律文书的执行，一般应当由当事人依法提出申请。

发生法律效力的具有给付赡养费、扶养费、抚育费内容的法律文书、民事制裁决定书，以及刑事附带民事判决、裁定、调解书，由审判庭移送执行机构执行。

18. 申请执行，应向人民法院提交下列文件和证件：

（1）申请执行书。申请执行书中应当写明申请执行的理由、事项、执行标的，以及申请执行人所了解的被执行人的财产状况。

申请执行人书写申请执行书确有困难的，可以口头提出申请。人民法院接待人员对口头申请应当制作笔录，由申请执行人签字或盖章。

外国一方当事人申请执行的，应当提交中文申请执行书。当事人所在国与我国缔结或共同参加的司法协助条约有特别规定的，按照条约规定办理。

（2）生效法律文书副本。

（3）申请执行人的身份证明。自然人申请的，应当出示居民身份证；法人申请的，应当提交法人营业执照副本和法定代表人身份证明；非法人组织申请的，应当提交营业执照副本和主要负责人身份证明。

（4）继承人或权利承受人申请执行的，应当提交继承或承受权利的证明文件。

（5）其他应当提交的文件或证件。

19. 申请执行仲裁机构的仲裁裁决，应当向人民法院提交有仲裁条款的合同书或仲裁协议书。

申请执行国外仲裁机构的仲裁裁决的，应当提交经我国驻外使领馆认证或我国公证机关公证的仲裁裁决书中文本。

20. 申请执行人可以委托代理人代为申请执行。委托代理的，应当向人民法院提交经委托人签字或盖章的授权委托书，写明代理人的姓名或者名称、代理事项、权限和期限。

委托代理人代为放弃、变更民事权利，或代为进行执行和解，或代为收取执行款项的，应当有委托人的特别授权。

21. 执行申请费的收取按照《诉讼费用交纳办法》办理。

四、执行前的准备

22. 人民法院应当在收到申请执行书或者移交执行书后十日内发出执行通知。

执行通知中除应责令被执行人履行法律文书确定的义务外,还应通知其承担民事诉讼法第二百五十三条规定的迟延履行利息或者迟延履行金。

23. 《执行通知书》的送达,适用民事诉讼法关于送达的规定。

24. 被执行人未按《执行通知书》履行生效法律文书确定的义务的,应当及时采取执行措施。

人民法院采取执行措施,应当制作相应法律文书,送达被执行人。

25. 人民法院执行非诉讼生效法律文书,必要时可向制作生效法律文书的机构调取卷宗材料。

五、金钱给付的执行

26. 金融机构擅自解冻被人民法院冻结的款项,致冻结款项被转移的,人民法院有权责令其限期追回已转移的款项。在限期内未能追回的,应当裁定该金融机构在转移的款项范围内以自己的财产向申请执行人承担责任。

27. 被执行人为金融机构的,对其交存在人民银行的存款准备金和备付金不得冻结和扣划,但对其在本机构、其他金融机构的存款,及其在人民银行的其他存款可以冻结、划拨,并可对被执行人的其他财产采取执行措施,但不得查封其营业场所。

28. 作为被执行人的自然人,其收入转为储蓄存款的,应当责令其交出存单。拒不交出的,人民法院应当作出提取其存款的裁定,向金融机构发出《协助执行通知书》,由金融机构提取被执行人的存款交人民法院或存入人民法院指定的账户。

29. 被执行人在有关单位的收入尚未支取的,人民法院应当作出裁定,向该单位发出《协助执行通知书》,由其协助扣留或提取。

30. 有关单位收到人民法院协助执行被执行人收入的通知后,擅自向被执行人或其他人支付的,人民法院有权责令其限期追回;逾期未追回的,应当裁定其在支付的数额内向申请执行人承担责任。

31. 人民法院对被执行人所有的其他人享有抵押权、质押权或留置权的财产,可以采取查封、扣押措施。财产拍卖、变卖后所得价款,应当在抵押权人、质押权人或留置权人优先受偿后,其余额部分用于清偿申请执行人的债权。

32. 被执行人或其他人擅自处分已被查封、扣押、冻结财产的,人民法院有权责令责任人限期追回财产或承担相应的赔偿责任。

33. 被执行人申请对人民法院查封的财产自行变卖的,人民法院可以准许,但应当监督其按照合理价格在指定的期限内进行，并控制变卖的价款。

34. 拍卖、变卖被执行人的财产成交后，必须即时钱物两清。

委托拍卖、组织变卖被执行人财产所发生的实际费用，从所得价款中优先扣除。所得价款超出执行标的数额和执行费用的部分，应当退还被执行人。

35. 被执行人不履行生效法律文书确定的义务，人民法院有权裁定禁止被执行人转让其专利权、注册商标专用权、著作权（财产权部分）等知识产权。上述权利有登记主管部门的，应当同时向有关部门发出《协助执行通知书》，要求其不得办理财产权转移手续，必要时可以责令被执行人将产权或使用权证照交人民法院保存。

对前款财产权，可以采取拍卖、变卖等执行措施。

36. 对被执行人从有关企业中应得的已到期的股息或红利等收益，人民法院有权裁定禁止被执行人提取和有关企业向被执行人支付，并要求有关企业直接向申请执行人支付。

对被执行人预期从有关企业中应得的股息或红利等收益，人民法院可以采取冻结措施，禁止到期后被执行人提取和有关企业向被执行人支付。到期后人民法院可从有关企业中提取，并出具提取收据。

37. 对被执行人在其他股份有限公司中持有的股份凭证（股票），人民法院可以扣押，并强制被执行人按照公司法的有关规定转让，也可以直接采取拍卖、变卖的方式进行处分，或直接将股票抵偿给债权人，用于清偿被执行人的债务。

38. 对被执行人在有限责任公司、其他法人企业中的投资权益或股权，人民法院可以采取冻结措施。

冻结投资权益或股权的，应当通知有关企业不得办理被冻结投资权益或股权的转移手续，不得向被执行人支付股息或红利。被冻结的投资权益或股权，被执行人不得自行转让。

39. 被执行人在其独资开办的法人企业中拥有的投资权益被冻结后，人民法院可以直接裁定予以转让，以转让所得清偿其对申请执行人的债务。

对被执行人在有限责任公司中被冻结的投资权益或股权，人民法院可以依据《中华人民共和国公司法》第七十一条、第七十二条、第七十三条的规定，征得全体股东过半数同意后，予以拍卖、变卖或以其他方式转让。不同意转让的股东，应当购买该转让的投资权益或股权，不购买的，视为同意转让，不影响执行。

人民法院也可允许并监督被执行人自行转让其投资权益或股权，将转让所得收益用于清偿对申请执行人的债务。

40. 有关企业收到人民法院发出的协助冻结通知后，擅自向被执行人支付股息或红利，或擅自为被执行人办理已冻结股权的转移手续，造成已转移的财产无法追回的，应当在所支付的股息或红利或转移的股权价值范围内向申请执行人承担责任。

六、交付财产和完成行为的执行

41. 生效法律文书确定被执行人交付特定标的物的，应当执行原物。原物被隐匿或非法转移的，人民法院有权责令其交出。原物确已毁损或灭失的，经双方当事人同意，可以折价赔偿。

双方当事人对折价赔偿不能协商一致的，人民法院应当终结执行程序。申请执行人可以另行起诉。

42. 有关组织或者个人持有法律文书指定交付的财物或票证，在接到人民法院《协助执行通知书》或通知书后，协同被执行人转移财物或票证的，人民法院有权责令其限期追回；逾期未追回的，应当裁定其承担赔偿责任。

43. 被执行人的财产经拍卖、变卖或裁定以物抵债后，需从现占有人处交付给买受人或申请执行人的，适用民事诉讼法第二百四十九条、第二百五十条和本规定第41条、第42条的规定。

44. 被执行人拒不履行生效法律文书中指定的行为的，人民法院可以强制其履行。

对于可以替代履行的行为，可以委托有关单位或他人完成，因完成上述行为发生的费用由被执行人承担。

对于只能由被执行人完成的行为，经教育，被执行人仍拒不履行的，人民法院应当按照妨害执行行为的有关规定处理。

七、被执行人到期债权的执行

45. 被执行人不能清偿债务，但对本案以外的第三人享有到期债权的，人民法院可以依申请执行人或被执行人的申请，向第三人发出履行到期债务的通知（以下简称履行通知）。履行通知必须直接送达第三人。

履行通知应当包含下列内容：

（1）第三人直接向申请执行人履行其对被执行人所负的债务，不得向被执行人清偿；

（2）第三人应当在收到履行通知后的十五日内向申请执行人履行债务；

（3）第三人对履行到期债权有异议的，应当在收到履行通知后的十五日内向执行法院提出；

（4）第三人违背上述义务的法律后果。

46. 第三人对履行通知的异议一般应当以书面形式提出，口头提出的，执行人员应记入笔录，并由第三人签字或盖章。

47. 第三人在履行通知指定的期间内提出异议的，人民法院不得对第三人强制执行，对提出的异议不进行审查。

48. 第三人提出自己无履行能力或其与申请执行人无直接法律关系，不属于本规定所指的异议。

第三人对债务部分承认、部分有异议的，可以对其承认的部分强制执行。

49. 第三人在履行通知指定的期限内没有提出异议，而又不履行的，执行法院有权裁定对其强制执行。此裁定同时送达第三人和被执行人。

50. 被执行人收到人民法院履行通知后，放弃其对第三人的债权或延缓第三人履行期限的行为无效，人民法院仍可在第三人无异议又不履行的情况下予以强制执行。

51. 第三人收到人民法院要求其履行到期债务的通知后，擅自向被执行人履行，造成已向被执行人履行的财产不能追回的，除在已履行的财产范围内与被执行人承担连带清偿责任外，可以追究其妨害执行的责任。

52. 在对第三人作出强制执行裁定后，第三人确无财产可供执行的，不得就第三人对他人享有的到期债权强制执行。

53. 第三人按照人民法院履行通知向申请执行人履行了债务或已被强制执行后，人民法院应当出具有关证明。

八、执行担保

54. 人民法院在审理案件期间，保证人为被执行人提供保证，人民法院据此未对被执行人的财产采取保全措施或解除保全措施的，案件审结后如果被执行人无财产可供执行或其财产不足清偿债务时，即使生效法律文书中未确定保证人承担责任，人民法院有权裁定执行保证人在保证责任范围内的财产。

九、多个债权人对一个债务人申请执行和参与分配

55. 多份生效法律文书确定金钱给付内容的多个债权人分别对同一被执行人申请执行，各债权人对执行标的物均无担保物权的，按照执行法院采取执行措施的先后顺序受偿。

多个债权人的债权种类不同的，基于所有权和担保物权而享有的债权，优先于金钱债权受偿。有多个担保物权的，按照各担保物权成立的先后顺序清偿。

一份生效法律文书确定金钱给付内容的多个债权人对同一被执行人申请执行，执行的财产不足清偿全部债务的，各债权人对执行标的物均无担保物权的，按照各债权比例受偿。

56. 对参与被执行人财产的具体分配，应当由首先查封、扣押或冻结的法院主持

进行。

首先查封、扣押、冻结的法院所采取的执行措施如系为执行财产保全裁定，具体分配应当在该院案件审理终结后进行。

十、对妨害执行行为的强制措施的适用

57. 被执行人或其他人有下列拒不履行生效法律文书或者妨害执行行为之一的，人民法院可以依照民事诉讼法第一百一十一条的规定处理：

（1）隐藏、转移、变卖、毁损向人民法院提供执行担保的财产的；

（2）案外人与被执行人恶意串通转移被执行人财产的；

（3）故意撕毁人民法院执行公告、封条的；

（4）伪造、隐藏、毁灭有关被执行人履行能力的重要证据，妨碍人民法院查明被执行人财产状况的；

（5）指使、贿买、胁迫他人对被执行人的财产状况和履行义务的能力问题作伪证的；

（6）妨碍人民法院依法搜查的；

（7）以暴力、威胁或其他方法妨碍或抗拒执行的；

（8）哄闹、冲击执行现场的；

（9）对人民法院执行人员或协助执行人员进行侮辱、诽谤、诬陷、围攻、威胁、殴打或者打击报复的；

（10）毁损、抢夺执行案件材料、执行公务车辆、其他执行器械、执行人员服装和执行公务证件的。

58. 在执行过程中遇有被执行人或其他人拒不履行生效法律文书或者妨害执行情节严重，需要追究刑事责任的，应将有关材料移交有关机关处理。

十一、执行的中止、终结、结案和执行回转

59. 按照审判监督程序提审或再审的案件，执行机构根据上级法院或本院作出的中止执行裁定书中止执行。

60. 中止执行的情形消失后，执行法院可以根据当事人的申请或依职权恢复执行。恢复执行应当书面通知当事人。

61. 在执行中，被执行人被人民法院裁定宣告破产的，执行法院应当依照民事诉讼法第二百五十七条第六项的规定，裁定终结执行。

62. 中止执行和终结执行的裁定书应当写明中止或终结执行的理由和法律依据。

63. 人民法院执行生效法律文书，一般应当在立案之日起六个月内执行结案，但中

止执行的期间应当扣除。确有特殊情况需要延长的，由本院院长批准。

64. 执行结案的方式为：

（1）执行完毕；

（2）终结本次执行程序；

（3）终结执行；

（4）销案；

（5）不予执行；

（6）驳回申请。

65. 在执行中或执行完毕后，据以执行的法律文书被人民法院或其他有关机关撤销或变更的，原执行机构应当依照民事诉讼法第二百三十三条的规定，依当事人申请或依职权，按照新的生效法律文书，作出执行回转的裁定，责令原申请执行人返还已取得的财产及其孳息。拒不返还的，强制执行。

执行回转应重新立案，适用执行程序的有关规定。

66. 执行回转时，已执行的标的物系特定物的，应当退还原物。不能退还原物的，经双方当事人同意，可以折价赔偿。

双方当事人对折价赔偿不能协商一致的，人民法院应当终结执行回转程序。申请执行人可以另行起诉。

十二、执行争议的协调

67. 两个或两个以上人民法院在执行相关案件中发生争议的，应当协商解决。协商不成的，逐级报请上级法院，直至报请共同的上级法院协调处理。

执行争议经高级人民法院协商不成的，由有关的高级人民法院书面报请最高人民法院协调处理。

68. 执行中发现两地法院或人民法院与仲裁机构就同一法律关系作出不同裁判内容的法律文书的，各有关法院应当立即停止执行，报请共同的上级法院处理。

69. 上级法院协调处理有关执行争议案件，认为必要时，可以决定将有关款项划到本院指定的账户。

70. 上级法院协调下级法院之间的执行争议所作出的处理决定，有关法院必须执行。

十三、执行监督

71. 上级人民法院依法监督下级人民法院的执行工作。最高人民法院依法监督地方各级人民法院和专门法院的执行工作。

72. 上级法院发现下级法院在执行中作出的裁定、决定、通知或具体执行行为不当或有错误的，应当及时指令下级法院纠正，并可以通知有关法院暂缓执行。

下级法院收到上级法院的指令后必须立即纠正。如果认为上级法院的指令有错误，可以在收到该指令后五日内请求上级法院复议。

上级法院认为请求复议的理由不成立，而下级法院仍不纠正的，上级法院可直接作出裁定或决定予以纠正，送达有关法院及当事人，并可直接向有关单位发出《协助执行通知书》。

73. 上级法院发现下级法院执行的非诉讼生效法律文书有不予执行事由，应当依法作出不予执行裁定而不制作的，可以责令下级法院在指定时限内作出裁定，必要时可直接裁定不予执行。

74. 上级法院发现下级法院的执行案件（包括受委托执行的案件）在规定的期限内未能执行结案的，应当作出裁定、决定、通知而不制作的，或应当依法实施具体执行行为而不实施的，应当督促下级法院限期执行，及时作出有关裁定等法律文书，或采取相应措施。

对下级法院长期未能执结的案件，确有必要的，上级法院可以决定由本院执行或与下级法院共同执行，也可以指定本辖区其他法院执行。

75. 上级法院在监督、指导、协调下级法院执行案件中，发现据以执行的生效法律文书确有错误的，应当书面通知下级法院暂缓执行，并按照审判监督程序处理。

76. 上级法院在申诉案件复查期间，决定对生效法律文书暂缓执行的，有关审判庭应当将暂缓执行的通知抄送执行机构。

77. 上级法院通知暂缓执行的，应同时指定暂缓执行的期限。暂缓执行的期限一般不得超过三个月。有特殊情况需要延长的，应报经院长批准，并及时通知下级法院。

暂缓执行的原因消除后，应当及时通知执行法院恢复执行。期满后上级法院未通知继续暂缓执行的，执行法院可以恢复执行。

78. 下级法院不按照上级法院的裁定、决定或通知执行，造成严重后果的，按照有关规定追究有关主管人员和直接责任人员的责任。

十四、附则

79. 本规定自公布之日起试行。

本院以前作出的司法解释与本规定有抵触的，以本规定为准。本规定未尽事宜，按照以前的规定办理。

最高人民法院关于人民法院办理执行异议和复议案件若干问题的规定

（2014年12月29日最高人民法院审判委员会第1638次会议通过，根据2020年12月23日最高人民法院审判委员会第1823次会议通过的《最高人民法院关于修改〈最高人民法院关于人民法院扣押铁路运输货物若干问题的规定〉等十八件执行类司法解释的决定》修正）

为了规范人民法院办理执行异议和复议案件，维护当事人、利害关系人和案外人的合法权益，根据民事诉讼法等法律规定，结合人民法院执行工作实际，制定本规定。

第一条 异议人提出执行异议或者复议申请人申请复议，应当向人民法院提交申请书。申请书应当载明具体的异议或者复议请求、事实、理由等内容，并附下列材料：

（一）异议人或者复议申请人的身份证明；

（二）相关证据材料；

（三）送达地址和联系方式。

第二条 执行异议符合民事诉讼法第二百二十五条或者第二百二十七条规定条件的，人民法院应当在三日内立案，并在立案后三日内通知异议人和相关当事人。不符合受理条件的，裁定不予受理；立案后发现不符合受理条件的，裁定驳回申请。

执行异议申请材料不齐备的，人民法院应当一次性告知异议人在三日内补足，逾期未补足的，不予受理。

异议人对不予受理或者驳回申请裁定不服的，可以自裁定送达之日起十日内向上一级人民法院申请复议。上一级人民法院审查后认为符合受理条件的，应当裁定撤销原裁定，指令执行法院立案或者对执行异议进行审查。

第三条 执行法院收到执行异议后三日内既不立案又不作出不予受理裁定，或者受理后无正当理由超过法定期限不作出异议裁定的，异议人可以向上一级人民法院提出异议。上一级人民法院审查后认为理由成立的，应当指令执行法院在三日内立案或者在十五日内作出异议裁定。

第四条　执行案件被指定执行、提级执行、委托执行后，当事人、利害关系人对原执行法院的执行行为提出异议的，由提出异议时负责该案件执行的人民法院审查处理；受指定或者受委托的人民法院是原执行法院的下级人民法院的，仍由原执行法院审查处理。

执行案件被指定执行、提级执行、委托执行后，案外人对原执行法院的执行标的提出异议的，参照前款规定处理。

第五条　有下列情形之一的，当事人以外的自然人、法人和非法人组织，可以作为利害关系人提出执行行为异议：

（一）认为人民法院的执行行为违法，妨碍其轮候查封、扣押、冻结的债权受偿的；

（二）认为人民法院的拍卖措施违法，妨碍其参与公平竞价的；

（三）认为人民法院的拍卖、变卖或者以物抵债措施违法，侵害其对执行标的的优先购买权的；

（四）认为人民法院要求协助执行的事项超出其协助范围或者违反法律规定的；

（五）认为其他合法权益受到人民法院违法执行行为侵害的。

第六条　当事人、利害关系人依照民事诉讼法第二百二十五条规定提出异议的，应当在执行程序终结之前提出，但对终结执行措施提出异议的除外。

案外人依照民事诉讼法第二百二十七条规定提出异议的，应当在异议指向的执行标的执行终结之前提出；执行标的由当事人受让的，应当在执行程序终结之前提出。

第七条　当事人、利害关系人认为执行过程中或者执行保全、先予执行裁定过程中的下列行为违法提出异议的，人民法院应当依照民事诉讼法第二百二十五条规定进行审查：

（一）查封、扣押、冻结、拍卖、变卖、以物抵债、暂缓执行、中止执行、终结执行等执行措施；

（二）执行的期间、顺序等应当遵守的法定程序；

（三）人民法院作出的侵害当事人、利害关系人合法权益的其他行为。

被执行人以债权消灭、丧失强制执行效力等执行依据生效之后的实体事由提出排除执行异议的，人民法院应当参照民事诉讼法第二百二十五条规定进行审查。

除本规定第十九条规定的情形外，被执行人以执行依据生效之前的实体事由提出排除执行异议的，人民法院应当告知其依法申请再审或者通过其他程序解决。

第八条　案外人基于实体权利既对执行标的提出排除执行异议又作为利害关系人提出执行行为异议的，人民法院应当依照民事诉讼法第二百二十七条规定进行审查。

案外人既基于实体权利对执行标的提出排除执行异议又作为利害关系人提出与实体权利无关的执行行为异议的，人民法院应当分别依照民事诉讼法第二百二十七条和第二百二十五条规定进行审查。

第九条　被限制出境的人认为对其限制出境错误的，可以自收到限制出境决定之日起十日内向上一级人民法院申请复议。上一级人民法院应当自收到复议申请之日起十五日内作出决定。复议期间，不停止原决定的执行。

第十条　当事人不服驳回不予执行公证债权文书申请的裁定的，可以自收到裁定之日起十日内向上一级人民法院申请复议。上一级人民法院应当自收到复议申请之日起三十日内审查，理由成立的，裁定撤销原裁定，不予执行该公证债权文书；理由不成立的，裁定驳回复议申请。复议期间，不停止执行。

第十一条　人民法院审查执行异议或者复议案件，应当依法组成合议庭。

指令重新审查的执行异议案件，应当另行组成合议庭。

办理执行实施案件的人员不得参与相关执行异议和复议案件的审查。

第十二条　人民法院对执行异议和复议案件实行书面审查。案情复杂、争议较大的，应当进行听证。

第十三条　执行异议、复议案件审查期间，异议人、复议申请人申请撤回异议、复议申请的，是否准许由人民法院裁定。

第十四条　异议人或者复议申请人经合法传唤，无正当理由拒不参加听证，或者未经法庭许可中途退出听证，致使人民法院无法查清相关事实的，由其自行承担不利后果。

第十五条　当事人、利害关系人对同一执行行为有多个异议事由，但未在异议审查过程中一并提出，撤回异议或者被裁定驳回异议后，再次就该执行行为提出异议的，人民法院不予受理。

案外人撤回异议或者被裁定驳回异议后，再次就同一执行标的提出异议的，人民法院不予受理。

第十六条　人民法院依照民事诉讼法第二百二十五条规定作出裁定时，应当告知相关权利人申请复议的权利和期限。

人民法院依照民事诉讼法第二百二十七条规定作出裁定时，应当告知相关权利人提起执行异议之诉的权利和期限。

人民法院作出其他裁定和决定时，法律、司法解释规定了相关权利人申请复议的权利和期限的，应当进行告知。

第十七条 人民法院对执行行为异议,应当按照下列情形,分别处理:

(一)异议不成立的,裁定驳回异议;

(二)异议成立的,裁定撤销相关执行行为;

(三)异议部分成立的,裁定变更相关执行行为;

(四)异议成立或者部分成立,但执行行为无撤销、变更内容的,裁定异议成立或者相应部分异议成立。

第十八条 执行过程中,第三人因书面承诺自愿代被执行人偿还债务而被追加为被执行人后,无正当理由反悔并提出异议的,人民法院不予支持。

第十九条 当事人互负到期债务,被执行人请求抵销,请求抵销的债务符合下列情形的,除依照法律规定或者按照债务性质不得抵销的以外,人民法院应予支持:

(一)已经生效法律文书确定或者经申请执行人认可;

(二)与被执行人所负债务的标的物种类、品质相同。

第二十条 金钱债权执行中,符合下列情形之一,被执行人以执行标的系本人及所扶养家属维持生活必需的居住房屋为由提出异议的,人民法院不予支持:

(一)对被执行人有扶养义务的人名下有其他能够维持生活必需的居住房屋的;

(二)执行依据生效后,被执行人为逃避债务转让其名下其他房屋的;

(三)申请执行人按照当地廉租住房保障面积标准为被执行人及所扶养家属提供居住房屋,或者同意参照当地房屋租赁市场平均租金标准从该房屋的变价款中扣除五至八年租金的。

执行依据确定被执行人交付居住的房屋,自执行通知送达之日起,已经给予三个月的宽限期,被执行人以该房屋系本人及所扶养家属维持生活的必需品为由提出异议的,人民法院不予支持。

第二十一条 当事人、利害关系人提出异议请求撤销拍卖,符合下列情形之一的,人民法院应予支持:

(一)竞买人之间、竞买人与拍卖机构之间恶意串通,损害当事人或者其他竞买人利益的;

(二)买受人不具备法律规定的竞买资格的;

(三)违法限制竞买人参加竞买或者对不同的竞买人规定不同竞买条件的;

(四)未按照法律、司法解释的规定对拍卖标的物进行公告的;

(五)其他严重违反拍卖程序且损害当事人或者竞买人利益的情形。

当事人、利害关系人请求撤销变卖的,参照前款规定处理。

第二十二条 公证债权文书对主债务和担保债务同时赋予强制执行效力的,人民法院应予执行;仅对主债务赋予强制执行效力未涉及担保债务的,对担保债务的执行申请不予受理；仅对担保债务赋予强制执行效力未涉及主债务的，对主债务的执行申请不予受理。

人民法院受理担保债务的执行申请后，被执行人仅以担保合同不属于赋予强制执行效力的公证债权文书范围为由申请不予执行的，不予支持。

第二十三条　上一级人民法院对不服异议裁定的复议申请审查后，应当按照下列情形，分别处理：

（一）异议裁定认定事实清楚，适用法律正确，结果应予维持的，裁定驳回复议申请，维持异议裁定；

（二）异议裁定认定事实错误，或者适用法律错误，结果应予纠正的，裁定撤销或者变更异议裁定；

（三）异议裁定认定基本事实不清、证据不足的，裁定撤销异议裁定，发回作出裁定的人民法院重新审查，或者查清事实后作出相应裁定；

（四）异议裁定遗漏异议请求或者存在其他严重违反法定程序的情形，裁定撤销异议裁定，发回作出裁定的人民法院重新审查；

（五）异议裁定对应当适用民事诉讼法第二百二十七条规定审查处理的异议，错误适用民事诉讼法第二百二十五条规定审查处理的，裁定撤销异议裁定，发回作出裁定的人民法院重新作出裁定。

除依照本条第一款第三、四、五项发回重新审查或者重新作出裁定的情形外，裁定撤销或者变更异议裁定且执行行为可撤销、变更的，应当同时撤销或者变更该裁定维持的执行行为。

人民法院对发回重新审查的案件作出裁定后，当事人、利害关系人申请复议的，上一级人民法院复议后不得再次发回重新审查。

第二十四条　对案外人提出的排除执行异议，人民法院应当审查下列内容：

（一）案外人是否系权利人；

（二）该权利的合法性与真实性；

（三）该权利能否排除执行。

第二十五条　对案外人的异议，人民法院应当按照下列标准判断其是否系权利人：

（一）已登记的不动产，按照不动产登记簿判断；未登记的建筑物、构筑物及其附属设施，按照土地使用权登记簿、建设工程规划许可、施工许可等相关证据判断；

（二）已登记的机动车、船舶、航空器等特定动产，按照相关管理部门的登记判断；未登记的特定动产和其他动产，按照实际占有情况判断；

（三）银行存款和存管在金融机构的有价证券，按照金融机构和登记结算机构登记的账户名称判断；有价证券由具备合法经营资质的托管机构名义持有的，按照该机构登记的实际出资人账户名称判断；

（四）股权按照工商行政管理机关的登记和企业信用信息公示系统公示的信息判断；

（五）其他财产和权利，有登记的，按照登记机构的登记判断；无登记的，按照合同等证明财产权属或者权利人的证据判断。

案外人依据另案生效法律文书提出排除执行异议，该法律文书认定的执行标的权利人与依照前款规定得出的判断不一致的，依照本规定第二十六条规定处理。

第二十六条　金钱债权执行中，案外人依据执行标的被查封、扣押、冻结前作出的另案生效法律文书提出排除执行异议，人民法院应当按照下列情形，分别处理：

（一）该法律文书系就案外人与被执行人之间的权属纠纷以及租赁、借用、保管等不以转移财产权属为目的的合同纠纷，判决、裁决执行标的归属于案外人或者向其返还执行标的且其权利能够排除执行的，应予支持。

（二）该法律文书系就案外人与被执行人之间除前项所列合同之外的债权纠纷，判决、裁决执行标的归属于案外人或者向其交付、返还执行标的的，不予支持。

（三）该法律文书系案外人受让执行标的的拍卖、变卖成交裁定或者以物抵债裁定且其权利能够排除执行的，应予支持。

金钱债权执行中，案外人依据执行标的被查封、扣押、冻结后作出的另案生效法律文书提出排除执行异议的，人民法院不予支持。

非金钱债权执行中，案外人依据另案生效法律文书提出排除执行异议，该法律文书对执行标的的权属作出不同认定的，人民法院应当告知案外人依法申请再审或者通过其他程序解决。

申请执行人或者案外人不服人民法院依照本条第一、二款规定作出的裁定，可以依照民事诉讼法第二百二十七条规定提起执行异议之诉。

第二十七条　申请执行人对执行标的依法享有对抗案外人的担保物权等优先受偿权，人民法院对案外人提出的排除执行异议不予支持，但法律、司法解释另有规定的除外。

第二十八条　金钱债权执行中，买受人对登记在被执行人名下的不动产提出异议，符合下列情形且其权利能够排除执行的，人民法院应予支持：

（一）在人民法院查封之前已签订合法有效的书面买卖合同；

（二）在人民法院查封之前已合法占有该不动产；

（三）已支付全部价款，或者已按照合同约定支付部分价款且将剩余价款按照人民法院的要求交付执行；

（四）非因买受人自身原因未办理过户登记。

第二十九条　金钱债权执行中，买受人对登记在被执行的房地产开发企业名下的商品房提出异议，符合下列情形且其权利能够排除执行的，人民法院应予支持：

（一）在人民法院查封之前已签订合法有效的书面买卖合同；

（二）所购商品房系用于居住且买受人名下无其他用于居住的房屋；

（三）已支付的价款超过合同约定总价款的百分之五十。

第三十条　金钱债权执行中，对被查封的办理了受让物权预告登记的不动产，受让人提出停止处分异议的，人民法院应予支持；符合物权登记条件，受让人提出排除执行异议的，应予支持。

第三十一条　承租人请求在租赁期内阻止向受让人移交占有被执行的不动产，在人民法院查封之前已签订合法有效的书面租赁合同并占有使用该不动产的，人民法院应予支持。

承租人与被执行人恶意串通，以明显不合理的低价承租被执行的不动产或者伪造交付租金证据的，对其提出的阻止移交占有的请求，人民法院不予支持。

第三十二条　本规定施行后尚未审查终结的执行异议和复议案件，适用本规定。本规定施行前已经审查终结的执行异议和复议案件，人民法院依法提起执行监督程序的，不适用本规定。

最高人民法院关于民事执行中财产调查若干问题的规定

（2017年1月25日最高人民法院审判委员会第1708次会议通过，根据2020年12月23日最高人民法院审判委员会第1823次会议通过的《最高人民法院关于修改〈最高人民法院关于人民法院扣押铁路运输货物若干问题的规定〉等十八件执行类司法解释的决定》修正）

为规范民事执行财产调查，维护当事人及利害关系人的合法权益，根据《中华人民共和国民事诉讼法》等法律的规定，结合执行实践，制定本规定。

第一条 执行过程中，申请执行人应当提供被执行人的财产线索；被执行人应当如实报告财产；人民法院应当通过网络执行查控系统进行调查，根据案件需要应当通过其他方式进行调查的，同时采取其他调查方式。

第二条 申请执行人提供被执行人财产线索，应当填写财产调查表。财产线索明确、具体的，人民法院应当在七日内调查核实；情况紧急的，应当在三日内调查核实。财产线索确实的，人民法院应当及时采取相应的执行措施。

申请执行人确因客观原因无法自行查明财产的，可以申请人民法院调查。

第三条 人民法院依申请执行人的申请或依职权责令被执行人报告财产情况的，应当向其发出报告财产令。金钱债权执行中，报告财产令应当与执行通知同时发出。

人民法院根据案件需要再次责令被执行人报告财产情况的，应当重新向其发出报告财产令。

第四条 报告财产令应当载明下列事项：

（一）提交财产报告的期限；

（二）报告财产的范围、期间；

（三）补充报告财产的条件及期间；

（四）违反报告财产义务应承担的法律责任；

（五）人民法院认为有必要载明的其他事项。

报告财产令应附财产调查表，被执行人必须按照要求逐项填写。

第五条 被执行人应当在报告财产令载明的期限内向人民法院书面报告下列财产情况：

（一）收入、银行存款、现金、理财产品、有价证券；

（二）土地使用权、房屋等不动产；

（三）交通运输工具、机器设备、产品、原材料等动产；

（四）债权、股权、投资权益、基金份额、信托受益权、知识产权等财产性权利；

（五）其他应当报告的财产。

被执行人的财产已出租、已设立担保物权等权利负担，或者存在共有、权属争议等情形的，应当一并报告；被执行人的动产由第三人占有，被执行人的不动产、特定动产、其他财产权等登记在第三人名下的，也应当一并报告。

被执行人在报告财产令载明的期限内提交书面报告确有困难的，可以向人民法院书面申请延长期限；申请有正当理由的，人民法院可以适当延长。

第六条 被执行人自收到执行通知之日前一年至提交书面财产报告之日，其财产情况发生下列变动的，应当将变动情况一并报告：

（一）转让、出租财产的；

（二）在财产上设立担保物权等权利负担的；

（三）放弃债权或延长债权清偿期的；

（四）支出大额资金的；

（五）其他影响生效法律文书确定债权实现的财产变动。

第七条 被执行人报告财产后，其财产情况发生变动，影响申请执行人债权实现的，应当自财产变动之日起十日内向人民法院补充报告。

第八条 对被执行人报告的财产情况，人民法院应当及时调查核实，必要时可以组织当事人进行听证。

申请执行人申请查询被执行人报告的财产情况的，人民法院应当准许。申请执行人及其代理人对查询过程中知悉的信息应当保密。

第九条 被执行人拒绝报告、虚假报告或者无正当理由逾期报告财产情况的，人民法院可以根据情节轻重对被执行人或者其法定代理人予以罚款、拘留；构成犯罪的，依法追究刑事责任。

人民法院对有前款规定行为之一的单位，可以对其主要负责人或者直接责任人员予以罚款、拘留；构成犯罪的，依法追究刑事责任。

第十条 被执行人拒绝报告、虚假报告或者无正当理由逾期报告财产情况的，人民法院应当依照相关规定将其纳入失信被执行人名单。

第十一条 有下列情形之一的，财产报告程序终结：

（一）被执行人履行完毕生效法律文书确定义务的；

（二）人民法院裁定终结执行的；

（三）人民法院裁定不予执行的；

（四）人民法院认为财产报告程序应当终结的其他情形。

发出报告财产令后，人民法院裁定终结本次执行程序的，被执行人仍应依照本规定第七条的规定履行补充报告义务。

第十二条 被执行人未按执行通知履行生效法律文书确定的义务，人民法院有权通过网络执行查控系统、现场调查等方式向被执行人、有关单位或个人调查被执行人的身份信息和财产信息，有关单位和个人应当依法协助办理。

人民法院对调查所需资料可以复制、打印、抄录、拍照或以其他方式进行提取、留存。

申请执行人申请查询人民法院调查的财产信息的，人民法院可以根据案件需要决定是否准许。申请执行人及其代理人对查询过程中知悉的信息应当保密。

第十三条 人民法院通过网络执行查控系统进行调查，与现场调查具有同等法律效力。

人民法院调查过程中作出的电子法律文书与纸质法律文书具有同等法律效力；协助执行单位反馈的电子查询结果与纸质反馈结果具有同等法律效力。

第十四条 被执行人隐匿财产、会计账簿等资料拒不交出的，人民法院可以依法采取搜查措施。

人民法院依法搜查时，对被执行人可能隐匿财产或者资料的处所、箱柜等，经责令被执行人开启而拒不配合的，可以强制开启。

第十五条 为查明被执行人的财产情况和履行义务的能力，可以传唤被执行人或被执行人的法定代表人、负责人、实际控制人、直接责任人员到人民法院接受调查询问。

对必须接受调查询问的被执行人、被执行人的法定代表人、负责人或者实际控制人，经依法传唤无正当理由拒不到场的，人民法院可以拘传其到场；上述人员下落不明的，人民法院可以依照相关规定通知有关单位协助查找。

第十六条 人民法院对已经办理查封登记手续的被执行人机动车、船舶、航空器等特定动产未能实际扣押的，可以依照相关规定通知有关单位协助查找。

第十七条 作为被执行人的法人或非法人组织不履行生效法律文书确定的义务，申请执行人认为其有拒绝报告、虚假报告财产情况，隐匿、转移财产等逃避债务情形或者其股东、出资人有出资不实、抽逃出资等情形的，可以书面申请人民法院委托审计机构对该被执行人进行审计。人民法院应当自收到书面申请之日起十日内决定是否准许。

第十八条 人民法院决定审计的，应当随机确定具备资格的审计机构，并责令被执行人提交会计凭证、会计账簿、财务会计报告等与审计事项有关的资料。

被执行人隐匿审计资料的，人民法院可以依法采取搜查措施。

第十九条 被执行人拒不提供、转移、隐匿、伪造、篡改、毁弃审计资料，阻挠审计人员查看业务现场或者有其他妨碍审计调查行为的，人民法院可以根据情节轻重对被执行人或其主要负责人、直接责任人员予以罚款、拘留；构成犯罪的，依法追究刑事责任。

第二十条 审计费用由提出审计申请的申请执行人预交。被执行人存在拒绝报告或虚假报告财产情况，隐匿、转移财产或者其他逃避债务情形的，审计费用由被执行人承担；未发现被执行人存在上述情形的，审计费用由申请执行人承担。

第二十一条 被执行人不履行生效法律文书确定的义务，申请执行人可以向人民法院书面申请发布悬赏公告查找可供执行的财产。申请书应当载明下列事项：

（一）悬赏金的数额或计算方法；

（二）有关人员提供人民法院尚未掌握的财产线索，使该申请执行人的债权得以全部或部分实现时，自愿支付悬赏金的承诺；

（三）悬赏公告的发布方式；

（四）其他需要载明的事项。

人民法院应当自收到书面申请之日起十日内决定是否准许。

第二十二条 人民法院决定悬赏查找财产的，应当制作悬赏公告。悬赏公告应当载明悬赏金的数额或计算方法、领取条件等内容。

悬赏公告应当在全国法院执行悬赏公告平台、法院微博或微信等媒体平台发布，也可以在执行法院公告栏或被执行人住所地、经常居住地等处张贴。申请执行人申请在其他媒体平台发布，并自愿承担发布费用的，人民法院应当准许。

第二十三条 悬赏公告发布后，有关人员向人民法院提供财产线索的，人民法院应当对有关人员的身份信息和财产线索进行登记；两人以上提供相同财产线索的，应当按照提供线索的先后顺序登记。

人民法院对有关人员的身份信息和财产线索应当保密，但为发放悬赏金需要告知申请执行人的除外。

第二十四条 有关人员提供人民法院尚未掌握的财产线索，使申请发布悬赏公告的申请执行人的债权得以全部或部分实现的，人民法院应当按照悬赏公告发放悬赏金。

悬赏金从前款规定的申请执行人应得的执行款中予以扣减。特定物交付执行或者存在其他无法扣减情形的，悬赏金由该申请执行人另行支付。

有关人员为申请执行人的代理人、有义务向人民法院提供财产线索的人员或者存在其他不应发放悬赏金情形的，不予发放。

第二十五条 执行人员不得调查与执行案件无关的信息，对调查过程中知悉的国家秘密、商业秘密和个人隐私应当保密。

第二十六条 本规定自2017年5月1日起施行。

本规定施行后，本院以前公布的司法解释与本规定不一致的，以本规定为准。

最高人民法院关于人民法院民事执行中拍卖、变卖财产的规定

（2004年10月26日最高人民法院审判委员会第1330次会议通过，根据2020年12月23日最高人民法院审判委员会第1823次会议通过的《最高人民法院关于修改〈最高人民法院关于人民法院扣押铁路运输货物若干问题的规定〉等十八件执行类司法解释的决定》修正）

为了进一步规范民事执行中的拍卖、变卖措施，维护当事人的合法权益，根据《中华人民共和国民事诉讼法》等法律的规定，结合人民法院民事执行工作的实践经验，制定本规定。

第一条 在执行程序中，被执行人的财产被查封、扣押、冻结后，人民法院应当及时进行拍卖、变卖或者采取其他执行措施。

第二条 人民法院对查封、扣押、冻结的财产进行变价处理时，应当首先采取拍卖的方式，但法律、司法解释另有规定的除外。

第三条 人民法院拍卖被执行人财产，应当委托具有相应资质的拍卖机构进行，并对拍卖机构的拍卖进行监督，但法律、司法解释另有规定的除外。

第四条 对拟拍卖的财产，人民法院可以委托具有相应资质的评估机构进行价格评估。对于财产价值较低或者价格依照通常方法容易确定的，可以不进行评估。

当事人双方及其他执行债权人申请不进行评估的，人民法院应当准许。

对被执行人的股权进行评估时，人民法院可以责令有关企业提供会计报表等资料；有关企业拒不提供的，可以强制提取。

第五条 拍卖应当确定保留价。

拍卖财产经过评估的，评估价即为第一次拍卖的保留价；未作评估的，保留价由人民法院参照市价确定，并应当征询有关当事人的意见。

如果出现流拍，再行拍卖时，可以酌情降低保留价，但每次降低的数额不得超过前次保留价的百分之二十。

第六条 保留价确定后，依据本次拍卖保留价计算，拍卖所得价款在清偿优先债权和强制执行费用后无剩余可能的，应当在实施拍卖前将有关情况通知申请执行人。申请执行人于收到通知后五日内申请继续拍卖的，人民法院应当准许，但应重新确定保留价；重新确定的保留价应当大于该优先债权及强制执行费用的总额。

依照前款规定流拍的，拍卖费用由申请执行人负担。

第七条 执行人员应当对拍卖财产的权属状况、占有使用情况等进行必要的调查，制作拍卖财产现状的调查笔录或者收集其他有关资料。

第八条 拍卖应当先期公告。

拍卖动产的，应当在拍卖七日前公告；拍卖不动产或者其他财产权的，应当在拍卖十五日前公告。

第九条 拍卖公告的范围及媒体由当事人双方协商确定；协商不成的，由人民法院确定。拍卖财产具有专业属性的，应当同时在专业性报纸上进行公告。

当事人申请在其他新闻媒体上公告或者要求扩大公告范围的，应当准许，但该部分的公告费用由其自行承担。

第十条 拍卖不动产、其他财产权或者价值较高的动产的，竞买人应当于拍卖前向人民法院预交保证金。申请执行人参加竞买的，可以不预交保证金。保证金的数额由人民法院确定，但不得低于评估价或者市价的百分之五。

应当预交保证金而未交纳的，不得参加竞买。拍卖成交后，买受人预交的保证金充抵价款，其他竞买人预交的保证金应当在三日内退还；拍卖未成交的，保证金应当于三日内退还竞买人。

第十一条 人民法院应当在拍卖五日前以书面或者其他能够确认收悉的适当方式，通知当事人和已知的担保物权人、优先购买权人或者其他优先权人于拍卖日到场。

优先购买权人经通知未到场的，视为放弃优先购买权。

第十二条 法律、行政法规对买受人的资格或者条件有特殊规定的，竞买人应当具备规定的资格或者条件。

申请执行人、被执行人可以参加竞买。

第十三条 拍卖过程中，有最高应价时，优先购买权人可以表示以该最高价买受，如无更高应价，则拍归优先购买权人；如有更高应价，而优先购买权人不作表示的，则拍归该应价最高的竞买人。

顺序相同的多个优先购买权人同时表示买受的，以抽签方式决定买受人。

第十四条 拍卖多项财产时，其中部分财产卖得的价款足以清偿债务和支付被执行人应当负担的费用的，对剩余的财产应当停止拍卖，但被执行人同意全部拍卖的除外。

第十五条 拍卖的多项财产在使用上不可分，或者分别拍卖可能严重减损其价值的，应当合并拍卖。

第十六条 拍卖时无人竞买或者竞买人的最高应价低于保留价，到场的申请执行人或者其他执行债权人申请或者同意以该次拍卖所定的保留价接受拍卖财产的，应当将该财产交其抵债。

有两个以上执行债权人申请以拍卖财产抵债的，由法定受偿顺位在先的债权人优先承受；受偿顺位相同的，以抽签方式决定承受人。承受人应受清偿的债权额低于抵债财产的价额的，人民法院应当责令其在指定的期间内补交差额。

第十七条 在拍卖开始前，有下列情形之一的，人民法院应当撤回拍卖委托：

（一）据以执行的生效法律文书被撤销的；

（二）申请执行人及其他执行债权人撤回执行申请的；

（三）被执行人全部履行了法律文书确定的金钱债务的；

（四）当事人达成了执行和解协议，不需要拍卖财产的；

（五）案外人对拍卖财产提出确有理由的异议的；

（六）拍卖机构与竞买人恶意串通的；

（七）其他应当撤回拍卖委托的情形。

第十八条 人民法院委托拍卖后，遇有依法应当暂缓执行或者中止执行的情形的，应当决定暂缓执行或者裁定中止执行，并及时通知拍卖机构和当事人。拍卖机构收到通知后，应当立即停止拍卖，并通知竞买人。

暂缓执行期限届满或者中止执行的事由消失后，需要继续拍卖的，人民法院应当在十五日内通知拍卖机构恢复拍卖。

第十九条 被执行人在拍卖日之前向人民法院提交足额金钱清偿债务，要求停止拍卖的，人民法院应当准许，但被执行人应当负担因拍卖支出的必要费用。

第二十条 拍卖成交或者以流拍的财产抵债的，人民法院应当作出裁定，并于价款或者需要补交的差价全额交付后十日内，送达买受人或者承受人。

第二十一条 拍卖成交后，买受人应当在拍卖公告确定的期限或者人民法院指定的期限内将价款交付到人民法院或者汇入人民法院指定的账户。

第二十二条 拍卖成交或者以流拍的财产抵债后，买受人逾期未支付价款或者承受人逾期未补交差价而使拍卖、抵债的目的难以实现的，人民法院可以裁定重新拍卖。重新拍卖时，原买受人不得参加竞买。

重新拍卖的价款低于原拍卖价款造成的差价、费用损失及原拍卖中的佣金，由原买受人承担。人民法院可以直接从其预交的保证金中扣除。扣除后保证金有剩余的，应当退还原买受人；保证金数额不足的，可以责令原买受人补交；拒不补交的，强制执行。

第二十三条 拍卖时无人竞买或者竞买人的最高应价低于保留价，到场的申请执行人或者其他执行债权人不申请以该次拍卖所定的保留价抵债的，应当在六十日内再行拍卖。

第二十四条 对于第二次拍卖仍流拍的动产，人民法院可以依照本规定第十六条的规定将其作价交申请执行人或者其他执行债权人抵债。申请执行人或者其他执行债权人拒绝接受或者依法不能交付其抵债的，人民法院应当解除查封、扣押，并将该动产退还被执行人。

第二十五条 对于第二次拍卖仍流拍的不动产或者其他财产权，人民法院可以依照本规定第十六条的规定将其作价交申请执行人或者其他执行债权人抵债。申请执行人或者其他执行债权人拒绝接受或者依法不能交付其抵债的，应当在六十日内进行第三次拍卖。

第三次拍卖流拍且申请执行人或者其他执行债权人拒绝接受或者依法不能接受该不动产或者其他财产权抵债的，人民法院应当于第三次拍卖终结之日起七日内发出变卖公告。自公告之日起六十日内没有买受人愿意以第三次拍卖的保留价买受该财产，且申请执行人、其他执行债权人仍不表示接受该财产抵债的，应当解除查封、冻结，将该财产退还被执行人，但对该财产可以采取其他执行措施的除外。

第二十六条 不动产、动产或者其他财产权拍卖成交或者抵债后，该不动产、动产的所有权、其他财产权自拍卖成交或者抵债裁定送达买受人或者承受人时起转移。

第二十七条 人民法院裁定拍卖成交或者以流拍的财产抵债后，除有依法不能移交的情形外，应当于裁定送达后十五日内，将拍卖的财产移交买受人或者承受人。被执行人或者第三人占有拍卖财产应当移交而拒不移交的，强制执行。

第二十八条 拍卖财产上原有的担保物权及其他优先受偿权，因拍卖而消灭，拍卖所得价款，应当优先清偿担保物权人及其他优先受偿权人的债权，但当事人另有约定的除外。

拍卖财产上原有的租赁权及其他用益物权，不因拍卖而消灭，但该权利继续存在于拍卖财产上，对在先的担保物权或者其他优先受偿权的实现有影响的，人民法院应当依法将其除去后进行拍卖。

第二十九条 拍卖成交的，拍卖机构可以按照下列比例向买受人收取佣金：

拍卖成交价200万元以下的，收取佣金的比例不得超过5%；超过200万元至1000万元的部分，不得超过3%；超过1000万元至5000万元的部分，不得超过2%；超过5000

万元至1亿元的部分，不得超过1%；超过1亿元的部分，不得超过0.5%。

采取公开招标方式确定拍卖机构的，按照中标方案确定的数额收取佣金。

拍卖未成交或者非因拍卖机构的原因撤回拍卖委托的，拍卖机构为本次拍卖已经支出的合理费用，应当由被执行人负担。

第三十条 在执行程序中拍卖上市公司国有股和社会法人股的，适用最高人民法院《关于冻结、拍卖上市公司国有股和社会法人股若干问题的规定》。

第三十一条 对查封、扣押、冻结的财产，当事人双方及有关权利人同意变卖的，可以变卖。

金银及其制品、当地市场有公开交易价格的动产、易腐烂变质的物品、季节性商品、保管困难或者保管费用过高的物品，人民法院可以决定变卖。

第三十二条 当事人双方及有关权利人对变卖财产的价格有约定的，按照其约定价格变卖；无约定价格但有市价的，变卖价格不得低于市价；无市价但价值较大、价格不易确定的，应当委托评估机构进行评估，并按照评估价格进行变卖。

按照评估价格变卖不成的，可以降低价格变卖，但最低的变卖价不得低于评估价的二分之一。

变卖的财产无人应买的，适用本规定第十六条的规定将该财产交申请执行人或者其他执行债权人抵债；申请执行人或者其他执行债权人拒绝接受或者依法不能交付其抵债的，人民法院应当解除查封、扣押，并将该财产退还被执行人。

第三十三条 本规定自2005年1月1日起施行。施行前本院公布的司法解释与本规定不一致的，以本规定为准。

最高人民法院关于人民法院民事执行中查封、扣押、冻结财产的规定

（2004年10月26日最高人民法院审判委员会第1330次会议通过，根据2020年12月23日最高人民法院审判委员会第1823次会议通过的《最高人民法院关于修改〈最高人民法院关于人民法院扣押铁路运输货物若干问题的规定〉等十八件执行类司法解释的决定》修正）

为了进一步规范民事执行中的查封、扣押、冻结措施，维护当事人的合法权益，根据《中华人民共和国民事诉讼法》等法律的规定，结合人民法院民事执行工作的实践经验，制定本规定。

第一条 人民法院查封、扣押、冻结被执行人的动产、不动产及其他财产权，应当作出裁定，并送达被执行人和申请执行人。

采取查封、扣押、冻结措施需要有关单位或者个人协助的，人民法院应当制作《协助执行通知书》，连同裁定书副本一并送达协助执行人。查封、扣押、冻结裁定书和《协助执行通知书》送达时发生法律效力。

第二条 人民法院可以查封、扣押、冻结被执行人占有的动产、登记在被执行人名下的不动产、特定动产及其他财产权。

未登记的建筑物和土地使用权，依据土地使用权的审批文件和其他相关证据确定权属。

对于第三人占有的动产或者登记在第三人名下的不动产、特定动产及其他财产权，第三人书面确认该财产属于被执行人的，人民法院可以查封、扣押、冻结。

第三条 人民法院对被执行人的下列财产不得查封、扣押、冻结：

（一）被执行人及其所扶养家属生活所必需的衣服、家具、炊具、餐具及其他家庭生活必需的物品；

（二）被执行人及其所扶养家属所必需的生活费用。当地有最低生活保障标准的，必需的生活费用依照该标准确定；

（三）被执行人及其所扶养家属完成义务教育所必需的物品；

（四）未公开的发明或者未发表的著作；

（五）被执行人及其所扶养家属用于身体缺陷所必需的辅助工具、医疗物品；

（六）被执行人所得的勋章及其他荣誉表彰的物品；

（七）根据《中华人民共和国缔结条约程序法》，以中华人民共和国、中华人民共和国政府或者中华人民共和国政府部门名义同外国、国际组织缔结的条约、协定和其他具有条约、协定性质的文件中规定免于查封、扣押、冻结的财产；

（八）法律或者司法解释规定的其他不得查封、扣押、冻结的财产。

第四条 对被执行人及其所扶养家属生活所必需的居住房屋，人民法院可以查封，但不得拍卖、变卖或者抵债。

第五条 对于超过被执行人及其所扶养家属生活所必需的房屋和生活用品，人民法院根据申请执行人的申请，在保障被执行人及其所扶养家属最低生活标准所必需的居住房屋和普通生活必需品后，可予以执行。

第六条 查封、扣押动产的，人民法院可以直接控制该项财产。人民法院将查封、扣押的动产交付其他人控制的，应当在该动产上加贴封条或者采取其他足以公示查封、扣押的适当方式。

第七条 查封不动产的，人民法院应当张贴封条或者公告，并可以提取保存有关财产权证照。

查封、扣押、冻结已登记的不动产、特定动产及其他财产权，应当通知有关登记机关办理登记手续。未办理登记手续的，不得对抗其他已经办理了登记手续的查封、扣押、冻结行为。

第八条 查封尚未进行权属登记的建筑物时，人民法院应当通知其管理人或者该建筑物的实际占有人，并在显著位置张贴公告。

第九条 扣押尚未进行权属登记的机动车辆时，人民法院应当在扣押清单上记载该机动车辆的发动机编号。该车辆在扣押期间权利人要求办理权属登记手续的，人民法院应当准许并及时办理相应的扣押登记手续。

第十条 查封、扣押的财产不宜由人民法院保管的，人民法院可以指定被执行人负责保管；不宜由被执行人保管的，可以委托第三人或者申请执行人保管。

由人民法院指定被执行人保管的财产，如果继续使用对该财产的价值无重大影响，可以允许被执行人继续使用；由人民法院保管或者委托第三人、申请执行人保管的，保管人不得使用。

第十一条　查封、扣押、冻结担保物权人占有的担保财产，一般应当指定该担保物权人作为保管人；该财产由人民法院保管的，质权、留置权不因转移占有而消灭。

第十二条　对被执行人与其他人共有的财产，人民法院可以查封、扣押、冻结，并及时通知共有人。

共有人协议分割共有财产，并经债权人认可的，人民法院可以认定有效。查封、扣押、冻结的效力及于协议分割后被执行人享有份额内的财产；对其他共有人享有份额内的财产的查封、扣押、冻结，人民法院应当裁定予以解除。

共有人提起析产诉讼或者申请执行人代位提起析产诉讼的，人民法院应当准许。诉讼期间中止对该财产的执行。

第十三条　对第三人为被执行人的利益占有的被执行人的财产，人民法院可以查封、扣押、冻结；该财产被指定给第三人继续保管的，第三人不得将其交付给被执行人。

对第三人为自己的利益依法占有的被执行人的财产，人民法院可以查封、扣押、冻结，第三人可以继续占有和使用该财产，但不得将其交付给被执行人。

第三人无偿借用被执行人的财产的，不受前款规定的限制。

第十四条　被执行人将其财产出卖给第三人，第三人已经支付部分价款并实际占有该财产，但根据合同约定被执行人保留所有权的，人民法院可以查封、扣押、冻结；第三人要求继续履行合同的，向人民法院交付全部余款后，裁定解除查封、扣押、冻结。

第十五条　被执行人将其所有的需要办理过户登记的财产出卖给第三人，第三人已经支付部分或者全部价款并实际占有该财产，但尚未办理产权过户登记手续的，人民法院可以查封、扣押、冻结；第三人已经支付全部价款并实际占有，但未办理过户登记手续的，如果第三人对此没有过错，人民法院不得查封、扣押、冻结。

第十六条　被执行人购买第三人的财产，已经支付部分价款并实际占有该财产，第三人依合同约定保留所有权的，人民法院可以查封、扣押、冻结。保留所有权已办理登记的，第三人的剩余价款从该财产变价款中优先支付；第三人主张取回该财产的，可以依据民事诉讼法第二百二十七条规定提出异议。

第十七条　被执行人购买需要办理过户登记的第三人的财产，已经支付部分或者全部价款并实际占有该财产，虽未办理产权过户登记手续，但申请执行人已向第三人支付剩余价款或者第三人同意剩余价款从该财产变价款中优先支付的，人民法院可以查封、扣押、冻结。

第十八条　查封、扣押、冻结被执行人的财产时，执行人员应当制作笔录，载明下列内容：

（一）执行措施开始及完成的时间；
（二）财产的所在地、种类、数量；
（三）财产的保管人；
（四）其他应当记明的事项。

执行人员及保管人应当在笔录上签名，有民事诉讼法第二百四十五条规定的人员到场的，到场人员也应当在笔录上签名。

第十九条　查封、扣押、冻结被执行人的财产，以其价额足以清偿法律文书确定的债权额及执行费用为限，不得明显超标的额查封、扣押、冻结。

发现超标的额查封、扣押、冻结的，人民法院应当根据被执行人的申请或者依职权，及时解除对超标的额部分财产的查封、扣押、冻结，但该财产为不可分物且被执行人无其他可供执行的财产或者其他财产不足以清偿债务的除外。

第二十条　查封、扣押的效力及于查封、扣押物的从物和天然孳息。

第二十一条　查封地上建筑物的效力及于该地上建筑物使用范围内的土地使用权，查封土地使用权的效力及于地上建筑物，但土地使用权与地上建筑物的所有权分属被执行人与他人的除外。

地上建筑物和土地使用权的登记机关不是同一机关的，应当分别办理查封登记。

第二十二条　查封、扣押、冻结的财产灭失或者毁损的，查封、扣押、冻结的效力及于该财产的替代物、赔偿款。人民法院应当及时作出查封、扣押、冻结该替代物、赔偿款的裁定。

第二十三条　查封、扣押、冻结《协助执行通知书》在送达登记机关时，登记机关已经受理被执行人转让不动产、特定动产及其他财产的过户登记申请，尚未完成登记的，应当协助人民法院执行。人民法院不得对登记机关已经完成登记的被执行人已转让的财产实施查封、扣押、冻结措施。

查封、扣押、冻结《协助执行通知书》在送达登记机关时，其他人民法院已向该登记机关送达了过户登记《协助执行通知书》的，应当优先办理过户登记。

第二十四条　被执行人就已经查封、扣押、冻结的财产所作的移转、设定权利负担或者其他有碍执行的行为，不得对抗申请执行人。

第三人未经人民法院准许占有查封、扣押、冻结的财产或者实施其他有碍执行的行为的，人民法院可以依据申请执行人的申请或者依职权解除其占有或者排除其妨害。

人民法院的查封、扣押、冻结没有公示的，其效力不得对抗善意第三人。

第二十五条　人民法院查封、扣押被执行人设定最高额抵押权的抵押物的，应当通知抵押权人。抵押权人受抵押担保的债权数额自收到人民法院通知时起不再增加。

人民法院虽然没有通知抵押权人，但有证据证明抵押权人知道或者应当知道查封、扣押事实的，受抵押担保的债权数额从其知道或者应当知道该事实时起不再增加。

第二十六条　对已被人民法院查封、扣押、冻结的财产，其他人民法院可以进行轮候查封、扣押、冻结。查封、扣押、冻结解除的，登记在先的轮候查封、扣押、冻结即自动生效。

其他人民法院对已登记的财产进行轮候查封、扣押、冻结的，应当通知有关登记机关协助进行轮候登记，实施查封、扣押、冻结的人民法院应当允许其他人民法院查阅有关文书和记录。

其他人民法院对没有登记的财产进行轮候查封、扣押、冻结的，应当制作笔录，并经实施查封、扣押、冻结的人民法院执行人员及被执行人签字，或者书面通知实施查封、扣押、冻结的人民法院。

第二十七条　查封、扣押、冻结期限届满，人民法院未办理延期手续的，查封、扣押、冻结的效力消灭。

查封、扣押、冻结的财产已经被执行拍卖、变卖或者抵债的，查封、扣押、冻结的效力消灭。

第二十八条　有下列情形之一的，人民法院应当作出解除查封、扣押、冻结裁定，并送达申请执行人、被执行人或者案外人：

（一）查封、扣押、冻结案外人财产的；

（二）申请执行人撤回执行申请或者放弃债权的；

（三）查封、扣押、冻结的财产流拍或者变卖不成，申请执行人和其他执行债权人又不同意接受抵债，且对该财产又无法采取其他执行措施的；

（四）债务已经清偿的；

（五）被执行人提供担保且申请执行人同意解除查封、扣押、冻结的；

（六）人民法院认为应当解除查封、扣押、冻结的其他情形。

解除以登记方式实施的查封、扣押、冻结的，应当向登记机关发出《协助执行通知书》。

第二十九条　财产保全裁定和先予执行裁定的执行适用本规定。

第三十条　本规定自2005年1月1日起施行。施行前本院公布的司法解释与本规定不一致的，以本规定为准。

最高人民法院关于执行担保若干问题的规定

（2017年12月11日最高人民法院审判委员会第1729次会议通过，根据2020年12月23日最高人民法院审判委员会第1823次会议通过的《最高人民法院关于修改〈最高人民法院关于人民法院扣押铁路运输货物若干问题的规定〉等十八件执行类司法解释的决定》修正）

为了进一步规范执行担保，维护当事人、利害关系人的合法权益，根据《中华人民共和国民事诉讼法》等法律规定，结合执行实践，制定本规定。

第一条 本规定所称执行担保，是指担保人依照民事诉讼法第二百三十一条规定，为担保被执行人履行生效法律文书确定的全部或者部分义务，向人民法院提供的担保。

第二条 执行担保可以由被执行人提供财产担保，也可以由他人提供财产担保或者保证。

第三条 被执行人或者他人提供执行担保的，应当向人民法院提交担保书，并将担保书副本送交申请执行人。

第四条 担保书中应当载明担保人的基本信息、暂缓执行期限、担保期间、被担保的债权种类及数额、担保范围、担保方式、被执行人于暂缓执行期限届满后仍不履行时担保人自愿接受直接强制执行的承诺等内容。

提供财产担保的，担保书中还应当载明担保财产的名称、数量、质量、状况、所在地、所有权或者使用权归属等内容。

第五条 公司为被执行人提供执行担保的，应当提交符合公司法第十六条规定的公司章程、董事会或者股东会、股东大会决议。

第六条 被执行人或者他人提供执行担保，申请执行人同意的，应当向人民法院出具书面同意意见，也可以由执行人员将其同意的内容记入笔录，并由申请执行人签名或者盖章。

第七条 被执行人或者他人提供财产担保，可以依照民法典规定办理登记等担保物权公示手续；已经办理公示手续的，申请执行人可以依法主张优先受偿权。

申请执行人申请人民法院查封、扣押、冻结担保财产的，人民法院应当准许，但担保书另有约定的除外。

第八条 人民法院决定暂缓执行的，可以暂缓全部执行措施的实施，但担保书另有约定的除外。

第九条 担保书内容与事实不符，且对申请执行人合法权益产生实质影响的，人民法院可以依申请执行人的申请恢复执行。

第十条 暂缓执行的期限应当与担保书约定一致，但最长不得超过一年。

第十一条 暂缓执行期限届满后被执行人仍不履行义务，或者暂缓执行期间担保人有转移、隐藏、变卖、毁损担保财产等行为的，人民法院可以依申请执行人的申请恢复执行，并直接裁定执行担保财产或者保证人的财产，不得将担保人变更、追加为被执行人。

执行担保财产或者保证人的财产，以担保人应当履行义务部分的财产为限。被执行人有便于执行的现金、银行存款的，应当优先执行该现金、银行存款。

第十二条 担保期间自暂缓执行期限届满之日起计算。

担保书中没有记载担保期间或者记载不明的，担保期间为一年。

第十三条 担保期间届满后，申请执行人申请执行担保财产或者保证人财产的，人民法院不予支持。他人提供财产担保的，人民法院可以依其申请解除对担保财产的查封、扣押、冻结。

第十四条 担保人承担担保责任后，提起诉讼向被执行人追偿的，人民法院应予受理。

第十五条 被执行人申请变更、解除全部或者部分执行措施，并担保履行生效法律文书确定义务的，参照适用本规定。

第十六条 本规定自2018年3月1日起施行。

本规定施行前成立的执行担保，不适用本规定。

本规定施行前本院公布的司法解释与本规定不一致的，以本规定为准。

最高人民法院关于人民法院能否对信用证开证保证金采取冻结和扣划措施问题的规定

（1996年6月20日最高人民法院审判委员会第822次会议通过，根据2020年12月23日最高人民法院审判委员会第1823次会议通过的《最高人民法院关于修改〈最高人民法院关于人民法院扣押铁路运输货物若干问题的规定〉等十八件执行类司法解释的决定》修正）

信用证开证保证金属于有进出口经营权的企业向银行申请对国外（境外）方开立信用证而备付的具有担保支付性质的资金。为了严肃执法和保护当事人的合法权益，现就有关冻结、扣划信用证开证保证金的问题规定如下：

一、人民法院在审理或执行案件时，依法可以对信用证开证保证金采取冻结措施，但不得扣划。如果当事人、开证银行认为人民法院冻结和扣划的某项资金属于信用证开证保证金的，应当依法提出异议并提供有关证据予以证明。人民法院审查后，可按以下原则处理：对于确系信用证开证保证金的，不得采取扣划措施；如果开证银行履行了对外支付义务，根据该银行的申请，人民法院应当立即解除对信用证开证保证金相应部分的冻结措施；如果申请开证人提供的开证保证金是外汇，当事人又举证证明信用证的受益人提供的单据与信用证条款相符时，人民法院应当立即解除冻结措施。

二、如果银行因信用证无效、过期，或者因单证不符而拒付信用证款项并且免除了对外支付义务，以及在正常付出了信用证款项并从信用证开证保证金中扣除相应款额后尚有剩余，即在信用证开证保证金账户存款已丧失保证金功能的情况下，人民法院可以依法采取扣划措施。

三、人民法院对于为逃避债务而提供虚假证据证明属信用证开证保证金的单位和个人，应当依照民事诉讼法的有关规定严肃处理。

最高人民法院关于对被执行人存在银行的凭证式国库券可否采取执行措施问题的批复

（1998年2月5日最高人民法院审判委员会第958次会议通过，根据2020年12月23日最高人民法院审判委员会第1823次会议通过的《最高人民法院关于修改〈最高人民法院关于人民法院扣押铁路运输货物若干问题的规定〉等十八件执行类司法解释的决定》修正）

北京市高级人民法院：

你院京高法〔1997〕194号《关于对被执行人在银行的凭证式记名国库券可否采取冻结、扣划强制措施的请示》收悉。经研究，答复如下：

被执行人存在银行的凭证式国库券是由被执行人交银行管理的到期偿还本息的有价证券，在性质上与银行的定期储蓄存款相似，属于被执行人的财产。依照《中华人民共和国民事诉讼法》第二百四十二条规定的精神，人民法院有权冻结、划拨被执行人存在银行的凭证式国库券。有关银行应当按照人民法院的《协助执行通知书》将本息划归申请执行人。

此复。

最高人民法院 司法部 中华全国律师协会印发《关于深入推进律师参与人民法院执行工作的意见》的通知

法发〔2019〕34号

各省、自治区、直辖市高级人民法院、司法厅（局）、律师协会，解放军军事法院，新疆维吾尔自治区高级人民法院生产建设兵团分院，新疆生产建设兵团司法局、律师协会：

为认真贯彻落实中央全面依法治国委员会《关于加强综合治理从源头切实解决执行难问题的意见》（中法委发〔2019〕1号）有关要求，形成解决执行难工作合力，最高人民法院、司法部、中华全国律师协会研究制定了《关于深入推进律师参与人民法院执行工作的意见》。现印发你们，请认真执行。

最高人民法院 司法部 中华全国律师协会
2019年12月25日

最高人民法院 司法部 中华全国律师协会关于深入推进律师参与人民法院执行工作的意见

为深入贯彻落实党的十八届四中全会提出的"切实解决执行难""依法保障胜诉当事人及时实现权益"重大决策部署，根据中央全面依法治国委员会《关于加强综合治理从源头切实解决执行难问题的意见》（中法委发〔2019〕1号）关于"各地区各部门积极引入专业力量参与执行，建立健全仲裁、公证、律师、会计、审计等专业机构和人员深度参与执行的工作机制，形成解决执行难的社会合力"要求，依照相关法律规定，就深入推进律师参与人民法院执行工作，制定本意见。

一、深刻认识律师参与执行工作的重要意义

1. 人民法院执行工作是依靠国家强制力确保法律全面准确实施的重要手段，是维护人民群众合法权益、实现社会公平正义的关键环节。党的十八大以来，以习近平同志为核心的党中央高度重视人民法院执行工作，将解决执行难确定为全面依法治国的重要内容，作出重大决策部署，要求各地区各有关部门充分认识执行工作重要意义，强化责任落实，形成工作合力，积极构建综合治理、源头治理执行难工作大格局。

律师作为社会主义法治工作者和法律职业共同体的重要组成部分，是人民法院审判执行活动的重要参与者，在推进全面依法治国、建设社会主义法治国家进程中发挥着重要作用。深入推进律师参与执行工作，有助于落实以人民为中心的发展思想，践行司法为民宗旨，依法保障当事人合法权益；有助于建立健全解决执行难长效机制，提升执行工作能力，保持执行工作高水平运行；有助于凝聚各方面力量，提升全社会的法治意识、诚信意识和风险意识，推进全面依法治国和社会诚信体系建设。

二、充分发挥律师在执行工作中的重要作用

2. 充分发挥律师对人民法院执行工作的促进作用。近年来，随着执行案件数量持续增加，执行专业化水平不断提升，亟须律师等专业力量深度参与执行，通过发挥职能作用和承担部分辅助性工作，促进生效法律文书及时有效执行。特别是不少当事人在专业知识和查人找物等方面存在较大需求，需要律师发挥其在法律规范适用、财产线索查找、执行风险评估、合法权益救济等方面的积极作用，通过提供优质高效的法律服务，满足人民群众日益增长的司法需求。

各级人民法院要进一步提高对律师参与执行重要性的认识，结合工作实际，积极探索和创新保障律师执业权利、改善律师执业环境、推动律师参与执行的各项工作机制，为律师依法履行职责、发挥优势作用提供支撑和便利。

3. 充分发挥律师在推进矛盾纠纷化解中的作用。执行工作对抗性强、风险性高，极易引发矛盾和冲突。要充分发挥代理律师桥梁纽带作用，促进当事人之间、当事人和人民法院之间沟通协调。代理律师要引导、协助当事人正确认识生效法律文书裁判结果，使其充分知悉拒不履行法律义务的风险和后果。当事人不认可裁判结果的，应当引导其依法通过相应程序解决。存在和解可能的，可以提出和解建议，协助委托人与对方当事人达成执行和解。协助当事人起草和解协议时，应当秉持勤勉、专业的要求，确保要素齐全、行文规范、切实可行。当事人不履行和解协议的，代理律师可以协助委托人依法向人民法院申请恢复执行或就履行执行和解协议向人民法院提起诉讼。

各级人民法院要建立健全执行案件多元化纠纷解决机制，鼓励通过律师调解等方式化解执行争议，探索推动设立"律师志愿服务岗""律师调解工作室"等，做好执调对接工作，为律师以中立第三方身份参与矛盾化解创造条件和便利。

4. 充分发挥律师在财产保全中的作用。代理律师应当向当事人充分释明诉讼风险，明确财产保全对其实现权益的重要性，引导当事人及时向人民法院申请财产保全。已经采取保全措施的，提示当事人可以在保全期限届满七日前向人民法院提出续行保全申请；符合解除保全情形的，提示当事人可以及时申请解除保全。

各级人民法院应当加大诉讼保全适用力度，简化保全工作流程，推广保全保险担保机制，为当事人申请保全提供便利。要公开申请保全的条件、方式和流程，对符合条件的财产保全申请，应当及时受理和采取保全措施，并告知申请保全人或代理律师保全裁定的内容、保全期限届满日及有关申请续行保全的事项，充分保障当事人及其代理律师的知情权、异议权、复议权。

5. 充分发挥律师在执行调查中的作用。申请执行人的代理律师可以协助申请执行人向人民法院提供所了解的被执行人的财产状况或线索，申请人民法院进行调查，必要时，可以向人民法院申请发布悬赏公告或委托审计机构进行审计。被执行人的代理律师应当告知被执行人其有向人民法院如实报告财产的义务，并向其说明拒不报告、虚假报告或逾期报告财产的法律后果。

人民法院应当通过执行网络查控系统和其他必要方式开展执行调查。要依法保障律师调查取证的权利，进一步拓宽执行调查方式和渠道，研究建立委托律师调查相关工作机制。

6. 充分发挥律师在财产控制和变价中的作用。人民法院应当及时查封、扣押、冻结被执行人应当履行义务部分的财产，完成财产控制后，应当及时书面告知申请执行人或代理律师财产控制情况。查封、扣押、冻结期限届满前，代理律师可以协助申请执行人向人民法院申请延长期限，防止期限届满后财产被转移等后果出现。

人民法院应当及时对控制的财产进行变价，严禁违规评估、拍卖财产及违规以物抵债。在人民法院确定财产处置参考价过程中，代理律师应当协助当事人配合人民法院依法查明拟变价财产的权属、权利负担、占有使用、欠缴税费、质量瑕疵等事项。人民法院应当依法保障代理律师在财产变价过程中的执业权利，确保财产变价过程的公开、公平、公正。

执行款到账后，人民法院应当在规定的期限内通知申请执行人或有特别授权的代理律师办理领取手续，严禁隐瞒、截留、挪用执行款物及拖延发放执行案款。

7. 充分发挥律师在防范和打击规避执行行为中的作用。被执行人的代理律师应当向当事人释明不履行法律义务的后果，引导、协助其尊重生效法律文书，依法履行义务。被执行人存在失信等违法情形的，申请执行人的代理律师可以协助申请执行人依法申请人民法院采取限制消费、纳入失信被执行人名单等措施。被执行人有能力执行而拒不执行判决、裁定，情节严重、涉嫌犯罪的，申请执行人的代理律师可以依法调查取证，协助申请执行人依法向公安机关提出控告或向人民法院提起自诉。

人民法院应当加大对规避执行行为的防范和打击力度，对符合法定情形的被执行人，依法及时纳入失信被执行人名单。对恶意逃避执行及转移、隐匿财产的被执行人，依法及时适用拘留、罚款等强制措施；对涉嫌拒不执行判决、裁定，非法处置查封、扣押、冻结财产，以及妨害公务犯罪的行为人，应当将案件依法移送公安机关立案侦查。代理律师引导帮助申请执行人提起刑事自诉的，人民法院执行部门应当支持配合，刑事审判部门应当及时受理和裁判。

8.充分发挥律师在参与分配和执行转破产程序中的作用。被执行人为公民或其他组织，其财产不足以清偿全部债务，其他已经取得执行依据的债权人的代理律师可以协助该债权人向人民法院申请参与分配。对符合条件的申请，人民法院应当及时受理。被执行人为企业法人，资产不足以清偿全部债务或明显缺乏清偿能力的，人民法院应当及时询问申请执行人、被执行人是否同意将执行案件移送破产审查。申请执行人或被执行人同意的，代理律师应当积极协助当事人向人民法院执行部门提供相关材料。进入破产程序后，债务人具备重整条件的，代理律师应当积极协助当事人向人民法院申请重整。被人民法院指定为破产管理人的律师事务所和律师，应当切实履行职责，制订可行重整计划，协助人民法院做好重整工作。

人民法院应当规范执行案件移送破产的审查工作，保障执行程序与破产程序有序衔接。积极推进简易破产程序设计，快速审理"无财产可破"案件。

9. 充分发挥律师在终结本次执行程序中的作用。人民法院拟对案件终结本次执行程序的，应当将案件的执行情况、采取的财产调查措施、被执行人的财产情况、终结本次执行程序的依据及法律后果等信息告知申请执行人或代理律师。代理律师应当在受委托的权限内向人民法院反映当事人关于终结本次执行程序的意见，同时向当事人全面客观地释明人民法院终结本次执行程序的法律依据和后果。

人民法院应当将申请执行人及代理律师的意见记录入卷，严禁违规适用终结本次执行程序，不得变相强迫申请执行人或代理律师同意终结本次执行程序。终结本次执行程序后，人民法院应当对案件进行定期查询。发现被执行人有可供执行财产，不立即采取执行措施可能导致财产被转移、隐匿、出卖或毁损的，人民法院可以依申请，也可以依职权立即采取查封、扣押、冻结等控制性措施。

10. 充分发挥律师在执行救济中的作用。在办理执行案件过程中，人民法院应当严格依法规范执行，严禁"冷硬横推"及消极执行、拖延执行、选择性执行。人民法院自收到申请执行书之日起超过六个月未执行的，代理律师可以引导当事人向上一级人民法院申请执行。上一级人民法院应当及时受理并审查，可以责令原人民法院在一定期限内执行，也可以决定由本院执行或指令其他人民法院执行。当事人、利害关系人认为人民法院的执行行为违反法律规定的，代理律师可以引导当事人依法提出执行异议、复议，或依法向人民检察院申请检察监督。

人民法院应当深入推进律师参与化解和代理申诉制度，严格落实中央政法委《关于建立律师参与化解和代理涉法涉诉信访案件制度的意见（试行）》和最高人民法院、最高人民检察院、司法部《关于逐步实行律师代理申诉制度的意见》有关规定，深入推进律师代理执行申诉制度，保障当事人依法行使申诉权利，积极化解执行信访案件。

11. 充分发挥律师在执行法治宣传中的作用。人民法院、司法行政机关和律师协会要充分发挥自身职能作用，积极向社会开展执行法治宣传教育。要广泛宣传拒不履行生效法律文书的后果，增强当事人履行生效法律文书的主动性和自觉性，推动形成"守法守信光荣、违法失信可耻"的良好氛围，提高全社会的法治意识和诚信意识。要讲清"执行难"与"执行不能"的区别，帮助当事人充分认识诉讼风险以及被执行人丧失履行能力的风险，引导人民群众树立法治意识和风险防范意识，推动从源头上解决执行难问题。

三、切实加强律师参与执行工作的保障

12. 保障当事人依法委托律师代理执行案件的权利。人民法院应当在执行案件受理通知书中告知当事人有权委托律师代理执行案件，并列明律师的职能作用。对于符合法律援助条件而没有委托律师的，人民法院应当及时告知当事人有权申请法律援助。因追索赡养费、扶养费、抚育费、抚恤金、劳动报酬等涉民生案件向人民法院申请执行，符合法律援助条件的，人民法院可以按照相关规定向法律援助机构转交申请材料，法律援助机构应当加大法律援助力度。

13. 构建执行人员与律师的良性互动关系。人民法院要全面落实司法公开要求，畅通正常交流及意见建议表达渠道，为律师发挥作用营造风清气正、公平公正、公开透明的司法环境。要严格规范执行人员行为，杜绝执行人员与律师之间不正当交往甚至违法交易等问题。在办理执行案件过程中，严禁执行人员违规会见当事人、代理人、请托人或与其同吃、同住、同行；严禁"吃拿卡要"或让当事人、律师承担不应由其承担的费用；严禁充当诉讼掮客、违规过问案件及泄露工作秘密。积极构建执行人员与律师彼此尊重、平等相待、相互支持、相互监督、正当交往的新型良性互动关系。

14. 构建便捷高效的诉讼服务体系。人民法院要通过App、即时通信、微信小程序

等技术手段，打造"微法院""智慧法院"，为当事人和代理律师提供智能化诉讼服务。要深化执行信息化建设与运用，打造集约化执行公开平台，做好平台与法院执行案件管理等系统的对接，为当事人和律师提供"一站式"执行信息公开服务。要增强执行公开网的交流互动性，为当事人和律师提供更加便捷的联系法官渠道，调动律师参与执行、支持执行、监督执行的积极性。

15. 加强对律师执业的监督管理。在参与执行工作中，律师应当恪守"忠诚、为民、法治、正义、诚信、敬业"的职业道德，自觉践行遵守宪法法律、忠于事实真相、严守执业纪律、坚持谨言慎行的基本要求。司法行政机关、律师协会应当加强对律师在执行工作中执业的监督管理，对违反执业规范和职业道德的，应当依法依规作出处理。

16. 建立健全沟通协调机制。人民法院、司法行政机关、律师协会要加强沟通交流，建立健全常态化协调配合工作机制，定期或不定期听取律师对人民法院执行工作的意见建议，研究解决律师参与执行工作中遇到的问题，及时协调处理侵犯律师执业权利和律师违法违规等相关事项，不断推动形成部门联动、齐抓共管、分工协作的工作格局，为深入推进律师参与执行工作提供更加有力的保障。

中央全面依法治国委员会关于印发《关于加强综合治理从源头切实解决执行难问题的意见》的通知

中法委发〔2019〕1号

各省、自治区、直辖市党委全面依法治省（区、市）委员会，中央和国家机关有关部门，有关人民团体：

《关于加强综合治理从源头切实解决执行难问题的意见》已经中央依法治国委领导批准，现印发给你们，请结合实际抓好贯彻落实。

中央全面依法治国委员会
2019年7月14日

关于加强综合治理从源头切实解决执行难问题的意见

为深入贯彻落实党的十八届四中全会提出的"切实解决执行难"、"依法保障胜诉当事人及时实现权益"重大决策部署，进一步健全完善综合治理执行难工作大格局，确保切实解决执行难目标实现，现就加强执行难综合治理，深化执行联动机制建设，加强人民法院执行工作，提出如下意见。

一、深刻认识解决执行难工作的重要意义

人民法院执行工作是依靠国家强制力确保法律全面正确实施的重要手段，是维护人民群众合法权益、实现社会公平正义的关键环节。做好执行工作、切实解决长期存在的执行难问题，事关全面依法治国基本方略实施，事关社会公平正义实现，具有十分重要的意义。党的十八大以来，以习近平同志为核心的党中央站在全局和战略的高度，将解决执行难确定为全面依法治国的重要内容，作出重大决策部署。三年来，

在以习近平同志为核心的党中央坚强领导下,在各地各有关部门共同努力下,执行工作取得了显著成效。同时,一些制约执行工作长远发展的综合性、源头性问题依然存在,实现切实解决执行难的目标仍需加倍努力。

各地区各有关部门要坚持以习近平新时代中国特色社会主义思想为指导,增强"四个意识"、坚定"四个自信"、做到"两个维护",充分认识加强执行工作、切实解决执行难的重大意义,加大工作力度,强化责任落实,形成强大工作合力,确保完成党中央提出的切实解决执行难的目标任务。

二、推进执行联动机制建设

(一)健全网络执行查控系统。加大信息化手段在执行工作中的应用,整合完善现有信息化系统,实现网络化查找被执行人和控制财产的执行工作机制。通过国家统一的电子政务网络实现人民法院执行查控网络与公安、民政、人力资源社会保障、自然资源、住房城乡建设、交通运输、农业农村、市场监管、金融监管等部门以及各金融机构、互联网企业等单位之间的网络连接,建成覆盖全国及土地、房产、证券、股权、车辆、存款、金融理财产品等主要财产形式的网络化、自动化执行查控体系,实现全国四级法院互联互通、全面应用。人民法院、人民检察院要加强沟通,密切协作,探索建立全国执行与监督信息法检共享平台。要确保网络执行查控系统的自身数据安全,信息调取、使用等要严格权限、程序、责任,防止公民、企业信息外泄。

(二)建立健全查找被执行人协作联动机制。人民法院与公安机关建立完善查找被执行人协作联动机制,协作查找被执行人下落、协作查扣被执行人车辆、限制被执行人出境,建立网络化查人、扣车、限制出境协作新机制。对人民法院决定拘留、逮捕或者人民检察院批准逮捕的被执行人以及协助执行人,公安机关应当依法及时收拘。对暴力抗拒执行的,公安机关应及时出警、及时处置。

(三)加快推进失信被执行人信息共享工作。通过国家"互联网+监管"系统及全国信用信息共享平台,推进失信被执行人信息与公安、民政、人力资源社会保障、自然资源、住房城乡建设、交通运输、文化和旅游、财政、金融监管、税务、市场监管、科技等部门以及有关人民团体、社会组织、企事业单位实现公共信用信息资源共享。明确电信企业可以配合调取信息的范围,规范配合调取的程序。建立完善社会信用档案制度,将失信被执行人信息作为重要信用评价指标,纳入社会信用评价体系。

(四)完善失信被执行人联合惩戒机制。各有关部门尽快完成与国家"互联网+监管"系统及全国信用信息共享平台联合惩戒系统的联通对接和信息共享,做好失信被执行人身份证、护照等所有法定有效证件全部关联捆绑制度,将人民法院发布的失信被执行人名单信息嵌入本单位"互联网+监管"系统以及管理、审批工作系统中,实现对失信被执行人名单信息的自动比对、自动监督,自动采取拦截、惩戒措施,推动完善一处失信、处处受限的信用监督、警示和惩戒体系。建立执行联动工作考核机制,对失信被执行人信用监督、警示和惩戒机制落实情况开展专项检查,加大考核和问责力度。规范失信名单的使用,完善纠错、救济机制,依法保护失信被执行人的合法权益。

(五)强化对公职人员的信用监督。人民法院应及时将党员、公职人员拒不履行生效法律文书以及非法干预、妨害执行等情况,提供给组织人事部门等单位掌握,采取适当方式共同督促改正。对拒不履行生效法律文书、非法干预或妨碍执行的党员、公职人员,构成违纪违法的,分别按照《中国共产党纪律处分条例》和《中华人民共和国监察法》等有关规定处理。

(六)加大对拒不执行生效判决、裁定等违法犯罪行为打击力度。公、检、法等政法机关加强协调配合,统一立案标准,建立常态化打击拒执犯罪工作机制。对拒不执行生效判决、裁定以及其他妨碍执行的犯罪行为,公安机关应当依法及时立案侦查,检察机关应当依法及时批准逮捕和审查起诉,人民法院应当依法及时审理。公安机关不予立案、检察机关不予起诉的,应当出具法律文书,畅通当事人自诉渠道。逐步建立起以当事人刑事自诉为主的拒不执行判决、裁定罪的诉讼模式,加大对以虚假诉讼、虚假仲裁、虚假公证等方式转移财产、逃避执行违法犯罪行为的打击力度。

三、加强和改进人民法院执行工作

(一)推进执行信息化建设。完善执行查控系统建设,实现对被执行人不动产、车辆、证券、股权、存款及其他金融产品等主要财产形式的网络化、自动化查控。加强联合惩戒系统建设并与"互联网+监管"系统联通对接,对失信被执行人实现网络化自动监督、自动惩戒。建立健全司法网络询价制度,利用云计算、大数据等现代信息技术手段进行网络询价,确定财产处置的参考价格。完善网络司法拍卖工作,实现司法拍卖模式迭代升级。完善四级法院一体化的执行案件办案平台,强化节点管控,实现案件管理的信息化、智能化。

(二)提升执行规范化水平。健全执行规范制度体系,加强执行领域司法解释工作,建立完善以操作规程为核心的执行行为规范体系。加大执行公开力度,全面推进阳光执行。规范无财产可供执行案件的结案程序,完善恢复执行程序。强化全国执行指挥系统建设,确保统一管理、统一指挥、统一协调的执行工作机制有效运行。树立依法执行、规范执行、公正执行、善意执行、文明执行理念,依法保护产权。依法严格区分个人财产和企业法人财产,严格区分非法所得和合法财产,最大限度降低对企业正常生产经营活动的不利影响。拓宽执行监管渠道,健全执行监督体系。

（三）加大强制执行力度。依法充分适用罚款、拘留、限制出境等强制执行措施，加大对抗拒执行、阻碍执行、暴力抗法行为的惩治力度。完善反规避执行工作机制，严厉打击拒执犯罪，切实增强执行威慑力。

（四）创新和拓展执行措施。人民法院可以根据当事人申请，要求被执行人或协助执行人就其重大资产处置和重要事项变更等向人民法院申报和备案。执行程序中，除查封、扣押、冻结、拍卖、变卖、以物抵债等传统执行手段外，探索直接交付、资产重组、委托经营等执行措施，加快推进委托审计调查、依公证方式取证、悬赏举报等制度。推进将涉诉政府债务纳入预算管理。区分执行权核心事务与辅助性事务，明确执行辅助事务外包的范围，建立辅助事务分流机制，探索将案款发送、送达，以及财产查控、司法拍卖中的执行辅助事务适度外包。

（五）完善执行工作机制。完善立审执协调配合、案件繁简分流、执行与破产有序衔接等工作机制。加强执行工作的系统管理，完善上下级法院执行工作管理模式，强化上级法院对下级法院执行工作的监督责任。建立健全法院内部组织人事、监察部门与执行业务部门协调配合工作机制。

四、强化执行难源头治理制度建设

（一）加快社会信用体系建设。建立覆盖全社会的信用交易、出资置产、缴费纳税、违法犯罪等方面信息的信用体系，完善失信联合惩戒机制，建立完善公共信用综合评价与披露制度，畅通市场主体获取信息渠道，引导市场主体防范交易风险，从源头上减少矛盾纠纷发生。

（二）完善市场退出工作制度机制。研究破产过程中的破产费用来源渠道，探索建立多渠道筹措机制。畅通执行案件进入司法破产重整、和解或清算程序的渠道，充分发挥企业破产制度功能，促进"僵尸企业"有序退出市场。

（三）完善司法救助制度。积极拓宽救助资金来源渠道，简化司法救助程序，加强司法救助与社会救助的衔接配合，切实做好执行过程中对困难群众的救助工作。

（四）完善责任保险体系。扩大责任保险覆盖范围，鼓励相关单位投保食品安全责任、环境责任、雇主责任等责任保险，发挥保险制度分担风险、分摊损失作用，充分保障大规模受害人合法权益。

（五）完善相关法律制度。健全完善民事法律制度，加快推进制定民事强制执行法，为民事执行提供有力法律保障。依法明确法定代表人和高级管理人员任职条件和对公司资产的监管责任，限制随意变更法定代表人和高级管理人员。依法强化公司账簿管理，建立健全公司交易全程留痕制度，防止随意抽逃公司资产。健全完善行政强制执行和刑罚财产刑执行相关法律法规。

五、全面加强组织保障和工作保障

（一）加强组织领导。各级党委要统筹各方资源，实行综合治理，推动建立党委领导、政法委协调、人大监督、政府支持、法院主办、部门联动、社会参与的综合治理执行难工作大格局，纳入工作督促检查范围，适时组织开展专项督查。

（二）健全执行工作部门协作联动机制。由党委政法委牵头健全执行工作部门协作联动机制，人民法院承担主体责任，公安、民政、人力资源社会保障、自然资源、住房城乡建设、交通运输、农业农村、市场监管、金融监管等部门各司其职、通力协作、齐抓共管，形成工作整体合力。检察机关要加强对民事、行政执行包括非诉执行活动的法律监督，推动依法执行、规范执行。纪检监察机关加强对党政机关及领导干部干扰执行工作的责任追究。对于帮助进行虚假诉讼、公证、仲裁等以转移财产、逃避执行的律师、公证员、仲裁员等法律服务人员，由行业协会和司法行政主管部门加大惩罚力度。各地区及相关部门要进一步加强执行机构建设，强化人、财、物保障。最高人民法院执行局作为执行工作部门协作联动机制日常联络机构，切实负起责任。对确定的各项任务措施，明确责任部门和时间表、路线图，确保2019年年底前落实到位。

（三）加强执行队伍建设。推动执行队伍正规化、专业化、职业化，努力建设一支信念坚定、执法为民、敢于担当、清正廉洁的执行队伍，为解决执行难提供有力组织保障。各地区各部门积极引入专业力量参与执行，建立健全仲裁、公证、律师、会计、审计等专业机构和人员深度参与执行的工作机制，形成解决执行难的社会合力。

（四）加强舆论宣传工作。综合运用传统媒体和新媒体，加强正面宣传，充分展现加强执行工作、切实解决执行难的决心和成效。有计划地宣传报道一批典型案件，彰显法治权威，形成全社会理解支持参与的浓厚氛围。完善落实"三同步"工作机制，加强舆论引导，做好法律政策宣讲、解疑释惑等工作，及时回应，有效引导。

最高人民法院关于拒不执行判决、裁定罪自诉案件受理工作有关问题的通知

法〔2018〕147号

各省、自治区、直辖市高级人民法院，解放军军事法院，新疆维吾尔自治区高级人民法院生产建设兵团分院：

近期，部分高级人民法院向我院请示，申请执行人以负有执行义务的人涉嫌拒不执行判决、裁定罪向公安机关提出控告，公安机关不接受控告材料或者接受控告材料后不予书面答复的；人民法院向公安机关移送拒不执行判决、裁定罪线索，公安机关不予书面答复或者明确答复不予立案，或者人民检察院决定不起诉的，如何处理？鉴于部分高级人民法院所请示问题具有普遍性，经研究，根据相关法律和司法解释，特通知如下：

一、申请执行人向公安机关控告负有执行义务的人涉嫌拒不执行判决、裁定罪，公安机关不予接受控告材料或者在接受控告材料后60日内不予书面答复，申请执行人有证据证明该拒不执行判决、裁定行为侵犯了其人身、财产权利，应当依法追究刑事责任的，人民法院可以以自诉案件立案审理。

二、人民法院向公安机关移送拒不执行判决、裁定罪线索，公安机关决定不予立案或者在接受案件线索后60日内不予书面答复，或者人民检察院决定不起诉的，人民法院可以向申请执行人释明；申请执行人有证据证明负有执行义务的人拒不执行判决、裁定侵犯了其人身、财产权利，应当依法追究刑事责任的，人民法院可以以自诉案件立案审理。

三、公安机关接受申请执行人的控告材料或者人民法院移送的拒不执行判决、裁定罪线索，经过60日之后又决定立案的，对于申请执行人的自诉，人民法院未受理

的，裁定不予受理；已经受理的，可以向自诉人释明让其撤回起诉或者裁定终止审理。此后再出现公安机关或者人民检察院不予追究情形的，申请执行人可以依法重新提起自诉。

2018年5月30日

最高人民法院关于公布失信被执行人名单信息的若干规定

（2013年7月1日最高人民法院审判委员会第1582次会议通过，根据2017年1月16日最高人民法院审判委员会第1707次会议通过的《最高人民法院关于修改〈最高人民法院关于公布失信被执行人名单信息的若干规定〉的决定》修正）

为促使被执行人自觉履行生效法律文书确定的义务，推进社会信用体系建设，根据《中华人民共和国民事诉讼法》的规定，结合人民法院工作实际，制定本规定。

第一条 被执行人未履行生效法律文书确定的义务，并具有下列情形之一的，人民法院应当将其纳入失信被执行人名单，依法对其进行信用惩戒：

（一）有履行能力而拒不履行生效法律文书确定义务的；

（二）以伪造证据、暴力、威胁等方法妨碍、抗拒执行的；

（三）以虚假诉讼、虚假仲裁或者以隐匿、转移财产等方法规避执行的；

（四）违反财产报告制度的；

（五）违反限制消费令的；

（六）无正当理由拒不履行执行和解协议的。

第二条 被执行人具有本规定第一条第二项至第六项规定情形的，纳入失信被执行人名单的期限为二年。被执行人以暴力、威胁方法妨碍、抗拒执行情节严重或具有多项失信行为的，可以延长一至三年。

失信被执行人积极履行生效法律文书确定义务或主动纠正失信行为的，人民法院可以决定提前删除失信信息。

第三条 具有下列情形之一的，人民法院不得依据本规定第一条第一项的规定将被执行人纳入失信被执行人名单：

（一）提供了充分有效担保的；

（二）已被采取查封、扣押、冻结等措施的财产足以清偿生效法律文书确定债务的；

（三）被执行人履行顺序在后，对其依法不应强制执行的；

（四）其他不属于有履行能力而拒不履行生效法律文书确定义务的情形。

第四条 被执行人为未成年人的，人民法院不得将其纳入失信被执行人名单。

第五条 人民法院向被执行人发出的执行通知中，应当载明有关纳入失信被执行人名单的风险提示等内容。

申请执行人认为被执行人具有本规定第一条规定情形之一的，可以向人民法院申请将其纳入失信被执行人名单。人民法院应当自收到申请之日起十五日内审查并作出决定。人民法院认为被执行人具有本规定第一条规定情形之一的，也可以依职权决定将其纳入失信被执行人名单。

人民法院决定将被执行人纳入失信被执行人名单的，应当制作决定书，决定书应当写明纳入失信被执行人名单的理由，有纳入期限的，应当写明纳入期限。决定书由院长签发，自作出之日起生效。决定书应当按照民事诉讼法规定的法律文书送达方式送达当事人。

第六条 记载和公布的失信被执行人名单信息应当包括：

（一）作为被执行人的法人或者其他组织的名称、统一社会信用代码（或组织机构代码）、法定代表人或者负责人姓名；

（二）作为被执行人的自然人的姓名、性别、年龄、身份证号码；

（三）生效法律文书确定的义务和被执行人的履行情况；

（四）被执行人失信行为的具体情形；

（五）执行依据的制作单位和文号、执行案号、立案时间、执行法院；

（六）人民法院认为应当记载和公布的不涉及国家秘密、商业秘密、个人隐私的其他事项。

第七条 各级人民法院应当将失信被执行人名单信息录入最高人民法院失信被执行人名单库，并通过该名单库统一向社会公布。

各级人民法院可以根据各地实际情况，将失信被执行人名单通过报纸、广播、电视、网络、法院公告栏等其他方式予以公布，并可以采取新闻发布会或者其他方式对本院及辖区法院实施失信被执行人名单制度的情况定期向社会公布。

第八条 人民法院应当将失信被执行人名单信息，向政府相关部门、金融监管机构、金融机构、承担行政职能的事业单位及行业协会等通报，供相关单位依照法律、法规和有关规定，在政府采购、招标投标、行政审批、政府扶持、融资信贷、市场准入、资质认定等方面，对失信被执行人予以信用惩戒。

人民法院应当将失信被执行人名单信息向征信机构通报，并由征信机构在其征信系统中记录。

国家工作人员、人大代表、政协委员等被纳入失信被执行人名单的,人民法院应当将失信情况通报其所在单位和相关部门。

国家机关、事业单位、国有企业等被纳入失信被执行人名单的,人民法院应当将失信情况通报其上级单位、主管部门或者履行出资人职责的机构。

第九条 不应纳入失信被执行人名单的公民、法人或其他组织被纳入失信被执行人名单的,人民法院应当在三个工作日内撤销失信信息。

记载和公布的失信信息不准确的,人民法院应当在三个工作日内更正失信信息。

第十条 具有下列情形之一的,人民法院应当在三个工作日内删除失信信息:

(一)被执行人已履行生效法律文书确定的义务或人民法院已执行完毕的;

(二)当事人达成执行和解协议且已履行完毕的;

(三)申请执行人书面申请删除失信信息,人民法院审查同意的;

(四)终结本次执行程序后,通过网络执行查控系统查询被执行人财产两次以上,未发现有可供执行财产,且申请执行人或者其他人未提供有效财产线索的;

(五)因审判监督或破产程序,人民法院依法裁定对失信被执行人中止执行的;

(六)人民法院依法裁定不予执行的;

(七)人民法院依法裁定终结执行的。

有纳入期限的,不适用前款规定。纳入期限届满后三个工作日内,人民法院应当删除失信信息。

依照本条第一款规定删除失信信息后,被执行人具有本规定第一条规定情形之一的,人民法院可以重新将其纳入失信被执行人名单。

依照本条第一款第三项规定删除失信信息后六个月内,申请执行人申请将该被执行人纳入失信被执行人名单的,人民法院不予支持。

第十一条 被纳入失信被执行人名单的公民、法人或其他组织认为有下列情形之一的,可以向执行法院申请纠正:

(一)不应将其纳入失信被执行人名单的;

(二)记载和公布的失信信息不准确的;

(三)失信信息应予删除的。

第十二条 公民、法人或其他组织对被纳入失信被执行人名单申请纠正的,执行法院应当自收到书面纠正申请之日起十五日内审查,理由成立的,应当在三个工作日内纠正;理由不成立的,决定驳回。公民、法人或其他组织对驳回决定不服的,可以自决定书送达之日起十日内向上一级人民法院申请复议。上一级人民法院应当自收到复议申请之日起十五日内作出决定。

复议期间,不停止原决定的执行。

第十三条 人民法院工作人员违反本规定公布、撤销、更正、删除失信信息的,参照有关规定追究责任。

人民法院办理执行案件规范（节录）

第十五章　刑事处罚

223.【非法处置查封、扣押、冻结的财产罪】

隐藏、转移、变卖、故意毁损已被人民法院查封、扣押、冻结的财产，情节严重的，依照刑法第三百一十四条的规定，以非法处置查封、扣押、冻结的财产罪追究刑事责任。

224.【妨害公务罪】

对下列暴力抗拒执行的行为，依照刑法第二百七十七条的规定，以妨害公务罪论处：

（一）聚众哄闹、冲击执行现场，围困、扣押、殴打执行人员，致使执行工作无法进行的；

（二）毁损、抢夺执行案件材料、执行公务车辆和其他执行器械、执行人员服装以及执行公务证件，造成严重后果的；

（三）其他以暴力、威胁方法妨害或者抗拒执行，致使执行工作无法进行的。

负有执行人民法院判决、裁定义务的单位直接负责的主管人员和其他直接责任人员，为了本单位的利益实施前款所列行为之一的，对该主管人员和其他直接责任人员，依照刑法第二百七十七条的规定，以妨害公务罪论处。

225.【拒不执行判决、裁定罪】

被执行人、协助执行义务人、担保人等负有执行义务的人对人民法院的判决、裁定有能力执行而拒不执行，情节严重的，应当依照刑法第三百一十三条的规定，以拒不执行判决、裁定罪处罚。

226.【判决、裁定的范围】

刑法第三百一十三条规定的"人民法院的判决、裁定",是指人民法院依法作出的具有执行内容并已发生法律效力的判决、裁定。人民法院为依法执行支付令、生效的调解书、仲裁裁决、公证债权文书等所作的裁定属于该条规定的裁定。

227.【有能力执行而拒不执行、情节严重的情形】

下列情形属于刑法第三百一十三条规定的"有能力执行而拒不执行,情节严重"的情形:

(一)被执行人隐藏、转移、故意毁损财产或者无偿转让财产、以明显不合理的低价转让财产,致使判决、裁定无法执行的;

(二)担保人或者被执行人隐藏、转移、故意毁损或者转让已向人民法院提供担保的财产,致使判决、裁定无法执行的;

(三)协助执行义务人接到人民法院《协助执行通知书》后,拒不协助执行,致使判决、裁定无法执行的;

(四)被执行人、担保人、协助执行义务人与国家机关工作人员通谋,利用国家机关工作人员的职权妨害执行,致使判决、裁定无法执行的;

(五)其他有能力执行而拒不执行,情节严重的情形。

国家机关工作人员有上述第四项行为的,以拒不执行判决、裁定罪的共犯追究刑事责任。国家机关工作人员收受贿赂或者滥用职权,有上述第四项行为的,同时又构成刑法第三百八十五条、第三百九十七条规定之罪的,依照处罚较重的规定定罪处罚。

228.【其他有能力执行而拒不执行、情节严重的情形】

负有执行义务的人有能力执行而实施下列行为之一的,应当认定为本规范第227条第一款第五项规定的"其他有能力执行而拒不执行,情节严重的情形":

(一)具有拒绝报告或者虚假报告财产情况、违反人民法院限制高消费及有关消费令等拒不执行行为,经采取罚款或者拘留等强制措施后仍拒不执行的;

(二)伪造、毁灭有关被执行人履行能力的重要证据,以暴力、威胁、贿买方法阻止他人作证或者指使、贿买、胁迫他人作伪证,妨碍人民法院查明被执行人财产情况,致使判决、裁定无法执行的;

(三)拒不交付法律文书指定交付的财物、票证或者拒不迁出房屋、退出土地,致使判决、裁定无法执行的;

(四)与他人串通,通过虚假诉讼、虚假仲裁、虚假和解等方式妨害执行,致使判决、裁定无法执行的;

（五）以暴力、威胁方法阻碍执行人员进入执行现场或者聚众哄闹、冲击执行现场，致使执行工作无法进行的；

（六）对执行人员进行侮辱、围攻、扣押、殴打，致使执行工作无法进行的；

（七）毁损、抢夺执行案件材料、执行公务车辆和其他执行器械、执行人员服装以及执行公务证件，致使执行工作无法进行的；

（八）拒不执行法院判决、裁定，致使债权人遭受重大损失的。

229.【拒不执行判决、裁定的起算时间】

有能力执行而拒不执行判决、裁定的时间从判决、裁定发生法律效力时起算。

具有执行内容的判决、裁定发生法律效力后，负有执行义务的人有隐藏、转移、故意毁损财产等拒不执行行为，致使判决、裁定无法执行，情节严重的，应当以拒不执行判决、裁定罪定罪处罚。

230.【拒不执行判决、裁定罪的先行拘留和移送侦查】

人民法院在执行判决、裁定过程中，对拒不执行判决、裁定情节严重的人，可以先行司法拘留；拒不执行判决、裁定的行为人涉嫌犯罪的，应当将案件依法移送有管辖权的公安机关立案侦查。

231.【拒不执行判决、裁定罪的自诉案件】

申请执行人有证据证明同时具有下列情形，人民法院认为符合刑事诉讼法第二百零四条第三项规定的，以自诉案件立案审理：

（一）负有执行义务的人拒不执行判决、裁定，侵犯了申请执行人的人身、财产权利，应当依法追究刑事责任的；

（二）申请执行人曾经提出控告，而公安机关或者人民检察院对负有执行义务的人不予追究刑事责任的。

前款规定的自诉案件，依照刑事诉讼法第二百零六条的规定，自诉人在宣告判决前，可以同被告人自行和解或者撤回自诉。

232.【拒不执行判决、裁定刑事案件的管辖】

拒不执行判决、裁定刑事案件，一般由执行法院所在地人民法院管辖。

233.【酌情从宽情形】

拒不执行判决、裁定的被告人在一审宣告判决前，履行全部或部分执行义务的，可以酌情从宽处罚。

234.【酌情从重情形】

拒不执行支付赡养费、扶养费、抚育费、抚恤金、医疗费用、劳动报酬等判决、裁定的，可以酌情从重处罚。

235.【不立案侦查的检察监督】

人民法院认为公安机关应当立案侦查而不立案侦查的，可提请人民检察院予以监督。人民检察院认为需要立案侦查的，应当要求公安机关说明不立案的理由。人民检察院认为公安机关不立案理由不能成立的，应当通知公安机关立案，公安机关接到通知后应当立案。

最高人民法院 最高人民检察院关于民事执行活动法律监督若干问题的规定

为促进人民法院依法执行，规范人民检察院民事执行法律监督活动，根据《中华人民共和国民事诉讼法》和其他有关法律规定，结合人民法院民事执行和人民检察院民事执行法律监督工作实际，制定本规定。

第一条 人民检察院依法对民事执行活动实行法律监督。人民法院依法接受人民检察院的法律监督。

第二条 人民检察院办理民事执行监督案件，应当以事实为依据，以法律为准绳，坚持公开、公平、公正和诚实信用原则，尊重和保障当事人的诉讼权利，监督和支持人民法院依法行使执行权。

第三条 人民检察院对人民法院执行生效民事判决、裁定、调解书、支付令、仲裁裁决以及公证债权文书等法律文书的活动实施法律监督。

第四条 对民事执行活动的监督案件，由执行法院所在地同级人民检察院管辖。

上级人民检察院认为确有必要的，可以办理下级人民检察院管辖的民事执行监督案件。下级人民检察院对有管辖权的民事执行监督案件，认为需要上级人民检察院办理的，可以报请上级人民检察院办理。

第五条 当事人、利害关系人、案外人认为人民法院的民事执行活动存在违法情形向人民检察院申请监督，应当提交监督申请书、身份证明、相关法律文书及证据材料。提交证据材料的，应当附证据清单。

申请监督材料不齐备的，人民检察院应当要求申请人限期补齐，并明确告知应补齐的全部材料。申请人逾期未补齐的，视为撤回监督申请。

第六条 当事人、利害关系人、案外人认为民事执行活动存在违法情形，向人民检察院申请监督，法律规定可以提出异议、复议或者提起诉讼，当事人、利害关系人、案外人没有提出异议、申请复议或者提起诉讼的,人民检察院不予受理,但有正当理由的除外。

当事人、利害关系人、案外人已经向人民法院提出执行异议或者申请复议,人民法院审查异议、复议期间,当事人、利害关系人、案外人又向人民检察院申请监督的,人民检察院不予受理,但申请对人民法院的异议、复议程序进行监督的除外。

第七条 具有下列情形之一的民事执行案件,人民检察院应当依职权进行监督:

(一)损害国家利益或者社会公共利益的;

(二)执行人员在执行该案时有贪污受贿、徇私舞弊、枉法执行等违法行为、司法机关已经立案的;

(三)造成重大社会影响的;

(四)需要跟进监督的。

第八条 人民检察院因办理监督案件的需要,依照有关规定可以调阅人民法院的执行卷宗,人民法院应当予以配合。

通过拷贝电子卷、查阅、复制、摘录等方式能够满足办案需要的,不调阅卷宗。

人民检察院调阅人民法院卷宗,由人民法院办公室(厅)负责办理,并在五日内提供,因特殊情况不能按时提供的,应当向人民检察院说明理由,并在情况消除后及时提供。

人民法院正在办理或者已结案尚未归档的案件,人民检察院办理民事执行监督案件时可以直接到办理部门查阅、复制、拷贝、摘录案件材料,不调阅卷宗。

第九条 人民检察院因履行法律监督职责的需要,可以向当事人或者案外人调查核实有关情况。

第十条 人民检察院认为人民法院在民事执行活动中可能存在怠于履行职责情形的,可以向人民法院书面了解相关情况,人民法院应当说明案件的执行情况及理由,并在十五日内书面回复人民检察院。

第十一条 人民检察院向人民法院提出民事执行监督检察建议,应当经检察长批准或者检察委员会决定,制作检察建议书,在决定之日起十五日内将检察建议书连同案件卷宗移送同级人民法院。

检察建议书应当载明检察机关查明的事实、监督理由、依据以及建议内容等。

第十二条 人民检察院提出的民事执行监督检察建议,统一由同级人民法院立案受理。

第十三条 人民法院收到人民检察院的检察建议书后,应当在三个月内将审查处理情况以回复意见函的形式回复人民检察院,并附裁定、决定等相关法律文书。有特殊情况需要延长的,经本院院长批准,可以延长一个月。

回复意见函应当载明人民法院查明的事实、回复意见和理由并加盖院章。不采纳检察建议的，应当说明理由。

第十四条 人民法院收到检察建议后逾期未回复或者处理结果不当的，提出检察建议的人民检察院可以依职权提请上一级人民检察院向其同级人民法院提出检察建议。上一级人民检察院认为应当跟进监督的，应当向其同级人民法院提出检察建议。人民法院应当在三个月内提出审查处理意见并以回复意见函的形式回复人民检察院，认为人民检察院的意见正确的，应当监督下级人民法院及时纠正。

第十五条 当事人在人民检察院审查案件过程中达成和解协议且不违反法律规定的，人民检察院应当告知其将和解协议送交人民法院，由人民法院依照民事诉讼法第二百三十条的规定进行处理。

第十六条 当事人、利害关系人、案外人申请监督的案件，人民检察院认为人民法院民事执行活动不存在违法情形的，应当作出不支持监督申请的决定，在决定之日起十五日内制作不支持监督申请决定书，发送申请人，并做好释法说理工作。

人民检察院办理依职权监督的案件，认为人民法院民事执行活动不存在违法情形的，应当作出终结审查决定。

第十七条 人民法院认为检察监督行为违反法律规定的，可以向人民检察院提出书面建议。人民检察院应当在收到书面建议后三个月内作出处理并将处理情况书面回复人民法院；人民法院对于人民检察院的回复有异议的，可以通过上一级人民法院向上一级人民检察院提出。上一级人民检察院认为人民法院建议正确的，应当要求下级人民检察院及时纠正。

第十八条 有关国家机关不依法履行生效法律文书确定的执行义务或者协助执行义务的，人民检察院可以向相关国家机关提出检察建议。

第十九条 人民检察院民事检察部门在办案中发现被执行人涉嫌构成拒不执行判决、裁定罪且公安机关不予立案侦查的，应当移送侦查监督部门处理。

第二十条 人民法院、人民检察院应当建立完善沟通联系机制，密切配合，互相支持，促进民事执行法律监督工作依法有序稳妥开展。

第二十一条 人民检察院对人民法院行政执行活动实施法律监督，行政诉讼法及有关司法解释没有规定的，参照本规定执行。

第二十二条 本规定自2017年1月1日起施行。

最高人民法院印发《关于严格规范终结本次执行程序的规定（试行）》的通知

法〔2016〕373号

各省、自治区、直辖市高级人民法院，解放军军事法院，新疆维吾尔自治区高级人民法院生产建设兵团分院：

现将《最高人民法院关于严格规范终结本次执行程序的规定（试行）》予以印发，请认真贯彻执行。

最高人民法院

2016年10月29日

最高人民法院关于严格规范终结本次执行程序的规定（试行）

为严格规范终结本次执行程序，维护当事人的合法权益，根据《中华人民共和国民事诉讼法》及有关司法解释的规定，结合人民法院执行工作实际，制定本规定。

第一条 人民法院终结本次执行程序，应当同时符合下列条件：

（一）已向被执行人发出执行通知、责令被执行人报告财产；

（二）已向被执行人发出限制消费令，并将符合条件的被执行人纳入失信被执行人名单；

（三）已穷尽财产调查措施，未发现被执行人有可供执行的财产或者发现的财产不能处置；

（四）自执行案件立案之日起已超过三个月；

（五）被执行人下落不明的，已依法予以查找；被执行人或者其他人妨害执行的，已依法采取罚款、拘留等强制措施，构成犯罪的，已依法启动刑事责任追究程序。

第二条 本规定第一条第一项中的"责令被执行人报告财产",是指应当完成下列事项:

(一)向被执行人发出报告财产令;

(二)对被执行人报告的财产情况予以核查;

(三)对逾期报告、拒绝报告或者虚假报告的被执行人或者相关人员,依法采取罚款、拘留等强制措施,构成犯罪的,依法启动刑事责任追究程序。

人民法院应当将财产报告、核实及处罚的情况记录入卷。

第三条 本规定第一条第三项中的"已穷尽财产调查措施",是指应当完成下列调查事项:

(一)对申请执行人或者其他人提供的财产线索进行核查;

(二)通过网络执行查控系统对被执行人的存款、车辆及其他交通运输工具、不动产、有价证券等财产情况进行查询;

(三)无法通过网络执行查控系统查询本款第二项规定的财产情况的,在被执行人住所地或者可能隐匿、转移财产所在地进行必要调查;

(四)被执行人隐匿财产、会计账簿等资料且拒不交出的,依法采取搜查措施;

(五)经申请执行人申请,根据案件实际情况,依法采取审计调查、公告悬赏等调查措施;

(六)法律、司法解释规定的其他财产调查措施。

人民法院应当将财产调查情况记录入卷。

第四条 本规定第一条第三项中的"发现的财产不能处置",包括下列情形:

(一)被执行人的财产经法定程序拍卖、变卖未成交,申请执行人不接受抵债或者依法不能交付其抵债,又不能对该财产采取强制管理等其他执行措施的;

(二)人民法院在登记机关查封的被执行人车辆、船舶等财产,未能实际扣押的。

第五条 终结本次执行程序前,人民法院应当将案件执行情况、采取的财产调查措施、被执行人的财产情况、终结本次执行程序的依据及法律后果等信息告知申请执行人,并听取其对终结本次执行程序的意见。

人民法院应当将申请执行人的意见记录入卷。

第六条 终结本次执行程序应当制作裁定书,载明下列内容:

(一)申请执行的债权情况;

(二)执行经过及采取的执行措施、强制措施;

(三)查明的被执行人财产情况;

(四)实现的债权情况;

（五）申请执行人享有要求被执行人继续履行债务及依法向人民法院申请恢复执行的权利，被执行人负有继续向申请执行人履行债务的义务。

终结本次执行程序裁定书送达申请执行人后，执行案件可以作结案处理。人民法院进行相关统计时，应当对以终结本次执行程序方式结案的案件与其他方式结案的案件予以区分。

终结本次执行程序裁定书应当依法在互联网上公开。

第七条 当事人、利害关系人认为终结本次执行程序违反法律规定的，可以提出执行异议。人民法院应当依照民事诉讼法第二百二十五条的规定进行审查。

第八条 终结本次执行程序后，被执行人应当继续履行生效法律文书确定的义务。被执行人自动履行完毕的，当事人应当及时告知执行法院。

第九条 终结本次执行程序后，申请执行人发现被执行人有可供执行财产的，可以向执行法院申请恢复执行。申请恢复执行不受申请执行时效期间的限制。执行法院核查属实的，应当恢复执行。

终结本次执行程序后的五年内，执行法院应当每六个月通过网络执行查控系统查询一次被执行人的财产，并将查询结果告知申请执行人。符合恢复执行条件的，执行法院应当及时恢复执行。

第十条 终结本次执行程序后，发现被执行人有可供执行财产，不立即采取执行措施可能导致财产被转移、隐匿、出卖或者毁损的，执行法院可以依申请执行人申请或依职权立即采取查封、扣押、冻结等控制性措施。

第十一条 案件符合终结本次执行程序条件，又符合移送破产审查相关规定的，执行法院应当在作出终结本次执行程序裁定的同时，将执行案件相关材料移送被执行人住所地人民法院进行破产审查。

第十二条 终结本次执行程序裁定书送达申请执行人以后，执行法院应当在七日内将相关案件信息录入最高人民法院建立的终结本次执行程序案件信息库，并通过该信息库统一向社会公布。

第十三条 终结本次执行程序案件信息库记载的信息应当包括下列内容：

（一）作为被执行人的法人或者其他组织的名称、住所地、组织机构代码及其法定代表人或者负责人的姓名，作为被执行人的自然人的姓名、性别、年龄、身份证件号码和住址；

（二）生效法律文书的制作单位和文号、执行案号、立案时间、执行法院；

（三）生效法律文书确定的义务和被执行人的履行情况；

（四）人民法院认为应当记载的其他事项。

第十四条 当事人、利害关系人认为公布的终结本次执行程序案件信息错误的，可以向执行法院申请更正。执行法院审查属实的，应当在三日内予以更正。

第十五条　终结本次执行程序后，人民法院已对被执行人依法采取的执行措施和强制措施继续有效。

第十六条　终结本次执行程序后，申请执行人申请延长查封、扣押、冻结期限的，人民法院应当依法办理续行查封、扣押、冻结手续。

终结本次执行程序后，当事人、利害关系人申请变更、追加执行当事人，符合法定情形的，人民法院应予支持。变更、追加被执行人后，申请执行人申请恢复执行的，人民法院应予支持。

第十七条　终结本次执行程序后，被执行人或者其他人妨害执行的，人民法院可以依法予以罚款、拘留；构成犯罪的，依法追究刑事责任。

第十八条　有下列情形之一的，人民法院应当在三日内将案件信息从终结本次执行程序案件信息库中屏蔽：

（一）生效法律文书确定的义务执行完毕的；

（二）依法裁定终结执行的；

（三）依法应予屏蔽的其他情形。

第十九条　本规定自2016年12月1日起施行。

中共中央办公厅、国务院办公厅印发《关于加快推进失信被执行人信用监督、警示和惩戒机制建设的意见》

（2016年9月25日）

人民法院通过司法程序认定的被执行人失信信息是社会信用信息重要组成部分。对失信被执行人进行信用监督、警示和惩戒，有利于促进被执行人自觉履行生效法律文书确定的义务，提高司法公信力，推进社会信用体系建设。为加快推进失信被执行人信用监督、警示和惩戒机制建设，现提出以下意见。

一、总体要求

（一）指导思想

全面贯彻落实党的十八大和十八届三中、四中、五中全会精神，深入学习贯彻习近平总书记系列重要讲话精神，紧紧围绕统筹推进"五位一体"总体布局和协调推进"四个全面"战略布局，牢固树立新发展理念，按照培育和践行社会主义核心价值观、推进信用信息共享、健全激励惩戒机制、提高全社会诚信水平的有关要求，进一步提高人民法院执行工作能力，加快推进失信被执行人跨部门协同监管和联合惩戒机制建设，构建一处失信、处处受限的信用监督、警示和惩戒工作体制机制，维护司法权威，提高司法公信力，营造向上向善、诚信互助的社会风尚。

（二）基本原则

——坚持合法性。对失信被执行人信用监督、警示和惩戒要严格遵照法律法规实施。

——坚持信息共享。破除各地区各部门之间以及国家机关与人民团体、社会组织、企事业单位之间的信用信息壁垒，依法推进信用信息互联互通和交换共享。

——坚持联合惩戒。各地区各部门要各司其职，相互配合，形成合力，构建一处失信、处处受限的信用监督、警示和惩戒体系。

——坚持政府主导和社会联动。各级政府要发挥主导作用，同时发挥各方面力量，促进全社会共同参与、共同治理，实现政府主导与社会联动的有效融合。

（三）建设目标

到2018年，人民法院执行工作能力显著增强，执行联动体制便捷、顺畅、高效运行。失信被执行人名单制度更加科学、完善，失信被执行人界定与信息管理、推送、公开、屏蔽、撤销等合法高效、准确及时。失信被执行人信息与各类信用信息互联共享，以联合惩戒为核心的失信被执行人信用监督、警示和惩戒机制高效运行。有效促进被执行人自觉履行人民法院生效裁判确定的义务，执行难问题基本解决，司法公信力大幅提升，诚实守信成为全社会共同的价值追求和行为准则。

二、加强联合惩戒

（一）从事特定行业或项目限制

1. 设立金融类公司限制。将失信被执行人相关信息作为设立银行业金融机构及其分支机构，以及参股、收购银行业金融机构审批的审慎性参考，作为设立证券公司、基金管理公司、期货公司审批，私募投资基金管理人登记的审慎性参考。限制失信被执行人设立融资性担保公司、保险公司。

2. 发行债券限制。对失信被执行人在银行间市场发行债券从严审核，限制失信被执行人公开发行公司债券。

3. 合格投资者额度限制。在合格境外机构投资者、合格境内机构投资者额度审批和管理中，将失信状况作为审慎性参考依据。

4. 股权激励限制。失信被执行人为境内国有控股上市公司的，协助中止其股权激励计划；对失信被执行人为境内国有控股上市公司股权激励对象的，协助终止其行权资格。

5. 股票发行或挂牌转让限制。将失信被执行人信息作为股票发行和在全国中小企业股份转让系统挂牌公开转让股票审核的参考。

6. 设立社会组织限制。将失信被执行人信息作为发起设立社会组织审批登记的参考，限制失信被执行人发起设立社会组织。

7. 参与政府投资项目或主要使用财政性资金项目限制。协助人民法院查询政府采购项目信息；依法限制失信被执行人作为供应商参加政府采购活动；依法限制失信被执行人参与政府投资项目或主要使用财政性资金项目。

（二）政府支持或补贴限制

1. 获取政府补贴限制。限制失信被执行人申请政府补贴资金和社会保障资金支持。

2. 获得政策支持限制。在审批投资、进出口、科技等政策支持的申请时，查询相关机构及其法定代表人、实际控制人、董事、监事、高级管理人员是否为失信被执行人，作为其享受该政策的审慎性参考。

（三）任职资格限制

1. 担任国企高管限制。失信被执行人为个人的，限制其担任国有独资公司、国有资本控股公司董事、监事、高级管理人员，以及国有资本参股公司国有股权方派出或推荐的董事、监事、高级管理人员；已担任相关职务的，按照有关程序依法免去其职务。

2. 担任事业单位法定代表人限制。失信被执行人为个人的，限制其登记为事业单位法定代表人。

3. 担任金融机构高管限制。限制失信被执行人担任银行业金融机构、证券公司、基金管理公司、期货公司、保险公司、融资性担保公司的董事、监事、高级管理人员。

4. 担任社会组织负责人限制。失信被执行人为个人的，限制其登记或备案为社会组织负责人。

5. 招录（聘）为公务人员限制。限制招录（聘）失信被执行人为公务员或事业单位工作人员，在职公务员或事业单位工作人员被确定为失信被执行人的，失信情况应作为其评先、评优、晋职晋级的参考。

6. 入党或党员的特别限制。将严格遵守法律、履行生效法律文书确定的义务情况，作为申请加入中国共产党、预备党员转为正式党员以及党员评先、评优、晋职晋级的重要参考。

7. 担任党代表、人大代表和政协委员限制。失信被执行人为个人的，不作为组织推荐的各级党代会代表、各级人大代表和政协委员候选人。

8. 入伍服役限制。失信被执行人为个人的，将其失信情况作为入伍服役和现役、预备役军官评先、评优、晋职晋级的重要参考。

（四）准入资格限制

1. 海关认证限制。限制失信被执行人成为海关认证企业；在失信被执行人办理通关业务时，实施严密监管，加强单证审核或布控查验。

2. 从事药品、食品等行业限制。对失信被执行人从事药品、食品安全行业从严审批；限制失信被执行人从事危险化学品生产经营储存、烟花爆竹生产经营、矿山生产和安全评价、认证、检测、检验等行业；限制失信被执行人担任上述行业单位主要负责人及董事、监事、高级管理人员，已担任相关职务的，按规定程序要求予以变更。

3. 房地产、建筑企业资质限制。将房地产、建筑企业不依法履行生效法律文书确定的义务情况，记入房地产和建筑市场信用档案，向社会披露有关信息，对其企业资质作出限制。

（五）荣誉和授信限制

1. 授予文明城市、文明村镇、文明单位、文明家庭、道德模范、慈善类奖项限制。将履行人民法院生效裁判情况作为评选文明村镇、文明单位、文明家庭的前置条件，作为文明城市测评的指标内容。有关机构及其法定代表人、实际控制人、董事、监事、高级管理人员为失信被执行人的，不得参加文明单位、慈善类奖项评选，列入失信被执行人后取得的文明单位荣誉称号、慈善类奖项予以撤销。失信被执行人为个人的，不得参加道德模范、慈善类奖项评选，列入失信被执行人后获得的道德模范荣誉称号、慈善类奖项予以撤销。

2. 律师和律师事务所荣誉限制。协助人民法院查询失信被执行人的律师身份信息、律师事务所登记信息；失信被执行人为律师、律师事务所的，在一定期限内限制其参与评先、评优。

3. 授信限制。银行业金融机构在融资授信时要查询拟授信对象及其法定代表人、主要负责人、实际控制人、董事、监事、高级管理人员是否为失信被执行人，对拟授信对象为失信被执行人的，要从严审核。

（六）特殊市场交易限制

1. 从事不动产交易、国有资产交易限制。协助人民法院查询不动产登记情况，限制失信被执行人及失信被执行人的法定代表人、主要负责人、实际控制人、影响债务履行的直接责任人员购买或取得房产、土地使用权等不动产；限制失信被执行人从事土地、矿产等不动产资源开发利用，参与国有企业资产、国家资产等国有产权交易。

2. 使用国有林地限制。限制失信被执行人申报使用国有林地项目；限制其申报重点林业建设项目。

3. 使用草原限制。限制失信被执行人申报草原征占用项目；限制其申报承担国家草原保护建设项目。

4. 其他国有自然资源利用限制。限制失信被执行人申报水流、海域、无居民海岛、山岭、荒地、滩涂等国有自然资源利用项目以及重点自然资源保护建设项目。

（七）限制高消费及有关消费

1. 乘坐火车、飞机限制。限制失信被执行人及失信被执行人的法定代表人、主要负责人、实际控制人、影响债务履行的直接责任人员乘坐列车软卧、G字头动车组列车全部座位、其他动车组列车一等以上座位、民航飞机等非生活和工作必需的消费行为。

2. 住宿宾馆饭店限制。限制失信被执行人及失信被执行人的法定代表人、主要负责人、实际控制人、影响债务履行的直接责任人员住宿星级以上宾馆饭店、国家一级以上酒店及其他高消费住宿场所；限制其在夜总会、高尔夫球场等高消费场所消费。

3. 高消费旅游限制。限制失信被执行人及失信被执行人的法定代表人、主要负责人、实际控制人、影响债务履行的直接责任人员参加旅行社组织的团队出境旅游，以及享受旅行社提供的与出境旅游相关的其他服务；对失信被执行人在获得旅游等级评定的度假区内或旅游企业内消费实行限额控制。

4. 子女就读高收费学校限制。限制失信被执行人及失信被执行人的法定代表人、主要负责人、实际控制人、影响债务履行的直接责任人员以其财产支付子女入学就读高收费私立学校。

5. 购买具有现金价值保险限制。限制失信被执行人及失信被执行人的法定代表人、主要负责人、实际控制人、影响债务履行的直接责任人员支付高额保费购买具有现金价值的保险产品。

6. 新建、扩建、高档装修房屋等限制。限制失信被执行人及失信被执行人的法定代表人、主要负责人、实际控制人、影响债务履行的直接责任人员新建、扩建、高档装修房屋，购买非经营必需车辆等非生活和工作必需的消费行为。

（八）协助查询、控制及出境限制

协助人民法院依法查询失信被执行人身份、出入境证件信息及车辆信息，协助查封、扣押失信被执行人名下的车辆，协助查找、控制下落不明的失信被执行人，限制失信被执行人出境。

（九）加强日常监管检查

将失信被执行人和以失信被执行人为法定代表人、主要负责人、实际控制人、董事、监事、高级管理人员的单位，作为重点监管对象，加大日常监管力度，提高随机抽查的比例和频次，并可依据相关法律法规对其采取行政监管措施。

（十）加大刑事惩戒力度

公安、检察机关和人民法院对拒不执行生效判决、裁定以及其他妨碍执行构成犯罪的行为，要及时依法侦查、提起公诉和审判。

（十一）鼓励其他方面限制

鼓励各级党政机关、人民团体、社会组织、企事业单位使用失信被执行人名单信息，结合各自主管领域、业务范围、经营活动，实施对失信被执行人的信用监督、警示和惩戒。

三、加强信息公开与共享

（一）失信信息公开

人民法院要及时准确更新失信被执行人名单信息，并通过全国法院失信被执行人名单信息公布与查询平台、有关网站、移动客户端、户外媒体等多种形式向社会公开，供公众免费查询；根据联合惩戒工作需要，人民法院可以向有关单位推送名单信息，供其结合自身工作依法使用名单信息。对依法不宜公开失信信息的被执行人，人民法院要通报其所在单位，由其所在单位依纪依法处理。

（二）纳入政府政务公开

各地区各部门要按照中共中央办公厅、国务院办公厅印发的《关于全面推进政务公开工作的意见》的有关要求，将失信被执行人信用监督、警示和惩戒信息列入政务公开事项，对失信被执行人信用监督、警示和惩戒要依据部门权力清单、责任清单和负面清单依法开展。

（三）信用信息共享

各地区各部门之间要进一步打破信息壁垒，实现信息共享，通过全国信用信息共享平台，加快推进失信被执行人信息与公安、民政、人力资源社会保障、国土资源、住房城乡建设、财政、金融、税务、工商、安全监管、证券、科技等部门信用信息资源共享，推进失信被执行人信息与有关人民团体、社会组织、企事业单位信用信息资源共享。

（四）共享体制机制建设

加快推进失信被执行人信用信息共享体制机制建设，建立健全政府与征信机构、信用评级机构、金融机构、社会组织之间的信用信息共享机制。建立社会信用档案制度，将失信被执行人信息作为重要信用评价指标纳入社会信用评价体系。

四、完善相关制度机制

（一）进一步提高执行查控工作能力

1. 加快推进网络执行查控系统建设。加大信息化手段在执行工作中的应用，整合完善现有法院信息化系统，实现网络化查找被执行人和控制财产的执行工作机制。要通过政务网、专网等实现人民法院执行查控网络与公安、民政、人力资源社会保障、国土资源、住房城乡建设、工商、交通运输、农业、人民银行、银行监管、证券监管、保险监管、外汇管理等政府部门，及各金融机构、银联、互联网企业等企事业单位之间的网络连接，建成覆盖全国地域及土地、房产、存款、金融理财产品、证券、股权、车辆等主要财产形式的网络化、自动化执行查控体系，实现全国四级法院互联互通、全面应用。

2. 拓展执行查控措施。人民法院要进一步拓展对被告和被执行人财产的查控手段和措施。研究制定被执行人财产报告制度、律师调查被执行人财产制度、公告悬赏制度、审计调查制度等财产查控制度。

3. 完善远程执行指挥系统。最高人民法院和各高级、中级人民法院以及有条件的基层人民法院要建立执行指挥中心和远程指挥系统,实现四级法院执行指挥系统联网运行。建立上下一体、内外联动、规范高效、反应快捷的执行指挥工作体制机制。建立四级法院统一的网络化执行办案平台、公开平台和案件流程节点管理平台。

(二)进一步完善失信被执行人名单制度

1. 完善名单纳入制度。各级人民法院要根据执行案件的办理权限,严格按照法定条件和程序决定是否将被执行人纳入失信名单。

2. 确保名单信息准确规范。人民法院要建立严格的操作规程和审核纠错机制,确保失信被执行人名单信息准确规范。

3. 风险提示与救济。在将被执行人纳入失信名单前,人民法院应当向被执行人发出风险提示通知。被执行人认为将其纳入失信名单错误的,可以自收到决定之日起10日内向作出决定的人民法院申请纠正,人民法院应当自收到申请之日起3日内审查,理由成立的,予以撤销;理由不成立的,予以驳回。被执行人对驳回不服的,可以向上一级人民法院申请复议。

4. 失信名单退出。失信被执行人全部履行了生效法律文书确定的义务,或与申请执行人达成执行和解协议并经申请执行人确认履行完毕,或案件依法终结执行等,人民法院要在3日内屏蔽或撤销其失信名单信息。屏蔽、撤销信息要及时向社会公开并通报给已推送单位。

5. 惩戒措施解除。失信名单被依法屏蔽、撤销的,各信用监督、警示和惩戒单位要及时解除对被执行人的惩戒措施。确需继续保留对被执行人信用监督、警示和惩戒的,必须严格按照法律法规的有关规定实施,并明确继续保留的期限。

6. 责任追究。进一步完善责任追究制度,对应当纳入而不纳入、违法纳入以及不按规定屏蔽、撤销失信名单等行为,要按照有关规定追究责任。

(三)进一步完善党政机关支持人民法院执行工作制度

1. 进一步加强协助执行工作。各地区各部门要按照建立和完善执行联动机制的有关要求,进一步抓好落实工作。各级执行联动机制工作领导小组要制定具体的工作机制、程序,明确各协助执行单位的具体职责。强化协助执行工作考核与问责,组织人事、政法等部门要建立协助执行定期联合通报机制,对协助执行不力的单位予以通报和追责。

2. 严格落实执行工作综治考核责任。将失信被执行人联合惩戒情况作为社会治安综合治理目标责任考核的重要内容。严格落实人民法院执行工作在社会治安综合治理目标责任考核中的有关要求。

3. 强化对党政机关干扰执行的责任追究。党政机关要自觉履行人民法院生效裁判,并将落实情况纳入党风廉政建设主体责任和监督责任范围。坚决落实中共中央办公厅、国务院办公厅印发的《领导干部干预司法活动、插手具体案件处理的记录、通报和责任追究规定》，以及《司法机关内部人员过问案件的记录和责任追究规定》，对有关部门及领导干部干预执行、阻扰执行、不配合执行工作的行为，依纪依法严肃处理。

五、加强组织领导

（一）加强组织实施

各地区各部门要高度重视对失信被执行人信用监督、警示和惩戒工作，将其作为推进全面依法治国、推进社会信用体系建设、培育和践行社会主义核心价值观的重要内容，切实加强组织领导。进一步加强和完善社会信用体系建设部际联席会议制度，形成常态化工作机制。各成员单位要确定专门机构、专业人员负责统筹协调、督促检查各项任务落实情况，并向部际联席会议报告，对工作落实不到位的，予以通报批评，强化问责。负有信息共享、联合惩戒职责的部门要抓紧制定实施细则，确定责任部门，明确时间表、路线图，确保各项措施在2016年年底前落实到位。各联合惩戒单位要在2016年年底前完成与全国信用信息共享平台联合惩戒系统的对接，通过网络自动抓取失信被执行人名单信息，及时反馈惩戒情况。同时要加快惩戒软件开发使用进度，将失信被执行人名单信息嵌入单位管理、审批、工作系统中，实现对失信被执行人名单信息的自动比对、自动拦截、自动监督、自动惩戒。

（二）强化工作保障

各地区各部门要认真落实中央关于解决人民法院执行难问题的要求，强化执行机构的职能作用，配齐配强执行队伍，大力推进执行队伍正规化、专业化、职业化建设。加快推进人民法院执行查控系统与执行指挥系统的软硬件建设，加快推进全国信用信息共享平台建设，加快推进各信息共享单位、联合惩戒单位的信息传输专线、存储设备等硬件建设和软件开发，加强人才、资金、设备、技术等方面的保障。

（三）完善相关法律规定

加快推进强制执行法等相关法律法规、司法解释及其他规范性文件的立改废释工作，及时将加强执行工作、推进执行联动、信用信息公开和共享、完善失信被执行人名单制度、加强联合惩戒等工作法律化、制度化，确保法律规范的科学性、针对性、实用性。

（四）加大宣传力度

加大对失信被执行人名单和信用惩戒的宣传力度，充分发挥新闻媒体的宣传、监督和舆论引导作用。利用报纸、广播、电视、网络等媒体，依法将失信被执行人信息、受惩戒情况等公之于众，形成舆论压力，扩大失信被执行人名单制度的影响力和警示力。

最高人民法院关于刑事裁判涉财产部分执行的若干规定

中华人民共和国最高人民法院公告

最高人民法院《关于刑事裁判涉财产部分执行的若干规定》已于2014年9月1日由最高人民法院审判委员会第1625次会议通过，现予公布，自2014年11月6日起施行。

2014年10月30日

最高人民法院关于刑事裁判涉财产部分执行的若干规定

法释〔2014〕13号

为进一步规范刑事裁判涉财产部分的执行，维护当事人合法权益，根据《中华人民共和国刑法》《中华人民共和国刑事诉讼法》等法律规定，结合人民法院执行工作实际，制定本规定。

第一条 本规定所称刑事裁判涉财产部分的执行，是指发生法律效力的刑事裁判主文确定的下列事项的执行：

（一）罚金、没收财产；

（二）责令退赔；

（三）处置随案移送的赃款赃物；

（四）没收随案移送的供犯罪所用本人财物；

（五）其他应当由人民法院执行的相关事项。

刑事附带民事裁判的执行，适用民事执行的有关规定。

第二条 刑事裁判涉财产部分，由第一审人民法院执行。第一审人民法院可以委托财产所在地的同级人民法院执行。

第三条 人民法院办理刑事裁判涉财产部分执行案件的期限为六个月。有特殊情况需要延长的，经本院院长批准，可以延长。

第四条 人民法院刑事审判中可能判处被告人财产刑、责令退赔的，刑事审判部门应当依法对被告人的财产状况进行调查；发现可能隐匿、转移财产的，应当及时查封、扣押、冻结其相应财产。

第五条 刑事审判或者执行中，对于侦查机关已经采取的查封、扣押、冻结，人民法院应当在期限届满前及时续行查封、扣押、冻结。人民法院续行查封、扣押、冻结的顺位与侦查机关查封、扣押、冻结的顺位相同。

对侦查机关查封、扣押、冻结的财产，人民法院执行中可以直接裁定处置，无需侦查机关出具解除手续，但裁定中应当指明侦查机关查封、扣押、冻结的事实。

第六条 刑事裁判涉财产部分的裁判内容，应当明确、具体。涉案财物或者被害人人数较多，不宜在判决主文中详细列明的，可以概括叙明并另附清单。

判处没收部分财产的，应当明确没收的具体财物或者金额。

判处追缴或者责令退赔的，应当明确追缴或者退赔的金额或财物的名称、数量等相关情况。

第七条 由人民法院执行机构负责执行的刑事裁判涉财产部分，刑事审判部门应当及时移送立案部门审查立案。

移送立案应当提交生效裁判文书及其附件和其他相关材料，并填写《移送执行表》。《移送执行表》应当载明以下内容：

（一）被执行人、被害人的基本信息；

（二）已查明的财产状况或者财产线索；

（三）随案移送的财产和已经处置财产的情况；

（四）查封、扣押、冻结财产的情况；

（五）移送执行的时间；

（六）其他需要说明的情况。

人民法院立案部门经审查，认为属于移送范围且移送材料齐全的，应当在七日内立案，并移送执行机构。

第八条 人民法院可以向刑罚执行机关、社区矫正机构等有关单位调查被执行人的财产状况，并可以根据不同情形要求有关单位协助采取查封、扣押、冻结、划拨等执行措施。

第九条 判处没收财产的，应当执行刑事裁判生效时被执行人合法所有的财产。

执行没收财产或罚金刑，应当参照被扶养人住所地政府公布的上年度当地居民最低生活费标准，保留被执行人及其所扶养家属的生活必需费用。

第十条 对赃款赃物及其收益，人民法院应当一并追缴。

被执行人将赃款赃物投资或者置业，对因此形成的财产及其收益，人民法院应予追缴。

被执行人将赃款赃物与其他合法财产共同投资或者置业，对因此形成的财产中与赃款赃物对应的份额及其收益，人民法院应予追缴。

对于被害人的损失，应当按照刑事裁判认定的实际损失予以发还或者赔偿。

第十一条 被执行人将刑事裁判认定为赃款赃物的涉案财物用于清偿债务、转让或者设置其他权利负担，具有下列情形之一的，人民法院应予追缴：

（一）第三人明知是涉案财物而接受的；

（二）第三人无偿或者以明显低于市场的价格取得涉案财物的；

（三）第三人通过非法债务清偿或者违法犯罪活动取得涉案财物的；

（四）第三人通过其他恶意方式取得涉案财物的。

第三人善意取得涉案财物的，执行程序中不予追缴。作为原所有人的被害人对该涉案财物主张权利的，人民法院应当告知其通过诉讼程序处理。

第十二条 被执行财产需要变价的，人民法院执行机构应当依法采取拍卖、变卖等变价措施。

涉案财物最后一次拍卖未能成交，需要上缴国库的，人民法院应当通知有关财政机关以该次拍卖保留价予以接收；有关财政机关要求继续变价的，可以进行无保留价拍卖。需要退赔被害人的，以该次拍卖保留价以物退赔；被害人不同意以物退赔的，可以进行无保留价拍卖。

第十三条 被执行人在执行中同时承担刑事责任、民事责任，其财产不足以支付的，按照下列顺序执行：

（一）人身损害赔偿中的医疗费用；

（二）退赔被害人的损失；

（三）其他民事债务；

（四）罚金；

（五）没收财产。

债权人对执行标的依法享有优先受偿权，其主张优先受偿的，人民法院应当在前款第（一）项规定的医疗费用受偿后，予以支持。

第十四条 执行过程中，当事人、利害关系人认为执行行为违反法律规定，或者案外人对执行标的主张足以阻止执行的实体权利，向执行法院提出书面异议的，执行法院应当依照民事诉讼法第二百二十五条的规定处理。

人民法院审查案外人异议、复议，应当公开听证。

第十五条 执行过程中，案外人或被害人认为刑事裁判中对涉案财物是否属于赃款赃物认定错误或者应予认定而未认定,向执行法院提出书面异议,可以通过裁定补正的,执行机构应当将异议材料移送刑事审判部门处理;无法通过裁定补正的,应当告知异议人通过审判监督程序处理。

第十六条 人民法院办理刑事裁判涉财产部分执行案件,刑法、刑事诉讼法及有关司法解释没有相应规定的,参照适用民事执行的有关规定。

第十七条 最高人民法院此前发布的司法解释与本规定不一致的,以本规定为准。

最高人民法院、最高人民检察院、公安部关于开展集中打击拒不执行判决、裁定等犯罪行为专项行动有关工作的通知

（2014年11月5日）

各省、自治区、直辖市高级人民法院、人民检察院、公安厅（局），新疆维吾尔自治区高级人民法院生产建设兵团分院，新疆生产建设兵团人民检察院、公安局：

长期以来，在人民法院执行工作中，被执行人或相关人员以各种手段抗拒执行、阻碍执行甚至暴力抗法的现象时有发生，为切实保障人民群众合法权益，维护法律尊严，最高人民法院、最高人民检察院、公安部决定自即日起至2015年3月，开展集中打击拒不执行法院判决、裁定等犯罪行为的专项行动。现就有关要求通知如下：

一、各地人民法院应立即着手对相关执行案件情况进行排查，对涉嫌构成拒不执行判决、裁定罪，妨害公务罪，非法处置查封、扣押、冻结财产罪等犯罪的被执行人或相关人员进行甄别，将有关犯罪线索于11月底前向有管辖权的公安机关移送。

二、对人民法院移送的被执行人或相关人员的犯罪线索，公安机关应当及时审查，符合立案条件的，应当在3日内立案，并及时侦查取证、抓捕犯罪嫌疑人；人民检察院对公安机关提请批准逮捕和移送审查起诉的犯罪嫌疑人，符合条件的应依法及时批捕、起诉。公安机关、人民检察院要组织专门力量，加快工作节奏，确保绝大多数符合条件的案件在12月底前移送审查起诉、在2015年1月底前向有管辖权的人民法院提起公诉。

三、人民法院对检察机关起诉的被执行人或相关人员涉嫌拒不执行判决、裁定罪等犯罪案件，要依法及时审判，确保绝大多数案件在2015年3月底前宣判。

四、人民法院认为被执行人或相关人员的妨害执行行为不构成犯罪，但需要司法拘留进行惩戒的，应依法及时采取强制措施。行为人逃匿，需要公安机关协助查找、

控制的，有关人民法院应将拘留决定书连同相关材料于11月底前移交至同级公安机关。公安机关应及时发出协查通报，组织力量进行查找，发现行为人的，应当立即进行控制并将其送交被控制地拘留所，通知人民法院办理被拘留人收拘手续。

五、对人民法院依法决定拘留的人员，拘留所应凭人民法院的拘留决定书及时收拘。异地拘留的，作出拘留决定的人民法院可将有关手续先进行传真至当地法院，请求当地法院协助办理被拘留人收拘手续，之后再补送拘留决定书原件。

六、各地公安机关、人民检察院和人民法院要加强协调配合，做到既分工负责，又通力协作，形成打击抗拒执行违法犯罪行为的合力。对人民法院移送的犯罪线索，公安机关经审查认为不符合立案条件的，应当在收到人民法院移送的犯罪线索后5日内，将有关书面意见反馈人民法院。人民法院认为符合立案条件的，提请人民检察院予以监督。人民检察院认为需要立案侦查的，应当要求公安机关说明不立案的理由。人民检察院认为公安机关不立案理由不能成立的，应当通知公安机关立案，公安机关接到通知后应当立案。

七、各级公安机关、人民检察院、人民法院要通过电视、报刊、网络、广播、微博、微信等各种新闻平台，开展广泛深入的系列宣传活动，营造惩治抗拒执行违法犯罪行为的强大舆论氛围，凝聚共识，形成声势，传播正能量。要召开新闻发布会，选择典型案例公开曝光，集中展示打击成果，震慑犯罪，教育群众。

八、执行中遇到情况和问题，请分别报告最高人民法院、最高人民检察院、公安部。

最高人民法院关于能否要求社保机构协助冻结、扣划被执行人的养老金问题的复函

浙江省高级人民法院：

你院浙高法〔2014〕29号《关于请求商人力资源和社会保障部废止劳社厅函〔2002〕27号复函的报告》收悉。经研究，提出如下意见：

一、被执行人应得的养老金应当视为被执行人在第三人处的固定收入，属于其责任财产的范围，依照《中华人民共和国民事诉讼法》第二百四十三条之规定，人民法院有权冻结、扣划。但是，在冻结、扣划前，应当预留被执行人及其所抚养家属必需的生活费用。

二、《中华人民共和国民事诉讼法》第二百四十二条规定："人民法院决定扣押、冻结、划拨、变价财产，应当作出裁定，并发出《协助执行通知书》，有关单位必须办理。"本院《关于人民法院执行工作若干问题的规定（试行）》第36条也规定："被执行人在有关单位的收入尚未支取的，人民法院应当作出裁定，向该单位发出《协助执行通知书》，由其协助扣留或提取。"依照前述规定，社会保障机构作为养老金发放机构，有义务协助人民法院冻结、扣划被执行人应得的养老金。

三、在执行被执行人的养老金时，应当注意向社会保障机构做好解释工作，讲清法律规定的精神，取得理解和支持。如其仍拒绝协助的，可以依法制裁。

此复
最高人民法院

二〇一四年六月二十六日

最高人民法院关于网络查询、冻结被执行人存款的规定

中华人民共和国最高人民法院公告

最高人民法院《关于网络查询、冻结被执行人存款的规定》已于2013年8月26日由最高人民法院审判委员会第1587次会议通过,现予公布,自2013年9月2日起施行。

2013年8月29日

最高人民法院关于网络查询、冻结被执行人存款的规定

法释〔2013〕20号

为规范人民法院办理执行案件过程中通过网络查询、冻结被执行人存款及其他财产的行为,进一步提高执行效率,根据《中华人民共和国民事诉讼法》的规定,结合人民法院工作实际,制定本规定。

第一条 人民法院与金融机构已建立网络执行查控机制的,可以通过网络实施查询、冻结被执行人存款等措施。

网络执行查控机制的建立和运行应当具备以下条件:

(一)已建立网络执行查控系统,具有通过网络执行查控系统发送、传输、反馈查控信息的功能;

(二)授权特定的人员办理网络执行查控业务;

(三)具有符合安全规范的电子印章系统;

(四)已采取足以保障查控系统和信息安全的措施。

第二条 人民法院实施网络执行查控措施,应当事前统一向相应金融机构报备有权通过网络采取执行查控措施的特定执行人员的相关公务证件。办理具体业务时,不再另行向相应金融机构提供执行人员的相关公务证件。

人民法院办理网络执行查控业务的特定执行人员发生变更的，应当及时向相应金融机构报备人员变更信息及相关公务证件。

第三条 人民法院通过网络查询被执行人存款时，应当向金融机构传输电子协助查询存款通知书。多案集中查询的，可以附汇总的案件查询清单。

对查询到的被执行人存款需要冻结或者续行冻结的，人民法院应当及时向金融机构传输电子冻结裁定书和协助冻结存款通知书。

对冻结的被执行人存款需要解除冻结的，人民法院应当及时向金融机构传输电子解除冻结裁定书和协助解除冻结存款通知书。

第四条 人民法院向金融机构传输的法律文书，应当加盖电子印章。

作为协助执行人的金融机构完成查询、冻结等事项后，应当及时通过网络向人民法院回复加盖电子印章的查询、冻结等结果。

人民法院出具的电子法律文书、金融机构出具的电子查询、冻结等结果，与纸质法律文书及反馈结果具有同等效力。

第五条 人民法院通过网络查询、冻结、续冻、解冻被执行人存款，与执行人员赴金融机构营业场所查询、冻结、续冻、解冻被执行人存款具有同等效力。

第六条 金融机构认为人民法院通过网络执行查控系统采取的查控措施违反相关法律、行政法规规定的，应当向人民法院书面提出异议。人民法院应当在15日内审查完毕并书面回复。

第七条 人民法院应当依据法律、行政法规规定及相应操作规范使用网络执行查控系统和查控信息，确保信息安全。

人民法院办理执行案件过程中，不得泄露通过网络执行查控系统取得的查控信息，也不得用于执行案件以外的目的。

人民法院办理执行案件过程中，不得对被执行人以外的非执行义务主体采取网络查控措施。

第八条 人民法院工作人员违反第七条规定的，应当按照《人民法院工作人员处分条例》给予纪律处分；情节严重构成犯罪的，应当依法追究刑事责任。

第九条 人民法院具备相应网络扣划技术条件，并与金融机构协商一致的，可以通过网络执行查控系统采取扣划被执行人存款措施。

第十条 人民法院与工商行政管理、证券监管、土地房产管理等协助执行单位已建立网络执行查控机制，通过网络执行查控系统对被执行人股权、股票、证券账户资金、房地产等其他财产采取查控措施的，参照本规定执行。

最高人民法院印发《关于依法制裁规避执行行为的若干意见》的通知

法〔2011〕195号

各省、自治区、直辖市高级人民法院,解放军军事法院,新疆维吾尔自治区高级人民法院生产建设兵团分院:

现将《关于依法制裁规避执行行为的若干意见》印发给你们,请认真贯彻执行。

二〇一一年五月二十七日

关于依法制裁规避执行行为的若干意见

为了最大限度地实现生效法律文书确认的债权,提高执行效率,强化执行效果,维护司法权威,现就依法制裁规避执行行为提出以下意见:

一、强化财产报告和财产调查,多渠道查明被执行人财产

1. 严格落实财产报告制度。对于被执行人未按执行通知履行法律文书确定义务的,执行法院应当要求被执行人限期如实报告财产,并告知拒绝报告或者虚假报告的法律后果。对于被执行人暂时无财产可供执行的,可以要求被执行人定期报告。

2. 强化申请执行人提供财产线索的责任。各地法院可以根据案件的实际情况,要求申请执行人提供被执行人的财产状况或者财产线索,并告知不能提供的风险。各地法院也可根据本地的实际情况,探索尝试以调查令、委托调查函等方式赋予代理律师法律规定范围内的财产调查权。

3. 加强人民法院依职权调查财产的力度。各地法院要充分发挥执行联动机制的作用,完善与金融、房地产管理、国土资源、车辆管理、工商管理等各有关单位的财产

查控网络，细化协助配合措施，进一步拓宽财产调查渠道，简化财产调查手续，提高财产调查效率。

4. 适当运用审计方法调查被执行人财产。被执行人未履行法律文书确定的义务，且有转移隐匿处分财产、投资开设分支机构、入股其他企业或者抽逃注册资金等情形的，执行法院可以根据申请执行人的申请委托中介机构对被执行人进行审计。审计费用由申请执行人垫付，被执行人确有转移隐匿处分财产等情形的，实际执行到位后由被执行人承担。

5. 建立财产举报机制。执行法院可以依据申请执行人的悬赏执行申请，向社会发布举报被执行人财产线索的悬赏公告。举报人提供的财产线索经查证属实并实际执行到位的，可按申请执行人承诺的标准或者比例奖励举报人。奖励资金由申请执行人承担。

二、强化财产保全措施，加大对保全财产和担保财产的执行力度

6. 加大对当事人的风险提示。各地法院在立案和审判阶段，要通过法律释明向当事人提示诉讼和执行风险，强化当事人的风险防范意识，引导债权人及时申请财产保全，有效防止债务人在执行程序开始前转移财产。

7. 加大财产保全力度。各地法院要加强立案、审判和执行环节在财产保全方面的协调配合，加大依法进行财产保全的力度，强化审判与执行在财产保全方面的衔接，降低债务人或者被执行人隐匿、转移财产的风险。

8. 对保全财产和担保财产及时采取执行措施。进入执行程序后，各地法院要加大对保全财产和担保财产的执行力度，对当事人、担保人或者第三人提出的异议要及时进行审查，审查期间应当依法对相应财产采取控制性措施，驳回异议后应当加大对相应财产的执行力度。

三、依法防止恶意诉讼，保障民事审判和执行活动有序进行

9. 严格执行关于案外人异议之诉的管辖规定。在执行阶段，案外人对人民法院已经查封、扣押、冻结的财产提起异议之诉的，应当依照《中华人民共和国民事诉讼法》第二百零四条和《最高人民法院关于适用民事诉讼法执行程序若干问题的解释》第十八条的规定，由执行法院受理。

案外人违反上述管辖规定，向执行法院之外的其他法院起诉，其他法院已经受理尚未作出裁判的，应当中止审理或者撤销案件，并告知案外人向作出查封、扣押、冻结裁定的执行法院起诉。

10. 加强对破产案件的监督。执行法院发现被执行人有虚假破产情形的，应当及时向受理破产案件的人民法院提出。申请执行人认为被执行人利用破产逃债的，可以向受理破

产案件的人民法院或者其上级人民法院提出异议，受理异议的法院应当依法进行监督。

11. 对于当事人恶意诉讼取得的生效裁判应当依法再审。案外人违反上述管辖规定，向执行法院之外的其他法院起诉，并取得生效裁判文书将已被执行法院查封、扣押、冻结的财产确权或者分割给案外人，或者第三人与被执行人虚构事实取得人民法院生效裁判文书申请参与分配，执行法院认为该生效裁判文书系恶意串通规避执行损害执行债权人利益的，可以向作出该裁判文书的人民法院或者其上级人民法院提出书面建议，有关法院应当依照《中华人民共和国民事诉讼法》和有关司法解释的规定决定再审。

四、完善对被执行人享有债权的保全和执行措施，运用代位权、撤销权诉讼制裁规避执行行为

12. 依法执行已经生效法律文书确认的被执行人的债权。对于被执行人已经生效法律文书确认的债权，执行法院可以书面通知被执行人在限期内向有管辖权的人民法院申请执行该生效法律文书。限期届满被执行人仍怠于申请执行的，执行法院可以依法强制执行该到期债权。

被执行人已经申请执行的，执行法院可以请求执行该债权的人民法院协助扣留相应的执行款物。

13. 依法保全被执行人的未到期债权。对被执行人的未到期债权，执行法院可以依法冻结，待债权到期后参照到期债权予以执行。第三人仅以该债务未到期为由提出异议的，不影响对该债权的保全。

14. 引导申请执行人依法诉讼。被执行人怠于行使债权对申请执行人造成损害的，执行法院可以告知申请执行人依照《中华人民共和国合同法》第七十三条①的规定，向有管辖权的人民法院提起代位权诉讼。

被执行人放弃债权、无偿转让财产或者以明显不合理的低价转让财产，对申请执行人造成损害的，执行法院可以告知申请执行人依照《中华人民共和国合同法》第七十四条②的规定向有管辖权的人民法院提起撤销权诉讼。

五、充分运用民事和刑事制裁手段，依法加强对规避执行行为的刑事处罚力度

15. 对规避执行行为加大民事强制措施的适用。被执行人既不履行义务又拒绝报告财产或者进行虚假报告、拒绝交出或者提供虚假财务会计凭证、协助执行义务人拒不协助执行或者妨碍执行、到期债务第三人提出异议后又擅自向被执行人清偿等，给申

---

① 已废止，现为民法典第五百三十五条。
② 已废止，现为民法典第五百三十八条、第五百三十九条。

请执行人造成损失的，应当依法对相关责任人予以罚款、拘留。

16. 对构成犯罪的规避执行行为加大刑事制裁力度。被执行人隐匿财产、虚构债务或者以其他方法隐藏、转移、处分可供执行的财产，拒不交出或者隐匿、销毁、制作虚假财务会计凭证或资产负债表等相关资料，以虚假诉讼或者仲裁手段转移财产、虚构优先债权或者申请参与分配，中介机构提供虚假证明文件或者提供的文件有重大失实，被执行人、担保人、协助义务人有能力执行而拒不执行或者拒不协助执行等，损害申请执行人或其他债权人利益，依照刑法的规定构成犯罪的，应当依法追究行为人的刑事责任。

17. 加强与公安、检察机关的沟通协调。各地法院应当加强与公安、检察机关的协调配合，建立快捷、便利、高效的协作机制，细化拒不执行判决裁定罪和妨害公务罪的适用条件。

18. 充分调查取证。各地法院在执行案件过程中，在行为人存在拒不执行判决裁定或者妨害公务行为的情况下，应当注意收集证据。认为构成犯罪的，应当及时将案件及相关证据材料移送犯罪行为发生地的公安机关立案查处。

19. 抓紧依法审理。对检察机关提起公诉的拒不执行判决裁定或者妨害公务案件，人民法院应当抓紧审理，依法审判，快速结案，加大判后宣传力度，充分发挥刑罚手段的威慑力。

六、依法采取多种措施，有效防范规避执行行为

20. 依法变更追加被执行主体或者告知申请执行人另行起诉。有充分证据证明被执行人通过离婚析产、不依法清算、改制重组、关联交易、财产混同等方式恶意转移财产规避执行的，执行法院可以通过依法变更追加被执行人或者告知申请执行人通过诉讼程序追回被转移的财产。

21. 建立健全征信体系。各地法院应当逐步建立健全与相关部门资源共享的信用平台，有条件的地方可以建立个人和企业信用信息数据库，将被执行人不履行债务的相关信息录入信用平台或者信息数据库，充分运用其形成的威慑力制裁规避执行行为。

22. 加大宣传力度。各地法院应当充分运用新闻媒体曝光、公开执行等手段，将被执行人因规避执行被制裁或者处罚的典型案例在新闻媒体上予以公布，以维护法律权威，提升公众自觉履行义务的法律意识。

23. 充分运用限制高消费手段。各地法院应当充分运用限制高消费手段，逐步构建与有关单位的协作平台，明确有关单位的监督责任，细化协作方式，完善协助程序。

24. 加强与公安机关的协作查找被执行人。对于因逃避执行而长期下落不明或者变更经营场所的被执行人，各地法院应当积极与公安机关协调，加大查找被执行人的力度。

最高人民法院关于查封法院全部处分标的物后，轮候查封的效力问题的批复

法函〔2007〕100号

北京市高级人民法院：

你院《关于查封法院全部处分标的物后，轮候查封的效力问题的请示》（京高法〔2007〕208号）收悉。经研究，答复如下：

根据《最高人民法院关于人民法院民事执行中查封、扣押、冻结财产的规定》（法释〔2004〕15号）第二十八条第一款的规定，轮候查封、扣押、冻结自在先的查封、扣押、冻结解除时自动生效，故人民法院对已查封、扣押、冻结的全部财产进行处分后，该财产上的轮候查封自始未产生查封、扣押、冻结的效力。同时，根据上述司法解释第三十条的规定，人民法院对已查封、扣押、冻结的财产进行拍卖、变卖或抵债的，原查封、扣押、冻结的效力消灭，人民法院无需先行解除该财产上的查封、扣押、冻结，可直接进行处分，有关单位应当协助办理有关财产权证照转移手续。

此复

二○○七年九月十一日

最高人民法院、最高人民检察院、公安部关于依法严肃查处拒不执行判决裁定和暴力抗拒法院执行犯罪行为有关问题的通知

(法发〔2007〕29号)

各省、自治区、直辖市高级人民法院、人民检察院、公安厅(局),新疆维吾尔自治区高级人民法院生产建设兵团分院,新疆生产建设兵团人民检察院、公安局:

近年来,在人民法院强制执行生效法律文书过程中,一些地方单位、企业和个人拒不执行或以暴力手段抗拒人民法院执行的事件时有发生且呈逐年上升的势头。这种违法犯罪行为性质恶劣,社会危害大,严重影响了法律的尊严和执法机关的权威,已经引起了党中央的高度重视。中央政法委在《关于切实解决人民法院执行难问题的通知》(政法〔2005〕52号文件)中,特别提出公、检、法机关应当统一执法思想,加强协作配合,完善法律制度,依法严厉打击暴力抗拒法院执行的犯罪行为。为贯彻中央政法委指示精神,加大对拒不执行判决、裁定和暴力抗拒执行犯罪行为的惩处力度,依据《中华人民共和国刑法》、《中华人民共和国刑事诉讼法》、全国人大常委会《关于〈中华人民共和国刑法〉第三百一十三条的解释》等规定,现就有关问题通知如下:

一、对下列拒不执行判决、裁定的行为,依照刑法第三百一十三条的规定,以拒不执行判决、裁定罪论处。

(一)被执行人隐藏、转移、故意毁损财产或者无偿转让财产、以明显不合理的低价转让财产,致使判决、裁定无法执行的;

(二)担保人或者被执行人隐藏、转移、故意毁损或者转让已向人民法院提供担保的财产,致使判决、裁定无法执行的;

(三)协助执行义务人接到人民法院《协助执行通知书》后,拒不协助执行,致

使判决、裁定无法执行的；

（四）被执行人、担保人、协助执行义务人与国家机关工作人员通谋，利用国家机关工作人员的职权妨害执行，致使判决、裁定无法执行的；

（五）其他有能力执行而拒不执行，情节严重的情形。

二、对下列暴力抗拒执行的行为，依照刑法第二百七十七条的规定，以妨害公务罪论处。

（一）聚众哄闹、冲击执行现场，围困、扣押、殴打执行人员，致使执行工作无法进行的；

（二）毁损、抢夺执行案件材料、执行公务车辆和其他执行器械、执行人员服装以及执行公务证件，造成严重后果的；

（三）其他以暴力、威胁方法妨害或者抗拒执行，致使执行工作无法进行的。

三、负有执行人民法院判决、裁定义务的单位直接负责的主管人员和其他直接责任人员，为了本单位的利益实施本《通知》第一条、第二条所列行为之一的，对该主管人员和其他直接责任人员，依照刑法第三百一十三条和第二百七十七条的规定，分别以拒不执行判决、裁定罪和妨害公务罪论处。

四、国家机关工作人员有本《通知》第一条第四项行为的，以拒不执行判决、裁定罪的共犯追究刑事责任。

国家机关工作人员收受贿赂或者滥用职权，有本《通知》第一条第四项行为的，同时又构成刑法第三百八十五条、第三百九十七条规定罪的，依照处罚较重的规定定罪处罚。

五、拒不执行判决、裁定案件由犯罪行为发生地的公安机关、人民检察院、人民法院管辖。如果由犯罪嫌疑人、被告人居住地的人民法院管辖更为适宜的，可以由犯罪嫌疑人、被告人居住地的公安机关、人民检察院、人民法院管辖。

六、以暴力、威胁方法妨害或者抗拒执行的，公安机关接到报警后，应当立即出警，依法处置。

七、人民法院在执行判决、裁定过程中，对拒不执行判决、裁定情节严重的人，可以先行司法拘留；拒不执行判决、裁定的行为人涉嫌犯罪的，应当将案件依法移送有管辖权的公安机关立案侦查。

八、人民法院、人民检察院和公安机关在办理拒不执行判决、裁定和妨害公务案件过程中，应当密切配合、加强协作。对于人民法院移送的涉嫌拒不执行判决、裁定罪和妨害公务罪的案件，公安机关应当及时立案侦查，检察机关应当及时提起公诉，人民法院应当及时审判。

在办理拒不执行判决、裁定和妨害公务案件过程中，应当根据案件的具体情况，正确区分罪与非罪的界限,认真贯彻"宽严相济"的刑事政策。

九、人民法院认为公安机关应当立案侦查而不立案侦查的,可提请人民检察院予以监督。人民检察院认为需要立案侦查的,应当要求公安机关说明不立案的理由。人民检察院认为公安机关不立案理由不能成立的,应当通知公安机关立案,公安机关接到通知后应当立案。

十、公安机关侦查终结后移送人民检察院审查起诉的拒不执行判决、裁定和妨害公务案件,人民检察院决定不起诉,公安机关认为不起诉决定有错误的,可以要求复议;如果意见不被接受,可以向上一级人民检察院提请复核。

十一、公安司法人员在办理拒不执行判决、裁定和妨害公务案件中,消极履行法定职责,造成严重后果的,应当依法依纪追究直接责任人责任直至追究刑事责任。

十二、本通知自印发之日起执行,执行中遇到的情况和问题,请分别报告最高人民法院、最高人民检察院、公安部。

二〇〇七年八月三十日

全国人民代表大会常务委员会关于《中华人民共和国刑法》第三百一十三条的解释

（2002年8月29日第九届全国人民代表大会常务委员会第二十九次会议通过）

全国人民代表大会常务委员会讨论了刑法第三百一十三条规定的"对人民法院的判决、裁定有能力执行而拒不执行，情节严重"的含义问题，解释如下：

刑法第三百一十三条规定的"人民法院的判决、裁定"，是指人民法院依法作出的具有执行内容并已发生法律效力的判决、裁定。人民法院为依法执行支付令、生效的调解书、仲裁裁决、公证债权文书等所作的裁定属于该条规定的裁定。

下列情形属于刑法第三百一十三条规定的"有能力执行而拒不执行，情节严重"的情形：

（一）被执行人隐藏、转移、故意毁损财产或者无偿转让财产、以明显不合理的低价转让财产，致使判决、裁定无法执行的；

（二）担保人或者被执行人隐藏、转移、故意毁损或者转让已向人民法院提供担保的财产，致使判决、裁定无法执行的；

（三）协助执行义务人接到人民法院《协助执行通知书》后，拒不协助执行，致使判决、裁定无法执行的；

（四）被执行人、担保人、协助执行义务人与国家机关工作人员通谋，利用国家机关工作人员的职权妨害执行，致使判决、裁定无法执行的；

（五）其他有能力执行而拒不执行，情节严重的情形。

国家机关工作人员有上述第四项行为的，以拒不执行判决、裁定罪的共犯追究刑事责任。国家机关工作人员收受贿赂或者滥用职权，有上述第四项行为的，同时又构成刑法第三百八十五条、第三百九十七条规定之罪的，依照处罚较重的规定定罪处罚。

现予公告。

最高人民法院研究室关于拒不执行人民法院调解书的行为是否构成拒不执行判决、裁定罪的答复

（法研〔2000〕117号 2000年12月14日）

河南省高级人民法院：

你院《关于刑法第三百一十三条规定的拒不执行判决、裁定罪是否包括人民法院制作生效的调解书的请示》收悉。经研究，答复如下：刑法第三百一十三条规定的"判决、裁定"，不包括人民法院的调解书。对于行为人拒不执行人民法院调解书的行为，不能依照刑法第三百一十三条的规定定罪处罚。

中共湖南省委全面依法治省委员会关于加强综合治理从源头切实解决执行难问题的实施意见

为贯彻落实中央全面依法治国委员会《关于加强综合治理从源头切实解决执行难问题的意见》（中法委发〔2019〕1号），进一步深化执行联动机制建设，完善综合治理执行难工作大格局，强化执行难源头治理，加强人民法院执行工作，坚定不移向着党的十八届四中全会提出的"切实解决执行难""依法保障胜诉当事人及时实现权益"目标迈进，现制定如下实施意见。

1. 提高政治站位，增强综合治理从源头切实解决执行难问题的责任感使命感

人民法院执行工作是依靠国家强制力确保法律全面正确实施的重要手段，是维护人民群众合法权益、实现社会公平正义的关键环节。做好执行工作、切实解决执行难问题，是推动全面依法治国的基本内容，是满足人民群众公平正义司法需求的迫切需要，是推进国家治理体系和治理能力现代化的必然要求，事关践行以人民为中心的发展思想，事关社会稳定和重大风险防控，事关夯实经济社会发展的诚信基础，事关司法权威和司法公信力的有效提升，具有十分重要的意义。党的十八大以来，在党中央、省委的坚强领导和最高人民法院的有力指导下，在全省各地各有关部门共同努力下，全省执行工作取得显著成效，"基本解决执行难"阶段性目标如期实现。

但也必须清醒认识到，一些制约执行工作长远发展的综合性、源头性问题依然存在，执行工作与党中央提出的"切实解决执行难"目标和人民群众期待相比，还有不小差距。实现"切实解决执行难"目标仍然任重道远，仍需加倍努力。各地区和相关部门要坚持以习近平新时代中国特色社会主义思想为指导，进一步增强"四个意识"、坚定"四个自信"、做到"两个维护"，进一步增强责任感使命感，加大工作力度，强化责任落实，形成综合治理执行难强大合力，确保完成"切实解决执行难"目标任务。

2. 推进执行联动机制建设，完善综合治理执行难工作大格局

（一）深化拓展网络查控系统。加大信息化手段在执行工作中的运用，整合完善现有信息化系统，实现网络化查找被执行人和控制财产的执行工作机制。通过全省电子政务云和政法跨部门大数据办案平台实现全省法院"点对点"执行查控网络与公安、民政、人力资源社会保障、自然资源、住房城乡建设、交通运输、农业农村、市场监管、金融监管、住房公积金等部门以及各金融机构、互联网企业等单位之间的网络连接，实现对被执行人土地、房产、证券、股权、车辆、存款、金融理财产品等主要财产信息的网络化可查、可控。电信企业应当配合人民法院执行工作，明确提供和协助调取相关信息的职责、范围，规范工作程序。着力解决查控系统运行不畅、信息反馈不及时不准确、线上线下查询不一致等突出问题。要确保网络执行查控系统的自身数据安全，规范全省法院网络执行查控管理，严格权限、程序、责任，防止公民、企业信息外泄。

（二）建立健全查找被执行人协作联动机制。人民法院与公安机关建立完善查找被执行人协作联动机制，协作查找被执行人下落、协作查扣被执行人车辆、限制被执行人出境，建立网络化查人、扣车、限制出境协作新机制；对人民法院决定拘留、逮捕或者人民检察院批准逮捕的被执行人以及协助执行人，公安机关应当依法及时收拘；对暴力抗拒执行的，公安机关应当及时出警、及时处置。推动综治平台与人民法院执行指挥、办案平台互联互通，将协助执行工作纳入基层社会治安综合治理网格化管理，建立基层综治网格员协助查找被执行人、督促履行等工作机制；建立基层综治网格员协助执行的教育培训、监督考核、激励保障等机制，促进基层治理与人民法院执行工作的良性互动。

（三）加快推进失信被执行人信息共享工作。各有关部门要通过国家"互联网+监管"系统及湖南信用信息共享平台，推进失信被执行人信息与公安、民政、人力资源社会保障、自然资源、住房城乡建设、交通运输、文化和旅游、财政、金融监管、住房公积金、税务、市场监管、科技等部门以及有关人民团体、社会组织、企事业单位实现公共信用信息资源共享。建立完善社会信用档案制度，将失信被执行人信息作为重要信用评价指标，纳入社会信用评价体系。

（四）完善失信被执行人联合惩戒机制。各有关部门应当尽快完成与国家"互联网+监管"系统及湖南信用信息共享平台联合惩戒系统的联通对接和信息共享，做到失信被执行人身份证、护照等所有法定有效证件全部关联捆绑，将人民法院发布的失信被执行人名单信息嵌入本单位"互联网+监管"系统以及管理、审批工作业务系统中，实现对失信被执行人名单信息自动比对、自动拦截和自动惩戒，并及时反馈湖南信用信息共享平台。建立执行联动工作考核机制，对失信被执行人信用监督、警示和惩戒机制落实情况开展专项检查，加大考核和问责力度。规范失信名单的使用，完善纠错、救济机制，依法保护失信被执行人的合法权益。

（五）健全特定主体案件执行工作机制。完善涉党政机关执行案件沟通协调机制，推进将涉诉政府债务清偿纳入预算管理，通过定期通报、督办约谈，与发展改革等部门开展联合信用惩戒，纳入平安建设考评等方式，促进党政机关带头履行生效裁判文书。建立党员、公职人员涉执案件台账，强化对党员、公职人员的信用监督，联合组织人事、纪检监察等单位，对失信被执行人招录公务人员、晋职晋级，担任党代表、人大代表和政协委员进行限制。对拒不履行生效法律文书的党员、公职人员，依规依纪依法予以处理。

（六）加大对拒执违法犯罪行为打击力度。公、检、法等政法机关建立打击拒执犯罪工作联席会议制度，统一立案标准，明确移送流程，确定专人联络，将打击拒执犯罪情况列入各自系统工作考核中，建立依法高效办理拒执案件的常态化工作机制。对拒不执行生效判决、裁定以及其他妨碍执行的犯罪行为，公安机关应当依法及时立案侦查，检察机关应当依法及时批准逮捕和审查起诉，人民法院应当依法及时审理。公安机关不予立案、检察机关不予起诉的，应当出具法律文书，畅通当事人自诉渠道。逐步建立起以当事人刑事自诉为主的拒不执行判决、裁定罪的诉讼模式，加大对以虚假诉讼、虚假仲裁、虚假公证等方式转移财产、逃避执行违法犯罪行为的打击力度。

3. 加强改进人民法院执行工作，提升执行工作能力水平

（一）推进执行信息化建设。加强大数据、人工智能等技术在执行工作中的运用，全面提升执行办案工作的信息化水平。建立健全司法网络询价制度，利用云计算、大数据等现代信息手段进行网络询价，确定财产处置的参考价格。完善网络司法拍卖工作，实现司法拍卖模式迭代升级。强化全省执行指挥系统建设，发挥执行指挥中心服务、监督、管理等功能，完善优化"一键式"督办、分级分时督办等工作机制，将各项监管职能下沉，强化"统一管理、统一指挥、统一协调"机制稳健运行。强化执行信息化监管，严格执行流程节点的可视化、精细化管理，做到全程留痕、全程公开、全程监控，消除传统执行管理盲区。

（二）提升执行规范化水平。健全执行规范制度体系，完善执行权力运行监督制约机制，扎牢"制度铁笼"和"数据铁笼"，确保执行权依法规范高效运行。依法严格区分个人财产和企业法人财产，严格区分非法所得和合法财产，最大限度降低对企业正常生产经营活动的不利影响。加强党风廉政建设，建立执行部门与组织人事、纪检监察等部门协调配合工作机制，落实最高人民法院"一案双查"机制，统筹督查执

行案件问题和违纪违法问题。加强执行公开,推广阳光执行系统,实现各类执行信息在同一平台集中统一公开。自觉接受人大监督、民主监督、纪检监察监督、检察机关法律监督和社会监督。

(三)加大强制执行力度。完善被执行人财产报告制度,加大对拒不报告、报告不实等行为的处罚力度。依法充分适用罚款、拘留、限制出境等强制执行措施,加大对抗拒执行、阻碍执行、暴力抗法行为的惩治力度。完善反规避执行工作机制,严厉打击拒执犯罪,切实增强执行威慑力。

(四)创新执行措施。人民法院可以根据当事人申请,要求被执行人或协助执行人就其重大资产处置和重要事项变更等向人民法院申报和备案。加快推进委托审计调查、公证取证、悬赏举报、律师调查令等制度的适用,探索直接交付、资产重组、委托经营等执行措施,相关部门做好协助配合。区分执行权核心事务与辅助性事务,明确执行辅助事务外包的范围,建立辅助事务分流机制,探索将案款发放、文书送达,以及财产查找、司法拍卖中的执行辅助事务适度外包。

(五)完善执行工作机制。深入推进"执行一体化"和"精细化管理"改革,构建上下一体、内外联动、规范高效、反应快捷的执行工作新机制。完善立案、审判、执行、破产协调配合机制,引导诉讼财产保全,加强执行风险预防。推行繁简分流办案机制,建立以员额法官为主导的团队化办案模式,分类分段集约办理执行事务性工作,实现执行案件"简案快办、繁案精执"。推进社会化协同执行机制建设,探索建立网络司法拍卖辅助服务工作社会化机制。

4. 加快社会信用体系建设,推进执行难源头治理

(一)构建完善的社会诚信体系。整合社会诚信信息资源,推动建立覆盖全社会的信用交易、出资置产、缴费纳税、违法犯罪等方面信息的信用体系,以会商、联席会议等形式推进相关信息准确、全面、完整,夯实社会诚信体系建设基础。促进社会诚信惩戒各系统集成,形成相互衔接、相互补充、布局有序、层次分明、披露规范、获取畅通的社会诚信体系及社会信用评价体系,从源头减少矛盾纠纷发生。

(二)完善市场退出工作机制。立足发挥企业破产制度功能,强化执行程序中"僵尸企业"的出清力度,完善当事人申请或同意执行转破产的激励和约束机制,做到应转则转、当破则破。着力解决执转破进程中缺少破产费用的问题,推动建立出清"僵尸企业"的专项基金,促进"僵尸企业"有序退出市场。完善办理执转破案件及审理破产案件考核机制,畅通执转破渠道。

(三)加大司法救助力度。积极拓宽救助资金来源渠道,规范救助程序和救助标准,简化审批流程,加强司法救助与社会救助的衔接配合,切实做好执行案件中困难

当事人的救助工作，依法有序分流"执行不能"案件。

（四）强化执行程序与社会保障体系、商业保险体系的有效衔接。建立健全人民法院与社会保障部门化解涉民生执行案件合作机制，将被执行人丧失履行能力的涉民生案件纳入社会保障体系。探索推进扩大商业保险特别是责任保险的覆盖范围，让人身损害、财产侵权等类型债务在被执行人丧失履行能力情况下能够得到及时赔付。深化执行保险救助机制，建立完善与强制执行程序相关联，符合法律规定和市场规律的责任保险体系。

5. 加强综合治理执行难组织保障，不断优化执行工作外部环境

（一）加强组织领导。各级党委要统筹各方资源，实行综合治理，推动建立"党委领导、政法委协调、人大监督、政府支持、法院主办、部门联动、社会参与"的综合治理执行难工作大格局，纳入工作督促检查范围，适时组织开展专项督查。

（二）健全执行工作部门协作联动机制。由党委政法委牵头健全执行工作部门协作联动机制，人民法院承担主体责任，公安、民政、人力资源社会保障、自然资源、住房城乡建设、交通运输、农业农村、市场监管、金融监管等部门各司其职、通力协作、齐抓共管。执行联动单位落实有关联动工作情况纳入平安建设考评和绩效考核，促进形成工作整体合力。检察机关加强对民事、行政执行包括非诉执行活动的法律监督，推动依法执行、规范执行。纪检监察机关加强对党政机关、领导干部及司法人员干预执行工作的责任追究。对于帮助进行虚假诉讼、公证、仲裁等以逃避执行的律师、公证员、仲裁员等法律服务人员，由行业协会和司法行政主管部门依照相关规定加大惩罚力度。

（三）加强执行队伍建设。各地区和相关部门要进一步加强执行队伍建设，完善与解决执行难相适应的执行人力资源配套，配齐配强执行队伍，努力建设一支信念坚定、执法为民、敢于担当、清正廉洁的执行队伍。加强执行物质装备建设，为提升执行工作能力和现代化水平提供有力保障。各地区和相关部门要积极探索引入专业力量参与执行，建立健全仲裁、公证、律师、会计、审计等专业机构和人员深度参与执行的工作机制，形成解决执行难的社会合力。落实执行人员依法履职保护机制，依法严惩抗拒执行、阻碍执行、暴力抗法等妨害执法的违法犯罪行为。

（四）加强舆论宣传工作。统筹运用传统媒体和新媒体，加强正面宣传，充分展现加强执行工作、切实解决执行难的决心和成效。重点宣传报道一批典型案例，播放执法普法影视作品，加强强制执行法治宣传教育，推动形成"守法守信光荣、违法失信可耻"的浓厚氛围。严格落实"三同步"工作机制，加强对当事人的思想疏导和法律政策解释工作，及时化解网络舆情风险。

中共浙江省委全面依法治省委员会关于加强综合治理从源头切实解决执行难问题的实施意见

浙委法发〔2020〕2号

为深入贯彻落实党的十八届四中全会提出的"切实解决执行难""依法保障胜诉当事人及时实现权益"重大决策部署,根据中央全面依法治国委员会《关于加强综合治理从源头切实解决执行难问题的意见》要求,经省委同意,现就我省加强执行难综合治理,深化执行联动机制建设,加强人民法院执行工作,提出如下实施意见:

一、加强党的领导,构建综合治理执行难工作大格局

各地各有关单位要坚持以习近平新时代中国特色社会主义思想为指导,增强"四个意识"、坚定"四个自信"、做到"两个维护",充分认识加强执行工作、切实解决执行难的重大意义,将执行工作融入省域治理现代化,构建党委领导、政法委协调、人大监督、政府支持、法院主办、部门联动、社会参与的综合治理执行难大格局,确保完成党中央提出的切实解决执行难目标任务。各级党委和党委政法委要及时听取人民法院关于执行工作的汇报,有效治理制约执行工作长远发展的综合性、源头性问题。成立综合治理执行难协调小组,由党委政法委牵头健全执行工作部门协作联动机制,人民法院承担主体责任,公安、司法行政、民政、人力社保、自然资源、住房城乡建设、交通运输、农业农村、市场监管、金融监管等部门各司其职、通力协作、齐抓共管、形成合力。检察机关加强对民事、行政执行包括非诉行政执行活动的法律监督,探索建立执行与监督信息法检共享平台。纪检监察机关加强对党政机关及领导干部干扰执行工作的责任追究。各级法院主动接受人大监督和政协民主监督,健全代表委员联络常态化工作机制,邀请代表委员调研、参与执行活动。将执行工作纳入平安浙江、法治浙江建设考评体系,将"万人失信率"纳入营商环境和信用城市考

评体系。完善失信被执行人信用监督、警示和惩戒机制，对落实情况开展专项检查、督查。

二、加强协调配合，构建联防联治执行难协作大平台

（一）健全网络执行查控系统。整合完善网络化查控被执行人财产工作机制，实现人民法院执行查控网络与公安、民政、人力社保、自然资源、住房城乡建设、交通运输、农业农村、市场监管、税务监管、金融监管等部门以及各金融机构、互联网企业等单位之间的网络连接，建成覆盖不动产、证券、股权、车辆、存款、金融理财产品、住房公积金、出口退税等主要财产形式的网络执行查控系统。建立职业放贷人税费联合征收机制。完善人民法院、公安机关查找被执行人协作联动机制，建立健全网络化查找被执行人下落、查扣被执行人车辆、限制被执行人出境新机制。深化"拘所调解"工作。推动建立电信企业配合调取被执行人号码、注册地等信息的程序和系统。确保网络执行查控系统的数据安全，信息调取、使用等要严格权限、程序、责任，防止公民、企业信息外泄。

（二）加强对失信被执行人的信用监管。完善信用监督、警示和惩戒体系，人民法院发布的失信被执行人名单信息嵌入各单位"互联网+监管"系统以及管理、审批工作系统，实现对失信被执行人名单信息自动比对、自动监督，自动采取拦截、惩戒措施。建立健全社会信用档案制度，将失信被执行人信息作为重要信用评价指标，纳入社会信用评价体系，纳入信用浙江建设"531X"工程，应用于行政管理和社会治理，作为第三方信用服务机构识别信用状况的基础性信息。

（三）强化对党政机关、公职人员等的信用监督。各级党政机关及公职人员要带头自觉履行人民法院生效裁判。人民法院执行信息系统实现对党政机关、国有企业、党员、公职人员等特殊主体涉及诉讼和执行信息的自动比对。人民法院应当及时将党员、公职人员拒不履行生效法律文书以及非法干预、妨害执行等情况，提供给组织人事部门等单位掌握，采取适当方式共同督促改正。对拒不履行生效法律文书、非法干预或妨碍执行的党员、公职人员，构成违纪违法的，移送纪检监察机关，分别按照《中国共产党纪律处分条例》和《中华人民共和国监察法》等有关规定处理。

（四）加大对拒不执行生效判决、裁定等违法犯罪行为的打击力度。公、检、法等政法机关加强协调配合，统一立案标准，建立常态化打击拒执犯罪工作机制。对拒不执行生效判决、裁定以及其他妨碍执行的犯罪行为，公安机关应当依法及时立案侦查，检察机关应当依法及时批准逮捕和审查起诉，人民法院应当依法及时审理。公安机关不予立案、检察机关不予起诉的，应当及时出具法律文书。畅通当事人自诉渠道，逐步建立以当事人刑事自诉为主的拒不执行判决、裁定罪的诉讼模式。依法充分适用罚款、拘留、限制出境等强制执行措施,加大对抗拒执行、阻碍执行、暴力抗法行为的惩治力度。对暴力抗拒执行的,公安机关应当及时出警、及时处置。对人民法院决定拘留、逮捕或者人民检察院批准逮捕的被执行人以及协助执行人,公安机关应当依法及时收拘。完善反规避执行工作机制,对于帮助进行虚假诉讼、虚假公证、虚假仲裁等以转移财产、逃避执行的律师、公证员、仲裁员等法律服务人员,由行业协会和司法行政主管部门加大惩罚力度;构成犯罪的,依法追究刑事责任。

(五)完善强制执行配套制度。树立依法、规范、公正、善意执行理念,依法保护产权,完善财产保全、担保债务执行制度,坚持比例原则,努力做到不中断企业的指挥系统,不中断企业的资金往来,不影响企业的生产经营,不扩大对企业声誉的负面评价,最大限度降低对企业正常生产经营活动的不利影响。突发事件应对期间,要依法审慎开展执行工作,妥善采取执行措施,统筹做好突发事件应对和执行工作。司法救助资金纳入年度财政预算。拓宽救助资金来源渠道,简化司法救助程序,加强司法救助与社会救助的衔接配合,切实做好执行过程中对困难群众的救助工作。

三、加强源头治理,构建自动履行为主的治理体系

(一)加强诉源治理,降低诉讼案件数量。坚持把非诉讼纠纷解决机制挺在前面,着眼源头防范,加强源头化解,实行综合施策,全面推进诉源治理工作,从源头上减少诉讼增量。加快建立覆盖全社会的信用交易、出资置产、缴费纳税、违法犯罪等方面信息的信用体系,畅通市场主体获取信用信息渠道,引导市场主体防范交易风险。扩大责任保险覆盖范围,鼓励相关单位投保食品安全责任、环境责任、雇主责任等责任保险,发挥保险制度分担风险、分摊损失作用。

(二)加强守信正向激励,引导社会诚信风尚。对主动履行者实行信用正向激励,建立以生效裁判履行情况为主要要素的司法信用数据库,定期向有关单位推送。诚信履行记录可作为向人民法院申请诉讼费减缓免的优先条件,可申请降低诉讼保全保证金比例。各部门可根据有关规定相应提高诚信履行者信用评级,缩短失信限制期限,并在办理行政审批、资质审批、资质审核、备案等方面作为实行告知承诺制的重要参考,在政府项目招投标、实施财政性资金扶持项目和政府采购方面作为重要参考,并推动金融机构在贷款授信额度和利率等方面给予相应优惠,在诚信企业评定以及各行各业信用平台信息采集中给予肯定。实行信用修复激励,被执行人债务虽未履行完毕,但以执行和解、提供担保、如实报告财产等其他方式积极配合执行、履行义务的,可按照信用修复有关规定,撤销失信被执行人名单,解除限制消费措施,放宽其在政府采购、招标投标、行政审批、政府扶持、融资信贷、市场准入、资质认定等方面的限制,使其回归到正常的生产、生活中。

（三）立案、审判、执行兼顾，引导督促更多的债务得到履行。建立"立案+告知"风险提示制度，立案阶段提示执行不能风险，使当事人对诉讼结果和执行结果有合理预期。审判和执行程序中释明当事人权利义务，提示采取财产保全等措施维护胜诉权益。加强执行立案审查，全面核实当事人关键信息、送达地址等。建立"审判+履行"案结事了制度，加强审判和履行的释明说理，提高当事人的信服度，增强判决主文的确定性、可履行性。探索简单民事案件由审判法官先行督促履行机制。人民法庭审理的案件原则上由人民法庭负责执行。调解案件实行主办法官督促履行机制。严格审查调解案件当事人意思表示的真实性、合法性，防止当事人通过虚假诉讼逃避法律义务。继续探索"法院+律师"调查令制度，代理律师或者基层法律服务工作者持人民法院出具的《律师调查令》，可向有关单位收集证据、调查住所地和财产等情况，法律、行政法规另有规定的除外。加大仲裁司法监督力度，提高仲裁裁决执行率。

（四）审判、执行、破产兼顾，促使更多企业和个人"破茧重生"。畅通被执行企业进入司法破产清算和重整程序的渠道，促进"僵尸企业"有序退出市场。探索立案、审判转破产工作，立案、审判阶段发现涉案企业符合破产条件的，及时引导当事人申请破产，加快资产的有效处置，最大程度保护当事人债权。探索建立更加高效、便捷的简易破产制度。探索个人破产和债务清理制度。建立"破产审判便利化"府院联动机制，完善破产审判配套制度。有条件的地方可设立专项破产援助基金，推动无产可破或者缺乏启动资金的企业及时启动破产程序。

四、加强工作保障，实现执行工作规范高效发展

（一）加强执行领域党风廉政建设。严格落实党风廉政建设责任制，加大正风肃纪力度，建立健全协调配合工作机制，统筹督查案件执行情况与执行干警履职情况，实行"一案双查"，以零容忍态度坚决惩治执行领域司法腐败。建立执行岗位人员教育培训制度。

（二）加强执行规范化建设。强化强制执行措施实施的刚性，实现规定情形、规定时间、规定措施"三到位"，完善财产报告、动产交付、不动产腾退制度，坚决杜绝消极执行、选择性执行、乱执行现象。强化执行工作领导、执行活动指挥、执行案件协调"三统一"，落实上级法院对下级法院的监督管理责任。健全执行权运行机制，实现繁简分流、事务集约、专业分工"三精准"，强化执行流程管理，落实"简案快执、难案精执"。加大执行公开力度，全面推行阳光执行。规范无财产可供执行案件监管，建立执行工作纠错机制。拓宽执行监督渠道，健全执行监督体系。完善执行人员依法履职保护机制，依法严惩抗拒执行、阻碍执行、暴力抗法等妨害执法的违法犯罪行为。

（三）创新和拓展执行措施。人民法院可根据当事人申请，要求被执行人或协助执行人就其重大资产处置和重要事项变更等向人民法院申报和备案。探索直接交付、资产重组、委托经营、劳务抵债、强制管理等执行措施。积极引入专业力量参与执行，建立健全仲裁、公证、律师、会计、审计等专业机构和人员深度参与执行的工作机制。创新和丰富财产调查方法、发现路径、处分措施，加快推进审计调查、依公证方式取证、悬赏举报等制度。推进将涉诉政府债务纳入预算管理。建立财产查控、网络拍卖、案款发放、送达中的执行辅助事务适度外包机制。将协助执行工作纳入基层社会治理网格化管理，建立网格员协助送达、查找当事人、协查财产线索、督促履行、化解涉执信访等工作机制。

（四）加强执行智能化建设。依托大数据技术，建立被执行人信用及履行能力智能评级制度，全面评估被执行人的财产状况、行为习惯、社会轨迹等，为执行办案提供策略参考。全面推进执行工作线下转线上，建立执行案件立案、办案、归档全程无纸化管理系统，节约执行资源和成本。建立移动执行信息系统，提高资源利用率和执行效率。

（五）加强执行工作宣传。综合运用传统媒体和新媒体，通过网络直播执行、发布典型案例、播放影视作品等形式，充分展现加强执行工作、切实解决执行难的决心和成效，增强当事人自觉履行生效法律文书的主动性、自觉性。加强法律政策宣传解读，营造"守法守信光荣，违法失信可耻"的良好氛围，从源头上减少矛盾纠纷的发生。健全落实依法处理、舆论引导、社会面管控"三同步"工作机制，加强舆论引导，及时回应社会关切，推动全社会形成理解、支持、配合执行工作的广泛共识。

浙江省高级人民法院印发《关于进一步强化强制执行措施的若干意见（试行）》的通知

浙高法〔2019〕62号

本省各级人民法院、宁波海事法院，本院各部门：

浙江省高级人民法院审判委员会第2766次会议审议通过《关于进一步强化强制执行措施的若干意见（试行）》，现予印发，请认真贯彻执行。实践中如遇到新情况、新问题，请及时报告我院。

浙江省高级人民法院

2019年4月15日

浙江省高级人民法院关于进一步强化强制执行措施的若干意见（试行）

（2019年4月11日浙江省高级人民法院审判委员会第2766次会议通过）

为加强民事执行的强制性、规范性，依法惩戒逃避执行、抗拒执行行为，敦促被执行人主动履行生效法律文书确定的义务，根据诉讼法和相关司法解释规定，结合实际，制定本意见。

一、执行机构收到执行案件后，应当立即启动执行程序，并在10日内完成以下事项：

1. 向被执行人发出《执行通知书》；

2. 向被执行人发出《报告财产令》《限制消费令》；

3. 财产网上查控以及被执行人户籍、婚姻、持有的证照、出入境记录等信息的调查。

二、被执行人应当按照《执行通知书》《报告财产令》的要求立即履行债务或者

报告财产。拒不报告财产又不履行的,在《执行通知书》和《报告财产令》发出后一个月内采取下列措施:

1. 纳入失信被执行人名单;

2. 限制出入境,或者责令交出出入境证照、宣布证照作废等;

3. 罚款、拘留。单位为被执行人,可视情况同时对该单位的法定代表人、主要负责人、影响债务履行的直接责任人员、实际控制人予以罚款、拘留。

三、被执行人报告财产不实,应当在查明之日起10日内,对被执行人予以罚款、拘留。

四、被执行人应当遵守《限制消费令》的规定。被执行人违反《限制消费令》,执行法院应当自查明之日起10日内予以罚款、拘留。

五、执行法院发出查封、扣押裁定书、责令交付通知书后,被执行人应当按照要求将指定的车辆等动产移交执行法院。拒不移交的,在10日内予以罚款、拘留。

确有正当理由无法移交的,被执行人应当向执行法院书面报告车辆等动产的权属和占有、使用等情况。

六、被执行人或其他相关人员拒不腾退涉案房屋、土地的,执行人员应当在腾退期限届满之日起一个月内,根据情节轻重予以罚款、拘留、移送公安机关追究刑事责任。

七、被执行人拒不报告财产、虚假报告财产、违反限制消费令,经采取罚款、拘留等强制执行措施后仍拒不执行的,应当在一个月内移送公安机关追究刑事责任。

八、被执行人或其他相关人员具有非法处置查封、扣押、冻结的财产、虚假诉讼等抗拒执行行为之一,情节轻微尚不构成犯罪的,应当在10日内作出拘留决定;情节严重涉嫌犯罪的,应当在一个月内移送公安机关追究刑事责任。

九、对作出了拘留决定而被执行人又下落不明的,10日内提请公安机关协助控制被执行人。

十、罚款、拘留可以单独适用,也可以合并适用。

同一案件中发生新的妨害执行事由的,可以重新予以罚款、拘留。

对个人的罚款金额,一般不少于人民币一千元。对单位的罚款金额,一般不少于人民币五万元。

在拘留期间被执行人具有积极履行债务等认错悔改情形的,可以责令具结悔过,提前解除拘留。

十一、应当采取强制执行措施而不采取的,依法依纪追究承办人责任。

具有特殊情形暂不宜采取强制执行措施的,应当报经批准。具体情形另行制定。

十二、本意见适用于金钱给付类民事执行案件。

同一被执行人在同一执行法院内具有系列执行案件，可以基于其中一个案件实施本意见的强制执行措施，强制执行措施的材料在其他案件中备案。

十三、本意见自二〇一九年五月一日起施行。

浙江省高级人民法院 浙江省人民检察院 浙江省公安厅印发《关于依法惩处拒执犯罪若干问题的会议纪要》的通知

浙高法〔2018〕112号

各市、县、区人民法院、人民检察院、公安局（分局）：

为依法惩治拒不执行判决、裁定犯罪行为，维护当事人合法权益，增强司法权威，省高级人民法院、省人民检察院、省公安厅于日前对拒不执行判决、裁定罪相关问题进行了讨论，形成了会议纪要，现予印发，请遵照执行。执行中遇有问题请及时报告省高院刑一庭、省检察院公诉三处、省公安厅法制总队。

浙江省高级人民法院

浙江省人民检察院

浙江省公安厅

2018年7月2日

浙江省高级人民法院、浙江省人民检察院、浙江省公安厅关于依法惩处拒执犯罪若干问题的会议纪要

为依法惩治拒不执行判决、裁定犯罪行为，确保人民法院判决、裁定依法执行，提高司法公信，增强司法权威，根据《中华人民共和国刑法》《中华人民共和国刑事诉讼法》《关于〈中华人民共和国刑法〉第三百一十三条的解释》《最高人民法院关于审理拒不执行判决、裁定刑事案件适用法律若干问题的解释》等有关规定，结合我省实际，经会议讨论，现就办理拒执犯罪中有关问题纪要如下：

一、判决、裁定的范围

拒不执行判决、裁定罪中的"判决、裁定"，是指人民法院依法作出的具有执行

内容并已发生法律效力的判决、裁定。拒执罪中的裁定，除全国人大常委会解释中列举的外，还包括人民法院准予强制执行行政处罚决定、行政处理决定等作出的裁定。

拒不执行判决、裁定的对象本质上应当包含人民法院生效调解书、人民调解确认决定书，但由于立法解释规定人民法院为生效的调解书等所作的裁定属于刑法第三百一十三条规定的裁定，因此，执行部门在执行立案后要及时对生效调解书、人民调解确认决定书作出裁定。

人民法院对认可并执行仲裁调解协议所作的裁定属于拒不执行裁定罪中裁定的范围。

二、控告与自诉案件受理

对申请执行人向公安机关控告负有执行义务的人涉嫌拒不执行判决、裁定罪的线索，公安机关对于犯罪事实清楚的，应当立案侦查；涉嫌犯罪线索需要查证的，立案审查期限不超过7日；重大疑难复杂案件，经县级以上公安机关负责人批准，立案审查期限可以延长至30日。超过30日公安机关没有答复或者公安机关不予接受控告材料的，申请执行人有证据证明该拒不执行判决、裁定行为侵犯了其人身、财产权利，应当依法追究刑事责任的，申请执行人可以向人民法院提起自诉，人民法院可以以自诉案件立案审理。

人民法院向公安机关移送拒不执行判决、裁定犯罪线索，公安机关决定不予立案或者在接受线索后30日内不予书面答复的，或者人民检察院决定不起诉的，人民法院可以向申请执行人释明，告知其可以提起自诉；申请执行人有证据证明负有执行义务的人拒不执行判决、裁定侵犯了其人身、财产权利，应当依法追究刑事责任，申请执行人向人民法院提起自诉的，人民法院可以以自诉案件立案审理。

公安机关接受申请执行人的控告材料或者人民法院移送的拒不执行判决、裁定犯罪线索，经过30日之后又决定立案的，对于申请执行人的自诉，人民法院未受理的，裁定不予受理；已经受理的，可以向自诉人释明让其撤回自诉或者裁定终止审理。此后再出现公安机关或者人民检察院不予追究情形的，申请执行人可以依法重新提起自诉。

三、自诉案件的和解、驳回

自诉人在宣告判决前，可以与被告人自行和解。被告人在判决宣告前履行全部或者部分执行义务的，可以酌情从宽处罚。

公安机关立案侦查的拒执犯罪案件，可以参照前款规定执行。

人民法院审理拒不执行判决、裁定自诉案件，认为被告人的犯罪事实清楚，证据确实、充分的，应视情决定采取拘传、逮捕等强制措施。对于立案后被告人下落不明有逮捕必要的，应及时决定逮捕，并交由公安机关执行。对于缺乏证据，自诉人提不出补充证据的，应当说服其撤回自诉或者裁定驳回。

四、人民法院移送犯罪线索程序

人民法院向公安机关移送拒不执行判决、裁定及相关联的妨害公务、非法处置查封、扣押、冻结的财产、抢夺、毁坏财物等犯罪线索的，经报院长审签后移送。

五、移送犯罪线索材料范围

人民法院在办理执行案件时，应当注意相关证据材料的收集、固定、保存。对被执行人、协助执行义务人、担保人等的行为涉嫌犯罪，人民法院向公安机关移送犯罪线索时，应当移送下列材料：

1. 人民法院已经掌握的证明犯罪嫌疑人身份情况的相关材料。如户籍证明、身份证、护照、出入境证件、社会信用证代码、工商登记材料等。

犯罪嫌疑人已经被人民法院司法拘留的，应当向公安机关移送相关材料，并同时办理相关人员移交手续。

犯罪嫌疑人下落不明的，人民法院应当向公安机关提供犯罪嫌疑人下落的相关线索。

2. 人民法院已经掌握的证明犯罪嫌疑人负有执行义务或者协助执行义务的基本材料。如生效裁判文书，诉前财产保全裁定书，先予执行裁定书，追加、变更被执行人裁定书、《执行通知书》，及人民法院为执行支付令、仲裁裁决、公正债权文书、行政处理决定、行政处罚决定而出具的裁定等。

3. 人民法院已经掌握的证明犯罪嫌疑人拥有或者曾经拥有履行判决、裁定确定的全部或者部分义务能力的货币或者其他财产的证据。如人民法院为调查被执行人、担保人财产情况出具的搜查令及相关笔录；人民法院查封、扣押、冻结被执行人、担保人财产而出具的裁定书、《协助执行通知书》、查封公告、查封、扣押、冻结物品清单；查询存款、股权的通知书及回执；被执行人、担保人不动产、车辆登记情况记录；被执行人向人民法院提交的财产情况报告及相关被执行人具有执行能力的调查笔录、证人证言、文件、查询记录等以及协助执行义务人持有、控制判决、裁定指定交付的财产、财产权证或者其他物品的证据材料等。

4. 人民法院已经掌握的证明犯罪嫌疑人有拒不履行或者妨害执行行为的相关材料。如证实被执行人、担保人隐藏、转移、故意损毁财产或者无偿转让、明显低价转让财产的调查笔录、证人证言、银行存款记录、交易记录、财产过户登记记录等；证实协助执行义务人拒不协助的相关证据;证实被执行人、担保人、协助执行义务人暴力殴打、威胁执行人员、抢夺执行人员物品等妨害执行活动顺利进行的证据;罚款决定书、拘留决定书、拘传票及妨害执行被采取民事强制措施的证明材料等。

5.人民法院已经掌握的证明犯罪嫌疑人拒不履行或者妨害执行相关情节或者造成后果的相关材料。如人民法院出具的中止、终结执行裁定书;证实执行不能的相关证人证言、证明材料。包括证实财产已经被隐藏、转移、故意损毁、转让的照片、录像、合同、过户证明及执行人员被殴打致伤等证据。

对人民法院移送的材料不符合刑事诉讼法规定的证据形式的,应当进行转化,包括讯问犯罪嫌疑人、重新调查、核实相关证据等。

六、公安机关审查立案和检察机关移送起诉程序

对人民法院移送的涉嫌拒不执行判决、裁定相关犯罪线索,公安机关应当在接到移送材料后及时进行审查,在规定期限内作出决定,并将结果书面通知移送线索的人民法院。人民检察院在收到公安机关移送的材料后,应当在30日内作出起诉或者不予起诉决定,并将结果书面抄告移送案件的公安机关和相关人民法院。

在侦查过程中,需要人民法院执行部门配合的,人民法院执行部门应当予以配合。

拒不执行判决、裁定刑事案件的办理参照适用省公检法司《关于轻微刑事案件快速办理机制的若干规定》,符合条件的,启动快速办理机制;被执行人在案的,侦查期限、审查起诉期限、第一审审理期限各不超过10日。

七、"有能力执行"的时间起算

刑法第三百一十三条规定的"有能力执行"的时间起算是从判决、裁定生效时开始,即判决、裁定生效后,执行案件立案前,行为人实施隐藏、转移财产、毁损财物等行为的,可以构成拒不执行判决、裁定罪。

在判决生效前,行为人为了逃避执行而实施隐藏、转移财产,判决生效后继续隐匿财产的,可视为行为处于持续状态,构成拒不执行判决、裁定罪。

对拒不执行判决、裁定罪的追究不以《执行通知书》送达为前提。

八、"有能力执行"的判断标准

刑法第三百一十三条规定的"有能力执行"是指负有执行人民法院判决、裁定确定义务的人拥有清偿判决、裁定确定债务的全部或者部分财产,或者能够以自己的行为在判决、裁定确定的期限内履行判决、裁定确定的全部或者部分义务。

九、"致使判决、裁定无法执行"的判断标准

立法解释中"致使判决、裁定无法执行"是指行为人拒不执行判决、裁定，造成人民法院执行机构通过执行程序无法实现判决、裁定确定的内容，既包括判决、裁定全部无法执行，也包括部分无法执行；既包括判决、裁定最终无法执行，也包括暂时无法执行。

十、"致使执行工作无法进行"的判断标准

司法解释中"致使执行工作无法进行"是指行为人通过实施妨害执行工作的种种行为，造成人民法院执行机构正在开展的执行工作被迫停顿下来，既包括短时间无法开展正常执行工作，也包括较长时间内无法开展正常执行工作。

十一、"以明显不合理的低价转让财产"的判断标准

立法解释中"以明显不合理的低价转让财产"是指被执行人转让财产价格没有达到交易时交易地的指导价格或者市场交易价70%的情形。

十二、情节特别严重的判断标准

刑法第三百一十三条规定的情节特别严重情形是指：

1. 负有执行义务的人有能力执行而拒不执行，致使法院判决、裁定无法执行数额达500万元以上的；

2. 负有执行义务的人拒不执行法院判决、裁定，致使债权人遭受特别重大损失，或者造成其他极其严重后果的；

3. 负有执行义务的人有能力执行而拒不执行支付赡养费、抚养费、抚育费、抚恤金、医疗费用、劳动报酬、人身损害赔偿等判决、裁定，造成申请执行人一方死亡，或者造成恶劣社会影响的。

十三、以罚款或拘留为构罪前置条件条款的理解

对2015年《司法解释》第二条第（一）款"被执行人具有拒绝报告或者虚假报告财产情况、违反人民法院限制高消费及有关消费令等拒不执行行为，经采取罚款或者拘留等强制措施后仍拒不执行的"，其中"罚款或者拘留等强制措施"应当理解为被执行人知道或者应当知道人民法院已作出罚款或者拘留等强制措施，不以对被执行人实际执行罚款或拘留等强制措施为必要；"仍拒不执行"应当理解为具有拒绝报告或者虚假报告财产情况、违反人民法院限制高消费及有关消费令等前述拒不执行行为之

一,或者具有其他拒不执行行为。

司法解释中规定的其他情形,不以采取罚款、拘留等强制措施为构罪的前置条件。

十四、罚款、拘留等执行文书的送达标准

审判程序中,被执行人在送达地址确认书中确认的送达地址,适用于执行程序。执行程序中已按审判程序确认的送达地址直接送达或邮寄送达财产报告令、限制消费令、拘留决定书、罚款决定书等执行文书,其中,直接送达的,文书留在该地址之日为送达之日;邮寄送达的,签收之日为送达之日;被执行人拒绝签收或者因被执行人离开该地址而未能签收的,文书被退回之日可视为送达之日。审判程序中未在送达地址确认书中确认送达地址的,执行程序中按照最高人民法院《关于进一步加强民事送达工作的若干意见》第八条、第九条的规定进行送达。已按上述规定送达执行文书,被执行人仍拒不履行的,可以作为认定构成拒不执行判决、裁定罪的依据。

十五、拒不交付被查封车辆行为的定性

对被执行人车辆被人民法院查封,经人民法院通知执行仍拒不移交该车辆给人民法院,致使判决、裁定无法执行,应认定被执行人构成拒不执行判决、裁定罪,并同时触犯非法处置查封的财产罪,从一重处罚。被执行人提出车辆非其所有或已经抵债给第三人,但未经案外人异议程序、诉讼程序审查确定的,仍应当认定为被执行人名下车辆。涉案车辆未实际扣押的,不影响拒不执行判决、裁定罪立案。

十六、被执行人将财产用于履行其他债务的行为性质

被执行人擅自将财产用于履行尚未被生效法律文书确定的其他债务,致使生效判决、裁定无法履行的,应认定被执行人构成拒不执行判决、裁定罪。被执行人款项支出系正常生产经营或合理生活支出,且已向人民法院报备的除外。

十七、被执行人以有其他财产可供执行为由拒不配合执行的行为性质

当被执行人有数个可供执行的财产,人民法院在处置其中一项财产时,被执行人以还有其他可供执行的财产为由拒不配合人民法院对该项财产的处置或者隐藏、转移该项财产,致使判决、裁定无法执行的,可认定被执行人的行为构成拒不执行判决、裁定罪。

被查封、扣押、冻结的财产价值大于被执行人债务金额的,被执行人处置其他财产的行为不构成拒不执行判决、裁定罪。

十八、妨害执行公务但尚未造成执行工作无法进行的行为定性

对于以暴力、威胁方法阻碍执行人员进入执行现场或者聚众哄闹、冲击执行现场，对执行人员进行侮辱、围攻、扣押、殴打，或者毁损、抢夺执行案件材料、执行公务车辆和其他执行器械、执行人员服装以及执行公务证件等，尚未达到2015年《司法解释》第二条第（五）（六）（七）项规定的"致使执行工作无法进行的情形"，尚不构成拒不执行判决、裁定罪，但符合妨害公务罪、抢夺罪、故意毁坏财物罪等犯罪构成要件的，应以符合各该构成要件的罪名定罪处罚。

十九、依法查处黑恶势力等干扰

发现黑恶势力等干扰人民法院执行工作，涉嫌犯罪的，移送公安机关侦查，从严惩处。

对为拒执犯罪行为人充当"保护伞"的国家机关工作人员，移送纪检监察机关依法依纪查处。

二十、同一行为触犯数罪名的处理

被执行人同一行为同时触犯拒不执行判决、裁定罪，妨害公务罪，非法处置查封、扣押、冻结的财产罪，抢夺罪等多个罪名的，择一重罪处罚。

二十一、贯彻宽严相济刑事政策

办理拒不执行判决、裁定相关案件时，应当考虑拒不执行行为人的主观心态、拒执行为具体表现、情节、造成的后果，综合判断，注意办案法律效果、社会效果和政治效果的统一。

在办理拒不执行判决、裁定案件过程中，应当贯彻宽严相济刑事政策。对于经人民法院移送后立案侦查的案件，犯罪嫌疑人自动履行或者协助执行判决、裁定，确有悔改表现且未造成其他严重后果的，经与人民法院沟通后，公安机关可以作出撤销案件的决定；在审查起诉过程中，犯罪嫌疑人自动履行或者协助执行判决、裁定，确有悔改表现且未造成后果的，经与人民法院沟通后，人民检察院可以作出不起诉的决定，或者向人民法院建议对被告人从轻处罚；在人民法院作出一审判决前，被告人自动履行或者协助执行判决、裁定，确有悔改表现的，可以酌情从轻处罚。

本纪要自下发之日起执行。本省以前制订的相关文件，内容与本纪要不一致的，以本纪要为准。本纪要下发后，法律或司法解释作出新规定的，按新规定执行。

江苏省高级人民法院关于加强和规范民事执行检察监督案件办理工作的指导意见

为依法接受检察机关对民事执行活动实施监督，切实加强全省法院民事执行检察监督案件办理工作，规范办理程序，提高办理效率，促进依法规范执行，根据《中华人民共和国民事诉讼法》（以下简称民事诉讼法）及其司法解释和《最高人民法院、最高人民检察院关于民事执行活动法律监督若干问题的规定》（以下简称《民事执行监督规定》）相关规定，结合全省法院民事执行检察监督案件办理工作实际，制定本意见。

1. 各级法院必须全面落实民事诉讼法以及相关司法解释规定，主动接受检察机关依法对民事执行活动实施的检察监督，严格按照《民事执行监督规定》办理民事执行检察监督案件。

2. 民事执行检察监督案件实行统一立案，扎口管理，分类办理：

（1）检察机关提出的民事执行监督检察建议书，由立案部门统一接收，立案后移送执行机构或者执行裁判庭（或承担执行裁判业务的部门）办理；

（2）检察机关根据《民事执行监督规定》第十条发出的《了解执行案件情况函》，由立案部门扎口，登记编号，移送执行机构办理。

3. 涉及执行异议之诉案件受理及其裁判相关问题，属于审判监督范畴，不属于《民事执行监督规定》中的监督事项。

4. 立案部门对检察机关提出的民事执行监督检察建议书，同时符合下列条件的，应当编立"执监字"号案件予以办理：

（1）检察建议对象为《民事执行监督规定》规定的执行活动；

（2）检察建议书针对的执行行为系本院作出或者本院有权审查的执行行为；

（3）已移送检察监督案件卷宗材料。

根据《最高人民法院关于人民法院办理执行异议和复议案件若干问题的规定》第四条规定，执行案件系上级法院指定执行或者委托执行，且检察建议针对的执行行为系上级法院作出的，告知检察机关按规定程序向该上级法院提出检察建议。

不符合上述条件，或者检察建议监督的事项人民法院已经立案监督的，应当书面建议检察机关予以补正或者撤回；不予补正或者撤回的，应当函告检察机关不予受理。

5. 立案部门应当区分检察建议书提出的具体问题，根据下列情形，立案后移送相关部门办理：

（1）反映执行人员怠于履行职责的消极执行行为的，移送执行机构办理，同时将情况告知纪检监察部门并附检察建议书复印件；

（2）反映执行行为违法或者执行异议、执行复议、执行监督裁定违法的，以及不依法受理执行异议或执行复议申请的，移送执行裁判庭（或者承担执行裁判业务的部门）办理。

6. 民事执行检察监督案件应当依法组成合议庭进行审查。案情复杂、争议较大的案件，应当经本部门专业法官会议讨论。重大或者疑难复杂案件，应当提交审判委员会讨论决定。

7. 民事执行检察监督案件原则上进行书面审查。案情复杂、争议较大的案件，应当组织听证或者质证。

决定组织听证或者质证的案件，应当在听证或者质证前三日书面通知提出检察建议的检察机关。

8. 民事执行检察监督案件应当重点围绕检察建议书提出的问题以及检察机关提交的相关证据材料进行审查：

（1）检察建议书认为执行行为违法的，应当审查所涉执行行为是否于法有据，是否符合法律及司法解释规定的程序及条件。

（2）检察建议书认为人民法院怠于履行职责的，应当审查执行法院是否已在法定及合理时间内采取必要的执行行为或者执行措施；未采取执行行为或者执行措施的，是否具有合法且正当理由等。

（3）检察建议书认为执行行为损害国家利益或者公共利益的，应当审查执行行为是否存在以及是否具有损害国家利益或者社会公共利益情形。

9. 检察机关依据执行当事人、利害关系人、案外人申请实施监督，对执行法院存在下列违法情形提出检察建议，经审查属实的应当采纳：

（1）违法先予执行的；

（2）违法受理执行案件或者违法执行未生效法律文书的；

（3）违法采取或者解除查封、扣押、冻结措施的；

（4）明显超标的查封、扣押、冻结被执行人财产的；

（5）违法执行被执行人到期债权的；

（6）违法变更或者追加执行当事人的；

（7）违法采取拘留、罚款或者行为保全措施的；

（8）违法采取或者解除限制出境、纳入失信被执行人名单、限制消费措施的；

（9）违法采取搜查、调查等强制措施的；

（10）对执行财产应当拍卖而未依法拍卖的，或者应当评估而未依法评估，违法变卖或者以物抵债的；

（11）违法参与分配或者违法限制债权人参与分配的；

（12）无正当理由拖延支付或者截留、挪用、违规发放执行款物的；

（13）违法执行案外人财产或者违法向案外人发放执行款物的；

（14）在给付特定物之诉中，对与案件无关的财物采取保全措施的；

（15）超出生效法律文书确定的数额和范围执行的；

（16）违法中止执行、暂缓执行或者执行回转的；

（17）违法终结执行或者终结本次执行程序的；

（18）终本案件恢复执行前违法采取处置措施的；

（19）违反法定程序审理执行异议或者复议案件的；

（20）迫使或者欺骗执行当事人、利害关系人执行和解的；

（21）执行行为有其他违反法律或者司法解释规定情形的。

采纳、部分采纳检察建议的，应当依法裁定撤销、变更相关执行行为或者责令执行法院对相关执行行为依法予以撤销、变更。

10. 检察机关依据执行当事人、利害关系人、案外人申请实施监督，对执行法院存在下列怠于履行职责行为提出检察建议，经审查属实的应当采纳：

（1）对依法应当受理的执行申请不予受理的；

（2）对依法应当恢复执行的案件未按规定恢复执行的；

（3）对被执行人财产未采取网络执行查控措施，或者无正当理由对债权人提供的被执行人或者其财产线索未采取执行措施的；

（4）对查封、扣押、冻结的财产不履行监管职责的；

（5）对申请执行人申请续行查封的财产怠于采取续封措施的；

（6）对依法应当变更或者解除执行措施，无法定事由不予变更或者解除的；

（7）对被执行人有财产可供执行，立案后超过六个月无正当理由未执结的；

（8）对被执行人享有的到期债权不予执行的；

（9）对依法应当变更或者追加执行当事人而不予变更或者追加的；

（10）对执行当事人、案外人被错误纳入失信被执行人名单或者被错误采取限制消费措施，不予撤销或者屏蔽的；

（11）对季节性商品或者鲜活、易腐烂变质以及其他不宜长期保存的物品未依法及时采取处置措施，可能造成损失的；

（12）对查封的不动产或者特定动产，怠于通知登记部门不予办理变更登记的；

（13）对已到账执行款无正当理由超过三个月未发放的；

（14）对依法应当受理的执行异议或者执行复议案件不予受理的；

（15）其他不履行或者怠于履行职责的行为。

采纳、部分采纳检察建议的，应当依法作出采取执行行为的裁定、决定，或者责令执行法院依法作出执行行为、采取执行措施。

11. 检察机关依职权实施监督，对执行法院或者执行人员下列行为提出检察建议，经审查属实的应当采纳：

（1）执行或者不予执行相关案件，确实损害国家利益或者社会公共利益，检察机关建议不予执行或者予以执行的；

（2）执行人员在执行该案时有贪污受贿、徇私舞弊、枉法执行等违法行为，司法机关或者纪检监察机关已经立案，检察机关建议变更承办人或者纠正原执行人员错误执行行为的；

（3）执行行为或者执行措施造成重大社会影响，检察机关建议暂缓执行或者依法变更执行行为、执行措施的；

（4）检察机关对人民法院据以执行的民事判决、裁定已经提出抗诉，建议中止执行或者暂缓执行的。

采纳或者部分采纳检察建议的，应当依法作出或者责令执行法院作出予以执行、不予执行、中止执行、暂缓执行裁定，或者变更相关执行措施或执行行为。

12. 检察机关提出的民事执行监督检察建议，具有下列情形之一的，不予采纳：

（1）检察建议未经检察长批准或者未经检察委员会决定的；

（2）检察建议涉及执行人员贪污受贿、徇私舞弊、枉法执行等违法行为，未提供司法机关或者纪检监察机关已经立案材料的；

（3）执行当事人、利害关系人或者案外人应当依法行使执行救济权利，无正当理由不寻求救济而直接申请检察监督的；

（4）执行异议、复议或者执行监督案件审查期间，检察机关对案涉执行行为提出检察建议的；

（5）超出《民事执行监督规定》范围实施监督的其他情形。

不采纳检察建议的，应当在回复意见函中详细说明事实及理由。

13. 执行当事人、利害关系人、案外人依法可以提出执行异议、执行复议或者应当提起诉讼而没有行使权利，检察机关提出检察建议，具有下列情形的，应当采纳：

（1）执行法院作出执行行为时未制作法律文书或法律文书未依法送达的；

（2）执行法院在执行裁定或相关法律文书中未告知或错误告知救济权利的；

（3）执行法院拒不受理执行异议或者执行复议案件的；

（4）执行异议或复议案件未依法办理的；

（5）违法处置执行标的或者违法终结执行，无法提出执行异议的；

（6）因意外事件或者不可抗力导致其无法在法定期限内行使权利，相关事由消除后主张权利未获受理的；

（7）因被限制人身自由或者因严重疾病等客观原因不能及时行使权利，且无法委托他人代为行使权利，相关事由消除后主张权利未获受理的；

（8）有证据证明他人以暴力、胁迫、欺诈等方式阻止其依法行使权利，事后主张权利未获受理的；

（9）存在其他客观上不能依法行使权利的情形。

14. 民事执行检察监督案件应当在三个月内办结。有特殊情况需要延长审查期限的，经本院院长批准，可以延长一个月。

15. 民事执行检察监督案件的审查处理情况，应当以《回复意见函》（见附件一）形式回复提出检察建议或者跟进监督的检察机关。《回复意见函》应当编立执行监督案件案号，载明人民法院查明的事实、回复意见和理由并加盖院章。采纳检察建议的，应当附相关执行裁定、决定等法律文书。必要时，可随函附上相关证据材料。

16. 检察机关以作为执行依据的裁判文书错误为由，认为执行行为违法并提出民事执行监督检察建议的，不予采纳。但应当告知相关当事人可依法申请再审或者通过其他程序解决，并可同时函告提出建议的检察机关依法提出抗诉。

执行依据系本院作出的，可依法通过审判监督程序进行审查，并将审查情况函告检察机关。涉及仲裁裁决或者公证债权文书的，可告知相关当事人按照法定程序申请不予执行。必要时，可依职权进行审查。

17. 检察机关业务部门在实施民事执行监督过程中出具的《了解执行案件情况函》，由立案部门在收函后五日内编立"执检函"字号案件移送执行机构办理，不纳入司法统计范围，但应通过系统办理，实现全程留痕。

执行机构对"执检函"字号案件进行书面审查，并应当在十日内办结。审查处理情况应当经执行局长审核，必要时报分管院领导审核；执行局长办理的执行案件应当经分管院领导审核。"执检函"字号案件以《回复函》（见附件二）的形式予以回复，并加盖执行局印章。

18. 检察机关办理具体民事执行监督案件中需要调阅执行卷宗或者拷贝电子卷，查阅、复制、摘录等相关执行材料的，人民法院应当按照《民事执行监督规定》相关规定提供便利，积极配合。

19. 人民法院对检察机关就行政执行活动实施的法律监督，《民事执行监督规定》以及行政诉讼法及其司法解释未作规定的，参照本意见执行。

20. 本意见自下发之日起执行。

附件一

××人民法院
关于××号检察建议书的回复意见函

（20××）苏××执监××号

××人民检察院：

你院××号检察建议书收悉。你院认为……。经依法立案审查，现将审查处理情况函复如下：

一、本案基本情况

（一）当事人基本情况；

（二）案件审理情况；

（三）案件执行情况；

（四）异议、复议情况。

二、检察建议列明问题的审查情况

（一）关于……

（二）关于……

（三）关于……

……

（逐条回应检察建议书中所列问题并说明理由）。

三、本院意见

采纳检察建议的，写明已经采取或者将要采取的措施。

不采纳检察建议的，写明"本院在执行过程中，不存在检察建议中所提出的执行行为违法/执行异议及复议程序违法/怠于履行职责的情形"。

特此函复。

附：裁定、决定等相关法律文书

二○××年××月××日

（加盖院印）

附件二

××人民法院
关于××号了解执行案件情况函的回复

（20××）苏××执检函××号

××人民检察院：

你院××号了解执行案件情况函收悉。现将该案执行情况函复如下（就执行过程中是否存在怠于履行职责情形予以回应）：

该案执行过程中，本院已采取……等执行措施，不存在怠于履行职责情形。或者：

该案执行过程中，执行人员存在怠于履行职责情形，现已督促纠正。

……

特此函复。

二○××年××月××日

（加盖执行局印章）

江苏省高级人民法院关于办理拒不执行判决、裁定犯罪案件若干问题的通知

各市中级人民法院、徐州铁路运输法院、各基层人民法院：

为配合解决"执行难"，依法全面打击拒不执行判决、裁定犯罪行为，确保人民法院判决、裁定依法执行，根据院领导指示，经专题调研研究，现对全省法院办理拒不执行判决、裁定犯罪案件中存在的若干问题作如下释明，供审判中参考适用：

一、"人民法院判决、裁定"的范围

1. 关于"人民法院判决、裁定"的范围。根据《全国人民代表大会常务委员会关于〈中华人民共和国刑法〉第三百一十三条的解释》（下称立法解释）规定，刑法第三百一十三条规定的"人民法院的判决、裁定"，是指人民法院依法作出的具有执行内容并已发生法律效力的判决、裁定。人民法院为依法执行支付令、生效的调解书、仲裁裁决、公证债权文书等所作的裁定属于该条规定的裁定。

据此，人民法院主持下做出的调解书、执行中出具的《执行通知书》、仲裁裁决、公证债权文书等，本身不属于"人民法院的判决、裁定"，但人民法院所作的裁定中载明执行其他生效法律文书事项的，应认定为具有执行内容的"人民法院的判决、裁定"。

2. 人民法院为依法执行行政处理决定或者行政处罚决定等所作的裁定，应认定属于拒不执行判决、裁定罪中的"裁定"。人民法院为依法执行行政处理决定等所作的裁定具有执行内容，符合立法解释中"人民法院的判决、裁定"的释义。

二、执行义务的确定

3. 关于执行义务产生确定的时间。从犯罪主体适格及主观明知方面来看，应当区分不同主体确定执行义务的产生时间：对于判决、裁定中载明其执行义务的被执行

人、担保人、第三人等，在判决、裁定对其发生法律效力后，就应当履行判决、裁定中载明的执行义务，其执行义务即行确定；对于协助执行义务人，其在收到法院发出的《协助执行通知书》后才知晓判决、裁定内容，执行义务才产生确定。

对于执行义务人发生在执行义务产生之前的转移、隐匿财产等行为，造成判决、裁定无法执行的，由于行为时执行义务尚未产生确定，不宜认定为拒不执行行为。如果符合非法处置查封、扣押、冻结的财产罪构成要件的，可以以该罪论处。不构成其他犯罪的，可以通过民事手段获得救济。

对于人民法院为执行生效的调解书、仲裁裁决、公证债权文书所作的裁定，执行义务在调解书、仲裁裁决、公证债权文书生效时已经确定，执行义务人其后实施转移、隐匿财产等行为，造成判决、裁定无法执行的，应当认定为拒执行为。

4. 关于法律文书送达的要求。执行义务的确定以执行义务人收到判决、裁定为前提，应当有证据证明执行义务人已经收到或应当收到生效的判决书、裁定书。被送达人签署了送达地址确认书，法院按照上述地址送达生效判决、裁定的，相关法律文书应视为已送达被送达人。

行为人有证据证明其确实未收到生效裁判文书的，若其没有过错，不应当认定为负有执行义务。但如果在执行过程中收到生效裁判文书，并经过一定期限后，依然拒不执行的，可以构成拒不执行判决、裁定罪。

5. 关于财产报告令、限制消费令等法律文书的送达。对于拒绝报告或者虚假报告财产情况及违反法院限制高消费及有关消费令的行为人，构成拒不执行判决、裁定罪应当要求有证据证明行为人已收到或应当收到相关财产报告令、限制消费令等法律文书。限制消费人员信息已在中国执行信息公开网公布的，视为应当收到限制消费令。

三、"情节严重"的理解与把握

6. 关于认定"情节严重"的数额标准。立法解释及2015年最高法《关于审理拒不执行判决、裁定刑事案件适用法律若干问题的解释》（下称司法解释）对于拒不执行判决、裁定罪"情节严重"的规定中，均没有相关数额标准；而且本罪侵害的法益是司法裁判的权威性和执行力，与执行标的的数额没有直接关联。因此，行为人未履行执行标的的数额以及未履行部分的占比，均不影响本罪的定罪处罚，但如果行为人已履行绝大部分执行义务，未履行的执行标的数额极小，可以认为是情节显著轻微，不作为犯罪处理。

7. 关于认定"情节严重"的考虑因素。立法解释及司法解释规定了"有能力执行而拒不执行，情节严重"的十二种情形。从这十二种情形看，正确把握"情节严重"的标准需考虑下列两方面因素：一是行为手段，即行为人应当实施了逃避、对抗执行义务的拒不执行行为,例如隐藏、转移财产,公然对抗、暴力抗拒执行,拒绝报告、违反高消费禁令等;二是行为后果,拒不执行的行为应当造成判决、裁定无法执行,执行工作无法进行,或者债权人遭受重大损失等后果。

8. 关于"致使判决、裁定无法执行"的理解与把握。致使判决、裁定无法执行,系指拒执行为的实施,导致判决、裁定中载明的执行义务无法得到及时有效的履行。人民法院在拒执行为致使判决、裁定未及时有效执行后,通过另行采取执行措施,使判决、裁定得以执行的,不影响"致使判决、裁定无法执行"的认定。

9. 关于行为执行类案件"致使判决、裁定无法执行"的认定。对于迁出房屋、退出土地等行为执行类案件,行为人构成拒不执行判决、裁定罪应当以执行部门充分履行行为执行的告知义务,且行为人采取对抗执行的措施为前提。执行义务人在人民法院通知后,仅是未主动迁出房屋、退出土地,没有采取对抗执行措施的,尚未达到"致使判决、裁定无法执行"的程度,不应认定构成拒执犯罪。

10. 对于执行义务人非法出租、改造已被查封的不动产的行为,应考察该出租、改造行为对判决、裁定执行的妨害程度,如果因善意第三人入住、房屋改造等原因,造成法院执行司法成本明显增加,判决、裁定不能得到及时有效的执行,影响司法权威的,可以认定为造成"判决、裁定无法执行"。出租、改造行为对执行妨害程度不大的,可不认定为拒执行为。

11. 对于法院查封、扣押、冻结不动产等不易变现资产,足以清偿生效法律文书确定债务,但被执行人又转移现金、不履行金钱给付义务、拒不交出容易变现的汽车等财产的,因法院查封、扣押、冻结的财产足以清偿生效法律文书确定债务,故被执行人的此种行为一般没有达到致使判决、裁定无法执行的程度,不宜认定为构成拒执犯罪。

12. 对于执行义务人非法处置法院查封、扣押的财产,但同时又主动履行生效判决的,因其已履行执行义务,不构成拒不执行判决、裁定罪。关于其行为是否构成非法处置查封、扣押的财产罪,根据全国人大法工委的法条释义,非法处置查封、扣押的财产罪的"情节严重",主要是指隐藏、转移、变卖、故意毁损已被司法机关查封、扣押、冻结的财产,严重妨害诉讼活动的正常进行或者使国家、集体、公民的利益遭受了重大损失的情形。据此,虽然行为人非法处置了查封扣押的财产,如果其自动履行了生效判决,可以视为尚未严重妨害诉讼活动的进行,不认定为"情节严重";但如果人民法院通过强制执行其他财产才得到执行的,可以认定为"情节严重"。

13. 关于司法解释第二条第六、七项。被执行人实施抢夺材料、谩骂等抗拒执行行为,严重妨害执行工作,造成执行工作无法进行的,应当认定为"情节严重";轻微不配合的拒执行为,不足以从实质上妨害执行行为的,不宜认定为"情节严重"。谩骂法院行为，属于抗拒执行行为，只要妨害执行工作，造成执行工作无法进行的，即应认定属于"情节严重"。

四、罪名认定问题

14. 关于选择性罪名问题。本罪不属于选择性罪名，在裁判文书中统一表述为拒不执行判决、裁定罪。

15. 关于本罪与妨害公务罪的竞合。负有执行义务的人以暴力、威胁方法妨害执行，造成执行工作无法进行的，既符合妨害公务罪的构成要件，也符合本罪的构成要件，根据特别法优于一般法的原则，一般应以本罪定罪量刑。不负有执行义务的人以暴力、威胁方法妨碍执行，与执行义务人构成共同犯罪的，依照本罪定罪量刑；不构成共同犯罪，但符合《刑法》第二百七十七条规定的，以妨害公务罪论处。

16. 关于本罪与非法处置查封、扣押、冻结的财产罪的竞合。在案件审理阶段，当事人非法处置查封、扣押、冻结的财产的，情节严重的，应当以非法处置查封、扣押、冻结的财产罪论处。在判决、裁定生效后，当事人对审理或执行阶段人民法院查封、扣押的财产进行处置，造成判决、裁定无法执行的，应当以本罪论处。

17. 关于本罪与虚假诉讼罪的竞合。在执行过程中，以虚假诉讼的方式，造成判决、裁定无法执行的，属于一行为触犯数罪，选择一重罪论处。

五、其他法律适用问题

18. 关于立案后主动履行执行义务的处理。负有执行义务的人因涉嫌拒不执行判决、裁定罪被立案侦查或采取强制措施后，主动履行义务或者在亲友协助下履行了相应义务的，根据司法解释规定，可以酌情从宽处罚。如果是自诉案件，可以达成和解，由自诉人撤回自诉。

六、工作要求

（一）加强沟通协调

内部工作机制方面，各级法院刑事审判部门应当加强与执行部门的沟通衔接，建立长效工作机制，会同执行部门及时研究相关案件材料，提出处理建议；执行部门在移送案件线索时，可以征求刑事审判部门的意见。刑事审判部门应当加强与公安、检察部门的沟通，研究解决拒不执行判决、裁定犯罪案件办理过程中的疑难问题，并建立会商机制，统一思想认识，加大打击力度。

（二）强化取证指引

各级法院刑事审判部门应当加强对自诉案件当事人调查取证的法律释明和指引工

作,提升自诉案件办理水平。对于自诉案件当事人因客观原因不能取得的证据,申请人民法院调取的,刑事审判庭应当予以审查,认为有必要的,应当及时调取。

(三)加大打击力度

各级法院刑事审判部门要高度重视拒执类犯罪案件的审理工作,对于累犯、多次实施拒执行为、拒执行为情节恶劣、造成严重后果的被告人从重处罚,注重通过打击拒执犯罪推进执行工作,为人民法院决战决胜"基本解决执行难"提供有力的支撑。

江苏省高级人民法院

2018年8月22日

广东省高级人民法院关于办理执行监督案件的指引

一、一般规定

第一条 本指引所称的执行监督，是指对执行实施、执行审查等各类执行案件进行监督审查的执行救济制度，包括上级法院对下级法院进行执行监督和本院自行启动执行监督。

第二条 办理执行监督案件，应当适用案件执行时的法律和司法解释的规定，并应当结合案件的进展及现状等实际情况综合审查判断。

第三条 办理执行监督案件，应当坚持执行效率原则，维护执行行为基本稳定，防止不必要的执行反复。

第四条 执行监督案件纳入执行案件流程管理，依照有关规定公开审判组织、办理流程、开庭听证、裁判文书等。

二、管辖

第五条 省法院对中级法院的执行案件进行监督，不直接监督基层法院执行案件，但下列情形除外：

（一）最高人民法院指令省法院立案监督的；

（二）案件重大、紧急，确有必要，经分管院长批准由省法院监督的。

第六条 中级法院监督本辖区基层法院的执行案件。

第七条 各级法院可以对符合本指引规定条件的本院案件启动执行监督程序。

第八条 监督事项涉及不同法院的执行案件，上级法院可以指定下级法院管辖。

三、受理

第九条 执行监督案件由立案部门负责立案。

执行部门在处理执行申诉信访以及交办、转办函件过程中，可以提出执行监督的立案建议转立案部门立案。

第十条 申诉人申请执行监督，应当同时提交下列申诉材料：

（一）申诉人的身份证明；

（二）申诉书或者执行监督申请书，载明具体的申诉请求、事实和理由；

（三）相关的法律文书及相应的证据清单和材料；

（四）法律文书送达地址确认书和联系方式。

第十一条 申诉人的申诉符合下列情形之一的，人民法院可以立案监督：

（一）不服执行异议裁定，因不能归责于申诉人的事由而未在法定期限内申请执行复议或者提起执行异议诉讼的；

（二）不服《民事诉讼法》第二百二十五条规定的执行复议裁定提出申诉的；

（三）认为2008年4月1日之前的执行行为错误提出申诉的；

（四）反映执行行为违法又无其他法定执行救济程序提出申诉的；

（五）法律或者司法解释规定的其他应当立案监督的情形。

第十二条 符合下列情形之一的，人民法院应当立案监督：

（一）上级法院指令监督的；

（二）同级检察机关提出民事执行监督检察建议的；

（三）经本院院长提交审判委员会讨论后决定监督的。

第十三条 申诉人的申诉属于下列情形之一的，人民法院不予立案监督，分别处理：

（一）申诉人不是案件当事人且与案件无直接利害关系的，告知其不具备申诉主体资格；

（二）可以依法提出执行申请、执行异议、执行复议、执行异议诉讼或者可以依照其他法定程序予以救济的，告知其另循法定途径解决；

（三）已经执行监督程序审查驳回申诉或者准许撤回申诉，就同一申诉事项向同一法院再次申诉的，告知其不予立案；

（四）未在法定期限内提出异议、申请复议、提起异议诉讼又无正当理由的，告知其不予立案；

（五）对执行依据包括判决、裁定、调解书、公证债权文书、仲裁裁决等不服的，告知其循审判监督或者公证、仲裁司法审查程序处理；

（六）对不予执行仲裁裁决的裁定不服的，告知其可以重新达成书面仲裁协议申请仲裁，或者向人民法院起诉；

（七）对驳回不予执行仲裁裁决申请的裁定不服的，告知其不属于执行监督的范围；

（八）对提级执行、指定执行的裁定不服的，告知其不属于执行监督的范围；

（九）对拘留、罚款、限制出境等民事强制措施不服的，告知其不属于执行监督的范围；

（十）对执行争议协调决定、案件请示及其复函以及法院内部的其他通知、决定、批复等函件不服的，告知其不属于执行监督的范围；

（十一）要求追究执行人员违法违纪责任的，告知其向纪检、监察机关提出；

（十二）其他不予立案的情形，依照执行申诉信访流程办理。

立案后发现不符合执行监督案件受理条件的，书面通知申诉人驳回申诉申请。

第十四条 申诉人的申诉符合受理条件的，执行申诉信访部门应当在七日内将材料移交立案部门登记立案。

不符合受理条件的，由执行申诉信访部门依照一般执行申诉信访的流程处理。

第十五条 申诉人未按本指引第十条规定提交申诉材料的，执行申诉信访部门应当一次性告知申诉人在七日内补足。期限内未补足的，不移交立案部门登记立案。

四、审查

第十六条 立案部门立案后，应当按照有关规定及时将案件材料移交执行裁决部门。

第十七条 执行裁决部门依法组成合议庭，审查执行监督案件。

执行监督案件所涉的原案执行实施或者审查人员，不得参与执行监督案件的审查。

第十八条 办理执行监督案件可以根据案件具体情况，采取书面审查、调卷审查、听证审查等方式，必要时可以调查取证及询问当事人。

第十九条 原案事实比较清楚、法律关系比较明确且申诉理由不能成立的，采取书面审查方式。

第二十条 依据申诉材料难以作出结论时，应当调阅原案卷宗。调卷时优先调阅电子卷宗，调阅电子卷宗不能满足审查需要的，调阅纸质卷宗。

原案正在办理的，调阅纸质卷宗时可以向办理法院调阅原案相关材料复印件，复印件应当注明出处并加盖办理法院公章。

第二十一条 原案遗漏重要事实或者主要事实认定不清、可能存在错误，且适用法律、处理结果争议较大的，以及重大疑难复杂、社会关注度较高的执行监督案件，可以采取听证审查方式。

第二十二条 原案当事人以外的人与执行监督审查结果有直接利害关系的，可以列为第三人，与案件当事人在程序上享有相同的权利和义务。

第二十三条 经合法传唤后，申诉人无正当理由拒不到庭参加听证的，或者未经许可中途退庭的，按撤回申诉处理。其他当事人、利害关系人不参加听证的，案件继续审查。

第二十四条 执行监督审查期间，不停止执行。

申诉人提供充分、有效的担保请求暂缓执行，可以根据案件情况决定是否暂缓执行；对方当事人提供充分、有效的担保请求继续执行的，应当继续执行。决定暂缓执行或者继续执行，应当书面通知执行法院。

上级法院认为原执行案件可能错误、将来难以执行回转，经分管院长批准，可以书面通知执行法院维持执行现状。

经本院院长提交审判委员会讨论后决定立案监督的，可以裁定中止执行案件。

五、结案

第二十五条 执行监督案件审查期间，申诉人申请撤回申诉的，是否准许由人民法院裁定。

当事人、利害关系人因达成执行和解申请撤回申诉的，将执行和解材料交执行法院依法处理。

第二十六条 申诉人不服案外人执行异议裁定，无正当理由未在法定期限内起诉的，裁定驳回申诉申请。

确有正当理由未在法定期限内起诉且申诉请求能够成立、属上级法院监督的，裁定撤销执行异议裁定、指令下级法院重新审查异议；执行法院自行监督的，撤销并重新作出执行异议裁定。重新作出的执行异议裁定，可以依法提起执行异议诉讼。

第二十七条 申诉请求纠正原案裁定或者其他执行行为，应当按照以下情形分别作出执行监督结论：

（一）申诉请求不能成立的，裁定驳回申诉请求。

（二）属中级法院应当立案监督而未立案监督的，发函指令中级法院立案监督，同时书面通知申诉人。

（三）原案裁定或者申诉请求纠正的其他执行行为认定事实或者适用法律错误，但处理结果并无不当、申诉请求不能成立的，纠正认定的事实或者适用的法律，裁定驳回申诉请求。

（四）原案裁定或者申诉请求纠正的其他执行行为认定事实或者适用法律错误、申诉请求成立或者部分成立的，发函责令执行法院限期改正，或者裁定撤销、变更原案裁定或者申诉请求纠正的其他执行行为。

（五）原案裁定或者申诉请求纠正的其他执行行为认定事实不清、证据不足的，在查清事实后撤销原案裁定或者申诉请求纠正的其他执行行为、作出相应裁定；但基本事实不清、主要证据不足且为下级法院作出的，可以裁定撤销原案裁定或者申诉请求纠正的其他执行行为、发回下级法院重新审查。

（六）原案裁定或者申诉请求纠正的其他执行行为遗漏请求事项或者适用程序错误的，撤销原案裁定或者申诉请求纠正的其他执行行为、发回下级法院重新审查；属于本院自行监督的，撤销原案裁定或者申诉请求纠正的其他执行行为、重新作出相应的裁定或者执行行为。

执行监督撤销或者变更执行异议或者复议裁定，执行异议或者复议裁定所维持的执行行为可以撤销、变更的，应当同时撤销、变更执行异议或者复议裁定所维持的执行行为。

不服《民事诉讼法》第二百二十五条规定的执行复议裁定提出申诉而立案监督的，应当以裁定方式作出结论。

第二十八条　执行监督审查期间，执行法院自行纠正执行错误的，执行监督案件作结案处理。依当事人、利害关系人、案外人申诉而立案监督的，应当书面通知申诉人。

第二十九条　申诉事项超出原案执行裁定范围的，执行监督中不予审查。

第三十条　对本院自行监督所作的纠错执行监督裁定不服，原案为可以提起执行异议、申请复议或者提起执行异议诉讼救济的，当事人仍享有原案的执行救济权利；原案裁定为执行复议裁定的，可以向上一级法院申诉。

依前款可以对执行监督裁定提起执行异议、申请复议或者提起执行异议诉讼的，应当在执行监督裁定中书面告知当事人。

第三十一条　变更、撤销本院作出的执行裁定，应当提交本院审判委员会讨论。改变原执行监督意见的，应当根据本院规定的程序处理。

第三十二条　执行监督裁定应当送达申诉人及相关当事人，并发送作出原案裁定的法院。上级法院向下级法院发出执行监督函的，应当将有关情况书面告知申诉人。

上级法院在执行监督中发现下级法院存在不规范执行等问题的，应另行向下级法院发出执行监督函，指出存在的问题，督促下级法院予以整改完善。

上级法院指令监督的，下级法院应当根据指令函的要求书面报告执行监督结果。

依检察建议立案监督的，应当按照有关规定回复。

其他有关单位、人大代表、政协委员关注的，按照有关规定函告执行监督结果。

六、审限

第三十三条　执行监督案件应当在立案之日起六个月内办结。因特殊事由需要延长的，应当按照办案期限管理的规定报批，延长审限不得超过三个月。

第三十四条 以下期间可以扣除，不计入审查期限：

（一）公告期间；

（二）调查取证、委托评估、委托鉴定期间；

（三）请示上级法院期间；

（四）上级法院通知暂缓或者中止审查期间；

（五）必须等待其他案件处理结果的期间；

（六）执行争议协调期间；

（七）提交审判委员会讨论期间；

（八）征求其他部门意见期间；

（九）其他应当扣除的期间。

七、附则

第三十五条 执行监督案件结案后，应当按照有关规定按期归档。

第三十六条 下级法院不按上级法院的要求移送案卷、报告案情等，或者不执行上级法院的执行监督裁定、执行监督函等，依照《广东省高级人民法院关于执行监督工作实施问责的暂行规定》等有关规定问责。

第三十七条 依照《民事诉讼法》第二百二十六条规定立案督促执行的，不适用本规定。

第三十八条 本指引由广东省高级人民法院负责解释。

广东省高级人民法院 广东省人民检察院 广东省公安厅关于印发《关于办理拒不执行判决、裁定刑事案件的规范指引》的通知

粤高法发〔2018〕3号

全省各级人民法院、人民检察院，各市、县公安局：

为依法打击拒不执行判决、裁定犯罪，有效发挥刑罚的威慑力，维护司法权威和法律的严肃性，保障当事人的合法权益，广东省高级人民法院、广东省人民检察院、广东省公安厅制定了《关于办理拒不执行判决、裁定刑事案件的规范指引》。现印发给你们，请认真贯彻执行。

广东省高级人民法院
广东省人民检察院
广东省公安厅
2018年9月11日

关于办理拒不执行判决、裁定刑事案件的规范指引

第一条 为依法惩处拒不执行判决、裁定犯罪，规范相关执法、司法工作，维护法律尊严，依据《中华人民共和国刑法》《中华人民共和国刑事诉讼法》《中华人民共和国民事诉讼法》以及全国人大常委会《关于〈中华人民共和国刑法〉第三百一十三条的解释》等法律和司法解释，结合我省实际，制定本规范指引。

第二条 被执行人、协助执行义务人、担保人等负有执行义务的人不执行人民法院的判决、裁定，有下列情形之一的，应认定为《中华人民共和国刑法》第三百一十三条规定的有能力执行而拒不执行，情节严重的情形：

（一）被执行人隐藏、转移、故意毁损财产或者无偿转让财产、以明显不合理的低价转让财产，致使判决、裁定无法执行的；

（二）担保人或者被执行人隐藏、转移、故意毁损或者转让已向人民法院提供担保的财产，致使判决、裁定无法执行的；

（三）协助执行义务人接到人民法院《协助执行通知书》后，拒不协助执行，致使判决、裁定无法执行的；

（四）与国家机关工作人员通谋，利用国家机关工作人员的职权妨害执行，致使判决、裁定无法执行的；

（五）具有拒绝报告或者虚假报告财产情况、违反人民法院限制高消费及有关消费令等拒不执行行为，经采取罚款或者司法拘留等措施后仍拒不执行的；

（六）伪造、毁灭有关被执行人履行能力的重要证据，以暴力、威胁、贿买方法阻止他人作证或者指使、贿买、胁迫他人作伪证，妨碍人民法院查明被执行人财产情况，致使判决、裁定无法执行的；

（七）拒不交付法律文书指定交付的财物、票证或者拒不迁出房屋、退出土地，致使判决、裁定无法执行的；

（八）与他人串通，通过虚假诉讼、虚假仲裁、虚假和解等方式妨害执行，致使判决、裁定无法执行的；

（九）以暴力、威胁方法阻碍执行人员进入执行现场或者聚众哄闹、冲击执行现场，致使执行工作无法进行的；

（十）对执行人员进行侮辱、围攻、扣押、殴打，致使执行工作无法进行的；

（十一）毁损、抢夺执行案件材料、执行公务车辆和其他执行器械、执行人员服装以及执行公务证件，致使执行工作无法进行的；

（十二）拒不执行法院判决、裁定，致使债权人遭受重大损失的；

（十三）其他有能力执行而拒不执行，情节严重的情形。

被执行人或者担保人隐藏、转移、故意毁损财产致使判决、裁定无法执行的，刑事立案标准一般按自然人达2万元人民币以上、单位达20万元人民币以上掌握；以明显不合理的低价转让财产的，明显不合理低价一般按低于市场价值50%以上掌握。

第三条 负有执行义务的人不执行人民法院的判决、裁定，有下列情形之一的，可以认定为《中华人民共和国刑法》第三百一十三条规定的情节特别严重的情形：

（一）使用暴力围攻、殴打执行人员，造成一人以上轻伤或者二人以上轻微伤的；

（二）聚众哄闹、冲击执行现场，或者对执行人员进行侮辱、围攻，造成特别恶劣社会影响的；

（三）毁损执行公务车辆和其他执行器材，造成直接经济损失达到人民币5万元以上的；

（四）导致申请执行人自杀，造成死亡、严重残疾后果或导致申请执行企业停产、倒闭，严重影响社会稳定的；

（五）其他属于情节特别严重的情形。

第四条　具有本规范指引第二、第三条情形，同时构成其他犯罪的，依照处罚较重的规定定罪处罚；依法律或司法解释规定构成数罪的，实行数罪并罚。

第五条　拒不执行判决、裁定刑事案件，由执行法院所在地基层公安机关立案侦查、基层人民检察院审查起诉、基层人民法院审判。发生本规范指引第二条第一款第（九）、（十）、（十一）项所规定情形的，可以由犯罪行为发生地基层公安机关、基层人民检察院、基层人民法院管辖。

人民法院、人民检察院、公安机关对管辖权存在意见分歧的，可以报请各自的上级机关协商解决。上级机关应该在十日内作出最终处理意见。

第六条　人民法院在执行判决、裁定过程中，对拒不执行判决、裁定情节严重的人，可以先行司法拘留。经审查，有证据证明负有执行义务的人涉嫌拒不执行判决、裁定罪的，应当将案件依法移送有管辖权的公安机关立案侦查。

对正在发生的以暴力、威胁方法妨害或者抗拒执行的行为，应当及时报警。公安机关在接到报警后，应当立即出警，并尽快采取必要处置措施。

第七条　人民法院移送拒不执行判决、裁定刑事案件时，应当提供负有执行义务拒不执行判决、裁定的当事人基本信息资料：

（一）负有执行义务的人为自然人的，应当提供身份证号码和住所地；

（二）负有执行义务的人为单位的，应当提供该单位的工商登记资料、组织机构代码以及该单位法定代表人、实际控制人、主管人员或直接负责人员的身份信息、职务信息等资料。

第八条　人民法院移送拒不执行判决、裁定刑事案件时，应当提供负有执行义务的人有执行义务或协助执行义务的证据材料：

（一）人民法院作出的由负有执行义务的人承担履行义务的生效裁判文书（包括一、二审或再审判决书、裁定书，诉前保全裁定书，诉讼保全裁定书，先予执行裁定书，追加、变更被执行人裁定书等）及《执行通知书》等法律文书；

（二）负有执行义务的人为协助执行人的，应当提供作为协助执行依据的相关生效裁判文书、人民法院作出的《协助执行通知书》及证明协助执行人应当承担协助执行义务的其他证据材料；

（三）对于执行支付令、生效的调解书、仲裁裁决、公证债权文书的案件，应当提供支付令、生效的调解书、仲裁裁决、公证债权文书以及人民法院为执行支付令、生效的调解书、仲裁裁决、公证债权文书而作出的裁定书等。

第九条 人民法院移送拒不执行判决、裁定刑事案件时，应当提供以下证明负有执行义务的人有能力执行的证据材料：

（一）证明负有执行义务的人具备清偿判决、裁定确定债权的全部或者一部分财产的有关证据材料；或者有能力以自己的行为或者委托他人在判决、裁定确定期间内完成判决、裁定确定应履行的行为义务的证据材料。包括：

1. 人民法院为调查被执行人、担保人财产情况而出具的搜查令及相关笔录；

2. 人民法院查封、扣押、冻结被执行人、担保人财产而出具的裁定书、《协助执行通知书》及查封公告，查封、扣押、冻结物品清单等；

3. 人民法院查询被执行人、担保人存款、股权等的通知书及回执；

4. 被执行人、担保人不动产、车辆登记情况记录；

5. 根据《中华人民共和国民事诉讼法》第二百四十一条的规定，被执行人向法院提交的财产情况报告；

6. 其他能够证实被执行人、担保人具有执行能力的证人证言、文件、查询记录等。

（二）证明属于协助执行人的工作职责、业务范围或者协助执行人持有、控制判决、裁定指定交付的财产、财产权证或者其他物品的证据材料。包括：相关工商登记材料、相关机构出具的证明文件，财产被查封、扣押、冻结或委托保管的相关文书，其他相关笔录。

第十条 人民法院移送拒不执行判决、裁定刑事案件时，应当提供证明负有执行义务的人拒不执行判决、裁定或妨害执行的证据材料：

（一）证明被执行人隐藏、转移、故意毁损财产或者无偿转让财产、以明显不合理的低价转让财产的证据材料或担保人隐藏、转移、故意损毁或者转让已向人民法院提供的担保财产的证据材料，包括相关的笔录、证人证言、银行存款查询记录、交易记录、财产过户登记等；

（二）证明协助执行义务人接到人民法院《协助执行通知书》后，拒不协助执行的证据，包括相关《协助执行通知书》、送达回证、调查笔录、证人证言及证明协助执行义务人拒不协助执行的其他证据材料；

（三）证明因妨害执行或因拒绝报告、虚假报告财产状况、违反人民法院限制高消费及消费令等已被人民法院采取民事制裁措施的证据材料，包括人民法院对被执行人采取限制高消费及有关消费令、边境控制措施以及信用惩戒措施的相关法律文书，出具的罚款决定书、拘留决定书、拘传票及其他证明被告人因妨害执行被采取民事强制措施的证明材料等；

（四）证明以暴力、威胁、聚众等方式阻碍执行或者对执行人员进行侮辱、围攻、扣押、殴打或者毁损、抢夺执行器械、材料的证据材料，包括现场照片、录音录像、证人证言等；

（五）证明拒不交付法律文书指定交付的财物、票证或者拒不迁出房屋、退出土地的证据材料，包括证明负有执行义务的人占有财物、票证的证据，在房屋、土地上工作、生活、活动的证据材料等；

（六）证明与他人串通，通过虚假诉讼、虚假仲裁、虚假和解等方式妨害执行的证据材料，包括虚假诉讼、仲裁、和解的判决书、裁定书、仲裁裁决、和解协议，相关证人的证言，履行虚假判决、裁定、仲裁裁决、和解协议的证明材料等；

（七）其他证明负有执行义务的人拒不执行判决、裁定或妨害执行的证据材料。

第十一条　人民法院移送拒不执行判决、裁定刑事案件时，可以询问申请执行人是否同意对涉嫌构成犯罪的嫌疑人向公安机关提出控告。申请执行人同意的，应将控告材料一并移送。

第十二条　对人民法院移送的涉嫌拒不执行判决、裁定刑事案件，公安机关法制部门应当接收，并当即出具回执，相关证据材料应及时转交、督促刑事侦查部门依法办理。

对申请执行人自行报案的涉嫌拒不执行判决、裁定刑事案件，按照公安机关接报警制度和受立案标准的相关规定办理。

第十三条　公安机关收到人民法院移送的材料后，应当在七日内作出立案或者不立案的决定并书面通知人民法院。公安机关决定立案的，应当快办快结，原则上应在三十日内侦查终结；案情重大复杂的，经县级以上公安机关负责人批准，侦查期限可适当予以延长。决定不予立案的，应当书面说明不立案的理由，制作不予立案通知书，三日内送达移送案件的人民法院。

第十四条　公安机关立案后，应当依照刑事诉讼法的有关规定，开展侦查工作。对人民法院移送的材料中不符合刑事诉讼法规定的证据形式的，应当进行转化，包括讯问犯罪嫌疑人，重新调查、核实相关证据等。需要执行法院配合的，执行法院应当积极配合公安机关调查取证。犯罪嫌疑人在逃的，公安机关应按照程序办理追逃。

第十五条　人民法院认为接受移送的公安机关应当立案而不立案的，可以在收到不予立案通知书之日起七日内向人民检察院建议予以监督；人民检察院应当在七日内进行审查，认为公安机关存在应当立案而不立案情况的，应当要求公安机关说明不立案理由。人民检察院认为公安机关不立案理由不能成立的，应当通知公安机关立案；公安机关在收到通知书后，应当在十日内立案，并将立案决定书复印件送达人民检察院。

第十六条　人民检察院对公安机关提请批准逮捕的涉嫌拒不执行判决、裁定刑事案件的犯罪嫌疑人，经审查符合逮捕条件的，应当在法定期限内及时作出决定；对公安机关侦查终结后移送审查起诉的，经审查符合起诉条件的，应当在法定期限内及时提起公诉。

第十七条　对于申请执行人自行向公安机关报案或者控告，要求追究负有执行义务的人拒不执行判决、裁定的刑事责任，公安机关可通知执行法院提供相关证据，执行法院应当提供。

公安机关认为不符合立案条件的，应当向申请执行人出具不予立案通知书，并在三日以内送达申请执行人。

第十八条　申请执行人有证据证明对执行义务人有能力执行而拒不执行人民法院判决、裁定的行为向公安机关报案或者控告，公安机关不予立案并且不出具不予立案通知书的，可以向执行法院申请立案。人民法院应当在法定期限内作出是否立案的决定，并书面通知自诉人或代为告诉的人。

申请执行人没有向公安机关报案或者控告，直接向人民法院提出控告的，人民法院应当在三日内将控告材料移送公安机关立案。公安机关应当在七日内决定是否立案，不予立案的应当书面告知人民法院。

第十九条　人民法院在办理拒不执行判决、裁定刑事自诉案件过程中，依法决定对被告人逮捕的，应当将逮捕决定书及时送达公安机关，公安机关应当依法执行。

第二十条　全省各级人民法院、人民检察院和公安机关在办理拒不执行判决、裁定刑事案件过程中，应当根据案件的具体情况，正确区分罪与非罪的界限，认真贯彻宽严相济刑事政策。

对于已经立案侦查的案件，犯罪嫌疑人履行全部执行义务，确有悔改表现且未造成其他严重后果，或者执行法院向公安机关提出撤案建议的，经审查符合撤销案件条件的，公安机关可以依法撤销案件。

在审查起诉过程中，犯罪嫌疑人履行全部或者部分执行义务，确有悔改表现且未造成其他严重后果的，检察机关可以作出不起诉的决定，或者向人民法院建议对被告人从宽处罚。

在一审判决宣告前，被告人履行全部或者部分执行义务的，人民法院可以酌情从宽处罚。对于拒不执行支付赡养费、扶养费、抚育费、抚恤金、医疗费用、劳动报酬的，可以酌情从重处罚。

第二十一条　全省各级人民法院、人民检察院和公安机关应当建立专项联络机制，做好沟通协调、信息采集和数据统计等工作，解决突出问题。办理拒不执行判决、裁定刑事案件的牵头部门分别为同级人民法院执行部门、人民检察院侦查监督部门、公安机关法制部门。上述部门指定专门联络员，负责具体事宜的沟通协调。

第二十二条 本规范指引与法律规定、司法解释不一致的，以法律规定、司法解释为准。

第二十三条 本规范指引自下发之日起施行。

河南省人民检察院关于充分发挥检察职能进一步支持和监督人民法院基本解决"执行难"问题的若干意见

执行是保障法律实施、实现公平正义的最后一个环节。基本解决"执行难"问题，是全面推进依法治国的应有之义，是满足人民群众日益增长的司法需求的迫切需要，是提升司法公信力和司法权威的具体行动。检察机关作为国家法律监督机关，在支持和监督人民法院基本解决"执行难"问题上责无旁贷。当前，基本解决"执行难"问题进入关键阶段，全省检察机关应当进一步加大工作力度，充分发挥检察职能作用，以实际行动支持和监督人民法院基本解决"执行难"问题。现结合河南检察工作实际，提出如下意见。

一、充分发挥民事行政检察职能

要树立"监督是最好的支持"理念，坚持依法监督、规范监督、协同监督，推动检察机关执行监督与人民法院规范执行行为、执行攻坚工作同步、目标同向。对有关行政执法部门不依法履行协助执行义务的，依法加强监督；协同人民法院加强对消极执行、选择性执行、乱执行等现象的治理；规范和加强对虚假诉讼、虚假仲裁中执行问题的监督；重视加强与人民法院的沟通协作，及时对执行案件中的普遍性问题提出改进工作的检察建议，协助人民法院强化执行工作。

二、充分发挥侦查监督职能

加大对拒不执行判决、裁定以及其他妨害执行犯罪（以下统称拒执案件）的打击力度，监督纠正公安机关有案不立、立而不侦、侦而不结和不当撤案等违法行为，维护司法公信和司法权威；对以暴力、威胁方法妨害或者抗拒执行的犯罪行为人，坚决依法从快批捕，有效发挥逮捕措施的震慑作用。

三、充分发挥审查起诉职能

建立办理拒执案件的"绿色通道",完善提前介入引导侦查等工作机制,从源头上提高拒执案件的办理质量和效率;对社会关注度高、群众反映强烈的拒执案件从快、从严提起公诉,起到公诉一批、警示一片、教育社会面的良好效果;加强与法院、公安等执法司法机关的协作配合,统一执法尺度、证据标准,形成打击合力;慎重运用不起诉裁量权,切实加强对拒执案件不起诉的指导和把关,防止打击不力。

四、充分发挥控申检察职能

积极做好执行领域的涉法涉诉信访工作,对人民法院依法进行的执行活动,通过教育引导、合力规劝、释法说理,力促当事人在检察监督阶段息诉罢访;对无法执行又确实困难的当事人,积极帮助申请司法救助,多元化解矛盾纠纷,促进案结事了。

五、充分发挥刑事执行检察职能

加大对罪犯履行涉财产判决能力的核实力度,在开展谈心谈话、教育疏导中,加强对罪犯财产情况的监督,一旦发现有可供执行的财产,及时通报人民法院予以执行;加强对减刑、假释的监督,将服刑人员履行财产判决的积极程度作为平时改造考核的重要依据,督促被执行罪犯及时履行义务,助力解决涉财产判决执行难问题。

六、加强组织领导和工作督导

全省各级检察机关要把支持和监督人民法院基本解决"执行难"问题纳入重要议事日程,研究制定具体实施方案,明确牵头领导、责任部门和责任人。省、市两级检察院相关业务部门要加强工作指导,随时听取汇报,及时帮助下级院解决法律层面和工作层面遇到的问题和困难。上级院要筛选一批有影响力的拒执案件进行挂牌督办,发挥典型案例的示范引领、教育指导作用。

七、加强与相关职能部门的联动配合

通过座谈研讨、召开联席会议、会签文件等方式,注重加强与法院、公安、司法等相关职能部门的协同配合,建立高效便捷、合作共赢、共破难题的办案协作机制;办理和监督拒执案件过程中,强化线索移交,注重发现司法、行政执法人员不作为、乱作为以及贪污受贿等情况,对涉嫌违纪违法问题的,依法移交纪检监察机关追究纪律和法律责任。

八、加强向党委、人大请示汇报

积极主动向当地党委和人大汇报检察机关支持和监督人民法院执行的工作情况,争取党委和人大的重视和支持,帮助解决工作中存在的困难和问题;对涉众型、网络舆情炒作以及当事人双方矛盾尖锐突出等有重大影响的执行案件,在做好依法处理、舆论引导、社会面管控"三同步"的同时,充分发挥党委总揽全局、协调各方的领导核心作用,汇聚各方力量,形成在党委领导下的工作合力。

九、加强信息共享建设

以深入推进智慧检务建设为契机,建立健全信息共享平台,依托"两法衔接平台",加强对非诉执行案件的线索搜集,实现行政执法与行政检察、刑事司法的全面对接;借助人民法院的执行案件管理系统、网络执行公开系统、"点对点"信息网络查控系统等,对全省拒执案件数据进行反复比对、深度挖掘、深入研判,注重运用大数据对实践中争议大的重点难点问题进行集中攻关,依靠科技力量提高办理拒执案件的精准度。

十、加强宣传引导力度

认真总结宣传全省检察机关支持和监督基本解决"执行难"问题的鲜明立场、态度和决心,凝聚全省检察机关和全体检察干警的思想共识和行动自觉;要通过传统媒体、新媒体全面展示检察机关支持和监督人民法院执行工作的成效,广泛宣传拒不执行法院判决、裁定的法律后果,适时通报一批检察机关监督办理的典型案事例,营造理解执行、尊重执行的良好氛围和法治环境。

山东省高级人民法院、山东省人民检察院、山东省公安厅、山东省司法厅关于敦促被执行人切实履行义务及严厉打击拒不执行判决裁定犯罪的通告

为深入贯彻落实党中央关于切实解决执行难的部署，履行好最高人民法院关于"用两到三年时间基本解决执行难"的庄严承诺，坚决维护法律尊严，充分彰显司法权威，依法保障胜诉当事人及时实现权益，努力营造我省公平正义、崇尚法治、诚实守信的良好法治环境和社会环境，山东省高级人民法院、山东省人民检察院、山东省公安厅、山东省司法厅决定，自即日起联合开展"严厉打击拒执犯罪，决胜基本解决执行难"专项行动。根据《中华人民共和国刑法》《中华人民共和国刑事诉讼法》《中华人民共和国民事诉讼法》及有关规定，现就敦促被执行人切实履行人民法院生效裁判所确定的义务及严厉打击拒不执行判决、裁定犯罪的相关事项通告如下：

一、凡在我省法院已经立案执行但尚未履行生效法律文书确定义务的被执行人，须于本通告发布之日起10日内主动到执行法院依法履行生效法律文书确定的义务。

二、被执行人对人民法院的判决、裁定有能力履行而拒不履行，涉嫌构成犯罪的，执行法院将移送公安机关予以立案侦查。公安机关要及时侦查取证，并依法采取强制措施，检察机关要依法提起公诉，人民法院要依法及时审判。对犯罪嫌疑人、被告人以及罪犯，羁押部门要依法收押、执行。

三、被执行人已经涉嫌构成拒不执行判决、裁定罪，自本通告发布之日起一个月之内，主动履行义务或者主动投案自首、如实供述自己罪行的，可依法从宽处理。在此规定期限内拒不投案自首或者继续抗拒执行的，将依法从严惩处。

四、具有下列情形之一的，司法机关将予以严厉打击：

（一）被执行人隐藏、转移、故意毁损财产或者无偿转让财产、以明显不合理的低价转让财产，致使判决、裁定无法执行的；

（二）担保人或者被执行人隐藏、转移、故意毁损或者转让已向人民法院提供担

保的财产，致使判决、裁定无法执行的；

（三）协助执行义务人接到人民法院《协助执行通知书》后，拒不协助执行，致使判决、裁定无法执行的；

（四）被执行人、担保人、协助执行义务人与国家机关工作人员通谋，利用国家机关工作人员的职权妨害执行，致使判决、裁定无法执行的；

（五）具有拒绝报告或者虚假报告财产情况、违反人民法院限制高消费及有关消费令等拒不执行行为，经采取罚款或者拘留等强制措施后仍拒不执行的；

（六）伪造、毁灭有关被执行人履行能力的重要证据，以暴力、威胁、贿买方法阻止他人作证或者指使、贿买、胁迫他人作伪证，妨碍人民法院查明被执行人财产情况，致使判决、裁定无法执行的；

（七）拒不交付法律文书指定交付的财物、票证或者拒不迁出房屋、退出土地，致使判决、裁定无法执行的；

（八）与他人串通，通过虚假诉讼、虚假仲裁、虚假和解等方式妨害执行，致使判决、裁定无法执行的；

（九）以暴力、威胁方法阻碍执行人员进入执行现场或者聚众哄闹、冲击执行现场，致使执行工作无法进行的；

（十）对执行人员进行侮辱、围攻、扣押、殴打，致使执行工作无法进行的；

（十一）毁损、抢夺执行案件材料、执行公务车辆和其他执行器械、执行人员服装以及执行公务证件，致使执行工作无法进行的；

（十二）拒不执行人民法院判决、裁定，致使债权人遭受重大损失的；

（十三）其他有能力执行而拒不执行，情节严重的。

五、协助义务人拒绝履行协助义务，致使判决、裁定无法执行，情节严重的，应当依照《中华人民共和国刑法》第三百一十三条的规定，以拒不执行判决、裁定罪追究刑事责任。

六、被执行人为单位且构成拒不执行判决、裁定罪的，对单位处以罚金，并对其直接负责的主管人员和其他直接责任人员，依照《中华人民共和国刑法》第三百一十三条的规定，以拒不执行判决、裁定罪处罚。

七、严禁黑恶势力插手、干扰、抗拒人民法院执行工作。执行法院在案件执行过程中发现的黑恶势力犯罪线索，应当及时移送公安机关侦查。对检察机关提起公诉的黑恶势力犯罪案件，人民法院应当依法予以认定，依法应当从重处罚的坚决予以从重处罚。对为拒执犯罪人员充当"保护伞"的国家机关工作人员，坚决依法依纪从严查处。

八、对确有履行能力而不履行或者不全部履行生效判决中财产性判项的罪犯，按照《最高人民法院关于办理减刑、假释案件具体应用法律的规定》（法释〔2016〕23号），在减刑时从严掌握，不予假释。

九、鼓励广大群众积极举报被执行人财产线索、被执行人行踪和规避、抗拒执行的违法犯罪线索（举报电话：0531-68886312）。司法机关对举报人、控告人依法予以保护。对威胁、报复举报人、控告人，构成犯罪的，依法追究刑事责任。举报的财产线索符合悬赏执行条件的，执行法院按照有关规定支付悬赏金。

特此通告。

二〇一八年八月三日

安徽省高级人民法院、安徽省人民检察院、安徽省公安厅关于办理拒不执行判决、裁定刑事案件若干问题的指导意见

为依法及时有效打击拒不执行判决、裁定犯罪，维护司法权威和法律严肃性，保障当事人的合法权益，依据《中华人民共和国刑法》《中华人民共和国刑事诉讼法》、全国人大常委会《关于〈中华人民共和国刑法〉第三百一十三条的解释》《最高人民法院关于审理拒不执行判决、裁定刑事案件适用法律若干问题的解释》和公安部《公安机关办理刑事案件程序规定》等，结合我省实际，制定本意见。

第一条 人民法院、人民检察院和公安机关在办理拒不执行判决、裁定犯罪案件过程中，应当按照分工负责、互相配合、互相制约的原则，加强沟通、密切协作、依法惩治。

第二条 本意见所称人民法院的判决、裁定，是指：

（一）人民法院依法作出的具有执行内容并已发生法律效力的判决、裁定；

（二）人民法院为依法执行支付令、生效的调解书、仲裁裁决、公证债权文书等所作的裁定。

第三条 有下列情形之一的，应认定为属于"有能力执行而拒不执行，情节严重的"情形：

（一）被执行人隐藏、转移、故意毁损财产或者无偿转让财产、以明显不合理的低价转让财产，致使判决、裁定无法执行的；

（二）担保人或者被执行人隐藏、转移、故意毁损或者转让已向人民法院提供担保的财产，致使判决、裁定无法执行的；

（三）协助执行义务人接到人民法院《协助执行通知书》后，拒不协助执行，致使判决、裁定无法执行的；

（四）被执行人、担保人、协助执行义务人与国家机关工作人员通谋，利用国家

机关工作人员的职权妨害执行，致使判决、裁定无法执行的；

（五）负有执行义务的人具有拒绝报告或者虚假报告财产情况、违反人民法院限制高消费及有关消费令等拒不执行行为，经采取罚款或者拘留等强制措施后仍拒不执行的；

（六）负有执行义务的人伪造、毁灭有关被执行人履行能力的重要证据，以暴力、威胁、贿买方法阻止他人作证或者指使、贿买、胁迫他人作伪证，妨碍人民法院查明被执行人财产情况，致使判决、裁定无法执行的；

（七）负有执行义务的人拒不交付法律文书指定交付的财物、票证或者拒不迁出房屋、退出土地，致使判决、裁定无法执行的；

（八）负有执行义务的人与他人串通，通过虚假诉讼、虚假仲裁、虚假和解等方式妨碍执行，致使判决、裁定无法执行的；

（九）负有执行义务的人以暴力、威胁方法阻碍执行人员进入执行现场或者聚众哄闹、冲击执行现场，致使执行工作无法进行的；

（十）负有执行义务的人对执行人员进行侮辱、围攻、扣押、殴打，致使执行工作无法进行的；

（十一）负有执行义务的人毁损、抢夺执行案件材料、执行公务车辆和其他执行器械、执行人员服装以及执行公务证件，致使执行工作无法进行的；

（十二）负有执行义务的人拒不执行法院判决、裁定，致使债权人遭受重大损失的。

第四条 被执行人转让财产价格达不到交易时交易地的指导价或者市场交易价百分之七十的，应认定为本意见第三条第（一）项规定中"以明显不合理的低价转让财产"。

第五条 拒不执行判决、裁定刑事案件一般由执行判决、裁定法院所在地的公安机关、人民检察院、人民法院管辖。

被提级执行、指定执行、委托执行的执行案件中涉嫌拒不执行判决、裁定刑事案件的，由受提级执行、指定执行、委托执行的法院所在地的公安机关、人民检察院、人民法院管辖。由执行地的公安机关、人民检察院、人民法院管辖更为适宜的，也可以由执行地的公安机关、人民检察院、人民法院管辖。

被执行人在两个或者两个以上法院被执行的，拒不执行判决、裁定刑事案件如果发生管辖争议，依照刑事诉讼法的相关规定办理。

第六条 人民法院、人民检察院和公安机关办理拒不执行判决、裁定刑事案件的牵头部门分别为同级人民法院执行部门、人民检察院侦查监督部门、公安机关法制部门，上述部门指定专门联络员，负责具体事宜的沟通协调。

第七条　人民法院在执行判决、裁定过程中，注意收集、甄别、固定、保存涉嫌拒不执行判决、裁定犯罪的证据材料，认为被执行人、担保人、协助执行义务人等拒不执行判决、裁定的行为可能涉嫌犯罪的，可以先行司法拘留，在司法拘留期限届满前5日制作《案件移送函》，并将案件及收集的相关证据材料移送公安机关立案侦查。

公安机关法制部门统一接收人民法院移送的涉嫌拒不执行判决、裁定刑事案件及相关证据材料，并及时转交、督促刑事侦查部门依法办理。

第八条　人民法院移送已经掌握的涉嫌拒不执行判决、裁定犯罪的证据材料一般包括：

（一）主体身份信息的材料；

（二）负有执行义务或者协助执行义务的材料；

（三）有履行能力的材料；

（四）拒不履行判决、裁定或者妨害执行的材料；

（五）其他相关材料。

上述材料中的书证应当提交原本，如原本确实无法提交的，可以提交副本或者复印件，收集的复印件应注明原件所在地、提供人、收集人，并加盖原件所在单位和收集人员的单位印章。

第九条　公安机关收到人民法院移送的材料后，应当在7日内作出立案或者不立案的决定并书面通知人民法院。公安机关决定立案的，应当在侦查期限内尽快侦查终结；决定不予立案的，应当书面说明不立案的理由，制作不予立案通知书，3日内送达移送案件的人民法院。

第十条　人民法院认为接受移送的公安机关应当立案而不立案的，可以在收到不予立案通知书之日起7日内向人民检察院建议予以监督；人民检察院应当在7日内进行审查，认为公安机关存在应当立案而不立案情况的，应当要求公安机关说明不立案理由。人民检察院认为公安机关不立案理由不能成立的，应当通知公安机关立案；公安机关在收到通知书后，应当在15日内立案，并将立案决定书复印件送达人民检察院。

第十一条　人民检察院在民事、行政诉讼监督工作中，发现执行义务人涉嫌拒不执行判决、裁定犯罪的，应当及时将案件线索和相关证据材料移送公安机关，并依法进行立案监督。

第十二条　公安机关立案后，应当依照刑事诉讼法的有关规定，开展侦查工作。对人民法院移送的材料中不符合刑事诉讼法规定的证据形式的，应当进行转化，包括讯问犯罪嫌疑人、重新调查、核实相关证据等。需要人民法院配合的，人民法院应当积极配合公安机关调查取证。

第十三条　对公安机关提请批准逮捕的拒不执行判决、裁定刑事案件，人民检察院应当在法定期限内及时作出决定；对于公安机关侦查终结后移送审查起诉的拒不执行判决、裁定刑事案件，符合起诉条件的，人民检察院应当在法定的期限内及时提起公诉。

第十四条 对于申请执行人向公安机关、人民检察院提出控告，要求追究负有执行义务的人拒不执行判决、裁定犯罪，而公安机关、人民检察院认为不符合立案条件的，应当向申请执行人出具不予立案通知书。

第十五条 人民法院在办理拒不执行判决、裁定刑事自诉案件过程中，依法决定对被告人逮捕的，应当将逮捕决定书及时送达公安机关，公安机关应当依法立即执行。

第十六条 人民法院对人民检察院提起公诉及自诉人提起自诉的涉嫌拒不执行判决、裁定罪刑事案件，应当依法及时开庭审理并作出判决。人民法院对人民检察院提起公诉的涉嫌拒不执行判决、裁定罪刑事案件，应当及时向人民检察院和公安机关送达裁判文书。

第十七条 以暴力、威胁等方法妨害或者抗拒执行的，公安机关接到报警后，应当立即出警，依法处置。

第十八条 侦查过程中或者审查起诉过程中，犯罪嫌疑人自动履行或者协助执行判决、裁定，确有悔改表现且未造成其他严重后果的，公安机关可以采取非羁押措施，移送审查起诉时对犯罪嫌疑人提出从宽处罚建议；人民检察院可以作出不起诉的决定，或者向人民法院提出从宽处罚的建议。

第十九条 人民法院作出一审判决前，被告人自动履行或者协助执行判决、裁定，确有悔改表现的，可以酌情从宽处罚。

第二十条 人民法院、人民检察院、公安机关工作人员在办理拒不执行判决、裁定刑事案件过程中，消极履行法定职责，造成严重后果的，应当依法依纪追究责任。

第二十一条 本意见下发后，法律或者司法解释对本罪作出新规定的，以新规定为准。

第二十二条 本意见自下发之日起施行。

北京市高级人民法院关于印发修订后的《北京市法院执行工作规范》的通知（节录）

市第一、第二、第三中级人民法院，北京铁路运输中级法院；
各区、县人民法院，北京铁路运输法院：

《北京市法院执行工作规范》（以下简称《规范》）于2010年印发全市法院执行后，在统一执行工作司法尺度、为执行法官提供办案指南、规范执行行为、强化执行管理等方面发挥了重要作用。鉴于修订后的民事诉讼法已于2013年1月1日施行，近年来一系列有关执行工作的法律、司法解释及规范性文件相继出台和实施，执行工作实践中也出现了一些需要研究和解决的新问题，积累了新的经验，为适应民事诉讼法的修改和执行工作规范化建设的需要，市高级法院对《规范》进行了一次全面修订，已于2013年12月16日经市高级法院审判委员会第30次会议讨论通过，现予印发。

《规范》原有条文612条，修订后共有条文702条。其中，增补183条，删除93条，修改216条。此次修订的内容，自2014年1月1日起执行。2014年1月1日之后受理的执行案件和2014年1月1日之前已受理但未办结的执行案件，按照修订后的《规范》办理。

需要特别注意的是，《规范》属于北京市法院的内部操作规程和管理性规范，不具有对当事人直接适用的效力，不得在执行中直接予以援引，但可根据其指引查找相应的法律及司法解释条文予以援引。

全市各级法院要组织全体执行人员认真学习修订后的《规范》，并在执行工作中予以贯彻落实。市高级法院将适时对各法院贯彻《规范》的情况进行检查，检查结果纳入年度执行工作考评范围。在贯彻《规范》的过程中，遇有问题要认真进行研究总结，形成初步意见后及时报市高级法院执行局。

特此通知

北京市高级人民法院
二〇一三年十二月十八日

第一百五十一条 【妨害公务罪的追究】

执行中具有下列情形之一的，按照《中华人民共和国刑法》第二百七十七条的规定追究刑事责任：

（一）聚众哄闹、冲击执行现场，围困、扣押、殴打执行人员，致使执行工作无法进行的；

（二）毁损、抢夺执行案件材料、执行公务车辆和其他执行器械、执行人员服装以及执行公务证件，造成严重后果的；

（三）其他以暴力、威胁方法妨害或者抗拒执行，致使执行工作无法进行的。

第一百五十二条 【非法处置法院控制的财产罪的追究】

执行中隐藏、转移、变卖、故意毁损已被人民法院查封、扣押、冻结的财产，按照《中华人民共和国刑法》第三百一十四条的规定，情节严重的，处三年以下有期徒刑、拘役或者罚金。

第一百五十三条 【妨害公务罪和非法处置法院控制的财产罪的办理程序】

妨害公务罪和非法处置法院控制财产罪的办理程序，按照《中华人民共和国刑事诉讼法》的相关规定执行。

第一百五十四条 【拒执罪的追究】

按照《中华人民共和国刑法》第三百一十三条等法律及其立法解释的规定，具有下列情形之一的，视为对人民法院的判决、裁定有能力执行而拒不执行情节严重，可依法对拒执人处三年以下有期徒刑、拘役或者罚金：

（一）被执行人隐藏、转移、故意毁损财产或者无偿转让财产、以明显不合理的低价转让财产，致使判决、裁定无法执行的；

（二）担保人或者被执行人隐藏、转移、故意毁损或者转让已向人民法院提供担保的财产，致使判决、裁定无法执行的；

（三）协助执行义务人接到人民法院《协助执行通知书》后，拒不协助执行，致使判决、裁定无法执行的；

（四）被执行人、担保人、协助执行义务人与国家机关工作人员通谋，利用国家机关工作人员的职权妨害执行，致使判决、裁定无法执行的；

（五）被执行人与他人恶意串通，通过诉讼、仲裁、调解等方式逃避履行法律文书确定的义务，情节严重的；

（六）被执行人违反限制高消费令情节严重的；

（七）其他有能力执行而拒不执行，情节严重的情形。

国家机关工作人员有前款第（四）项行为的，以拒不执行判决、裁定罪的共犯追究刑事责任。国家机关工作人员收受贿赂或者滥用职权，有前款第（四）项行为的，同时又构成《中华人民共和国刑法》第三百八十五条、第三百九十七条规定之罪的，依照处罚较重的规定定罪处罚。

本条第一款规定的"人民法院的判决、裁定"，是指人民法院依法作出的具有执行内容并已发生法律效力的判决、裁定。人民法院为依法执行支付令、生效的调解书、仲裁裁决、公证债权文书等所作的裁定属于该款规定的裁定。

第一百五十五条　【拒执罪案件的管辖】

拒不执行判决、裁定案件由执行法院所在地的公安机关、检察机关和法院管辖。必要时，市公安局、市人民检察院和市高级人民法院可以指定管辖。

第一百五十六条　【拒执罪案件的办理程序】

人民法院执行机构在执行判决、裁定的过程中，发现拒不执行判决、裁定人实施了本规范第一百五十四条所列行为之一的，可以先行对其予以司法拘留。

司法拘留后，人民法院执行机构认为不需要追究刑事责任的，依照民事强制执行的有关法律规定予以处理；认为需要追究其刑事责任的，应当在司法拘留期限届满前三日内，将拒不执行判决、裁定案件和拒不执行判决、裁定人一并移送公安机关刑事侦查部门。

第一百五十七条　【移送拒执罪案件的要求】

人民法院执行机构向公安机关刑事侦查部门移送拒不执行判决、裁定案件时，应当将拒不执行判决、裁定人的基本情况（姓名、性别、年龄、民族、住址、工作单位及职务等）及其涉嫌犯罪的相关证据材料（据以执行的生效法律文书，强制执行裁定书，拒不履行、拒不协助执行或者非法干预执行的证据等）一并移送。

杭州市中级人民法院、杭州市人民检察院、杭州市公安局关于严厉打击拒不执行判决、裁定违法犯罪行为的公告

为严厉打击拒不执行判决、裁定犯罪行为，依法保障胜诉当事人合法权益，切实维护法律尊严和司法权威，努力营造诚实守信的社会风尚，助力打造一流法治化营商环境，根据《中华人民共和国刑法》《中华人民共和国刑事诉讼法》《中华人民共和国民事诉讼法》《全国人大常委会关于〈中华人民共和国刑法〉第三百一十三条的解释》《最高人民法院关于审理拒不执行判决、裁定刑事案件适用法律若干问题的解释》等规定，杭州市中级人民法院、杭州市人民检察院、杭州市公安局现联合发布本公告。

一、当事人必须履行生效法律文书确定的义务。凡在杭州市两级法院立案执行但未履行生效法律文书确定义务的被执行人，应在本公告发布之日起15日内向执行法院如实申报财产，依法履行义务，不得规避、妨碍、抗拒人民法院的强制执行。否则，人民法院将依法对其采取罚款、拘留、纳入失信名单等措施。

二、被执行人、担保人、协助执行义务人等负有执行义务的人，具有下列情形之一，涉嫌构成拒不执行人民法院判决、裁定犯罪的，人民法院、人民检察院、公安机关将严厉打击，依法追究其刑事责任：

（一）被执行人隐藏、转移、故意损毁财产或者无偿转让财产、以明显不合理的低价转让财产，致使判决、裁定无法执行的；

（二）被执行人或担保人隐藏、转移、故意损毁或者转让已向人民法院提供担保的财产，致使判决、裁定无法执行的；

（三）协助执行义务人接到人民法院《协助执行通知书》后，拒不协助执行，致使判决、裁定无法执行的；

（四）被执行人、担保人、协助执行义务人与国家机关工作人员通谋，利用国家机关工作人员的职权妨碍执行，致使判决、裁定无法执行的；

（五）具有拒绝报告或者虚假报告财产情况、违反人民法院限制高消费及有关消

费令等拒不执行行为，经采取罚款或者拘留等强制措施后仍拒不执行的；

（六）伪造、毁灭有关被执行人履行能力的重要证据，以暴力、威胁、贿买方法阻止他人作证或者指使、贿买、胁迫他人作伪证，妨碍人民法院查明被执行人财产情况，致使判决、裁定无法执行的；

（七）拒不交付法律文书指定交付的财物、票证或者拒不迁出房屋、退出土地，致使判决、裁定无法执行的；

（八）与他人串通，通过虚假诉讼、虚假仲裁、虚假和解等方式妨碍执行，通过虚构债务、虚构优先权、虚构租赁关系等方式逃避执行，致使判决、裁定无法执行的；

（九）以暴力、威胁方法阻碍执行人员进入执行现场或者聚众哄闹、冲击执行现场，妨碍强制执行措施，致使执行工作无法进行的；

（十）对执行人员进行侮辱、围攻、扣押、殴打，致使执行工作无法进行的；

（十一）毁损、抢夺执行案件材料、执行公务车辆和其他执行器械、执行人员服装以及执行公务证件，致使执行工作无法进行的；

（十二）拒不执行法院判决、裁定，致使债权人遭受重大损失的；

（十三）其他有能力执行而拒不执行，情节严重的情形。

他人与负有执行人民法院判决、裁定义务人共同实施拒不执行行为，构成犯罪的，以共犯论处。

三、人民法院的调解书或仲裁机构仲裁裁决书及仲裁调解书生效后申请强制执行前，负有执行义务的一方有第二条第（一）款规定情形的，可参照认定为"隐藏、转移、故意毁损财产或者无偿转让财产、以明显不合理的低价转让财产，致使判决、裁定无法执行"。

判决生效前，被执行人为了逃避执行而实施隐藏、转移财产行为，判决生效后继续隐匿财产拒不交出，可以认定为隐藏、转移财产。

四、人民法院支持当事人通过律师调查令、执行悬赏等方式，调查、收集相关证据材料，鼓励对涉嫌构成拒不执行人民法院判决、裁定犯罪的被执行人依法提出刑事自诉。

五、拒不执行判决、裁定的被告人在一审宣告判决前，履行全部或部分执行义务的，可以酌情从宽处罚。

六、本公告发布之日起15日内，被执行人到人民法院积极履行义务且违法犯罪情节轻微的，人民法院可以不移送公安机关处理；已涉嫌犯罪而移送公安机关立案侦查的被执行人应到案履行，配合侦查，争取从宽处理；被执行人仍拒不执行的，司法机关将依法从严惩处。

七、欢迎社会公众踊跃举报被执行人的财产线索和下落，人民法院将严格为举报人保密，对打击报复举报人的，依法从严惩处。

中共苏州市委政法委员会、苏州市中级人民法院、苏州市人民检察院、苏州市公安局、苏州市司法局关于严厉打击拒不执行判决、裁定等违法犯罪行为的通告

为严厉打击拒不执行判决、裁定等违法犯罪行为，依法保障当事人合法权益，切实维护法律尊严和司法权威，积极营造诚信守法的社会环境，依照《中华人民共和国刑法》《中华人民共和国刑事诉讼法》《全国人大常委会关于〈中华人民共和国刑法〉第三百一十三条的解释》以及《最高人民法院关于审理拒不执行判决、裁定刑事案件适用法律若干问题的解释》等法律、立法解释和司法解释之规定，发布本通告。

一、自2022年3月起至2023年12月止，中共苏州市委政法委员会、苏州市中级人民法院、苏州市人民检察院、苏州市公安局、苏州市司法局将联合开展为期两年的专项行动，严厉惩治拒不执行判决、裁定，妨害公务，非法处置查封、扣押、冻结的财产，虚假诉讼等犯罪行为。

二、凡在苏州法院立案执行但未履行生效法律文书确定义务的自然人、法人及其他组织，应当在本通告发出之日起15日内自觉向人民法院如实报告财产并履行义务，不得实施规避执行、妨害执行、抗拒执行的行为。否则，人民法院将依法采取罚款、拘留、限制消费、纳入失信名单等惩戒措施。

三、被执行人、担保人、协助执行义务人等负有执行义务的人，具有下列情形之一，人民法院将移送公安机关立案侦查，依法追究刑事责任：

（一）被执行人隐藏、转移、故意毁损财产或者无偿转让财产、以明显不合理的低价转让财产，致使判决、裁定无法执行的；

（二）担保人或者被执行人隐藏、转移、故意毁损或者转让已向人民法院提供担保的财产，致使判决、裁定无法执行的；

（三）协助执行义务人接到人民法院《协助执行通知书》后，拒不协助执行，致

使判决、裁定无法执行的；

（四）被执行人、担保人、协助执行义务人与国家机关工作人员通谋，利用国家机关工作人员的职权妨害执行，致使判决、裁定无法执行的；

（五）具有拒绝报告或者虚假报告财产情况、违反人民法院限制高消费及有关消费令等拒不执行行为，经采取罚款或者拘留等强制措施后仍拒不执行的；

（六）伪造、毁灭有关被执行人履行能力的重要证据，以暴力、威胁、贿买方法阻止他人作证或者指使、贿买、胁迫他人作伪证，妨碍人民法院查明被执行人财产情况，致使判决、裁定无法执行的；

（七）拒不交付法律文书指定交付的财物、票证或者拒不迁出房屋、退出土地，致使判决、裁定无法执行的；

（八）与他人串通，通过虚假诉讼、虚假仲裁、虚假和解等方式妨害执行，通过虚构债务、虚构优先权、虚构租赁关系等方式逃避执行，致使判决、裁定无法执行的；

（九）以暴力、威胁方法阻碍执行人员进入执行现场或者聚众哄闹、冲击执行现场，致使执行工作无法进行的；

（十）对执行人员进行侮辱、围攻、扣押、殴打，致使执行工作无法进行的；

（十一）毁损、抢夺执行案件材料、执行公务车辆和其他执行器械、执行人员服装以及执行公务证件，致使执行工作无法进行的；

（十二）拒不执行法院判决、裁定，致使债权人遭受重大损失的；

（十三）通过恶意变更法定代表人、恶意注销工商登记、恶意销毁财务资料等方式对抗信用惩戒和财产调查措施，致使判决、裁定无法执行的；

（十四）其他有能力执行而拒不执行，情节严重的情形。

四、在本通告发布后、移送立案侦查之前向人民法院积极履行义务且违法犯罪情节轻微的，人民法院可以不移送公安机关处理；在公安机关立案侦查后向司法机关投案自首并如实供述罪行的，可以从轻或减轻处罚；主动投案并积极履行义务的，公诉机关经审查符合相对不起诉条件的，可以作相对不起诉处理；在本通告发布后仍拒不执行判决、裁定，或者拒不投案自首，司法机关将依法从严惩处。

五、教唆、帮助债务人实施规避执行、妨害执行、抗拒执行等行为的，按照司法处罚、治安处罚相关规定予以处理，构成犯罪的，依法追究刑事责任。

六、广大群众尤其是申请执行人要坚决同违法犯罪行为作斗争，积极举报违法犯罪人员并提供线索，支持和协助司法机关依法打击拒执犯罪活动，共同维护社会秩序。司法机关将为举报人严格保密，对打击报复举报人的，依法从严惩处。

苏州法院线索举报电话：

苏州中院　　0512-68551915、17706210501
张家港法院　0512-56967180、13506221909
常熟法院　　0512-52340107、18112788600
昆山法院　　0512-57719068、18112673015
太仓法院　　0512-53951552、15370311080
吴江法院　　0512-63493843、18962580665
吴中法院　　0512-65687566、18015560116
相城法院　　0512-85182893、15862517573
姑苏法院　　0512-68856110、18012796110
园区法院　　0512-66609110、18913162322
虎丘法院　　0512-68755128、15862499453

苏州检察院线索举报电话： 0512-12309

苏州公安局线索举报电话： 0512-110

特此通告。

二〇二二年三月二十九日